[개정] 영어교사를 위한

고급영문법

박만상 지음

신아사

지은이 _ **박만상**

박만상 선생님은 서울대학교 사범대학과 서강대학교 대학원 영문과를 졸업하시고, 동성고등학교(부산), 광성고등학교, 명지고등학교, 아주대학교(강사), 서강대학교(강사), 경복고등학교에서 영어를 가르쳐 오셨습니다. 현재는 서울고등학교에서 임기를 마치고 정년퇴직하셨으며, 교사와 학생 모두에게 도움이 될 영어 책 저술에 힘쓰고 계십니다.

[개정]

영어교사를 위한 **고급영문법**

1판 1쇄 찍음 • 2004년 12월 22일
2판 8쇄 찍음 • 2023년 11월 30일

저　　자 • 박 만 상
발 행 인 • 정 현 걸
발　　행 • 신 아 사
인　　쇄 • 한승인쇄
출판등록 • 1956년 1월 5일 (제9-52호)
주　　소 • 서울특별시 은평구 통일로 59길 4
전　　화 • 02)382-6411 · 팩스 02)382-6401
홈페이지 • www.shinasa.co.kr
E-MAIL • shinasa@daum.net

ISBN 978-89-8396-619-3 (93740)

정가 ***22,000*** **원**

개정판의 머리말

가슴 벅찬 감동으로 new millennium을 맞이한 지도 벌써 10년의 중반을 넘었고, 초판이 나온 지 4년 만에 그동안 독자 여러분들이 보내주신 성원에 힘입어 개정판을 내게 되었습니다. 제2판에 즈음하여 개정의 동기와 아울러 초판과의 차이점에 대해서 약간의 언급을 하고자 합니다.

본서의 초판에서는 문학작품에서 인용한 용례가 대부분을 차지함으로써 다소 단조로움을 피할 수 없었습니다. 그래서 제2판에서는 조그만 변화를 시도했습니다. 현대의 언어생활에서 영화가 끼치는 영향력은 어느 분야 못지않게 크기 때문에 초판의 용례 중 꽤 많은 부분을 영화 및 이에 관련된 문장으로 바꾸거나 추가했습니다. I don't give a damn.(=I don't care.)이란 말은 damn이란 단어가 기독교인들이 가장 싫어하는 단어 가운데 하나이기 때문에 미국인들이 사용하기를 꺼리는 표현이지만 영화 *Gone with the Wind*의 마지막 장면에서 Clarke Gable이 사용한 "Frankly, my dear, I don't give a damn."이라는 대사 덕분에 보편화 되었다고 합니다. 그리고 페이지의 맨 아래에 있는 손가락 표 주석에는 작품해설도 있지만 영화의 줄거리나 배우 또는 감독에 관한 이야기도 여러 쪽에 실었습니다. 독자들 중에는 왜 이런 사족(蛇足)을 붙였을까 하고 의아하게 생각할 사람도 있겠지만, 참새가 곡식을 쪼아 먹음으로써 농부들에게 피해를 주지만, 때로는 벌레를 잡아먹기도 하듯이, 언뜻 필요 없어 보이는 것이 때에 따라서는 요긴하게 쓰일 수도 있다는 것은 일상생활에서 누구나 경험하는 사실입니다.

그리고 초판에서부터 사용한 것이지만 본서의 가장 큰 특징은 바로 NB 에 있다고 해도 과언이 아닙니다. 물론 "살 주의하라"란 뜻이지만 장황하게 엿가락처럼 길게 늘어놓는 설명이 아니라 간단명료하게 핵심만 찌른 "어법해설"로서, 말하자면 "Brevity is the soul of wit.(말은 간결함이 생명이다)"라고나 할까요.

끝으로 리스크가 많은 이 책을 볼 때 권하고 싶은 것은, 원래 문법이란 따분하고 지겨움을 피할 수 없으므로, 처음부터 끝까지 통독할 것이 아니라 수업 중이나 독서 중에 부딪히는 문제점을 책 뒤에 있는 <찾아보기>를 보고 본문의 해당사항의 쪽수를 찾는 것이 시간절약과 아울러 가장 바람직한 방법이 아닌가 생각합니다. 초판에 비해 <찾아보기>이 쪽수를 대폭 늘인 이유도 바로 여기에 있습니다.

2008년 4월
박만상

일러두기

(1) 이 책의 내용과 수준

이 책은 20세기 이후의 영문법을 다루고 있습니다. 또 속어(slang)적인 내용도 많이 포함되어 있지만 속어라는 용어는 될 수 있는 한 사용하지 않았습니다. 속어란 속된 말이 아니라 구어의 일종이기 때문입니다. 이 책에서는 아주 기본적인 것, 예컨대 각 품사의 역할, 명사의 복수 만드는 법, 인칭 대명사의 격변화 같은 초보적인 것은 다루지 않고, 또 변형 생성문법과 같은 너무 전문적인 이론도 도입하지 않았으며, 일반적으로 중등학교에서 영문 독해에 꼭 필요한 문법과 대학의 영문과 학생들이 영문학 작품을 읽는데 필요한 고급 수준의 문법까지도 망라하고 있습니다. 특히 학교에서 교사가 이용하기 편리하도록 가능한 많은 예문과 용례를 실었습니다.

(2) 이 책의 용례

이 책에 인용한 용례들은 거의 대부분이 이 책 뒤의 '인용한 작품과 참고서적'에 있는 180여권의 작품과 두 종류의 잡지(*Time, Newsweek*)에서 뽑은 것들입니다. 인용한 작가를 시대적으로 보면, 19세기 이전의 작가는 소수에 지나지 않으며, 대부분이 20세기에 활동한 인물들입니다. 필자의 최초의 계획은 작품을 200권 정도 읽고 난 후에 집필할 생각이었습니다만 시간 관계상 이 정도로 만족할 수밖에 없었습니다. 말하자면 'But at my back I always hear Time's winged chariot hurrying near'라고나 할까요. 이 책들 중에는 문학 작품이 가장 많지만 대중소설도 있습니다. 전자보다 후자 쪽이 보통 사람들의 일상생활 속에서 사용하는 말이기 때문에 오히려 생동감이 있고 사용빈도가 높은 표현들이 많습니다. 거의 모든 작품은 필자가 직접 읽어 보고 인용했기 때문에 출처가 분명하지만, 출처가 없는 것도 필자가 만든 영문은 하나도 없습니다. 인용한 작가를 국적별로 본다면 미국 작가가 65명, 영국작가가 23명 정도 되지만 미국작가인가 영국작가인가는 그다지 문제가 되지 않는다고 봅니다. 왜냐하면 영어를 좀 배운 사람이라면 누구나 알고 있듯이 미국 영어와 영국 영어는 단어와 발음이 조금 다를 뿐이며, 어법 즉 문법은 거의 같기 때문입니다. 그리고 작가의 인용빈도는 일정하지 않습니다. 그것은 필자의 기호가 많이 작용한 탓이라고 봅니다. 아마 이 책에서 가장 많이 인용한 작가는 단연코 영국의 소설가 W. Somerset Maugham(1874~1965)인데, 그의 작품은 어느 것을 읽어도 재미있고, 그는 자타가 인정하는 명문가일 뿐만 아니라, production용으로 인용하고자 할 때 Maugham만한 작가도 흔하지 않습니다. 특이한 작품으로는 노르웨이의 Jostein Gaarder가 서양 철학사를 소설처럼 쉽고 재미있게 써서 세계적 베스트셀러가 된 *Sophie's World*와 러시아의 Boris Pasternak가 쓴 *Doctor Zhivago*가 있습니다. native speaker가 옮긴 것은 아니지만 세련된 영어 번역문은 원어민 작가에 전혀 손색이 없습니다. 그러나 Joseph Conrad, James Joyce, William Faulkner 같은 영미 대가들의 작품에서 많이 인용하지 못한 것이 못내 아쉽습니다.

(3) 이 책에 사용된 약자와 기호

ad	(= adverb) 부사
adj.	(= adjective) 형용사
AmE	(= American English) 미국 영어
BrE	(= British English) 영국 영어
C	(= complement) 보어
Cf.	(= confer/ compare) 비교하라
conj.	(= conjunction) 접속사
DO	(= direct object) 직접 목적어
Ibid./ ibid.	(= ibidem) 바로 앞에서 인용한 것과 같은 책/저자
IO	(= indirect object) 간접 목적어
n.	(= noun) 명사
NB	(= nota bene) 잘 주의하라
O	(= object) 목적어
OC	(=objective complement)
op. cit.	(= opere citato) 몇 줄 앞에서 인용한 책 속에
opp.	(= opposite) 반대말
pl.	(= plural) 복수
prep.	(= preposition) 전치사
pron.	(= pronoun) 대명사
S	(= subject) 주어
sb	(= somebody) 아무개
sth	(= something) 어떤 것/ 일
V	(= verb) 동사 원형
V-ed	과거분사
V-ing	현재분사 또는 동명사
/(slash)	and 또는 or
→	보라/ 참조하라
↔	cross-reference (상호참조)

제1부 품사론

제2부 구문론

제1부

품 사 론

제1장 명 사

WARM - UP

(1) 명사의 종류

명사의 종류는 일반적으로 보통명사, 고유명사, 집합명사, 물질명사, 추상명사의 5가지로 분류하며, 이 중에서 보통명사와 집합명사는 Countable (*or* countable noun 셀 수 있는 명사), 나머지 셋은 Uncountable(or uncountable noun 셀 수 없는 명사)로 나누기도 한다. [보통 사전에서 [c], [u] 로 표시한다]. 그러나 Uncountable인 물질명사, 추상명사, 고유명사가 Countable로 쓰이는 일이 많은데 이 경우는 의미도 바뀐다.

(2) 보통명사와 물질명사

이 둘의 구별은 의미만을 표준으로 한다면 여러 가지 곤란한 문제가 생긴다. water나 air는 당연히 물질명사이지만, fish, grass, hair 같은 단어들은 한 개, 두 개, 한 마리, 두 마리처럼 셀 수 있음에도 불구하고 물질명사라는 것은 이치에 맞지 않다. 이런 것은 논리적으로 따지기보다 영어의 관습이라고 보는 것이 좋다.

ⓐ We got only six **fish** in the whole day's fishing. (하루 종일 낚시질해서 물고기 여섯 마리밖에 못 잡았다.)

ⓑ The air was full of evocative smells of flowers and freshly cut **grass**. (공기 중에는 꽃향기를 연상시키는 냄새와 갓 베어 낸 풀 냄새가 가득했다.)

ⓒ You've got gray **hair** but you still haven't learned sense. (당신은 백발이 성성해도 아직 철이 덜 들었군요.) - Pasternak, *Doctor Zhivago*

a. Mammals are characterized by having **hair** on their bodies and giving birth to young. (포유동물은 몸에 털이 있고 새끼를 낳는 것이 특징이다.)

(3) 물질명사와 추상명사

이 둘은 형식으로 본다면 똑 같다. 물질명사 water 나 air, 추상명사 courage, honesty도 a(n), _s 를 붙이지 않는다는 점에서 차이가 없다. 따라서 이 둘의 구별은 순수하게 의미의 구별이다. 의미에 의한 분류는 구별이 명백한 경우도 있지만 그렇지 않은 경우도 있다. 예컨대 time, space, size, weight, honor, pleasure, work. 따위의 단어를 하나하나 판정해 본다면 물질명사건 추상명사건 어떤 명칭을 써도 좋다는 것이 된다. 그러므로 이런 구별보다는 Countable, Uncountable의 구별이 훨씬 실용적이고 편리하지만 여기서는 혼동을 피하기 위해서 종래의 명칭인 물질명사와 추상명사라는 용어를 그대로 사용하기로 한다. 용법을 아는 것이 중요하지 명칭은 그다지 문제 삼을 필요가 없다.

Ⅰ. 종류별 명사의 용법

§1 보통명사의 주의할 용법

보통명사란 같은 종류의 사람이나 사물에 공통으로 사용되는 이름을 나타내는 말이므로 당연히 부정관사는 물론 정관사도 붙을 수 있다. 그러나 <the +보통명사>가 추상적인 성질을 나타내는 일이 있다. 다소 philosophically speaking (철학적으로 말하면), 모든 보통 명사는 동시에 추상명사라고 볼 수도 있다. 예컨대 지구상에는 수많은 말이 있지만 똑같은 말은 한 마리도 없다. 그러나 우리가 말을 볼 때 그것을 다른 동물로 착각하지 않고 말로 보는 것은 모든 말에는 공통점이 있기 때문이다. 바꾸어 말하면 모든 말은 말의 가장 이상적이며, the eternal and immutable patterns (영구불변한 유형)에 가깝기 때문이다. 그러나 이것은 눈에 보이지 않는, 완전히 추상적인 개념이다. 영어에서 보통명사의 추상 명사적 용법을 이야기할 때는 철학에서 말하는 the world of ideas (이데아의 세계)를 말하는 것이 아니고 단지 그 명사가 가지는 추상적 개념(특징, 직분, 기질 따위)을 나타내는 경우를 말하는 것이다.

a. She felt instinctively that she must conceal **the actress** and played the part of the simple, ingenuous girl who had lived a quiet country life. (그녀는 본능적으로 자신의 배우 기질을 숨겨야겠다고 생각하고 시골에서 조용하게 살아온 소박하고, 얌전하며 순진한 소녀티를 냈다.) - Maugham, *Theatre*

b. When a man is reduced to poverty, **the beggar** will come out. (사람이 가난해지면 거지 근성이 나오는 법이다.)

c. **The farmer** in Wang Lung was diverted for an instant and he stooped to examine the budding heads. (왕룽은 잠시 농부의 본분을 망각했으나 허리를 굽혀서 벼의 새싹을 살펴보았다.) - Buck, *The Good Earth*

d. In those three years I must have witnessed pretty well every emotion of which man is capable. It excited **the novelist** in me. (그 3년 동안 나는 인간의 모든 감정을 느꼈음에 틀림없다. 그것은 내 마음 속에 있던 소설가적인 기질을 자극했다.) - Maugham, *The Summing Up*

e. Jim is very good at mathematics but his interests include **the theater**, American literature and cricket. (짐은 수학을 대단히 잘하지만 연극, 미국문학 그리고 크리켓에도 관심이 많다.)

NB <the + Englishman, *etc.*>도 추상적인 성질을 나타내는 경우가 있다

- He could not express his sorrows too* much. But in me **the Englishman** came strong. (그는 슬픔을 이루 다 말로 표현할 수 없었다. 그러나 나에게는 영국인의 기질이 강하게 드러났다.) - Forster, *Notes on the English Character* [* → *p.* 215 ③]
- **The Irish** in you is strengthened every day, Scarlett Darling. (스칼렛 아가씨, 당신의 마음속에 있는 아일랜드인의 기질이 날마다 강해졌어요.) - Ripley, *Scarlett*

§2 추상명사의 용법

(1) 추상명사 중에는 보통명사로 쓰이는 것들이 많다.

arrival 도착	an arrival 도착한 사람 (자동차 등)
beauty 아름다움	a beauty 미인
commitment 헌신, 개입	a commitment 약속, 공약
convenience 편리, 편의	a convenience 편의품
democracy 민주주의	a democracy 민주국가
departure 출발	a departure 떠나는 열차 (자동차 등)
embarrassment 당황	an embarrassment 골칫덩이
failure 실패	a failure 실패한 사람 (사례). 실패작
luxury 사치	a luxury 사치품, 명품 (= luxury goods)
mind 정신, 마음	a mind (특정한 분야에 탁월한) 인물
necessity 필요	a necessity 필수품
replacement 대체	a replacement 대체물, 후임자
success 성공	a success 성공한 사람 (사례), 성공작

a. I parked where I had a good view of* **arrivals** and **departures**. (나는 도착하거나 출발하는 차들이 잘 보이는 곳에 주차했다.) - Sanders, *The Sixth Commandment* [* → *pp.* 165/ 166]

As a new **arrival** in China, Marie was obviously having problems with the language. (최근에 중국에 도착했기 때문에 마리에게는 분명히 언어에 문제가 있었다.)

b. I've just made a previous **commitment**. (나는 방금 선약을 했어요.) - Segal, *Doctors*

c. Although America is **a democracy**, a lot of key decisions are made behind closed doors by unelected presidential advisors. (미국은 민주국가지만 수많은 중요한 결정들이 막후에서 선출직이 아닌 보좌관들에 의해서 이루어진다.)

d. In *The Heiress* Olivia de Havilland is the dreadfully plain, painfully gauche girl marked as a spinster despite the fortune she will inherit from the cold, caustic father, who regards her as **an embarrassment**. (<사랑아 나는 통곡한다>에서 올리비아 드 하빌랜드는 지독하게 평범하고 보기에 안타까울 정도로 둔감한 전형적인 노처녀로 등장하며, 그녀에게 유산을 물려줄 아버지는 냉정하고 신랄하며 그녀를 골칫덩이로 여긴다.) - Schneider, *1001Movies*

☞ *The Heiress* (상속녀/ 사랑아 나는 통곡한다, 1949)는 William Wyler 감독이 미국의 소설가 Henry James의 *Washington Square* (워싱턴 광장)를 각색한 불후의 명작으로 Olivia de Havilland와 Montgomery Clift가 주연을 맡았다. 부를 쫓아다니는 잘생긴 건달 몽고메리 클리프트가 그녀에게 구애한다. 그는 진실해 보이지는 않지만 저항할 수없이 매력적이다. 여주인공 케서린이 자신의 애인으로부터 버려졌음을 깨닫고 온 몸의 기운이 다 빠져 나간 듯 천천히 계단을 오르는 장면은 영원히 잊혀지지 않을 명장면이다. 하빌랜드는 이 영화에서 뛰어난 연기로 두번째 아카데미상을 수상했다.

f. His first film was **a** commercial **failure**, but was praised by the critics. (그의 첫 번째 영화는 흥행에 실패했으나 비평가들로부터 호평을 받았다.)

g. After the war, melons were something of **a*** **luxury**. (전후에는 멜론이 사치품에 속했다.) [*be something of a + *n*. 조금…이다, 다소…한 데가 있다]

- Houses belonging to the rich are full of **luxuries** such as hitech video systems and all the latest computer equipment. (부잣집에는 첨단 비디오 제품과 최신 컴퓨터 장비와 같은 명품으로 가득 차 있다.)

h. You are perhaps the greatest scientific **mind** in modern physics. (아마 당신은 현대 물리학에서 가장 위대한 과학자입니다.) - Segal, *Prizes*

- One mark of a writer's greatness is that different **minds** can find in him different inspirations. (작가의 위대성의 특징은 그의 작품을 읽는 사람에 따라서 받는 감동도 달라진다는 것이다.) - Maugham, *Of Human Bondage*

i. They asked Barbara to stay on until **a** suitable **replacement** had been found. (그들은 바바라에게 적당한 후임자를 구할 때까지 근무해달라고 부탁했다.)

- Researchers are looking for an ozone-friendly **replacement** for the chloro fluorocarbons used in refrigerators. (연구원들은 냉장고에 사용되는 CFC를 대신할 오존 친화적인 대체물질을 찾고 있다.)

j. Spielberg's amazing 1993 **successes**, *Jurassic Park* and *Schindler's List*, have given him an aura*[1] of infallibility*[2], but even he has had his **failures**. (<쥐라기 공원>과 <쉰들러 리스트>처럼 1993년에 나온 스필버그의 놀라운 성공작들은 그에게 무오류의 왕관을 씌워 주었지만, 그에게도 실패작이 있었다.) - Nowell-Smith, *The Oxford History of World Cinema* [*[1]특별한 분위기 *[2]과오(오류)가 없음]

(2) 추상명사가 집합명사로 쓰이는 경우도 있다.

a. The top **management** *at McDonald's may be just as smart as the top **management** at Apple. (맥도날드 회사의 최고 경영진은 애플사의 최고경영진 만큼 총명할지 모른다.) - Toffler, *Power Shift* [* 경영진, 경영자측]

b. If we're going to survive, it's absolutely essential that **labor*** and **management** figure out a new and more practical method of working together. (우리 회사가 살아남으려면 근로자와 경영진이 함께 일할 수 있는 새롭고 보다 실용적인 방법을 찾아내는 것이 절대적으로 필요하다.) - Iacocca, *Autobiography* [* = workers]

c. I've been asked to give a presentation*[1] to the senior **management***[2], to explain the new employment legislation. (나는 발표회를 개최하여 최고 경영진에게 새 고용법을 설명해달라는 요청을 받았다.) [*[1] 신상품이나 새로운 정책 등을 공개하고 설명하는 행사 *[2]= the top management]

Cf. I didn't realize you had company*. I'll call back tomorrow. (손님이 와있다는 걸 몰랐네. 내일 다시 전화할께.) [* = guest(s)]

§ 3 집합명사와 물질명사의 용법

(1) 집합명사가 보통명사처럼 쓰이는 일이 있다.

People은 집합명사이지만 <민족, 국민>을 의미할 때는 보통명사가 되어 정관사는 물론 부정관사가 붙기도 하고 복수형도 가능하다.

a. The English are **a** conservative **people**. (영국인은 보수적인 국민이다.)

b. Singapore is the meeting place of a hundred **peoples**. (싱가포르는 수많은 민족 이 만나는 곳이다.) - Maugham, *The Letter*

c. We're **a** law-abiding **people** and **a** slow-to-anger **people**. (우리는 법을 잘 지키고 화를 잘 내지 않는 국민이다) - Ellison, *Invisible Man*

Audience도 집합명사로 많이 쓰이지만, 다음 용례처럼 보통명사로도 사용된다.

d. This week television **audiences** around the world will be able to see footage of awesome wreck, as well as objects from the Titanic that have not been seen since the "unsinkable" liner foundered on its maiden voyage in 1912, at a cost of 1,500 lives. (이번 주에 전세계의 TV 시청자들은 난파선 타이태닉호의 몸서리치는 장면은 물론이고 "가라앉지 않는다"던 그 호화 여객선이 1912년 처녀항해에서 1500명의 목숨과 함께 침몰한 이래 볼 수 없었던 그 배에서 나온 물건들을 볼 수 있을 것이다.) - *Time* (1987)

e. By the première of *How to Marry a Millionaire* in November 1953, critics and **audiences** were focusing on Marilyn Monroe. (1953년 11월 <백만장자와 결혼하는 법>의 시사회 때 비평가들과 관객들은 마릴린 먼로에게 시선을 집중하고 있었다.) - Nowell-Smith, *The Oxford History of World Cinema*

(2) 물질명사도 보통명사로 쓰인다.

<a/ an + 음료 또는 술>은 ① 한 잔, 한 컵, 한 캔, 한 병 따위의 뜻을 나타내기도 하고 ② 종류를 가리키기도 하며, 복수형으로 쓰이기도 한다.

a. "<u>Here you go</u>,*" Grant said, thrusting **a beer** into his hand. ("자, 이것 마시게,"그의 손에 맥주 한 캔을 집어주며 그랜트가 말했다.) - Crichton, *Jurassic Park* [* → *p.* 140 (5)]

b. I usually have **a Coke** with my sandwich. (코카콜라 한 잔 또는 한 병)

c. Évian is **a** French **mineral water**. (애비앙은 프랑스 산 생수이다.)

d. Nine times out of ten I just skip breakfast and have **a coffee**. (나는 대개 아침에 조반 대신에 커피 한 잔만 마신다.)

e. "Can I offer you **a drink**?" "I'll have **a gin and tonic**, please." ("술 한 잔 드릴까요?" "진토닉 한 잔 주시면 고맙겠습니다.")

§ 4 고유명사의 용법 (↔ *p.* 69 ②)

(1) 인명의 경우, 같은 이름이 둘 이상 있을 때는 보통명사와 같이 취급하여 부정관사도 붙일 수 있고, 복수형도 가능하다. (~라는 사람 / ~ 집안 사람)

a. "You have a Harper here?" he asked. "We have two Harpers. Which one do you want ?" ("여기에 하퍼라는 사람 있어요?"하고 그가 물었다. "하퍼라는 사람이 둘이 있어요. 어느 하퍼를 찾으시오?") - Gardner, *The Calendar Girl*

b. He suspects that the jury will clear her because she is **a Kennedy**. (그는 그녀가 케네디 집안사람이므로 배심원들이 무죄 평결을 내릴 거라고 생각한다.)

(2) <a (*n*) + 잘 알려진 사람>은 <~ 집안 사람/ ~와 같은 사람/ ~의 작품>을 의미한다. 인명 이외의 고유명사도 쓰이며, 복수형도 사용된다.

a. He was no **Scrooge**, but he had never paid any more than the going rate: $ 1.90 or so to Model T production workers for a ten-hour day in 1908. (그는[헨리 포드1세]는 결코 구두쇠는 아니었지만 1908년에 모델 T의 생산에 종사하면서 하루에 10시간씩 일하는 노동자들에게 당시의 임금 1달러 90센트 이상은 결코 지불하지 않았다.) - Lacey, *Ford* [Scrooge는 Charles Dickens의 *Christmas Carol* 에 나오는 구두쇠영감]

- **The Montesquieus**, **Mills**, and **Madisons** invented most of the political forms we still take for granted. (몽테스키외, 밀, 메디슨 같은 사람들이 오늘날 우리가 당연시하는 정치형태의 대부분을 만들어냈다.) - Toffler, *The Third Wave*

b. I bought **a Brontë** there for my wife, Christmas two years ago. (나는 2년 전 거기서 아내의 크리스마스 선물로 브론테 작품 한 권을 샀다.) - Clancy, *Patriot Games*

- I remember **a Monet** of people rowing on a river, **a Pissaro** of a quay and a bridge on the Seine, a Tahitian landscape by Gauguin, and a charming **Renoir** of a young girl. (강에서 뱃놀이하고 있는 사람들을 그린 모네 작품, 세느강의 부두와 다리를 그린 피사로의 작품, 고갱이 그린 타이티 섬의 풍경화, 그리고 소녀를 그린 매력적인 르누아르의 작품을 나는 기억하고 있다.) - Maugham, *The Razor's Edge*
- I get goose bumps* when **Mozart** is playing. It's because his music is so romantic and surreal. (난 모차르트의 음악을 들으면 소름이 돋아. 그의 음악은 정말 로맨틱하고 환상적이거든.) [* = goose pimples *or* goose flesh 소름]
- The whole vast history of western philosophy is characterized as "a series of footnotes to **Plato***." (서양철학의 방대한 역사는 모두 "플라톤 철학에 대한 일련의 각주"에 불과하다) [* = Platonism 플라톤 철학] [따옴표 속에 있는 것은 영국의 철학자 Alfred Whitehead (1861~1947)가 한 말임]

Ⅱ. 명사의 수와 성 (gender)

§ 5 복수 명사의 몇 가지 문제점

(1) 숫자나 문자의 복수형은 's (apostrophe s)를 붙인다.

- He got straight **A's** in all his classics courses. (그는 고전과목에서 모두 A학점을 받았다.) - Segal, *The Class*

(2) 의미상 복수의 주어 뒤에는 복수의 동사, 복수의 보어가 오는 것이 원칙이지만, 단수형의 보어가 오는 일이 있다. 한 개의 집합체로 보기 때문이다.

- We are by nature a most* informal **people.** (우리는 본래 대단히 격식을 차리지 않는 국민이다) - Greene, *The Power and the Glory* [* = very]

(3) There be A and B (and C …)의 형식에서 A가 단수이면 동사는 가까이 있는 말에 끌려서 단수 동사로 받는 일이 있다.

a. There was **steak** and fried potatoes and coffee. (스테이크, 감자 프라이 그리고 커피가 있었다.) - Wright, *Native Son*

b. There was a flash of lightning and a roll of thunder. (번개가 번쩍하더니 천둥소리가 들렸다.) - Pasternak, *Doctor Zhivago*

c. On Monday mornings there was **French**, English, and then a double period* of maths. (월요일 오전에는 불어, 영어 그리고 두 시간짜리 수학 수업이 있었다.) [* 수업시간]

(3) 기간, 금액, 거리 따위를 나타내는 말의 복수형이 주어일 때 그것을 받는 be동사는 단수형을 사용한다. 전체를 한 단위로 보기 때문이다.

a. The **1950s** was the Western's greatest decade. (1950년대는 서부영화의 최고의 전성기)

b. **$ 1,000** is chicken-feed*[1] compared to*[2] what we need. (천 달러는 우리가 필요한 금액에 비하면 쥐꼬리만한 액수이다.) [*[1] = a small sum of money, *[2] = compared with]

c. **Twenty miles** through a jungle is a very long trip. (밀림 속에서 20마일은 여행하기에 대단히 먼 거리이다.) - Walker, *The Color Purple*

NB1 시간의 경과를 나타낼 때는 years, months, days, hours, *etc.*는 복수취급

- Ten years **have** passed since I left home. (고향을 떠난 지 10년이 흘렀다.)

NB2 비합리적인 복수도 있다.

- Water freezes at the temperature of 0 degree**s** Centigrade. (물은 섭씨 0도에서 언다.)

§6 명사를 받는 대명사의 성

영어에서 대부분의 명사들은 자연의 성(sex)을 따라서 he, she, it으로 받으면 되지만 자연의 성과 문법의 성(gender)이 일치하지 않는 명사도 있다.

(1) 나라 이름은 <국가, 국민>을 의미할 때는 여성으로 받고, 지리적인 <국토>를 의미할 경우는 중성으로 받는다고 하나, 이 둘의 구별이 분명치 않은 경우도 많다.

- Many Westerners with experience and knowledge of **Japan** had held it would be impossible for *her* to surrender. (일본에 대한 경험과 지식을 가진 많은 서양 사람들은 일본이 (2차 대전에서) 항복할 리가 없다고 생각했었다.) - Benedict, *The Chrysanthemum and the Sword*

(2) The earth *or* Mother Earth(대지), (the) nature *or* Mother Nature (대자연)은, 여성으로 받는 경우가 많다. <대지>나 <자연>은 모든 생물을 낳고 기르는 여성적인 성격을 가지고 있기 때문이다.

- **Nature** was resting, holding *her* breath, as it were, before the great effort of birth. (자연은, 말하자면, 탄생의 진통을 목전에 두고 숨을 죽이며 쉬고 있었다) - Maugham, *Mrs Craddock*
- **Nature** never did betray the heart that loved *her*. (자연은 자연을 사랑하는 사람의 마음을 결코 배신한 적이 없었다.) - William Wordsworth [1779~1850 English poet], *Tintern Abbey*

(3) Ship, boat는 여성으로 받는 일이 많고, 때로는 자동차도 흔히 여성으로 받으며, 대체로 자신이 아끼고 사랑하는 물건은 여성으로 받는 경향이 있다.

- The ancient motors of the Exodus groaned as *she* slid back into the center of Kyrenia Harbor. (엑소더스호가 카이레니아항으로 되돌아갈 때 배의 낡은 엔진은 신음소리를 냈다.) - Uris, *Exodus*
- Drive down to the filling station, and fill *her* up with gas and charge it to me. (차를 몰고 주유소로 가서 가솔린을 가득 채워 넣고 그 대금을 내 앞으로 달아 놓으시오.) - Caldwell, *The People's Choice*

(4) Baby와 child는 성별이 분명치 않거나, 문제가 되지 않을 때는 it으로 받고, 성별을 알고 있을 때는 he 또는 she로 받지만, 요즘은 성차별을 없애기 위해서 he or she로 받는 일이 많다. 그리고 개, 고양이, 말 따위의 동물은 보통 중성으로 받지만, 의인화하여 he 또는 she로 받기도 한다.

- **A child**'s intelligence comes partly from *its* parents and partly from *its* environment. (자녀의 지능은 일부는 부모로부터 받고 일부는 환경에서 온다.)
- The nurse weighed the **baby**, then handed *him* to his mother. (간호사는 아기의 체중은 달아보고 나서 그 어머니에게 아기를 돌려주었다.)

Ⅲ. 명사의 격

명사의 격에는 주격, 소유격, 목적격이 있지만 주격과 목적격은 형태가 같다. 이중에서 중요한 것은 소유격과 목적격이다

§7 소유격

(1) 관용적으로 소유격 뒤에 house (*a*), place of business (*b, c, d*)가 올 때는 생략하는 경우가 가장 많고, 때로는 hospital (*e*), cathedral (*f*) 따위가 생략되기도 한다. 두 번째의 place of business는 물론 store나 shop을 가리키지만, 잘 알려진 것으로는 미국의 소설가 Truman Capote (1924~84)의 *Breakfast at Tiffany's* (티파니에서 아침을)이다. 이 작품은 소설로서보다 Audrey Hepburn 주연의 영화(1961)로 더 유명하지만 Tiffany's는 물론 레스토랑이 아니고 뉴욕의 5번가에 있는 유명한 jewelry store (보석가게)의 이름이다. 그리고 cathedral(성당)은 London에 있는 St. Paul's (세인트 폴 대성당), St. Peter's (로마의 바티칸시에 있는 세인트 피터 대성당) 따위가 있고, 이 밖에 Sotheby's (소드비 경매회사), Christie's (크리스티 경매회사)는 House가 생략되었다.

a. Soon Philip got into the habit of going to **Athelny's** every Sunday. (곧 필립은 일요일 마다 애들니네 집에 가는 버릇이 붙었다.) - Maugham, *Of Human Bondage*

- I suppose you'll go down to your **uncle's** at Blackstable. (넌 블랙스터블에 계시는 삼촌댁에 가겠지.) - *Ibid*

b. "I say,"* said Mike, "I'm going to the **barber's**. ("이봐," 하고 마이크가 말했다." 나는 이발소에 가야겠다.") - Hemingway, *The Sun Also Rises* [*주의를 끌거나 대화를 시작할 때 쓰는 말, 저어, 잠깐만]

- Christmas Eve afternoon we scrape together a nickel and go to the **butcher's** to buy Queenie's traditional gift, a gnawable beef bone. (크리스마스 전날 오후에 우리는 5센트 짜리를 모아서 늘 그랬듯이 퀴니에게 선물, 맛있고 갉아먹기 좋은 쇠고기 뼈다귀를 사러 정육점에 갔다.) - Capote, *Christmas Memory*
- If stain remover doesn't work, you'd better send your dress to the **dry cleaner's**. (얼룩 지우는 약이 효과가 없으면 드레스를 드라이클리닝 가게로 보내는 것이 좋다.)
- Then he took his purchase to **a pawnbroker's** and pawned it for ten shillings or a pound more than he paid. (그리고 그는 자신이 산 물건을 전당포에 맡기고 물건 값보다 10실링이나 1파운드를 더 받았다.) - Maugham, *Mirage*
- At last we passed **a stationer's** and it occurred to me that I might as well buy some paper. (마침내 문구점 옆을 지나가다가 종이를 몇 장 사야겠다는 생각이 들었다.) - Maugham, *The Moon and Sixpence*
- He went straight to **a tailor's** and ordered himself an outfit. (그는 곧장 양복점에 가서 양복 한 벌을 맞추었다.) - Maugham, *Mirage*

c. **McDonald's** was one of the most successful restaurants in America. (맥도날즈는 미국에서 가장 성공한 레스토랑의 하나였다.) - Bryson, *Made in America*

- Larry had reserved a table at **Maxim's***. (래리는 막심에 테이블 한 개를 예약해 두었다.) - Maugham, *The Razor's Edge* [* 파리에 있는 고급 레스토랑]

d. **Bloomingdale's** was as crowded as Jack assumed it would be. (블루밍데일스 백화점은 잭이 예상한 대로 붐볐다.) - Cook, *Contagion*

- I know a chophouse near **Macy's**. (나는 메이시스 백화점 근처에 있는 육류전문 요리집을 알고 있어.) - Sanders, *The First Deadly Sin*

e. During his last year at **St. Luke's Philip** had to work hard. (성누가 병원에서 마지막 해에는 필립은 열심히 공부하지 않으면 안되었다.) - Maugham, *Of Human Bondage*

f. The sun set over **St. Peter's** and the mighty cathedral was transformed into a temple of fire and gold. (성 베드로 성당 너머로 해가 졌을 때 그 장엄한 성당은 불과 황금의 사원으로 바뀌었다.) - Maugham, *Mrs Craddock*

g. A collection of prints and paintings by Picasso came under the hammer of **Sotheby's** yesterday. (어제 소드비 경매장에서 피카소의 판화와 그림들이 팔렸다.)

(2) *AmE*에서는 '아무개의 집'이라고 할 때 소유격 대신에 'the + 인명 + house'의 형식도 많이 쓰이며(→*P. 27 b / 57a*), 또 store, shop의 경우에도 소유격을 쓰지 않고, 예컨대 a barber's → a barber shop/ a butcher's → a butcher shop/ a grocer's → a grocery store (식품점)/ a stationer's → a stationery store (문구점)/ a tailor's → a tailor shop (양복점)으로 사용하는 일이 많다.

a. **The Farrington house** was half a mile away. (패링턴의 집은 반마일 앞에 있었다.) - Caldwell, *Yellow Girl*

- Music came from **the Macauley house** on Santa Clara Avenue. (산타 클라라가의 마콜리네 집에서 음악이 들려왔다.) - Saroyan, *The Human Comedy*

NB1 'the + 인명 + house'에서 house를 대문자로 쓰면 호텔 이름이 된다. (→ *p. 79 c, d*)

b. Sometimes he went into the **butcher store** next door to Morris. (가끔 그는 모리스씨의 가게 옆에 있는 정육점에 놀러 갔다.) - Malamud, *The Assistant*

- I was too excited to write the note right in the **stationery store**. (나는 너무 흥분한 나머지 문구점 안에서 편지를 쓸 수 없었다.) - Salinger, *The Catcher in the Rye*

NB2 '(치과)의사에게 가다', '이발소에 가다'의 경우는 's 없이도 쓰인다.

ⓐ You'd better go to the doctor for your chest. (의사한테 가서 가슴 진찰을 받아 봐야겠다.)

ⓑ Most people hate going to the dentist. (대부분의 사람들은 치과에 가기를 싫어한다.)

ⓒ So he said to Frank he was going across the street to the barber. (그래서 그는 프랭크에게 길 건너편에 있는 이발소에 간다고 말했다.) - Malamud, *The Assistant*

§8 목적격 (형용사의 역할)

명사의 목적격은 동사와 전치사의 목적어로 쓰이는 외에도 몇 가지 다른 용법 (§8, 9, 10)이 있다. 이것들을 목적격이라고 부르는 것은 역사적으로 본 것이며, 일반적으로는 명사의 관용적인 어법이라고 생각하는 편이 좋다.

(1) 형용사 역할을 하여 보어로 사용되는 경우 (age, size, color, shape, *etc.*)

a. Charley Simmons, who is just **your age**, has a good job and is going to be married. (너하고 나이가 꼭 같은 찰리 사이먼즈는 좋은 직장을 가지고 있어서 곧 결혼하게 될 거야.) - Hemingway, *Soldier's Home*

• Our house is about the same **age** as yours. (우리 집은 너의 집과 거의 비슷한 시기에 지어졌다.)

• We were the same **age,** thirty-two, and had joined the firm the same year. (우리는 동갑내기인 서른 두 살인데 입사 동기였다.) - Grisham, *The Street Lawyer*

b. Each apartment was roughly the same **size**, judging from the outside. (각 아파트는 밖에서 볼 때 거의 같은 크기였다.) - Caldwell, *Crown-Fire*

c. Her face was flushed and her cheeks were **the color** of ripe oranges. (그녀의 얼굴은 홍조를 띠고 두 볼은 익은 오렌지 색깔이었다.) - Caldwell, *Crown-Fire*

• Her jacket was nearly the same **color** as his trousers. (그녀의 양복저고리는 그의 바지와 비슷한 색깔이었다.)

d. **What shape** is the table, round or square? (그 테이블은 어떻게 생겼느냐, 원형이냐, 아니면 사각형이냐?)

e. It's no **good** crying over spilt milk and it would make things worse if I made a fuss. (이미 엎질러진 물인데 야단법석을 떨어봤자 사태를 악화시킬 뿐이다.) - Maugham, *The Colonel's Lady*

f. It's no use pretending you didn't know. (당신이 모르는 척 해 보았자 소용없다.)

g. We were practically the same **height**, but he weighed about twice as much as I did. (우리는 실제로 키는 같았으나, 그의 체중은 나의 두 배나 되었다.) - Salinger, *The Catcher in the Rye*

(2) 직접 명사를 수식하는 경우

a. Tashi works harder than most girls **her age**. (타시는 제 나이 또래의 대부분의 소녀들보다 더 열심히 공부한다.) - Walker, *The Color Purple*

b. There in the palm of his hand was a small green apricot **the size** of a quail egg. (그의 손바닥에는 메추리 알 크기의 작은 초록색의 살구가 한 개 있었다.) - Saroyan, *The Human Comedy*

c. He was wearing a cotton sweater **the color** of his eyes. (그는 눈동자와 같은 색깔의 면 스웨터를 입고 있었다.) - Follett, *The Third Twin*

§9 부사적 목적격

이것은 대체로 전치사가 생략된 부사구로 볼 수 있으며, 명사의 부사적 용법으로 보아도 무방하다.

(1) 형용사나 부사를 수식하는 경우 (피수식어의 앞에 와서 <정도>를 나타낸다.)

a. Robert was **five years** younger than him. (로버트는 그보다 다섯 살 아래였다.) - Waller, *The Bridges of Madison County*

b. The canvas measures about **4 meters** long and **3 meters** wide. (그 캔버스는 길이가 약 4미터, 너비가 3미터이다.)

c. Kitty stood **a head** taller than Dr. Lieberman. (키티는 선 키가 리버만 박사보다 머리 하나만큼 더 컸다.) - Uris, *Exodus*

- He was **a** good **foot** shorter than the mate and no matter for him. (그는 항해사보다 족히 1피트나 키가 작았지만 그에게는 문제가 되지 않았다.) - Maugham, *Honolulu*

d. …the men, passing on the road, marched as though they were **six months** gone with child. (…도로를 지나가는 병사들은 마치 임신 6개월이나 된 듯한 모습으로 행군했다). - Hemingway, *A Farewell to Arms*

- The rent was **three weeks** overdue, and the landlord threatened them with eviction. (방세가 3주 동안 밀렸을 때 집 주인은 그들에게 방을 비워달라고 겁을 주었다.)

e. The sky was **sapphire** blue, and on the land the peasants did their winter work, mending roads and ditches and thatched roofs. (하늘은 사파이어처럼 푸르고 농부들은 도로나 도랑을 고치고 지붕을 새로 이거나 하면서 겨울일을 하고 있었다.) - Buck, *The Living Reed*

f. The wheel ruts and ridges were **iron** hard with frost. (서리가 내려서 바퀴자국과 밭이랑은 쇠처럼 단단했다.) - Hemingway, *op. cit.*

g. The cell was **pitch** black all night. (감방은 밤새도록 칠흑처럼 어두웠다.) - Malamud, *The Fixer*

- The fire in the cave went out and the forest turned **pitch** dark. (동굴안의 불이 꺼지자 숲은 칠흑같이 캄캄했다.) - Kleinbaum, *Dead Poets Society*

h. Father's face had gone **chalk** white. (아버지의 얼굴은 종이 장처럼 하얗게 변했다.) - Segal, *Acts of Faith*

i. Stock's family is **dirt** poor, and they have little to do with him. (스타크의 가족은 찢어지게 가난하지만 그와는 담을 쌓고 산다.) - Grisham, *The Chamber*

- He said I could sublease them for <u>next to</u>* nothing and feed them **dirt** cheap. (그의 말에 의하면 거저나 다름없는 싼 임금으로 그들(즉, 죄수)을 빌릴 수 있고, 음식비도 엄청나게 싸게 먹힌다고 합니다.) - Mitchell, *Gone with the Wind* [* (부정어 앞에서) 거의]

(2) 동사를 수식하는 경우

방향, 방법 시간, 기간, 장소, 거리, 정도 따위를 나타내는 표현에서 많이 볼 수 있다. (§ 170. 전치사의 생략)

① 방향, 방법

a. What are you looking at me **that way** for? (왜 나를 그렇게 보고 있느냐?)

- Everything in life doesn't have to be done **the hard way**. (인생의 모든 일을 힘들게 할 필요는 없다.) - Segal, *The Class*
- Let me put it **a different way**, Mr. Sanders. (샌더즈 씨, 그것을 다른 말로 표현해 보겠소.) - Crichton, *Disclosure*

현대 영어에서는 아래의 *b, c* 처럼 ~style/ fashion 형식이 많이 쓰인다.

a. He wore his gun at the hip, **cowboy-style**. (그는 카우보이처럼 총을 엉덩이에 차고 있었다.)

- Those unable to sit were strapped **papoose style** on their mother's back. (혼자서 앉을 수 없는 아기들은 인디안 아기들처럼 어머니의 등에 업혀 있었다.) Lee, *To Kill a Mockingbird*
- In the lobby, he picked up a newspaper and, folding it commuter style, positioned himself so that he could see everyone coming into the hotel. (복도에서 그는 신문 한 부를 뽑아서 지하철 통근자들이 하는 식으로 접어들고는 호텔에 들어오는 사람들을 볼 수 있도록 자리에 앉았다.) - Cook, *Outbreak*

a. Eastern European communist governments toppled **domino fashion**. (동유럽의 공산정권들은 도미노 식으로 줄줄이 쓰러졌다.) - Toffler, *The Third Wave*

- She learned French at school by repeating words and phrases **parrot-fashion**. (그녀는 학교에서 불어를 공부할 때 단어와 구절을 앵무새처럼 발음을 그대로 흉내 내면서 배웠다.)
- The meal was prepared **peasant fashion** in a large pot over the fire. (식사는 농부들이 하는 식으로 커다란 냄비를 불 위에 올려놓고 끓였다.)

b. He also has some stock options* and extra life insurance, but travels **tourist or business class**. (그는 약간의 주식 선택권을 갖고 있고 여분으로 생명보험에도 가입하고 있지만, 비행기를 탈 때는 보통석 즉 2등석을 이용한다.) - Toffler, *op. cit.* [* 회사의 임원이나 직원이 원하는 시기에 일정 수량의 자사 주식을 특정 가격에 매입하여 임의대로 처분할 수 있는 권리 또는 그러한 주식]

② 시간, 기간

a. What time do you get home from work? (당신은 직장에서 몇 시에 퇴근하세요?)

b. Apollo 13 was launched on schedule, at 13:13 **Houston time** on April 11. (아폴로 13호는 휴스턴 현지시간으로 4월 11일 13시 13분에 예정대로 발사되었다.) - Lovell, *Apollo 13*

c. He said he was going to write them **Monday**. (그는 월요일에 그들에게 편지를 쓰겠다고 말했다.) - Salinger, *The Catcher in the Rye*

- **Mornings**, standing at the store window, he watched Helen go off to work. (매일 아침 그는 가게의 창문가에 서서 헬렌이 출근하는 모습을 지켜보았다.) - Malamud, *The Assistant*
- He saved up his earnings from working **Saturdays** at McDonald's. (그는 토요일마다 부업으로 맥도날드 가게에서 일하여 번 돈을 저축했다.) - Follett, *The Third Twin*
- He worked **nights** at a boiler room under the Pentagon. (그는 밤마다 국방부 건물의 지하에 있는 보일러실에서 일했다.) - Grisham, *The Street Lawyer*
- Monday **nights** he <u>had</u> the house <u>to himself</u>*. (매주 월요일 밤에는 그 집을 혼자 지켰다.) - Gardner, *The Calendar Girl* [* have ~ to *oneself* ~을 독차지하다, 독점하다]

③ 장소, 거리, 정도 따위

a. I heard that **some places** they dug up graves to look for jewelry. (내가 들은 바로는 어떤 곳에서는 그들이 보석을 찾으려고 무덤을 파헤치고 있다고 합니다.) - Ripley, *Scarlett* [place의 부사적 용법 (→ *p*. 232)]

b. There's not a single snake <u>**the length and breadth of**</u>* Ireland. (아일랜드의 어디를 가나 뱀은 한 마리도 없습니다.) - *Ibid*. [*= every part of]

- Three times he walked up and down **the length of** main street. (그는 중심가의 끝까지 세 번이나 왔다 갔다 했다.) - Anderson, *Winesburg, Ohio*
- She walked the **length of** the house to her father's office. (그녀는 집의 끝에서 끝까지 걸어서 아버지의 사무실로 갔다.) - Capote, *In Cold Blood*

c. It's the 1940s, a time when American families still eat dinner together, children walk **long distances** to school in well-bundled packs and everyone knows their neighbors. (그 영화는 미국의 가족들이 아직은 함께 저녁을 먹고, 아이들은 무거운 책 꾸러미를 들고 먼 길을 걸어서 학교에 가고, 이웃은 다 알고 지내던 1940년대의 이야기다.) - Schneider, *1001 Movies*

*AmE*에서 많이 쓰이는 표현에 <a (...) ways>가 있다. 여기서 ways = distance이지만, 정도를 나타내는 데도 쓰인다. *BrE*에서 a long way off (멀리 떨어진 곳에)라고 할 것을 *AmE*의 구어에서는 a long ways 라고 한다.

d. Can I walk **a ways** with you? (조금 같이 가도 될까요?) - Wilder, *Our Town*

e. We lived on a farm **a good ways** from town. (우리는 읍내에서 멀리 떨어진 농장에서 살았다.) - Capote, *Ibid*.

f. I hadn't much thought about what you said there back **a ways**, but <u>now that you mention it</u>*[1], I really <u>got me</u>*[2] a bunch of old niggers. (나는 네가 지금까지 한 이야기에 대해서 그다지 생각해 보지 않았으나, 그 말을 듣고 보니 생각이 나는데 나는 늙은 깜둥이들만 잔뜩 데리고 있구나.) - Haley, *Roots* [*[1] 네가 말하니까 생각이 나는데, *[2]→ *p*. 17]

§ 10 심성여격

심성여격(ethical dative)이란 상대방이 주의를 끌기 위하여 삽입하는 여격 (명사나 대명사가 간접 목적어일 때의 격)으로, 현대 표준영어에서는 쓰이지 않지만 *AmE* 특히 poor white이나 흑인들의 회화에 많이 사용된다.

a. I got **me** a parole to keep. Can't leave the state. (나는 가출옥을 지켜야 됩니다. 이 주에서 못 떠나요.) - Steinbeck, *The Grapes of Wrath*

- Now that you mention it, I really got **me** a bunch of old niggers. [번역과 출처 → *p.* 16 *f*]
- And I've got **me** a perfectly elegant costume. (그리고 나는 대단히 우아한 의상을 샀어.) - Capote, *A Tree of Night*
- One of these days I'm gonna really get **me** a Jap. (수일 내로 나는 정말로 일본군 한 명을 잡을 거야.) - Mailer, *The Naked and the Dead*
- 'Soon's* I've got to Denver, I'm selling this suit in a pawnshop and getting **me** jeans. (내가 덴버에 도착하자마자 이 양복을 전당포에 팔고 그 돈으로 청바지를 살거야.) - Kerouac, *On the Road* [* = as soon as]
- I've made **me** money and I can make a great family. (나는 돈을 벌었으니까 대가족을 거느릴 수 있어) - Mitchell, *Gone with the Wind*
- I'm gonna pay **me** an early call on Miss Lucy. (나는 일찍 루시양을 방문할거야.) - Williams, *Sweet Bird of Youth*
- I'm going to buy **me** a new automobile! (나는 새 자동차를 한 대 사야겠다.) - Caldwell, *Tobacco Road*
- And when I opened up your daddy's old store in town, I bought **me** my own white boy to run it. (그리고 내가 네 아버지가 옛날에 하던 가게를 다시 열었을 때 그 가게를 운영하기 위하여 백인 소년 한명을 고용했다.) - Walker, *The Color Purple*
- "How many foxhounds have you got, Bokus?" Jule asked. "I got **me** eight." Bokus said. ("보우커스, 자네, 폭스하운드를 몇 마리나 갖고 있니? " "여덟 마리야."하고 보우커스가 말했다.) - Caldwell, *The Negro in the Well*

b. A man with a heavy build have got to be careful of what he put on **him** so he don't look too clumsy. (체격이 좋은 남자는 너무 어색하게 보이지 않도록 몸에 걸치는 옷에 신경을 써야 한다.) - Williams, *A Streetcar Named Desire*

- The kid ordered **him** a pancake; he said that was what Johnny liked best. (그 아이는 팬케이크를 주문하고는 그것은 자니가 가장 좋아하는 과자라고 말했다.) - Capote, *In Cold Blood*

c. We've got **us** a lonely car, you know. (우리 집에만 차가 있어.) - Ibid., *Other Voices, Other Rooms*

§11 동 격

어떤 명사(상당어구)를 다른 명사(상당어구)와 나란히 두고 하나가 다른 것을 설명하거나 부연할 때 그 두 명사는 서로 동격관계에 있다고 말한다.

(1) 명사와 명사

① Comma가 있는 경우

a. George Washington, **President of the United States** (미합중국 대통령 조지 워싱턴)

b. Ahab swore to kill *Moby Dick**, **the white whale** that had crippled him. (에이헙은 그를 불구자로 만든 흰 고래, 모비 딕을 죽이겠다고 맹세했다.) [* → 이 쪽의 맨 아래 ☞]

c. In 1942 Humphrey Bogart joined together with Ingrid Bergman to make one of the greatest movies of all time*, ***Casablanca***. (1942년에 험프리 보가트는 잉그릿 버그먼과 공연하여 가장 위대한 영화의 하나인 <카사블랑카>를 만들었다.) [*→ *p.* 388]

d. America had embraced with both hands conspicuous consumption, **a term** coined in 1899 by the sociologist Thorstein Veblen in his *Theory of the Leisure Class*. (미국은 과시적 소비를 두 손을 벌리고 받아 들였는데, 이 용어는 1899년에 사회학자 소스타인 베블렌이 그의 저서 『유한계급론』에서 만들어 낸 용어이다.) - Bryson, *Made in America*

e. James Dean died three days before the opening of *Rebel Without a Cause*, **his most celebrated film**. (제임스 딘은 그가 출연한 것 중 가장 유명한 영화인 <이유 없는 반항>을 개봉하기 3일 전에 죽었다.)

② Comma가 없는 경우

a. s guy **McDere** knew Lamar Quin went to Kansas State. (이 맥디어란 친구는 라마 퀸이 캔자스 주립대학을 다녔다는 사실을 알고 있었다.) - Grisham, *The Firm*

b. After all it is with the common run of men* that we **writers** have to deal. (결국 우리 작가들이 다루어야 할 사람은 평범한 인간들이다.) - Maugham, *The Summing Up* [* = the general (*or* ordinary) run of men 보통 사람들, 평범한 인간. 여기서 run은 '종류', '보통의 것']

(2) 명사와 명사절 → 동격절 (*p.* 512)

☞ *Moby Dick* (1851)은 미국의 소설가 Herman Melville이 쓴 걸작. Moby Dick이라는 거대한 고래에게 한 쪽 다리를 잃은 Ahab 선장은 복수의 일념으로 포경선을 타고 고래의 행방을 찾아 세계의 바다를 누비고 다닌다. 마침내 적을 발견, 3일간에 걸친 사투가 벌어지고 Ahab은 고래의 몸에 작살을 꽂지만 밧줄이 목에 걸려 배와 함께 바다에 가라앉는다. 이 소설의 매력의 하나는 해양모험소설로서의 성격이다. 전편에서 볼 수 있는 고래의 과학과 고래잡이는 낭만보다 사실을 좋아하는 독자들을 매료시킨다. 그러나 이것이 웅장한 바다의 서사시인 것은 작가의 세계관이 강렬한 상상력에 의해서 풍부한 이미지와 상징 속에 표현되어 있다는 점이며, Shakespeare의 *King Lear*에 비교되는 이유도 여기에 있다.

(3) 동격의 of

이 of는 의미상 ① <~라는> ② <~와 같은>의 두 가지 용법이 있다.

① ~라는

- *The island **of** Manhattan* was bought from the native Indians for a paltry sum. (맨해튼 섬은 원주민 인디안으로부터 얼마 안 되는 돈을 주고 산 것이다.)
- The expression paparazzi*[1] comes from *the character of paparazzo* in La Dolce Vita*[2], who epitomizes the swarm of photojournalists found around every passing celebrity, snapping away and jostling for the best place. (파파라치란 표현은 영화 <라 돌체 비타(달콤한 인생)>에 나오는 파파라초라는 인물에서 유래한 것으로, 유명 인사가 지나갈 때마다 주위에 나타나서 사진을 찍어대고, 가장 좋은 자리를 차지하려고 아귀다툼을 벌이는 사진기자를 대표하는 인물이다.) - Schneider, *1001 Movies* [*[1]paparazzo의 복수형, *[2]→ 이 쪽의 맨 아래 ☞]

② ~와 같은

a. Now she's got *this bull **of** a man* who's bucked her and anyone else on the staff. (마침내 그녀는 그녀 자신과 직원 중 누구에게나 달려드는 이 황소 같은 사나이를 해치웠다.) - Kesey, *One Flew Over the Cuckoo's Nest*

b. She was *a cabbage **of** a woman* who took eagerly to* her opium pipe and was satisfied with it and drowsy. (그녀는 양배추처럼 생긴 여자로 아편 파이프를 노상 빨아대며 흡족해하면서 졸고 있었다.) - Buck, *The Good Earth* [* take to 좋아하기 시작하다, 습관이 붙다]

c. Korea is *a gem **of** a country* inhabited by a noble people. (한국은 고상한 국민들이 살고 있는 보석 같은 나라이다.) - Ibid., *The Living Reed*

d. I understand now those women who love *beasts **of** men*. (나는 짐승 같은 남자를 사랑하는 그 여자들을 이제는 이해한다.) - Maugham, *Mrs Craddock*

e. Sleeping, he looked like *an angel **of** a boy*. (잠을 자고 있을 때 그는 천사처럼 보였다.) - Cook, *Mutation*

f. He looked at his *turnip **of** a watch* again. (그는 순무처럼 동그랗게 생긴 그의 회중시계를 다시 들여다보았다.) - Chrisite, *Poirot Investigates*

g. She was *a fine figure **of** a woman*, and I could well believe that in youth she had been beautiful. (그녀는 몸매가 날씬한 여자였고 젊었을 때는 미인이었음을 알 수 있었다.) - Maugham, *The Romantic Young Lady*

☞ <라 돌체 비타(1960)(달콤한 인생)>는 페데리코 펠리니가 감독하고 마르첼로 마스트로얀니와 에니타 에크버그가 주연을 맡아서 로마 상류층의 단면을 보여주는 영화다. 파티족의 방탕에 대한 신랄한 공격과 그럼에도 불구하고 현대의 퇴폐적인 인간 군상에 대한 거부할 수 없는 매력 사이의 긴장감을 잘 그려내고 있다. 이 영화는 파괴하려 했던 생활양식을 오히려 확립하게 된 역설적인 작품이다. 이를테면 영화를 본 사람들은 순전히 그 달콤한 인생을 모방해 보려고 베네토 거리의 카페에 죽치고 앉아 있게 되는 것이다. 그러나 이 영화에서 가장 많이 기억되는 장면인 트레비 분수에서의 에크버그의 아름다운 모습은 바로 마스트로얀니가 연기하는 마르첼로 루비니의 당혹감과 불편함과 극도의 고통을 표현한 것이다.

(4) This/ that + (고유)명사 + 보통명사

이 형식은 <고유명사(특히 인명) + 보통명사>형이 많지만, <보통명사 + 보통명사>형도 쓰인다. 앞에 오는 this/ that 은 친밀감이나 경멸 또는 혐오감 따위의 감정을 암시할 때가 많다.

① 고유명사 + 보통명사

a. Would you like me to speak with them about not discussing **this UFO*** business with anyone? (그들에게 이 UFO건에 대해서 누구하고도 이야기 하지 말라고 할까요?) - Sheldon, *The Doomsday Conspiracy* [* 미확인 비행물체]

b. Did you talk to **this Kaminsky person**? (이 카민스키란 사람에게 말을 걸어 봤어요?) - Ibid., *Morning. Noon and Night*

c. It was a lousy book, but **this Blanchard guy** was pretty good. (그것은 지저분한 책이었지만, 이 블랜차드란 녀석은 꽤 괜찮은 애였어요.) - Salinger, *The Catcher in the Rye*

e. Mrs. Kennedy can't afford to be seen driving out into the country with **that Butler reprobate**, who isn't received in the best parlors. (케네디 부인이 상류사회의 응접실에서 환영받지 못하는 그 버틀러 같은 무뢰한과 함께 마차를 타고 교외로 달리는 것이 남의 눈에 띄면 안됩니다.) - Mitchell, *Gone with the Wind*

f. We're streaking away from the point the whole bloody time. Who cares about **this Baker fellow?** (우리는 항상 요점에서 벗어나고 있어요. 이 베이커란 녀석에게 신경 쓸 사람이 누가 있어요?) - du Maurier, *Rebecca*

② 보통명사 + 보통명사

a. When **that photographer fellow** took pictures of all of us in front of that UFO, she was standing right next to me. (그 사진사 친구가 미확인 비행물체 앞에서 우리들의 사진을 찍을 때 그 여자는 내 바로 옆에 서 있었어.) - Sheldon, *The Doomsday Conspiracy*

b. Brett's gone off with **the bull-fighter chap**. (브래트가 그 투우사 놈하고 줄행랑을 쳤어.) - Hemingway, *The Sun Also Rises*

c. She said maybe she'd eat a cheeseburger later on. Just what is this **cheeseburger business**? (그녀는 나중에 치즈버거를 먹겠다고 말한 것 같애. 그 치즈버거란게 뭐야?) - Salinger, *Franny and Zooey*

d. A lot of people, especially **this one psychoanalyst guy** they have here, keeps asking me if I'm going to apply myself when I go back to school next September. (많은 사람들, 특히 그 병원의 정신분석과 의사는 내가 9월에 학교로 돌아가면 열심히 공부할 것인지 계속 물어보는 거야.) - Salinger, *The Catcher in the Rye*

Ⅳ. 명사의 형용사적 용법

§ 12 명사 (고유명사 제외) + 명사

<영어의 모든 명사는 형용사로 쓸 수 있다>. 그러나 어떤 명사라도 마음대로 형용사로 쓸 수 있다는 것은 아니고, native speaker의 관용을 따라야 한다. 예컨대, a water pitcher /a pitcher of water(물 주전자); the egg white[yolk]/ the white[yolk] of an egg(달걀의 흰자[노른자]); the State Department/ the Department of State(미국의 국무부)의 각 쌍에서 어느 것을 써도 좋지만, '언어의 경제'라는 측면에서 후자보다 전자가 현대의 언어생활에 편리하다고 볼 수 있다. 이와 같은 명사의 형용사적인 용법은 *BrE*보다 *AmE*에서 많이 쓰인다.

- Last year she flew to Paris to buy designer clothes, jewelry and works of art. (작년에 그녀는 일류디자이너가 재단한 의상, 보석류, 미술품을 사러 비행기로 파리에 갔다.) - *Time* (1986)

위 문장에 쓰인 designer(유명 디자이너 제품의, 일류의)처럼 완전한 형용사로도 쓰이는 명사들은 여기서 다루지 않기로 한다.

age barrier/ limit/ differences (나이의 장벽/ 나이제한/ 나이 차이 = the difference in age)
language/sound/trade **barrier**, the (언어장벽/음속장벽/무역장벽)
animal/bug/flea/monkey/mosquito bite (동물/벌레/벼룩/원숭이/모기한테 물린 자국)
boyhood ambition or dream/experiences/friend/memories (소년시절의 야심, 꿈/경험/친구/기억)
childhood ambition *or* dream/experiences/friend/memories (어린 시절의 야심, 꿈/경험/ 친구/ 기억)
checkout clerk/counter/line ([슈퍼마켓의]점원/ 카운터/ 카운터 앞에서 기다리는 줄)
cigarette burn/ butt/smoke (담배 불에 덴 곳/담배꽁초/담배 연기)
computer error/illiterate/literac/ literate/professional/user (컴퓨터의 실수/ 컴맹/ 컴퓨터 이용능력 /컴퓨터를 아는 사람 /컴퓨터 전문가 /컴퓨터 사용자)
consumer electronics/goods/ movement (가전제품/소비재/소비자운동)
dinner engagement/party (저녁식사 약속/만찬회)
drug abuse (Cf. child abuse [아동학대])/ dealer/ habit/ overdose/ problem/ smuggling/ user 마약남용/ 마약거래인/ 마약을 상용하는 습관/ 약물과용/ 마약 문제/ 마약 밀수/ 마약 사용자)
food/ funeral/ living/ medical/travel(ing) **expenses** (음식비/ 장례비/ 생활비/ 의료비/ 여행경비)
admission(*or* entrance)/ hospital(*or* doctor's)/ lawyer['s]/school **fees** (입장료/ 의료비/ 변호사 비용[=legal fees/학교수업료] = tuition)
authority/ father/ mother figure (권위를 가진 사람/이상적인 아버지상/이상적인 어머니상)
flower arrangement/ an arrangement (*or* arranging) of flowers) (꽃꽂이)
honor student/ system(우등생/무감독 시험제도) Cf. honor(s) graduate(우등졸업생)
information infrastructure/ revolution/ war (정보 인프라/ 정보혁명/ 정보전)

back/ elbow/ eye/ head/ knee/ leg **injury** (= an injury to the back/ the elbow/ an eye/ the head/ a knee/ a leg) (등/팔꿈치/눈/머리/무릎/다리 부상)
job interview/ satisfaction (취업 인터뷰/직업 만족도)
living standard(s) (= the standard of living) (생활수준)
family/ money **matters** (*or* **problems**) (가정문제/금전문제)
car/ dog/ home/ restaurant **owner** (자동차/개/주택/식당 소유자)
peace talks/ movement (*or* campaign)/ treaty (평화회담/평화운동/평화조약)
personnel change/ department/ management (인사이동/인사부/인사관리)
population density/ explosion/ growth/ increase (인구 밀도/ 인구폭발/ 인구성장/ 인구증가)
car/ consumer/ food/ house/ oil/ stock **prices** (자동차 가격/ 소비자 물가/ 식품가격/ 집값/ 유가/ 주가)
food/ housing/ labor/ water, *etc.* **shortage** (식량난/ 주택난/ 노동력부족/ 물 부족 따위)
AIDS/ cholera/ earthquake/ flood/ murder/ rape **victim** (에이즈환자/ 콜레라환자/ 지진 피해자/ 수해 이재민/ 피살자/ 폭행 피해자)
wedding band/ guest/ invitation/ reception (결혼반지/ 결혼축하객/ 결혼청첩장/ 결혼피로연)
world economy (= the global economy)/ history/ market/ opinion/ outlook (*or* view)/ peace (= the peace of the world)/ trade/ population (= the world's population) (세계경제/ 세계역사/ 세계시장/ 세계여론/ 세계관/ 세계평화/ 세계무역/ 세계인구)
bullet (*or* gunshot) /knife/ stab/ **wound** (총상/ 칼에 벤 상처/ 칼에 찔린 상처)

1. Older people applying for jobs come up against **an age barrier**. (취업을 원하는 노인들은 연령의 장벽에 부딪힌다.)

• When the Beijing Film Academy reopened in 1978, Zhang Yimou's application was blocked because he was over **the age limit**. (1978년에 베이징 영화 아카데미가 다시 문을 열었을 때 장이머우는 연령초과로 입학이 거부되었다.) - Nowell-Smith, *The Oxford History of World Cinema*

2. Caron had to take the receiver back because of **the language barrier**. (카론은 언어 장벽 때문에 수화기를 도로 제자리에 놓아 버리지 않으면 안 되었다.) - Forsyth, *The Day of the Jackal*

• Under the agreement all **trade barriers** between the USA and Canada will be eliminated. (그 협정에 의해서 미국과 캐나다 사이의 모든 무역장벽은 제거될 것이다.)

3. That August Berenice scratched **a mosquito bite** under her right arm and it became a sore. (그 해 8월에 베레니스는 오른쪽 겨드랑이에 모기가 문 자리를 긁어서 곪았다) - McCullers, *The Member of the Wedding*

• They were always covered with **bug bites** or suffering from dysentery or hunger or thirst. (그들은 항상 온 몸이 벌레한테 물린 자국투성이거나 설사, 굶주림, 또는 갈증으로 고생했다) - Uris, *Exodus*

4. Michael's **boyhood ambition** had been to become a chef in one of the big hotels. (마이클의 어릴 때의 꿈은 큰 호텔의 주방장이 되는 것이었다.)

• Holly is shocked to learn his **boyhood friend** Harry Lime has recently met a mysterious death. (홀리는 그의 어릴 적 친구인 해리 라임이 최근에 의문사를 당한 사실을 알고 크게 놀란다.) - Schneider, *1001 Movies*

5. Two years later she realized her **childhood ambition** by signing a movie contract with Twentieth century-Fox. She dyed her hair blonde, and changed her name into Marilyn Monroe. (2년 후 그녀는 20세기 폭스와 영화출연 계약에 서명함으로써 어릴 때부터 가지고 있던 꿈을 실현 시켰다. 그녀는 머리를 금발로 염색하고 이름을 메릴린 먼로로 바꿨다.) - Nowell-Smith, *The Oxford History of World Cinema*

- His **childhood experiences** had an enduring influence on his work. (그의 어린 시절의 경험은 그의 작품에 지속적으로 영향을 미쳤다.)
- He knew that his **childhood friend** Zhivago was attached to the divisional hospital. (그는 어릴 적 친구인 지바고가 사단 소속의 야전병원에 배속되어 있음을 알고 있었다.) - Pasternak, *Doctor Zhivago*
- One of my earliest **childhood memories** is of being given a doll for my birthday. (나의 아주 어릴 때 기억 중의 하나는 생일 선물로 인형을 받은 것이다.)

6. Valerie worked as a **checkout clerk** at a supermarket. (발레리는 슈퍼마켓에서 점원으로 일했다.) - Folsom, *The Day After Tomorrow*

7. You can see the **cigarette burns** on the back of his hands. (그의 손등에는 담뱃불에 덴 자국이 보인다.) - Kesey, *One Flew Over the Cuckoo's Nest*

8. Mrs. Laurence's huge *phone bill** was the result of **a computer error**. (로렌스 부인의 엄청난 전화요금은 컴퓨터 실수가 빚어낸 결과였다.) [* = phone charges]

- Instead of dealing with **computer illiterates**, the DP professionals now confronted a large number of "end-users." (데이터 처리 전문가들은 컴맹을 대하는 것이 아니라 수많은 실수요자들을 상대하게 되었다.) - Toffler, *Power Shift*

9. So the Japanese dumped steel, televisions, **consumer electronics**, computer chips, machine tools and nobody stopped them. (그리하여 일본인들은 강철, 텔레비전, 가전제품, 컴퓨터 칩, 기계공구들을 쏟아 냈으며 아무도 그들을 막을 수가 없었다.) - Crichton, *Rising Sun*

10. In fact, many firms today are creating **crisis centers**, contingency plans, and fallback arrangements. (사실 오늘날 많은 기업들이 위기대책 본부, 긴급계획, 비상대책 등을 마련하고 있다.) - Toffler, *Power Shift*

11. Oh, well, unfortunately I have **a dinner engagement** already. (오, 애석하군요, 나는 이미 저녁식사 약속이 있어요.) - Follett, *The Third Twin*

12. Marilyn Monroe died in 1962 from **drug overdose**. (메릴린 먼로는 1962년에 약물과용으로 죽었다.)

13. In addition to her rent and **food expenses**, Jane spends another $ 20 per week on bus fares. (방세와 음식비 외에도, 제인은 버스 요금으로 매주 20달러를 쓴다.)

14. The church took up a collection for her **hospital** and **funeral expenses**. (교회는 그녀의 병원비와 장례비를 마련하기 위하여 헌금을 거두었다.) - Williams, *Sweet Bird of Youth*

- It (= the money) was given to you to defray your **living expenses** while you were going through law school? (그 돈은 당신이 법과 대학원에 다니는 동안 생활비에 보태 쓰라고 준 것이죠?) - Gardner, *The Amorous Aunt*

- All **travel expenses** were billed to the clients. (모든 여행경비는 고객 앞으로 청구되었다.) - Grisham, *The Street Lawyer*

15. The normal **admission fee** for the museum is 50 francs but senior citizens and students are allowed in half-price. (박물관 입장료는 보통 50프랑이지만 노인과 학생의 요금은 절반 가격이다.)

- In an attempt to attract more customers, **entrance fees** have been lowered. (더 많은 관람객을 끌어들이기 위해서 입장료가 인하되었다.)
- I had to break into my savings to pay **the hospital fees**. (병원비를 지불하기 위해서 저축을 깨지 않으면 안되었다.)
- The money is gonna be spent on **lawyer fees** and stuff like that. (그 돈은 변호사 수임료 같은 데 사용될 것이다.) - Grisham, *A Time to Kill*

16. Time and again he has acted out his hostilities against **authority figures**—in school, in the service, in jail. (그는 학교에서, 군대에서, 교도소에서 권위를 가진 사람들에게 적대적인 행동을 한 일이 여러 번 있었다.) - Kesey, *One Flew Over the Cuckoo's Nest*

- Thus, for years, Lionel Trilling, an English professor at Columbia, was **the father figure** for the West Side Intellectuals. **The mother figure** was Mary McCarthty, long before she achieved popular fame. (그리하여, 컬럼비아 대학의 영문학 교수인 라이어넬 트릴링 교수는 수년간 (뉴욕의) 웨스트사이드의 지식인들 사이에서 이상적인 아버지 상이었다. 이상적인 어머니상은 대중적인 인기를 얻기 훨씬 이전의 메리 머카시였다.) - Toffler, *Future Shock*

17. The shape and pale green coloring of the young foliage makes it ideal for **flower arrangements**. (어린 나뭇잎은 그 생김새와 연한 초록색 때문에 꽃꽂이를 하는데 이상적이다.)

Cf. To most artists, the naked female body is about as exciting as a bowl of fruits or **an arrangement of flowers**. (대부분의 화가들에게 여자의 나체는 과일 한 사발이나 꽃꽂이만큼 흥분시킨다.) - Sanders, *The Second Deadly Sin*

18. Then his mother had made the mistake of mentioning her nephew Artie, Wilhelm's cousin, who was **an honor student** at Columbia in math and languages. (그 때 그의 어머니는 당신의 조카 아티, 윌름에게는 외사촌 뻘이며 컬럼비아 대학에서 수학과 외국어에서 우등생인 아티를 실수로 입에 올렸다.) - Bellow, *Seize the Day*

- I hope that you will take this opportunity to meet his replacement, Mr. John Keating, himself **an honors graduate** of this school. (여러분들은 그의 후임자로 오셨고, 그 자신이 이 학교의 우등 졸업생이신 존 키팅 선생님을 소개합니다.) - Kleinbaum, *Dead Poets Society*

19. Whoever breaks the logjam to make machines understand spoken words will gain control over **the information revolution**. (누구든지 구어를 이해하는 기계를 맨 먼저 만드는 자가 정보혁명을 지배하게 될 것이다) - Toffler, *Power Shift*

20. You should always be extremely careful moving someone with **a back injury**. (등을 다친 사람을 옮길 때는 대단히 조심해야 한다.)

- My **elbow injury** lost me the game. (나는 팔꿈치 부상 때문에 경기에 졌다.)

- Unfortunately England's captain sustained **a knee injury** during training. (불행하게도 잉글랜드 팀의 주장은 훈련 중에 무릎 부상을 입었다.)
- During the First World War Renoir* suffered **a leg injury** that left him with a permanent limp. (르누아르는 일차대전 중에 입은 다리부상 때문에 평생 다리를 절었다.) - Nowell-Smith, *The Oxford History of World Cinema* [*(1894~1979) 프랑스의 영화감독. 인상파 화가 Renoir의 아들]

21. For some people, **job satisfaction** is more important than a high salary. (어떤 사람들에게는 많은 급료보다 직업 만족도가 더 중요하다.)
22. The increasing pollution of the earth's atmosphere is a further result of population growth and a desire to increase **living standards**. (지구 대기오염의 악화는 인구증가와 생화수준을 높이려는 욕구가 빚어낸 결과이다.) - Kennedy, *Preparing for the 21st Century*
23. Women have a lot of sense when it comes to* **money matters**. (여자들은 금전문제에 대해서 꼼꼼하다.) [* = on the subject of ~ 에 관해서는]
24. The average **car owners** in the United States keeps his automobile only three and a half years. (미국의 자동차 소유자는 자신의 차를 평균 3년 반 밖에 타지 않는다.) - Toffler, *Future Shock*

- Heavy fines will be imposed on **dog owners** who are negligent about controlling their animals. (애완견 관리에 소홀한 개 주인에게는 무거운 벌금이 부과될 것이다.)

25. Since the Vietnam War the **peace movement** in America has enjoyed greater support. (월남전 이후로 평화운동은 미국에서 더 많은 지지를 얻었다.)
26. Thanks to **a personnel change** I'd made the year after Charley Kirk died, our typewriter division was about to earn its first profit. (찰리 커크가 죽은 다음 해 내가 단행한 인사 이동 덕분에 우리 회사의 타이프라이터 부서가 처음으로 이익을 내려고 하고 있었다.) - Watson, *Father, Son & Co.*
27. To be sure, the British Isles in the early 19th century felt some negative consequences of **the population explosion**. (확실히, 영국은 19세기 초에 인구폭발의 부정적인 영향을 경험했다.) - Kennedy, *Ibid.*
28. **Car prices** in Britain are higher than in many other European countries. (영국의 자동차 가격은 유럽의 많은 다른 나라보다 비싸다.)

- In 1979 the USSR was forced to hike many **consumer prices**. (1979년에 소련은 많은 상품의 소비자 가격을 인상하지 않으면 안 되었다.)
- **House prices** are higher than they were a year ago. (집값은 일 년 전보다 비싸다.)

29. The government will announce interim measures to tackle **food shortages***. (정부는 식량부족에 대처하기 위해서 임시 조치를 발표할 것이다.) [* shortage는 셀 수 있는 명사]

- In France, a continuing **housing shortage** contrives to slow down internal mobility. (프랑스에서는 계속되는 주택난 때문에 국내 이동속도가 느리다.) - Toffler, *Ibid.*
- Inside Jerusalem **the food and water shortages** had become critical. (예루살렘 내부에서는 식량난과 식수난이 심각했다.) - Uris, *Exodus*

30. He was barefoot and looked a flood victim. (그는 맨발이었고 마치 수해 이재민처럼 보였다.) - Grisham, *A Time to Kill*

- The President's message expressed sympathy with the suffering of **the earthquake victims**. (대통령의 메시지에는 지진 피해자들에 대한 동정심이 담겨져 있었다.)

31. **The wedding guests** were arriving <u>in dribs and drabs</u>*. (결혼식의 하객들이 작은 무리를 지어 도착하고 있었다.) [* 조금씩, 작은 무리를 지어]

- **The wedding reception** will take place at the Hilton Hotel, starting at 3:30 p.m. (결혼 피로연은 힐튼 호텔에서 오후 세 시 반부터 시작될 것이다.)
- Where did you get your **wedding invitations** printed? (결혼 청첩장을 어디서 인쇄했느냐?)

32. It (= this new civilzation) is a civilization dealing with its own distinctive **world outlook**. (이 새로운 문명은 독자적인 세계관을 가진 문명이다.) - Toffler, *The Third Wave*

- The Berlin Wall was covered in slogans calling for **world peace**. (베를린 장벽은 세계평화를 요구하는 선전문구로 뒤덮여 있었다.)

Cf. We want them to fully understand our contributions to the defense of our country and **the peace of the world**. (우리가 조국의 방위와 세계평화에 이바지하고 있다는 사실을 그들이 충분히 이해해주기 바란다.) - Ludlum, *The Road to Omaha*

- These upheavals brought on a drastic slowdown in the rate of growth of **world trade**. (이러한 큰 동란은 세계 무역의 성장속도를 크게 둔화 시켰다.) - Toffler, *Op. cit.*
- Humanity lies at the center of <u>Kurosawa's</u>* themes, an approach which has formed the basis of his **world view** since his early works. (인간애는 구로사와의 주제의 중심이며, 이것은 초기 작품 이래 그의 세계관의 기초를 형성하고 있다.) - Nowell-Smith, *The Oxford History of World Cinema* [*→이 쪽의 맨 아래 ☞]

Cf. Darwin's ideas have had a profound influence on our view of the world. (다윈의 사상은 우리들의 세계관에 깊은 영향을 주었다.)

33. On examining his body it was found that it was already cold, and he had **a bullet wound** in his chest. (그의 몸을 살펴보았더니 이미 싸늘하게 식어 있었고, 가슴에는 총에 맞은 상처가 있었다.) - Benedict, *The Chrysanthemum and the Sword*

- The pathologist ascertained that the victim had died from **a gunshot wound**. (그 병리학자는 피해자가 총에 맞은 상처로 죽었음을 확인했다.)
- They had to wait as auto accidents, **knife wounds**, and heart attacks were given priority. (그들은 자동차 사고나 칼에 벤 상처처럼 기다리지 않으면 안됐다. 심장발작이 우선이었다.) - Cook, *Contagion*
- Death was due to **a stab wound** in the heart and not to drowning. (익사한 것이 아니라 칼에 심장을 찔렸기 때문에 죽은 것이었다.) - Christie, *They Came to Baghdad*

☞ 구로사와 아키라(1910~1998 黑澤明)는 일본을 대표하는 영화감독으로 <7인의 사무라이>, <요짐보(用心棒), <가게무샤 (影武者)>, <이키루> 등 많은 영화를 만들었으며, 그 중에서도 <라쇼몽(羅生門, 1950)>과 <란(亂, 1985)>은 걸작으로 꼽힌다. 특히 전자는 일본의 요절한 천재 소설가 아쿠다가와 류노스케(芥川龍之介)의 소설을 각색한 것으로 인간의 이기주의와 인식론적인 악몽(epistemological nightmare)을 깊이 있게 그려서 널리 호평 받았다.

§ 13 The + 고유명사 + 보통명사

앞의 § 12에서는 고유명사 외의 명사들이 소유격이나 전치사 of를 쓰지 않고 직접 명사를 수식하는, 즉 형용사적인 용법을 설명했지만 고유명사도 이와 같은 용법으로 사용된다. 앞의 경우와 다른 점은 정관사 따위의 한정사가 붙는다. 이것은 *BrE*에서도 더러 쓰이지만 *AmE*구어에서 흔하게 볼 수 있다.

a. As the century passed, **the Yi Dynasty*** grew in glory and achievement. (세기가 바뀜에 따라서 이씨왕조(즉 조선)는 찬란한 영광과 업적을 남겼다.) - Buck, *The Living Reed* [* = the Dynasty of Yi]

a. **The Farrington house*** was half a mile off. (페링턴 여사의 집은 반마일 떨어져 있었다.) - Caldwell, *Yellow Girl* [* = (Mrs) Farrington's house]

b. Will your mother ride the new horse to **the Wilkes barbecue** tomorrow? (어머니는 내일 윌크스네 집의 원유회에 새로 산 말을 타고 가시느냐?) - Mitchell, *Gone with the Wind*

c. Victor understand that, like VJ, **the Hobbs boy** was something of a child prodigy.* (VJ와 마찬가지로 홉스의 아들도 신동이라는 것을 빅터는 알고 있었다.) - Cook, *Mutation* [* 신동]

d. President Jimmy Carter banned any exchange of U.S. intelligence data with South Africa. **The Reagan Administration** opened the pipeline again. (카터 대통령은 남아프리카와 미국의 정보자료 교환을 일체 금지했다. 레이건 행정부는 이 파이프라인을 다시 열었다.) - Toffler, *Power Shift*

e. **The Chernobyl disaster*** clearly demonstrates the dangers of nuclear power. (체르노빌 참사는 핵에너지의 위험성을 명백히 증명하고 있다.) [* → 이 쪽의 아래 ☞ 1]

f. **The Watergate scandal*** and the resignation of President Nixton illustrated the power of the media of America. (워터게이트 사건과 닉슨 대통령의 사임은 미국 언론의 힘을 보여 준 것이었다.) [* → 이 쪽의 맨 아래 ☞ 2]

앞에 the 외에 a, one, this, that이 오기도 하는데, this나 that은 친밀감, 혐오감 등의 감정을 나타내며, 뒤에 오는 명사가 복수형으로 쓰이기도 하다

g. He got in a quarrel with that wild **Wainright boy**. (웨인라이트씨의 그 장난꾸러기 아들과 싸움을 했어.) - Williams, *The Glass Menagerie*

☞ 1. 체르노빌은 우크라이나의 지명, 1986년 여기에 있던 핵발전소가 폭발하여 방사성 물질이 전세계로 번졌으며, 유럽의 많은 지역이 오염되고, 많은 사람들이 암 등에 걸려 죽었다. 특히 우크라이나 일대에서만 8000명이나 목숨을 잃었다고 한다.

☞ 2. 1972년에 Nixon 대통령의 재선을 노리는 미국의 대통령 재선위원회가 워싱턴에 있는 워터게이트 빌딩의 민주당 본부에 도청장치를 설치하려다가 적발된 사건. 이로 말미암아 닉슨 대통령은 1974년에 사임했다. 이 특종을 터뜨린 것은 <워싱턴 포스트>의 두 기자 Carl Bernstein과 Bob Woodward이다.

V. 명사의 idioms

§ 14 <형용사 + 행위자 (명사)>의 표현

She is a good cook. (=She cooks well.) (그녀는 요리를 잘한다.) He is a bad / poor swimmer. (=He doesn't swim well) (그는 헤엄을 잘 칠 줄 모른다.) 와 같은 표현들은 형용사가 명사 속에 표현되어 있는 동작의 내용을 나타낸다.

a. Perhaps **the best conversationalist** in the world is the man who helps others to talk. (세상에서 가장 말을 잘하는 사람이란 상대방이 말을 하도록 도와주는 사람이다.) - Steinbeck, *East of Eden*

b. He's **a good/poor correspondent.** (그는 규칙적으로 편지를 쓰는/ 좀처럼 안 쓰는 사람이다.)

- Mrs. Tower was **a bad correspondent** and though I sent her an occasional picture-postcard I received no news from her. (타워 부인은 편지를 쓰는 성미가 아니기 때문에 내가 가끔 그림엽서를 보냈지만 한 번도 답장을 받지 못했다.) - Maugham, *Jane*

c. She looked like a very **good dancer**. (그녀는 춤을 아주 잘 추는 것 같았다.) - Salinger, *The Catcher in the Rye*

d. Americans think they're **good drivers** compared to* drivers in other countries. (미국인들은 그들이 다른 나라 사람들에 비해서 운전을 더 잘한다고 생각한다.) [* = compared with]

e. I'm twenty and **a good housekeeper**. (나는 스무 살이며 살림을 잘합니다.) - Maugham, *The Razor's Edge*

- It was impossible not to see that Mrs. Strickland was **an excellent housekeeper**. (스트릭랜드 부인이 살림을 잘 한다는 것은 의심할 여지가 없었다.) - Maugham, *The Moon and Sixpence*

f. He's **a good judge of character**, who can sum people up* immediately. (그는 성격판단을 잘 하기 때문에 사람을 보고 금방 인품을 알아본다.) [* 합계(요약, 평가)하다]

- I must be **a poor judge of character** if that's so, she thought. (그렇다면 나는 틀림없이 성격판단이 서투른 사람이야, 하고 그녀는 생각했다.) - Follett, *The Third Twin*

g. She was as **good a climber** as anybody on the block. (그 소녀는 동네에서 누구 못지않게 나무타기를 잘했다) - McCullers, *The Heart is a Lonely Hunter*

h. I was a very heavy drinker when I was a young fellow and **a desperate gambler.** (나는 젊었을 때 술고래였으며, 도박이라면 사족을 못쓰는 성미였다) - Maugham, *Straight Flesh*

i. He was **a good listener** and was fond of saying, "what this country needs a hearing aid". (그는 남의 말을 잘 들어 주었으며, "이 나라에 필요한 것은 보청기야"라고 말하기 좋아했다) - Reston, *Deadline* *i*. He has served in the English Army, and is an extremely able secretary, being an exceptionally **fine linguist**. I believe he speaks seven languages. (그는 영국 육군에서 복무한 적이 있는데, 대단히 유능한 비서이며, 또 외국어 실력이 특출합니다. 그는 7개 국어를 구사해요.) - Christie, *4: 50 from Paddington*

k. He was **a bad winner** and **a good loser**. (그는 이겼을 때는 자기에게 진 상대방을 깔보고, 졌을 때는 깨끗이 시인했다.) - Maugham, *The Moon and Sixpence*

l. Another thing that I apparently represent to people is that I'm **a good manager**. (사람들에게 분명히 말하고 싶은 또 한 가지는 내가 경영을 잘 한다는 것이다.) - Iacocca, *Autobiography*

m. He was a very **good mimic** and he assumed the Yiddish and reproduced the Jewish gestures to perfection. (그는 남의 흉내를 내는 데는 타의 추종을 불허하는 인물로 이디쉬말을 가장하여 완벽하게 유태인과 꼭 같은 몸짓을 해보였다.) - Maugham, *The Alien Corn*

n. He was **a good mixer**, and in three days knew anyone on board. (그는 사교성이 풍부해서 3 일만 지나면 배 안에 있는 사람은 누구나 알고 지냈다.) - Maugham, *Mr. Know-All*

o. Though I have read so much, I am **a bad reader**. I read slowly and I am **a poor skipper**. (나는 독서를 많이 했지만 읽는 것이 서툴다. 속도가 느리며, 빼먹고 읽지를 못한다.) - Ibid., *The Summing Up*

p. Was he usually **an early** or **a late riser**? (그는 평소에 아침에 일찍 일어났어요 아니면 늦게 일어났어요?) - Christie, *Murder on the Orient Express*

q. I'm not **a bad sailor** and when under stress of weather the game broke up I did not go below. (나는 멀미를 하지 않기 때문에 날씨가 나쁠 때 게임이 끝나더라도 선실로 내려가지 않았다.) - Maugham, *Straight Flush*

r. Kenyon was **a good shot** and his friend a better one. (그는 총을 잘 쏘았으며, 그의 친구는 그 보다 더 잘 쏘았다.) - Capote, *In Cold Blood*

- You'd have to be **a** really **good shot** to get that bird from here. (여기서 저 새를 맞추는 것을 보니 당신은 정말 명사수임에 틀림없어요.)

s. Nicky was **a light sleeper** and the least sound was apt to wake him. (니키는 잠귀가 밝기 때문에 바스락 하는 소리만 나도 잠이 깨었다.) - Maugham. *The Facts of Life*

- He was **a heavy sleeper**. (그는 잠귀가 어두웠다.) - Grisham, *The Pelican Brief*

t. He had been **a heavy smoker** all his life and only stopped when his doctor told him to. (그는 평생 골초였으나 의사가 담배를 끊으라고 했을 때 비로소 끊었다.)

u. I appreciate you being **a good sport** about it. (그 일에 대해서 대범하게 생각하니 고맙구나.) - Cook, *Mutation*

- You'<u>re being **a good sport**</u>,* Sam. (샘, 자네는 성격이 소탈하구나.) - Clancy, *Without Remorse* [* be being + *n*.→ *p*. 197]

§ 15 <Have the kindness *etc.* to do> 구문

추상명사가 포함된 위와 같은 형식도 전형적인 영어식 표현법이다. 이러한 문장은 아래와 같이 paraphrase할 수 있다.

She had **the kindness to show me** to the subway station.
= She *was kind enough to show* me to the subway station.
= She *was so kind as to show* me to the subway station.
= She *was so kind that she showed* me to the subway station.
= She *kindly showed* me to the subway station.
(그녀는 친절하게도 나를 지하철역까지 안내해 주었다.)

a. You're a pair of animals! Not one, not another living soul would **have had the cruelty to** *walk* out on that man in a restaurant. (너희들은 짐승이냐! 잔인하게도 아버지를 식당에 내버려두는 인간이 어디 있니?) - Miller, *Dearth of a Salesman*

b. He had talked of getting occupation of this sort so long that he **had** not **the face to** *refuse* outright. (그는 오래 전부터 이런 종류의 일을 하고 싶었으므로 감히 딱 잘라 거절할 수 없었다.) - Maugham, *Of Human Bondage*

c. He **had the good fortune** even **to** *sail* safely through those perilous, unquiet strait of marriage in which so many wise and good men have made shipwreck. (수많은 현명하고 선량한 사람들도 난파한 그 위험하고도 불안한 결혼이란 해협을 그는 다행하게도 무사히 통과해 왔다.) - *Ibid, The Treasure*

d. I guess I don't **have the gut to** *be* a real doctor. (나는 진정한 의사가 될 용기가 없는 것 같아.) - Segal, *Doctors*

e. And then you **have the impudence to** *say* you love me! (그런데도 당신은 뻔뻔스럽게도 나를 사랑한다고 말하는군요!) - Lawrence, *Women in Love*

f. He wondered if he'd **have the luck to** *get* a bed to sleep in. (그는 잠을 잘 침대가 있을지 궁금해 했다.) - Maugham, *The Unconquered*

Cf. He ran for sheriff last time, and **had the misfortune** <u>of mak*ing*</u>* the runoff against Ozzie Walls. (그는 지난번에 보안관 선거에 출마했으나 결선투표에서 오지 왈즈에게 고배를 마셨다.) – Grisham, *Time to Kill* [* 부정사 대신 of + doing 형이 오는 경우도 있다]

g. Some of them even **had the nerve to** *complain* to the police. (그들 중에는 뻔뻔스럽게 경찰에 불평하는 사람도 있었어요.) - Greene, *The Heart of the Matter*

h. At last someone behind the screen **had the sense to** *draw* the curtain. (마침내 칸막이 뒤에서 누군가 재치 있게 커튼을 쳤다.) – Pasternak, *Doctor Zhivago*

i. A few of the ladies **had the temerity to** *call* but were not received. (몇 명의 부인들이 용기를 내어 방문했으나 아무도 맞아 주는 사람이 없었다.) - Faulkner, *A Rose for Emily*

제 2 장 대명사

WARM-UP

대명사(Pronoun)의 종류는 대체로 다음 다섯 가지로 나눈다.

(1) 인칭 대명사 (Personal pronoun)

인칭의 구별을 가지는 대명사를 말한다. 반드시 사람을 가리키는 대명사라는 의미는 아니므로 it이나 그 복수 they도 인칭 대명사에 들어간다. 주로 앞에 나온 명사의 반복을 피하기 위하여 쓰이지만 막연하게 일반적인 의미로 사용되는 경우도 있다.

(2) 지시 대명사 (Demonstrative pronoun)

앞에 나온 단어나, 구, 절 또는 전후관계로 보아 무엇인지 확실히 알 수 있는 것을 가리키는 대명사로서 this (these), that (those) 뿐이지만, the same, such, so를 여기에 포함시키는 사람도 있다.

(3) 부정 대명사 (Indefinite pronoun)

인칭 대명사, 지시 대명사, 관계 대명사, 의문 대명사 외의 대명사를 가리킨다. 다소 편의적인 명칭이다. 다음 단어들이 여기에 속한다: all, both, each, any, some, either, one, none, other, another, somebody, anybody, nobody, everybody, something, anything, nothing, everything, someone, anyone, everyone

(4) 의문 대명사 (Interrogative pronoun)

의문을 나타내는 대명사를 가리키는데, who, whose, whom, what, which, *etc.*가 여기에 속한다.

(5) 관계 대명사 (Relative pronoun) ➔ 제12장 관계사

NB 재귀 대명사 (Reflexive pronouns: myself, yourself, himself, herself, ourselves, *etc.*)와 소유대명사(Possessive pronouns : mine, yours, hers, theirs, *etc.*)를 인칭 대명사에서 독립시켜서 7개로 나누는 사람도 있다.

Ⅰ. 인칭 대명사

§ 16 일반사람을 가리키는 we, you, they

We, you, they의 세 단어가 막연한 일반사람을 가리키는 일이 있다. We나 you는 그대로 우리말로 옮겨도 지장이 없지만, they는 구태여 번역할 필요가 없는 경우가 많다.

a. **We** must not exploit other people to our own advantage. (우리는 다른 사람을 자신에게 유리하도록 이용해서는 안 된다.) - Gaarder, *Sophie's World*

- Recent research shows that **we** dream for about twenty percent of our sleeping hours, that is, between one and two hours each night. (최근의 연구에 의하면 우리는 매일 밤 수면시간의 20%, 즉 한 시간에서 두 시간 동안 꿈을 꾼다고 한다.) - *Ibid.*

NB1 의사나 어머니가 환자 또는 아이를 위로하거나 어를 때 또는 젠체하는 사람에게 조용히 타이르거나 빈정거리는 기분으로 we (= you)를 사용하는 일이 있다. 자기 자신을 포함하는 말투를 써서 친밀감이나 동정을 나타낸다.

- He said, "**We**'re awake. How are we feeling?" (그는 말했다, "이제 깨셨군요. 기분이 어떠세요?") - Clancy, *Patriot Games* [의사가 환자에게 하는 말]
- **We** must be prepared for the worst—your mother is very ill. (최악의 경우에 대비하셔야겠습니다. 어머니께서 위독하십니다.)

b. **You** should take a woman by the waist and a bottle by the neck. (여자를 안을 때는 허리를 잡고 병은 목을 잡아야 한다.) - Maugham, *The Hairless Mexican*

- **You** cannot trust those people who praise you in your presence. (면전에서 당신을 칭찬하는 사람은 믿을 수 없다.)
- Ryan noticed the kiosk where **you** could buy a Coke and a Snickers. (라이언은 코카 콜라나 스니커즈를 살 수 있는 키오스크를 보았다.) - Clancy, *Patriot Games*

c. What language do **they** speak in Brazil? (브라질에서는 무슨 말을 사용하느냐?)

- The newspaper says **they** arrested the culprit yesterday. (신문에 의하면 당국은 어제 범인을 체포했다고 한다.)
- **They** sell everything from shoelaces to barbecues at the general store. (= The general store sell everything from shoelaces to barbecues.) (잡화점에서는 구두끈에서부터 고기 굽는 틀에 이르기까지 모든 것을 다 판다.)

NB2 바로 위에서 *c.*의 세 예문에 쓰인 they는 정확히 말하면 일반 사람이 아니므로 one, we, you로 바꿀 수 없다.

He who/ that...(...하는 사람) 과 they who/ that... (...하는 사람들)의 he, they도 일반사람을 가리키지만 낡은 문어체로 격언이나 성경(King James Version AD 1611) 따위에만 쓰인다.

a. **He** who hesitates is lost. [saying] (주저하는 자는 잃는다.)
He laughs best who laughs last. [saying] (최후에 웃는 자가 가장 잘 웃는다.)
(= Never mind how long it takes you, so long as you win.)
He that marries for wealth sells his liberty. [saying] (재산을 보고 결혼하는 자는 자유를 파는 것이다.)
He is well paid that is well satisfied. (충분한 만족은 충분한 보수.) - Shakespeare, *The Merchant of Venice*
He that is slow to anger is better than the mighty; and **he** that rules his spirit, than **he** that take a city. (함부로 화를 내지 않는 사람은 용사보다 낫고, 제 마음을 다스리는 사람은 성을 빼앗는 사람보다 낫다.) - *Proverbs* (잠언) 16:32

Cf. 불교의 경전인 법구경(法句經)에도 이와 비슷한 구절이 있다. 千千爲敵 一夫勝之 未若自勝 爲戰中上 (전쟁에서 수천의 적과 혼자 싸워서 이기는 장수보다 하나 뿐인 자신을 이기는 자가 으뜸가는 용사이다.)

b. **They** that know nothing fear nothing. [saying] (모르는 자는 두려워하지 않는다.)
They that live longest must die at last. [saying] (생명이 있는 것은 죽기 마련)

He(*or* they) who(*or* that) ~ 대신에 현대영어에서는 a man(*or* those or one) who ~를 사용한다.

c. An optimist is **a man** who starts a crossword puzzle with a fountain pen. (낙천주의자란 만년필을 가지고 글자 맞추기를 풀기 시작하는 사람이다.)

d. There is nothing so terrible as the pursuit of art by **those** who have no talent. (재능이 없는 사람이 예술을 추구하는 것만큼 끔찍한 일은 없다.) - Maugham, *Of Human Bondage*

- **Those** who have learned most are able to realize how little they know. (가장 많이 배운 사람이야말로 자신이 아는 것이 얼마나 적은가를 알 수 있다.)
- Real leisure is a blessing only to **those** who have definite working hours. (진정한 여가란 명확한 노동시간을 가진 사람에게만 주어지는 축복이다.) - Wain, *Hurry on Down*
- They say that life is short: to **those** who look back perhaps it is; but to those who look forward it is long, horribly long, endless. (인생은 짧다고들 말한다. 뒤돌아보는 사람에게는 짧지만 앞만 보는 사람에게는 길고, 끔찍하게 길며, 끝없이 길다.) - Maugham, *Mrs Craddock*

e. **One who*** lives in a glasshouse should not throw a stone. [saying] (유리 집에 사는 사람은 돌을 던져서는 안 된다.) [속담] [* one who는 those who에 비해서 다소 형식적이고 딱딱한 표현임]

§ 17 인칭 대명사의 특수 용법

(1) We, you, they는 have 또는 get과 결합하여 날씨를 나타낼 때 쓰인다.

a. **We** *have* winds down here–at times very violent winds. (여기는 바람이 분다–때로는 매우 강한 바람이 분다.) - Gardner, *The Amorous Aunt*

- **We** will *have* the snow soon. (곧 눈이 내리겠어.) - Hemingway, *A Farewell to Arms*
- **We**'re about to *have* a storm. Don't be frightened. I've sailed through much worse. (폭풍이 올 거야. 겁내지 마라. 나는 훨씬 더 심한 폭풍 속에서도 항해한 적이 있어.) - Ripley, *Scarlett*
- "Looks like we're going to get some rain," he told her as he took the beer from her hand. ("비가 올 것 같애." 그는 그녀의 손에서 맥주를 받아 들면서 말했다.) - Clancy, *Without Remorse*

b. Did **you** *have* fine weather in Italy? (이태리에서는 날씨가 좋았느냐?) - du Maurier, *Rebecca*

c. **They** *had* lovely weather in Italy for their honey moon. (그들이 이태리에서 신혼여행을 가 있는 동안 날씨가 화창했어요.) - *Ibid.*

(2) 인칭 대명사가 have (got) 또는 got과 결합하여 <존재>를 나타낸다.

a. But **I**'*ve got* a sick man out in the car. (밖에 있는 차 속에 환자가 있어요.) - Ellison, *Invisible Man*

- **We** *have* three bodies up here, and a hell of a large quantities of what looks like heroine. (이 위에 세 구의 시체가 있고 헤로인처럼 보이는 물건이 다량 있어요.) - Clancy, *Without Remorse*
- **We**'*ve* got a boy caught in a trap here. (한 소년이 여기에 있는 덫에 걸렸어요.) - Saroyan, *The Human Comedy*

b. **You** *got* Grandpa Irving sittin' behind the counter with a fuckin' Magnum in his hand. (어빙 노인이 손에 매그넘 권총을 들고 카운터 뒤에 앉아 있어.) - Tarantino, *Pulp Fiction* (screenplay)

- **You** *got* a telephone here? (여기에 전화 있어요?) - Williams, *The Night of Iguana*

c. **They** *got* little electric chairs there - just you size. (저기에 전기의자가 있어 - 네 덩치만한 거야.) - McCullers, *The Heart is a Lonely Hunter*

- "**They** don't *have* any winters in California." He said. "It's just like spring all the time." ("캘리포니아에는 겨울이 없어."하고 그가 말했다. "일년 내내 봄날 같아.") - Steinbeck, *The Grapes of Wrath*

(3) 구어체에서 인칭 대명사가 사람 그 자체가 아니라 그 사람이 가지고 있거나 그 사람과 관련이 있는 물건을 나타낼 때가 있다.

a. "There's plenty of room in my bag, Cat, if you need any." "***I***'m almost packed," she said. ("넣을 물건이 있다면 내 가방에는 아직 여유가 많이 있어, 캣," "이미 거의 다 넣었어요."하고 그녀가 말했다.) - Hemingway, *A Farewell to Arms* [* I = my things]

b. ***We***'ve got a hell of a problem. ***We***'ve lost oxygen pressure. (우리 우주선에는 문제가 많아. 우주선의 산소압력이 떨어졌어.) - Lovell, *Apollo 13* [* we = our spaceship]

- ***We***'re on fire! Get us out of here. (우리 우주선에 불이 붙었어요. 우리를 여기에서 꺼내 주시오.) – *Ibid.* [* We = Our spaceship]
- This is your captain speaking. **We*** are due to take off in five minutes. (기장이 말씀 드리겠습니다. 우리 비행기는 5분 후에 이륙할 예정입니다.) [* we = our airplane]
- Although we are a small company, **we** manage to produce over 10,000 cars a year. (우리 회사는 규모는 작지만 일년에 일 만대의 자동차를 생산하고 있습니다.)
- This is why we are the best preparatory school in the United States. (그래서 우리 학교가 미국에서 제일가는 대학 예비교가 된 거라구.) - Kleinbaum, *Dead Poets Society*
- "**We*** hit an iceberg - there it is," somebody said. ("우리 배가 빙산과 충돌했어요. 저것 보시오" 하고 누군가가 소리쳤다.) - *Time* (1985) [* We = Our ship 즉 Titanic호]
- **We*** had a flat tire on the way back. (돌아오는 길에 타이어가 펑크 났다.) - Segal, *Doctors* [*We = Our car]

c. He bent down and shoved **us*** off. I dug the water with the oars. (그는 몸을 굽혀서 우리가 탄 보트를 밀었다. 나는 노를 저었다.) - Hemingway, *Op. cit* .[* = our boat]

Cf. The young Indian shoved the camp boat off and got in to row **Uncle George**. (젊은 인디언은 보트를 밀어내자 조지 삼촌이 탄 배를 저으려고 올라탔다.) - Ibid., *Indian Camp*

(4) them = those

New Fowler's p. 777에 "지시 형용사로서의 them은 20세기에는 전락하여 방언이나 무교육자들만 사용한다"고 설명하고 있음에도 불구하고 오늘 날은 *AmE*나 *BrE*의 구어에 광범위 히게 사용되고 있나.

a. I don't see how you can find all **them** things, Mr. Morris. (모리스씨, 아저씨가 그런 물건들을 어떻게 찾아내는지 모르겠어요.) - Caldwell, *Georgia Boy*

b. She's Adam Trask's wife, mother of **them** damn twins. (그 여자는 아담 트라스크의 아내이자 그 쌍둥이의 엄마야.) - Steinbeck, *East of Eden*

c. She was as pretty as a picture in **them** days. (그 여자는 그 당시에는 그림처럼 예뻤어요.) - Maugham, *Cakes and Ale*

§ 18 소유 대명사 (Possessive pronoun)

인칭대명사의 소유격의 다른 형태(mine, yours, his, hers, ours, yours, theirs)로서 독립하여 사용되는 것을 말한다.

(1) 앞 뒤의 명사를 받는 용법

a. Can I borrow your CD player? **Mine**(= my CD player) is broken. (네CD 플레이어 좀 빌려줄 수 있겠니? 내 것은 고장 났어.)

- If you want the job, it's **yours** for the taking*. (네가 그 직장을 원한다면 잡기만 하면 네 것이다.) [* → *p.* 269]
- That's not Bill's wife - **his** is a tall blonde woman. (저 여자는 빌의 처가 아니야 - 빌의 처는 키가 큰 금발의 여자야.)

b. Ours(= Our age) is an age of uncertainty. (현대는 불확실성의 시대다.)

(2) A friend of mine 형식

이것은 a my friend 또는 my a friend의 어순이 허용되지 않기 때문에 생겨난 형식이다.

a. These jeans of **mine** have been all around the world with me. (나는 이 블루진을 입고 전 세계를 돌아 다녔다.)

b. Robert is an old friend of **yours**. (로버트는 당신의 오랜 친구이다.) - Maugham, *The Letter*

- This chap of **yours** is anxious for me to see you. (이 사람이 나한테 당신을 만나게 해달라고 간청했어요.) - Hemingway, *A Farewell to Arms*
- That car of **yours** looks like it needs a good wash. (자네의 저 차는 아주 지저분하다.)

c. This friend of **hers** is said to be very rich. (그녀의 이 친구는 대단히 부자라고 한다.)

- She spends far too much on those spoilt kids of **hers**. (그녀는 저 버릇없는 아이들에게 너무 많은 돈을 쓴다.)

Cf. So you were a friend of **Harry's**. (그럼 당신은 해리의 친구였군.) - Greene, *The Third Man*

이 밖에 another, some, any, which 따위도 위와 같은 어순을 취한다.

NB a friend of mine과 my friend

전자는 <상대방이 모르는 나의 친구>로서 of mine은 종종 생략된다. 후자는 <특정한 친구>를 가리킬 때 또는 그 친구가 곁에 있을 때나 소개할 때 사용한다.

ⓐ She dropped me off to a point where **a friend** had arranged to meet me. (그녀는 내가 친구와 만나기로 약속한 장소에 나를 내려 주었다.)

ⓑ I used to buy a bar of chocolate every day and give half to **my friend**. (옛날에 나는 매일 초콜릿을 한 개 사서 내 친구에게 절반을 주었다.)

§ 19 재귀 대명사 (Reflexive pronoun)

그게 세 가지 정도의 용법이 있다.

(1) **강조 용법** (명사와 대명사의 동격으로 사용되므로 생략해도 문장의 의미에는 거의 변화가 없다.)

a. From now on, I'll do the laundry **myself.** (지금부터 내가 손수 세탁을 할 거야.) - Sheldon, *Windmills*

b. He had had two operations **himself**, one on his tonsils and one to remove his appendix. (그 자신도 두 번의 수술 즉, 편도선 수술과 맹장수술을 받았다.) - Maugham, *Mr. Harrington's Washing*

c. The only thing we have to fear is fear **itself**. (우리가 두려워해야 할 것은 두려움 그 자체입니다.) - Franklin Roosevelt, *First Inaugural Address*

(2) **재귀 용법** (자기 자신에 대한 동작을 나타내며, 재귀대명사를 생략하면 문장이 성립하지 않는다.)

① 재귀동사 (→ § 92)의 목적어

a. He grasped the arm of his friend and tried to steady **himself**. (그는 친구의 팔을 잡고 몸의 자세를 바로 잡았다.) - McCullers, *The Heart is a Lonely Hunter*

b. You must familiarize **yourself** with the evacuation procedure in case of a fire. (화재에 대비해서 대피 요령을 숙지해 두어야 한다.)

c. Personally I shall content **myself** with a whisky and soda. (내 자신은 소다수 탄 위스키로 만족하겠어.) - Maugham, *Before the Party*

d. She did not accustom **herself** to her surroundings. (그녀는 환경에 적응하지 못했다.) - Ibid., *The Pool*

② 일반적인 타동사의 목적어

a. I woke up to **<u>find myself</u>** *in the hospital. (내가 잠을 깨어 보니 병원에 와 있었다.) [* find *oneself* = be]

b. The crowd gasped in horror as the young man threw **himself** from the top of the building. (그 젊은이가 건물 옥상에서 투신했을 때 군중들은 놀라서 입을 다물지 못했다.)

c. I'm bleeding! I must have cut **myself** when I was chopping the vegetables. (피가 나는 구나! 야채를 썰다가 손을 베었음에 틀림없어.)

d. I find it hard to express **myself** in writing. (나는 글을 쓸 때 내 생각을 표현하기 어렵다.)

e. To cheat his impatience Philip began to teach **himself** Spanish. (초조한 마음을 달래기 위해서 필립은 스페인어를 혼자 공부하기 시작했다.) - Maugham., *Of Human Bondage*

f. She decided to pour **herself** a glass of white wine. (그녀는 백포도주 한 잔을 손수 따라 마시기로 마음먹었다) - Cook, *Mutation*

g. I work out there with the weights and I swim and I keep **myself** fit. (나는 거기서 웨이트로 운동하고 또 수영도 하여 건강을 유지한다.) - Williams, *A Streetcar Named Desire*

③ be동사(보통 부정문)의 보어로 쓰이거나, 자동사를 사용하여 형용사/ 부사를 첨가하는 경우

a. Big Daddy <u>wasn't **himself**</u>.* I could tell he was all worked up. (아버지는 제정신이 아니셨어. 대단히 흥분하셨어.) - Williams, *Cat on a Hot Tin Roof* [* be *or* feel *oneself* 자제하다, 자연스럽게 행동하다, 진지하게 행동하다]

- We had all noticed that Joy hadn't **been herself** for a while, she seemed tired and listless. (우리는 모두 조이가 한 동안 정상이 아님을 알았다. 그녀는 피곤하고 기운이 없어보였다.)

b. The boys had shouted **themselves** hoarse at the football game. (소년들은 축구경기를 보면서 너무 고함을 질러서 목이 쉬었다.)

- After he had shouted **himself** red in the face, he hung up and threw the phone on the desk. (그는 얼굴이 벌겋게 될 정도로 고래고래 고함을 지른 후 전화를 끊고서 그것을 탁자 위로 던졌다.) - Caldwell, *Back on the Road*

④ 전치사의 목적어

a. He now had the offices to **himself** to do his important work. (그는 지금 중요한 연구를 하기 위하여 그 사무실들을 혼자 쓰고 있었다.) - Anderson, *Ground Zero*

b. They were absolutely disposed to <u>keep themselves to themselves</u>*. (그들은 남들과 어울리기를 아주 싫어했다.) - Maugham, *The Happy Couple* [* 남과 교제하지 않다]

c. Wu Ling had <u>kept</u> much to <u>himself</u>* on the voyage. (우링은 항해 중 주로 혼자 있었다.) - Christie, *Poirot Investigates* [* keep ~ to *oneself* ~을 비밀로 하다/ 남과 어울리지 않다]

(3) My(your, his, her, their) own (재귀대명사의 소유격에 해당한다.)

a. <u>It wasn't until</u>* I got married <u>that</u>* I could afford to buy **my own** house. (나는 결혼을 해서 비로소 내 자신의 집을 살 수 있었다.) [* It is not until ~ that … ~ 해서 비로소…하다]

b. When you earn your money, you can buy **your own** car. (네가 네 손으로 돈을 벌면 너 자신의 차를 살 수 있다.)

c. Skis can be hired at the hotel, but if you bring **your own**, the vacation costs less. (스키는 호텔에서 빌릴 수 있지만 네 스키를 가져오면 비용이 절약된다.)

d. Our neighbor lets us use his garage, but we need one of **our own**. (우리 이웃사람은 우리에게 자기의 차고를 사용하라고 하지만 우리는 우리 차고가 필요하다.)

§ 20 It의 기본 용법

(1) 앞에 나온 어구, 절(의 내용)을 받는다

① 어구를 받는 예

a. I picked up *the plate* and put **it** on the table. (접시를 집어서 식탁 위에 놓았다.)

- The quickest way of ending *a war* is to lose **it**. (전쟁을 가장 빨리 끝내는 방법은 패배하는 것이다.) - Owell, *Shooting an Elephant*

b. I would like *to go to Salinas tomorrow* if you will permit **it**. (아빠가 허락하신다면 내일 살리나스에 가고 싶어요.) – Steinbeck, *East of Eden*

- Antonia will not *be jealous*, or if she is, she will not show **it**. (안토니아는 질투하지 않을 것이고, 가령 질투하더라도, 그것을 내색하지 않을 것이다.)

c. Thanks a lot for *lending me your car*, I really appreciate **it**. (네 차를 빌려줘서 대단히 고맙네, 진심으로 고마워.)

② 절(의 내용)을 받는 예

a. *When the factory closes*, **it** will mean 1,000 people losing their jobs. (공장 문을 닫으면1,000 명이 직장을 잃는 것을 의미한다.)

b. Ryan was *unable to remain angry with pretty women*, and hated them for **it**. (라이언은 예쁜 여자한테는 화를 낼 수 없기 때문에 그들을 싫어했다.) - Clancy, *Patriot Games*

c. *In Plein Soleil* (René Clément, 1960), Alain Delon showed the 'devilish presence beneath the angelic surface' as a certain cinema dictionary aptly put* **it**. (영화 <태양은 가득히>(르네 클레망 감독, 1960)에서 알랭 들롱은 어느 영화사전이 적절히 표현했듯이 '천사 같은 얼굴의 뒤에 숨겨진 악마의 모습'을 보여 주었다.) – Nowell-Smith, *The Oxford History of World Cinema* [* put = express 여기서 it는 알랭 들롱이 <태양은 가득히>에서 보여 준 연기]

이 용법에 대해서 다른 용례와 함께 좀 더 자세히 설명하기로 한다.

d. And when *the others came back from looking for her*, **it** was to find that the stable-lad, who in fact was only stunned, had already to recovered and made off. (그리고 다른 사람들이 그녀를 찾으러 갔다가 돌아와보니, 사실은 졸도한 것에 지나지 않았던 그 외양간지기 소년은 이미 회복하여 달아나 버리고 없었다.) - Orwell, *Animal Farm*

e. When *he spoke again of Paris* **it** was to ask me if I knew So-and-so and So-and-so. (그가 또 한 번 파리 이야기를 꺼냈을 때 그것은 나에게 아무개 아무개를 알고 있는지를 묻기 위한 것이었다.) - Maugham, *The Razor's Edge*.

f. If *he had become rich* **it** was by the most honorable of all means - his literary attainments. (그가 부자가 되었다고 한다면 모든 수단 중에서도 가장 훌륭한 수단 - 그의 문학적 재능에 의한 것이었다.) - Butler, *The Way of All Flesh*

g. When *at last he spoke*, **it** was to say something that startled her. (결국 그가 말문을 열었을 때 그것은 그녀를 깜짝 놀라게 하는 말이었다.) - Maugham, *The Razor's Edge*

h. If I *make you wretched now*, **it**'s so that we may both be saved a great deal of unhappiness later on. (내가 만약 지금 당신을 비참하게 만든다고 하더라도 그것은 우리 두 사람에게 뒷날의 큰 불행을 피하도록 하기 위해서 입니다.) - Maugham, *Our Betters*

i. But when *Marta came back two days later* **it** was not with knitting needles and wool. (그러나 마르타가 이틀 후에 돌아왔을 때는 뜨개질 바늘과 털실을 갖고 돌아온 것이 아니었다.)

j. If *I get it at all*, **it** is only by strenuous effort. (가령 내가 그것을 얻는다고 한다면 그것은 끊임없는 노력에 의해서이다.) - Ibid., *The Summing Up*

위에 든 *d, e, f, g, h, I, j* 에서 it는 어느 것이나 그 앞에 있는 종속절의 내용을 받고 있으며, be 동사의 뒤에 오는 것은 목적이나 수단을 나타내는 부사구(절)이다. *j*를 예로 들어보면, 결국 It is only by strenuous effort that I get it at all.과 같은 구문이 된다. 즉 <이런 종류의 문장에서는 it be가 앞에 오는 내용과 결합하여 일종의 강조형식을 구성한다>고 볼 수 있다.

(2) 뒤에 나오는 어구, 절(의 내용)을 받는다.

① 어구를 받는 예

a. Although he didn't like **it**, I decided to *see the movie* anyway. (그는 좋아하지 않았지만 나는 그 영화를 보기로 결정했다.)

b. Since you don't like **it**, you don't have to go *to skiing*. (네가 좋아하지 않는다니까 스키 타러 갈 필요가 없다.)

c. Unfortunately, however, too many readers read only at literal level. Too many, without knowing **it**, *are slaves to other people's idea*. (그러나, 불행하게도 너무 많은 독자들이 단지 글을 읽는 수준에서 독서를 한다. 너무 많은 독자들이 이런 사실을 모른 채 다른 사람들의 생각에 사로잡힌다.)

② 절(의 내용)을 받는 예

a. **It**'s just a hunch, but it's possible *the murder might have been a woman*. (육감에 불과하지만 살인자는 여자였을지도 모른다.)

b. She's been kept in the dark about **it** for long—it's time you told her *who her real father is*. (그녀는 그것에 대해서 오랫동안 아무것도 모르고 있었다—그녀의 진짜 아버지가 누군지 말해 줄 때가 되었다.)

§ 21 비인칭 it (Impersonal it)

그 사체의 의미는 없고, 동사의 앞에는 주어가 있어야 한다는 느낌을 만족시키는 정도의 it로서, 주로 날씨, 시간, 거리, 그리고 그밖에 약간의 동사와 함께 쓰인다.

(1) 날씨, 시간, 거리

a. **It** rained almost every day of the holiday. (휴가 중 거의 매일 비가 왔다.)
It's blowing too hard. (바람이 너무 세게 불고 있다.)
It will be light in a few hours. (몇 시간 지나면 밝아질거야.) - Uris, *Exodus*

b. **It**'s been two years since Tom got killed. (톰이 죽은 지 2년이 지났다.) - *Ibid.*
It was autumn again, the season of high skies and fat horses. (또 다시 하늘 높고 말이 살찌는 계절인 가을이 왔다.) - Buck, *The Living Reed*
It was the morning of the World Cup Final and most of the players had butterflies in their stomachs.* (월드컵 결승전이 거행되는 아침이 되자 대부분의 선수들은 가슴이 두근거렸다.) [* = had a nervous feeling]

c. **It** was only a five minute drive to Ralph's. (랠프네 집까지 자동차로 5분 거리 밖에 되지 않았다.) - Cook, *Outbreak*

(2) Seem, appear, happen, look, *etc.*의 주어

a. Now to Wang Lung **it** *seemed* there was nothing left to be desired in his condition. (지금 왕룽에게는 그의 생활에서 더 이상 바랄 것이 없어 보였다.) - Buck, *The Good Earth*

b. **It** *appeared* that your wife sent a letter to Hammond asking him to come to the bungalow. (당신의 처가 헤먼드에게 방갈로에 오라는 편지를 보낸 것 같습니다.) - Maugham, *The Letter*

c. **It** *so happened** I heard every word you said last Saturday night. (우연히 네가 지난 토요일 밤에 한 말을 전부 들었어.) - McCullers, *The Heart is a Lonely Hunter* [* = It chanced (that)…우연히…했다]

d. **It** suddenly *occurred* to me that she might make a mistake. (그녀가 실수를 할지도 모른다는 생각이 갑자기 들었다.)

e. **It** *chanced* that she was in when he called. (그가 찾아 왔을 때 마침 그녀는 집에 있었다)

f. **It** *struck* him that he might take a second shop. (그는 가게를 하나 더 가져도 좋겠다는 생각이 들었다.) - Maugham, *The Verger*

g. **It** *may be that** both sides in this debate are wrong. (아마도 이 논쟁에서는 양쪽이 모두 틀렸을 것이다.) - Toffler, *Future Shock* [* = probably]

h. **It** *said* in the paper that there were no survivors. (신문보도에 의하면 생존자는 한 명도 없었다고 한다.)

- **It** *says* in the rules that if you foul someone, they* get ten extra points. (규정에 따르면 파울을 범하면 상대편 선수가 10점을 여분으로 번다.) [*→ *p.* 61]

§ 22 환경의 it (Situation it)

막연한 환경, 상황, 마음속에 있거나 화제에 오른 사람, 물건, 일을 가리키는 it 이다. 주어, 동사나 전치사의 목적어, 또는 보어로 쓰인다.

(1) 주어로 쓰이는 경우

a. **It**'s getting very competitive in the car industry. (자동차 산업에서 경쟁이 치열해지고 있다.)

b. How's **it** (= your life, work, *etc.*) going? (요즈음 어떻게 지내고 있느냐?) - Cook, *Contagion*

c. When **it** comes to Spanish literature, I know nothing. (스페인 문학에 대해서 나는 아무것도 모른다.) [when it comes to *sth* ~에 대해서는]

d. "Who's that?" "**It**'s me!"/ It's Harry!/ It's the postman! ("누구세요?" "나야."/ "해리야"/ "우체부야.")

NB It's의 뒤에 복수형이 오기도 한다.

- She said in this loud whisper. "It's **them**" (그녀는 소리를 죽이고 말했다. "그들이야.") - Salinger, *The Catcher in the Rye*

e. If **it** weren't for the children, I'm sure she would leave her husband. (아이들이 없다면 그녀는 틀림없이 남편과 헤어질 거야.)

f. I heard something that was shrill and sharp, and then suddenly I realized **it** must be a woman screaming. (나는 무엇인가 날카로운 소리를 들었고, 그 때 갑자기 그것이 여자의 비명 소리에 틀림없다는 것을 알았다.) - Gardner, *The Screaming woman*

g. I read the names upon the stones, and find a deep solace in thinking that for all these thefret and the fear of life was over. There comes to me no touch of sadness; whether **it** be a little child or an aged man, I have the same sense of happy accomplishment. (나는 비석에 새겨진 이름들을 읽는다. 그리고 이러한 이름에도 불구하고 인생의 번뇌와 두려움은 끝났다고 생각할 때 깊은 위안을 받는다. 나는 어떤 슬픈 감정도 느끼지 않는다. 그 고인이 어린아이 건 노인이건 간에 나도 같은 성취감을 느낀다.) - George Gissing, *The Private Papers of Henry Ryecroft** ['I'라는 사람은 시골 묘지에 와 있다./ it = the dead] [* 이 쪽의 맨 아래 ☞]

h. There was fighting in the mountains and at night we could see the flashes from the artery. In the dark **it** was like summer lightning. (산에서는 전투가 있었고 밤에는 대포가 뿜어내는 섬광을 볼 수 있었다. 어두웠을 때 그것은 여름의 번개처럼 보였다.) - Hemingway, *A Farewell to Arms* [it는 flashes가 번쩍이는 것]

☞ 『헨리 라이크로프트의 수기』는 영국의 소설가 George Gissing(1857~1903)의 수필집으로 파란 많은 인생에서 겨우 약간의 휴식을 얻은 만년의 Gissing이 Henry Ryecroft라는 가공의 인물에 의지하여 가슴에 떠오르는 사소한 여러 가지 희망, 감개, 회상을 춘하추동으로 나누어 쓴 것이다. 그는 꽤 많은 작품을 썼으나 오늘날 가장 많이 읽히는 것은 바로 이 수필집이다.

i. The hawthorn was exploding white and pink and red along the hedges and the primroses were growing underneath in little clumps and **it** was beautiful. (산사나무는 하야색, 핑크색, 빨간새 꽃을 생울다리를 따라서 흐드러지게 피게 해놓고 앵초는 밑에 작은 수풀을 이루고 있었다. 이건 참으로 아름다운 정경이었다) - R. Dahl, *Kiss Kiss* [여기서 it은 hawthorn이나 primroses가 피어있는 정경 전체]

(2) 타동사의 목적어로 쓰이는 경우 (대부분이 idioms이다.)

a. The ayes have it. ([표결할 때 쓰는 말]찬성자 다수)

b. Do you think you'll be able to *make* **it*** to the party. (시간에 맞게 파티에 도착하리라고 생각하느냐?) [*= arrive]

c. The explorers had to *rough* **it*** when they got into the jungle. (탐험가들은 밀림 속으로 들어갔을 때 불편한 생활을 해야만 했다.) [*불편한 생활을 하다]

d. After my operation I had to *take* **it** *easy* for a month or two. (수술 후에 나는 한 두 달 동안 휴식을 하지 않으면 안되었다.)

- "Oh my God, we're lost!" "*Take* **it** *easy*. Just follow the signs to the Washington Bridge. ("맙소사 우린 길을 잃었어요." "걱정 하지 마세요. 표지판을 따라 워싱턴 다리까지 가세요.")

e. I can't stand **it**(= this situation) any longer. (더 이상 참을 수 없어.)

f. She got to the door just as the bell rang and she called to her mother. "I'll get **it**." (그녀는 벨이 울리자마자 문으로 뛰어 가면서 어머니에게 소리쳤다. "제가 나가볼께요.") - Puzo, *The Godfather* [it = the bell]

- Don't answer the telephone. I'll get **it**. (그 전화 받지 말라. 내가 받을께.)

g. What do you want? I'll get **it**. (무엇을 원하느냐? 내가 구해 줄께.) - Williams, *Sweet Bird of Youth* [it = what you want]

- "Could you bring me a cup of coffee and a piece of toast?" "You got **it**." ("커피 한 잔과 토스트 한 개 갖다 주시겠어요?" "네 그러죠..") - Lindsey, *In the Lake of the Moon* [it = what you want]

- "I'll need your help." "You've got **it**. I need something to do." ("당신의 도움이 필요합니다." "알았어, 나도 할 일이 필요해.") - Grisham, *A Time to Kill*

h. I want to be informed of every client she takes on. Got it? (그녀가 담당하는 모든 소송 의뢰인을 나에게 알려줘, 알겠지?) - Sheldon, *Rages of Angels*

Cf. Now you take this seriously. Whoever this guy is, he's a pro. You got **that**?* (자, 내말을 잘 들어. 이놈이 누구든지 간에 그는 프로야. 알겠지?) - Clancy, *Without Remorse* [* = Got it?]

i. This was the first time I had ever seen a panda, and as luck would have **it*** I didn't have my camera with me. (이 때 처음으로 팬더를 보았으나 공교롭게도 카메라를 갖고 있지 않았다.) [* as luck would have it = (un)fortunately]

j. That settles **it**/ the matter. (그것으로 문제는 해결됐다.)

아래의 용례 *k, l, m*처럼 like/ love/ hate it +부사(구/절) 형식은 현대 영어에서 빈번하게 쓰인다.

k. How do you *like* **it** here in Iowa? (아이오와주가 마음에 드세요?) - Waller, *The Bridges of Madison County* [it = here (= in Iowa)]

- I am sure you would *like* **it** here very much at Locarno. (당신이 이 로카르노를 대단히 좋아하게 될 거라고 나는 확신해요.) - Hemingway, *A Farewell to Arms* [it= at Locarno]
- I'd *like* **it** better if you didn't use words like that. (당신이 그런 말을 쓰지 않으면 좋겠어요.) - Hemingway, *The Sea Change* [it는 if이하를 가리킴]
- The boss doesn't like it when you interrupt him. (사장이 이야기할 때 방해하면 좋아하지 않아.) [it는 when이하]

NB1 드물지만 like it의 뒤에 부사(구/ 절)이 아니라 that-절이 오는 경우도 있다.

ⓐ I do not like it that *she is near you from dawn to sunset.* (나는 그녀가 새벽부터 해가 질 때까지 네 옆에 붙어 있는 걸 좋아하지 않아.) - Buck, *The Good Earth*

ⓑ He did not like it *that Tom should be so ready to leave him.* (그는 탐이 그렇게 쉽사리 그의 곁을 떠난다는 것이 마음에 들지 않았다.) – Stow, *Uncle Tom's Cabin*

l. You're going to *love* **it** here. (너는 여기를 좋아하게 될거야.) - Kleinbaum, *Dead Poets Society*

- I'm glad we decided to come to Spain for our holiday, I *love* **it** here. (우리가 휴가를 이용해서 스페인에 오기를 잘했어요. 여기가 대단히 마음에 들어요.)
- George *loved* **it** when the massa's birds killed their opponents swiftly and without injury. (조지는 주인의 새가 상대편을 날쌔게 그리고 상처 없이 해치우는 것을 좋아했다.) - Haley, *Roots* [it는 when 이하/ massa = master]

m. Reading between the lines of his letter I know he *hates* **it** over there. (그의 편지의 행간을 읽어 볼 때 그가 그 곳을 싫어하고 있음을 알 수 있어요.) - Maugham, *The Fall of Edward Barnard* [it = over there]

- All morons *hate* **it** when you call them a moron. (얼간이들은 누구나 남한테 얼간이란 말을 들으면 화를 낸다.) - Salinger, *The Catcher in the Rye* [it는 when 이하]
- I *hate* **it** when you talk about when you and your ex-girlfriend were lovers. (너와 전에 사귀던 너의 걸프랜드가 애인이었을 때 이야기를 하는 건 싫어.)

NB2 자동사 뒤에도 목적어처럼 it이 오는 일이 있다.

- Many unmarried women are **going it alone*** and bringing up their children without the father's help. (많은 미혼 여성들이 아이 아버지의 도움을 받지 않고 아이들을 키우면서 혼자서 살아가고 있다.) [* go it alone 혼자 힘으로 살아가다(해나가다)]

§ 23 가주어 it (Formal subject it)

뒤에 오는 단어, 구, 절을 대표하여, 문장의 주어로 쓰이는 it이다. 가주어 구문이 존재하는 이유는, 한 나라에 두 왕이나 두 대통령이 없고, 팔등신 미인은 머리가 작은 것처럼 글의 맨 앞에 오는 주어가 길면 문장의 균형이 깨어지기 때문이다. 바꾸어 말하면 가주어를 사용하는 것은 자연의 섭리를 따르는 것이다. 뒤에 참주어로 올 수 있는 것은 단어, 부정사, 동명사, that-절 따위이다. (참고: 가주어는 <형식주어) 또는 <예비주어>라고도 부른다.)

(1) 단어를 가리키는 경우

a. **It**'s a beautiful thing, *the destruction of words.* (아름다운거야, 단어를 파괴하는 것 말이야.) - Orwell, *1984*

b. Oh, **it** was charming, *the place he took us to.* (정말 매력적인 곳이었어요, 그가 우리를 데려간 곳 말입니다.) - Maugham, *The Razor's Edge*

c. Oh, **it** has got on my nerves*, *this hotel.* (아, 짜증나요, 이 호텔 말이에요.) - Maugham, *Giulia, Lazzari* [*get on *sb*'s nerves = irritate or annoy *sb* 아무를 화나게 하다]

NB1 이와 비슷한 구문은 다른 인칭대명사의 경우에도 볼 수 있다.

- **He** was about the best teacher I ever had, Mr. Antolini. (그 분은 지금까지 내가 배운 선생님 중에서 가장 훌륭한 분이야, 안톨리니 선생님 말이다.) - Salinger, *The Catcher in the Rye*

(2) 부정사를 가리키는 경우 (→ *p.* 228)

a. **It** is up to* the police and the courts *to fight* crime on behalf of the community. (사회를 위해서 범죄와 싸우는 것은 경찰과 법정의 몫이다.) [*It's up to *sb* to do ~하는 것은 아무의 책임이다]

b. **It**'s better *to make* mistakes than not *do nothing.* (아무 것도 하지 않는 것보다 실수하는 편이 낫다.) - Miller, *Tropic of Cancer*

Cf. It is better to have loved and lost than never to have lost at all. (실연이 경험이 없는 것보다 사랑하고 실연하는 것이 낫다.) - Butler, *The Way of All Flesh*

c. **It**'s a shame* *to stay* indoors when it's so nice out there. (바깥 날씨는 저렇게 화창한데 집안에 있다는 것은 아까운 일이다.) - Caldwell, *The First Autumn* [* 유감스러운 일]

d. **It** was a terrible sin for a person *to cheat* on a test, but not a sin *to copy* homework. (시험에서 커닝 하는 것은 큰 죄악이지만, 숙제를 베끼는 것은 죄악이 아니야.) - McCullers, *The Heart is a Lonely Hunter*

e. **It**'s sometimes considered bad manners *to lean* your elbows on the table when you're eating. (식사할 때 식탁 위에 팔꿈치를 기대는 것은 이따금 실례로 간주된다.)

(3) 동명사를 가리키는 경우

a. **It** was no good *praying* any longer at all. (그 이상 더 기도를 하는 것은 전혀 소용없는 일이었다.) - Greene, *The Power and the Glory*

b. And Mr. Burnaby's lean friend said, "Well, **it** didn't seem fair, her *having* everything. (그리고 버나비 씨의 깡마른 친구가 말했다., " 그런데, 그녀가 모든 것을 다 가진 것은 공평하지 못했습니다.) - Christie, *Death on the Nile*

(4) That 절을 가리키는 경우 (접속사 that이 생략되거나 절이 삽입된 예도 있다.)

a. **It**'s not always true *that crime doesn't pay*. (죄를 지으면 손해 본다는 말이 항상 진실은 아니다.)

b. **It**'s Catch-22*—*she can't get a job unless she has experience and she can't get experience unless she has a job.* (그녀는 경험이 없으면 취직할 수 없고 또 취직을 하지 못하면 경험을 얻을 수 없다, 그것은 바로 진퇴양난이다.) [* → 이 쪽의 맨 아래☞]

NB2 It is～that …구문에서 It is ～(that)가 생략되기도 한다.

ⓐ No wonder *you've got a hangover*, considering the amount you drank last night. (네가 어제 밤에 마신 주량을 생각하면 숙취가 나는 것도 당연하다.)

ⓑ Strange *that it(= Hebrew) wouldn't strike you as logical.** (히브리어가 논리적이라고 생각하지 않다니 이상하군.) - Uris, *Exodus* [* strike *sb* as + adj. 아무에게～하다는 느낌을 주다]

(5) That 절 이외의 절을 가리키는 경우

a. **It** would be better *if you let her stay off nights a little while*. (당신이 그녀에게 잠시동안 야근을 쉬게 하는 것이 좋을 것 같군요.) - Hemingway, *A Farewell to Arms*

b. **It** matters little *whether you go or stay*. (네가 가든 머물든 상관없다.)

c. **It** beats me* *how an intelligent man can waste his time card playing*. (지성인이 어떻게 카드놀이로 시간을 낭비할 수 있는지 모르겠어요.) - Maugham, *Mr. Harrington's Washing* [* = I don't know]

d. **It** did not seem strange *when Napoleon was seen strolling in the farmhouse garden with a pipe in his mouth*. (나폴레옹이 입에 담배 파이프를 물고 농가의 정원에서 어슬렁 어슬렁 거닐고 다니는 것이 이상하게 보이지 않았다.) - Orwell, *Animal Farm*

☞ 미국의 소설가 Joseph Heller(1923~)가 쓴 같은 제목의 소설(1961)에서 유래했다. 이 소설은 주인공인 Yossarian을 비롯하여 이태리에 주둔하고 있는 미국공군 부대원들의 모습을 black humor가 가득 찬 수법으로 묘사하면서 전쟁의 부조리를 폭로하고 있다. 소설 속에서 Catch-22는 공군의 전투기 조종사에 대한 근무규칙의 조항 이름. 정신장해를 이유로 제대를 신청하면, 스스로 정신장해를 판단할 수 있으므로 정신장해라고 볼 수 없기 때문에 제대가 허가되지 않는다는 상황이 묘사되어 있다. 일반적으로 첫 번째 일을 하려면 두 번째 일을 먼저 해야 하고, 두 번째 일을 하려면 첫 번째 일을 먼저 해야 되는 경우 즉 모순되는 규칙이나 상황을 말한다.

§ 24 가목적어 it (Formal object it)

뒤에 오는 부정사, 동명사, 명사절을 대표하여 문장의 형식상의 목적어로 되는 it 이다. 이 구문에 흔히 쓰이는 동사는 consider, feel, find, think, hear, make, take(= think) 따위이다.

(1) 부정사

a. Every white man considers **it** his duty *to make a black man keep his distance.* (모든 백인은 흑인을 멀리하는 것이 자기의 의무라고 생각한다.) - Wright, *Native Son*

b. Before I die, I feel **it** my duty *to pass on to you such wisdom as I have acquired.* (내가 죽기 전에 배운 지식을 여러분들에게 전해 주는 것이 나의 의무라고 생각한다.) - Orwell, *Animal Farm*

c. Some people find **it** hard *to make up their minds.* (결심하기가 어렵다고 생각하는 사람들도 있다./ 결심도 제대로 못하는 사람들이 있다.)

d. I'll leave **it** up to you *to decide.* (결정은 자네에게 맡기겠네.)

e. The new direct air service will make **it** possible to *travel from Seoul to London in less than 12 hours.* (새로운 직항편 덕분에 서울에서 런던까지 12시간 이내에 여행할 수 있을 것이다.)

- The new computer has made **it** possible *to streamline our data processing operations.* (새 컴퓨터는 우리 회사의 자료처리 작업을 간소화 할 수 있게 해주었다.)

(2) 동명사

- Don't you find **it** frightening *walking* alone in the dark? (어두운 곳에서 혼자 다니는 것이 무섭지 않으세요?)

(3) 명사절

a. He had even heard **it** said *that white people felt it was good when one Negro killed another.* (그는 백인들은 흑인들 끼리 서로 죽이는 것은 좋은 일이라고 생각하고 있다는 말도 들었다.) - Wright, *Op. cit.*

b. Few men, I may add, learn this until they are too old to make **it** of any consequence to a woman *what they say.* (내가 덧붙여 말하지만, 남자들은 너무 늙어서 그들이 하는 말을 여자들이 들은 척도 하지 않을 때가 되어서야 비로소 이 사실을 알게 된다.) - Maugham, *The Luncheon*

c. I take **it** *(that) you have already seen the report.* (나는 당신이 이미 보고서를 보았다고 생각합니다.)

- I take (**it**) for granted *that you've read the book.* (나는 당신이 당연히 그 책을 읽었다고 생각합니다.)

§ 25 It be ~ that 강조 구문

(1) 강조할 수 있는 요소는 주어, 목적어, 부사(구/절)이며, 보어와 동사는 강조할 수 없다. 우리말로 옮길 때는 <…한 것은 바로 ~ 이다>로 번역한다.

She beat me at tennis.의 각 요소를 강조하면 다음과 같다.

It was **she** that beat me at tennis. (테니스에서 나를 이긴 사람은 바로 그녀였다.) [주어]
It was **me** that she beat at tennis. (그녀가 테니스에서 이긴 사람은 바로 나였다.) [목적어]
It was **at tennis** that she beat me. (그녀가 나에게 이긴 것은 테니스였다.) [부사구]

NB1 가주어구문과 강조구문을 구별하는 방법은 It is 와 that 을 제거한 후 남은 부분이 완전한 문장이면 강조구문이며, 아니면 가주어 구문이다.

- [It was] yesterday [that] he played hooky. [강조 구문] (그는 어제 학교를 빼먹었다.)
- [It was] clear [that] he played hooky. [가주어 구문] (그가 학교를 빼먹은 건 명백하다.)

NB2 이 강조구문의 that은 관계대명사로 it에 걸리지만 동사는 강조되는 말에 일치하는 것이 원칙이다.

(2) 강조되는 말이 (대)명사일 경우는 that 외에도 *a* 사람이면 who/ whom, *b* 사물이 which, *c* 부사(구)이면, 시간의 경우는 when도 쓰인다.

a. In the struggle of life *it is* the fittest **who** survive. (생존경쟁에서 살아남는 것은 최적자이다.) - Toffler, *Future Shock*

- *It was* my brother, Evgraf, **who** had dropped in on*[1] us out of the blue*[2]. (난데없이 갑자기 나타난 것은 내 동생 예브그라프였다.) - Pastermak, *Doctor Zhivago* [*[1] drop in on + *sb* = visit *sb* casually (아무를) 갑자기 방문하다, *[2]= without warning, unexpectedly 갑자기→ *p*. 498]
- *It was* Schopenhauer **who** first said that all arts aspire to the condition of music. (모든 예술은 음악의 상태가 되는 것을 갈망한다고 맨 처음 말한 사람은 쇼펜하우어였다.) - Herbert Read, *The Meaning of Art*
- *It was* Mary to **whom** John was married. (존은 메리와 결혼했다.) (= *It was* to Mary **that** John was married.)

b. *It was* his cigarette case **which** had been found in the carriage. (객차 안에서 발견된 것은 바로 그의 담배 케이스였어요.) -Chrisitie, *The Mystery of the Blue Train*

- *It is* the irreparableness of every action **which** makes life so difficult. (인생을 그렇게 어렵게 만드는 것은 모든 행위가 돌이킬 수 없다는 것이다.) - Maugham, *A Writer's Notebook*

c. *It was* after midnight **when** the last of the helicopters took its flight. (마지막 헬리콥터가 이륙한 것은 자정이 지나서였다.) - Huxley, *Brave New World* [이와 같이 when이 쓰인 경우는 시간의 it으로 볼 수도 있다]

- *It was* in the middle of the day **when** the van came to take him away. (화물차가 그를 싣고 가려고 온 것은 정오쯤이었다.) - Orwell, *Animal Farm*

(2) 강조구문의 현대적 경향

① That은 구어체에서 생략하는 일이 많다. (→ §190 주격관계대명사의 생략)

a. **It was** Sophia∧you saw working as the mayor's maid. (시장 집에 하녀로 일하고 있는 것을 네가 본 것은 소피아였어.) - Walker, *The Color Purple*

b. I realized suddenly that **it** might **have been** me∧huddled there. (죽어서 거기에 웅크리고 있는 사람이 바로 나였을지도 모른다는 생각이 갑자기 들었다.) - Ellison, *Invisible Man*

② 의문사는 이 구문을 많이 사용한다. 그리고 how is it (that)은 주로 why is it (that)과의 뜻으로 많이 쓰이며 이 두 표현이 주로 회화체에서 빈번하게 사용될 뿐만 아니라 that을 생략하고 쓴다는 점으로 보건대 의문사를 강조한다기보다 오히려 관용표현이라고 보아야 할 것이다.

a. I wonder *what* **it was** you saw in him. (그의 어떤 점이 좋았어요.) - Maugham, *Cakes and Ale*

b. *Why* **is it** you rush the net only after dark? (어두워진 후에만 테니스를 하는 이유가 뭐냐?) - Roth, *Goodbye, Columbus*

c. *How* **is it** that a Jew who killed a Christian child goes around reciting the words of Christ? (기독교인의 아들을 죽인 유태인이 그리스도란 말을 외면서 돌아다니는 이유가 뭐냐?) - Malamud, *The Fixer*

d. You don't know *where* **it was** he wanted to go. (그가 어디로 가고 싶었는지 당신은 모른다.) - Capote, *In Cold Blood*

③ 의문사의 강조구문에는 it을 생략하는 일도 있다. 그 이유는 너무 형식적인 표현을 피하고 문장을 짧게 하려는 '언어의 경제'가 작용하기 때문일 것이다.

a. *What's* **that** you've got in your hand? (너의 손에 가지고 있는 것이 뭐냐?) - Williams, *Cat on a Hot Tin Roof*

b. *What's* **that** you've got in your pocket? (네 포켓 속에 갖고 있는 것이 뭐니?) - Greene, *The Power and the Glory*

c. He cried up the stairs, "*What's* **that** you said, dear?" (그는 계단 위를 향하여 소리쳤다, "뭐라고 했니?") - Ibid., *The Heart of the Matter*

④ 현대 구어영어에서는 It's I가 아니라, It's me라고 말하기 때문에 I를 강조할 때는 It's me that/ who처럼 목적격이 선호되며, 동사도 3인칭 단수로 받는다. It's I는 고도의 문어체를 제외하고는 거의 보기 어렵다.

a. Hurry up! **It**'s *me* **who**'ll get the blame if we're late. (서둘러라. 우리가 늦으면 야단맞는 건 나야.)

b. **It** was *me* **who** was in your cabin early Sunday morning. (일요일 이른 아침에 당신의 오두막에 있었던 것은 저였어요.) – Gaarder, *Sophie's World* *c.* Oh, you think **it**'s just *me* **that**'s unhappy. (오, 당신은 불행한 사람은 바로 나라고 생각하는군요.) - Williams, *The Night of Iguana*

d. **It isn't** *me* **that** makes fun of him. It is the captain. (그를 놀리고 있는 건 내가 아니야. 대위야.) - Hemingway, *A Farewell to Arms*

e. **It's** *me*∧should be where you are and you here. (당신[즉, 형]이 있는 곳에 있어야 할 사람은 바로 나이고, 여기에 있어야 할 사람은 형이야.) - Steinbeck, *East of Eden* [that의 생략]

f. **It was** *me* **who** paid for Uncle Carey to get a decent burial when he died. (캐리 삼촌이 돌아가실 때 남부끄럽지 않는 장례식이 되도록 돈을 지불한 사람은 바로 나였다.) - Ripley, *Scarlette* [다른 인칭 대명사도 흔히 목적격으로 쓰인다.]

g. **Was it** *him* took you out of the fields and sent you down there with a shack for yourself? (너를 들에서 데려다가 네 오두막까지 보내준 게 그 놈인가 말이야?) - Haley, *Roots*

⑤ 현대 구어 영어에서 that 뒤에 진행시제가 올 경우는 that과 be동사를 둘 다 생략하는 일이 빈번하다. 또 구어체에서는 진행형 시제가 아닌데도 불구하고 that(*or* who)과 be동사를 생략하는 경우도 가끔 볼 수 있다(아래의 Cf.).

a. As ridiculous as it sounds, it must have been him∧breaking into the Chimera mainframe. (이상하게 들릴지 모르지만 키메라의 대형 컴퓨터에 침입한 건 그이였음에 틀림없어.) - Cook, *Mutation*

b. "**It's** a friend∧calling me," I explained, and went out. ("친구한테서 전화 왔어,"라고 말하고 나는 밖으로 나갔다.) - Hemingway, *The Sun Also Rises*

c. She hung up hurriedly, hoping that he would not suspect that **it was** she∧calling. (그녀는 자기가 전화를 걸었다는 것을 눈치 채지 못하도록 급히 전화를 끊었다.) - Caldwell, *The Picture*

d. **It's** Rebecca's body∧lying there on the cabin floor. (저기 선실 바닥에 누워 있는 것이 바로 레베카의 시체야.) - du Maurier, *Rebecca*

e. So **it's** me∧cookin', washin', an' housekeepin'. (그러니까 음식 만들고, 빨래하고 집안 살림하는 건 나야.) - Haley, *Op. cit.*

Cf. **It's** *me* on the left of the photograph. (사진의 왼쪽에 있는 게 나야.)

NB3 드물지만 접속사 so를 강조하는 일도 있는데 이 경우는 so가 그 강조구문의 앞으로 나온다.

ⓐ And so **it was that** the people of Juffure began to die. (그리하여 주푸레 사람들은 죽어가기 시작했다.) - Haley, *Roots*

ⓑ So **it was that** I determined to look again, to try to rediscover this monster land. (그래서 나는 이 거대한 나라를 재발견하고자, 다시 살펴보기로 마음먹었다.) – Steinbeck, *Travels with Charley in Search of America*

§ 26 <This is / That's ~ + 절> 형식의 강조구문

이것은 <It be ~ that …> 강조구문의 변형으로, 동작이 눈앞 에서 전개되고 있음을 보여 주기 위해서 it 대신에 this/that이 쓰인 것이며, 전자보다 구어적인 표현이다. 이 형식에서 글머리에 있는 this /that 은 뒤에 나오는 관계대명사(생략되는 일이 많다)의 선행사이다. 그리고 these / those 가 쓰이는 일은 비교적 드물다.

(1) This가 쓰이는 보기

a. **This is** a tidy little place∧you've got here. (여기에 아담한 집을 가지고 계시는군요.) - Maugham, *Red*

b. **This is** a real nice place∧you've got here. (위 문장과 거의 같은 뜻임.) - Grisham, *The Firm*

c. This is qute a fancy store∧you have here. (여기에 아주 근사한 가게를 가지고 계시네요.) - Uris, *Exodus*

d. **This is** a nice little bungalow∧you have here. (여기에 멋있는 방갈로를 갖고 계시는군요.) - Gardner, *The Daring Decoy*

e. **This was** her marriage∧they were discussing. (그들이 문제 삼고 있었던 것은 그녀의 결혼 건이었다.) - Christie, *Death Comes as the End*

f. Ladies and gentleman, **this is** the captain speaking.* (신사 숙녀 여러분, 기장이 말씀 드리겠습니다.) - Clancy, *Patriot Games* (비행기에서 기장의 안내방송) [*→ *p.* 50 ⑤]

• Mason picked up the telephone, said, "Good afternoon, Mr. Bain. **This is** Perry Mason∧calling." (메이슨은 전화기를 집어 들고 말했다, "안녕하세요, 베인씨, 페리 메이슨입니다.) - Gardner, *The Fiery Fingers*

(2) That이 쓰이는 보기

a. **That's** a fine animal∧you got there. (예쁜 강아지를 키우시는군요.) - Capote, *Breakfast at Tiffany's*

b. **That was** quite a speech∧you gave. (자네가 한 그 연설은 명연설이었어.) - Segal, *The Class*

c. **That's** fifty-two thousand dollars a year∧coming through the revolving door. (일 년에 저 회전문으로 들어오는 돈이 오만 이천 달러야.) - Miller, *Death of a Salesman*

d. **That's** Dude∧blowing the horn. (자동차의 경적을 울리고 있는 건 두드야.) - Caldwell, *Tobacco Road*

d. **That's** a real pretty dress∧you got on. (정말 예쁜 드레스구나, 네가 입고 있는 것 말이야.) - Walker, *The Color Purple*

드물지만 뒤에 관계 대명사 which가 오는 경우도 있다.

• **That was** a jolly story *which* Mr. Arthur Ransome told the other day in one of his messages from Petrograd. (아서 랜섬씨가 일전에 페트로그라드에서 보낸 그의 편지 속에서 말한 것은 재미있는 이야기였다.) - Gardiner, *The Alpha of the Plough*

Ⅱ. 지시 대명사

§ 27 This (these), that (those)

(1) 명사의 반복을 피하기 위한 that (those)

뒤에는 항상 <of + 명사>를 비롯한 형용사구를 동반한다.

a. Her heart was beating as madly as **that** of a captured rabbit. (그녀의 심장은 붙잡힌 토끼의 심장처럼 심하게 뛰고 있었다.) - Caldwell, *Crown-Fire*

- She was ready to accept any responsibility, even **that** of vengeance, without a second thought. (그녀는 두 번 생각해 보지도 않고 어떤 책임이든지, 심지어 복수의 책임까지도 기꺼이 받아들였다.) - Greene, *The Power and the Glory*
- Jean Gabin* played a very creditable head of state in *Le Président* and his death was compared to **that** of General de Gaulle. (장 가뱅은 영화 <대통령>에서 믿음직한 국가 원수를 연기했으며 그의 죽음은 드골 장군의 죽음과 비교 되었다.) - Nowell-Smith, *The Oxford History of World Cinema* [*이 쪽의 맨 아래→ ☞]

b. She looked up, and her eyes met **those** of the woman sitting opposite. (그녀가 눈을 들었을 때 맞은 편에 앉아 있는 여자와 시선이 마주쳤다.) - Chrisite, *The Mystery of the Blue Train*

- One gets the impression of a truer picture of life in the novels of Anthony Trollope than **those** of Charles Dickens. (우리는 찰스 디킨스의 소설보다 앤터니 트로롭의 소설에서 인생의 참 모습에 대한 인상을 받는다.) - Maugham, *The Summing Up*

(2) 앞에 나온 문장의 내용(의 일부)을 가리키는 that (과 this)

a. There's only *one way to deal with naughty children* and **that**'s to be strict with them. (장난이 심한 아이들을 다루는 방법은 한 가지 밖에 없다. 그것은 엄하게 다루는 것이다.)

b. There was only one thing ever worried her, and **that** was the idea of getting old, of illness, of dying in the bed. (그녀가 걱정하는 것은 늙고 병들어서 병석에서 죽는 것 한 가지 뿐이었다.) - du Maurier, *Rebecca*

c. Almost at the same time *Hubert Willy came in one of the other doors*. **That** was a sign that the wedding was about to begin. (그것은 곧 결혼식이 시작될 것이라는 신호였다.) - Caldwell, *Georgia Boy*

☞ 가장 위대한 프랑스 배우라고 해도 손색이 없을 장 가뱅(1904~1976)은 1930년대 프랑스의 고전적인 영화에서 전형적인 무산자 주인공으로 영화의 전당에서 한 자리를 차지하고 있다. 긴 세월 동안 거의 100편의 영화에서 주인공을 맡았으며, 주요한 작품은 <위대한 환상>, <밑바닥 인생>, <안개 낀 부두>, <새벽>, <현금에 손대지 마라>, <프렌치 캉캉>,<파리의 황혼>, <지하실의 멜로디> 등이다.

d. *"I'm sorry too,"* she said, and with that she went to the kitchen and returned with a glass of wine. ("저도 죄송합니다." 라고 말하고 나서 그녀는 부엌에 들어가더니 포도주 한 잔을 가지고 돌아왔다.) - Grisham, *The Street Lawyer*

• "You delight in puzzling me!" And with that he strode out of the room. ("당신은 저를 당황하게 만드시는 걸 즐기시는군요," 이렇게 말하고 그는 밖으로 나갔다.) - Buck, *The Living Reed*

NB This에도 이와 같은 용법이 있지만 that 보다 드물다.

• *You can only be destroyed by believing that you really are what the white world calls a nigger.* I tell you this because I love you. (백인들이 부르는 것처럼 네가 정말로 깜둥이라고 믿으면 단지 죽음이 있을 뿐 이다. 내가 너한테 이 말을 하는 것은 너를 사랑하기 때문이야.) – James Baldwin, *The Fire Next Time*

(3) 뒤에 오는 문장의 내용을 받는 this/ that

a. In conclusion, I would urge **this**. *The recreation of reading needs planning.* (끝으로 꼭 이것만은 말하고 싶다. 독서의 즐거움에는 계획이 필요하다는 것이다.)

b. An amateur detective has **this** advantage over the professional, *that he doesn't work set hours.* (아마추어 탐정은 정해진 시간에 일을 하지 않는다는 점에서 직업적인 탐정보다 유리하다.) - Greene, *The Third Man*

엄밀히 말하면, 지시 대명사 that이 뒤에 오는 문장의 내용을 받는 일은 없지만. 비교적 드물게 it 과 같이 가주어처럼 쓰이는 경우가 있다.

a. **That**'s all they care about, *clothes.* (그 사람들이 관심을 가지고 있는 것은 옷 뿐 입니다.) - Lawrence, *Lady Chatterley's Lover*

• And **that** must be the village of Brill, *that cluster of cottages among the trees on the very top summit.* (그리고 저것이 브릴이 사는 마을임에 틀림없어, 맨 꼭대기에 나무로 둘러싸여 있는 시골집들 말이야.) - Dahl, *Kiss Kiss*

b. **That** is all I have to say, messieurs—*to warn you.* (여러분, 제가 말씀 드리는 것은 그 뿐입니다. 즉 여러분에게 경고하는 것뿐입니다.) - Christie, *The Big Four*

c. I think **that**'s one very strange result of our education—*that our own native language became alien to us.* (이것은 우리나라의 교육의 정말 기묘한 결과의 하나라고 생각합니다. 우리의 모국어가 우리에게 서먹서먹해졌다는 것 말입니다.) - A. Toynbee and P. Toynbee, *Comparing Notes*

(4) This (= the latter/ the other), that (= the former/ the one)

• *Work* and *play* are both necessary to health; **this** gives us rest, and **that** gives us energy. (놀이는 휴식을 주고, 일은 정력을 준다.)

(5) Those (= people)

a. **Those** who expect the worst are less likely to be disappointed. (최악의 사태를 예상하는 사람은 실망하는 일이 적을 것이다.)

b. **Those** *present* were in favor of the decision. (출석한 사람들은 그 결정에 찬성했다.) [those를 수식하는 형용사는 그 뒤에 온다.]

c. **Those** with fair skin are more at risk of skin cancer than **those** with dark skin. (하얀 피부를 가진 사람은 검은 피부를 가진 사람보다 피부암에 걸릴 확률이 더 높다.)

d. Hollywood is the ultimate destination for **those** destined to become stars. (할리우드는 영화배우 지망생들의 궁극적인 목적지이다.)

e. **Those** who promised us paradise on earth never produced anything but a hell. (지상에 낙원을 건설하겠다고 약속한 사람들은 지옥 밖에는 아무 것도 만들지 않았다.) – Karl Popper (1902~94, 오스트리아 태생의 영국 철학자)

(6) This (these), that (those)와 emotional coloring (감정적인 색채)

비난, 꾸지람, 놀림, 멸시, 때로는 칭찬 따위의 감정을 포함해서 말할 때가 있다. 물론 항상 그런 것은 아니며, 그 나름의 전후관계가 필요하다. 다음과 같은 동격구문에서 흔히 볼 수 있다.

a. Now she's got **this** bull of a man who's bucked her and everybody else on the staff. [번역과 출처 → *p.* 19]

b. McMurphy frowns and asks "What about **that** fart of a doctor?" ("저 머저리 같은 의사는 어떻게 할까?" 하고 맥머피가 얼굴을 찌푸리며 물었다.) - Kesey, *One Flew Over the Cuckoo's Nest*

c. There was nothing to it, he decided, and **that** silly fool of a critic had just been pulling Daphne's leg.* (그건 새빨간 거짓말이며, 그 멍청하고 바보 같은 평론가 녀석이 데프니를 놀리고 있었던 거라고 그는 결론을 내렸다.) - Maugham, *The Colonel's Lady* [* pull *sb*'s leg = deceive *sb* playfully 아무개를 놀리다]

(7) This = a(n)

"This는 오늘날 설명문이나 대화에서, 앞에서 언급한 적이 없는 사람, 장소, 물건 따위를 친근하게 말할 때 흔히 부정관사 대신에 사용된다."(*New Fowler's p.* 780) 주로 현대 구어체 *AmE*에서 많이 볼 수 있다.

a. **This** little deli is just around the corner*. (길 모퉁이를 돌아가는 곳에 조그만 식품 가게가 하나 있다.) - Grisham, *The Pelican Brief* [*= very near]

b. He didn't have **this** grudge against her any more. (그는 그 여자에게 더 이상 원한을 품고 있지 않았다.) - McCullers, *The Heart is a Lonely Hunter*

c. It was real quiet, just nothing but **this** barking way off. (그 곳은 아주 조용했고, 다만 멀리서 개 짖는 소리만 들렸다.) – Capote, *In Cold Blood*

§ 28 That의 idioms

(1) That depends. (= It depends.) (그것은 형편에 달렸다.)

[사정에 따라서 대답이 바뀔 수 있으므로 명확한 대답을 줄 수 없을 때 쓰는 말]

- "Are you coming here today?"
  "**That depends,**" said Marissa, biting her lip and taking a deep breath. ("오늘 여기에 오겠소?" "형편에 달렸어요." 마리사는 입술을 깨물며 숨을 깊이 들이 마시고 말했다.) - Cook, *Outbreak*

(2) That's the point. (그 점이 중요하다.)

- "Then I'll get you a qualified tutor," Ray insisted.
  "**That's the point!** He's qualified." ("그러면 내가 너한테 유능한 개인지도교사를 소개해 주마." "그 점이 중요합니다. 그는 자격이 있어요.") - Segal, *Prizes*

(3) That's the way it goes./ is./ works. (=That's the way things go.)

(= That's life./Such is life.) (그건 흔히 일어나는 일이다../ 인생이란 그런 것이다.)

a. "Do I have a penis, Dad?" "No, Lize." "Why, Dad?"
"That's just the way it is, honey." ("아빠, 나한테 고추가 있어요?" "아니, 없단다." "왜 없어요, 아빠?" "원래 그런 거란다, 아가야.") - Crichton, *Disclosure*

b. I've always liked black-haired and black-eyed men but I fell in love with a blonde, blue-eyed boy. Oh well—**that's life,** I suppose. (나는 항상 검은 머리에 검은 눈을 기진 청년을 좋아했으나 금발에 푸른 눈의 청년과 사랑에 빠졌어. 오, 인생이란 이런 거야.)

c. **"That's the way it goes,"** he said. "But what's that got to do with Maitland's murder?" ("세상 일이란 원래 그런거야," 하고 그가 말했다. "그러나 그것이 메이트랜드의 살인과 무슨 관계가 있느냐?") - Sanders, *The Second Deadly Sin*

d. You're in an adversarial environment, accusing people of crimes all the time. They accuse you back. **That's just the way it works.** (너는 반대의 입장에 서서 항상 범죄자를 고발한다. 그러면 그들도 너를 고발한다. 세상만사는 다 그런거야.) - Crichton, *Rising Sun*

(4) That's a good boy/ girl, *etc.* (= There's a good boy / girl, *etc.*) (→ *p.* 142)

보통 명령문의 앞 또는 뒤에 사용하며, 어린이뿐만 아니라 어른에게, 강아지에게도 쓴다. (착하기도 해라.)

a. **That's a good girl,** take another sip. (잘 마시는군요, 자 한 모금만 더 마셔요.) - Ripley, *Scarlett* [어른인 Scarlett을 보고 하는 말임]

b. Easy, Prince. **That's a good boy.** Let's get this seat belt around you. (프린스야, 걱정하지마라. 착한 아이지, 이 안전띠를 메자.) - Sheldon, *Morning, Noon, and Night*

Ⅲ. 부정 대명사

§ 29 One

(1) 앞에 나온 명사의 대신에 쓰인다.

① One과 it의 구별

I've lost my watch. I must buy **one**. (= a watch)
My father bought me a watch, but I lost **it**. (= the watch)

You have the right to a lawyer. If you can't afford <u>**one**</u>*, the state'll furnish <u>**one**</u>*. (당신은 변호사를 선임할 권리가 있습니다. 만약 당신이 할 수 없다면 국가에서 선임해 드립니다.) - Grisham, *A Time to Kill* [* one = a lawyer][Miranda rule (→ 이 쪽의 맨 아래 ☞) 의 일부]
You can be young without money but you can't be old without *it*. (돈이 없어도 젊을 수는 있어도 돈 없이 늙을 수는 없다.) - Williams, *Cat on a Hot Tin Roof*

② 수식어가 붙는 경우

보통명사처럼 취급되어 관사가 붙거나 복수형이 되거나 수식어도 붙을 수 있다.

a. Your plan is *a good* **one** on paper. (당신의 계획은 이론상으로는 좋은 계획이다.)

b. Those pants are too old we must buy *some new* **ones**. (그 바지는 너무 낡아서 새 것을 사야겠다.)

c. The company assembled in the restaurant car was *a very subdued* **one**. (식당차에 모인 일행은 조용한 사람들이었다.) - Christie, *Murder on the Orient Express*

③ One은 원래 수사이므로 물질명사나 추상명사 대신으로는 쓸 수 없다.

a. He usually prefers classical music to rock. (그는 대체로 락음악보다 고전 음악을 더 좋아한다.)

b. After three years of law school, I can't tell instant coffee from real. (법과대학원을 3년 다닌 후에도 나는 인스턴트 커피와 진짜 커피를 구별하지 못한다.) - Grisham, *The Rainmaker*

Cf. "Would you like a cup of coffee?" "No, thank you. I've just had <u>**one**</u>*." (커피 한 잔 드시겠어요?" "아니, 됐어요. 방금 한 잔 마셨어요.") [*=a cup of coffee]

☞ Miranda rule(미란다 원칙)은 미국 형법에서 위법으로 수집한 증거는 배제한다는 원칙, 즉 경찰관이 피의자를 심문하기 전에 본인에게 묵비권과 변호사의 입회를 요구할 권리가 있다는 것, 그 진술이 본인에게 불리한 증거가 될 수도 있다는 것, 또 경제적 여유가 없다면 국가에서 변호사를 선임해 준다는 것을 미리 고지(= 미란다 경고 Miranda warning)하지 않고 수집한 증거는 공판에서 배제된다는 것을 말한다. 경찰관이 미란다 경고를 하기 위해서 휴대하는 카드를 Miranda card라고 한다.

④ 아래 문장에서 the one(s)는 that(those)과 같지만 전자가 보다 구어적이고 많이 쓰인다.

a. The Butler house is **the one** with the fresh paint. (버틀러네 집은 새로 페인트를 칠한 집이다.) - Ripley, *Scarlett* [the one = that]

b. The students who do best in examinations are not always **the ones** with the best brains. (시험에서 가장 우수한 학생이 항상 가장 머리가 좋은 학생은 아니다.) [the ones = those]

c. *The Road**(1954) is Federico Fellini's fourth film, and it is **the one** that made his international fame. (<길>은 페데리코 펠리니의 네 번 째 영화이며, 그에게 국제적인 명성을 안겨준 작품이다.) – Schneider, *1001 Movies* [* → 이 쪽의 맨 아래 ☞]

Cf. The cost of the air fare is higher than *that of* the rail fare. (항공요금의 원가는 철도요금의 원가보다 비싸다) [the one of the rail fare라고 할 수 없다.]

(2) One = a person (부정사나 관계대명사 절을 동반할 때가 많다.)

- I'm never **one** to complain, as you know. (자네도 알다시피 나는 절대로 불평하는 사람이 아니야.)
- What about Charlie? He is **the one** who insisted on this meeting. (찰리는 어떻게 되었느냐? 이 모임을 가지자고 주장한 장본인이야.) - Kleinbaum, *Dead Poets Society*

(3) 일반사람을 나타낸다. (we, you, they, people이 보통) (→ *p.* 32)

a. **One** must not expect too much of human nature. (인간성에 대해서 너무 많은 것을 기대해서는 안 된다.) - Maugham, *The Summing Up*

b. It is cruel to discover **one's** mediocrity only when it is too late. (너무 늦어서야 비로소 자신의 평범함을 발견하는 것은 잔인한 일이다.) - Ibid., *Of Human Bondage*

c. **One** should burn with the hard, gem-like flame*, and **one** should take risks, **one** should expose **oneself** to danger. (강렬한 보석 같은 불길로 연소시켜야 하네. 모름지기 인생은 모험을 해야 하며, 인생을 위험에 노출시켜야 한다네.) - *Ibid.* [*이것은 영국의 비평가 Walter Pater (1839–1894)가 쓴 *The Renaissance*의 '결론'에 나오는 구절이다.]

NB 위의 *b, c* 처럼 one은 one, one's, oneself로 받는 것이 원칙이나, 실제로는 he, his, him, himself로 받는 일이 많고, 이 현상은 특히 현대 *AmE*의 구어에서 현저하다.

ⓐ **One** does not like to have **his** (*or* **their**) word doubted. (자신의 말을 의심 받기 좋아하는 사람은 없다.)

ⓑ **One** should always be polite to **his** bank manager. (거래은행의 지점장에게는 항상 겸손해야 한다.) (*GB*...to one's bank manager.) [*PEU p.* 394]

☞ 엔서니 퀸이 힘센 잠파노로 출연하고, 펠리니의 아내 줄리에타 마시나가 불쌍한 젤소미나로 등장하는 이 영화는 서커스를 배경으로 한 사랑과 질투의 이야기이다. <길>은 펠리니의 영화 중 가장 접하기 쉽고 가장 사랑받는 영화지만 볼 때 마다 새로운 통찰력과 아이디어를 주는 작품이다.

(4) 명사 앞에 붙는 한정어(= 수식어 modifier)로 쓰인다.

① The one + 명사 = the only + 명사

a. Playing squash once a week is about **the one** *thing* he does to keep fit. (그가 건강을 지키기 위해서 하는 거의 유일한 운동은 일주일에 한 번씩 스쿼시를 하는 것 뿐이다.)

b. She might have stolen the pearls. She is **the one** person who had ample opportunity to get a replica made. (그녀가 진주 목걸이를 훔쳤을지도 모릅니다. 그녀야말로 모조품을 만들 기회가 충분히 있었던 유일한 사람이니까요.) - Christie, *Death on the Nile*

c. She was **the one** person he could trust and care for. (그녀야말로 그가 믿고 좋아할 수 있는 유일한 사람이었다.) - Uris, *Exodus*

d. **The one** competitor it(= Coca-Cola) notably failed to quench was Pepsi-Cola*, invented in 1898 by Caleb D. Bradham and so called because it was invented to combat dyspepsia*. (특히 코카콜라가 이길 수 없었던 유일한 경쟁자는 팹시콜라였는데 이것은 1898년에 C. D. 브래덤이 소화불량을 치료하기 위하여 발명했기 때문에 붙인 이름이었다.) - Bryson, *Made in America* [*dyspepsia (소화불량) + cola]

e. When you're climbing a mountain **the one** thing you shouldn't do is look down. (등산할 때 는 절대로 아래를 내려다보아서는 안 된다.)

f. For many illiterate people, television is **the one** means of getting news. (글을 모르는 많은 사람들에게 텔레비전은 뉴스를 얻을 수 있는 유일한 수단이다.)

② One + 형용사 + 명사 = a very + 형용사 + 명사

현대 *AmE*의 구어에서 주로 쓰이는 용법이다.

a. All we know for sure is that he's **one malignant** *son* of a bitch. (확실한 것은 그 놈이 천하의 악당이라는 것이다.) - Clancy, *Patriot Games*

b. Us certainly have had **one fine** *time* at this party. (우리는 이 파티에서 정말 재미있게 놀았어.) - McCullers, *The Heart is a Lonely Hunter* [Us = We]

c. Uncle and I made **one long** *trip* together. (삼촌과 나는 함께 아주 먼 곳까지 여행을 했다.) - Bellow, *More Die of Heartbreak*

d. Don't you listen to what those bums said, Joe. Your old man was **one swell** *guy*. (조우, 넌 그 녀석들이 한 말을 못 들었느냐? 네 아버지는 대단히 훌륭하신 분이었어.) - Hemingway, *My Old Man*

NB One의 앞에 the가 붙는 경우도 있다.

- I woke up as the sun was reddening; and that was **the one distinct** time in my life, the strangest moment of all. (내가 잠이 깨었을 때 해가 뜨고 있었다. 그것은 내 생애에서 대단히 기억이 뚜렷한 시간이었으며, 가장 진귀한 순간이었다.) - Kerouac, *On the Road*

(5) One을 사용하는 idioms

① One~the other··· (하나는~다른 하나는···) [두 가지를 순서 없이 말하는 경우] the one~the other··· (= the former~the latter/ the first~the second) (전자~후자···) [순서를 정해서 말하는 경우]

a. The twins are so alike that no one can distinguish **one** from **the other**. (그 쌍둥이는 너무 닮아서 구별할 수 없다.)

- There are two kinds of opportunities: **one** which we can chance upon, **the other** which we can create. (두 종류의 기회가 있다. 하나는 우리가 우연히 만나는 기회이고, 다른 하나는 우리가 만들어 내는 기회이다.) - Benedict, *The Chrysanthemum and the Sword*

b. Father and son, they looked at each other, **the one** in gravity, **the other** in amazed gratitude. (아버지와 아들은 서로 바라보았다. 전자는 근엄하게, 후자는 놀랍고도 감사하는 마음으로 바라보았다.) - Buck, *The Living Reed*

순서를 바꾸어서 <후자~전자>로 하거나 <전자> 또는 <후자>만으로 표현할 수도 있다.

c. One of the most eminent of living mathematicians, divides his time equally between mathematics and stamp-collecting. I imagine that **the latter** affords consolation at the moment when he can make no progress with **the former**. (생존해 있는 가장 저명한 수학자 한 사람은 수학과 우표수집에 시간을 꼭 반반씩 배당하고 있다. 수학에 진전이 없을 때는 우표수집이 위안을 줄 것이다.) - Russell, *The Conquest of Happiness*

d. *Were* Lucy and her cousin <u>closeted with</u>* a great thing which would destroy Cecil's life if he discovered it or with a little thing which he would laugh at? Miss Barlett suggested **the former**. (루시와 그녀의 사촌이 나누고 있던 밀담을 세실이 안다면 그의 목숨을 잃을 만큼 큰 일이었던가, 아니면 웃어넘길 조그만 일이었던가? 바렛양은 큰 일이라고 말했다.) – Forster, *A Room with a View* [*be closeted with *sb* 아무와 밀담하다]

e. He leaned heavily and wearily upon Mason's arms while **the latter** sustained him as best he could. (그는 몸이 무겁고 피곤하여 메이슨의 양팔에 기대있는 동안 메이슨은 그를 힘껏 부축하고 있었다.) – Dreiser, *An American Tragedy*

② A is one thing but(or and) B is another (A와 B는 다르다)

- It's **one thing** passing your driving test but being a good driver is **another**. (운전면허 시험에 합격하는 것과 운전을 잘 하는 것은 별개의 문제다.)
- It was **one thing** to fool a few friends, but quite **another** to deceive the whole village. (두 세 명의 친구를 속이는 것과 마을 사람 전체를 속이는 것은 전혀 다른 문제였다.)

이 밖에 → *p.* 381의 NB

§ 30 Any, some, every, no 를 포함한 합성어

(1) Anybody는 anyone 보다 구어적이며, 긍정문에 쓰면 <누구라도>란 뜻으로 양보적인 의미가 된다. 또 anybody와 somebody에는 <중요한 인물/ 대단한 사람>, nobody에는 <하찮은 사람>이란 뜻이 있다.

a. **Anybody** who saw the accident is asked to communicate with the police. (그 사고를 본 사람은 누구나 경찰에 연락해 주시오.)

b. You must work harder if you want to be **anybody**. (크게 되고 싶으면 더 열심히 공부해야 한다.)

c. If she married Frank, her first job would be to help him realize his wish to be **anybody**. (그녀가 프랭크와 결혼한다면 첫 번째 할 일은 큰 인물이 되겠다는 소망을 실현시키도록 그를 도와주는 것이다.) - Malamud, *The Assistant*

d. I coulda* been **somebody**, instead of a bum, which is what I am, let's face it. (나도 지금처럼 날건달이 아니고 상당한 인물이 될 수도 있었을 거야, 그걸 인정하자구.) - Schneider, *1001 Movies* [*= could have→ *p.* 204]

e. A **nobody** before the war, he was now thrust into the top slot at one of the country's largest brokerage houses. (전쟁 전에는 별 볼일 없었던 그가 지금은 일본에서 제일 큰 증권회사에서 최고위층까지 승진했다.) - Alletzhauser, *Nomura*

NB anyone, everyone은 any one, every one처럼 두 단어로 쓰면 사람뿐만 아니라 물건에도 쓰인다.

ⓐ **Any one** of them could have done what I did! (그들 중 누구라도 나처럼 할 수 있었을 텐데!) – Haley, *Roots*

ⓑ You may take **any one** of these books. (이 책 중에서 어느 것을 가져가도 좋다.)

(2) Something (=somebody) (뛰어난 인물, 대단한 물건/ 일, 다행한 일)

a. There's **something** in what he says. (그의 말에는 일리가 있다.)

b. It would be **something** to have a pretty wife that other men would congratulate him upon having. (다른 남자들이 축하해줄 예쁜 아내를 가진다는 건 대단히 좋은 일이야.) - Buck, *The Good Earth*

c. A girl is nothing to herself; only to her husband can she become **something**. (딸은 그녀 자신에게는 관심 밖이고, 남편에게는 소중할 거야.) - Walker, *The Color Purple*

d. I have a feeling this is really going to be **something**. (이것은 뭔가 굉장한 일이 될 거라는 느낌이 들어요) - Cook, *Mutation*

e. I don't know what kinda pull* you got, but it's **something**. (당신이 어떤 연줄을 가지고 있는지 잘 모르지만 상당한 거물인가 봐.) - Grisham, *The Firm* [*연줄, 연고, 영향력]

f. I mean she's *really* **something.** (그녀는 정말 대단한 미인이라는 말입니다.) - Gardner, *The Fiery Fingers* [이탤릭체는 원문]

(3) 부정 대명사 anybody, anyone/ somebody, someone/ nobody, no one/ everybody, everyone은 다소 논쟁의 여지는 있지만, 오늘날에는 흔히 복수 대명사 they, their, them으로 받는 경우가 많다. 전통적으로 당사자의 성(gender)을 모를 때 남성 대명사 he, his, him을 써 왔으나, 이것은 male chauvinist (남성 우월주의자)라는 비난을 면하기 어렵고, 또 프랑스어처럼 한 개의 단어로 "his 또는 her"를 의미하는 말도 없으며 (예컨대 프랑스어에서는 '그의 우산'이나 '그녀의 우산'이나 둘 다 son parapluie라고 한다), 그렇다고 "his *or* her"라고 쓰면 너무 번거로우므로 부득이 단수를 복수 대명사로 받게 된 것이다.

Anybody / anyone who wants to improve their writing may attend the course. (문장력을 향상시키고자 하는 사람은 누구나 이 강좌를 수강할 것이다.) [*New Fowler's*]

Nobody thinks their own dog is a nuisance. (자신의 개가 귀찮다고 생각하는 사람은 아무도 없다.) [*WBD*]

PEU (*p*. 549)에 "They, them, their 는 단수 의미를 가지고 somebody, *etc*.을 가리키는 데 종종 사용된다."라는 설명과 함께 다음 예문이 실려 있다.

If **anybody** wants a ticket for the concert, they can get it from my office. (연주회 입장권이 필요한 사람은 누구든지 내 사무실에서 얻을 수 있다.)

작품이나 신문에 사용된 용례를 보아도 they, their, them이 압도적으로 많다.

a. It is lawful to employ **someone** under the age of sixteen if their parents agree. (나이가 16세 미만이라도 그의 부모가 동의한다면 그를 고용하는 것은 합법적이다.)

- You couldn't fire **someone** for joining a union, but you can if they go on strike. (어떤 사람이 노조에 가입한다고 해고할 수 없지만 그가 파업을 하면 해고할 수 있다.)
- If you're in trouble, **somebody**'d give you a hand and you'd give a hand to them. (만약 당신이 어려운 일을 당하면 누군가 당신을 도와줄 것이며, 그리고 당신도 그를 도와줄 것이다.) – Christie, *The Mirror Crack'd from Side to Side*

b. The job is on offer to **anyone** with the right qualifications, irrespective of their age. (그 일자리는 나이에 관계없이 일정한 자격을 갖춘 사람은 누구에게나 제공된다.)

- Our boss is very formal, he doesn't call **anyone** by their first name. (우리 사장님은 대단히 격식을 차리는 분이기 때문에 누구도 함부로 이름을 부르지 않는다.)

c. **Everyone** pays the same rate of tax, irrespective of whether they're married or single. (모든 사람은 기혼이건 독신이건 간에 같은 세율로 세금을 낸다.)

NB 아래의 경우에는 someone's를 their로 바꿀 수 없다. 만약 후자를 쓰면 삼인칭 복수가 되기 때문이다.

- Have you ever seen the expression on someone's face when **they**'ve just had a really bad shock? (방금 엄청난 충격을 받은 사람의 얼굴 표정을 본 적이 있느냐?)

§ 31 None, all

(1) None

① None(아무[것]도 아니다)은 no one, not one, nobody 보다 문어적이며, 사람과 사물에 모두 쓰인다.

a. **None** of these ball-point pens work / works. (이 볼펜들은 어느 것도 써지지 않는다.)

b. **None** of the bridges were /was marked on the map. (이 다리들은 어느 것도 지도상에 표시되어 있지 않다.)

c. **None** are / is completely happy. (완전히 행복한 사람은 아무도 없다.)

d. **None** are so blind as those who won't see. [saying] (보지 않으려고 하는 사람만큼 장님은 없다.)

NB 위의 예문에서 단수/ 복수 모두 가능한 경우에 복수우선이 현대적 경향이다.

- **None** of the low-ranking members **were** allowed to vote at the society's meeting. (하위직의 회원들은 협회의 모임에서 투표권이 없었다.)

② 부사로서의 용법

<the + 비교급> 또는 <too + 형용사/부사>와 함께 사용하며 not at all의 뜻이다.

a. Unfortunately his detailed explanations of how to use the the word processor left me **none the wiser***. (그가 워드 프로세서의 사용법에 대해서 자세히 설명을 했지만 불행하게도 나는 여전히 알 수 없었다.) [* 설명을 듣고도 여전히 모르다]

b. I was **none** *too* pleased to have to take the exam again. (시험을 다시 치른다는 것은 결코 즐거운 일이 아니었다.)

c. "…How's life?" "Not so bad. Business is **none** *too* good, but it might be worse."("세상살이는 어때요?" "그럭저럭 살아가지요. 장사는 결코 잘 된다고는 할 수 없지만 더 나빠질지도 모릅니다.") - Maugham, *The Man with the Scar*

③ Idioms

a. **None** but the brave deserve(s) the fair. (용감한 자 만이 미인을 얻을 자격이 있다.) - John Dryden*, *Alexander's Feast* [*(1631~1700) English poet and playwright]

b. Last night at a party I happened to meet **none other than Bill himself***. (어제 밤 파티에서 바로 다름 아닌 빌을 만났다.) [* Bill himself의 강조형]

c. (I'll have/ I want) **None** of your impudence! (건방진 소리 하지 마라!)

d. My private life, is **none of your business***. (내 사생활을 간섭하지 마라.) [*= mind your own business.]

(2) All

① 대명사 용법

관용적인 경우를 제외하고, all을 단독으로 사용하는 것은 낡은 표현이며, 구어에서는 everybody, everything을 쓴다.

a. **All**'s well that ends well. [saying] (세상만사 끝이 좋으면 다 좋다.) [Shakespeare의 작품에 같은 제목의 희극이 있다.)

b. As someone once said, **all**'s fair in love and war. (일찍이 누군가 말했듯이, 사랑과 전쟁은 수단을 가리지 않는다.)

c. If **all** goes well, I'll be sailing* from Marseilles in about a week. (만사가 순조롭게 진행되면 나는 일주일 쯤 후에 마르세유에서 출항 할 거야.) [*→ *p.* 200 ②]

d. ***All*** *Quiet on the Western Front.* (서부전선 이상 없다.) [독일의 소설가 Erich Maria Remarque(1898~1970)가 일차 대전을 배경으로 쓴 반전소설 및 그 영화 (1930)]

② 부사용법 (일종의 강조어로서 completely/ very의 뜻)

a. They were dressed **all** in white. (그들은 온통 흰 옷을 입고 있었다.)

Cf. They were **all** dressed in white. (그들은 모두 흰 옷을 입고 있었다.)

b. I made a lot of money, but it's **all** gone now. (많은 돈을 벌었으나 지금은 빈털터리다.)

c. The coffee went **all** *over* my pants. (내 바지 위에 온통 커피투성이다.)

d. The end of our vacation came ***all*** *too soon.** (우리의 휴가는 너무 빨리 끝났다.) [*(유감스럽게도/ 어이없게도) 너무 일찍 *or* 빨리]

③ All + (that) - 절 (that은 보통 생략되며, all = the only thing)

a. **All** I want is peace and quiet. (내가 바라는 것은 평화와 안정이 전부다.)

b. It was **all** he could do not to* laugh. (웃음을 참을 수 없었다.) - Clancy, *Without Remorse* [* It is all *sb* can do not to do ~하지 않기가 어렵다/ 간신히~하지 않다]

c. Without the darkies, it will be **all** we can do to keep body and soul together.* (그 검둥이들이 없다면 입에 풀칠하기도 어려울 거야.) - Mitchell, *Gone with the Wind* [*겨우 살아가다]

④ Idioms

once (and) for all (이것을 최후로 한 번만/ 최종적으로, 결정적으로/ 딱 잘라서)
for all I care / know (내가 알 바 아니다)/ (내가 아는 바로는, 잘은 모르지만, 아마)

a. The case was settled *once and for* ***all*** when the appeal was denied. (항소가 기각되었으니 이 사건은 완전히 끝났다.)

b. I will explain the matter fully *once for* ***all.*** (자세히 설명해주지만 한 번 뿐이다.)

c. You can do what you like, *for* ***all*** *I care.* (네가 무엇을 하든 내가 알 바 아니다.)

Ⅳ. 의문 대명사

§32 의문사의 종류와 용법

의문사에는 의문 대명사(who, whose, whom, what, which)와 의문 부사(where, when, why, how)의 두 종류가 있으나, 이 둘은 용법이 중복되는 부분이 많기 때문에 여기서 함께 다루는 것이 좋을 듯하다.

(1) 직접의문과 간접의문 *[어순에 주의]

[*간접의문이란 의문사절이 타동사나 전치사의 목적어로 쓰인 것을 말한다.]

a. **Who** stole the money? [직접의문] (누가 그 돈을 훔쳤느냐?)
I have no idea **who** stole the money. [간접의문] (누가 그 돈을 훔쳤는지 나는 모른다.)

b. **Whose** car is this? [직접의문] (이것은 누구의 차냐?)
Ask him **whose** car this is. [간접의문] (이것이 누구의 차인지 그에게 물어봐.)

c. **Which** of the boys is tallest? [직접의문] (그 소년들 중 누가 가장 키가 크냐?)
I'm not sure **which** of the boys is tallest. [간접의문] (그 소년들 중 누가 가장 키가 큰지 나 는 잘 모른다.)

d. **How** much does the President get paid a year? [직접의문] (대통령의 연봉은 얼마냐?)
I wonder **how** much the President gets paid a year. [간접의문] (대통령의 연봉이 얼마나 될까)

(2) 의문사가 전치사의 목적어가 되는 경우 (→ *p.* 310)

의문사의 주격이 글머리에 나오고 전치사는 문장의 끝에 두는 것이 보통이다. 그리고 formal English(격식을 갖춘 영어)나 전치사와 함께 쓰이는 경우를 제외하고 informal English(구어영어)에서 글머리에 whom을 쓰는 일은 없다.

a. **Who**'s the book by? (그 책을 누가 썼느냐 ?) - Maugham, *The Colonel's Lady* [→ *p.* 427 (3)]

- **Who**'s the letter from? (그 편지가 누구한테서 왔어요?) - Steinbeck, *The Red Pony*
- **Who** did you go to the party with? (파티에 누구하고 같이 갔어요?)

b. "She was arrested a fortnight ago at Hull." "**What** *for*?" ("그 여자는 2주일 전에 헐에서 체포되었어요." "무슨 죄목입니까?") - Maugham, *Giulia Lazzari*

c. "Would you like to come with us?" "**Where** *to*?" ("우리하고 같이 가시겠어요?" "어디로 가십니까?")

앞에서도 말한 전치사의 목적어뿐만 아니라 타동사의 목적어도 글머리에 올 때는 항상 who만이 쓰인다. 문장 앞에는 주어(따라서 주격)가 와야 한다는 영국인의 뿌리 깊은 의식이 작용하기 때문일 것이다.

a. **Who** are you bringing to the banquet? (잔치에는 누구를 데려 올거야?) - Caldwell, *Snacker*

b. He did not know **who** he hit and did not know who hit him. (그는 자신이 누구를 때렸는지 그리고 누가 그를 때렸는지 몰랐다.) - McCullers, *The Heart is a Lonely Hunter*

c. When you've been around* a bit you get to know **who** to trust and **who** to avoid. (당신이 세상 경험을 좀 하고 나면 누구를 믿어야 하고 누구를 믿지 말아야 할 것인지 알게 된다.) [*세상 경험이 많다, 세상일을 훤히 알고 있다]

NB1 현대 구어 영어에서는 전치사와 함께 쓰는 경우에도 주격 who를 사용하는 일이 많다.

- She's too picky *about* **who** she dates, I guess. (그녀는 데이트 상대를 고르는데 너무 까다로운 것 같애.)
- We couldn't agree *on* **who** to give the prize to, so we decided to take a vote on it. (누구에게 상을 줄 것인지 의견의 일치를 보지 못했기 때문에 투표를 하기로 결정했다.)

(3) Who do you think he is? 형식의 어순

Who is he? (그 사람은 누구냐?)
㉠ Do you know **who** he is? (그 사람이 누구인지 알고 있느냐?)
㉡ **Who** do you think he is? (그 사람이 누구라고 생각하느냐?)

위의 ㉠은 yes, no로 대답할 수 있지만, ㉡은 yes, no로 대답할 수 없다. ㉡과 같은 어순을 취하는 동사는 think, suppose, believe, imagine, reckon (= think), say, *etc.*가 있다.

a. **Who** *did you think* I went down to San Sebastian with? (내가 누구하고 산 세바스찬에 갔다고 생각했느냐?) - Hemingway, *The Sun Also Rises*

b. **When** *do you think* Steve will be back? (스티브가 언제 돌아오리라고 생각하느냐?) - Follett, *Night Over Water*

c. **Where** *do you imagine* you met her? (그녀를 어디서 만났다고 생각하십니까?)

d. **How many** hamburgers *do you think* you can eat? (햄버거를 몇 개나 먹을 수 있느냐?)

e. **What** *do you consider to* be your most important achievement? (당신의 가장 중요한 업적이 무엇이라고 생각하십니까?)

f. **What time** *do you suppose* you got there? (당신은 거기에 몇 시에 도착했다고 생각하세요?) - Gardner, *The Calendar Girl*

g. **What** *did you say* your name was? (당신의 이름이 뭐라고 했어요?) - Wright, *Native Son*

NB2 Say의 경우 Yes *or* No로 대답할 수 있을 때는 의문사가 앞으로 나오지 않는다.

- "Did you say when he would be back again?" "No, Madam." ("그가 언제 돌아온다고 말했어요?", "아닙니다, 부인.") - du Maurier, *Rebecca*

§ 33 의문사의 idioms

(1) What do you say? (= Whaddya say?)

두 가지 뜻이 있다. (*a*) 대답이 필요 없는 인사말로 "Hello, how are you?"와 같다. 이 때는 "Whaddya say?"(끝 음절에만 강세를 줌)라고 발음하는 일이 많다. (*b*) 질문으로 사용하여 "What's your answer?" 또는 "You'll agree, won't you?"(동의하겠지?)의 뜻이다.

a. "Hi, Jerry, **whaddya say**, man?" ("어이, 제리, 어떻게 지내?")
"Hey, Ronnie, How's it going?" ("야, 로니, 별일 없니?")

b. "**What do you say** we have a drink?" "Go ahead," said Harry. ("우리 한 잔 하는 게 어때?" "먼저 마시게."하고 해리가 말했다.) - Hemingway, *To Have and Have Not*

(2) Who do you think you are?/ What do you think you're doing?
Where do you think you are going?/ Where do you think you are?

이 4개의 표현은 모두 비슷한 뜻으로, 상대방의 말이나 행동에 놀라거나, 거부반응을 나타낼 때 쓰이며 <네가 뭔데 그렇게 건방지게 구느냐?/ 말하느냐?> 또는 <You shouldn't do that. (그렇게 해선 안 돼)> 또는 <Stop that. (그러지 말아줘)>의 뜻이다.

a. "Why don't you obey my order?" "**Who the hell you think you are**?" ("왜 내 명령에 따르지 않느냐?" "당신이 누군데 나한테 이래라 저래라 하는 거야?") - *Hemingway, Op. cit.*

b. "Why can't you answer it?"roared Mason "**Where do you think you are,** anyhow" And what do you think we are here for?" ("왜 내 질문에 대답할 수 없느냐?"하고 메이슨이 소리쳤다. "도대체 당신은 무슨 배짱으로 버티고 있는 거야? 그리고 우리가 왜 여기에 있다고 생각해?") - Dreiser, *An American Tragedy*

c. The huge gynecologist, in his white coat, rose as though from under the ground in front of him, barring the way. "**Where do you think you're going**?" he whispered breathlessly so that the new mother should not hear. "Are you out of your mind?"(하얀 가운을 입은 커다란 체구의 산부인과 의사는 갑자기 땅 밑에서 솟아난 것처럼 그의 앞을 가로막고 섰다. "여기가 어디라고 들어오는 거요?"하고 그는 산모가 듣지 못하도록 속삭이듯 낮은 목소리로 말했다. "당신 정신 나갔어요?") - Pasternak, *Doctor Zhivago*

(4) What's the occasion? (= What are we celebrating?) (무슨 좋은 일이 있느냐?)

Wife : Why are we eating out at this expensive restaurant? **What's the occasion**? (오늘 우리가 왜 이런 비싼 식당에서 외식을 하고 있는 거죠? 오늘이 무슨 날인데요?)
Husband : Today is our tenth wedding anniversary. (오늘 우리 결혼 10주년 기념일이야.)

제 3 장 관 사

WARM-UP

a, an, the의 세 단어는 형용사의 일종이지만 보통 편의상 'Article'의 이름 밑에 둔다. 8품사(eight parts of speech)라고 할 때는 관사는 형용사에 포함된다. 만약 관사를 분리시키면 9 품사가 된다. a, an은 형용사 one에서 변한 것이므로 어느 것이라고 지정하지 않고 한 개를 가리키는데 사용되기 때문에 Indefinite article(부정관사)라고 부르며, a는 Consonant(자음) 앞에 쓰이고, an은 Vowel(모음) 앞에 사용된다. the는 this, that 따위의 가벼운 의미로 특정한 것을 가리킬 때 쓰인다.

옛날 영어에서는 an hill, an history, an household처럼 'h' 앞에서도 an이 쓰였고, 현대 *BrE* 에서 'h'로 시작되고 stress가 없는 음절 앞에 가끔 사용되는 일이 있다.

- I'm **an** *historian*. My business is figuring things out. (나는 역사학자입니다. 나의 임무는 여러 가지 사건을 해석하는 겁니다.) - Clancy, *Patriot Games*
- We went to **an** *hotel* by the sea, where two gentlemen were smoking cigars in a room by themselves. (우리는 바닷가의 한 호텔에 도착했는데 그 호텔의 어느 방에서 두 신사가 단둘이서 시가를 피우고 있었다.) – Dickens, *David Copperfield*

관사는 문장 구성상 기능어(Function word/의미보다는 문장 속에서 다른 말과의 관계를 나타내는 전치사, 관사, 관계 대명사, 관계 부사, 조동사 따위를 총칭해서 부르는 말)에 불과하다고 하지만 이 관사의 용법은 대단히 복잡하다. 예컨대, '하늘'이라고 할 때는 the sky로서 There is no cloud in the sky.(하늘에는 구름 한 점 없다.)로 되지만, 날씨의 종류를 표현할 때는 A cloudy sky makes a dull day.(하늘이 흐리면 기분이 울적해진다)와 같이 부정관사를 사용하고, '한국의 푸른 하늘만큼 아름다운 것은 없다.'라고 할 때는 Nothing is more beautiful than the blue skies of Korea.처럼 정관사가 붙는다. 또 What's the time?은 '몇 시냐?'이지만 What is time?은 '시간이란 무엇인가?'를 의미한다. 이 밖에 어떤 명사는 앞에 서수와 함께 수어로 쓰이면 정관사가 붙지만 특식어가 되면 정관사가 생략된다.

- **The** *first prize* is a fantastic three-week vacation in the Caribbean. (일등상은 카리브해에서 즐기는 3주간의 환상적인 휴가 여행이다.)
- She entered a poetry competition and won *first prize*. (그녀는 시창작 경연대회에 참가하여 장원을 했다.)

이것은 영어의 idiom이라고 밖에 설명할 수 없다. 또 관사의 용법은 *AmE*와 *BrE*에서도 다른 경우가 있다. 그러나 이런 것은 주로 written English의 문제이며, 일상 대화에서는 기본원칙만 알면 되지만 고급 영어를 배우는 사람들은 다소 신경이 쓰이는 문제이기도 하다.

I. 부정관사

§ 34 부정관사의 용법

(1) a(n) = one

Please come in one <u>*at a time*</u>*, not all together.
(모두 한꺼번에 들어오지 말고 한 번에 한 명씩 들어오세요.) [* 한꺼번에, 동시에]

Not **a** soul was to be seen on the street.
(거리에는 사람이라곤 한 명도 볼 수 없었다.)

(2) a(n) = the same (오늘날에는 극히 제한된 표현에만 쓰인다.)

Birds of **a** feather flock together. [saying] (끼리끼리 모인다.)
They are of **an** age. (= They are the same age.) (그들은 동갑이다.)
They are much of **a** size. (그것들은 크기가 거의 같다.)
The great man is too often <u>all of **a** piece</u>*. (큰 인물은 너무나 한결같다.) - Maugham, *The Summing Up* [*(all) of a piece 똑같은, 천편일률적인, 시종여일한]

(3) a(n) = any, every (그 명사가 속하는 종족을 대표한다.)(→ *p.* 73)

A <u>rose of Sharon</u>* is the national flower of Korea. (무궁화는 한국의 나라꽃이다.)
[*rose of Sharon = hibiscus 전자는 일상 쓰는 용어이며, 후자는 많이 쓰이지 않는다]

NB1 종족을 대표하는 표현의 사용빈도는 <u>복수명사>a (n) + 명사>the + 명사</u>의 순서인데, 'the + 명사'는 문어로 논문이나 해설기사에 적합하며 보통 구어에서는 복수명사를 쓴다.

ⓐ This area of Antarctica is populated only by **seals** and **penguins**. (남극의 이 지역에는 물개와 펭귄 밖에 살지 않는다.)

ⓑ The **albatross,** largest of all flying birds, has a wingspan of three meters. (날 수 있는 새 중에서 가장 큰 신천옹은 날개를 펴면 길이가 3미터나 된다.)

(4) a(n) = each, per, every

• In a few weeks' time you <u>should</u>* be able to type up to 60 words **a** minute.
(몇 주가 지나면 일분에 60단어까지 타자할 수 있을 것이다.) [*→ *p.* 207 (3)]

(5) 불가분의 관계에 있는 두 개의 명사가 연결될 때

a bow and arrow (활과 화살)
a bucket and spade (양동이와 삽)
a knife and fork (나이프와 포크)
a whisky and soda (소다수 탄 위스키)
a cup and saucer (컵과 받침접시)
a gin and tonic (진 토닉)

a. I used to hunt game* with **a** *bow* and *arrow*. (나는 활과 화살을 메고 사냥을 하러가곤 했다.) - Walker, *The Color Purple* [* 사냥감(스포츠나 식용으로 사냥하는 야생동물이나 조류)]

b. Uncle Hoskins had **a** *horse and buggy* and sometimes he used to take me with him to Helena. (호스킨스 삼촌은 말 한 필이 끄는 마차를 한 대 갖고 계셨는데 이따금 나를 헬레나까지 태워 주시곤 했어.) - Wright, *Black Boy*

c. Anyway, we went downstairs to the bar and had **a** *whisky and soda*. (어쨌든 우리는 아랫층에 있는 술집으로 내려가서 소다수 탄 위스키를 마셨어.) - Hemingway, *The Sun Also Rises*

NB2 한 쌍으로 된 위의 표현들은 순서를 바꿀 수 없다.

ⓐ When we go to a Chinese restaurant we always use chopsticks instead of ***a*** *knife and fork*. (중국 음식점에 가면 칼과 포크 대신에 항상 젓가락을 사용한다.)

ⓑ Young children take ***a*** *bucket and spade* to the beach to build sand castles. (어린이들은 양동이와 삽을 들고 바닷가로 가서 모래성을 쌓는다.)

(6) 고유 명사와 함께 쓰일 경우

① <칭호 (Mr./ Miss/ Mrs./ Dr.) + last name>와 함께 쓰면 <~라는 사람>이란 뜻으로 신분을 모르는 사람을 가리킨다.

- **A** *Mr*. Patrick Maguire is here to see you. (패트릭 머과이어란 분이 당신을 만나려고 여기에 와 계십니다) - Sheldon, *Rages of Angels*

NB3 드물기는 하지만 칭호 없이 쓰이기도 하며, **a certain**이나 **one**을 쓰는 일도 있다.

ⓐ There was **a** Jim O'Connor we both knew in high school. (고등학교에 다닐 때 우리 둘 다 알고 지내던 짐 오코너란 남학생이 있었어.) - Williams, *The Glass Menagerie*

ⓑ While she was in Canada, she married **a certain** Mr. Arthur Bennett, a longshore man. (그녀는 캐나다에 있을 때 부두 노동자 아서 베네트란 사람과 결혼했다.) - Archer, *As the Crow Flies*

ⓒ The author of the anonymous article turned out to be **one** Arthur Jones. (그 익명의 기사를 쓴 필자는 아서 조운즈라는 사람으로 밝혀졌다.)

② <~집안 사람>, <~같은 사람>, <~의 작품>, <~회사 제품> 등을 나타낸다. 이 경우는 고유명사가 보통명사로 쓰인 것이므로 복수형도 가능하다(↔*p*. 8).

a. He is **a** Newton in his scientific genius. (그는 과학의 천재라는 점에서 뉴튼과 같은 사람이다.)

- **A** Jesus makes **a** Judas inevitable. (예수 있고 유다 있다.)
- The community consists of living persons, and without it we should merely be so many **Robinson Crusoes**. (사회는 살아있는 사람들로 구성되어 있으며, 만약 사회가 없다면 우리는 로빈슨 크루소의 집단에 불과할 것이다.) - Priestley

b. This man doesn't know **a** Rubens from **a** Rembrandt. (이 남자는 루벤스의 작품과 렘브란트의 작품도 구별하지 못한다.) - Murdoch, *The Sandcastle*

Ⅱ. 정 관 사

§ 35 정관사의 기본적인 용법

정관사(Definite article)의 기본적인 용법은, 무엇을 가지고 있는지 상대방이 금방 알 수 있는 특정한 것을 가리키는데 있다. 바꾸어 말하면, 넓은 의미에서 전후관계에 의하여 알 수 있는 것을 가리키며 대체로 다음 세 가지로 나눌 수 있다.

(1) 앞에 나온 명사를 가리키는 경우

a. Sometimes planning a trip can be almost as much fun as **the** trip itself. (이따금 여행 계획을 세우는 것이 여행 자체만큼 재미있다.)

b. Long, long ago there were *a fox* and *a crow*. One day **the** crow was eating a piece of meat in a tree. **The** fox came and saw the nice meat in **the** crow's mouth. He wanted to eat it, but he could not climb the tree. [*Aesop's Fables*. 'The Fox and the Crow']

NB1 현대영어에서는 이런 경우에 처음부터 the를 사용하고, 나중에 설명을 하는 방법을 취하는 일도 많다. 특히 단편소설이나 동화에서 볼 수 있다.

- The skipper thrust his hand into one of his trouser pockets and … pulled out a large silver watch. (선장은 그의 한 손을 바지 주머니에 찔러 넣고…커다란 은시계를 꺼냈다.) - Maugham, *Red*

(2) 전후관계나 그 때의 상황으로 알 수 있는 것을 가리키는 경우

a. Open **the** window. ([그 방의] 창문)

b. **The** phone's ringing. Shall I get it? (전화벨이 울리고 있다. 전화를 내가 받을까?) [집안에 있는 전화]

c. Has **the** postman been yet? ([항상 오는 그] 우체부는 벌써 다녀갔느냐?)

d. We go to **the** supermarket once a week. (일 주일에 한 번씩 [자주 가는] 슈퍼마켓에 간다.)

e. You can't see **the** bank manager unless you make an appointment. (약속을 하지 않으면 [거래 은행의] 지점장을 만날 수 없다.)

f. "Put her in my bed," Adam said. "Now I think you better go for **the** doctor. ("그녀를 내 침대에 눕혀라."하고 아담이 말했다. "이제는 [자주 찾아 가는] 의사를 데려와야겠다.") - Steinbeck, *East of Eden*

g. When your temperature becomes stable you can stop taking **the** medicine. (체온이 안정되면 [매일 먹던 그] 약을 중단하셔도 됩니다.)

h. This room's very cold-why don't you put **the** *heater* on?) (방이 몹시 춥구나, [방 안에 있는] 히터를 켜는게 어때.)

(3) 신체의 일부를 나타내는 단어

(2) 와 같은 이유로 body, brain, head, heart, kidney, liver, lungs, mind, stomach, *etc.* 도 정관사가 붙는다.

a. **The** *brain* is like a very powerful, very complicated computer. (두뇌는 대단히 강력하고, 대단히 복잡한 컴퓨터와 같다.)

b. Many people do not realize the damaging effect on **the** *liver* that too much alcohol can have. (지나친 알코올의 섭취가 간장에 끼치는 해독을 모르는 사람들이 많다.)

c. Reading is to **the** *mind* what food is to **the** *body*. (독서와 정신의 관계는 음식물과 신체의 관계와 같다.)

d. **The** *pancreas* produces insulin, which is essential to regulate blood sugar levels. (췌장은 혈당을 조절하는 데 없어서는 안되는 인슐린을 만들어 낸다.)

e. He had been shot in **the** *stomach*. (그는 배에 총을 맞았다) - Greene, *The Power and the Glory*

(4) 상식적으로 생각할 때 <유일한 것>을 가리키는 경우

the universe, the galaxy, the sun, the earth, the sea, the world(= the globe/ the planet)/ the south, the north, the east, the west/ the right, the left the Bible/ the president, the prime minister, the king, *etc.*

a. **The** *earth* moves around the sun in an elliptical orbit. (지구는 타원형 궤도로 태양의 주위를 돈다.)

b. He has traveled all around **the** *globe* with his wife. (아내와 함께 세계일주 여행을 했다.)

c. **The** *President* promised to lower income taxes and he's been as good as his word*. (대통령은 소득세를 내리겠다고 약속했고 또 그 약속을 지켰다.) [* be as good as one's word = keep one's word]

d. **The** *Foreign Minister* will be deputizing* for **the** *Prime Minister* while he recovers from his operation. (수상이 수술에서 회복하는 동안 외무부 장관이 권한대행을 할 것이다.) [* → *p.* 199]

NB2 이런 단어들도 경우에 따라서 정관사가 생략되거나, 부정관사가 붙기도 하며, 복수형이 되기도 한다. 특히 earth는 정관사 없이 쓰는 일이 꽤 많다.

ⓐ The Antarctic in winter is the coldest place *on earth*. (겨울의 남극은 지구상에서 가장 추운 곳이다.)

ⓑ We were dining on the terrace and ***a*** *full moon* was obligingly shining on the sea in front of us. (우리는 테라스에서 저녁식사를 하고 있었고, 고맙게도 우리 앞에 있는 바다 위에는 보름달이 비치고 있었다.) - Maugham, *The Voice of the Turtle* [앞에 형용사가 붙으면 부정관사가 붙는 일이 많다.]

ⓒ **A** *red sky* in the morning is the shepherd's warning. [saying] (아침놀이 들면 양치기가 경계한다.) [속담] [날씨가 나빠질 징조]

§ 36 수식어구를 동반한 명사에 붙는 정관사

(1) 반드시 the가 붙는 경우

명사에 only, first, last, same 그리고 형용사의 최상급이 붙으면 그만큼 특정화되기 때문에 항상 the가 붙는다.

a. She felt vaguely the pity of that child deprived of **the** *only* love in the world that is quite unselfish. (그녀는 세상에서 전혀 이기적이 아닌 유일한 사랑을 빼앗긴 그 아이에 대해서 어렴풋이 동정심을 느꼈다.) - Maugham, *Of Human Bondage*

b. Neil Armstrong was **the** *first* human ever to set foot on the moon. (닐 암스트롱은 달에 착륙한 최초의 인간이었다.) [Apollo 11호를 타고 달에 착륙한 것은 1969년 7월 20일]

c. Patriotism is **the** *last* refuge of a scountrel. (애국심은 악당의 최후의 피신처이다.) - James Boswell (1740~1795), *The Life of Samuel Johnson* (사무엘 존슨 전기)

d. *The Oxford English Dictionary* is **the** *best* authority on English words. (옥스퍼드 영어사전은 영어 단어에 관해서는 최고의 권위서이다) [*OED*는 총 20권으로 1989년에 완간]

NB an only son (daughter, child) / a sixth sense

ⓐ I am **an** *only son*, the hope of my parents, yet I haven't spared myself. (나는 외아들로서 부모의 유일한 희망이었소 그러나 내 몸을 아끼지 않았어요.) – Pasternak, *Doctor Zhivago*

- Philip was **an** *only child* and used to amusing himself. (필립은 외아들이어서 곧 잘 혼자 놀았다.) – Maugham, *Op. cit.*

ⓑ The best salesmen all seem to have **a** *sixth sense* so that they know when a customer is ready to buy something. (최고의 세일즈맨은 모두 육감을 가지고 있는 것 같다. 그래서 그들은 손님이 언제 물건을 살 것인지를 안다.)

(2) the의 사용이 유동적인 경우 (명사가 수식어구를 동반하면 the가 붙는다.)

a. **The water** *we drank* last night had a lot of chlorine in it. (우리가 어제 밤에 마신 물에는 염소가 많이 들어 있었다.)

b. Most of **the fast food** i*n these fast food joints* is garbage. (이러한 패스트푸드 식당에서 파는 음식은 대부분이 쓰레기다.)

그러나, 수식어구를 동반하더라도 부정관사가 붙는 경우도 있다.

c. The school has **a staff** *of 70 teachers*. (그 학교에는 70명의 교직원이 있다.)

d. I want **an English dictionary** ***that*** *contains a lot of examples*. (나는 예문이 많은 영어 사전이 필요하다)

§ 37 정관사의 특수 용법

(1) 종류 전체를 대표하는 the (→ *p.* 68)

이것은 인간의 유형, 동식물의 종류, 기술적인 발명품, 악기 따위를 대표적으로 나타낼 때 사용한다. 다소 추상적인 성질을 띈 표현으로 그 종류의 용도, 특성, 작용 따위의 기술에 많이 쓰인다.

a. **The** *wise man* does not court danger. (현명한 사람은 위험을 자초하지 않는다.)

b. **The** *turtle* excavates a hole in the sand and then lays its eggs in it. (거북은 모래에 구덩이를 파고 그 속에 알을 낳는다.)

• **The** *eel* is one of the very few creatures in the world that can kill by electrocution. (뱀장어는 감전으로 [다른 동물을] 죽일 수 있는 매우 희귀한 동물 중의 하나이다.)

c. **The** *thistle* is the national emblem of Scotland. (엉겅퀴는 스코틀랜드를 상징하는 꽃이다.)

d. Pollution has got much worse since the advent of **the** *car*. (자동차가 등장한 이후 공해는 더 악화 되었다.)

• **The** *computer* stores the information in its memory automatically. (컴퓨터는 정보를 자동적으로 기억장치에 저장한다.)

e. She earned money by playing **the** *piano* at a bar. (그녀는 술집에서 피아노를 쳐서 돈을 벌었다.)

(2) The = the best/ the top/ the most famous

위에서 설명한 (1)의 용법에서 발전하여, the가 어떤 사람이나 사물이 <최고>라는 뜻으로 쓰이는 일이 있다. 이 경우의 the는 강하게 발음하며, 이탤릭체로 쓰는 일이 많다.

a. Our guest speaker today is **the** authority on Chinese politics. (오늘의 초빙연사는 중국의 정치에 관한 최고 권위자이십니다.)

b. East Manhattan is **the** *place* for discos and exciting night-life. (디스코와 신나는 밤의 여흥을 즐길 수 있는 곳으로 동부 맨해튼을 능가하는 곳은 없다.)

c. The Shelbourne was **THE** place in Dublin for the season. (셀번은 관광시즌에 더블린에서 숙박할 수 있는 최고의 호텔이다.) - Ripley, *Scarlett* [대문자는 원문]

d. I'm very curious, and if this is really ***the*** Perry Mason with whom I'm talking, please accept my apologies for my initial scepticism. (저는 호기심이 대단히 많습니다. 만약 제가 지금 대화를 나누고 있는 분이 정말 그 유명한 페리 메이슨 씨라면 제가 처음에 저지른 실수에 대한 사과를 받아 주십시오.) - Gardner, *The Calendar Girl* [이탤릭체는 원문]

e. Within a few years the automobile ceased to be a luxury and became a necessity, perhaps ***the*** necessity. (수년 이내에 자동차는 사치품이 아니라 필수품, 아마 최고의 필수품이 되었다.) - Nevins, *A Pocket History of the United States* [이탤릭체는 원문]

f. Maurice Chevalier* was, for a long time, the world's stereotype of '**the** Frenchman,' thanks to his Hollywood films of the early 1930s. (모리스 슈발리에는 그가 1930년대 초에 할리우드에서 출연한 영화 덕분에 전세계에 '프랑스인의 전형'이었다.) - Nowell-Smith, *The Oxford History of World Cinema* [* → 이 쪽의 맨 아래 ☞]

g. "What is the best train?" "Well, of course, ***the*** best train is what they call The Blue Train." ("가장 좋은 열차는 무엇입니까?" "두 말 할 필요도 없이 소위 푸른 열차가 최고죠.") - Christie, *The Mystery of the Blue Train* [이탤릭체는 원문]

(3) 특히 That's the spirit.는 상대방의 행동을 칭찬할 때 쓰는 말로 *AmE*의 구어에 흔히 쓰인다. <That's it./ That's the way./ Way to go.>와 비슷한 표현이다.

a. "Yes. He knows where it(= the body) was, and we came, we saw, and we conquered. You will have it by noon today if you do as I say." "Anything." "**That's the spirit**, Larry. The kid wants to cut a deal." ("소년은 그 시체가 어디에 있었는지 알고 있었어요. 우리가 가서 보고 확인했어요. 내 말대로 하면 오늘 정오까지는 그것을 가지게 될거요." "무엇이든지 말하시오." "그럼 됐어요, 래리, 그 아이는 거래를 하고 싶어 합니다.") - Grisham, *The Client*

b. "Maybe I should do more reading on infectious diseases." "**That's the spirit**," Laurie said, "Instead of stressing yourself out, you should treat these cases as an opportunity to learn." ("아마도 전염병에 대한 공부를 좀 더 해야겠어요." "정말 좋은 생각이오,"하고 로리가 말했다. "너무 과로는 하지 말고 이런 환자를 연구의 기회로 삼아야 합니다.") - Cook, *Contagion*

(4) 역시 칭찬이나 격려하는 말로서 That's the boy. (남자에게 쓰는 말로, 줄여서, Attaboy)와 That's the girl. (여자에게 쓰는 말로, 줄여서 Attagirl)도 있다.

a. Just put your arms around him (= your father) when he comes into the restaurant. Give him a smile. **That's the boy**. (아버지가 음식점에 들어오시거든 안아 드려라. 미소를 지어라. 기특하구나.) – Miller, *Death of a Salesman*

b. "**That's the girl**," said the sheriff. "You see? She wants to talk." He put the tablet on the bed beside her and molded her fingers around the pencil. " There we are*. Now, what's you name?" ("장하구나."하고 보안관이 말했다. "보이지? 말을 하고 싶어 하는구나." 그는 편지지첩을 그녀 옆에 있는 침대 위에 올려놓고 손가락에 연필을 끼워 주며 말했다. "자, 이름이 뭐냐?") - Steinbeck, *East of Eden* [* = There you are.→ *p.* 141]

☞ Maurice Chevalier(1888~1972)는 본국 프랑스보다 미국 할리우드에서 더 성공을 거둔 배우였다. 1928년부터 1935년까지 할리우드에서 16편의 영화에 출연했는데 최초의 성공작은 <파리의 바보들> 이어서 <미소 짓는 중위>, <당신과의 한 시간>, <즐거운 미망인> 등이 덩달아 히트하여 크게 인기를 누렸다. 그는 미국에서 코미디의 과장된 행동과 유성영화 시대의 새로운 구경거리였던 익살스런 말투로 포장하여 경솔하고 매력적인 파리 남자를 익살스럽게 집약해서 그려냈으며 특히 뮤지컬 영화에 등장한 노래들은 대단한 성공을 거두었다. 그러나 프랑스로 귀국하여 만든 영화들은 그다지 빛을 보지 못했다.

§ 38 <I caught her by the hand> 형식

영어에는 I caught her hand.라는 구문과 함께 I caught her *by* **the** hand.라는 관용구문이 존재한다. 이 경우, I caught her by her hand.(×)라고 하지 않고, 정관사를 써서 by the hand라고 쓴다.(→ § 34 (3)) 그리고 정관사의 앞에 오는 전치사는 신체의 부위와 동사의 의미에 따라 결정된다. 아래에 전치사에 따라서 분류하여 용례를 든다.

a. And her father had slapped her *across* **the** face. (그리고 그녀의 아버지는 그녀의 귀싸대기를 때렸다.) - Sheldon, *The Stars Shine Down*

b. He was blind with rage; He could have seized Campion *by* **the** throat and strangled him. (그는 화가 나서 눈에 보이는 것이 없었다. 그는 캠피언의 목을 졸라 죽일 수도 있었을 것이다.) - Maugham, *The Yellow Streak*

- He was so filthy that he looked as if he had been pulled *by* **the** scruff of the neck from a sewer. (그는 어떻게나 지저분했든지 마치 하수구 안에서 놀다가 목덜미를 붙잡혀서 끌려 나온 것처럼 보였다.) - McCullers, *The Heart is a Lonely Hunter*

c. Be careful with that umbrella or you'll poke someone *in* **the** eye. (그 우산을 조심하지 않으면 다른 사람의 눈을 찌를거야.)

- She clenched her fist and hit him *in* **the** face. (그녀는 주먹을 불끈 쥐고 그의 얼굴을 때렸다.) - Maugham, *The Pool*
- Can you look me *in* **the** face and tell me you're not lying? (나를 똑바로 쳐다보고 네가 거짓말하고 있지 않다고 말할 수 있느냐?)
- Death was due to a stab wound *in* **the** heart and not to drowning. [번역과 출처 →*p.* 26의 마지막 용례]
- Last week I got hit *in* **the** Adam's apple with the butt of a pistol, and that affected my voice. (지난주에 나는 권총의 개머리판으로 울대뼈를 얻어맞아서 그 때문에 목소리가 변했어.) - Williams, *Sweet Bird of Youth*
- Don't look a gift horse *in* **the** mouth. [saying] (다른 사람에게서 받은 선물을 탓하지 마라.) [속담]
- The nurse gave Barbara a shot *in* **the** arm. (간호사는 바바라의 팔에 주사를 놓았다.) - Sanders, *The First Deadly Sin*
- Daddy's shot *in* **the** stomach. (아빠는 배에 총을 맞았어요.) - Hemingway, *To Have and Have Not*

d. "I don't know why she's unhappy. Maybe she's homesick." "You know, I think you've hit the nail *on* **the** head. ("그녀가 왜 울적한지 모르겠어. 아마 고향생각이 나는 것 같애." "당신이 정곡을 찔렀어요.")

- You hit the nail *on* **the** head that time, Perry. She's disguised so that no one's going to recognize her. (페리씨, 당신은 그 때 정확하게 알아 맞혔어요. 그 여자는 아무도 알아보지 못하게 변장을 하고 있었어요.) - Gardner, *The Gilded Lily*
- The mountaineer was struck *on* **the** head by a falling stone. (등산가는 굴러 떨어지는 돌멩이에 머리를 맞았다.)
- She was bitten *on* **the** face and hands by a vicious German Shepherd dog. (그녀는 사나운 셰퍼드한테 얼굴과 두 손등을 물렸다.)
- After a moment's hesitation she reached out and patted the dog *on* **the** head. (그녀는 잠시 망설이더니 손을 내밀어서 개의 머리를 쓰다듬었다.)
- "Excellent work, Crawford,"said the boss, patting me *on* **the** back.* ("아주 잘했어, 크로포드,"라고 말하면서 사장은 내 등을 두드리며 칭찬해 주었다.) [* pat *sb* on the back 아무의 등을 툭툭치며 칭찬(격려)하다]
- Aunt Chloe gave him a sudden box *on* **the** ear.* (클로우 아주머니는 갑자기 그의 귀싸대기을 때렸다.) – Stowe, *Uncle Tom's Cabin* [*give *sb* a box on the ear(s) 아무개의 뺨따귀를 때리다]
- Sally pecked him *on* **the** cheek and told not to worry. (샐리는 그의 빰에 재빨리 키스를 하고는 걱정하지 말라고 했다.)

e. By then Berezhinsky would have shot him *through* **the** head. (그때 (마음만 먹었다면) 베레진스키는 그의 머리에 관통상을 입혔을 것이다.) - Malamud, *The Fixer*

위의 표현에서 발전하여 <He was red in the face.>형식도 쓰인다.

a. Mr. Avery was red *in* **the** face from a sneezing spell. (에이버리씨는 연달아 재채기를 하느라고 얼굴이 붉어졌다.) - Lee, *To Kill a Mockingbird* [He was red in the face. = His face was red.]

- After he had shouted himself red *in* **the** face he hung up and threw the phone on the desk. [번역과 출처→ *p.* 38 ③ *b*]

b. Bobby's being a real pain *in* **the** ass* today. (바비가 오늘은 몹시 귀찮게 군다.) [*a pain in the ass/ butt/ nose 싫은 녀석, 눈엣 가시]

c. He had a cold *in* **the** nose(= He has a head cold.) (그는 코감기에 걸려 있었다.)

NB 현대 구어영어에서는 소유격을 사용하는 다음과 같은 형식이 더 많이 쓰인다.

ⓐ I had a pain in **my** chest so I went to see the doctor. (가슴이 아파서 진찰을 받으러 의사에게 갔다.)

ⓑ His grandmother was a little shaky on **her** feet after the fall and needed to be helped up. (그의 할머니는 넘어진 후에는 일어설 때 약간 떨려서 부축을 받지 않으면 안되었다.)

ⓒ After three days the ache in **his** shoulder had almost disappeared. (3일 후에 그의 어깨 통증은 거의 사라졌다.)

§ 39 고유명사와 정관사

고유명사는 인명이나 지명의 경우를 보면 알 수 있듯이 무관사가 원칙이다. 그러나, 지명 따위에는 보통명사를 기본으로 하여 만들어진 것도 있으므로 정관사를 붙일 필요가 생긴다.

(1) 복수형의 고유명사에는 반드시 정관사가 붙는다.(~ 부부/ 가족/ 형제, 국민, 산맥, 군도 [또는 제도], 복수형의 국가이름)

the Smiths (스미스씨 부부/가족/형제)/ the Chinese (중국국민), the English(=the British 영국국민), the Swiss (스위스 국민)/ the Alps (알프스 산맥), the Himalayas (히말라야 산맥), the Rockies(= the Rocky Mountains)(로키산맥)/ the Canaries (=the Canary Islands) (카나리아 군도), the Philippines (필리핀 군도), the West Indies (서인도 제도), the Hawaiian Islands(하와이 제도), the United States of America, the Netherlands. 그리고 국명은 아니지만 the United Nations (국제연합), 또 복수형은 아니지만 the United Kingdom (연합왕국, 즉 영국)과 the People's Republic of China (중화 인민공화국)도 정관사가 붙는다.

NB1 The United kingdom에 정관사가 붙는 것은 영국의 정식 국명이 *The United kingdom of Great Britain and Northern Ireland* 로 뒤에 수식어가 붙기 때문이다.

a. I lived with Mrs. Hudson for nearly two years before I met **the** *Driffields.* (내가 드리필드 부부를 다시 만나기 전에 약 2년간 허드슨 부인 댁에 살았다.) - Maugham, *Cakes and Ale*

Cf. **The** *McDonalds* were, in short, the true heroes of the fast food revolution. (요컨대, 맥도날드 형제는 패스트푸드 혁명의 진정한 영웅이었다.) - Bryson, *Made in America*

b. **The** *USA* acquired the Philippines from Spain in the 19th century. (미국은 19세기에 스페인으로부터 필리핀을 획득했다.)

c. **The** *Solomon Islands* became independent from Britain in 1978. (솔로몬 군도는 1978년에 영국으로부터 독립했다.)

d. Airline officials believe that the plane came down somewhere in **the** *Andes Mountains.* (항공사 직원들은 그 비행기가 안데스 산맥 어딘가에서 추락했다고 믿는다.)

e. In **the** *Netherlands* euthanasia was legalized in 2001. (네덜란드에서는 2001년에 안락사가 합법화되었다.)

f. **The** *United Nations* is made up of more than 200 individual nations. (국제연합은 200개 이상의 국가로 구성되어 있다.)

NB2 부정다수의 국민에는 정관사가 붙지 않는다.

- Americans usually have coffee on their break. (미국인들은 보통 휴게시간에 커피를 마신다.)

(2) Ocean, Sea, Gulf, Bay, River, Desert, 그리고, 선박의 이름 앞에는 항상 정관사가 붙는다.

the Pacific (Ocean), the Mediterranean (Sea), the East Sea, the Gulf of Mexico, the Persian Gulf, the Bay of Biscay (비스케이만), the Hudson[River] (허드슨 강)(*AmE*), The River Thames (템즈 강)(*BrE*), the Sahara (Desert)

NB1 미국의 State(주)의 이름은 무관사다. 그러므로 Ohio, Mississippi라고 말하면 state의 이름이지만, the Ohio, the Mississippi는(오하이오 강), (미시시피 강)이 된다. 그리고 미국의 각 지역 이름에도 정관사가 붙는다. 즉 The East(미국의 동부), the West(미국의 서부), the South(미국의 남부), the North(미국의 북부)

- Thousands of people stood on the quay as **the** *Titanic* set sail. (타이태닉호가 출항할 때 수천 명의 사람들이 부둣가에 서 있었다.)
- CNN carried over the air, or over cable, into hotel rooms, offices, homes, even staterooms in **the** *Queen Elizabeth II*. (CNN은 전파를 타거나 또는 유선으로 방송되어 호텔 객실로, 사무실로, 가정과, 심지어 엘리자베스 여왕 2세 호의 특실 안으로 까지 파고 들어간다.) - Toffler, *Power Shift*

(3) 공공건물, 공공단체(제도), 신문 이름에는 정관사가 붙지만, Lake, Harbor, Station, Park에는 정관사가 붙지 않는다.

the White House, the Capitol (Hill)(= the Hill) (미국의 국회[의사당]), the Administration (행정부)(= the Government), the (Chief) Executive (미국 대통령), *the New York Times, The Washington Post, The Times* (영국의 권위 있는 신문)

- **The** *Administration* is plannning a through shakeup of welfare system. (정부는 복지제도의 대대적인 수술을 계획하고 있다.)

Cf. *Central Park* is only a few minutes' walk from the hustle and bustle of midtown Manhattan. (센트럴 파크는 활기 넘치고 혼잡한 맨해튼 중심가로부터 걸어서 몇 분 이내의 거리에 있다.)

(4) Bridge의 경우는 미국과 영국이 다른 것 같다. 미국에서는 정관사를 붙이지만, 영국에서는 the Tower Bridge를 비롯한 소수의 예외를 제외하고, 다른 다리는 Waterloo Bridge, London Bridge처럼 무관사이다.

a. Ahead Jack could see the familiar silhouette of **the** *Brooklyn Bridge* come into view. (잭은 앞에서 눈에 익은 브룩클린 다리가 시야에 들어오는 것을 볼 수 있었다.)

b. Our ship passed beneath **the** *Golden Gate Bridge* into San Francisco Bay. (우리가 탄 배는 금문교를 지나 샌프랜시스코 만으로 들어갔다.)

c. Finally the car darted across **the** *Tower Bridge* and turned right. (마침내 그 자동차는 타워 브릿지를 건너서 오른쪽으로 돌았다.) - Clancy, *Patriot Games*

(5) 호텔 이름에는 거의 항상 정관사가 붙는다.

the Sheraton Hotel, the Ritz (파리), the Savoy(Hotel) (런던), the Waldorf Astoria (Hotel) (뉴욕), the Hilton (Hotel), the Mandarin Hotel (홍콩)

a. He checked into a suite in **the** *Regent Hotel* that overlooked his intended prey's headquarters. (그는 자기가 인수하려고 마음먹고 있는 회사의 본사가 내려다보이는 리젠트 호텔의 스위트룸에 투숙했다.) - *Time* (1986)

b. Then he dialed **the** *Four Seasons Hotel*, and asked for Max Dorfman. (그 다음에 그는 포시즌스 호텔에 전화를 걸어서 막스 도프만이라는 사람이 투숙하고 있는지 물어 보았다.) - Crichton, Disclosure

c. The wedding reception will take place at **the** *Hilton Hotel*, starting at 2 p.m. (결혼 피로연은 힐튼 호텔에서 오후 두 시부터 시작될 것이다.)

d. With George Willard, son of Tom Willard, the proprietor of **the** *New Willard House*, he had formed something like a friendship. (그는 뉴 윌러드 하우스 호텔의 소유주인 톰 윌러드의 아들 조지 윌러드와 좀 친해졌다.) - Anderson, *Winesburg, Ohio*

e. Soon palatial hotels were opening all over the country—**the** *Astor House* in New York, **the** *Burnet House* in Cincinati, **the** *St. Charles* in New Orleans, **the** *Maxwell House* in Nashville. (곧 전국에서 웅장한 호텔들이 문을 열었다 - 뉴욕의 에스터 하우스 호텔, 신시내티의 버넷 하우스 호텔, 뉴올리언즈의 센드 찰스 호텔, 네쉬빌의 맥스웰 하우스 호텔 등이다.) - Bryson, *Made in America*

NB2 위의 용례 *b*, *c*.처럼 호텔의 이름에 House가 붙는 경우가 더러 있다. 그러나 소문자 house를 쓰면 <~의 집>이란 뜻이 된다. (→*p*.27)

- *The Ryan house* was a deckhouse design. (라이언의 집은 갑판실처럼 설계되어 있었다.) - Clancy, *Patriot Games*

그러나, Holiday Inn(세계 최대의 호텔 체인)은 무관사이며, Hotel Ambassador처럼 Hotel이 앞에 나오면 무관사가 많지만, 문학작품에는 the가 붙는 일이 더 많다.

f. We checked in at **the** *Hotel Roosevelt* there as Alexandra Del Lago and Chance Wayn. (우리는 거기에서 알렉산드라 델 라고와 챈스 웨인이라는 이름으로 호텔 로우저벨트에 투숙했다.) - Williams, *Sweet Bird of Youth*

g. Two minutes later he was in a taxi speeding dangerously across the Piazza Duca d'Aosta and heading for **the** *Hotel Continentale*. (2분 후에 그는 택시를 타고 위험할 정도로 빠른 속도로 두차 다오스타 광장을 지나서 호텔 콘티넨탈레를 향하여 달리고 있었다.) - Forsyth, *The Day of the Jackal*

Ⅲ. 무관사

§ 40 일반적으로 무관사로 쓰이는 경우

(1) Man과 Woman

man이 <남성, 남자> woman이 <여성, 여자>를 가리킬 때 무관사이다.

a. **Man** and **woman** were created equal. (남자와 여자는 평등하게 창조되었다.)

b. The difference between **man** and **woman** is like that between animals and plants. (남자와 여자의 차이는 동물과 식물의 차이와 같다.) - Gaarder, *Sophie's World*

그러나 현대영어에서는 a man/ men, a woman/ women이 더 많이 쓰인다.

c. **A woman** without a man is like a fish without a bicycle. (남자가 없는 여자는 자전거 없는 물고기와 같다.) [old feminist joke]

d. **Men** run a greater risk of dying from heart disease than **women**. (남자는 여자보다 심장병으로 죽을 확률이 더 크다.)

- Do **women** tend to be more conservative than **men**? (여자는 남자보다 더 보수적인 경향이 있는가?)
- The retirement age has been raised to 65 for both **men** and **women**. (퇴직 연령은 남녀 모두 65세로 높여졌다.)

또 man/men과 mankind는 전통적으로 <인간, 인류>의 의미로 사용되어 왔으나, 특히 feminist들은 이 세 단어가 성차별이라고 생각하여, 그 대신에 person, humankind, humanity, people, the human race, humans, human beings를 쓰는 경향이 강하다.

e. God made the country, and **man** made the town. (신은 시골을 만들고, 인간은 도시를 만들었다.) - Cowper*, *The Task* [*William Cowper (1731~1800) English poet]

- The essential difference between apes and **man** is intelligence. (원숭이와 인간의 근본적인 차이는 지능이다.)
- The idea that all **men** are created equal is not a new one. (모든 인간은 평등하게 창조되었다는 생각은 새로운 것이 아니다.)
- That's one small step for a man, one giant leap for **mankind**. (이것은 한 인간에게는 조그만 한 발자국이지만, 인류에게는 거대한 도약이다.) - Neil Armstrong on stepping on to the moon

f. In the interests of **humankind** we must stop destroying our planet. (인류를 위해서 우리는 지구를 파괴하지 말아야 한다.)

g. Chimpanzees are closely related to **human beings**. (침팬지는 인간과 밀접한 관계가 있다.)

(2) 일상의 가정생활과 깊은 관계가 있는 단어

① 자신의 부모를 나타내는 명사 (고유명사와 같은 느낌으로 무관사)

- **Dad** always sits in the same armchair in the sitting room. (아빠는 항상 거실에서 같은 안락의자에 앉으신다.)
- **Mother** and I might go and visit Aunt Grace for a few days. (엄마와 나는 며칠 동안 그레이스 숙모를 방문할지 모른다.)
- Come and sit on **Mommy**'s knee. (엄마 무릎에 와서 앉으렴.)

NB1 타인에게 말할 때는 My father/ dad, my mother/ mom이라고 한다.

② 식사 이름과 운동경기 이름

- We usually have **breakfast** at 7 o'clock. (우리는 보통 7시에 조반을 먹는다.)
- Would you like to come over for **dinner** on Friday? (금요일에 우리 집에 식사하러 오시겠어요?)
- I used to play **golf** but I switched to **tennis** to get more exercise. (나는 전에는 골프를 쳤으나 운동량을 늘리기 위해서 테니스로 바꾸었다.)

Cf. They had **an** *early lunch* and spent the afternoon shopping. (그들은 일찍 점심을 먹고 쇼핑으로 오후 시간을 보냈다.)

③ 병명은 무관사지만 cold, stroke (뇌졸중), heart attack (심장발작) 그리고 ~ ache로 끝나는 병명 (headache, stomachache, toothache, backache, earache)에는 부정관사가 붙는다.

- Carlton suffered from *amnesia* for quite a while after the car crash. (칼튼은 자동차사고를 당한 후 꽤 오랫동안 기억상실증으로 고생했다.)
- Smoking is a major cause of *heart disease*. (흡연은 심장병의 주요한 원인이다.)
- My youngest son suffers from *asthma*. (내 막내아들은 천식을 앓고 있다.)

Cf. ⓐ The symptoms of **a** *cold* are typically sneezing and a blocked nose. (감기의 증상은 전형적으로 재채기와 코막힘이다.)

ⓑ He died of **a** *stroke* in June on a business trip* to the U.S. (그는 6 월에 미국 출장중 뇌졸중으로 사망했다.) – *Time* (1987) [* 출장 중]

ⓒ If someone had had **a** *heart attack*, turn them* on their side, loosen any tight clothing and send for a doctor. (심장발작 환자가 발생했을 때는 그의 몸을 옆으로 눕히고, 옷을 모두 헐겁게 하고 나서 의사를 부르세요.) [*→ *p.* 61]

NB2 We *catch cold* more often in winter than in summer. (우리는 여름보다 겨울에 자주 감기에 걸린다.)

④ 계절의 이름에는 정관사가 붙어도 좋고, 안 붙어도 좋으나, 특정한 계절에는 붙는다.

- I worked very hard in the summer that year. (나는 그 해 여름에 매우 열심히 일했다.)

⑤ 공공시설 (장소나 건물보다 그 본래의 목적을 나타낼 때)

a. At eighteen she was teaching school* at Peach Tree. (그녀는 열여덟 살 때 피치트리에 있는 학교에서 교사로 근무하고 있었다.) – Steinbeck, *East of Eden* [* = teaching in a school *AmE*]

- I thought I might run the ranch when I get out of **high school**. (고등학교를 졸업하고 농장을 경영할 생각이에요.) – *Ibid.*
- When I first met her, she was a bright young lawyer fresh out of **law school**. (처음 만났을 때 그녀는 법과 대학원을 갓 졸업한 총명한 젊은 변호사였다.)
- His parents scrimped and saved so that he could go to **college**. (그가 대학에 갈 수 있도록 그의 부모님은 절약하고 저축했다.)
- She had been a tennis champion and had put herself through **college*** on sports scholarships. (그녀는 테니스 챔피언이었기 때문에 스포츠 장학금을 받으며 대학을 졸업했다.) - Follett, *The Third Twin* [* 대학을 졸업하다]
- He's hoping to go to **university** next year. (그는 내년에 대학에 가고 싶어한다.)

NB3 University의 경우는 *AmE*에서는 정관사를 붙이는 것이 보통이다.

- He's gotta go to **the** *university*. (그는 대학에 가야돼) - Miller, *Death of a Salesman*

Cf. **The** *school* that I went to was an hour away from my home. (내가 다닌 학교는 우리 집에서 한 시간 거리에 있었다.)

- There's an inspector visiting **the** *school* today so I want you all to be on your best behavior. (오늘 학교에 장학사 한 분이 오시므로 여러분은 아주 점잖게 행동해 주기 바란다.)

b. Robert was taken to **court** for assaulting a policeman. (로버트는 경찰관을 폭행한 죄로 재판에 회부되었다.)

c. Mrs. Davidson invited us to **dinner** after church. (데이빗슨 부인은 예배가 끝난 후 우리들을 점심식사에 초대했다.)

- An old woman fainted in **church**, and they had difficulty bringing her round. (예배 중에 할머니 한 분이 졸도해서 의식을 회복시키느라고 애를 먹었다.)
- How often do you go to **church**? (얼마나 자주 교회에 다니느냐?)

Cf. On top of **the** *church* was a large illuminated cross. (교회당 꼭대기에는 조명장치가 된 커다란 십자가가 걸려 있었다.)

- The funeral procession left **the** *church* as the bells began to toll. (조종이 울리기 시작했을 때 장례행렬이 교회를 떠났다.)

d. The boy went to **prison** for selling drugs. (그 소년은 마약을 팔다가 붙잡혀서 교도소로 갔다.)

- It was her faith in God that helped her survived the long years in **prison**. (그녀가 장기간의 교도소 생활에서 살아남도록 도와준 것은 하나님에 대한 믿음이었다.)

§ 41 수식어를 동반한 추상명사의 무관사

competition, culture, history, literature, life, *etc.*는 앞에 형용사 수식어가 붙더라도 무관사이다.

(1) Competition

a. IBM faces *stiff* **competition** from companies like NEC, Hitachi and Fujitsu in Japan. (IBM은 일본의 NEC, 히타치 그리고 후지쓰와 같은 회사로부터 치열한 경쟁에 직면하고 있다.) - Toffler, *Power Shift*

b. *Cutthroat* **competition** among firms in Japan's automobile and electrical-goods industries drove them to invest in new machines to increase productivity. (일본의 자동차 및 전기제품 산업에서 회사 간의 치열한 경쟁 때문에 각 회사들은 생산성을 증가시키기 위하여 새로운 기계에 투자하지 않을 수 없었다.) - Kennedy, *Preparing for the 21st Century*

c. Suffering from the rise in the value of the yen, acute labor shortages at home, and *fierce* **competition** from low-labor competitors in Southeast Asia, the company was in deep trouble. (엔화 가치의 상승, 격심한 국내의 노동력 부족 그리고 동남아시아 저임금 국가들과의 치열한 경쟁으로 그 회사는 고전을 면치 못하고 있었다.) - *Ibid.*

(2) Culture

a. The level of *Korean* **culture** under his rule reached extraordinary heights. (그의 재임기간 동안 한국 문화의 수준은 대단히 높았다.) - Buck, *The Living Reed*

b. Despite its occasional setbacks Coke has long been a symbol of *American* **culture** in a way that Pepsi has never managed. (이따금 좌절이 있었지만 코카콜라는 펩시콜라가 결코 할 수 없었던 방법으로 오랫동안 미국문화의 상징이 되었다.) - Bryson, *Made in America*

c. *Western* **culture** has been greatly enriched by contact with the civilization of Asia and Africa. (서구 문화는 아시아 및 아프리카 문명과 접촉함으로서 대단히 풍요해졌다.)

(3) History

a. Biotechnology promises the greatest development in *human* **history**. (생명공학은 인류역사상 최대의 발전을 약속한다.) - Crichton, *Jurassic Park*

b. The Industrial Revolution has long been considered the basic fact of *modern* **history**. (산업혁명은 오랫동안 현대사의 기본적인 사실이라고 간주되어 왔다.) - Nevins, *A Pocket History of the United States*

c. They were to change the course of *American* **history**. (그들은 뒷날 미국역사의 흐름을 바꾸게 되었다.) - *Ibid*

(4) Literature

a. All modern American **literature** comes from one book by Mark Twain called Huckleberry Finn. (현대 미국 문학은 모두 마크 트웨인의 『허클베리 핀』에서 시작된다.) - Hemingway, *Green Hills of Africa*

b. It is true that contemporary **literature** has vividness of appeal that classical literature can never have. (현대문학은 고전문학에는 없는 생생한 매력을 가지고 있다는 것은 사실이다.) - Maugham, *The Summing Up*

c. I got my degree in comparative **literature**. (나는 비교문학 학위를 받았다.) - Waller, *The Bridges of Madison County*

d. She got a Ph. D. in English **literature** from Harvard. (그녀는 하버드 대학에서 영문학 박사학위를 받았다.)

(5) Life

a. *Country* **life** didn't agree with her. (시골생활은 그녀의 체질에 맞지 않았다.) - Steinbeck, *East of Eden*

- Has *village* **life** changed significantly in the last few year? (지난 몇 년 동안에 농촌생활이 현저하게 변했느냐?)
- If the number of tourists continues to expand, they will pose a considerable threat to traditional *rural* **life**. (관광객의 수효가 계속 늘어나면 전통적인 시골생활에 상당한 위협이 될 것이다.)

b. I don't like the hustle and bustle of *city* **life***. (나는 활기 넘치고 바쁜 도시생활을 좋아하지 않는다.) [* 아주 빈번하게 쓰이는 표현]

- Violence and crime are pervasive features of *city* **life**. (폭력과 범죄는 어디서나 볼 수 있는 도시생활의 특징이다.)

c. Biotechnology is going to transform every aspect of *human* life.* (생명공학은 인간 생활의 모든 면을 변모시킬 것이다.) - Crichton, *Jurassic Park* [* '인간의 생명'이란 뜻도 있음]

d. To escape from nervous fatigue in modern **life** is a very difficult thing. (현대생활에서 신경의 피로를 벗어나기는 대단히 어렵다.) - Russell, *The Conquest of Happiness*

e. He retired from public life and was content to worry about running his farm at Yad El. (그는 공직생활에서 은퇴하여 야델에서 자신의 농장경영을 걱정하는데 만족하였다.) - Uris, *Exodus*

f. Farm **life** does not permit long fingernails. (농장생활에는 긴 손톱이 어울리지 않는다.)

g. Baseball remains one of the most fertile grounds for inventive wordplay in American **life**. (야구는 미국생활에서 재치있는 말놀이를 할 수 있는 가장 비옥한 토양의 하나이다.) - Bryson, *Made in America*

이밖에 urban life(=city life), suburban life(교외생활), private life(사생활), frontier life (변경생활), common life(평범한 생활)도 무관사이다.

NB 그러나 다음과 같은 구문 (즉 동족 목적어 구문)에서는 부정관사가 붙는다.

lead (live/ have) **a** happy (miserable/ easy/ hard, *etc.*) **life**

행복하게(비참하게/ 안락하게/ 어렵게 따위) 살다

lead (live/ have) **a life** of luxury (ease/ sacrifice/ crime, *etc.*)

사치한 (안락한/ 희생의/ 범죄의) 생활을 하다

- These monks lead a frugal **life**, allowing themselves only the bare necessities*. (이 수사들은 겨우 목숨만 이어갈 수 있는 필수품만 가지고 검소하게 살아간다.) [*겨우 목숨만 이어가기에 필요한 필수품]
- The poet Arthur Rimbaud* led a short but extremely eventful **life**. (시인 아르튀르 랭보는 짧지만 파란만장한 생애를 살았다.) [* (1854~91) 프랑스의 조숙한 천재시인. Symbolist의 선구자로 현대 유럽의 시인들에게 커다란 영향을 주었다.]

Life는 수식하는 형용사구가 뒤에 올 때도 무관사이다. (단, of-구는 제외)

h. In India they believe in **life** *after death*, and that the next life depends on how you behave in this one. (인도인들은 사후의 생활이 있다고 믿기 때문에 내세는 이승에서 어떻게 행동하느냐에 달려있다고 생각한다.) - Sheldon, *Nothing Lasts Forever*

i. He took it (= the camera) down to Cape May, New Jersey, and spent a week of his leave there photographing **life** *along the shore*. (그는 카메라를 메고 뉴저지주, 케이프 메이로 내려가서 거기서 일주일 간 휴가를 보내면서 해변생활을 카메라에 담았다.) - Waller, *The Bridges of Madison County*

j. **Life** *at college* was nothing like I expected. (대학생활은 내가 기대했던 것과 전혀 거리가 멀었다.)

k. The history books say that **life** *before the Revolution* was completely different from what it is now. (역사 교과서에 의하면 혁명 전의 생활은 현재의 생활과는 전혀 달랐다고 한다.) - Orwell, *1984*

l. Catherine Tramell didn't bother to live **life** *in the fast lane*. (캐서린 트라멜은 스릴 넘치는 호화생활을 하려 하지 않았다.) - Osborne, *Basic Instinct*

- This book is a gripping account of **life** *in the concentration camp*. (이 책은 수용소 생활에 관한 흥미진진한 이야기이다.)
- If you get tired of **life** *in the city*, you can always come back home. (도회지 생활이 지겨우면 언제든지 시골 고향으로 돌아와도 좋다.)

m. Many of the soldiers were asked to describe **life** *on the Western Front*. (많은 군인들은 [일차대전 때 전투가 치열했던] 서부전선의 생활에 대해서 이야기 해달라는 요청을 받았다.)

n. Orwell's 'Burmese Days' is a compelling account of **life** *under British Colonial rule*. ([조지] 오웰의 '버마시대'는 영국 식민지 통치 시대의 생활에 관한 아주 재미있는 이야기이다.)

o. Cross enjoyed **life** *with his father*. (크로스는 아버지와 재미있게 살았다.) - Puzo, *The Last Don*

§42 특정한 표현의 무관사

(1) Win (take/ get) first (second…) prize (*or* place)

<일등상(이등상 …)을 타다>라고 하는 경우에 서수 앞에 정관사가 붙지 않는다. 문어체에서는 붙이기도 하지만, 현대 구어영어에서 특히 위와 같이 first (second …) prize (*or* place)가 목적어로 쓰일 때는 거의 언제나 무관사로 쓰이는 일이 많다.

a. David, who *won* **first prize** in lottery, has received more than 100 letters from charities asking for money. (데이빗이 복권에 일등으로 당첨되었을 때 자선단체로부터 돈을 요구하는 편지를 100통 이상 받았다.)

- They tell me Paul's *got* **first prize** for his picture, and sold it to Lord Henry Bentley for fifty pounds. (그들의 말에 의하면 폴의 그림이 일등상을 받았고 그것을 50파운드를 받고 헨리 벤틀리 경에게 팔았대요.) - Lawrence, *Sons and Lovers*
- Two years later, at the age of 16, Lagerfeld entered a fashion competition and *won* **first prize** for coats. First prize for dresses that year was won by another teenager, a high-strung gentle boy from Algeria named Yves Saint Laurent. (2년 후 16세때 라거펠트는 패션 경연대회에 참가하여 코우트 부문에서 일등상을 받았다. 그 해의 드레스 부문 일등상은 신경질적이며 얌전한 또 한 명의 10대 소년인 알제리 출신의 입생로랑에게 돌아갔다.) - *Newsweek* (1990)

b. Her soulful rendition of a song about children who died in Auschwitz *won* **first place** and attention of several producers. (그녀는 아우슈비츠 수용소에서 죽은 어린이에 관한 곡을 정열적으로 불러서 일등에 입상하고 몇몇 프로듀서의 관심을 끌었다.) - *Time* (1990)

- Victoria *took* **first place** in national essay writing competition. (빅토리아는 전국 에세이 쓰기 경연대회에서 일등으로 입상했다.)

(2) In critical condition ([병이나 상처로] 위독한)

a. It's my understanding that the girl is **in critical condition**. (내가 알기에 그 소녀는 위독합니다.) - Grisham, *A Time to Kill*

b. The injured were transported to nearby hospitals, some **in critical condition**. (부상자들은 가까운 병원으로 옮겨졌는데 몇 명은 위독하였다.) - *Time* (1987)

c. More than 160 victims remained hospialized, about 20 of them **in critical condition.** (160명 이상의 피해자가 병원에 남아 있었는데 그 중 20명은 생명이 위독하다.) - *Newsweek* (1988)

Cf. Some of those unconscious are in serious condition. (의식이 없는 아이들 중 몇 명은 위독하다.) - Uris, *Exodus*

(3) Freedom of/ from + 명사

① freedom of + 명사

<추상명사 + of + 추상/ 보통명사>의 결합에는 최초의 추상명사 앞에 정관사가 붙는 경우 (*ex.* the love of money)도 있고, 부정관사가 붙는 경우 (*ex.* a shortage of water = a water shortage)도 있으며, 무관사 (*ex.* loss of health/ sight)도 있으나 <freedom of~ >는 대체로 무관사이다.

a. He was advocating **freedom** *of speech,* **freedom** *of the press,* **freedom** *of assembly,* **freedom** *of thought.* (그는 언론의 자유, 출판의 자유, 집회의 자유, 사상의 자유를 지지하고 있었다.) - Orwell, *1984*

b. Will the rules regulating information in industry condition public attitude toward **freedom** *of information*? (산업에서 정보를 제약하는 규정들은 정보의 자유에 대한 사회일반의 태도에 영향을 주는가?) - Toffler, *Power Shift*

c. Article 1 of the constitution guarantees **freedom** *of religion.* (헌법 제1조는 신앙의 자유를 보장하고 있다.)

d. There is **freedom** *of worship* in most western countries. (서양의 대부분의 국가에서는 예배의 자유가 있다.)

이 밖에 freedom of action/ choice/ expression, *etc.*가 있다.

② freedom from fear/ want/ hunger or starvation/ pain/ disease, *etc.* (공포/ 결핍/ 기아/ 고통/ 질병 따위로부터의 해방)은 항상 무관사이다.

e. All citizens should enjoy **freedom** *from want.* (모든 시민은 결핍으로부터 해방되어야 한다) [*Thesaurus*]

f. One of the four freedoms spoken by President Roosevelt was **freedom** *from fear.* (루즈벨트 대통령이 말한 네 가지 자유 중 하나는 공포로 부터의 자유이다.)

③ <형용사 + freedom>의 앞에도 정관사가 붙지 않는다.

a. *True* **freedom** consists in the absence of laws. (진정한 자유는 법의 부재에 있다.)

b. You may have *complete* **freedom** of action in dealing with this matter. (완전한 행동의 자유를 가지고 이 문제를 처리해도 좋다.)

c. As the thirst for *political* **freedom** grew in America, so did the spirit of religious toleration. (미국에서 정치적 자유에 대한 욕구가 커짐에 따라서 신앙의 관용에 대한 욕구도 커졌다.) - Nevins, *A Pocket History of the United States*

§ 43 구문상의 무관사

(1) 사람의 호칭

a. **Doctor**, do you think she'll ever regain consciousness? (의사 선생님, 그녀가 의식을 회복할까요?)

b. How late were you up last night, **sport***? (이봐, 어제밤에 몇시까지 안잤어?) - Clancy, *Patriot Games* [*친한 남자끼리 쓰는 호칭]

(2) 관직, 신분, 혈족관계를 나타내는 말

① 다른 명사와 동격일 때

- In her book she gives several compelling arguments why Lee Harvey Oswald could not have shot **President** Kennedy. (그녀는 자신의 저서에서 리 하비 오스월드는 왜 케네디 대통령을 쏠 수 없었는가에 대한 몇 가지 설득력 있는 주장을 제시하고 있다.)

NB1 관직, 신분, 혈족관계를 나타내는 말이 아닐 경우에는 관사를 쓰는 일도 많다.

- In 1966 the world moaned the death of Walt Disney, **the** creator of Micky Mouse. (1966년에 세계는 미키 마우스를 만들어낸 월트 디즈니의 죽음을 슬퍼했다.)

② 동사의 보어로 쓰이는 경우

a. He'd been elected **president of the student body***. (그는 학생회장으로 당선되었다) - Grisham, *The Client* [* = the president of the student council = the student body president]

b. Tony has been appointed **managing director** of sales department. (토니는 영업부장으로 임명되었다.)

c. During the sixteen years he had been **verger** of this church he had had a succession of such gowns. (이 교회의 안내인으로 있던 16년 동안 그는 그러한 가운을 계속 입어왔다.) - Maugham, *The Verger*

③ as (= in the capacity of/ ~의 자격으로) 다음에 오는 명사

a. J. Edgar Hoover had served *as* **director** of the FBI from 1924 until his death in 1972. (J. 에드가 후버는 1924년부터 1972년 죽을 때 까지 연방수사국장으로 재직했다.)

b. In her capacity *as* **war correspondent** for ABC News she has traveled all over the world. (그녀는 ABC 뉴스의 종군기자 자격으로 전세계를 누비고 다녔다.)

NB2 위의 ②, ③의 경우 둘 다, <한 사람이 가지는 지위>를 의미할 때 무관사이며, 만약 두 사람 이상이 존재할 수 있다면 부정관사를 붙인다.

- As **a** famous pianist, he is sometimes asked to adjudicate in music competitions. (유명한 피아니스트로서 그는 이따금 음악 경연대회의 심사를 맡아 달라는 부탁을 받는다.)

§ 44 무관사의 관용표현

(1) 탈것, 통신/ 전달수단

by bus/ train / subway/ ship/ (air)plane/ land/ sea/ air, cf. on foot
(버스로/ 기차로/ 지하철로/ 배로/ 비행기로/ 육로로/ 배로/ 비행기로, Cf. 걸어서)

by letter/ post/ telegram/ (tele)phone/ air mail/ special delivery/ computer/ fax
(편지로/ 우편으로/ 전보로/ 전화로/ 항공우편으로/ 특별우편으로/ 컴퓨터로/ 팩스로)

a. You can contact us *by e-mail.* (e-메일로 우리와 연락할 수 있다.)

b. You can reserve the tickets *by phone.* 전화로 티켓을 예약할 수 있다.)

c. Most transactions are processed *by computer* at our Head Office. 대부분의 거래는 우리 본사에서 컴퓨터로 처리됩니다.)

Cf. The doctor has all the patiensts' details *on computer.* (의사는 모든 환자에 대한 상세한 기록을 컴퓨터에 저장해 놓고 있다.)

d. The main advantage of sending documents *by fax* is its sheer simpliciy. (팩스로 서류를 보낼 때의 주요한 장점은 그것이 아주 간단하다는 것이다.)

NB1 형용사를 동반하거나 지정된 탈것에는 관사가 붙는다.

by an early train (새벽 열차로), by the 10 o'clock train (10시 차로)

NB2 탈것의 경우, by 대신에 in이나 on을 쓰는 일이 많으며, 이때는 관사나 소유격을 동반하거나 복수형이 된다.

In (*or*, on) a (*or*, the) plane, in(*or*, on) planes/ in my car, on a bicycle

- She's never been up in a plane before and she's feeling very nervous. (그녀는 지금까지 한 번도 비행기를 타 본 적이 없기 때문에 대단히 겁이 날 것이다.)

(2) 동일한 2개의 명사가 전치사에 의하여 대구를 이루는 경우

a. Two china cats sat *side by side* on the window slll. (사기로 만든 두 마리의 고양이가 창턱에 나란히 앉아 있다.)

b. The young couple strolled through the park *arm in arm.* (그 한 쌍의 젊은이는 팔짱을 끼고 공원을 산책했다.)

c. My commute takes about an hour, *door to door.* (출근할 때 우리집 방문 앞에서 회사의 입구까지 한 시간 가량 걸린다.)

d. Tom Cruise, in the role that turned him *from teen pinup to megastar,* is a pilot at the Top Gun school in San Diego, California. 이 영화에서 맡은 역할을 통하여 십대들의 우상에서 대스타로 도약한 탐 크루즈는 캘리포니아주 샌디에고에 있는 탑건 학교의 조종사다.) - Schneider, *1001 Movies*

(3) 의미가 상반된 두 명사가 접속사에 의하여 대구를 이루는 관용표현

a. It would be our last meal together *as husband and wife*, ending the same way we'd begun. (이것은 우리가 부부로서 하는 마지막 식사가 될 것이고, 시작했던 것과 똑같은 방법으로 끝날 것이다.) - Grisham, *The Street Lawyer*

b. American industry shattered all production records, exceeding the expectations of *friend and foe* alike. 미국의 산업은 모든 생산기록을 깨뜨리고, 우방과 적국의 예상을 모두 능가했다.) - Nevins, *A Pocket History of the United States*

c. I was earning barely enough money to keep *body and soul* together.*(나는 수입이라곤 겨우 입에 풀칠할 정도 밖에 되지 않았다.) - Maugham, *The Luncheon* [* 입에 겨우 풀칠하다]

d. During his illness I was by his side *day and night*. (그의 와병 중에 나는 밤낮 그의 옆에 있었다.)

e. Rich or poor, high or low,* all felt that they had lost their friend. 부자건 가난하건, 지위가 높건 낮건 간에 모두가 친구를 잃었다고 느꼈다.) [*<the + 명사 → 복수 보통명사>에서 the가 생략된 것이다]

Cf. Society seems to be increasingly divided into *the haves and the have-nots**. (사회는 점점 가진 자와 못 가진 자로 나누어지는 것 같다.) [*항상 이 형식으로 쓴다]

위와 같은 관용표현이 발전하여 그런 표현이 아니더라도 의미가 상반된 두 개의 명사가 and로 결합되면 대부분 무관사로 사용된다.

f. Conversations between *attorney and client* are privileged. 변호사와 의뢰인의 대화는 비밀이 보장된다.) - Clancy, *Patriot games*

g. The Japanese do not fix a great gulf between *human and divine* as Occidentals do. 일본인들은 서양인들과는 달리 인간과 성직자 사이에 큰 차이를 두지 않는다.) - Benedict, *The Chrysanthemum and the Sword*

h. Both host and guest ate with a good appetite. 주인과 손님이 모두 맛있게 먹었다.) - Maugham, *Of Human Bondage*

i. Since the end of World WarⅡ the world had been split between *capitalist and Communist*. (이차대전 이후 세계는 자본주의와 공산주의로 양분되었다.) - Toffler, *Power Shift*

j. In such a world, conventional distinctions between *producer* and *consumer* vanish. (그러한 세계에서는 이전과 같은 생산자와 소비자 사이의 구별은 사라진다.) - Ibid., *The Third Wave*

NB S+V+O 구문에서 주어와 목적어가 동일한 명사일 때도 관사를 사용하지 않는다.

ⓐ When monster meets monster, one monster has to give way. (두 괴물이 만나면 한 쪽이 양보해야 한다.) - Williams, *Sweet Bird of Youth*

ⓑ Event followed event with terrifying speed. (사건이 꼬리에 꼬리를 물고 일어났다.) - Pasternak, *Doctor Zhivago*

Ⅳ. 관사의 생략·반복·위치

§ 45 관사의 생략

관사의 생략은 앞에서 설명한 무관사와는 다르다. 무관사는 일반적으로 관사 없이 사용되는 것을 가리키며, 관사를 붙이면 어법상 틀리든가 부자연스런 영어가 된다. 그러나 관사의 생략이란 원래 있어야할 관사가 그 때의 상황에 의해서 생략되는 것을 말한다. 관사의 생략은 회화에서 많이 볼 수 있으며 특히 글머리의 생략이 많다.

(1) 글머리의 생략 (→ § 269)

a. *Trouble* is, everybody is an amateur psychologist nowadays. (곤란한 것은, 오늘 날에는 모두가 아마추어 심리학자라는 겁니다.) - Christie, *4: 50 from Paddington* [The trouble… 에서 The의 생략]

b. *Fact* is, he was murdered, he didn't commit suicide at all. (사실은 그 남자는 피살되었습니다, 결코 자살한 것이 아닙니다.) [The fact…에서 The의 생략]

c. *Police* are looking into the disappearance of two children. (경찰은 두 어린이의 실종사건을 조사하고 있다.) [The police …에서 The의 생략]

(2) 글 중간의 생략

a. She'll be home *day after* tomorrow. (그녀는 모레 집에 있을 것이다.) - Ripley, *Scarlett* [the day after tomorrow에서 the의 생략은 흔히 볼 수 있다.]

b. She looked at the postmark. "This was mailed *day before* yesterday. It should have been here yesterday. (그녀는 우체국 소인을 보았다. "이 편지는 그저께 부친거야. 이제 여기에 왔어야 하는 건데.) - Steinbeck, *The Red Pony*

c. It's (a) *quarter* to four now. (지금 4시 15분 전이다.) [*OALD*[5]]

(3) 신문의 표제, 게시문, 광고 따위

a. Wanted - *Man* to wash dishes, and* two waitresses. (구인 - 접시닦기 할 남자 한명과 두 명의 여급) [Man의 앞에 A 생략] [*and의 앞에comma(,)가 없으면 '접시도 닦고 여종업원을 목욕시킬 남자'란 뜻이 된다] [광고]

b. *Attempt* on HRH* – *Marine* to the Rescue. (왕세자 암살미수-해병대원이 구출) (신문표제) - Clancy, *Patriot Games* [Attempt 앞에 An, Marine 앞에 a 생략] [* = His *or* Her Royal Highness 전하, 왕세자]

§ 46 관사의 반복

(1) 명사가 and나 or로 결합될 때 별개의 사람/ 물건을 가리킬 때는 당연히 관사(또는 관사 대용어)를 반복한다.

- **A** poet and **a** novelist are present. (시인 한 명과 소설가 한 명이 참석했다.)
- **Our** secretary and **our** treasurer are coming. (비서와 경리가 오고 있다.)

그러나 오해의 소지가 없을 때는 관사를 하나만 써도 무방하다.

- **The** king and queen, **the** Prince and Princess of Wales (영국의 황태자 부처)
- **The** old and new worlds (= the old and new world)
- **The** bride and bridegroom were coming out of the church. (신랑신부가 교회에서 나오고 있다.)
- **The** old gardener said that on his second plantation **a** white and black boy grew up together until finally the young massa* took the black one off with him to William and Mary College. (늙은 정원사의 말에 의하면 그가 일했던 두 번째 농장에는 백인 소년과 흑인 소년이 함께 자랐으나 결국 젊은 주인이 흑인 소년을 데려가서 윌리엄 앤 메리대학에 입학시켰다고 한다.) - Haley, *Roots* [* = master]

(2) 동일한 사람이나 물건일 경우는 관사를 반복하지 않는다.

a. Shakespeare was **a** poet and dramatist. (세익스피어는 시인이며 극작가였다.)

b. Maugham is **an** English novelist and playwright. (모음은 영국의 소설가이자 극작가이다.)

c. He was **a** good blacksmith and carpenter and woodcarver. (그는 솜씨 있는 대장장이이고, 목수이며, 목각장이였다.) - Steinbeck, *East of Eden*

Cf. **Our** secretary and treasurer is coming. (우리 회사의 비서 겸 경리가 오고 있다.)

두개의 명사가 동일한 사람이나 물건을 가리키는 경우라도 의미를 강조하거나 또는 의미상 오해가 없을 때는 관사를 반복하는 일도 있다.

a. I am a writer as I might have been **a** doctor or **a** lawyer. (나는 작가가 되어있지만 자칫 의사나 변호사가 되었을 지도 모른다.) - Maugham, *The Summing Up*

b. John Patrick Ryan, **an historian***[1] and formerly a lieutenant in the United States Marines, dashed barehanded into **a pitched battle***[2] on The Mall. (역사학자이며 전에 미국해병대 중위였던 존 패트릭 라이언은 몰 가에서 벌어진 총격전에 맨손으로 뛰어 들었다.) - Clancy, *Patriot Games* [*[1] 이 문장처럼 특히 *BrE*에서는 'h'로 시작되는 단어 앞에서 드물지만 'an'이 쓰이는 일도 있다→*p.* 67] [*[2] 대격전, 전면 충돌]

§ 47 관사의 위치

관사는 a (*or* the) pretty flower 나 a (*or* the) very pretty flower처럼 명사를 수식하는 형용사나 부사의 앞에 오는 것이 원칙이나 다음과 같은 예외가 있다.

(1) all, both, double + the + **명사**/ Cf. half a(n) + **명사**

- She didn't say a single word *all* **the** way back home. (그녀는 집으로 돌아오는 길에 한 마디의 말도 하지 않았다.)
- *Both* (**the**) boys grew up to be refined gentlemen. (두 소년은 자라서 세련된 신사가 되었다.)
- Mike's bike was almost *double* **the** price of mine. (마이크의 자전거는 가격에서 내 자전거의 약 두 배이다.)

(2) such, quite, what + a(n) + (**형용사**) + **명사**

- It was *such* **a** lovely day we went for a drive along the coast. (날씨가 너무나 화창해서 우리는 해안으로 드라이브하러 갔다.)
- That was quite **a** party you had last night. (→ *p.* 51) (어제 밤에 자네가 연 파티는 굉장한 것이었어.)
- *What* **a** pretty flower this is! (이 꽃은 정말 아름답구나!)

(3) as, so, too, how(ever) + **형용사** + a(n) + **명사**

a. Marie Curie showed that a woman can be *as good* **a** scientist as man can do. (마리 퀴리는 여자도 남자만큼 훌륭한 과학자가 될 수 있음을 보여 주었다.)

- Communion and confession were *as much* **a** part of his life as love and work. (성찬식과 신앙고백은 그의 생활에서 사랑과 일 못지않게 중요한 일부였다.) - Sanders, *The First Deadly Sin*

b. Are you under the impression that you have *so good* **a** mind that you can understand the most profound writer at a first reading? (자네는 한 번 읽어보고 위대한 작가를 이해할 수 있다고 생각하느냐?) - Maugham, *Of Human Bondage*

- He's never again written *so good* **a** book as his first one. (그는 첫 번째 책만큼 좋은 책을 두 번 다시 쓰지 않았다.)

c. He was *too good* **a** merchant to wish to alienate a possible future customer. (그는 대단히 약삭빠른 상인이어서 앞으로 고객이 될 사람은 멀리하고 싶지 않았다.) – Dreiser, *An American Tragedy*

- He was a man of *too high* **a** character, I think, to have told it to me unless it were true. (그는 너무나 훌륭한 인격자였으므로 진실이 아니면 나에게 말하지 않았다고 생각한다.) – Maugham, *Appearance and Reality*

d. How *pretty* **a** flower this is! (이 꽃은 정말 아름답구나!)

(4) Less (부사) + 형용사 + a(n) + 명사

a. On this occasion I should certainly have been glad to be greeted by *less stony* **an** eye. (이 기회에 나는 덜 냉혹한 시선과 기꺼이 마주쳐야만 했었는데) - Maugham, *The Promise*

b. He did not see why when he was alone he should have *less good* **a** dinner than he had a guest. (그는 손님이 있을 때보다 혼자 있을 때는 왜 맛없는 식사를 해야 하는지 그 이유를 알 수 없었다.) - Ibid., *The Taipan*

(5) Half의 경우는 half an hour, *etc.*처럼 사용하는 것이 보통이지만, 특히 *AmE*의 구어에서는 a half hour, *etc.*와 같은 어순도 많이 쓰이고, 더 나아가서 a half an hour, *etc.*도 사용한다.

a. In a **half** *hour* they began to doze, and in an hour they were all asleep. (30분 후에 그들은 졸기 시작하더니 한 시간 후에는 모두 잠이 들었다.) - Uris, *Exodus*

b. His bond is very high, **a half** *a million* dollars, I think. (그의 보석금은 대단히 비싸기 때문에 50만 달러는 될 거야.) - Grisham, *The Chamber*

(6) Too도 half의 경우처럼 관사가 too의 앞에 오는 일이 있다.

a. Since a long overdue return to thriftiness would put a damper on the economy, **a too** *rapid* conversion could be dangerous. (너무 늦게 긴축정책으로 돌아서면 경제에 충격을 주므로, 지나치게 급격한 전환은 위험할 수도 있다.) - *Time* (1987)

- He was a small man with **a too** *large* pasty face and he was dressed in a tight grey suit. (그는 크고 창백한 얼굴에 체구가 작은 남자였으며 몸에 꼭 끼는 회색 양복을 입고 있었다.) - Greene, *The Power and the Glory*
- At once he tried putting his arm about her waist, but feeling this to be **a too** *swift* advance she removed his arm. (곧 그는 팔로 그녀의 허리를 껴안았으나, 그녀는 너무 빠른 접근이라는 느낌이 들어서 그의 팔을 밀어냈다.) – Dreiser, *An American Tragedy*

b. In **the not too** *distant* future we will see the Earth's ecology go through some irrevocable changes. (머지않은 장래에 우리는 지구의 생태계가 돌이킬 수 없는 변화를 겪는 것을 보게 될 것이다)

- In Akagawa's first published book, *Yurei Resha* (Ghost Train), which appeared when he was 28, a brainy college student assists **the not too** *bright* inspector in recovering why passengers are disappearing from a train. (아까가와가 28세 때 펴낸 최초의 소설, 『유령열차』에서는 한 예리한 대학생이 그다지 영리하지 못한 경감을 도와서 열차승객 실종사건을 조사하고 있다) - *Time* (1986) [위의 두 경우처럼 not이 too를 부정할 때는 반드시 관사가 앞에 온다]

제4장 형용사

WARM-UP

형용사에서 알아 둘 것은 모든 명사는 형용사로 사용할 수 있다는 것과, hyphen(-)을 붙여서 얼마든지 형용사를 만들어 쓸 수 있다는 점이다. 이렇게 복합 형용사를 만드는 것은 §48 (1)에서 설명하겠지만 <형용사 + 하이픈 + 명사 + ed> 형식뿐만 아니라 현대 영어 특히 *AmE*에서는 형용사와 명사는 물론이고 다른 품사의 단어도 여러 개 연결하여 만들어 쓴다. 많이 사용되는 것만 몇 개 예를 들어 본다.

an *all-weather* stadium 전천후 [경기장]
a *back-of-the-envelope* idea 추측단계에 있는/ 대충 생각해 낸/ 대충 계산한 [아이디어]
a *civil-rights* movement/ lawyer 인권 [운동/ 변호사]
a *damned-if-we-do-and-damned-if-we-don't* position/corner 진퇴양난의 [입장/ 궁지]
a *do-it-yourself* kit/ store 손수 일하는데 쓰이는 [연장 한 벌/ 이런 연장을 파는 가게]
environment-friendly (= environmentally friendly) detergents 환경친화적인 [세제]
export-oriented economy/ policy 수출지향적인 [경제/ 정책]
a *kiss-and-tell* memoir 내막을 폭로하는 [회고록]
Cf. kiss and tell 특히 금선이나 유명인사와의 성관계를 폭로하다

a *life-and-death* struggle/ question 사활을 건 [투쟁]/ 생사와 관련된 중대한 [문제]
a *mom-and-pop* store 부부(가족)가 경영하는 [가게] [= 구멍가게]
a *morning-after* pill/ headache 성관계 직후에 먹는 [피임약]/ [숙취]
a *nine-to-five* job 아홉시에 출근하여 다섯시에 퇴근하는 [직장]
an *ozone-friendly* replacement for the CFC 오존 친화적인 [CFC를 대신할 대체물질]
a *push it yourself* shopping cart자신이 손수 밀고 가는 [쇼핑 수레]
a *right-to-die* bill 죽을 권리를 인정하는 [법안]
state-of-the-art technology/ computer system 첨단 [기술/ 컴퓨터]
a *throw-away* culture/ society 물건을 한 번만 쓰고 버리는 [문화/ 사회]
a *top-of-the-line* model 첨단 [모델]
trigger (*or car*)*-happy* police 총쏘기(자동차)를 좋아하는 [경찰]
a *two-career* couple(= *dual career* couple) 맞벌이 [부부]
a *user-friendly* keyboard/ dictionary 사용하기 편리한 [키보드/ 사전]
a *would-be* author/ actor 작가/ 배우 [지망생]
Cf. his bride-*to-be* (=his future wife)/ mothers-*to-be*(= pregnant women)

Ⅰ. 형용사의 형태와 기본 용법

§ 48 형용사의 형태

(1) < 형용사 + 하이픈 + 명사 + ed > 형식의 복합 형용사

영어에서 두 단어로 복합 형용사를 만드는 방법은 여러 가지가 있지만 위의 형식이 가장 많이 쓰이며, 형용사와 명사를 가지고 새로운 복합 형용사를 만들 때는 보통 이 방법이 사용된다. 예컨대, 영국의 소설가 Conan Doyle이 쓴 추리 소설의 제목 *The red-headed League*(붉은 머리 연맹)와 같은 형식이다.

a. Her children are so **bad-mannered**—she should be more strict with them. (그녀의 아이들은 버릇이 없다. 그녀는 좀 더 엄격해야한다.)

b. He was dressed in black and in one hand held a **broad-rimmed** hat. (그는 검정색 양복을 입고 한 손에 챙이 넓은 모자를 들고 있었다.) - Maugham, *The Poet*

c. The captain was a **good-humored** man and he was not of a jealous nature. (선장은 마음씨가 좋은 사람이며, 질투하는 성미가 아니었다.) - Maugham, *Honolulu*

d. That **fair-haired** twelve-year-old might look exactly like Steve Logan. (금발에 열 두살 된 그 소년은 지금은 스티브 로간과 똑같이 생겼을지 모른다.) - Follett, *The Third Twin*

e. I'm a **good-natured** woman, but there are limits to everything. (나는 마음씨가 착한 여자지만 모든 일에는 한계가 있다.) - Maugham, *Theatre*

f. Sam's father was a **gray-haired** man in his late fifties, cool and reserved, but polite enough. (샘의 아버지는 백발이 성성한 오십대 후반인데 냉정하고 말 수가 적은 편이지만 대단히 예의가 바른 분이었다.)

g. Sharon Napier was not hard to find. She was tall, maybe five ten or better in her **high-heeled** shoes. (샤론 네이피어는 찾기가 어렵지 않았다. 그녀는 하이힐을 신은 키가 5피트 10인치 이상 될 만큼 큰 키였다.) - Grafton, *'A' is for Alibi*

h. In the land of the blind the **one-eyed** man is king. [saying] (장님 나라에서는 애꾸눈이 왕이다.)

i. She was evidently **short-sighted**, for she looked at you through large **gold-rimmed** spectacles. (그녀는 커다란 금테 안경을 끼고 있는 것으로 보아 근시임이 분명했다.) - Maugham, *Jane*

j. A **one-armed** man came in and Biff treated him to a whisky on the house. (외팔이 사나이가 들어오자 비프는 그에게 위스키 한 잔을 무료로 대접했다.) - McCullers, *The Heart is a Lonely Hunter*

NB *i.*의 gold-rimmed처럼 <명사 + 하이픈 + 명사 + ed> 형식도 있다.

(2) Capitalism의 형용사는 capitalist

형용사의 어미(suffix)는 여러 가지가 있지만, 그 중에서도 특히 주의를 요하는 것은 예컨데, capitalism(자본주의)처럼 <~ism(~주의)>으로 끝나는 명사의 형용사형은 일반적으로 <~ist>라는 점이다. ~istic이라는 형용사형도 있지만 (*ex.* capitalistic, socialistic, realistic, *etc.*) 명사로도 쓰이는 <~ist>형이 보편화되어 있다.

a. Marx's *Das Kapital* is a classic* study of the **capitalist** system in Western Europe. (마르크스의 『자본론』은 서구 자본주의 체제에 대한 최고의 연구서다.) [* 그 종류에서 최고의]

b. As **Communist** regimes in Eastern Europe fell late in 1989, reports and pictures of each government's demise led to similar events in neighboring states. (1989년 말에 동유럽에서 공산주의 정권이 붕괴했을 때, 각 정부의 붕괴에 대한 신문 보도와 사진들은 인접 국가에서도 이와 비슷한 사건들이 일어나도록 유도했다.) - Kennedy, *Preparing for the 21st Century*

c. I wouldn't worry about the boys being too **conformist** if I were you, John. (존, 내가 당신이라면 학생들이 지나치게 체제에 순응하리라고 걱정하지 않겠네.) - Kleinbaum, *Dead poets Society*

d. This book examines women's position in society from a **feminist** point of view. (이 책은 여성 해방론자의 관점에서 사회에서 여성의 지위에 대하여 논하고 있다.)

e. The last decade of the nineteenth century found **imperialist** sentiment running high in most great nations. (19세기의 마지막 10년간 대부분의 강대국에서는 제국주의적 감정이 팽배했다.)

f. *Impression* : Sunrise is an early picture by the French **Impressionist** painter Claude Monet. ('인상: 해돋이'는 프랑스의 인상파 화가 클로드 모네가 그린 초기 그림이다.)

g. Sartre himself, along with Albert Camus, pointed toward an **existentialist** realism. (사르트르 자신도 알베르 까뮈와 함께 실존주의적 사실주의 쪽으로 기울었다.) - Elliott, *Columbia Literary History of the United States*

h. **Socialist** party leaders are bracing themselves for* defeat. (사회당 지도자들은 패배에 대한 마음의 준비를 단단히 하고 있다.) [* 앞으로 다가올 일에 대해서 각오를 단단히 하다]

i. We will employ all appropriate measures to cause Lybia to cease its **terrorist** policies. (우리는 리비아가 테러정책을 포기하도록 모든 적절한 조치를 강구할 것이다.) - *Time* (1986)

j. **Symbolist** poets and artists wore unanimous in their aversion to the photographic images. (상징파 시인들과 화가들은 사진을 찍은 듯한 이미지를 이구동성으로 싫어했다.)

k. As a young man he*[1] begins to assemble a **populist***[2] newspaper and radio empire, finally marrying the niece of an American president and running for governor. (젊었을 때 그는 대중신문과 라디오 제국을 건설하고, 마침내 대통령의 조카딸과 결혼하고 주지사에 출마한다.) – Schneider, *1001 Movies* [*[1] he는 Orson Welles가 감독과 주연을 맡은 영화 *Citizen Kane* (1941)의 주인공 Kane, *[2] populist(대중영합적인) ← populism(대중영합주의)]

§ 49 형용사의 한정용법

형용사에는 명사의 앞 또는 뒤에서 이것을 수식하는 한정용법(Attributive use)과 동사의 보어로 쓰이는 서술용법(Predicative us e→§ 50)이 있다.

(1) 한 개의 형용사가 명사를 수식할 때는 명사의 앞에 오고 *a.* 형용사가 두개 이상이거나 *b.* 부사구를 동반할 때는 *c.* 명사의 뒤에 온다.

a. This is a **golden** opportunity. (이것은 황금 같은 기회이다.)

- **State-of-the-art** running shoes have a special device which makes it possible for the wearer to pump more air into the soles. (첨단 운동화는 신고 있으면 발바닥으로 더 많은 공기가 들어갈 수 있게 해주는 특수한 장치가 붙어 있다.)

b. To these people, **native** or **European**, he was a queer fish. (원주민이건 유럽인이건 간에 이러한 사람들에게 그는 괴짜로 보였다.) - Maugham, *The Moon and Sixpence*

- In the procession were all the dignitaries, **civil** and **religious**. (행렬 속에는 민간인이건 성직자건 간에 모든 고관들이 다 있었다.) - Hemingway, *The Sun Also Rises*

c. Across the street a girl new in the neighborhood skated up and down the sidewalk on one roller skate. (길 건너편에서는 이 부근에서 생소한 한 소녀가 롤러스케이트를 한 발로 타면서 보도를 왔다 갔다 하고 있었다.) - McCullers, *The Heart is a Lonely Hunter*

NB 형용사가 두 개 이상인 경우라도 명사의 앞에 올 수 있다.

- I love to be out of doors in these **bright**, **crisp** autumn. (나는 이렇게 맑고 상쾌한 가을날에는 집 밖으로 나가기를 좋아한다.)

(2) 다음의 경우에는 형용사가 항상 피수식어의 뒤에 온다.

① ~thing, ~body, ~one으로 끝나는 단어

a. Is there *something* **wrong** with your car? Would you like me to take a look? (차에 문제가 있어요? 좀 봐드릴까요?")

- Always lock your bicycle to *sometning* **immovable** such as a railing or a street-lamp. (자전거는 항상 난간이나 가로등 같이 고정된 것에 자물쇠로 잠궈 놓아라.)

b. When *anything* **pleasant** occurs it should be enjoyed to the full. (어떤 즐거운 일이 생기면 그것을 철저하게 즐겨야 한다.) - Russell, *The Conquest of Happiness*

c. Customs officials went through his baggage but found *nothing* **illegal**. (세관원들이 그의 짐을 뒤졌으나 불법 물건을 발견하지 못했다.)

d. *Everything* **possible** is being done to save your husband's life. (당신 남편의 생명을 구하기 위해서 가능한 모든 대책을 강구하고 있습니다.)

e. At the party did you talk with *anyone* **famous**? (파티에서 유명인사와 대화를 나누었느냐?)

② 관용적으로 굳어진 것 (정치, 법률용어로 라틴어나 프랑스어에서 유래했거나 고유명사에 붙는 칭호 따위)

an heir **apparent** (추정상속인), the court **martial** (군법회의), the sum **total** (총계), a devil **incarnate** (악마의 화신), the poet **laureate** (계관시인), Alexander the **Great** (알렉산더 대왕), Attorney **General** (법무장관), a notary (**public**) (공증인), Elizabeth the **Second** (2세)

③ the President/ Governor/ Mayor elect (대통령/ 지사/ 시장 당선자) [당선된 직후 아직 취임전의 명칭)

(3) 한정용법에만 쓰이는 형용사 (mere, main, chief, key, major, only, prior, *etc.*)

a. She is a **mere** child. (그 아이는 어린이에 불과하다.)

b. One of the **chief** causes of crime today is drugs. (오늘날 범죄의 주요한 원인 중의 하나는 마약이다.)

c. Couples under the age of 18 cannot get married without their parents' **prior** consent. (18세 미만의 남녀는 부모의 사전 동의 없이 결혼할 수 없다.)

(4) 위치에 따라 의미가 달라지는 형용사

Cathy moved close to him, changing yet again from cool professional to **concerned** wife. (그에게 다가갔을 때 캐시는 다시 한 번 냉정한 선문의에서 [남편의 병세를] 걱정하는 아내의 모습으로 바뀌었다.) - Clancy, *Patriot Games* [concerned = worried]

Divorce often leaves those **concerned** with a sense of guilt. (이혼은 흔히 당사자들에게 죄의식을 남긴다.) [concerned = responsible]

DNA has an **involved** chemical structure. (DNA는 복잡한 화학 구조식을 가지고 있다.) [involved = complicated]

The decision to have an abortion should be up to the individual **involved.** (낙태 여부의결정은 당사자의 몫이다.) [involved = connected with this]

Before we moved to our **present** house we lived in Malibu. (현재의 집에 이사 오기 전에 우리는 말리부에 살았다.)

There were over fifty people **present** at the funeral gathering. (장례식에는 50명 이상의 사람들이 참석했다.)

You can't climb a mountain without a **proper** equipment. (적당한 장비를 갖추지 않고 산에 오를 수 없다.) [proper = correct]

The question **proper** has not been answered. (바로 그 문제의 답은 아직 나오지 않았다.) [proper = itself]

§ 50 형용사의 서술용법

(1) 자동사의 보어로 쓰인다. (S + V + C → § 79 (3))

a. This principle *holds* **good** at all time and places. (이 원칙은 시간과 장소에 관계없이 적용된다.)

b. He *dropped* **dead** while watching television. (텔레비전을 보다가 갑자기 숨을 거두었다.)

c. Suddenly the door *flew* **open** and a man entered carrying a gun. (갑자기 문이 활짝 열리더니 한 남자가 총을 들고 들어왔다.)

(2) 타동사의 보어로 쓰인다. (S + V + O + OC → § 79 (5))

a. I need another coffee to *keep* me **awake**. (잠이 오지 않도록 커피 한 잔을 더 마셔야겠다.)

b. The jury *found* him **guilty** of murder. (배심원들은 살인 혐의로 그에게 유죄평결을 내렸다.)

c. They *beat* him **unconscious**. (그들은 그를 때려서 의식을 잃게 만들었다.)

d. They *ate* the meat **raw**. (그들은 고기를 날 것으로 먹었다.)

(3) 서술용법에만 쓰이는 형용사

[a~]가 붙는 형용사(afraid, aghast, alive, alone, asleep, awake, aware, *etc.*)와 content, liable, subject, worth, *etc.*)이다.

- Smokers are more **subject** to heart attacks than non-smokers. (흡연자는 비흡연자보다 심장발작에 더 잘 걸린다.)
- People asked him to dinner because he was <u>**worth** his salt</u>.* (그는 유능한 사람이므로 사람들은 그를 저녁식사에 초대했다.) [*급료만큼 일을 하는, 유능한]

NB 위의 형용사들이 한정용법으로 쓰일 때는 반드시 명사의 뒤에 온다.

ⓐ He is generally regarded as one of the greatest philosophers **alive**. (그는 일반적으로 생존 중인 가장 위대한 철학자의 한 사람이라고 간주되고 있다.)

ⓑ She **alone** could solve the problem. (= Only she could solve the problem.)
You ought to live a life **worth** living. (보람 있게 살아야 한다.)

(4) 서술용법과 한정용법의 의미가 다른 형용사 (certain, late, present, *etc.*)

- It was a **certain** Dr. White who performed the operation. (그 수술을 집도한 사람은 화이트 박사라는 분이었다.)
- Nothing is **certain** but death and tax. (확실한 것은 죽음과 세금 밖에 없다.) - B. Franklin

Cf. There is no **certain** cure for this disease. (이 병에는 확실한 치료법이 없다.)

§ 51 ill, sick, well

(1) *BrE*에서는 sick에 구토가 따른다고 하나, *AmE*에서는 그런 차이는 없고, 한정용법/ 서술용법에 두루 쓰이며, *BrE*에서는 sick을 한정용법, ill을 서술용법에만 사용한다. 그러나 <아프다>란 뜻일 때도 앞에 부사가 오면 ill도 한정용법에 쓰인다. (한정용법에서 앞에 부사를 사용하지 않고 ill을 쓰면 <bad, harmful>의 뜻).

a. Ambulance workers in several cities have refused to transport *desperately* **ill** patients to hospitals. (몇몇 도시의 구급차 종사자들은 중환자를 병원으로 수송하기를 거절했다.) - *Time* (1985)

b. Cops are not trained to deal with the homeless, especially the *mentally* **ill** and the addicts. (경찰관들은 무주택자, 특히 정신병자와 마약중독자들을 다루도록 훈련을 받지 않았다.) - Grisham, *The Street Lawyer*

c. In cases like this, NASA's rules were simple: a *potentially* **ill** crew member could never be trusted at the helm of a spaceship. (이와 같은 경우에 미국우주항공국의 규정은 간단했다: 잠재적인 병이 있는 승무원에게는 우주선의 운전을 맡기지 않는다는 것이었다.) - Lovell, *Apollo 13*

d. Though he had visited the sick and dying in many hospitals, he had never attended *terminally* **ill** people who were not receiving any medical care. (그는 많은 병원에서 중환자들을 방문했지만, 의료혜택을 전혀 받아보지 못한 말기병 환자들을 간호해 본 적은 없었다.) - Segal, *Acts of Faith*

Cf. It's an **ill** wind that blows nobody any good. [saying] (누구에게도 이롭지 않은 바람은 나쁜 바람이다.→ 갑의 손해는 을의 득)

We'll know the risk of a pregnant mother in delivering a healthy infant vs an **ill** one or a stillborn. (임산부가 건강한 아이 또는 병든 아이를 낳을지 또는 사산아를 낳을 것인지의 확률을 우리는 알게 될 것이다.) - *Time* (1985)

(2) Well(건강한)은 *BrE*에서는 서술 용법에서만 사용하지만, *AmE*에서는 서술용법 뿐만 아니라 드물게는 한정용법에도 쓰인다.

a. Two days later Thorpe Athelny was **well** enough to leave the hospital. (이틀 후 도프 애들니는 퇴원할 수 있을 만큼 건강해졌다.) - Maugham, *Of Human Bondage*

b. Marija was clutching Jurgis with all the power of her one **well** arm. (마리자는 그녀의 건강한 한 쪽 팔을 가지고 온 힘을 다하여 저기스를 붙잡고 있었다.) - Upton Sinclair, *The Jungle*

Ⅱ. 형용사의 다양한 용법

§ 52 중요한 형용사 구문

(1) It is + 형용사 + of + 의미상 주어 + 부정사

많은 형용사들은, 가주어 구문에서 뒤에 오는 부정사의 의미상 주어 앞에 for를 동반하지만 <사람의 성질>을 나타내는 다음 형용사에는 for 대신 of가 쓰인다.

Bold, brave, careful, careless, clever, considerate (인정많은), corrupt (=wicked), courageous, cruel, foolish (=silly), forward (주제넘은, 건방진), gallant, generous, good (=kind), honest, impertinent, kind, naughty, mean, nice (=kind), obliging (=kind), polite, presumptuous, thoughtful (인정많은), wicked, (un)wise, wrong, vulgar, pretentious (=forward), *etc.*

이러한 형용사들은 ① 가주어 구문이나, ② 감탄문 형식으로 쓰이거나, 또는 ③ 회화체에서는 가주어 구문의 it 대신 that을 사용하는 일도 많다.

① 가주어 구문

a. It was **gallant** *of you to save* my face. (제 체면을 세워 주셔서 고맙습니다.) - Williams, *Cat on a Hot Tin Roof*

b. I'm sorry, it was **inconsiderate** *of me to phone* so early. (죄송합니다. 이렇게 이른 시간에 전화를 드려서 송구스럽군요.)

c. It's a little **pretentious** *of him to keep* the complete works of Proust* in his bathroom. (그가 화장실에 프루스트 전집을 갖다 놓은 건 좀 허세를 부린 것이다.) [*→ 이 쪽의 맨 아래 ☞]

② 감탄문 형식

- **How foolish** *of Clifford to make* a fuss! (클리퍼드가 야단법석을 피우다니 정말어리석군요!) – Lawrence, *Lady Chatterley's Lover*

③ That으로 it을 대용하는 형식

- **That's** *nice of you to say* that. (그렇게 말씀해 주시니 고마워요.) - Miller, *Death of a Salesman*

☞ Marcel Proust (마르셀 프루스트)(1871~1922)는 프랑스의 소설가로 어릴 때부터 천식 때문에 고독한 병상에서 창작에 몰두했다. 그는 젊었을 때 철학자 Henri Bergson과 미술 비평가 John Ruskin의 영향을 받았으며, 뒷날 André Gide와 Virginia Woolf에게 직접 영향을 주었다. 그의 필생의 대작 *A la recherche du temps perdu* (잃어버린 시간을 찾아서)는 프랑스 심리소설의 걸작으로 잘 알려져 있다. 이 작품은 인간의 의식의 흐름을 면밀히 추구함으로서 소설의 개념을 일신시키고, 20세기 새로운 문학의 출발점이 되었다.

(2) Easy, hard, difficult, impossible, *etc.*

위에 보인 형용사들은 사람이 주어일 경우, 부정사와 함께 be동사의 보어가 될 수 없다. 이러한 형용사들은 사물을 주어로 하거나, 부정사를 진주어로 하는 가주어 구문을 사용해야 한다. 이 부류에 속하는 형용사들은 위에 든 것 외에 convenient, dangerous, (un)necessary, pleasant, *etc.* 이다.

a. Eliot's poems are not **easy** to comprehend.
(= *It is* not **easy** to comprehend Eliot's poems.)
(엘리어트의 시는 이해하기가 쉽지 않다.)

b. Japanese is **hard** for foreigners to learn.
(= *It is* **hard** for foreigners to learn.)
(일본어는 외국인들이 배우기 어렵다.)

Cf. Foreigners find it **hard** to learn Japanese.
(외국인들은 일본어가 배우기 어렵다[고 생각한다.])

c. Einstein's Theory of Relativity is **difficult** to understand.
(= *It is* **difficult** to understand Einstein's Theory of Relativity.)
(아인슈타인의 상대성 원리는 이해하기 어렵다.)

d. The book is **pleasant** to read. (그 책은 읽기에 즐겁다.)
(= *It is* **pleasant** to read the book.)

그러나 다음 용례처럼 주어(사람)가 뒤에 오는 타동사나 전치사의 의미상 목적어일 때는 위에 든 형용사들도 사람주어의 뒤에 보어로 쓰일 수 있다.

a. She had a good mind and was **easy** to get along with. (그녀는 마음씨가 고와서 사귀기 쉬웠다.) - Pasternak, *Doctor Zhivago*

b. In general a beautiful woman is **hard** to please. (대체로 미인은 성격이 까다롭다.)

- In Winesburg servants were **hard** to get. (와인즈버그에서는 하인을 구하기 어려웠다.) - Anderson, *Winesburg, Ohio*

c. She could see that Stuart was going to be **difficult** to handle today if she flirted with anyone else. (그녀는 다른 청년들과 놀면 스튜어트가 오늘은 다루기 까다로워질 것이라는 것을 알 수 있었다.) - Mitchell, *Gone with the Wind*

- While she's a likable girl, she can be very **difficult** to work with. (그녀는 호감이 가는 처녀지만 같이 일을 하기는 대단히 어려울 수도 있다.)

d. When he's been drinking he's **impossible** to rouse. (그가 술을 마셨을 때는 깨울 수 없다.)

e. Jill's attractive and **pleasant** to talk to, but she's extremely self-centered. (질은 매력적이며 이야기 상대로 재미있지만 대단히 이기적이다.)

§ 53 형용사의 명사적 용법

(1) The + 형용사 (또는 현재분사/ 과거분사)

① 복수 보통명사

the aged(= the old/ the elderly) (노인들), the dead and the wounded (사상자들), the disabled (= the handicapped) (장애인들), the homeless (무주택자들), the living (살아있는 사람들), the unemployed (실업자들), the visually handicapped (시각장애인들), the well-to-do (= the rich) (부자들) *etc.*

a. *The* **jobless** feel excluded from many things that we take for granted. (실업자들은 우리가 당연시하는 많은 것으로부터 소외되어 있다고 느낀다.)

b. Congress amended the Social Security Act to help *the* **disabled**. (미국 의회는 장애인을 돕기 위하여 사회보장법을 개정했다.)

c. Our nursing home* provides for the needs of *the* **elderly**. (우리 양로원에서는 노인들이 필요로 하는 것은 제공하고 있다.) [* 자신을 돌볼 수 없는 노인들을 위한 소규모의 사립병원]

d. I thought *the* **good** are destroyed while *the* **evil** survived and prosper. (나는 악인들은 오래 살아서 번창하지만 착한 사람들은 망한다고 생각했다.) - Steinbeck, *East of Eden*

e. Caring for *the* **mentally ill*** can be a stimulating and rewarding job. (정신장애인을 돌보는 것은 고무적이며 보람된 일이다.) [* → *p.* 101 (1)]

f. There was an immeasurable distance between *the* **quick** and *the* **dead**. (산 사람과 죽은 사람 사이에는 무한히 먼 거리가 있었다.) - Maugham, *Of Human Bondage*

g. Some of the wounded were noisy but most were quiet. (부상병들 중에는 떠드는 사람도 있었으나 대부분은 조용했다.) - Hemingway, *A Farewell to Arms*

h. Local authorities are failing to provide enough facilities for *the* visually **handicapped**. (지자체에서는 시각장애인들에게 충분한 시설을 제공하지 못하고 있다.)

i. *The* **rich**, *the* **beautiful**, *the* **notorious** and *the* **well-born** might wait in vain to be signalled out and paid special attention. (부자들, 미인들, 저명인사들 그리고 높은 신분의 사람들도 환영을 받지 못하거나 특별한 주의를 끌지 못했을지 모른다.) - Christie, *Death on the Nile*

Cf. *The* **English** have a wonderful sense of humor. (영국인들은 놀라운 유머감각을 가지고 있다.) - Greene, *The Heart of the Matter*

NB1 the good과 the beautiful은 다음 페이지의 ③ *a.*처럼 추상명사로도 쓰인다.

NB2 의미가 상반되는 형용사가 and로 연결되면 정관사 없이 복수보통명사로 쓰인다. (→*p.* 90 (3))

ⓐ ***High and low*** mourned his death. (지위고하를 막론하고 그의 죽음을 슬퍼했다.)

ⓑ The soap opera pleased ***young and old***. (노소를 막론하고 그 연속극을 좋아했다.)

② 단수 또는 복수 보통명사

a. The judge asked *the* **accused** to stand up, and he stood up. (판사가 피고에게 일어서라고 요구했을 때 피고는 일어섰다.) [단수]

- The witness told the court that she had never seen either of *the* **accused**. (증인은 두 피고 중 누구도 본 적이 없다고 법정에서 진술했다) [복수]

b. *The* **deceased** was an authority on English literature. (고인은 영문학의 권위자였다.) [단수]

- Many of the jurors, moreover, were well acquainted with *the* **deceased**. (게다가 배심원들 중에는 고인을 잘 아는 사람들이 많았다.) - Capote, *In Cold Blood* [단수]
- *The* **deceased** are to be buried at St. Mark's church on Friday 15th. (고인들은 15일 금요일 성 마크 교회에 안장될 예정이다.) [복수]

NB3 the deceased는 특히 최근에 작고한 사람을 가리킨다.

③ 추상명사

the beautiful (미), the good (선), the subconscious (잠재의식), the sublime (숭고함), the supernatural (초자연적인 것), the true (진), the unconscious (= unconsciousness 무의식), the unexpected (예기치 못한 일), the unknown (미지의 것/ 세계), the unheard-of (전대미문의 사건)

a. *The* **good** is always beautiful. *The* **beautiful** is always good. (선은 항상 아름답다. 미는 항상 선하다.)

Cf. **Good** and **evil** are different as their names imply. (선과 악은 그 명칭이 의미하는 것처럼 다르다.) - Forster, *A Passage to India* [여기에 사용된 good 과 evil은 둘 다 명사로 볼 수도 있고, the가 생략된 경우라고 볼 수도 있다 → § 44]

b. A wise sheriff doesn't butt his head against *the* **impossible**. (현명한 보안관은 불가능한 일을 해결하려고 달려들지 않는다.)

c. The validity of Freud's theories about *the* **subconscious** is now being challenged. (잠재의식에 대한 프로이드의 이론의 타당성이 지금 도전받고 있다.)

d. Freud's theory of *the* **unconscious** is necessary to an understanding of what a human being is. (무의식에 관한 프로이드의 이론은 인간의 본질을 이해하는데 필요한 것이다.) - Gaarder. *Sophie's World*

e. Perhaps he had seen too much of *the* **unexpected** ever to be startled again. (아마 그는 뜻밖의 일을 너무 많이 보았기 때문에 또 다시 놀랄 일은 없었을 것이다.) - Mitchell, *Gone with the Wind*

f. The SF film's drive into *the* **unknown** is chraracterized by bold epistemological curiosity and its limited satisfaction. (공상과학 영화가 미지의 세계로 뛰어 든 것은 대담한 인식론적인 호기심과 제한된 만족을 특징으로 한다.) - Nowell-Smith, *The Oxford History of World Cinema*

(2) <형용사 + 명사>에서 뒤에 오는 명사의 생략

흔히 쓰이는 <형용사 + 명사>에서 뒤에 오는 명사가 생략됨으로서 남은 형용사가 명사로 쓰이는 일은 구어영어에서 흔히 볼 수 있는 현상이다.

a. Then Delbert took me to the doctor for a **physical**. (그리고 나서 델버트는 나를 데리고 의사한테 가서 신체검사를 받게 했다.) - Grisham, *The Rainmaker* [a physical/ medical (examination) 신체검사]

b. The license of the **sixteen-year-old** is a valid admission to adult society. (열여섯 살 된 아이의 (운전)면허증은 성인사회에 들어가는 정당한 입회 허가증이다.) - Toffler, *Future Shock*

c. After breakfast Jack called up his wife on the **long-distance**. (조반을 먹은 후 잭은 아내에게 장거리 전화를 걸었다.) - Hemingway, *Fifty Grand*

- It's okay if I use your phone to call **long distance**, isn't it? (당신 전화로 장거리 전화를 걸어도 괜찮겠죠?)

d. Dean, boy, you're liable to get a **flat** going that speed. Can't you drive a little slower? (야, 딘, 그 속도로 달리면, 타이어가 펑크 나겠어. 속도를 좀 줄일 수 없니?) - Kerouac, *On the Road*

Cf. We had a flat tire on the way back. [번역 → *p.* 35] - Segal, *Doctors*

e. I thought I could catch the **two-forty***. Then I can get the **eight o'clock** back. (나는 2시 40분에 출발하는 기차를 탈 수 있다고 생각했어. 그러면 8시 기차로 돌아올 수 있거든.) - Steinbeck, *East of Eden* [* train을 생략하는 이 용법은 아주 빈번하게 쓰인다.]

- The **4:54** was not much patronized, the first-class clientele preferring either faster morning express or the **6:40** with dining cars. (4시 54분 기차는 그다지 인기가 없었고, 일등석 승객들은 보다 빠른 아침 급행열차나 식당차가 딸린 6시 40분차를 더 좋아했다.) - Christie, *4:50 from Paddington*

f. On the first date I learned that she was a gym teacher at **Brooklyn High**. (첫 데이트에서 나는 그녀가 브룩클린 고등학교의 체육교사임을 알았다.) - Segal, *The Class*

- Carl Lee had met the reverend years earlier when he addressed the last senior class at **East High**, the black school. Desegregation followed, and East became the **junior high**. (몇 년 전 칼리가 당시 흑인 학교였던 이스트 고등학교 졸업반 시절에 그 목사가 학생들에게 연설할 때 처음 그를 만났다. 학교 흑백통합은 바로 이루어졌고 이스트는 중학교로 격하되었다.) - Grisham, *A Time to Kill*

g. I'm a third year law student at **Memphis State**. (나는 멤피스 주립대학 법과대학원 3학년 학생이었다.) - Ibid., *The Rainmaker*

- If he gets good enough grades he'll get a scholarship to **Michigan State**. (그가 충분히 좋은 성적을 받는다면 장학금을 받고 미시간 주립 대학으로 진학할 수 있을 거야.)

§ 54 형용사의 부사적 용법

(1) 어떤 형용사가 다른 형용사의 앞에 와서 한정적으로 수식할 경우, 강조어로서 부사적 구실을 한다[현재분사에도 이와 같은 강조용법이 있다(→ *p.* 253 (3)].

a. We arrived in Chicago during the **bitter** cold winter of 1960. (우리는 1960년 매섭게 추운 겨울에 시카고에 도착했다.)

b. Sophie placed the grill over the **red** hot charcoal. (소피는 뜨거운 새빨간 숯불위에 석쇠를 얹었다.)

c. I think that's a **good** intelligent question. (그것은 대단히 총명한 질문이라고 생각해요.) - Saroyan, *The Human Comedy*

• He was cold and wanted a **good** stiff drink. (그는 추워서 매우 독한 술을 한 잔 마시고 싶었다.)

• He was a **good** big man, almost twice as large as Tom. (그는 톰의 두 갑절이나 되는 몸집이 아주 큰 사나이였다.) - Caldwell, *Saturday Afternoon*

(2) 두 개의 형용사가 and 로 결합된 형태에서도 <형용사 + and(=very)>가 다음 형용사를 수식하는 부사 역할을 한다.

a. The Russian spoke **good and** fluent English. (그 러시아인은 영어를 아주 유창하게 말했다.) - Maugham, *The Dream*

b. The lamp in the living room was **fair and** lonely. (거실의 램프는 대단히 쓸쓸해보였다) - Steinbeck, *East of Eden*

c. They may try to get **nice and** friendly with Nellie on the way to jail so that she'll talk. (교도소로 가는 도중에 그들은 넬리가 이야기를 하도록 사뭇 다정하게 대할지 모른다.) - Gardner, *The Fiery Fingers*

(3) <형용사 + and (= very)>가 부사를 수식하는 경우도 있다.

a. I can still work as **good and** hard as anybody else. (나는 아직도 누구 못지않게 열심히 일할 수 있습니다.) - Caldwell, *The People v. Abe Lathan Colored*

• I'll give you your supper when I'm **good and** ready. (내가 완전히 준비가 되면 저녁을 줄께.)

b. Can you slice sandwich meat **nice and** thin? (샌드위치용 고기를 아주 얇게 썰 수 있느냐?) - Malamud, *The Assistant*

c. It's very strenuous of you to be here <u>so **bright and** early</u>.* (당신이 아침 일찍 여기까지 오는 데는 무척 힘듭니다.) - Maugham, *The Razor's Edge* [* = very early in the morning]

§ 55 Earn an honest penny

표제의 영문은 '정직한 돈을 벌다'가 아니고, <정직하게 돈을 벌다>란 뜻이다. 여기서 honest는 penny를 수식하는 것이 아니라, 의미상 동사 earn에 걸리며, 더 엄밀히 말하면 주어인 사람에 걸린다. 이와 마찬가지로 형용사가 원래 수식해야 할 명사에서 분리되어 형식상 다른 명사를 수식할 때 이 형용사를 '전이 형용사/ 전이 수식어'(Transferred epithet)라고 부른다. 우리말 속담에 [자라 보고 놀란 가슴 소댕보고 놀란다]에서 놀란 것은 '가슴'이 아니라 [사람]인데도 이렇게 표현한 것이다. 이런 표현은 우리말이나 영어나 흔히 볼 수 있는데 문장에 묘미를 더하기 위한 수사법이다. 주로 한정용법에 쓰이지만 서술용법으로 사용하는 경우도 있다. 많이 쓰이는 표현에 다음과 같은 것들이 있다.

sick room (병실), married life (결혼 생활), married love(부부애) [Cf. a newly married couple (신혼부부)], liberal education (일반 교양교육), a weary road/ journey (피로한 길/ 피로한 여행)

보다 긴 문장을 예로 들어보기로 한다.

a. Hugh came in behind her and slammed the door. He pointed an angry finger at her. (휴우는 그녀의 뒤를 따라 들어와서 문을 쾅 닫았다. 그는 화가 나서 손가락으로 그녀를 가리켰다.)

- His face was streaked with **angry** *tears* as we made our way through the cheerful crowd. (즐거워 보이는 군중 사이를 헤치고 지나 갈 때 그는 화가 나서 얼굴은 눈물자국으로 심하게 얼룩져 있었다.) - Lee, *To Kill a Mockingbird*

b. She shook her **astonished** *head*. (= She was astonished and shook her head.) (그녀는 깜짝 놀라서 머리를 좌우로 흔들었다.)

c. He was earning **good** *money*, and as things went the couple were in easy circumstances. (그는 정직하게 돈을 벌어서 당시의 기준으로 보면 부부는 안락하게 살았다.) - Maugham, *Of Human Bondage*

d. She threw him a **grateful** *glance*. (그녀는 감사의 시선으로 그를 바라보았다.)

e. They drove through the **green** *silence* of St. James's Park. (그들은 조용하고 푸른 세인트 제임스 공원을 통과했다.)

f. He made a living by earning an honest pay. (그는 정직하게 일해서 번 돈으로 살았다)

- When the war was over, a plantation could earn an **honest** *living*. (전쟁이 끝났을 때 농장에서 정직하게 벌어서 살아갈 수 있었다.) - Mitchell, *Gone with the Wind*
- By quarter to five he'd dealt with most of paper work, and Ryan felt that he'd delivered an **honest** *day's work*. (5시 15분 전에 서류 작업을 대부분 처리한 라이언은 정직하게 하루 일을 끝냈다고 느꼈다.) - Clancy, *Patriot Games*

g. Poirot waved an **impatient** *hand*. (푸와로는 초조한 듯이 한 손을 흔들었다.) - Christie, *Poirot Investigates* *h.* He made himself a **quick** *breakfast* of scrambled eggs, orange juice and more black coffee. (그는 재빨리 수란을 뜬 달걀과 오렌지 주스 그리고 더 많은 블랙커피로 조반을 먹었다.) - Forsyth, *The Day of the Jackal*

i. He lay his head upon a **sleepless** *pillow*. (잠은 오지 않았으나 베게 위에 머리를 눕혔다.)

j. She got up and ate a **solitary** *breakfast*, busying herself afterwards in the house. (그녀는 일어나서 혼자서 아침밥을 먹고 잠시 후에 바쁘게 집안일을 했다.) - Maugham, *Mrs Craddock*

k. She's telling everyone that tennis is a **stupid** and **pointless** *game*. It's just sour grapes because she lost. (그녀는 누구에게나 테니스는 멍청한 사람이나 하는 쓸데없는 운동경기라고 말한다. 그녀가 시합에 진 것을 보면 그건 오기에 불과하다.)

- I waved a **stiff** *good-bye* to him through the window as the train pulled out. (나는 기차가 떠날 때 창문을 통해서 뻣뻣하게 그에게 손을 흔들며 작별 인사를 했다.) - Wright, *Black Boy*

l. She stared at the man in **white** *astonishment*. (그녀는 깜짝 놀라서 하얗게 질린 얼굴로 그 남자를 응시했다.)

Thomas Gray(1716~71)의 명시 "Elegy Written in a Country Churchyard"(시골 묘지에서 쓴 엘레지)의 first stanza에도 그 예가 있다.

The curfew tolls the knell of parting day,
The lowing herd wind slowly o'er the lea,
The ploughman homeward plods his **weary** way,
And leaves the world to darkness, and to me.

(저무는 날 만종소리 구슬프게 울려 퍼지고,
음매음매 우는 소떼 서서히 풀밭을 굽어간다.
밭을 갈던 농부는 피곤한 발을 옮겨 집으로 돌아가니,
천지는 어둠에 싸이고 나만 홀로 남았도다.)

여기서 plods his weary way는 plods his way wearily라고 바꿔 말할 수 있다. 형용사 weary는 의미상 plods에 걸린다. <길>이 피곤한 것이 아니라 the ploughman이 피로한 것이다. 이상의 용례에서 볼 수 있듯이 형용사는 자유로운 <전이>에 의하여 문장의 맛을 낼 수 있다.

Ⅲ. 수량의 표현

§ 56 Many, many a/ few, a few

(1) many/ many a

① Many a (= many)는 문어적인 표현으로 형태가 단수이므로 단수로 취급한다.

- **Many a** man owes his success to his first wife and his second wife to his success. (많은 남자들은 첫 번째 아내 덕분에 성공하고, 그 성공 덕분에 두 번째 아내를 얻는다.)

② A great many와 a good many는 둘 다 very many와 같은 뜻

a. He had known her off and on for **a great many** years. (상당히 여러 해 동안 그는 이따금 그녀와 알고 지내는 사이였다.) - Maugham, *The Letter*

- There are still **a great many** questions that remain unanswered. (해답이 나오지 않은 문제들이 아직 대단히 많이 남아 있다.)

b. **A good many** films have heightened absurdities and cruelties of human life by depicting them through the eyes of children; but few more effectively, or more poignantly, than René Clément's finest film, *Forbidden Games*. (어린이의 눈을 통하여 삶의 부조리와 잔인성을 부각시킨 영화들이 많지만, 르네 클레망 감독의 최고 걸작 <금지된 장난>(1952)만큼 효과적으로 그리고 신랄하게 묘사한 작품은 없다.) - Schneider, *1001 Movies*

③ As many/ (like *or* as) so many

a. as many는 <같은 수효(의) >, *b.* so many는 as so many 또는 like so many의 형태로 많이 쓰이며, <같은 수효의>란 뜻과 <(막연하게)많은, 약간의>의 두 가지 뜻이 있다. 후자의 경우에 so many는 별다른 뜻이 없고 단지 <강조적인 또는 장식적인> 의미뿐이다.

a. He made ten mistakes in **as many** lines. (그는 열 줄에 열 개 틀렸다)

b. If he were to marry Liza, it was unlikely that they would have to live **as so many** black couples did in fear that one of them, or both, might get sold away. (그가 리자와 결혼하더라도 많은 흑인 부부들처럼 부부 중 한 명 또는 둘 다 팔릴지 모른다는 두려움 속에 살지는 않을 것이다.) - Haley, *Roots*

c. Shinning up trees, exploring old water mills, and rolling up their trouser legs to paddle in forest pools, the four famous men were **like so many** little boys. (나무 위를 기어오르고, 오래된 물레방아도 만져보고, 그리고 바짓가랑이를 걷어 올리고 숲속의 연못에서 노를 젓고 있을 때 그 네 명의 저명인사들은 마치 어린 소년 같았다.) - Lacey, *Ford*

이 밖에도 <수효가 많다>는 뜻의 idioms에는, a lot of, lots of, a great (*or* large) number of, large(*or* great) numbers of, plenty of, dozens of, a bunch of, a host of, *etc.*가 있다.

a. Police confiscated **a large number** of weapons from the terrorists. (경찰은 테러리스트로부터 다량의 무기를 압수했다.)

b. **Large numbers of** demonstrators were arrested during the protest rally. (항의시위를 하다가 많은 시위대원들이 체포되었다.)

NB a number of (=several/ some)

- Today, economists can establish that Marx was mistaken on **a number of** vital issues, not least his analysis of the crises of capitalism. (오늘날 경제학자들은 마르크스가 몇 가지 중요한 문제 특히 자본주의의 위기를 분석하는데 오류를 범했다고 주장할 수 있다.) – Gaarder, *Sophie's World*

④ One too many/ have had one too many

전자는 <하나 만큼 더 많다, 군더더기다, 불필요하다, 방해가 되다>란 뜻이고, 후자는 <술에 취하다>란 뜻이다.

a. I'm just **one** person **too many** in here. I'll be in my room if you want me. (저는 여기에 있을 필요가 없군요. 제 방에 있을 테니 필요하면 부르세요.) - Lee, *To Kill a Mockingbird*

b. Excuse me, gentlemen, this young man *has had* one drink **too many**. (신사 여러분, 죄송합니다. 이 청년이 술이 취했습니다.) - Follett, *The Third Twin*

(2) Few/ a few

① few는 부정의 의미가 강하고, a few (= a small number of)는 긍정의 의미가 강하다.

a. She was very quiet and made **few** friends. (그녀는 대단히 얌전하고 친구도 거의 사귀지 않았다.)

b. Let's invite **a few** friends to come with us. (우리하고 같이 갈 친구를 몇 명만 초청하자.)

② Quite a few/ not a few/ a good few (*BrE*)

이 셋은 모두 <꽤 많은, 상당히 많은>의 뜻이다.

a. There were **quite a few** people in the water and on the beach. (물속에도 물가에도 꽤 많은 사람들이 있었다.) - Hemingway, *The Sun Also Rises*

- She knows quite **a few** of the people who work at the hospital. (그녀는 병원에 근무하는 사람들 중에서 꽤 많은 사람을 알고 있다.)

b. **Not a few** of my friends are vegetarian. (내 친구들 중에는 채식주의자가 상당히 많다.)

c. There are a good few copies sold on the first day. (첫 날 상당히 많은 부수가 팔렸다.)

§ 57 Much / little

Many와 few는 셀 수 있는 명사를 수식하고, much와 little은 셀 수 없는 명사를 수식한다.

(1) Much

형용사 외에 명사 및 부사로도 사용되며, 비교에 관한 관용표현에 much를 포함하는 것이 많다(→ *p.* 376).

a. He is not much of a (= not a good) tennis player. (그는 테니스를 그다지 잘하지 못한다.)

b. He looks upon any time not spent in study as so much (= the same quantity of) lost time. (그는 연구에 사용되지 않은 시간은 그만큼 낭비된 시간으로 본다.)

(2) Little

형용사, 명사, 부사로 사용되는 점은 much와 같다.

① little과 a little의 관계는 few와 a few의 관계와 같다.

a { He's getting worse; there's (very) **little** hope of his recovering. (그의 병세는 날로 악화하고 있다. 그는 회복할 가망이 거의 없다.)
He's not much better, but there's yet **a little** hope. (그는 그다지 차도는 없지만, 아직 약간의 희망이 있다.)

b { He's little better than* a beggar. (그는 거지나 마찬가지다.) [* = no better than]
He's **a little** better than a beggar. (그는 거지보다 조금 낫다.)

NB 부사 little이 동사 dream, imagine, know, suspect, think, *etc.*의 앞에 오면 not at all의 뜻이 되며, 또 little이 글머리에 오면 주어, 동사가 도치된다(little은 일종의 부정어이므로).

ⓐ He **little** knows that the police are about to arrest him. (그는 경찰이 체포하리라는 것을 전 모르고 있다.)

- Flora accepted the invitation, **little** realizing that it was to change her entire life. (플로라는 그것이 일생을 바꾸게 되리라는 것은 추호도 모르고 그 초대를 받아 들였다.)

ⓑ **Little** *did* I know that this trip could end in disaster. (나는 이 여행이 참사로 끝날 줄 은 꿈에도 생각하지 못했다.)

- **Little** *did* he realize that we were watching his every move. (우리가 그의 움직임을 모두 보고 있다는 것을 그는 전혀 모르고 있었다.)
- **Little** *did* I dream that Elvis Presley would die of an overdose of sleeping pills. (나는 엘비스 프레슬리가 수면제 과용으로 죽으리라고는 꿈에도 생각지 못했다.)

§ 58 Some / any

(1) 형용사 용법 (A) (일정치 않은 수량을 나타낼 때 다음과 같은 사용구분이 있다.)

① 사용구분의 원칙

a. **Some** people believe in life after death. [긍정문]
(사후의 생활을 믿는 사람도 있다.)

b. Are there **any** stamps in that drawer? [의문문]
(서랍 속에 우표가 있느냐?)

c. I don't have **any** idea what it means. [부정문]
(그것이 무슨 뜻인지 모르겠다.)

d. If there are **any** difficulties, let me know. [조건절]
(어려운 일이 생기면 알려다오.)

e. She asked if we had **any** questions. [if절]
(그녀는 우리에게 질문이 있느냐고 물었다.)

NB some은 others와 상관적으로 쓰이기도 한다.

- **Some** mushrooms are edible while others, which look almost identical, contain deadly poisons. (먹을 수 있는 버섯도 있고, 비슷하게 생겼지만, 치명적인 독을 가진 버섯도 있다.)

② 원칙이 적용되지 않는 경우

a. 긍정의 답을 예상하거나, *b.* 사람에게 음식물을 권할 때, *c.* 의뢰하거나 부탁할 때는 의문문에도 some을 쓴다. *b.* *c.*도 긍정의 답을 기대한다는 점에서 *a.* 와 유사하다.

a. Didn't you borrow **some** books of mine? (= I feel certain you did.) (내 책을 빌려 가지 않았니?)

b. Can I help you to **some** more salad? (샐러드 더 드릴까요?)

c. "Can you lend me **some** money?" "Sorry, I'm broke." ("돈 좀 빌려 줄 수 있니?" "미안해, 한 푼도 없어.")

(2) 형용사 용법 (B) (수량과 관계없는 다른 용법이 있다.)

① some은 단수명사를 수식하여 <어떤>의 뜻을 나타낸다.

- He's living at **some** place in India. (그는 인도의 어떤 곳에 살고 있다.)
- Only the richest parents, **<u>some</u>*** 10%, can afford private education. (약 10%밖에 안 되는 가장 부유한 부모들만이 가정교사를 둘 수 있다.) [* 여기서 some (= about)은 부사]

② any는 긍정문에 써서 <어떤~라도>의 의미가 된다.

- **Any** prisoner who attempts to escape will be shot. (탈옥을 시도하는 죄수는 누구를 막론하고 총살될 것이다.)

(3) 부사 용법 [흔히 비교급 앞에 붙여서 (조금이라도, 어느 정도, 조금 = at all)]

a. Is your father **any** better today? (아버지는 오늘 좀 차도가 있으시냐?)
b. If you don't tell them, nobody will be **any** the wiser. (네가 말하지 않으면 아무도 모를거야.)
c. They were too tired to go **any** further. (너무나 지쳐서 그 이상 더 갈수 없었다.)

(4) 대명사 용법

- The war brought misery to **some**(=some people) but wealth to others. (전쟁은 어떤 사람에게는 불행을, 또 어떤 사람에게는 부를 가져다주었다.)

그러나 원칙적으로 any를 사용하는 부정문, 의문문, 그리고 조건절에서, 바로 위에서 설명한 <긍정의 답을 기대하는 경우>가 아님에도 불구하고 some을 사용하는 것을 볼 수 있다. 아래의 용례 *a.* *b.* *c.*로 미루어 보건대 some, any의 사용구분은 기계적인 것이 아니고, <특정한 것/ 대단한 것>에 가까운 의미에는 some (something, somebody, someone 포함) <어느 것이라도>의 의미에 가까운 것은 any를 쓴다고 볼 수 있다.

a. This isn't **some*** elaborate scheme that you thought up to serve as a smoke screen. (이것은 연막작전을 위해서 당신이 생각해낸 교묘한 계획은 아닙니다.) - Gardner, *The Mischievous doll* [* = very good, very impressive, quite a]

- That was **some** party last night! (어젯밤의 파티는 정말 대단한 파티였어!)

b. Did you say **something**? I'm afraid I wasn't listening. (무슨 말씀을 하셨어요? 제가 귀담아 듣지 못했습니다.)

- Don't feel too certain, Yusef, that I won't find **something** when I go through Pemberton's office. (유세프, 내가 펨버튼의 사무실을 수색할 때 어떤 중요한 물건을 찾지 못할 거라고 확신하지 말게.) - Greene, *The Heart of the Matter*
- If you want to do **something** for me, you can get me some milk. (나를 위해서 무엇인가 해 주고 싶다면 우유를 사 주시오.) – Maugham, *The Moon and Sixpence*

c. But when I am grown up, will **somebody** love me? (그러나, 내가 크면 누군가 나를 사랑해 줄까?) - Lawrence, *The Rainbow*

- "Have you killed **somebody** with it(= the gun)?" "Not yet," the lieutenant said. ("당신은 그 총으로 어떤 사람을 쏘아 죽인 적이 있어요?" "아직 없습니다."하고 중위가 말했다.) - Greene, *The Power and the Glory*
- Why do talk show hosts earn so much money just for talking **someone**? (왜 토크쇼 사회자는 어떤 사람에게 말을 걸기만 하고 그렇게 많은 돈을 버느냐?)

§ 59 수사를 포함하는 표현들

수사(Numeral)에는 one, two…와 같은 기수와 first, second…와 같은 서수가 있다.

(1) 복수형의 기수와 관용적인 표현들

a. I've been there **hundreds of** times. (나는 거기에 수백 번 가본 적이 있다.)

b. In World War Ⅱ, **hundreds of thousands of** German civilians lost their lives as a result of Allied bombing. (2차 대전 때 수십만 명의 독일 민간인들이 연합군의 폭격으로 목숨을 잃었다.)

c. Duos such as Simon and Garfunkel were popular in the **1960s**. (사이먼 앤 가펑클 같은 2인조 그룹은 1960년대에 인기가 있었다.)

d. John Travolta* was at the height of his fame in **the late seventies**. (존 트라볼타는 1970년대 후반에 인기의 절정에 있었다.) [* 이 쪽의 맨 아래 → ☞]

(2) 서수의 표현

a. You'll need **a second** (=another) pair of shoes. (구두가 한 켤레 더 필요할거야.)

b. **A third** world war might* result in the total destruction of our civilization. (3차 대전이 일어난다면 인류문명은 완전히 멸망할 지도 모른다.) [* 가정법 미래이므로 might가 쓰였다.]

c. Sir Rupert is dead, and Henry Carmichael is dead. But there is **a third** witness who is alive and who is here today. (루퍼트경은 죽었고, 헨리 카마이클도 죽었습니다. 그러나 살아서 오늘 여기에 와 있는 또 한 명의 목격자가 있습니다.) - Christie, *They Came to Baghdad*

NB1 a second~의 의미는 another로서 예컨대, English as second language라고 하면, '제 2국어'가 아니고 <한국인이라면 배워야할 또 하나의 언어>라는 뜻이다.

- **A third** student stood up and expressed his opinion은 <이미 두 명의 학생이 일어나서 의견을 진술했는데, 또 한 명의 다른 학생(another student)이 일어났다>라는 뜻이다. 위의 예문 중 a third world war도 실제로 일어나면 the Third World War가 되며, a third witness는 세 번째 목격자가 아니고, 또 한 명의 목격자이다.

NB2 세 개 이상을 차례로 열거할 때 마지막 것은 정관사가 붙는다.

- One of the three shops it contained was for rent and another was an all-night restaurant, approached by a trail of ashes; **the third** was a garage. (그 건물에 들어 있는 세 개의 가게 중 하나는 임대용으로 나와 있었고, 또 하나는 24시간 영업하는 식당이었으나 재가 날아 들어왔으며, 나머지 한 개는 자동차 정비소였다.) - Fitzgerald, *The Great Gatsby*

☞ 무명배우였던 John Travolta를 인기스타로 만든 것은 *Saturday Night Fever*(1977, <토요일 밤의 열기>)였다. 이 영화가 성공한 후 젊은이들은 떼를 지어 플로어(floor)로 몰려들며 디스코를 70년대의 춤으로 만들었고, 으스대며 걸어가는 그의 동작은 모방의 대상이 되었다.

(3) 배수의 표현

a. She earns **twice** (*or* **double)** my salary. (그의 급료는 내 두 배다.)
I can run **twice as** *fast* as you can. (나는 너보다 두 배 빨리 달릴 수 있다.)

b. Their garden is three **times as** *big* **as** ours. (그들의 정원은 우리 정원의 세배다.)
(= Their garden is **three times** *bigger* **than** ours.)
He earns **five times as** *much* **as** I do. (그의 수입은 나의 다섯 갑절이다.)

c. This ship is one and **a half times as** *long* **as** that. (한 배 반의 길이)

NB3 <몇 분의 일>의 표현은 다음과 같이 나타낸다.

- This book is **half/ one-third as** *large* **as** that one. (저 책의 절반/ 3 분의 1의 크기)
  (= This book is half/ one-third the size of that.)

(4) 나이를 표현하는 또 한 가지 방식

일반적으로 나이를 말할 때는, 예컨대, She's twenty-five (years old).라고 하는 것이 보통이지만 *BrE*에서는 드물기는 하지만 다음과 같이 말하기도 한다.

a. She was perhaps about **five-and-twenty**, with big brown eyes and a perfect figure. (그녀의 나이는 스물 다섯 살 가량 되었고, 갈색의 눈과 완벽한 몸매를 하고 있었다.)
- Christie, *Poirot Investigates*

b. She was a woman of about **five and forty**. (그녀는 마흔 다섯 살 가량 된 여자였다.)
- Maugham, *Cakes and Ale*

c. One of these was a remarkably well-made men of **five-and-thirty**, with a face as English as that of the old gentleman I have just sketched was something else. (이들 중 한 명은, 내가 방금 묘사한 그 노신사와는 달리, 영국인다운 외모에다 아주 균형잡힌 체구를 한 서른 다섯 살 된 남자였다.) - James, *The Portrait of a Lady.*

제5장 부사

WARM-UP

기능적인 면에서 볼 때, 부사(Adverb)는 동사, 형용사 및 다른 부사를 수식하는 말이라고 정의하는 것이 보통이다. 그러나 명사, 대명사, 또는 구(Phrase)나 절(Clause) 뿐만 아니라 문장전체를 수식하는 일(자세한 것은→ § 63)도 있다.

a. The kid *reads* **well** for his age. [동사수식]
(그 아이는 그 나이 치고는 글을 잘 읽는다.)

• Those pictures are going like hot cakes, there will be none *left* **soon**. [동사 수식]
(저 그림들이 날개 돋친 듯이 팔리고 있어, 곧 매진될거야.)

b. It was **very** *good* of you to come. [형용사 수식]
(와 주셔서 정말 고맙습니다.)

• *Gone with the Wind* is *monumental* **enough** to be beyond criticism. [형용사 수식]
([영화] <바람과 함께 사라지다>는 흠잡을 데 없을 만큼 기념비적 작품이다.)

c. I'm **very** ***much*** afraid that your son may be involved in the crime. [다른 부사 수식]
(당신 아들이 그 범죄에 관련 되었을 까봐 몹시 두렵습니다.)

• **Most** *importantly*, you must keep record of everything you do. [다른 부사 수식]
(가장 중요한 것은 당신이 하는 모든 일을 기록해 두어야 한다는 것이다.)

d. Nowadays **even** *children* are computer-literate. [명사 수식]
(요즈음은 아이들도 컴퓨터를 사용할 수 있다.)

• The bar is for *members* **only**. [명사 수식]
(그 술집은 회원만 들어 갈 수 있다.)

e. *Who* **else** was there, apart from you and Jane? [대명사 수식]
(거기에 자네와 제인 말고 또 누가 있었느냐?.)

f. **Much** to *my displeasure* she forgot our meeting. [구 수식]
(정말 불쾌하게도 그녀는 우리가 만난 사실을 잊어 버렸다.)

g You may do **just** *as you like*. [절 수식]
(당신 좋을 대로 해도 좋습니다.)

h. **Happily**, his injuries were not serious. [문장 수식]
(다행히도 그의 부상은 심하지 않았다.)

• This is **perhaps** his best novel to date. [문장 수식]
(아마 이것은 현재까지 그의 가장 좋은 소설이다.)

I. 부사의 형태와 기본 용법

§ 60 부사를 대신하는 부사구

<명사 + ly>로 된 형용사나, 원래 ~ly로 끝나는 형용사, 또는 부사형이 없는 형용사들은 <in a ~way/ fashion/ manner>형식의 부사구를 사용하여 부사를 대신한다. 다음과 같이 주로 사람의 성질을 나타내는 형용사들이 이렇게 쓰이는 일이 많지만 다른 형용사들도 더러 이렇게 사용된다.

brotherly, sisterly, cowardly, elderly, fatherly, (un)friendly, leisurely, lively, lovely, manly, motherly, sickly, silly, ugly, womanly *etc.*

a. The Scotland Yard Inspector grinned at me **in a friendly fashion** before addressing my companion. (런던 경찰청의 경감은 내 친구한테 말을 걸기 전에 나를 보고 다정하게 싱긋 웃었다.) - Christie, *Poirot Investigates*

b. The housewives did their housekeeping **in a leisurely manner**. (주부들은 한가하게 집안일을 했다.) - Maugham, *The Round Dozen*

c. The British people stand in line for public transport **in an orderly way**. (영국인들은 대중교통을 탈 때 질서 정연하게 줄을 선다.)

d. I told him, **in a roundabout way**, that he wasn't really good enough to join my English class. (그에게 아직 내 영어 수업을 들을 만큼 영어가 능숙하지 못하다고 넌지시 말했다.)

원래 부사형이 있는 단어라도 이 형식을 선호하는 경우가 많다.

e. He didn't say any more, but we've always been unusually communicative in a reserved way.* (그는 더 이상 말을 하지 않았으나, 우리는 항상 몹시 조심스럽게 이야기했다.) - Fitzgerald, *The Great Gatsby* [* = reservedly]

f. **In a chronological fashion***, Marissa described what she'd been doing since her arrival in L.A. (매리서는 LA에 도착한 이후 그녀가 한 일들을 시간 순으로 이야기했다.) - Cook, *Outbreak* [*= chronologically]

g. Sandy took his hand and smiled **in a gentle way**. (샌디는 그의 손을 잡고 상냥하게 미소를 지었다.) - Clancy, *Without Remorse*

NB in a...fashion 형식에서 구어체에서는 in a를 생략한 형식이 많이 쓰인다. (→ *p.*15)

- I could hear them reciting the poem **parrot-fashion** over and over again. (그들이 시를 몇 번이나 앵무새처럼 그대로 따라서 암송하는 소리를 들을 수 있었다.)

§61 어미 ~ly가 출몰하는 부사

형용사를 그대로 쓴 부사와 형용사에 ~ly를 붙인 부사 사이에는 의미상 차이가 없는 것이 많다. ~ly 의 유무는 관용의 문제로서 한 마디로 말할 수 없지만 ~ly가 없는 형태는 특히 *AmE* 의 구어에서 많이 볼 수 있다.

a Oh, Scarlett, I want a baby **bad**! (오, 스칼렛, 나는 아기가 무척 갖고 싶어요.) - Mitchell, *Gone with the Wind*
Is Mr. Doyle **badly** hurt? (도일 씨가 많이 다쳤어요?) - Christie, *Death on the Nile*

b He'll see you get what you want **cheap**. (그는 당신이 원하는 것을 싼 값으로 사 줄거야.) - Forster, *A Passage to India*
I'm sure I could buy this more **cheaply** somewhere else. (나는 이것을 다른 곳에서 더 싸게 살 수 있다고 확신합니다.)

c A second police car followed **close** behind. (또 한 대의 경찰차가 바짝 좇아 왔다.)
The detective was watching him **closely** waiting for a reply. (형사가 그를 뚫어지게 바라보면서 대답을 기다리고 있었다.)

d Men don't want anything they get too **easy**. (남자들은 너무 쉽게 얻는 것을 원하지 않는다.) - Williams, *A Streetcar Named Desire*
The museum is **easily** accessible by car. (박물관은 자동차로 쉽게 갈 수 있다.)

e The nigguhs up at the school don't like me but the white folks treats me **fine**. (저 위의 학교에 있는 흑인들은 나를 좋아하지 않지만, 백인들은 나를 친절하게 대해 준다.) - Ellison, *Invisible Man* [nigguhs = niggers]
Chop the ingredients **finely** and mix them together. (재료들을 잘게 썰어서 그것들을 함께 섞어라.)

f Do you have to play that music so **loud**? (너는 음악을 그렇게 큰 소리로 연주해야 하느냐?)
The audience laughed **loudly** at the joke. (농담을 듣고 큰소리로 웃었다.)

g He could play the guitar real **nice**. (그는 기타를 매우 잘 연주할 수 있었다.)
The car seems to be running **nicely** now it's been fixed. (그 차는 수리했으므로 잘 굴러가는 것 같다.)

h She **plain** broke our hearts when she ran off like she done. (그녀가 그렇게 도망갔을 때 우리는 정말 실망했다.)
The sea was **plainly** visible in the distance. (바다는 멀리서 똑똑히 볼 수 있었다.)

i You <u>beat it*</u> out of here **quick**. (이 곳에서 빨리 달아나세요.) - Greene, *The Power and the Glory* [* (보통 명령문으로) 당장 떠나라, 꺼져라]
My heart started to beat more **quickly**. (내 심장은 더 빨리 뛰기 시작했다.)

j Thanks for calling me, Sergeant. It was **real** kind of you. (병장, 전화해줘서 고맙네. 자네는 정말 친절한 사람이야.)
Considering it was your first lesson, I think you did **really** well. (그것이 당신의 첫 수업이라는 점을 고려한다면, 대단히 잘했다고 생각합니다.)

k To save on gas, try to drive **slow** whenever possible. (가솔린을 절약하가 위해서 될 수 있는 대로 천천히 운전하도록 하여라.)
He found that life moved **slowly** on the countryside. (그는 시골에서는 생활의 속도가 느리다는 것을 알았다.)

l He was looking at me **steady**. (그는 나를 뚫어지게 바라보고 있었다.) - Hemingway, *Fifty Grand*
The divorce rate has risen **steadily** since the 1950s. (이혼율은 1950년대 이후로 꾸준히 증가해 왔다.)

m Well, Doc, we **sure** do appreciate all you've done. (저, 의사 선생님, 잘 보살펴 주셔서 정말 감사합니다.) - Williams, *Cat on a Hot Tin Roof*
The scientists will **surely** find a cure for this terrible disease sooner or later. (과학자들은 이 무서운 질병에 대한 치료법을 조만간 발견할 것이다.)

특히 and로 결합된 두 개의 부사는 둘 다 ~ ly가 없는 부사인 경우가 많은데 그것은 문장의 리듬 때문 일 것이다.

n. Let's make the goodbyes **quick** and **simple**. (작별인사는 빨리 그리고 짧게 하자) - Ludlum, *The Road to Omaha*

o. So let me make it **quick** and **clean**. Helen, it's been a long time. I want to see you. (그러니까 내가 빨리 간단히 말할게. 헬렌, 오래간만이야. 널 보고 싶어.) - Malamud, *The Assistant*

p. I could see everything sharp and clear. (모든 것을 선명하고 똑똑하게 볼 수 있었다.) - Hemingway, *After the Storm*

NB 형용사를 그대로 부사로 쓰는 또 하나의 예로 good을 들 수 있는데, *AmE* 의 구어에서는 good을 그대로 부사로 사용한다.

- She can swim as **good** as I can. (나만큼 수영을 잘 할 수있다.) - Caldwell, *The Girl Ellen*
- Mama used to say she'd grab us **good** if we didn't act <u>proper</u>*. (엄마는 우리가 얌전하게 굴지 않으면 꽉 붙잡고 놓아주지 않겠다고 입버릇처럼 말씀 하셨다.) - Capote, *Other Voices, Other Rooms* [* = properly]

§ 62 형용사 형태의 부사와 ~ly 형 부사가 의미가 다른 경우

(1) dear (*BrE* 비싸게), dearly (대단히/ 큰 손해를 보고)

a. If you want to make money, buy cheap and sell **dear**. (돈을 벌고자 한다면 싸게 사서 비싸게 팔아라.)

b. Henry and Clara Ford **dearly** loved their only son. (포드 부부는 그들의 외아들을 끔찍이 사랑했다.) - Lacey, *Ford*

- She drank far too much at the party and paid **dearly** for it the next day. (그녀는 파티에서 과음했다가 그 다음 날 혼이 났다.)

Cf. It was only two days late but it *cost us **dearly**** when they canceled the contract. (단지 이틀 늦었으나 그 계약이 취소되었을 때 우리는 비싼 대가를 치렀다.) [* cost *sb* dear(ly) 아무에게 큰 손해를 입히다]

(2) deep ([구체적으로]깊이), deeply ([감정적/추상적으로]깊이, 대단히)

a. Turtles lay their eggs **deep** in the sand and leave them until they hatch. (거북은 모래 속 깊이 알을 낳아서 부화할 때까지 내버려 둔다.)

- He shoved his hands **deep** into his pocket. (그는 두 손을 포켓 깊숙이 집어넣었다.) - Wright, *Native Son*

Cf. They sat and talked **deep** into the night. (그들은 앉아서 밤이 깊도록 이야기했다.)

b. She felt her mother's death **deeply**. (그녀는 어머니의 죽음을 몹시 슬퍼했다.)

(3) flat (납작하게, 평평하게), flatly (단호하게, 딱 잘라서)

a. The last time I wore high-heeled shoes I fell **flat** on my face outside a restaurant. (지난번에 내가 하이힐을 신고 있을 때 음식점 밖에서 엎드러졌다.)

b. She **flatly** refused to go out with any of them. (그녀는 그들 중 누구하고도 데이트하기를 단호하게 거절했다.) - Sheldon, *Rage of Angels*

(4) free (= for free/ for nothing), freely (자유롭게, 마음대로, 허물없이, 마음 터놓고)

a. Disabled passengers can travel **free** on public transport. (장애인은 대중교통을 무료로 이용할 수 있다.)

b. In England he could write **freely** without fear of arrest. (영국에서 그는 체포될 걱정 없이 자유롭게 글을 쓸 수 있었다.)

(5) hard (열심히/ 세게, 대단히), hardly (= scarcely 거의~하지 않다)

a. It's raining **hard** now. (지금 비가 세차게 내리고 있다.)

b. It's **hardly** raining now. (지금은 비가 거의 내리지 않고 있다.)

(6) high ([공간적으로] 높이), highly (=very 대단히, 고도로)

a. He threw the ball **high** in the air. (그는 공을 공중으로 높이 던졌다.)

- The supermarket's motto is 'pile them **high** and sell them cheap' (그 슈퍼마켓의 표어는 '높이 쌓아놓고 싸게 팔아라'는 것이다.)

b. She speaks/ thinks **highly** of your work. (그녀는 당신의 작품을 높이 평가한다.)

- Freud's approach to the analysis of dreams was **highly** compelling. (프로이드가 꿈을 분석할 때의 접근방식은 대단히 설득력이 있었다.)

(7) just (바로, 마침, 꼭/ 방금), justly (공정하게/ [문장수식 부사] 당연히)

a. We got to the station **just** in time. (우리는 꼭 시간에 맞게 역에 도착했다.)

b. The Koreans are **justly** proud of their ancient culture. (한국인들이 그들의 고대문화를 자랑하는 것도 당연하다.)

- He **justly** said that no one knew better than he the hardship of the author's trade. (작가라는 직업의 괴로움을 그보다 더 잘 아는 사람도 없다는 그의 말은 당연한 것이었다.) - Maugham, *Cakes and Ale*
- I think I could be **justly** blamed if I saw only people's faults and were blind to their virtues. (내가 사람들의 단점만 보고 장점은 보지 못한다면 비난 받아 마땅하다고 생각한다.) - Ibid., *The Summing Up*

(8) late (늦게), lately (최근에)

a. Our teacher always starts the lesson five or ten minutes **late**. (우리 선생님은 항상 수업을 5분 내지 10분 늦게 시작하신다.)

- They stayed up **late** to watch the election results on the television. (그들은 텔레비전으로 선거 결과를 보느라고 밤늦도록 자지 않았다.)

b. I haven't heard from him **lately**. (나는 최근에 그의 소식을 듣지 못했다.)

(9) most (대단히, 매우), mostly (대개, 주로)

a. It was **most** kind of you to give me a ride to the airport. (저를 공항까지 차를 태워주셔서 정말 고마웠습니다.)

b. Apart from the Nile valley, Egypt is **mostly** desert. (나일강의 계곡을 제외하면 이집트는 대부분이 황무지이다.)

(10) pretty (꽤, 매우), prettily (예쁘게)

a. The house has a garage and a **pretty** big garden. (차고와 꽤 큰 정원이 하나 있다.)

b. Her little girls are always **prettily** dressed. (그녀의 어린 딸들은 항상 예쁜 옷을 입고 있다.)

§ 63 문장 수식 부사

어느 특정한 어구를 수식하는 것이 아니라, 문장 전체를 수식하는 부사를 문장수식 부사(sentence-modifying adverb), 또는 문장부사(sentence-adverb)라고 한다. 문장수식 부사를 쓰면 문장이 간결해지는 장점이 있기 때문에 [언어의 경제]라는 측면에서 간결한 문장을 선호하는 현대영어, 특히 신문, 잡지에서 많이 쓰인다.

(1) 문장수식 부사의 위치

글머리나 동사의 앞 (be 동사나 조동사의 경우는 그 뒤)에 오는 일이 가장 많고 드물게는 문장의 끝에 오기도 한다.

a. **Unfortunately,** the message failed to arrive in time.
(= The message, **unfortunately**, failed to arrive in time.)
(= The message failed to arrive in time, **unfortunately**.)
(불행하게도 그 메시지는 제때 전달되지 않았다.)

b. This is **honestly** what I wanted when I started law school. (정직하게 말하면 이것이 내가 법과 대학원에 들어왔을 때 하고 싶었던 일이다.) - Grisham, *The Rainmaker*

• I **honestly** don't care if Sam's lying or if Sam's telling the truth. (정직하게 말하면 샘이 거짓말을 하던 진실을 말하던 나는 상관없다.) - Ibid., *The Chamber*

(2) 문장수식 부사와 단어수식 부사의 의미상의 차이

a. He **wisely** refrained from having any more drink. (그는 현명하게도 술을 끊었다.) [문장수식]

Queen Victoria ruled her people **wisely** for more than 60 years. (빅토리아 여왕은 60년 이상동안 그 국민을 현명하게 통치했다.) [동사수식]

b. He was **allegedly** involved in the great jewel robbery. (그는 대규모의 보석강도 사건에 관련되었다고 한다.) [문장수식]

• He is wanted by L.A .police **allegedly** importing rare animals for sale. (그는 희귀동물을 수입했다는 소문에 따라 L.A.경찰에서 찾고 있다.) [importing 이하 수식]

c. Roy believes, quite **rightly**, that women should have the same opportunities as men. (로이는 여자도 남자와 같은 기회를 가져야 한다고 믿고 있는데 그건 아주 옳은 생각이다.) [문장수식]

If I remember **rightly**, Jackie is six and Robert is ten. (내 기억이 정확하다면 재키는 여섯 살이고 로버트는 열 살이다.) [동사수식]

(3) 문장수식 부사의 paraphrase

문장수식 부사는 대부분 [It is + 형용사 + that] 또는 [It is + 형용사 + to do] 형식으로 바꿔 쓸 수 있으며, 이렇게 함으로서 문장을 쉽게 이해할 수 있다.

a. **Bewilderingly**, he left the office without a word. (= It was bewildering that he left the office without a word.) (그가 말 한 마디 없이 사무실을 나갔기 때문에 우리는 당황했다.)

- This architectural style **probably** came from the Greeks. (= It is probable that this architectural style came from the Greeks.) (이 건축 양식은 아마 그리스에서 유래했을 것이다.)
- **Refreshingly**, he came with good news. (= It was refreshing that he came with good news.) (그가 좋은 소식을 가져와서 분위기가 일신되었다.)
- This place is **rightly** called an earthly paradise. (= It is right that this place should be called an earthly paradise.) (이 고장이 지상낙원이라고 불리는 것도 당연하다.)
- **Understandably**, she just wants to leave as soon as possible. (= It is understandable that she just wants to leave as soon as possible (그녀가 될 수 있는 대로 빨리 떠나고 싶어 하는 것은 이해할 만하다[당연하다].)
- **Unfortunately** there is still a great deal of prejudice against unmarried mothers. (= It is unfortunate that there is still a great deal of prejudice against unmarried mothers. (아직도 미혼모에 대한 편견이 많이 남아 있다는 것은 불행한 일이다.)

b. She **sensibly** decided to put all her money in a bank. (= It was sensible of her to decide all her money in a bank.) (그녀는 영리하게도 모든 돈을 은행에 넣어 두기로 결정했다.)

- I **foolishly** accepted a lift from a stranger. (= It was foolish of me to accept a lift from a stranger.) (나는 어리석게도 낯선 사람이 차에 태워주겠다는 제의를 받아 들였다.)
- **Logically**, one should become wiser with experience, but some people never do. (= It is logical to become wiser with experience, but some people never do.) (경험을 쌓으면 현명해지는 것이 당연하지만 전혀 그렇지 않은 사람도 있다.)

c. **Admittedly**, Tony's always been a lousy husband, but he does have some good points. (= It must be admitted that Tony's always been a lousy husband, but he does have some good points.) (분명히 토니는 항상 형편없는 남편이지만 약간의 장점이 있다는 것도 사실이다.)

d. **Hopefully**, we can find a way of solving this problem. (= I hope/ It is hoped that we can find a way of solving this problem.) (일이 잘 풀리면 이 문제의 해결책을 발견할 수 있을 것이다.)

NB 구문상 정확하게 paraphrase할 수 없는 경우도 있다.

- The waste is safely locked away until it is no longer radioactive. (방사성 폐기물은 방사능이 없어질 때까지 밀봉해 두는 것이 안전하다.)

§ 64 부사의 위치

글 속에서 부사의 위치는 비교적 자유로워서 일정한 기준이 없지만, 형용사나 부사를 수식할 경우는 수식받는 어구의 앞에 오며, <일정한 때를 나타내는 부사>는 문장의 끝 또는 글머리에 온다. 그 밖의 경우는 대체로 <빈도의 부사>의 위치에 준한다고 보면 되지만 예외도 많다.

a. That's a **mighty** fine car you have there. (저기에 있는 너의 차는 아주 근사하구나.) [이 문장 형식에 대해서는 → *p.* 51]

b. **On August 6th**, the first atomic bomb was dropped on Hiroshima. (8월 6일, 최초의 원자폭탄이 히로시마에 떨어졌다.)

c. We were relieved to find that she was **fully** recovered. (그녀가 완전히 회복한 것을 보고 안심했다.)

d. **Already** he had recovered that iron calm of his. (이미 그는 평소의 그 얼음 같은 냉정함을 회복했다.) - Christie, *The Mystery of the Blue Train*

- Someone must have put the plates on the table **already**. (누군가가 이미 접시를 식탁 위에 갖다 놓았음에 틀림없다.)

NB 부사의 위치에 대해서는 G.O. Curme의 *Syntax* (1931)에 나오는 다음 말을 주목할 필요가 있다.

- An adverb can freely stand in almost any position except between a verb and its direct object, where it is much less common than elsewhere. (부사는 동사와 직접 목적어 사이를 제외하고 어디에나 올 수 있다. 다른 위치보다 동사와 직접 목적어의 사이에 부사가 오는 경우는 훨씬 드물다.)

(1) 빈도의 부사 (Adverbs of frequency)의 위치

빈도의 부사란 "How often?"에 대한 대답이 될 수 있는 부사를 말한다.

always, often, frequently, generally, occasionally, regularly, sometimes, usually, ever, never, seldom, rarely, hardly, scarcely, *etc.*

빈도의 부사는 보통 *a.* 일반동사의 앞, *b* be 동사나 조동사의 뒤에 오지만, *c.* 강조하거나, 대조할 경우는 글머리에 오기도 하고, *d.* 드물지만 문장 끝에 오는 일도 있다.

a. Pop singers **sometimes** wear the strangest outfits on stage. (팝가수들은 이따금 아주 이상한 복장을 하고 무대 위에 선다.)

b. Soap can **sometimes** cause skin rashes. (때로는 비누가 피부병을 일으키는 일도 있다.)

c. **Sometimes** there's a lot of competition between children for their mother's attention. (이따금 아이들은 엄마의 주의를 끌려고 자기들끼리 많은 경쟁을 벌인다.)

d. She helps me with my work **sometimes**. (그녀는 이따금 내 일을 도와준다.)

(2) Also, too, as well의 위치

다소 formal(격식을 갖춘)한 영어에 많이 쓰이는 also는 빈도의 부사처럼 일반 동사의 앞, be동사나 조동사의 뒤에 오지만 too와 as well은 also보다 informal한 영어에 많이 쓰이며, 보통 문장의 끝에 위치한다. 이 세 부사는 모두 수식하는 말에 가까이 두기도 한다.

a. He **also** stood me treats downtown. (그는 또 시내에서 나한테 한 턱을 냈다) - Bellow, *More Die of Heartbreak*

b. She plays the piano, and sings, **too**. (그녀는 피아노도 치고 노래도 부를 줄 안다) [*OALD*[4]]

c. I think she had plastic surgery **as well**. (그녀는 성형수술도 받은 것 같애) - Crichton, *Disclosure*

NB *AmE* 에서 also와 too는 <and>와 거의 같은 뜻으로 접속사처럼 쓰여서 글머리에 오기도 하며, 특히 전자는 완전히 접속사로 간주된다. (→ § 173)

ⓐ **Also**, she had a cat and she played the guitar. (또 그녀는 고양이 한 마리를 키우며 기타도 쳤다.) – Capote, *Breakfast at Tiffany's*

ⓑ **Too**, he has succeeded and Biff who flowered so early, has not. (또 그는 성공했으나 그렇게 조숙했던 비프는 그러지 못했어.) - Miller, *Death of a Salesman*

(3) Never와 sure의 위치

Never가 주어의 바로 뒤에 올 경우, 과거동사는 < did + 원형 > 형식을 취하며, 문장수식 부사 sure는 글머리, 조동사의 뒤, 문장 끝에도 오지만 주어의 바로 뒤에 오는 일이 가장 많다.

a. I **never** *did* understand why that place mattered so much to you. (그 곳이 당신에게 왜 그렇게 중요한지 나는 결코 알지 못했어요.) - Bellow, *Op. cit.*

- Days passed slowly; I **never** *did* see the colored kid again. (날짜는 천천히 지나갔고, 나는 그 흑인 소년을 결코 다시는 보지 못했다.) - Roth, *Goodbye, Columbus*

Cf. You **never** can get a straight answer from those people. (그런 사람들에게서 절대로 솔직한 대답을 얻을 수 없다.) - Bellow, *Op. cit.*

b. "Will you do it for me?" "I **sure** will." ("그걸 좀 해 주시겠어요?" "꼭 해드리겠어요.")

- Grandpa **sure** do take care of him. (할아버지께서 틀림없이 그를 돌봐 주십니다.) – McCullers, *The Heart is a Lonely Hunter*
- She **sure** had been taken by surprise. (확실히 깜짝 놀랐다.) - Caldwell, *Big Buck*

(4) Only의 위치

이론상으로는 수식하는 어구의 바로 앞에 두는 것이 원칙이나, 구어체에서는 빈도의 부사처럼 일반동사의 앞 (be 동사나 조동사의 경우는 그 뒤)에 두고 only가 수식하는 말에 강세를 두는 것이 보통이지만, 문장 속에서는 only가 무엇을 수식하는가는 문맥에 따라서 결정해야 한다. 아래 용례에서 *a.* 는 주어를 수식하는 경우, *b.* 는 목적어를 수식하는 경우, *c.* 는 부사구를 수식하는 경우, *d.* 는 부사절을 수식하는 경우이다.

a. **Only** two of the escaped prisoners are still at large. (탈옥수 중에서 두 명만이 아직 체포되지 않고 있다.) [주어를 수식할 때는 항상 그 앞에 위치함]

b. You can **only** check out* three books at a time. (한 번에 책을 세 권만 대출받을 수 있어요.) [도서관에서의 대화 * = take out]

• *The Washington Post* **only** publishes *information from reliable sources.* (워싱턴 포스트는 믿을 만한 출처에서 나온 정보만을 게재한다.)

c. Since he went to college he **only** comes here *on weekends.* (대학에 들어간 이후로 그는 주말에만 여기에 온다.)

• He's under arrest and may **only** be seen *by his lawyer.* (그는 체포되었기 때문에 변호사만 그를 면회할 수 있다.)

• Hemophilia is a condition **only** found *in males.* (혈우병은 남자들에게만 발견되는 질병이다.)

• Our kids are **only** allowed to watch television *for two hours a day.* (우리 아이들은 하루에 두 시간만 텔레비전을 보는 것이 허용된다.)

d. Those snakes **only** attack *if they feel cornered or threatened.* (그 뱀들은 궁지에 몰리거나 위협을 받을 때만 공격한다.)

• She *only* learned of her mother's death *when she read the announcement in the Times.* (그녀는 '더 타임스'의 발표를 보고 비로소 어머니의 죽음을 알았다.)

NB 어떤 부사가 강조하기 위하여 글머리에 나오면 주어와 (조)동사의 위치가 바뀌어 도치(inversion)가 발생한다(→ *p.* 466 (1)). 그러나, here, there, on, off, out, up, down 따위의 짧은 부사는 주어가 명사이면 도치가 일어나지만, 대명사이면 도치하지 않는다.

ⓐ **Here** comes the *coffee.* (여기에 커피가 오는군요.) - Hemingway, *A Farewell to Arms*
Here *we* are at his house. (그의 집에 다 왔어요.) - Christie, *Poirot Investigates*

ⓑ **Off** went *the light.* (갑자기 전기불이 나갔다.)
At last the anchor was up, the sails were set, and **off** we glided. (마침내 닻을 올리고, 돛을 펴고 우리는 출항했다.) - Melville, *Moby-Dick*

ⓒ I opened the box and **out** jumped *a frog.* (상자를 열자 개구리 한 마리가 뛰어 나왔다.)

• I shall be all right in a month, and then **out** I go again. (한 달만 지나면 완쾌될 거고, 그러면 나는 다시 외출하는 거야.) – Maugham, *Mrs Craddock*

§ 65 부사(구)의 어순

(1) 시간의 부사와 장소의 부사의 일반적인 위치

① 일정한 시간을 말할 때 우리말과는 달리 <짧은 단위→ 큰 단위>의 순서로 배열하는 것이 원칙이다.

a. At exactly fifteen minutes past eight in the morning,/on August 6,/ 1945, the atomic bomb flashed above Hiroshima. (1945년 8월 6일 오전 8시 15분 정각에 원자폭탄이 히로시마 상공에서 번쩍였다.)

b. The plane is supposed to take off at 10/next Friday morning. (비행기는 다음 금요일 오전 10시에 이륙할 예정이다.)

NB1 큰 단위가 중요하거나, 작은 단위를 추가적으로 말할 때는 위의 어순과 반대로 된다. (comma에 주의)

- The President declared martial law last night,/ about 9 o'clock. (대통령은 어제 밤 9시 경에 계엄령을 선포했다.)

② 장소의 부사도 작은 단위가 앞에 온다.

a. We spent three consecutive days off/ in a cottage/ in the mountain. (우리는 산속에 있는 별장에서 3일 연휴를 보냈다.)

b. The wedding reception will take place/at the Savoy/ in London. (결혼 피로연은 런던에 있는 사보이 호텔에서 개최될 것이다.)

NB2 위의 **NB1**과 마찬가지로 단위의 대소가 거꾸로 되는 일이 있다. (comma에 주의)

- The delegation arrived in Korea,/ at Inchon Airport. (대표단은 한국의 인천 공항에 도착했다.)

③ <장소의 부사 + 장소의 부사>의 경우에 앞의 부사가 막연한 방향이나 위치를 보이고, 그 뒤에 보다 구체적인 장소를 표현하는 것은 영어의 큰 특징이다.

a. Richard put the letter **down** *on the table.* (리처드는 편지를 아래에 있는 책상 위에 놓았다.)

b. I've never been **up** *in a plane* in my life. (나는 여태까지 비행기를 타 본 적이 없다.)
- Sheldon, *Windmills of the Gods*

c. I saw an awful accident when I was on my way **back** *from the airport.* (나는 공항에서 돌아오는 길에 끔찍한 사고를 목격했다.)

d. I used to live **over there**, *on the other side of the river.* (나는 이전에는 저기, 강 건너편에 살았다.)

e. I called my doctor, and he said to meet him **here** *at this hotel.* (내가 주치의에게 전화를 했더니 바로 이 호텔에서 만나자고 했어요.) - Grisham, *The Firm* *f.* There's coffee **over there** *in the electric percolator.* (저기에 있는 커피추출기 안에 커피가 있어요.) - Gardner, *The Daring Decoy*

g. I assumed that he was **up** *in the studio* doing some photographic work, perhaps some development. (나는 그가 이층 스튜디오에서 아마 사진 현상 같은 길 하고 있다고 생각했어요.) - Ibid., *The Calendar Girl*

h. Her husband was **away** *on a business trip**. (남편은 출장 중이었다.) - Capote, *In Cold Blood* [*출장 중이다 Cf. go on a business trip 출장가다]

i. We were talking softly **out** *on the balcony.* (우리는 발코니로 나가서 낮은 목소리로 이야기 하고 있었다.) - Hemingway, *A Farewell to Arms*

j. Meanwhile, **up** *in the heavens* were things called "satellites."(한편 머리를 들어 하늘을 보니 인공위성이라는 것이 있었다.) - Toffler, *Power Shift*

k. I had to deliver a telegram to a lady **over** *on G Street.* (저기 G가에 있는 한 부인한테 전보를 배달하지 않으면 안되었어요.) - Saroyan, *The Human Comedy*

l. They started **home** *to Vermont* right away. (그들은 곧 고향이 있는 버몬트로 출발했다.) - Caldwell, *Over the Green Mountains*

④ <장소의 부사 와 시간의 부사>를 함께 쓸 경우, 장소의 부사가 앞에 오는 것이 보통이다.

- I met her at the station/ at six o'clock. (6시에 역에서 그녀를 만났다.)
- He got leukemia and died when we were up in Main, on July 18, 1946. (그는 백혈병에 걸려서 우리가 메인주에 살고 있을 때인 1946년 7월 18일에 죽었다.) - Salinger, *The Catcher in the Rye*

(2) Back home (본국에서/ 고향에서/ 집에 돌아 와서)

사람은 누구나 항상 고향으로 돌아온다는 뜻에서 home에는 흔히 back이 붙으며, 위에서 설명한 원칙에 따라서 back이 home의 앞에 온다.

a. There was important work to do as well **back home** in Lynchburg, Virginia. (그의 고향인 버지니아주 린치버그에서도 그가 해야 할 중요한 일이 있었다.) - *Time* (1985)

b. **Back home,** she checked prices for the same goods in local stores and found that they would have cost her a total of $ 1,290. (집에 돌아와서 동네 상점에서 그 물건 값을 알아보았더니 여기서 라면 모두 1,290 달러를 주어야 살 수 있다는 걸 알았다.) - *Newsweek* (1981)

c. **Back home,** she lay for days, groaning, her eyes vacant. (집에 돌아오자 그녀는 며칠 동안 눈을 멍하니 뜬 채 신음하며 누워 있었다.) – Wright, *Black Boy*

§ 66 미국의 각 지방 앞에 쓰이는 부사

미국이 19세기 개척시대에 동쪽에서 서쪽으로 뻗어나간 사실에서 서부지방을 가리킬 때는 out이라는 부사를 붙인다. 그리고 북부지방은 up, 대서양 연안의 낮은 지대와 남부지방은 down을 붙이는 일이 많다. 그러나 작가에 따라서 다르게 쓰기도 하며, 화자가 현재 있는 곳에서 본 방향을 가리키는 경우도 있다. 이 용법은 § 65 (1) ③의 연장선 위에 있다.

a. "Did pretty **out** *West*, didn't you?" asked the policeman. ("서부에서는 일이 잘 되신 모양이지요?"하고 경관이 물었다.) - O. Henry, *After Twenty Years*

- Now he's **out** *in Hollywood*, D.B., being a prostitute. (그는 지금 서쪽 헐리우드에 가서 시나리오 작가가 되어 있다. 나의 형 D.B. 말이다.) - Salinger, *The Catcher in the Rye*
- Ah, I knew him well **out** *in Chicago* in the old days. (아, 옛날에 시카고 있을 때 그 남자를 잘 알고 지냈어.) - J. D. Passos, *Manhattan Transfer* [화자는 뉴욕에 있기 때문에 시카고는 서부가 된다]

b. Deep down you're thinking about the freedom you've heard about **up** *North*. (네 마음속에서는 북부에서 들어본 자유에 대해서 생각하고 있다.) - Ellison, *Invisible Man*

- I had insisted that the newlyweds take advantage of our family's empty summer house **up** *in Main*. (나는 신혼부부에게 메인주에 있는 우리 가족의 여름 별장이 비어 있으니까 그걸 이용하라고 우겼다.) - Segal, *The Class*
- Instead, he canceled a full day of business meetings and took the train straight **up** *to Boston*. (그 대신에 그는 꼬박 하루 동안 짜여진 업무상의 회의는 취소하고 보스턴 행 직행열차를 탔다.) - *Ibid.*
- He's got his own pizza place **up** *in Buffalo*. (그는 버팔로에 자기 소유의 피자 가게를 하나 가지고 있다.) - Puzo, *The Last Don*

c. He was **down** *in Florida* for two weeks. (그들은 2주 동안 플로리다에 내려가 있었다.) - Sanders, *The First Deadly Sin*

- I brought Mr. Adam Trask to see you. He's a stranger from **down** *east*, come to settle. (당신을 만나 뵈러 아담 트라스크씨를 모시고 왔어요. 동부에서 처음 온 분인데 여기서 살려고 왔어요.) - Steinbeck, *East of Eden*
- Jimmy always liked it* better **down** *East*. (지미는 항상 동부를 더 좋아했다.) - Fitzgerald, *The Great Gatsby* [* → *p.* 40]
- I wish I lived **out** *in California* or **down** *in Florida*. (나는 서쪽 캘리포니아나 아니면 남쪽 플로리다에 살았으면 좋겠어.) - Caldwell, *A Very Late Spring*

Ⅱ. 중요한 부사의 용법

§ 67 Ago, before, since

(1) Ago는 <지금부터～전>으로 three years ago, a week ago, long ago처럼 기간을 나타내는 어구와 함께 쓰며, 이들과 함께 사용하는 시제는 원칙적으로 <과거>이다.

a. Gregory knew her when she was out West *three years* **ago**. (그레고리는 3 년 전 그녀가 미국 서부에 있을 때 알고 지내는 사이였다.) - Christie, *Poirot Investigates*

b. *A year* **ago** they found a malignant tumor in her stomach. (일년 전에 그녀의 위에서 악성 종양이 발견되었다) - Segal, *Doctors*

c. He stopped working *some time* **ago**. (그는 꽤 오래 전에 일을 그만두었다.)

d. *How long* **ago** did he die? (그가 죽은 지 얼마나 되었느냐?)

- *How long* **ago** did you come to live in Korea? (한국에 와서 산지 얼마나 되느냐?)

(2) Before 는 <과거의 시점을 기준으로 하여 그 전에>라는 뜻으로 기간의 어구를 동반하지 않을 때는 과거, 현재완료, 과거완료 와 함께 쓰이며, 기간의 어구를 동반하면 과거완료와 함께 쓰인다.

e. I saw [*have seen/ had seen*] him **before**. (전에 그를 보았다[본 적이 있다/본 적이 있었다].)

f. Mary told me that she had visited Naples *two years* **before**. (메리는 2년 전에 나폴리에 가본 적이 있다고 나에게 말했다.)

그러나 <예외 없는 규칙은 없다>는 말처럼 위에서 설명한 ago와 before의 구분에도 예외적인 경우가 있다.

Ago를 현재와 함께 쓴 예

g. That's *a long time* **ago**. Nearly twenty years. (지금 생각해 보면 오래 전 일이야. 20년가량 되었을 거야) - Christie, *The Murder at the Vicarage* [과거의 일을 현재에 와서 생각하는 것]

Ago를 과거완료와 함께 쓴 예 (빈번하게 쓰인다)

- I was so interested to hear that you and Mr. Ashenden *had known* one another *years and years* **ago**. (여러 해 전에 당신과 어센덴 씨가 알고 지내는 사이였다는 말을 듣고 기뻤습니다.) - Maugham, *Cakes and Ale* [이것은 과거의 일을 생생하게 독자에게 제공하려는 마음이 문법의 원칙에 우선한 것]

h. You'd look rather silly divorcing your wife because she'd *committed adultery* **ten years ago.** (10년 전에 간통을 했다고 해서 아내와 이혼을 하다니 자네는 바보 같군.) - Maugham, *The Colonel's Lady* [You'd look과 호응한 가정법으로서의 과거완료이며, 의미상으로는 과거와 같다.]

i. What fearful things had happened in so short a while! She would have given everything she had in the world to put time back and be once more the carefree woman she had been so few hours ago. (이렇게 눈 깜짝할 사이에 이런 무서운 일이 일어나다니! 시간을 거꾸로 돌려서 몇 시간 전과 같은 아무런 걱정 없는 여자로 되돌아갈 수 있다면 이 세상에 가지고 있는 모든 것을 다 주어도 아깝지 않을 텐데.) - Ibid., *Up at the Villa*

Before를 과거시제와 함께 쓴 예

j. She had been one of the band that came out to China with the Mother Superior ten years **before** and she had seen one after another of her companions die of disease. (벌써 10년 전에 수녀원장을 따라 중국에 건너간 한 사람으로 친구들이 하나씩 하나씩 병으로 죽는 것을 보았다.) - Ibid., *The Painted Veil* [came은 과거완료의 연속을 피한 것]

(3) Since는 since then의 **뜻으로 전치사나 접속사와 마찬가지로 현재완료와 결합한다.**
ever since (그 후로 쭉), long since(=long ago/ long before)의 형태로 많이 쓰인다.

k. He left home two months ago and we *haven't heard* from him **since**. (그는 두 달 전에 집을 떠났는데 그 이후로 소식을 듣지 못했다.)

l. Cars had long since ceased to be mere methods of transportation. (오래 전부터 자동차는 단순한 교통수단 이상의 것이 되었다.) [had ceased는 과거에서 본 현재완료]

m. I went to an aerobics class on Wednesday and I've been aching **ever since**. (나는 수요일에 에어로빅 강좌에 나갔다가 그 이후로 죽 온 몸이 쑤시고 아프다.) [ache처럼 진행형이 가능한 동사는 현재완료진행으로 쓴다. → *p.* 191 **NB4**]

NB Since a week ago

- <그는 일주일 전부터 아프다>를 영어로 옮기면 <He has been sick (for) a week.>라고 하는 이 보통이지만, 구어에서는 <He has been sick since a week ago.>라고도 표현한다.

- It hasn't rained **since a month ago**. (한 달 전부터 비가 오지 않고 있다.)
- I ain't had a good turnip **since a year ago** this spring. (일 년 전 봄부터 좋은 순무를 구경하지 못했다.) - Caldwell, *Tobacco Road*

§ 68 Still, yet, already

(1) Still과 yet

Still은 <아직~이다/아니다>의 뜻으로 긍정문과 부정문에 모두 쓰이며, 그 위치는 긍정문에서는 동사의 앞(be 동사의 경우는 그 뒤), 부정문에서는 조동사의 앞에 온다. yet는 <아직~아니다>의 뜻으로 부정(의 기분을 나타내는) 구문에 쓰인다. [→ *p.* 240 (4)]

a. After two hours we were **still** stuck in a traffic jam. (두 시간 후에도 우리는 여전히 교통 혼잡에 갇혀 있었다)

b. I **still** *don't* understand what you mean. (자네 말이 무슨 뜻인지 아직도 이해가 안 된다.)

Still과 yet은 비교급을 강조할 수 있고, yet은 최상급을 강조할 때도 쓰인다.

c. *Worse* **still,** he couldn't defend himself against them, he could not allow himself to kill a police officer. (설상가상으로, 그는 그들로부터 자기 자신을 방어할 수 없었고, 경찰관을 죽일 수도 없었다.) - Clancy, *Without Remorse*

d. *Worse* **yet,** this policy led to the murderous oppression of the peasantry by Stalin. (더욱 잘못된 것은, 이 정책이 스탈린에 의한 살인적인 농민탄압을 가져왔다는 것이다.) - Toffler, *Power Shift*

e. It was the *highest* building **yet** constructed. (그것은 지금까지 건설된 것 중 가장 높은 건물이었다.)

(2) Already 와 yet

Already는 긍정문에 사용되어 <벌써~했다>라는 완료를 의미하고, yet은 부정문뿐만 아니라 의문문에 사용되어 <벌써(~했는가)>라는 의미를 나타낸다.

a. We got there early but Mike had **already** left. (우린 일찍 거기에 도착했으나, 마이크는 이미 떠나고 없었다)

b. Have you paid the phone bill **yet**? (전화요금을 벌써 지불했느냐?)

- Have you sent out the wedding invitations **yet**? (벌써 청첩장을 보냈느냐?)
- "Have you had your exam results yet?" "No, I'm just keeping my fingers crossed." ("벌써 시험 성적을 받았느냐?" "아뇨, 지금 행운을 빌고 있습니다.")

NB Already는 의문문에 사용되면 <다소 놀라는 기분>은 나타낸다.

ⓐ Have you finished your lunch already? It's only 12 o'clock ! (벌써 점심을 먹었느냐? 12시밖에 안됐는데!)

ⓑ Has it already six weeks since Karen came to us? (카렌이 우리에게 온지 벌써 6주나 지났느냐?) – Uris, *Exodus*

§ 69 Too / also (부정문에 쓰이는 경우)

'~ 도 또한 … 아니다'는 not ~ either 또는 neither를 쓴다. 예컨대

- If you do*n't* go, I won't *either*. (네가 가지 않으면 나도 안가겠다)
- I do*n't* know and *neither* do I care. (=and I don't care either.) (나는 알지도 못하고, 알려고도 하지 않는다.)

처럼 사용하지만, 이 경우에 전제로서 부정이 있어야 한다는 것이다. 그러나, 똑같이 '~ 도 또한 … 아니다'의 뜻이라도 <긍정의 전제>뒤에는 부정문이나, 수사의문이 따라오는 경우에 too나 also를 사용한다.

(1) 긍정의 전제 뒤에 부정문이 따라오는 경우

a. I've already lost Elizabeth, I could*n't* bear to lose you, **too**. (나는 이미 엘리자베스를 잃었다. 너 마저 잃는다면 참을 수 없을 거야.) - Follett, *Night Over Water*

b. I had always supposed that I should enter the law, but my three brothers, much older than I, were practising it and there did not seem room for me **too**. (나는 언제나 법률가가 되겠다고 생각하고 있었다. 그러나 나보다 훨씬 나이가 많은 세 형들이 이미 변호사 개업을 하고 있었기 때문에 나까지도 들어갈 여지가 없는 것 같았다) - Maugham, *The Summing Up*

c. Surely you*'re not* headed for a divorce **too**. Have you tried counseling? (분명히 너마저 이혼하려는 것은 아니겠지. 상담을 받아 보았느냐?) - Grisham, *The Street Lawyer*

(2) 수사의문과 함께

a. I'll come. Wo*n't* you come, **too**? (나는 가겠어요. 당신도 가지 않겠어요?)

[Won't you는 수사의문(→§ 284)이므로 내용으로 본다면 I'm sure you can의 뜻이 된다]

다음 용례들도 실제로는 긍정문이므로 also나 too가 사용된 것이다.

b. Have we not **also** been told that good prose should be like the clothes of a well-dressed man, appropriate but unobtrusive? (좋은 산문이란 적당하게 차분하며 맵시 있게 옷을 잘 입는 사람의 복장과 같아야 한다고 우리는 들어오지 않았던가?) - Maugham, *Ibid*

c. Lionel turned to his friend. "Don't you want a drink of water, **too**, Ulysses?" (라이어넬은 그의 친구를 돌아보며 말했다. "율리시즈야, 너도 물 한 잔 마시지 않을래?) - Saroyan, *The Human Comedy*

§ 70 Very / much

(1) Very는 형용사와 부사를, much는 주로 동사를 수식한다.

① Very

a. Sandra is a **very** *good* dancer. (산드라는 춤을 아주 잘 춘다.) (→§ 14)

b. Our two sons are **very** (*or* much) *different* each other. (서로 아주 다르다.)

c. He is **very** (*or* very much/much) *afraid* that somebody will recognize him. (그는 누가 자기를 알아볼까 봐 몹시 겁을 내고 있다.)

- I'm **very** aware of how doctors hate lawyers. (나는 의사들이 변호사를 싫어한다는 사실을 환히 알고 있다.) - Grisham, The Rainmaker

② Much

a. He doesn't like pork **much**. (그는 돼지고기를 그다지 좋아하지 않는다.)

- Granddad doesn't like going out **much**. (할아버지는 외출하는 것을 그다지 좋아하지 않으신다.)

b. I think my mother and I are **much** (*or* very much/very) *alike* in some ways. (어머니와 나는 어떤 점에서 매우 닮았다고 생각한다.)

- I suppose women are pretty **much** *the same* all the world over. (여자들은 세계 어디를 가나 거의 똑같다는 생각이 든다.) - Maugham, *Masterson*

c. These shoes are **much** *too small* for me. (이 신발은 나에게 너무 작다.) [이 문장처럼 too를 강조할 때는 much를 사용하다.]

또 부사구를 강조할 때도 much를 쓴다.

d. Her Russian was **much** *above the average* for a foreigner. (그녀의 러시아어는 외국인 치고는 보통 수준을 훨씬 능가했다.) - Maugham, *The Dream*

e. **Much** *to my annoyance*, the hotel hadn't received our reservation. (그 호텔이 우리의 예약을 받아 주지 않았기 때문에 나는 몹시 화가 났다.)

(2) Very는 원급, much는 비교급, 최상급을 수식한다.

a. In Spain bullfighting is now **much** *less* popular than football. (오늘날 스페인에서는 투우가 축구보다 훨씬 인기가 없다.)

The bird looked **much** *smaller* dead than it had alive. (그 새는 살아있을 때보다 죽었을 때 훨씬 작아 보였다.) - Steinbeck, *The Red Pony*

b. He is **much** *the most handsome* youth I've ever met. (그는 내가 지금까지 만난 사람 중에서 단연코 가장 잘 생긴 청년이다.)

(3) Very는 ① 현재분사, ② 한정용법으로 쓰인 과거분사, ③ 동사로서의 의미보다 형용사적인 색채가 강한 과거분사(주로 인간의 심리상태를 나타내는 말 [→ *p.* 137의 **NB2**])의 수식에 주로 쓰이고, much는 ④ 주로 수동적인 과거분사의 수식에 쓰인다.

① The painting is very pleasing to the eye. (그 그림은 보기에 매우 즐겁다.)

② He was wearing a very troubled look. (그는 매우 괴로운 표정을 짓고 있었다.)

③ 아래의 용례에 사용된 과거 분사들은 형용사에 가깝다.

a. Marilyn was **very** *annoyed* at finding me asleep instead of working. (메릴린은 내가 일은 하지 않고 잠만 자고 있는 것을 보고 몹시 화를 냈다.)

b. The French are **very** *attached* to their geographical background. (프랑스인들은 그들의 지역적 배경에 강한 애착을 느끼고 있다.) - Toffler, Future Shock

c. Police are **very** *concerned* about the recent increase in drug-related crime. (경찰은 최근에 마약관련 범죄가 증가하고 있는데 대해서 크게 우려하고 있다.)

d. I felt **very** *confused* because I didn't know whether he wanted to see me or not. (나는 그가 나를 만나고 싶은지 어떤지를 몰랐기 때문에 크게 당황했다.)

e. The trains are always **very** *crowded* first thing in the morning. (아침 이른 시간에는 항상 열차가 몹시 붐빈다.)

f. It was cold and wet and everyone was **very** *depressed* about losing the game. (날씨는 춥고 비가 왔으며, 경기에 져서 모두 대단히 우울했다.)

g. My father was **very** *disappointed* in me for choosing acting instead of a legal career. (내가 법조인 대신에 연기자의 길을 선택했기 때문에 아버지께서는 몹시 실망하셨다.)

h. He was **very** *embarrassed*, having brought out this thing he had lived by. (그는 자기 생활의 좌우명을 입 밖에 낸 것을 당황해 했다.) - Hemingway, *The Short Happy Life of Francis Macomber*

Cf. He, **much** *embarrassed*, spoke of the unhappy life she had led. (그녀가 겪어온 불행한 생활에 대해서 이야기하고 나서 그는 대단히 당황했다.) - Maugham, *Theatre*

i. I had read a great deal about Professor Chomsky and I felt **very** *excited* at the prospect of meeting him. (나는 참스키 교수에 대한 기사를 많이 읽었기 때문에 그를 직접 만난다는 기대에 크게 흥분했다.)

Cf. He was now **much** *excited*, chattering away hard, and even saying damn when he got mixed up in his sentences. (이제 그는 몹시 흥분한 채 떠들었고, 말문이 막힐 때는 제기랄 하고 욕설까지 했다.) - Forster, *A Passage to India*

j. "You must be **very** *frightened*," she said with interest. ("굉장히 무섭겠군요," 그녀는 신이 나서 말했다.) - Greene, *The Power and the Glory*

k. I get **very** *frustrated* with rigid bureaucracies. (나는 엄격한 절차에 대단히 실망스럽다.)

l. We've had our differences but I was **very** *hurt* when he cut me in the street. (우리 둘 사이에 의견의 차이는 있었지만 거리에서 그가 나를 못 본 척 했을 때 나는 대단히 기분이 상했다.)

m. I'm **very** *impressed* that you're learning Chinese. (당신이 중국어를 배우고 있는 것을 보고 대단히 감동했습니다.)

n. He looked as though he were not **very** *interested* in the story himself. (그 자신도 그 이야기에 그다지 흥미가 없는 듯이 보였다.) - Steinbeck, *The Red Pony*

o. I was **very** *offended* that you forgot my birthday. [번역과 출처→ *p.* 334 *d*)

p. I shall be **very** *pleased* to see you again. (당신을 다시 만날 수 있다면 정말 기쁘겠습니다.) - Christie, *The Mystery of the Blue Train*

q. He knew that she would be **very** *surprised*. (그는 그녀가 무척 놀랄 것이라는 걸 알았다.) - Murdoch, *The Sandcastle*

r. I'm **very** *tired*, Angelo. (안젤로, 내가 몹시 피곤하구나.) - Maugham, *Theatre*

s. Please go home. Your wife will be **very** *worried*. (댁으로 돌아가세요. 부인이 몹시 걱정하시겠어요.) - Murdoch, *Ibid.*

t. After her husband died Priscilla became **very** *withdrawn* and seldom left her home. (남편이 죽고 난 후 프리실라는 집안에 틀어 박혀서 좀처럼 집 밖에 나오지 않았다.)

u. He got **very** *worked up** after you stormed out of the meeting. (당신이 회의 도중에 자리를 박차고 나간 후 그는 몹시 화를 냈다.) [* 화를 내다, 흥분하다]

④ As Adolph Myers he was much loved by the boys of his school. (아돌프 마이어란 이름으로 그는 그 학교 학생들에게 많은 사랑을 받았다.) - Anderson, *Winesburg, Ohio*

- The Beatles' album 'Sergeant Pepper' was **much** *praised* when it first came out. (비틀즈의 앨범 '페퍼 병장'이 처음 나왔을 때 대단히 인기가 있었다.)

NB1 형용사적인 과거분사라도 관용적인 표현에서는 much를 사용한다.

- I'm ***much*** obliged to you. (대단히 고맙습니다.) - Christie, *Ibid.*

NB2 인간의 심리상태를 나타내는 단어에는 다음과 같은 것들이 있다.

- amazed, amused, annoyed, astonished, attached, concerned, confused, contented, delighted, depressed, disappointed, discouraged, dismayed, embarrassed, excited, frightened, frustrated, hurt, impressed, interested, offended, pleased, puzzled, surprised, withdrawn, worked up, worried, *etc.* [이런 동사들은 최근에 나온 사전에는 형용사로 분류되어 표제어로 실려 있다.]

NB3 그러나 현실적인 문제로서 과거분사의 뒤에 <by + 행위자>를 동반하지 않을 경우, 그것이 심리상태를 나타내는 동사인지 아닌지에 관계없이 현대 구어 영어에서는 거의 모든 경우에 very를 사용하는 경향이 강하다. (*ex.* 위의 예문에서 crowded, impressed, tired, withdrawn)

- You are **very** *respected* here as a Christian writer. (당신은 여기에서 크리스천 작가로서 대단히 존경을 받고 있습니다.) - Greene, *The Third Man*

§ 71 So

부사 so의 용법은 여러 가지가 있지만 여기서는 <앞에 나온 어구를 받는> 용법에 대해서만 다루기로 한다.

(1) 앞이나 뒤에 나온 명사나 형용사를 받는다(보통 보어로 쓰인다).

a. If any language deserves to be **so** called, English may claim to be called *the universal language.* (만약 어떤 국어가 세계어라고 불릴 가치가 있다면, 영어야말로 그렇게 불려야 한다)

b. Modesty is considered *a virtue*, but for my part I am very doubtful whether, in its more extreme forms, it deserves to be **so** regarded. (겸손은 미덕이라고 간주되지만, 내 생각으로는, 그것이 보다 극단적인 형태를 띠었을 때 과연 미덕이라고 부를 수 있을지 대단히 의심스럽다) - Russell, *The Conquest of Happiness*

c. No one is *happy* who does not think himself **so**. (자신이 행복하다고 생각하지 않는 사람은 아무도 행복하지 않다.)

(2) 앞에서 언급한 내용을 가리키지만 의미상 so = also

a. Bill was tired after bull-fight. **So** was **I**. (투우가 끝난 뒤에 빌은 피곤했다. 나도 피곤했다.) - Hemingway, *The Sun Also Rises*

b. He believes in God, and **so** do I. (그는 하나님을 믿는데, 나도 하나님을 믿는다.)

(4) 응답에서 앞에 나온 긍정의 명사절을 받는다.

주로 많이 쓰이는 동사는 think, suppose, believe, guess, expect, hope, fear, I'm afraid, It seems/appears, *etc.*

a. "Is it true that John has had a heart attack?" "I *think/ believe* **so**." ("존이 심장마비를 일으켰다는 게 정말이니?" "그런가 봐.")

b. "Will Sarah be back?" "I don't *expect* **so**." ("세라가 돌아올까요?" "그렇지 않을 겁니다.") - Greene, *The End of the Affair*

c. "Are we going to be late?" "*I'm afraid* **so**."(=*I fear* **so**.) ("우리가 늦을까요?" "그럴겁니다.") [I'm afraid **so**. (=I fear **so**.)는 바람직하지 않은 내용을 말할 때 쓴다.]

d. "In short, Mr. Pennington, you cannot help us?" "It seems **so**. I deplore my inadequacy, gentlemen." ("페닝튼 씨, 요컨대 우리를 도와주실 수 없어요?" "그런 것 같습니다. 도움을 드리지 못해서 유감이군요.") - Christie, *Death on the Nile*

NB 앞에서 언급한 내용이 부정이면 not으로 받는다. (→ § 74 **NB3**)

- "Do you think it will rain?" "I think **not**. (= I don't think so.)

§ 72 Here의 idioms

(1) Here you are. (=Here it is.) 상대방에게 물건을 건네 줄 때 쓰는 말. <여기 있다>

a. "**Here you are**, Bigger," his mother said, setting a plate of grits on the table." ("자, 이걸 먹어, 비거야," 식탁 위에 죽 한 그릇을 놓으면서 그의 어머니가 말했다.) - Wright, *Native Son*

b. "Where's my hat? I dropped it somewhere." He looked around; her hat was on the running board. "**Here it is,**" he said. ("내 모자가 어디 있니? 어딘가에 떨어뜨렸어." 그가 둘러보니 그녀의 모자는 자동차의 발판 위에 있었다. "여기 있어요"하고 그가 말했다.) - *Ibid.*

(2) Here goes!

① (어려운 일을 시작하거나, 결의를 나타낼 때) 자, 시작한다. 자, 간다, 출발한다

- "**Here goes then**," called Stuart, turning the car toward the Finchley home*[1] "But as for me, I'm going to turn in. It's way*[2] after three now."(스튜어트 핀츨리는 차를 자기 집 쪽으로 돌리면서 소리쳤다. " 자, 나는 간다. 그러나 나는 집에 가서 잘거야. 지금 세 시가 훨씬 넘었어.") – Dreiser, *An American Tragedy* [*[1]→ *p.* 27 *[2] (부사) 멀리, 아득히, 훨씬]

② 상대방에게 물건을 건네 줄 때 (= Here you are./ Here you go.)

- Connor sighed, "You got your passport, Eddie?" "Yeah, sure. Always." "Let's have it." "Yeah, sure. Okay, Captain, **Here goes.**" (코너가 한숨을 쉬며 말했다. "에디, 자네 여권 가지고 있지?" "네, 항상 갖고 다니죠." "보여주게." "네, 반장님, 여기 있어요.") – Crichton, *Rising Sun*

(3) Here we go (again).

① = Here goes.

a. Mother : All right, kids. Get in the car and fasten your seat belt.
Father : All set, **here we go.** We're on our way to summer fun at the beach.
(어머니 : 됐다. 애들아. 차에 타고 안전띠를 메어라.)
(아버지 : 준비됐으면 출발이다. 해변에서 여름휴가를 즐기러 가는 기야.)

b. The plane was over the target now. "**Here we go,**" Edward said. He pressed the red button that released the bombs and watched them tumbling down toward their target. (비행기가 목표물의 상공에 왔다. "자, 간다."하고 에드워드가 말했다. 그는 빨간 단추를 누르고 폭탄이 뒹굴며 목표물을 향하여 떨어지는 모습을 바라보았다) - Sheldon, *The Doomsday Conspiracy*

② (바람직하지 못한 일이 다시 일어날 때) 또 시작이야 (= Here it goes again./ There you go(again).)

a. Sam: Mom, when are we going to eat? (엄마, 언제 먹게 되는 거야?)
Mother: The hamburgers are all ready. **Here we go**. (햄버거 다됐다. 자, 먹자구나.)
Sam: Mommy, I want another one. (엄마, 나 하나 더 줘)
Mother: Pipe down, Sam. You've had enough already. (입 다물어, 샘. 넌 충분히 먹었어.)
Sam: **Here we go**. You're always yelling at me. (또 시작이야. 엄마는 항상 야단만 쳐.)

b. They saw the story on television and they thought. "Here we go again. Those guys just got a billion and a half. Why are they going back for more?" (그들은 텔레비전을 통해서 [크라이슬러 회사가 또 은행 대출을 받으려 한다는]이야기를 듣고는 이렇게 말했다. "저 사람들 좀 봐, 벌써 15억 달러를 받았는데 왜 또 대출을 받으려고 하는 거야?")
- Iacocca, *Autobiography*

③ (찾고 있던 것을 발견했을 때) 바로 이거야. 이제 찾았다. (=This is it.)

a. Johnny: Can you figure out what's wrong with the engine?
(자니: 엔진에 뭔가 이상이 있는지 알 수 있겠니?)
Alice: Let me see. Ah, **here we go**. The fan belt's broken.
(엘리스: 가만있자, 아 여기구나, 펜 벨트가 끊어졌어.)

b. The man stopped at one of the file drawers and extracted a folder. "**Here we go**," he said, glancing at the yellowed dossier. (그 남자는 파일 서랍 앞에서 걸음을 멈추고 종이끼우개를 한 개 꺼냈다. "바로 이거야," 그는 노랗게 색깔이 바랜 서류를 바라보며 이렇게 말했다) - Osborne, *Basic Instinct*

(4) Here it goes again. (= Here we go[again]./ There you go[again].)

- She was smiling now and reached out and pushed me gently, and I thought, Here is goes **Here it goes again**. (그녀는 이제 미소를 지으며 팔을 뻗어서 나를 살짝 밀었다. 나는 또 시작이군, 하고 생각했다.)

(5) Here you go.

① = Here you are. ② 상대방에게 어떤 일을 시작하게 할 때)

- ① "**Here you go**," She handed over a glass. (그녀는 물 한 잔을 건네주면서 말했다. "여기 있어요.") - Clancy, *Without Remorse*
- ② Parashooter: I'm ready to jump, sir. (공수대원: 준비됐습니다.)
Captain : (Pushing him out of the plane) **Here you go**! (지휘관 : [그를 비행기 밖으로 밀어내면서]자 뛰어내려!)

§ 73 There의 idioms

(1) There you are.

① = Here you are (*or* go)./ There you go./ Here goes.

- The clerk handed her a key. "**There you are**. Enjoy your stay." (호텔 종업원은 그녀에게 열쇠를 건네주면서 말했다. "열쇠 여기 있어요. 즐거운 시간 보내세요") - Sheldon, *Morning, Noon and Night*
- Then he dipped the iron hissing into his half-barrel of black water. "**There you are**," he said and threw them on the ground. (그리고는 까만 물이 반쯤 든 물통에 쇠를 넣자 쉿쉿 소리가 났다. "됐소," 말하면서 그는 그것들을 땅바닥으로 내 던졌다.) - Steinbeck, *East of Eden*

② 내 그럴 줄 알았다니까/ 자 어때 내 말이 맞지

- My aunt turned to my mother in disgust. "**There you are**, Bess! What did I tell you?" (숙모님은 싫다는 듯이 어머니를 돌아보시면서 말했다. "내 그럴 줄 알았다니까, 베스.. 내가 뭐라고 했어요?) - Caldwell, *Molly Cotton-Tail*
- **There you are**. You are a Bolshevik, and yet you yourself don't deny that what's going on isn't life—it's madness, an absurd nightmare. (그것 봐요. 당신 자신이 볼세비크라는 것을 당신 자신이 부인하지 못하는군요. 지금의 현실은 사는 게 아니고 미친 짓이고, 터무니없는 악몽이요.) – Pasternak, *Doctor Zhivago*

(2) There you go.

① = There you are./ Here you are(*or* go)./ Here goes.

- Clerk: **There you go**. Your marriage license is all set.
  (직원: 자, 여기 있습니다. 두 분의 혼인증명은 끝났습니다.)
  Newlyweds: Thanks very much. (신혼부부: 대단히 고맙습니다.)

② (동의하거나 맞장구 칠 때) 맞아요, 옳은 말이야, 그 보라구요, 내 그럴 줄 알았다니까

- Frank: Are you saying that he won't be here before twelve?
  (프랭크: 그가 열 두 시 전에는 여기에 못 온다는 말이지?)
  Smith: **There you go**. (스미스: 그래)

③ (아래 사람을 위로할 때) 잘 했어, 그러면 돼

- Now, **there you go**, Father! I know good and* well you just as pleased as you can be. (잘 하셨어요, 아버지. 아버지가 대단히 기뻐하리라는 걸 잘 알고 있어요.) - McCullers, *The Heart is a Lonely Hunter* [* = very → *p*. 107]

④ (불평/ 핀잔)또 그러는군, 또 시작이야(= There we go again./ Here we go again)

a. "Why don't you have your eyes fixed " "**There you go again**." ("왜 눈 수술을 받지 않니?" "또 시작이야.") - Roth, Goodbye, *Columbus*

b. Laura [breathlessly]: I - can't dance. Jim: **There you go**, that inferiority stuff! (로라[숨을 헐떡이며]: 나는 춤을 출 줄 몰라요./ 짐: 또 시작이야. 그 열등감 좀 버려.) - Williams, *The Glass Menagerie*

(3) There's a good boy / girl, *etc*. (→ *p*. 55 (4))

애정 어린 감정이나 말투로 상대방에게 무엇을 요청하거나 설득할 때 쓰는 표현으로 보통 명령문 뒤에 쓰이며. 주로 *BrE*에서 많이 사용하는 형식이다.

a. Let me carry you up now, **there's a good girl**. (자, 착한 애기, 내가 안아서 이층으로 올려다 주지.) - Maugham, *Mrs Craddock* [남편이 부인에게 하는 말]

b. Don't speak with your mouth full, **there's a good boy**. (입에 음식을 가득 넣고 말하지 마라, 넌 착한 아이지.)

c. That's right, pet. Hold your glass with both hands, **there's a clever girl**. (그래, 됐어. 아가야, 넌 영리한 소녀지, 유리잔은 두 손으로 받는 거란다.)

(4) There are ten, *etc*, of us

이것은 '우리들 중 10 명이 있다'가 아니고, us = ten으로 <우리는 열 명이다>란 뜻이다.

a. They came out and they were scared and they didn't have any gun but **there were twelve of them**. (그들은 밖으로 나왔으나 두려웠다. 총을 가지고 있지 않았지만 모두 열 두 명이었다.) - Hemingway, *To Have and Have Not*

b. The sacks were piled on the floor. **There were** about **forty of them**, each one depending in size on the need of the receiver. (봉투는 마루에 쌓여 있었다. 모두 40개쯤 되었고, 받을 사람에 따라서 크기가 달랐다.) - McCullers, *The Heart is a Lonely Hunter*

(5) There be + 명사 + V-ing/ V-ed (= 명사 + be + V-ing / V-ed)

a. **There's** *two ambulances* **gone** to the Clutters. (두 대의 구급차가 클러터씨 집으로 갔어.) - Capote, *In Cold Blood*

b. Mom, come quick! **There's** *a strange man* **coming** up the path. (엄마, 빨리 와보세요. 낯선 남자 한 명이 길을 따라 오고 있어요.)

c. **There were** *some children* **playing** on the shore. (아이들 몇 명이 바닷가에서 놀고 있었다.)

d. **There was** *a soldier* **standing** <u>on either side of</u>* the palace entrance. (궁전의 입구 양쪽에 초병이 한 명씩 서 있었다.) [* = on both sides of]

Ⅲ. Not을 중심으로 한 부정의 표현

§ 74 단어부정과 문장부정

부사 not에 의한 부정에는 *a*. 문장 속의 어구를 부정하는 단어부정과 *b*. 문장의 동사를 부정함으로써 내용 전체를 부정하는 문장부정이 있다.

a. **Not** *many* of them believe in life after death. (그들 중 내세를 믿는 사람은 적다.)
b. Many of them *do* **not** *believe* in life after death. (그들 중 많은 사람들이 내세를 믿지 않는다.)

a.의 not은 단어 many만을 부정하고 (not many = few), 문장 전체는 긍정문이다. *b*. not은 do believe를 부정하고 문장 전체는 부정문이다.

NB1 단어 부정과 문장 부정의 관계를 명료하게 보여 주고 있는 것은 다음과 같은 문장이다.

- She did **not** wish to see him; she strongly wished **not** to see him. (그를 만나고 싶지 않았다. 그래서 그를 만나지 않기를 간절히 원했다.) [전반은 문장부정, 후반은 단어부정]

(1) 단어 부정

① 부정의 not은 부정하는 어구의 바로 앞에 둔다.

a. They were here **not** *five minutes ago*. (5분도 되기 전에 여기에 있었다.)
b. He failed **not** *once or twice* in the business. (실패한 것은 한 두 번이 아니었다.)
c. The family moved somewhere **not** l*ong after the fire*. (가족은 화재 직후 어딘가로 이사를 갔다)

② 부정하는 어구의 앞에 와야 할 not 이 술어동사에 끌려서 동사의 앞 (be 동사나 조동사의 경우는 그 뒤)에 오는 일이 흔히 있다. (→§ 65 부사의 위치(4))

a. A mountain is **not** valuable *because it is high*, but because it has trees.(= A mountain is valuable **not** *because it is high*, but because it has trees.) (산은 높다고 해서 귀한 것이 아니고 나무가 있어서 귀한 것이다.)
b. Courage does **not** consist *in courting danger*, but i*n facing it bravely*. (용기는 위험을 자초하는 데 있는 것이 아니고, 위험에 용감하게 맞서는 데 있다.)
c. I had**n't** married him *because I was in love with him* but because I wanted to be married. (나는 그를 사랑해서가 아니라 결혼을 하고 싶었기 때문에 그와 결혼했다.) - Maugham, *Before the Party*

d. I have a dream that my four children will one day live in a nation where they will **not** be judged *by the color of their skin* but by the content of the character. (나는 나의 네 아이기 장차 언젠가는 피부 색깔이 아니라 인격의 내용에 의하여 평가를 받는 나라에 살 것이라는 꿈을 가지고 있습니다.) - Martin L. King, *I Have a Dream*

NB2 이와 같이 not의 위치가 이동하기 때문에 전후관계가 없으면 두 가지로 해석할 수 있는 경우가 생긴다.

I did not married her because I loved her.
ⓐ 사랑했기 때문에 결혼한 것은 아니다. [단어 부정]
ⓑ 사랑했기 때문에 결혼하지 않았다. [문장 부정]

그러나 spoken English에서는 구문의 술어 동사의 tone에 의하여 구별할 수 있다. I didn't call her because I wanted to see her. <동사 call 의 tone을 올려서 발음하면 단어 부정이 되어> (그녀를 만나고 싶어서 전화한 것은 아니었다) <동사 call의 tone을 내려서 발음하면 문장 부정이 되어> (나는 그녀를 만나고 싶었으므로 전화하지 않았다)로 된다.

(2) 문장 부정

부정어 not은 술어 동사(또는 조동사)의 앞에 둔다.

a. He's **not much of a*** swimmer. (그는 수영을 그다지 잘 하지 못한다.) [* = not a good]
b. I haven't been to Las Vegas. (나는 라스베이거스에 가 본 적이 없다.)
c. Misfortune cannot last forever. (불행이 영원히 계속될 수 없다.)

NB3 응답에 사용되는 I hope not 이나 I'm afraid not 따위는 I don't hope나 I'm not afraid와는 다르며, 한 단어(not)로 부정문(정확히 말하면 부정의 종속절)을 대표하고 있다. 이러한 용법으로 사용할 수 있는 동사는 긍정문의 경우와 같다. (→*p.* 138 (3))

Will it rain this afternoon? (오늘 오후에 비가 올까?)
I hope **not**. (= I hope it will not rain this afternoon.) (안 왔으면 좋겠어.)

Has Michael passed the bar exam? (마이클이 변호사 시험에 합격했니?)
I'm afraid **not.**/ I think **not.**/ I believe **not.**/ It seems **not**. (합격하지 못했나 봐.)

- Can you come to the barbecue tomorrow? (내일 야외 파티에 올 수 있니?)
  No, I'm afraid not. (못 올 것 같애.)

구어체에서는 I think not. 보다 I don't think so.형식을 선호한다.

- "Do you know a man called Cooler?" "**I don't think so.**" ("쿨러란 남자를 알고 있어요?" "모릅니다.")
  - Greene, *The Third Man*

§75 완전 부정과 부분 부정

(1) 일반적으로 완전부정(=전체부정 total negative)은 <모두~이 아니다>이며 부분 부정 (partial negative)이란 <모두~는 아니다>를 의미한다.

I'm not acquainted with anybody in the town. [완전부정]
(나는 읍내 사람을 아무도 모른다.)
I'm not acquainted with everybody in the town. [부분부정]
(나는 이 읍내 사람을 모두 다 아는 것은 아니다.)

I have read neither of his novels. [완전부정]
(그의 소설을 두 권 다 읽지 않았다.)
I haven't read both of his novels. [부분부정]
(그의 소설을 두 권 다 읽지는 않았다./ 한 권만 읽었다.)

I never believe what he says. [완전부정]
(그의 말은 절대로 믿지 않는다.)
I don't always believe what he says. [부분부정]
(그가 하는 말을 항상 믿는 것은 아니다.)

(2) 대명사 all, both나 every (*or* everybody/ everyone/ everything), 부사 always, necessarily, entirely, quite, altogether, wholly, exactly, fully, completely, *etc.*가 not과 결합하면 부분부정이 된다.

a. **All** that glitters is **not** gold. [saying] (반짝이는 것이 모두 금은 아니다.) [속담]

- **Not all** our patients get better. (우리 병원의 환자들이 모두 회복하는 것은 아니다.) - Clancy, *Without Remorse*

b. His money could**n't** buy **everything**. (그의 돈으로 모든 것을 다 살 수는 없다.) - Anderson, *Ground Zero*

- **Don't** believe **everything** politicians say. (정치가들이 하는 말을 모두 다 믿지는 마라.)

c. The man who has the knife is **not always** the real murderer. (칼을 가진 사람이 항상 진짜 범인은 아니다.)

d. The hands of the guilty do**n't necessarily** tremble. (죄지은 사람의 손이 반드시 떨리는 것은 아니다.)

e. He was **not quite** content with the country of his choice. (그는 자신이 선택한 나라에서 완전히 만족하지 않았다.) - Durant, *The Story of Philosophy*

f. She's **not exactly** my cup of tea.* (그녀는 내가 딱 원하는 스타일은 아니야.) [* not *sb's* cup of tea 아무가 좋아하는 (마음에 드는) 것이 아니다]

§ 76 All~not이 완전 부정이 되는 경우

All~not은 부분부정뿐만 아니라 완전부정으로도 쓰인다. 아래 용례에서 알 수 있듯이 all … not 이 완전 부정이 되면 대체로 양보적인 의미가 된다.

All men are **not** wise. (모든 사람이 다 현명한 것은 아니다) [부분부정]
All the police in the world wo**n't** solve the case. (세계의 경찰을 모두 동원하더라도 그 사건을 해결할 수 없다) [완전부정]

All...not이 부분부정인지 완전부정인지 구별하는 방법은 문맥에 의존할 수밖에 없다.

a. **All** the perfumes of Arabia will **not** sweeten this little hands. (아라비아의 모든 향수를 가지고도 이 작은 손 하나를 깨끗이 할 수 없다.) - Shakespeare, *Macbeth*

b. **All** the money in the world would **not** tempt me to wake the old tiger. (이 세상에 있는 돈을 내게 다 주더라도 그 늙은 호랑이 영감님을 깨우게 하지는 못할거야) - Buck, *The Good Earth*

c. I still think **all** the talent in the world does**n't** excuse deliberate rudeness. (나는 아직도 세상에서 아무리 재능 있는 사람이라도 고의적인 무례함은 변명의 여지가 없다고 생각한다.) - Iacocca, *Autobiography*

NB1 not...all 의 형식이라도 위와 용례처럼 양보의 뜻을 가진 완전부정이 되는 경우도 있다.

- If I'd had the slightest idea of what lay ahead for me when I joined up with Chrysler, I wouldn't have gone over there for all the money in the world. (내가 크라이슬러사에 입사할 때 나에게 앞으로 어떤 일이 닥칠지 조금이라고 알았더라면 이 세상의 모든 돈을 다 준다고 해도 입사하지 않았을 것이다.) - *Ibid.*

NB2 All...not 형식이라도 양보의 의미가 없는 완전부정도 있다.

ⓐ All the drinking I didn't do, all the smoking I didn't do. (술이란 술은 입에도 안 댔고 담배도 전혀 피우지 않았습니다.) - *Time* (1985)

ⓑ No wonder that all people do not like him. (모든 사람이 그를 싫어한다는 것은 당연하다.) [A. S. Hornby]

NB3 Not...any의 경우도 any에 강세를 두면 부분부정이 된다.

ⓐ He doesn't lend his books to↘ anybody. [보통의 경우] (누구에게도 빌려주지 않는다.)

ⓑ He doesn't lend his books to↗ anybody. [부분부정] (누구에게나 빌려주지는 않는다.)

§ 77 이중 부정

(1) 부정어가 두 개 겹치면 상쇄되어 긍정이 된다.

a. You **cannot** commit a crime without being punished.
(= Whenever you commit a crime, you are sure to be punished.)
(죄를 지으면 반드시 처벌을 받는다.)

b. **Not** a day passed **but** she prayed for her son. (but= that··· not)
(= Every day she prayed for her son.) (그녀는 매일 아들을 위해서 기도했다.)

c. **Scarcely** a week went by **without** its barbecue or ball. (원유회나 무도회 없이 한 주일을 보내는 일은 좀처럼 없었다.) - Mitchell, *Gone with the Wind*

d. There is **nothing** so difficult that it does **not** become easy by practice. (연습에 의해서 쉬워지지 않을 만큼 어려운 일이란 없다.)

e. You ca**n't** clean a watch **without** taking it to pieces.*(시계를 분해하지 않고 청소할 수 없다.) [* take ~ to pieces ~ 을 산산조각을 내다, 해체하다]

NB Not이 단어를 부정하는 경우 <부정 + 부정 = 긍정>이라도 단순한 긍정과는 달리 완곡한 표현이 된다.

ⓐ It was **not for nothing** that he had read Plato. (그는 플라톤을 읽은 보람이 있었다.)

ⓑ It was **not without difficulty** that he managed to persuade his wife. (어려움이 없었던 것은 아니었으나 그럭저럭 아내를 설득시켰다.)

(2) 두 개 이상의 부정어가 각각 다른 말을 부정할 때 상쇄되지 않고 여전히 부정이 되는 일이 있다. 이러한 표현은 무교육자나 흑인들이 많이 사용하지만, 미국에서는 교양 있는 사람들 사이에도 쓰이며, 부정을 강조하기 위하여 속어나 방언에 특히 많이 쓰인다.

a. She did**n't** say **nothing**. (그녀는 아무 말도 하지 않았다.) - Maugham, *Rain*

b. I did**n't** have **nothing** against them* boys till they messed with her. (그 소년들이 내 딸을 건드리기 전까지는 아무런 원한도 없었다.) - Grisham, *A Time to Kill* [이것은 흑인의 말임] (*= those →*p.* 35 (4))

때로는 3중 부정, 4 중 부정도 있다. 특히 hardly, scarcely, seldom 같은 부사가 쓰일 때는 이것들이 준부정이라는 것을 잊고, 이중/ 삼중 부정이 일어나기 쉽다.

c. I do**n't** mean **nothin' neither**. (나는 별로 악의가 있는 건 아니다.) - Steinbeck, *The Grapes of Wrath*

d. I ai**n't** got **no** time for no liquor, bud. (난 술 마실 시간이 없어요.) - Salinger, *The Catcher in the Rye*

§ 78 부정구문을 번역할 때

부정어의 뒤에 as나 like가 오는 문장은 직역하면 오해의 소지가 있으므로 주의할 필요가 있다.

a. I have **not, as** Kant enjoined, regarded each man as an end in himself, but as a material that might be useful to me as a writer. (나는 칸트가 가르친 바와는 달리 인간 그 자체를 목적으로 본 것이 아니라 작가로서 나에게 유용한 소재로 보았다.) - Maugham, *The Summing Up*

윗 문장에서 [칸트가 가르친 바와 같이]라고 하면, 적어도 Kant의 사상을 잘 모르는 독자에게는 오해를 불러일으키기 쉬울 것이다.

b. You do**n't** have to tear the pages out **like** you do with snapshots. (그러나 책의 페이지는 스냅 사진과는 달리 찢어 버릴 필요는 없습니다.) - Greene, *The Heart of the Matter*

c. The pony did**n't** flip his head **the way*** he had done when he was well. (망아지는 건강했을 때와는 달리 머리를 마구 흔들어대지 않았다.) - Steinbeck, *The Red Pony* ([* the way = as]→§ 180 (2))

d. After close examination she decided that the bag was made of leather not plastic as she had first thought. (꼼꼼하게 살펴 본 후에 그녀는 그 가방이 처음에 생각했던 것과는 달리 플라스틱이 아니라 가죽으로 만들어 졌다는 결론을 내렸다.)

반대로 주절이 긍정이고 as 뒤에 부정어가 올 때도 같은 말을 할 수 있다.

e. He was as popular **as** his father was **not.** (그는 아버지와는 달리 인기가 있었다.)

f. Mr. Parker Pyne enjoyed Shiraz **as** he had **not** enjoyed Teheran. (파커 파인씨는 테헤란이 재미가 없었지만 시라즈는 재미있었다.) - Christie, *Parker Pyne, Detective*

Cf. She was as tiny as Jossi was huge, and her hair was as black as his was red. (조시는 체구가 컸으나 그녀는 작았으며, 그의 머리칼은 붉은 색이었으나, 그녀의 머리칼은 검은 색이었다.) - Uris, *Exodus*

다음의 경우는 항상 [~ 와는 달리]라는 표현이 딱 들어맞지는 않는다.

g. They are only names to him, he doesn't see their faces **as** I do. (그에게는 그것들이 단지 이름에 지나지 않는다. 그들의 얼굴이 나처럼 떠오르지는 않는다.) - J. Hilton, *Goodbye, Mr. Chips*

h. No one can make it(=pudding) **like** my wife. (내 아내처럼 푸딩을 만들 수 있는 사람은 없다./ 내 아내는 푸딩을 만들 수 있지만 다른 사람의 경우는 내 아내와는 달라서 푸딩을 만들 수 없다) - Maugham, *Of Human Bondage*

제 6 장 동사의 종류와 용법

WARM-UP

(1) 타동사와 자동사

타동사(Transitive verb)는 목적어를 가지는 동사로서, 수동태를 만들 수 있다. 자동사(Intransitive verb)는 목적어를 가지지 않는 동사이다. 그러나 자동사와 타동사의 양쪽으로 쓰이는 동사가 대단히 많고, 한 종류로만 쓰이는 동사는 드물다.

(2) 완전동사와 불완전 동사

완전 동사와 불완전 동사의 구별은 보어의 유무로 결정된다. 보어가 없으면 완전 동사, 보어가 있으면 불완전 동사이다. 그리고 타동사, 자동사 둘 다 완전동사와 불완전 동사가 있으므로 결국 완전 타동사, 불완전 타동사, 완전 자동사, 불완전 자동사의 네 종류가 있다.

① 완전 타동사 (Complete transitive verb)

목적어만을 취하는 동사이며, 목적어 한 개만 취하는 것과 두 개를 취하는 것이 있다. 전자를 완전 타동사, 후자를 수여동사(= 여격동사) 라고 부른다.

② 불완전 타동사 (Incomplete transitive verb) - 목적어와 보어 둘 다 필요한 동사

③ 완전 자동사 (Complete intransitive verb) - 목적어, 보어 둘 다 필요 없는 동사

④ 불완전 자동사 (Incomplete intransitive verb) - 보어만 필요한 동사

이 밖에 지각동사(Verb of perception)(®§ 126), 사역 동사(Causative verb)(§ 127), 재귀동사(§ 92)도 있다.

(3) 영어 문장의 5형식 (→§ 79)

위에서 설명한 동사의 종류 가운데 (2) 번에서 언급한 5개의 동사(완전 자동사, 불완전 자동사, 완전 타동사, 수여동사, 불완전 타동사)를 가지고 흔히 말하는 영문 5형식을 만든다. 그러나, 영어의 모든 문장을 이 5 형식으로 분류할 수 있는 것은 아니다. 예컨대, 'bet' 라는 동사는 <주어 + 동사 + 간접 목적어 + 직접 목적어 + 직접 목적어>처럼 세 개의 목적어를 가지는 경우도 있다.

I'll bet **you** *a hundred dollars* ***(that) the pearl necklace is imitation***. (그 진주 목걸이가 가짜라는데 백 달러를 걸겠소.→ 그 진주 목걸이는 틀림없이 가짜요.) – Maugham, *Mr. Know-All*

Ⅰ. 동사의 종류

§ 79 동사의 종류에 의한 영문 5형식

(1) 완전 자동사 (제1형식 = S + V)

a. Good looks **run in their family**.* (미모는 그들 가문의 유전이다.) [* 유전하다]

b. The interest of the people must **come first**.* (국민의 이익이 최우선이어야 한다.) [*가장 중요하다/ 최우선이다]

c. All systems **go**.*(=Everything is okay.) (모든 것이 정상이다.) [* = work 일이 잘 되다, 성공하다]

(2) 불완전 자동사 (제2형식 = S + V + C)

be, become, come, go, grow, appear (=look, seem), fall, keep, lie, make, prove (= turn out), remain, rest, sound, stay, turn, *etc.*가 여기에 속한다.

a. Many of Nostradamus' predictions about the future **came** *true*. (노스트라다무스가 미래에 관해서 말한 많은 예언들이 들어맞았다.)

b. All systems **are** *go*.* (=All systems go.) - Segal, *The Class* [*(형용사) 준비된, 순조로운]

• All systems **were** *go* for the execution. (사형을 집행할 모든 준비는 완료되었다.) - Grisham, *The Chamber*

c. Paul Gauguin did **go** *native** in Tahiti. (폴 고갱은 타이티 섬에서 정말 원주민처럼 생활했다.) [*(특히 미개지에서 백인이) 원주민과 같은 생활을 하다]

d. He **looked** *a different man*. (그는 다른 사람처럼 보였다.) - Christie, *The Mystery of the Blue Train*

e. Two ugly ducklings won't **make** *a swan*. (미운 오리새끼가 두 마리라도 백조가 되지 못한다.)

f. He **remained** *single* all his life. (그는 일생동안 독신으로 지냈다.)

(3) 완전 타동사 (제3형식 = S + V + O)

a. God **made** *the country*, and man **made** *the town*. [번역과 출처→ *p.* 80]

b. As from the first of January, all back seat passengers must **wear** *seat belts*. (1월 1일부터 뒷좌석에 앉는 모든 승객은 안전띠를 메어야 한다.)

c. The noted surgeon Dr. Christiaan Barnard* will **perform** *the operation*. (유명한 외과의사인 크리스천 바너드 박사가 수술을 집도할 것이다.) [*(1922~) 세계 최초로 heart transplant(심장이식) 수술에 성공한 남아프리카의 외과의사]

(4) 수여 동사 (제4형식= S + V + IO + DO)

a. **Give** *him* **a break** and he'll succeed. (그에게 한 번 기회를 주면 성공할 것이다.)

b. He **wished** *me* **good morning/ good evening/ goodbye**(*or* **farewell)**. (그는 나에게 아침인사/저녁인사/작별인사를 했다.)

c. It will **save** *us* **a lot of trouble**. (그것은 우리에게 많은 수고를 덜어 줄거야.)

d. You must always **set** *them* **a good example**. (항상 그들에게 좋은 모범을 보여주어야 한다.) - Mitchell, *Gone with the Wind*

NB1 제4형식 구문을 제3형식 구문으로 바꿀 때 목적어 앞에 붙이는 전치사는 to와 for의 두 가지 경우가 있다.

① 대부분의 수여동사는 to가 붙는다.

He bade me good morning/goodbye(*or* farewell). (나에게 아침(작별) 인사를 했다.)

(= He bade good morning/goodbye(*or* farewell) **to** me.

② buy, get, find, make, reach, *etc.*에는 for가 붙는다.

Can you find me my bag? (내 가방을 찾아 줄 수 있겠어요?)

(= Can you find my bag **for** me?)

Did you get your mother a present? (너는 어머니한테 선물을 사드렸느냐?)

(= Did you get a present **for** you rmother?)

Will you make me a cup of coffee? (커피 한 잔 타 주시겠어요?)

(= Will you make a cup of coffee **for** me?)

(5) 불완전 타동사 (제 5 형식= S + V + O + OC)

사역동사(have, let, make, *etc.*→*p.* 243), 지각동사 (→*p.* 242), 사고동사(think, suppose, believe, consider, *etc.*), cause, drive, force, get, keep, leave, render, set, *etc.*

a. These men had once **thought** *hanging* too ***good*** for Rhett. (한 때 이 사람들은 레트에게는 교수형도 과분하다고 생각했다.) - Mitchell, *Op. cit.*

b. Hunger **drove** *him* ***to steal.*** (그는 배가 고파서 도둑질을 했다.)

c. This coat will **keep** *you* ***warm.*** (이 저고리를 입으면 따뜻해 질거야.)

NB2 대부분의 동사들은 자동사로도 쓰이고, 타동사로도 쓰인다.

ⓐ As he made for the door, he tripped and fell. (그는 문 쪽으로 가다가 걸려서 넘어졌다.) [완전 자동사]

ⓑ He'll make a good father. (그는 좋은 아버지가 될 것이다.) [불완전 자동사]

ⓒ The children are making a lot of noise. (아이들이 대단히 시끄럽다.) [완전타동사]

ⓓ She will make him a good wife. (그녀는 그의 좋은 아내가 될 것이다.) [수여동사]

ⓔ Eating unripe apples made him ill. (덜 익은 사과를 먹고 배탈이 났다.) [불완전 타동사]

§ 80 주어의 형식

명사나 명사 상당어구는 물론, 구어에서는 (1) 목적격 대명사 + 명사, (2) 명사 + 목적격 대명사도 주어로 흔히 쓰이며, (3) 분리된 주어도 있다.

(1) 목적격 대명사 + 명사

a. **Me and Frank** were raised on a small farm in Missouri. (나와 프랭크는 미주리주의 조그만 농장에서 자랐다.)

b. **Me and my husband** have worked hard all our lives for what we possess. (저와 남편은 살기 위해서 여태까지 열심히 일해 왔습니다.) - Caldwell, *The Wind fall*

c. **Me an' Rosie** used to go to Sunday school together. (나하고 로지는 함께 주일학교에 다녔어요.) - Maugham, *Cakes and Ale*

d. He described to me a dozen times how he was gonna do it, how **him and Perry** was* gonna tie them people up and gun them down. (그는 그 일을 어떻게 할 계획인지, 그와 페리는 어떻게 그들을 묶어서 총으로 쏠 것인지에 대해서 나에게 열 번도 넘게 이야기했다.) - Capote, *In Cold Blood* [* = him and Perry were]

(2) 명사 + 목적격 대명사

a. **Mama and me** had to wait on her hand and foot. (엄마와 나는 그녀를 정성껏 보살펴 주지 않으면 안되었다.) - Capote, *Other Voices, Other Rooms*

b. **George and her** didn't get any lunch money now. (조지와 그녀는 이제 점심값도 없었다.) - McCullers, *The Heart is a Lonely Hunter*

c. **Berenice and me** are going to the wedding. (베레니스와 나는 결혼식에 갈거야.) - Ibid., *The Member of the Wedding*

d. Could **Scout and me** borrow some of your snow? (스카우트와 제가 눈을 좀 빌려도 될까요?) - Lee, *To Kill a Mockingbird*

e. **Betty and me** are getting married and we're going to Southend for the honeymoon. (베티와 나는 곧 결혼하여 사우센드로 신혼여행을 갈 예정입니다.) - Maugham, *The Kite*

(3) 분리된 주어

It으로 시작되는 가주어 구문(*pp.* 45/ 46)은 모두 분리된 주어라고 볼 수 있으며, 특히 뒤에 진주어가 명사인 경우(*p.* 45 (1)의 *a, b, c, d, e*)는 전형적인 분리된 주어이다. 바꾸어 말하면 흔히 말하는 가주어 구문이란 분리된 주어의 다른 이름이다.

§ 81 보어의 형식

보어가 될 수 있는 말은 명사(구/ 절), 대명사, 형용사, (현재/ 과거)분사 따위이다.

(1) 주격보어의 형식

a. This treatise was written by a lawyer turned **politician.*** (이 논문은 원래 변호사였던 한 정치가가 쓴 것이다) [* turn의 보어로 쓰이는 명사에는 관사가 생략된다.] [명사보어]

- I will not deny that your offer has come **as a surprise**. (당신의 제안은 정말 놀랍군요) – Maugham, *A Marriage of Convenience* [as가 붙은 명사보어]

b. My rheumatism always gets **worse** in this damp weather. (이렇게 비오는 날에는 항상 내 류머티즘이 더 심해진다.) [형용사 보어]

c. You can rest **assured** that there are no additives in this food. (이 음식에는 방부제가 들어있지 않다고 안심해도 좋다.) [과거분사 보어]

NB 부사절이 주격보어가 되는 일도 있다. (→*p.* 528 (2))

- The only way she could go around with a basket collecting dough would be **if everybody kissed her ass for her** when they made a contribution. (그 여자에게 바구니를 들고 헌금을 거두게 하려면 헌금하는 사람들이 일일이 그녀한테 절을 해야만 할 것이다.) - Salinger, *The Catcher in the Rye*

(2) It's me/ him/ her/ them.

현대 spoken English에서는 It's I. 대신에 It's me.가 쓰인다. 어법상으로는 주격이 맞지만 말이란 그 사회가 사용해서 사회적으로 확립되어 버리면 바로 그것이 어법이 되는 것이다. 이렇게 "me"로 쓰이게 된 데는 몇 가지 이유가 있다. ⓐ 불어 C'est moi.의 영향을 받아서 moi 와 비슷한 me를 쓰게 되었다는 견해 ⓑ verb 앞의 위치는 주어의 영역인 것처럼 verb 뒤의 위치는 목적어의 영역이라는 견해 ⓒ 강조하기 위해서 I 가 me 로 바뀌었다는 견해(I 보다 me 가 힘있는 말임) 따위가 있으나 이 중에서 ⓑ 가 가장 타당해 보인다. 왜냐하면 일인칭의 me 뿐만 아니라 3인칭의 경우도 him, her, them처럼 목적격으로 쓰이는 일이 많기 때문이다.

a. The baby boy, six weeks old, was **me**. (태어난 지 6주일 밖에 안 되는 그 갓난애가 바로 나였다.) - Haley, *Roots*

b. "That's **him**," cried Mrs. McGillicuddy. "That's the man in the train." ("바로 저 사람이에요."하고 맥길리커디 부인이 소리쳤다. "열차 칸에서 본 그 남자입니다.") - Christie, *4: 50 from Paddington*

- As ridiculous as it sounds, it must have been **him** breaking into the Chimera mainframe. [번역과 출처→ *p.* 50의 *a*]

c. When I nodded, Mordecai said, "That's them." (내가 고개를 끄덕이자 모데카이가 말했다, "저 사람들이 바로 그들이야.") - Grisham, *The Street Lawyer*

(3) 목적보어 (= 목적격 보어)

주격보어가 될 수 있는 것은 모두 목적보어가 될 수 있다.

a. If you want people **to think** well of you, do not speak well of you. (Pascal) (사람들에게 좋은 인상을 주고 싶으면 당신 자신을 좋게 말하지 마라.)

- Her culinary skills leave much **to be desired.** (그녀의 요리솜씨는 아쉬운 점이 많다.)

b. The pot calls the kettle **black.** [saying] (숯이 검정 나무란다.)

- She cried herself **blind**. (너무 울어서 앞이 안보였다.)
- We find the defendant **guilty** of murder in the first degree. (피고에게 일급 살인 혐의로 유죄 평결을 내립니다.) - Dreiser, *An American Tragedy*

c. The room strikes me **as warm and comfortable**. (그 방에 들어가면 포근하고 아늑한 느낌을 준다) [형용사의 앞에 as가 붙은 목적보어]

- She's always struck me **as a very kind and well-intentioned girl**. (그녀는 항상 나에게 대단히 친절하고, 선의로 가득 찬 소녀라는 인상을 주었다.)

d. They caught me **cheating** on an exam. (나는 시험 때 부정행위를 하다가 적발되었어요.) - Grisham, *A Time to Kill*

e. I heard my name **called** behind me. (뒤에서 내 이름을 부르는 소리가 들렸다.)

(4) 유사보어

완전 자동사는 그 동사만으로 일단 독립된 의미를 나타내지만, 또는 타동사가 그 목적어만으로 독립된 의미를 나타내는데도, 뒤에 명사나 형용사가 첨가되어 보어의 역할을 하는 것을 말한다. 전자는 유사 주격보어(*a.~f.*), 후자는 유사 목적(격)보어(*g.*)라고 부른다.

a. He died **a millionaire/ a martyr/ a beggar**. (백만장자/ 순교자/ 거지로 죽었다.)

b. He went **an enemy** and returned **a friend.** (갈 때는 적이었으나 친구가 되어 돌아왔다.)

c. He came back **a changed man**. (그는 전혀 딴 사람이 되어 돌아왔다.)

d. It's terrible to wake up **hungry** and go to bed **hungry**. (자나 깨나 배가 고프다는 건 끔찍한 일입니다.) - Mitchell, *Gone with the Wind*

e. He's in his early fifties, very **fit** and **trim**. (그는 50대 초반이지만 대단히 정정하다.) - Grisham, *The Rainmaker*

f. It would be much nicer if we could part **friends**. (우리가 친구로 헤어질 수 있다면 훨씬 더 좋을 거야.) - Uris, *Exodus*

g. They found the boy in the morning, **pale** and **faint**, but bravely **holding** to his post. (그들은 아침이 되어서 소년을 발견했지만, 그는 얼굴이 창백하고, 기운이 없었으나 자기 자리를 굳게 지키고 있었다.)

§ 82 목적어의 형식

(1) 목적어가 될 수 있는 것은 명사, 대명사, 부정사, 동명사, 명사절 따위이다.

a. Surgeons performed **a heart transplant** in an attempt to save her life. (외과의사들은 그녀의 생명을 구하기 위하여 심장이식 수술을 실시했다.)

b. To be successful does not always mean **to get** riches, honor, and power. (성공한다는 것이 반드시 부, 명예, 권력을 획득하는 것은 아니다.)

c. Those who have learned most are best to realize **how little he knows**. (가장 많이 배운 사람은 자기가 아는 것이 얼마나 적은가를 가장 잘 알 수 있다.)

(2) 동족목적어 (=동사와 어원이나 의미가 같은 목적어)

a. She **lived** a long happy *life*. (그녀는 오랫동안 행복하게 살았다.)

b. "The whole thing is a tempest in a teapot," Drake said. "The guy **died** a natural *death*." ("이건 모두 찻잔 속의 태풍입니다,"하고 드레이크가 말했다. "그 남자는 자연사했어요.") - Gardner, *The Amorous Aunt*

c. He **laughed** a hearty *laugh*. (그는 큰 소리로/ 껄껄 웃었다.)

d. He **dreamed** a strange *dream* last night. (그는 어제 밤에 이상한 꿈을 꾸었다.)

NB1 바로 위의 경우, 현대 구어영어에서는 dream(v.) 대신에 have 또는 get을 사용한다(→*p*.165).

- He **had** (*or* **got**) a strange dream last night.

e. They **fought** a fierce *battle*. (그들은 치열하게 싸웠다.)

- Already, however, those trying to protect their linguistic heritage were **fighting** a losing *battle*. (그러나, 언어의 유산을 보존하려는 사람들은 이미 이길 가망이 없는 전쟁을 하고 있었다.) - Bryson, *Made in America*

f. She **ran** a really hard race but still finished last out of 25 runners. (그녀는 죽을 힘을 다해서 달렸으나 25명의 선수 중에서 또 꼴찌를 하고 말았다.)

g. My companion **smiled** an enigmatic *smile*. (내 동료는 수수께끼 같은 미소를 지었다.)

h. It was **blowing** *a gale*. (강풍이 불고 있었다.)

NB2 특수한 형식의 동족목적어

ⓐ They **shouted** *applause*. (그들은 큰 소리로 박수갈채를 보냈다.)

ⓑ She **smiled** *assent./ approval*. (그녀는 미소로 동의했다.)

She **smiled** her *thanks*. (그녀는 고맙다는 표시로 미소를 지었다.)

ⓒ She **nodded** her *approval*. (그녀는 고개를 끄덕여 찬성의 뜻을 나타냈다.)

ⓓ She **nodded** me a *welcome*. (= She nodded a welcome to me.) (머리를 끄덕여 환영을 표시했다.)

Ⅱ. 주요 동사와 명사의 결합

영어에서 be 동사를 제외하고 가장 많이 쓰이는 5개의 동사 make, have, take, give, get은 <부정관사 + 동작명사>와 결합하여 한 개의 동사와 같은 의미를 나타내는 일이 많다. 이 표현에서는 ① 명사 앞에 부정관사를 붙이거나, 그 명사를 복수로 하여 회수를 나타내기도 하며, ② 형용사를 붙여서 구체적인 사례를 표현하거나, ③ 명사를 관계 대명사의 선행사로 쓰기도 하며, ④ 그 명사를 주어로 하여 수동태를 만드는 등 그 용도가 다양하다. 이 중에서도 특히 make는 수많은 명사와 결합한다. 위의 5 개의 동사 중 make, have, take와 결합하는 명사는 대부분 부정관사가 붙지만, give는 a(n) 외에도 인칭 대명사(의 소유격)도 흔히 쓰인다. 이 5 개의 동사와 유사한 용법으로 쓰이는 동사에 do가 있다.

§ 83 Make + a(n) + 동작명사 = 동사

make an allegation (= allege) 주장하다
make allowances for (= allow for) 고려(참작)하다
make a long distance call 장거리 전화를 걸다
make an alteration (= alter) 바꾸다
make amends for (= make up for) (= compensate for) 보상하다
make an announcement (= announce)
make/give an answer (= answer)
make an apology (= apologize) 사과하다
make an appearance (= appear)
make an application (= apply) 신청하다
make an approach (= approach)
make an argument (= argue) 논쟁하다
make arrangements (= arrange) 준비하다
make an assault (= assault) 공격하다
make an assertion (= assert) 단언하다
make an atonement [for] (= atone for)
make an attack (= attack) 공격하다
make an attempt (= attempt) 시도하다
make a call (= call) 전화를 걸다
Cf. make a collect call 수신인지불 전화를 걸다
make an allusion (= allude) 암시하다
make a change (= change) 바꾸다
make a choice (= choose) 선택하다
make a claim (= claim) 요구하다
make a collection (= collect) 수금하다
make a comment (= comment) 논평하다
make a comparison (= compare) 비교하다
make a complaint (= complain) 불평하다
make a compliment (= compliment) 칭찬하다, 입에 발린 말을 하다
make a compromise (=compromise) 타협하다
make concessions (= concede) 양보하다
make a confession (= confess) 고백하다
make a connection (= connect) 연결하다
make a conquest (= conquer) 정복하다
make a contract (= contract) 계약하다
make a contribution (= contribute) 공헌하다

make a copy(= copy) 복사하다
make a decision (= decide) 결정하다
make a delivery(= deliver) 배달하다
make a demand (= demand) 요구하다
make a departure (= depart) 출발하다
make a detour (= detour) 우회하다
make a diagnosis (= diagnose) 진찰하다
make a discovery (= discover) 발견하다
make a display (= display) 과시하다
make a distinction (= distinguish) 구별하다
make a donation (= donate) 기증하다
make an effort (= endeavor) 노력하다
make a previous engagement (= make a prior commitment) 선약을 하다
make an error (= err) 실수하다
make an escape (= escape) 탈출하다
make an examination (= examine) 검사 (조사, 심사, 검토)하다
make an exchange (= exchange)
make an excuse (= excuse) 변명하다
make an experiment (= experiment)
make a flight (= fly) 날다
make a grimace(= grimace) 얼굴을 찡그리다
make a rush (= rush) 돌신하다
make a sacrifice (= sacrifice) 희생하다
make a search (= search) 찾다
make a selection (= select) 선택하다
make an investment (= invest) 투자하다
make an introduction(=introduce)
make a marriage (= marry)
make a motion (= motion) 몸짓을 하다
make a move/ movement (= move)
make a note of (= note down) 적어두다
make an objection (= object) 반대하다
make an observation (= observe) 말하다
make a turn (= turn) 회전하다

make a pause (= pause) 중지(중단)하다
make a plan (= plan) 계획하다
make a prediction (= predict) 예언하다
make a pretense (= pretend) …인 체하다
make progress (= progress) 발전하다
make a promise (= promise) 약속하다
make a prophecy(= prophesy) 예언하다
make a proposal (= propose) 제안하다
make a protest(= protest) 항의하다
make a purchase (= purchase) 사다
make a quarrel (= quarrel) 싸우다
make a recovery (= recover) 회복하다
make a reference (= refer) 언급하다
make a reform (= reform) 개정하다
make a remark (= remark) 한 마디 (말) 하다
make repairs (= repair) 수리하다
make/ give a reply (= reply) 대답하다
make/ give a report (= report) 보고하다
make a request (= request) 요청하다
make a reservation (= reserve) 예약하다
make a resolution (= resolve) 결심하다
make/ give a response (= respond) 대답하다
make a row (= row) 소동을 피우다
make a guess (= guess) 추측하다
make haste (= hasten/ hurry up)
make a good(bad) impression on *sb* 아무에게 좋은(나쁜) 인상을 주다
make a sound (= sound) 소리를 내다
make/ give a speech (= speak) 연설하다
make a start (= start) 출발(시작)하다
Cf. make a fresh start (= start afresh) (인생에서) 새 출발을 하다
make a statement (= state) 진술하다
make a stop (= stop) 정지(정차)하다
make a study (= study) 연구하다
make a suggestion (= suggest) 제안하다
make an offer (= offer) 제의(제공)하다

< Make + a(n) + 동작명사 = 명사>의 용례

a. You realize it's an offense to **make a** false **allegation**. (허위진술을 하면 범죄가 된다는 것을 너도 안다.) - Follett, *The Third Twin*

b. **The answer** he **made** was quite surprising. (그의 대답은 정말 놀라운 것이었다.)

c. You will **make** your **apology** to the entire school. (전교생에게 사과를 하시오.) - Kleinbaum, *Dead Poets Society*

d. **An attempt** was **made** to dispose of the victim by having it appear that the man had died as the result of a hit-and-run accident. (뺑소니 사고로 죽은 것처럼 가장하여 피해자를 처분하려는 시도가 있었습니다.) - Gardner, *The Lucky Loser*

e. Have you any **complaint** to **make** against her? (그녀에게 불만이 있어요?) - Maugham, *The Moon and Sixpence*

f. Those **decisions made** at the Yalta conference changed the course of history. (얄타 회담에서 내려진 그러한 결정들은 역사의 흐름을 바꾸어 놓았다.)

g. I've just completed plans for three hundred children to **make an escape**. (나는 아이들을 탈출시킬 계획을 방금 완료했습니다.) - Uris, *Exodus*

h. He guessed that **an examination** had been **made** of his private effects. (그는 누가 자신의 소지품을 조사했음을 알았다.) - Maugham, *Miss King*

i. It takes two to **make a marriage** just as it takes to **make a quarrel**. (싸움과 마찬가지로 결혼을 하는데도 두 사람이 필요하다.) - Ibid., *The Razor's Edge*

j. He **made a motion** of dismissal to the secretary and she left the room. (그가 비서에게 손짓으로 물러가라고 말하자 그녀는 방을 떠났다.) - Puzo, *The Last Don*

k. She **made an observation** to Neilson about some household matter and he answered. (그녀가 닐슨에게 집안일에 대해서 무슨 이야기를 하자 그는 대꾸를 했다.) - Maugham, *Red*

l. But they could still **make a profit**, certainly <u>break even</u>*. (그러나 그들은 아직도 이익을 남길 수 있었고 확실히 손익 분기점은 되었다.) - Archer, *As the Crow Flies* [* 득실이 없어지다, 비기다]

m. Jane is still in hospital, but she's **making** rapid **progress**. (제인은 아직 병원에 있지만 빠른 속도로 회복하고 있다)

NB 'make + 형용사 + progress'에서 형용사 앞에는 관사가 붙지 않는다.

n. Philip reddened to the roots of his hair as he always did when any **reference** was **made** to his club-foot. (안짱다리 이야기가 나올 때 마다 언제나 그랬듯이 필립은 머리 끝까지 빨개졌다.) – Maugham, *Of Human Bondage*

o. He's too old to **make a fresh start**. (그는 나이가 너무 많아서 인생의 새 출발을 할 수가 없다) - Maugham, *The Social Sense*

§ 84 Have + a(n) + 동작명사 = 동사

have/ make an argument(= argue) 논쟁(논의)하다
have/ take/ get a bath(= bathe) 목욕하다
have a chat (= chat) 잡담하다
have a conversation (= converse) 대화를 나누다
have a dance (= dance) 춤을 추다/ 댄스 파티를 열다
have a dream (= dream) 꿈을 꾸다
have a drink (= drink) ① 술을 한 잔 하다 ② 물을 한 잔 마시다
have a drive (= drive / go for a drive/ go for a ride) 드라이브하다
have an effect/ influence on(= affect/ influence) 영향을 미치다
have/ get / catch a glimpse(= glimpse) 언뜻 보다
have a go (*or* a stab/ a try)(= try) 한 번 해보다
have/ get a haircut (= have one's hair cut) 머리를 깎다
have/ take / get a look at (= look at) ~을 보다
have/ get a meal / breakfast, *etc.* 식사하다 /조반, 따위를 먹다
have/ make an objection to (= object to) ~에 반대하다
have an operation (=be operated) 수술을 받다.
have/ take / get a peek at (= peek at) 엿보다, 살짝 들여다보다
have/ take / get a peep at (= peep at) 엿보다, 살짝 들여다보다
have/ make a quarrel (= quarrel) 싸우다, 말다툼하다
have/ take / get a ride (= ride) (말, 마차 따위에) 한 번 타다
have/ get a shave (= shave) 면도하다
have/ take / get a shower (= shower) 샤워하다
have/ take a sip (= sip) 한 모금 홀짝 마시다
have a sleep (= sleep) 잠을 자다
have a smoke/ cigarette 담배를 한 대 피우다
have/ take a stroll (= stroll) 산책하다, 어슬렁어슬렁 거닐다
have a swim (= swim) 헤엄을 치다
have a talk with (= talk with) 와 이야기(의논) 하다
Cf. have a try at it(= give it a try) 그것을 한 번 해보다
have/ get a good view (of) (~ 을) 잘 보다
have a wait (= wait) 기다리다
(not) have/ get a wink of sleep (= (not) sleep a wink) 한 잠도 못자다
have an X-ray (= X-ray) 엑스레이 사진을 찍다
have a wash (= wash) (손이나 얼굴을) 씻다

<Have + a(n) + 동작명사 = 동사>의 용례

a. It'll only take me a minute to **have a bath** and then I'm ready. (목욕 잠시만하고 준비할게.) - Maugham, *The Force of Circumstance*

b. You look tired and sick; why don't you **have a checkup**? (안색이 좋지 않구나, 건강진단을 받아 보지 그래.)

c. Chet gave up trying to **have a conversation** and turned his attention to his own work. (쳇은 대화를 시도하다가 포기하고 자신의 업무에 주의를 집중했다.) - Cook, *Contagion*

d. Would you like to **have a drink**? (술 한 잔 할래요?)
Would you like to **have something to drink**? (뭘 좀 마시겠어요?)

NB 대체로 <a drink>는 술을 가리키고, <something to drink>는 모든 음료수를 포함한다.

e. May I **have this dance,** Miss? (아가씨, 춤 한 번 추실까요?)

f. A couple of months later Becky **had a housewarming party** at Eaton Square. (두 달 후에 베키는 이튼 광장에서 집들이 파티를 열었다.) - Archer, *As the Crow Flies*

g. Would you let me **have a peek** at his personnel file? (그의 인사기록 카드를 좀 보여줄 수 있겠어요?) - Sheldon, *Nothing Lasts Forever*

h. They had never **had a quarrel**. (그들은 결코 싸우는 일이 없었다.) - Maugham, *The Force of Circumstance*

i. The whiskers were close to his face, making him appear at a distance as if he had **had a shave**. (구레나룻이 얼굴 가까이 나 있어서 멀리서 보면 마치 면도를 한 것처럼 보였다.) - Caldwell, *The Grass Fire*

j. They all **have a sip** of coffee on it except the guy with the pipe. (파이프를 입에 문 사나이를 제외하고 그들은 모두 그 일을 축하하듯 커피를 홀짝 마신다.) - Kesey. *One flew over the Cuckoo's Nest*

k. Try to **have** eight hour's **sleep** a night. (밤에는 8시간씩 자도록 하여라.)

l. They stopped work to **have a smoke** (*or* **cigarette**). (그들은 담배를 한 대 피우기 위하여 하던 일을 멈추었다.)

m. "Would you try and fix my computer?" "Well, I'll **have a stab** at it. (제 컴퓨터 좀 봐주시겠어요?" "자, 어디 한 번 봅시다.")

n. You'll **have a long wait**, and I'm sorry this room has no air-conditioning. (당신은 오랫동안 기다릴 텐데 냉방시설이 되어있지 않아서 죄송합니다.) - Grisham, *The Chamber*

o. The best thing, I think, my dear, is for you to go upstairs and take off your hat and **have a wash**. (내 생각에는, 이층에 올라가서 모자를 벗고 세수를 하는 것이 가장 좋겠어요.) - Christie, *4 : 50 from Paddington*

§ 85 Take + a(n) + 동작명사 = 동사

take an aim at (= aim at) ~을 겨냥하다
take/ have a bath (= bathe) 목욕하다
take a breath (= breathe) 숨쉬다
Cf. take a deep breath (= breathe deeply) 숨을 깊이 들이 마시다
take a drag on (= drag on) (담배 따위를) 빨아들이다
take an exam (= be examined/ sit for an exam) 시험을 보다
Cf. make an examination (= examine) 조사하다
take/ get/ do exercise (= exercise) 운동하다
take a gulp (= gulp) 꿀꺽 삼키다
take/ give/ throw a glance (= glance) 흘끗 보다
take/ catch/ seize hold of (= hold) 붙잡다
take/ have a nap (= nap) 낮잠자다
take note of (= note) 주목하다
take/ make a note (*or* notes) of (= note down) 적어두다
take notice of (= notice) 주의하다, 주목하다
take/get a photo(or picture) (= photograph) 사진을 찍다
take/ have a piss (= piss) 소변을 보다
take/ have a rain check 연기하다, 다음 기회로 미루다
Cf. give *sb* a rain check 후일 다시 초대하다
take a recess (= recess) 휴회하다, 휴정하다
take/ have a rest (= rest) 쉬다, 휴식하다
take/ have/ get a ride (= ride) (말, 마차 따위에) 한 번 타다
take/ have a seat (= be seated) 앉다
take/ have a shot (= shoot) 시도하다, 해보다
take/ have a shower (= shower) 샤워하다
take/ have a sip (= sip) 한 모금 홀짝 마시다
take/ have a squint at (=squint at) 곁눈으로 보다, 잔깐 보다
take a step (= step) 걷다 cf. take steps (*or* measures / action) 조치를 취하다
take a stroll(= stroll) 산책하다, 거닐다
take a swallow (= swallow) 삼키다
take/ have a swim (= swim) 헤엄치다
take/ have a try at (= try) 시도하다, 해보다
take/ make a vow (*or* an oath)(= vow) 맹세하다

<Take + a(n) + 동작명사 = 동사>의 용례

a. I **take a** cold **bath** every morning. (나는 매일 아침 냉수욕을 한다.)

b. Nancy **took a deep breath** and shouted at the top of her voice. (낸시는 숨을 깊이 들이마시고 목이 터져라 하고 소리를 질렀다.) - Follett, *Night Over Water*

c. Zooey gave a great guffaw, then **took a drag on** his cigarette. (주이는 큰 소리로 껄껄 웃고 나서 담배를 한 모금 빨았다.) - Salinger, *Franny and Zooey*

Cf. He *dragged on* his cigar. (그는 시가를 빨았다) - *Ibid.*

d. College entrance **examination** will be **taken** in April or June. (대학 입학시험은 4월이나 6월에 실시될 것이다.)

e. When I **took a** quick **glance** in the mirror he was smiling again. (내가 거울을 언뜻 보았을 때 그는 다시 미소를 짓고 있었다.) - Ellison, *Invisible Man*

f. Lighting his cigarette, he **took a gulp of** the acrid smoke. (담배에 불을 붙이고나서 그는 쓴 연기를 꿀꺽 삼켰다.) - Wain, *Hurry on Down*

g. I'd better **take a** little **nap**. (나는 낮잠을 좀 자 두어야겠다.) - Segal, *Doctors*

h. You didn't **take a peek at** the letter? (그 편지를 슬쩍 엿보지 않았겠죠?) - Gardner, *The Daring Decoy*

i. Court will **take a recess** until ten o'clock tomorrow morning. (법정은 내일 오전 10 시까지 휴정하겠습니다.) - *Ibid.*

j. We can go out again after a while and **take a ride** in the automobile. (우리는 잠시 후에 다시 나가서 자동차를 타고 드라이브 할 수 있어.) - Caldwell, *Tobacco Road*

k. I think maybe I'll **take a** fast **shave**. (나는 빨리 면도를 해야겠다.) - Salinger, *The Catcher in the Rye*

l. He **took a shower**, shaved, and dressed in black cotton chinos and a striped shirt. (그는 샤워하고, 면도하고, 그리고 검정색 면바지와 줄무늬 셔츠를 입었다.) - Follett, *The Third Twin*

m. For the first time she **takes a sip of** coffee. (그녀는 처음으로 커피를 한 번 홀짝 마신다.) – Kesey, *One Flew Over the Cuckoo's Nest*

n. He **takes a squint at** the weather and heaves a deep sigh. (그는 날씨를 잠시 보더니 깊은 한 숨을 내쉰다.) - Miller, *Tropic of Cancer*

o. When they had finished lunch he suggested that they should **take a stroll** through the Luxembourg. (점심을 먹고 난 후 그는 뤽상부르 공원으로 산책을 가자고 제의했다.) - Maugham, *The Razor's Edge*

p. Paul Martin **took** his marriage **vows** seriously. (폴 마틴은 엄숙하게 결혼선서를 했다.) - Sheldon, *The Stars Shine Down*

§ 86 Give + a(n) / one's / one + 동작명사 = 동사

give an account of (= account for) ~을 설명하다
give an answer/ a reply/ a response (=answer/ reply/ respond) 대답하다
give a cry/ a shout/ a yell (= cry/ shout/ yell) 소리치다, 외치다
give a description of (= describe) 묘사하다, 설명하다
give an explanation for (= explain) 설명하다
give a gasp/ a groan (= gasp/ groan) 헐떡이다/신음하다
give a laugh/ a roar (= laugh/ roar) 웃다/포효하다
give/ take/ shoot/ throw a glance (= glance) 흘끗 보다
give a lecture on (= lecture on) ~에 대해서 강연하다
give a nod (= nod) 고개를 끄덕이다
give/ have/ hold a party/ concert/ ball 파티/연주회/무도회를 개최하다
give a scream/ sneeze (= scream/ sneeze) 비명을 지르다/ 재채기하다
give a shrug (= shrug one's shoulder) 어깨를 으쓱하다
give (*or* breathe/ heave) a sigh of relief(= sigh with relief) 안도의 한숨을 내쉬다
give *sb's* approval (=approve) 찬성(동의, 승낙)하다
give *sb's* assent (= assent) 동의(승낙)하다
give *sb's* permission (= permit) 허락하다
give *sb* an assurance (= assure *sb*) 아무를 보증하다(확신 시키다)
give *sb* a (sound/ good) beating 아무를 (호되게) 때리다
give *sb* a buzz (= buzz *sb*) 아무에게 전화를 걸다
give *sb* a call (*or* ring) (= call / ring *sb*) 아무에게 전화를 걸다
give *sb* a crash course (in) 아무에게 속성강의를 하다
Cf. take a crash course (in) 속성강의를 받다
give *sb* a guarantee (= guarantee) 아무에게 보증하다
give *sb* an injection (= inject *sb*) 아무에게 주사를 놓다
Cf. have/ get an injection(*or* a shot) 주사를 맞다
give *sb* a kick (= kick *sb*) 아무를 발로 차다
give *sb* a pat on the back (= pat *sb* on the back) (칭찬의 표시로) 아무의 등을 툭툭 치다
give *sb* a poke/ a prod (= poke/ prod *sb*) 아무를 찌르다(쑤시다)
give *sth* a polish (= polish *sth*) ~을 닦다(광을 내다)
give *sb* a push/ a shove (= push/ shove) 아무를 밀다
give *sb* a raise 아무의 임금(급료)을 인상하다
give *sb* a ride (*BrE* lift) 아무를 차에 태워주다
give *sb*/*sth* a trial (= try *sb*/*sth*) 아무를 시험 삼아 써보다/ 물건을 시험해 보다
give it a try (*or* a go/ a shot) (= try it) 그것을 해보다

<Give + a(n)/ one's/ one + 동작명사 = 동사>의 용례

a. I want you to **give** me **a** straight **answer.** (나한테 솔직하게 대답해 주게.) - Segal, *Doctors*

b. Without further argument Okonkwo **gave** his daughter **a sound beating** and left her to clear up the mess she had made. (오콩코는 더 이상 따지지 않고 그의 딸을 호되게 때리고 나서 그 아이가 어질러 놓은 것을 자신이 치우도록 내버려 두었다.)

c. I can always **give** Charlie **a buzz** when he gets back and ask him. (나는 언제라도 찰리가 돌아오면 전화를 걸어서 물어 볼 수 있다.) - Grafton, *'A' is for Alibi*

d. She **gave a** hoarse **cry** of despair and her face was distorted with anguish. (그녀는 절망에 빠진 나머지 쉰 목소리로 울부짖었고 얼굴은 고통으로 일그러졌다.) - Maugham, *The Traitor*

e. Can you **give** me **a description** of the thief? (도둑의 인상착의를 말해줄 수 있느냐?)

f. She **gave** it **a glance** and with a smile of scorn handed it back to him. (그녀는 그것을 언뜻 보고는 경멸의 미소를 지으며 그에게 돌려주었다.) - Maugham, *The Letter*

g. The professor **gave a lecture on** the relation between smoking and cancer. (교수는 흡연과 암의 상관관계에 대해서 강연했다.)

h. One of the cows **gave** the farmer **a** hard **kick**. (암소 중 한 마리가 그 농부를 세게 찼다.)

i. She **gave** the door **a pull**, but it didn't budge. (그녀는 문을 당겼으나 꼼짝도 하지 않았다.) - Cook, *Contagion*

j. He was standing by the swimming pool when someone **gave** him **a push** and he fell in. (그가 수영장의 가장자리에 서있을 때 누군가 그를 밀어서 안으로 풍덩 빠졌다.)

k. She **gave a scream** and ran out of the room. (그녀는 비명을 지르며 방 밖으로 뛰어 나갔다.)

l. We **gave** the car **a** good **shove** and moved it out of the mud. (우리는 차를 힘껏 밀어서 진흙에서 빼냈다.)

m. The prisoner **gave a shrug** of indifference. (죄수는 관심 없다는 듯이 어깨를 으쓱했다.)

n. She **gave a sigh of relief*** when she heard her child was safe. (그녀는 아이가 무사하다는 말을 듣고 안도의 한숨을 내 쉬었다.) [* = sighed with relief]

o. Well, I'll **give** you **a** one-week **trial**. (그럼, 자네를 일주일간 시험 삼아 써 보겠네.) - Sheldon, *The Stars Shine Down*

p. You're a hard man to please, Charlie Trumper, but if that's what you want, I'll **give it a try**. (찰리 트럼퍼, 당신은 까다로운 사람이야, 그러나 당신이 그것을 원한다면 그렇게 해보겠네.) - Archer, *As the Crow Flies*

- I'm not sure I can make him change his mind, but I'll **give it a try**. (내가 그의 마음을 바꿀 수 있다고 장담은 못하지만 그를 한 번 설득해 보겠네.)

§ 87 Get + a(n) + 명사

Get은 구어체 영어에서 다른 동사 특히 have나 take 대신에 많이 쓰인다.

get/ have an advantage over (*or* of) 보다 유리하다
get/ have/ take a bath (= bathe) 목욕하다
get a good beating 호되게 얻어맞다
Cf. give *sb* a good beating 아무를 호되게 때리다
get/ answer the bell(*or* the door) 초인종(노크) 소리를 듣고 나가보다
get/ have a black eye 얻어맞아서 눈언저리가 퍼렇게 멍이 들다
get breakfast (supper) ① 조반(저녁밥)을 먹다 ② 조반(저녁밥)을 준비하다
get/ have a checkup 진찰(건강진단)을 받다
get a divorce (= get divorced) 이혼하다
get/ have a dream (= dream) 꿈을 꾸다
get/ have a drink (= drink) 술(또는 물)을 한 잔 마시다
get/ have/ take a gander at (= glance at) 을 흘끗 보다
get/ give/ take/ throw/ shoot a glance at (= glance at) 을 흘끗 보다
get/ have/ catch a glimpse of (= glimpse) 을 흘끗 보다
get/ have a haircut (= have *one's* hair cut) 머리를 깎다
get/ have/ take a look at (= look at) 을 보다
get a move on (= hurry up) 서두르다
get a pat on the back 칭찬(격려)의 말을 듣다
get/ take a photo (*or* picture) (=photograph) 사진을 찍다
get a promotion (= be promoted) 승진(진급)하다
get/ have a raise 임금(급료)이 인상되다
get/ have/ take a ride (= ride) (말, 마차 따위에) 한 번 타다
get/ have a shave (= shave) 면도하다
get/ have an injection (*or* a shot) 주사를 맞다
Cf. give *sb* an injection (*or* a shot) 에게 주사를 놓다
get/ take a shot of (= shoot) 사진을 찍다, 촬영하다
get/ have/ take a shower (= shower) 샤워하다
get/ have a sleep (= sleep) 잠을 자다
get/ have a sniff (= sniff) 코로 들이쉬다, 코를 킁킁거리며 냄새를 맡다
get/ make a start (= start) 시작(출발)하다
get/ have a good view (of) (~ 을) 잘 보다

<Get + a(n) + 명사>의 용례

a. He **got the advantage over** other boys of being born into a rich family. (그는 부자집 소년들보다 유리했다.)

b. How did you **get the black eyes**? (어쩌다가 눈에 퍼렇게 멍이 들었느냐?) - Sheldon, *Nothing Lasts Forever*

c. Steve says he will marry me if I can **get a divorce from** my husband. (스티브는 내가 남편과 이혼할 수 있다면 나하고 결혼하겠대요.)

d. At all events if I found a stream I should be able to **get a drink**. (좌우간 시내를 발견한다면 물을 마실 수 있을 거야.) - Maugham, *Neil MacAdam*

e. You won't be so snotty after you **get a gander at** this. (너희들이 이것을 언뜻 보고 나면 젠체하지 못할 거야.) - Capote, *A Tree of Night*

f. The manager happened to **get a glance at** the inside of her purse and saw that it had quite a wad of currency. (지배인은 그녀의 핸드백 안을 언뜻 들여다보고 그 속에 꽤 큰 지폐 다발이 들어 있음을 알았다.) - Gardner, *The Fiery Fingers*

g. Over the next few years Lara **got a glimpse of** a different world. (다음 2, 3년 동안 그녀는 다른 세계를 조금 경험했다.) - Sheldon, *Op. cit.*

h. I've gottta **get a haircut** first. (나는 먼저 이발을 해야겠다.) - Segal, *Doctors*

i. He was sure that this Ryan fellow hadn't **got a good look at** his face. (그는 이 라이언 이라는 녀석이 자신의 얼굴을 제대로 보지 못했음을 확신했다.) - Clancy, *Patriot Games*

j. Bill, if you **get a promotion** and a nice **raise**, you wouldn't have to work so hard. (빌, 너가 승진하여 급료가 많이 오르면 이렇게 열심히 일하지 않아도 될거야.) - Sheldon, *Op. cit.*

k. He was walking along the edge of the road and he had his thumb out trying to **get a ride**. (그는 도로 가장자리를 따라 걸어가면서 차를 얻어 타려고 엄지 손가락을 내밀었다.) - McCullers, *The Heart is a Lonely Hunter*

l. Robert Cohn spent the mornings studying Spanish or trying to **get a shave** at the barber shop. (로버트 콘은 아침 시간에는 스페인어를 공부하거나 이발소에서 면도하느라고 시간을 보냈다.) - Hemingway, *The Sun Also Rises*

m. I'm going to **get a** good night's **sleep**. (한잠 푹 자야겠다.) - Sheldon, *Op. cit.*

n. Could we **get a shot** of you and your husband together? (댁의 부부 사진을 한 장 찍어도 될까요?) - Sheldon, *Ibid.*

o. Maybe we'll **get a shower** before sundown. (해가 지기 전에 샤워를 하자.) - Caldwell, *The People's Choice*

p. To **get a** better **view** of the game, some of the spectators climbed on to the roof of the refreshment bar. (경기를 더 잘 보려고 관객들 중에는 매점의 지붕 위로 기어 올라간 사람들도 있었다.)

§ 88 Do + (a / the / one's / one) + 명사

Do는 앞에서 설명한 5개의 동사와는 달리 한 개의 동사로 바꿔 쓸 수 있는 경우는 극히 드물고, 특히 informal English에서 다른 동사 대신에 많이 쓰인다. do는 뒤에 오는 명사와 결합하여 관용적인 표현이 된 것도 있지만, 그 의미는 뒤에 오는 명사에 따라서 결정된다. 어떤 명사와 결합하는지 유추하기 어려울 때가 많으므로 평소에 많은 독서를 통하여 익숙해지는 수밖에 별 도리가 없다.

do (*or* get/ take) exercise 운동하다
do (*or* perform/ conduct/ carry out) experiments 실험을 하다
do the housework/ the chores 집안일/허드렛일을 하다
do (a lot of) work (많은) 일을 하다 Cf. do odd jobs 뜨내기 일을 하다
do a good(or fine, *etc.*) job (of work) (일을) 잘하다
do exercise/ aerobics/ gymnastics 운동/ 에어로빅/ 체조를 하다
do tae kwon do/ pushups/ weight-lifting 태권도/ 엎드려 팔 굽혀펴기/역도를 하다
do a dance/ a tango/ a waltz 춤/ 탱고/ 왈츠를 추다
do (*or* run) an errand 심부름을 하다
do/ wash the dishes (= *BrE* wash up) 설거지하다
do the laundry/ the wash(= *BrE* do the washing) 세탁하다
do a picture (*or* painting/ drawing/ a portrait) 그림(그림/ 드로잉/초상화)을 그리다
do the room/ the roof 방을 청소하다/ 지붕을 수리하다
do an article (for a magazine) (잡지에) 기사를 쓰다
do *sb's* doctorate 박사학위 과정을 밟다
do *sb's* (doctoral) thesis (박사학위) 논문을 쓰다
do *sb's* face (*or* makeup) 화장하다
do *sb's* hair/ teeth 머리를 빗다/ 이빨을 닦다
do *sb's* homework ① 숙제를 하다 ② 사전조사를 하다, 완전히 준비하다
do/ arrange the flowers 꽃꽂이하다
do a research/ background (check) 조사(연구)를 하다/ 배경조사를 하다
do a crossword [puzzle]/ equations 퍼즐/ 방정식을 풀다
do lunch(dinner) 점심(저녁밥)을 먹다
do/ make a calculation (= calculate)(= do sums/ a sum/ figures) 계산을 하다
do/ cause damage to (= damage) 에게 피해를 주다
do *sb* good ① 아무의 건강에 좋다 ② 아무에게 선행을 베풀다
do *sb* harm (=harm *sb*) 아무에게 해를 입히다(감정을 상하게 하다)
do *sb* an injury (= injure *sb*) 아무에게 상처를 입히다(감정을 상하게 하다)

< Do + (a / the/ one's/ one + 명사 >의 용례

a. You should **do** at least fifteen minutes' **exercise** each day. (당신은 매일 적어도 15분 동안 운동을 해야 합니다.)

b. Do you have any qualms about **doing experiments** on animals? (당신은 동물을 상대로 실험을 하는데 양심의 가책을 느낍니까?)

c. Doesn't it piss you off <u>the way</u>* your husband makes you **do** all **the housework**? (네 남편이 집안일을 너한테 다 시키는데도 화가 나지 않느냐?) [*→ *p.* 335]

d. He's fed up with **doing** temporary **jobs** that only last a few months – he wants a permanent job. (그는 몇 달 밖에 일 하지 못하는 비정규직에 신물이 났다 – 그가 원하는 것은 정규직이다.)

e. I **did the Charleston** with none more than Gloria Feldman. (나는 다름아닌 글로리아 펠드만과 찰스튼 춤을 추었어.) - Roth, *Goodbye, Columbus*

- For relaxation she **did aerobic dancing**. (취미 삼아 그녀는 에어로빅 댄스를 했다.) - Segal, *The Class*
- She's a dancer, and she **does Spanish dances**. (그녀는 댄서로, 스페인 춤을 춥니다.)– Maugham, *Giulia Lazzari*

f. Before you disappear I want you to **do an errand** for me. (떠나기 전에 내 심부름 하나 해줘.)

g. By the way, what has become of that wonderful **portrait** he **did** of you? (그가 그린 자네의 그 멋있는 초상화는 어떻게 되었느냐?) - Wilde, *The Picture of Dorian Gray*

- Gary Trudeau **does a** satirical **cartoon** for *the Washington Post* under the title Doonesbury. (게리 트루도는 워싱턴 포스트에 둔스베리란 제목의 풍자만화를 그린다.)

h. She no longer troubled to **do her hair** with the old elaboration, but just tied it in a knot. (그녀는 예전처럼 정성스럽게 머리 손질을 하지 않고, 그냥 간단하게 말아 붙였다.) - Maugham, *Of Human Bondage*

- She sat at her mirror and **did her makeup**. (그녀는 거울 앞에 앉아서 화장을 했다.) – Follett, *The Third Twin*

i. We **did a marketing study** for them and found the resistance too much. (우리는 그들을 위해서 시장조사를 했으나 저항이 너무 크다는 것을 알았다.) - Toffler, *Future Shock*

j. King had **done his doctoral thesis** on blood-coagulation factors. (킹은 피의 응고 요인에 관해서 박사학위 논문을 썼다.) - Crichton, *The Lost World*

k. Wade can read and write and **do all the calculations** a farmer's ever going to need. (웨이드는 읽기, 쓰기 그리고 농부에게 필요한 계산은 무엇이나 다 할 수 있다.) - Ripley, *Scarlett*

l. What do we **do for dinner**? (저녁으로 무엇을 먹을까?) - Clancy, *Patriot Games*

Ⅲ. 특수 동사

Be와 come/ come과 bring/ have 동사의 특수 구문/ 재귀동사 /타동사 + one's way/ 운동이나 변화를 나타내는 자동사

§ 89 Be와 come

(1) Be 동사의 구어용법

Spoken English에서 가까운 미래의 go와 come 즉 <곧 가겠다/ 곧 (돌아) 오겠다>의 뜻에는 be동사를 쓴다. 이 경우 go나 come을 쓰기도 하지만 원어민(native speaker)은 be 동사를 쓰는 것이 보통이다.

a. **I'll be** with you in a minute. (곧 갈게) - Miller, *Death of a Salesman*

b. When **will** you **be back**? (언제 돌아오십니까?)

c. I'll be there as soon as possible. (될 수 있는 대로 빨리 거기로 갈께.) - Cook, *Outbreak*

d. She's gone on a business trip* and **won't be back** until Tuesday. (그녀는 출장을 갔으므로 화요일이 되어야 돌아 올거야.) [* go on a business trip 출장 가다]

e. There, there!* don't cry—your Mommy'll **be here** soon. (아가야 울지마, 엄마가 곧 여기에 오실 거야.) [* 우는 아기를 달랠 때 쓰는 말]

NB <곧 간다>라는 뜻이라도 <거리가 좀 멀 때>는 be on the way를 사용한다.

- The police are on the way. They are only a mile away off, coming through the forest. (경찰이 지금 오고 있습니다. 불과 1마일 밖에 떨어져 있지 않은데 이제는 숲을 지나오고 있는 중입니다.) – Greene, *The Power and the Glory*

(2) Come (go의 뜻으로 쓰이는 경우)

come이 항상 우리말의 <오다>와 같은 뜻은 아니다. *a.* 상대방이 있는 곳으로 가는 경우와 *b.* 상대방과 동행한 경우에는 come을 쓴다.

a. May I **come in**? (들어가도 될까요?)

- Amanda: We can't say grace until you come to the table. Tom: **Coming.** Mother. (아만다: 네가 올 때 까지는 감사기도를 드릴 수 가 없구나. 탐: 곧 갑니다. 어머니) - Williams, *The Glass Menagerie*

b. Would you like to **come** and see a movie **with me**? (같이 영화 보러 가시겠어요?)

- She said she's not **coming with us** because she hasn't got anything to wear. (그녀는 입고 갈 옷이 없어서 우리하고 같이 가지 않겠다고 말했다.)

§ 90 Come과 bring

Come과 bring은 서로 의미가 대립되는 숙어를 만든다. 즉, come은 자동사이므로 자동사적인 숙어를 만들고, bring은 타동사이므로 타동사적인 숙어를 만든다.

come abou t(= happen) 일어나다, 발생하다
come home to *sb* 아무에게 충분히 이해되다, 아무에게 절실히 느껴지다
come into being/ existence 태어나다, 생기다
come in (*or* into) contact with *sb* 아무와 접촉하다, 아무와 만나다
come into effect/ operation 실시되다
come into fashion/ vogue 유행하기 시작하다
come to (*oneself*) 제 정신이 들다, 의식을 회복하다
come to an end/ a close/ a stop 끝나다
come to a halt/ a standstill 멈추다, 정지하다
come to *one's* knowledge 아무에게 알려지다
come to life 제 정신이 들다, 소생하다, 활기를 띠다
come to light 알려지다, 드러나다
come to mind (생각이) 마음에 떠오르다, 생각나다
come to *one's* senses 제 정신이 들다, 의식을 회복하다

bring about 일으키다, 초래하다
bring home to *sb* 아무에게 충분히 이해시키다, 절실히 느껴지게 하다
bring ~ into being/ existence ~ 가 생기게 하다. ~를 탄생시키다
bring A into contact with *sb* A를 아무와 접촉케 하다
bring ~ into effect/ operation ~ 를 실시하다
bring ~ into fashion/ vogue ~ 를 유행시키다
bring *sb* to 아무를 제 정신이 들게 하다
bring ~ to an end/ a close/ a stop ~ 를 끝내다
bring ~ to a halt (*or* a standstill) ~ 를 정지시키다
bring A to *one's* knowledge A를 아무에게 알리다
bring ~ to life ~를 소생시키다, 활기를 띠게 하다
bring ~ to light ~를 밝히다, 폭로하다
bring/ call ~ to mind ~를 생각해 내다, ~ 를 상기하다
bring *sb* to *their* senses 제 정신이 들게 하다
Cf. drive *sb* to mad/ crazy 아무를 미치게 하다 Cf. go mad/ crazy 미치다

§ 91 Have 동사의 특수용법

(1) Have + 목적어 + 원형 부정사

① 사역(아무에게~하게하다) ② 허용(아무에게~하도록 허용하다) ③ 수동(수난, 수익, 체험) (목적어가~하다) ④ 아무가~해주기 바라다, 등

① 사역 (가벼운 의미)

a. I'll **have** the gardener ***plant*** trees. (정원사에게 나무를 몇 그루 심게 해야겠다.)

b. Gene, Chris is in the shower right now. Can I **have** him ***call*** you back? (진, 크리스는 지금 샤워를 하고 있어요. 전화하라고 할까요?) - Lovell, *Apollo 13*

NB get도 이와 유사한 용법으로 쓰이지만 목적보어에 <to 부정사>가 쓰인다.

- He got his sister to help with his homework. (누나한테 숙제를 도와 달라고 했다.)

② 수동 (수익, 수난, 체험)

a. He **had** his only son ***die*** a few years ago. (그는 수 년 전에 외아들을 잃었다.) (= His only son died a few years ago.)

b. There was always the danger of **having** a horse ***fall*** on you. (말밑에 깔릴 위험이 항상 도사리고 있었다.) - Hemingway, *The Sun Also Rises*

c. I **have had** Italian officers ***visit*** me frequently and I have kept brandy to offer them. (이태리 장교들이 자주 나를 찾아 왔기 때문에 그들에게 줄 브랜디를 숨겨 두었다.) - Ibid., *A Farewell to Arms*

③ 허용 (= allow, suffer, tolerate)

사역의 의미가 약화된 것으로, 보통 won't나 can't와 함께 쓰인다.

a. I won't **have** him ***play*** the piano in my house. (그가 내 집에서 피아노를 치지 못하게 해야겠다.) – Maugham, *The Alien Corn*

b. I won't **have** Carl ***talk*** that way. (칼이 그런 이야기를 하면 가만 두지 않겠어요.) - Hemingway, *Ten Indians*

④ 아무가~해주기를 바라다. (흔히 will / would 와 함께 쓰인다.)

a. *Would* you **have** me ***go*** home alone? (내가 혼자서 집에 가기를 원하세요?)

b. I *would* **have** you ***know*** that I am a person of some importance in this company. (내가 이 회사에서 상당한 요직에 있다는 사실을 알아주기 바란다.)

(2) Have / get + 목적어 + V-ing

① 사역

앞 페이지의 <Have +목적어+원형부정사>와 거의 같으나, 이것은 목적보어가 현재분사 즉, 진행시제이기 때문에 <동작의 진행>이나 <가까운 미래>를 나타낸다는 점이다. have 대신에 get이나 have got을 쓰기도 한다.

a. She **had** her audience ***listening*** attentively. (청중들에게 자신의 말을 경청하게 했다.) [동작의 진행]

Cf. Her audience was listening. (5형식에서 '목적어와 목적보어'의 관계는 2 형식에서 '주어 + 보어'의 관계와 같다.)

b. Just make sure you **have** the boat ***waiting*** the east dock of the island Friday night. (금요일 밤에 보트를 섬의 동쪽 부두에서 기다리도록 해 주세요) - Crichton, *Jurassic Park* [동작의 진행]

c. Kelly **got** the drip coffee machine ***going*** then he pulled on a pair of swim trunks and headed topside. (켈리는 커피머신의 스위치를 켜 놓고는 수영 트렁크를 입고 상갑판으로 올라갔다.) - Clancy, *Without Remorse* [동작의 진행]

d. You**'ve got** a good fire ***going***, Mother. It's nice and warm in here. (어머니, 불을 많이 때고 있군요. 여기는 아주 따뜻합니다.) – Pasternak, *Doctor Zhivago* [동작의 진행]

e. **I have** a couple of mids ***coming*** in this afternoon to go over their term papers. (오늘 오후에 사관생도 두 명이 학기말 논문을 검토하러 올거야.) - Clancy, *Patriot Games* [가까운 미래]

관용표현으로 많이 쓰이는 have it coming (= deserve it 당연한 벌이다, 자업자득 이다, ~받을 만하다 [나쁜 의미뿐만 아니라 좋은 의미에도 쓰인다])와 여기에서 파생된 표현도 <사역>을 나타낸다고 볼 수 있다.

f. You can punish me for <u>talking out of turn</u>*. I**'ve got it coming.** (제가 분별없는 소리를 하면 벌을 주세요. 자업자득이니까요) - Saroyan, *The Human Comedy* [* talk/ speak out of turn 분별없이 말하다, 경솔하게 말하다]

g. I will make you faint. You**'ve had this coming to you** for years. None of the fools you've known have kissed like this – have they? (당신을 기절시킬거야. 당신은 몇 년 동안 이것을 기다려 왔소.. 당신이 알았던 바보들은 누구 하나 이런 키스를 해 주지 않았소 – 그렇죠?) - Mitchell, *Gone with the Wind*

h. I'm surprised he's complaining about his wife leaving him – he's **had it coming** to him for years. (자기 아내가 떠난다고 불평하다니 놀라운 일이군 – 그는 수년 동안 아내가 떠나기를 기다려 온 셈이야.)

② 수동 (수익, 수난, 체험) (= have + 목적어 + 원형 부정사 ②)

a. You'll **have** six days' pay ***coming*** to you, then, won't you? (그러면 당신은 6일치 임금을 받겠군.) - Caldwell, *A Knife to Cut the Cornbread With*

b. I don't like **having** many students ***coming*** into my class late. (내 수업시간에 많은 학생들이 늦게 들어오는 것을 나는 좋아하지 않는다.)

c. When he became famous, he **had** people ***stopping*** him in the streets and asking for his autograph. (그가 유명해지자 사람들이 거리에서 그를 붙잡고 사인을 요구했다.)

d. The fact that I **had** four plays ***running*** at once brought me great notoriety. (네 편의 희곡이 동시에 상연되고 있다는 사실 때문에 나는 악명을 떨치게 되었다.) - Maugham, *The Summing Up*

e. Did you ever h**ave** people ***laughing*** at you? (당신은 다른 사람들로부터 조롱을 당해 본 적이 있어요?) - Kesey, *One Flew over the Cuckoo's Nest*

NB 위의 *a*, *b*와 아래의 용례처럼 분사로 쓰인 동사가 자동사인 경우는 <목적어(주어) + be + V-ing>로 보아도 무방할 것이다.

• He **had** a patient ***living*** near the hospital. (환자 한 명이 병원 근처에 살고 있었다.) - Pasternak, *Doctor Zhivago*

[사역]의 경우와 마찬가지로, [수동]에서도 have 대신에 get도 쓰인다.

f. It's worse in the big towns, and the law school graduates more and more, many of whom can't find jobs. I get ten kids a year knocking on my door looking for work. (대도시는 상황이 더욱 나빠서 법과 대학원 졸업생들이 더 많기 때문에 일자리를 구 할 수 없다. 직장을 구하려고 내 사무실을 구하려고 찾아오는 학생이 일년에 열 명은 된다.) - Grisham, *A Time to Kill*

③ 허용 (= have + 목적어 + 원형 부정사 ③)

보통 won't 또는 can't 와 함께 쓰인다.

a. I **won't have** you ***making*** my mother a laughingstock. (내 어머니를 웃음거리로 만들면 가만 두지 않겠다.) - Ripley, *Scarlett*

b. I **won't have** you ***striking*** the children. (당신이 그 아이들을 때리면 가만두지 않겠소.) - Huxley, *Brave New World*

c. I **can't have** little boys ***climbing*** into my garden. (어린 소년들이 내 정원으로 기어들어 오게 할 수는 없어.)

④ 아무가…해주기를 바라다 (= have + 목적어 + 원형 부정사 ④)

흔히 will / would 와 함께 쓰인다.

(3) Have / get + 목적어 + V-ed

① 사역 (주어에 의지가 있을 때)

a. I must **get** my hair ***cut***. (= I must get somebody to cut my hair.) (나는 이발해야겠다.)

b. Will you **have** your eggs ***boiled*** or ***fried***? (달걀을 삶아드릴까요, 프라이로 할까요?)

c. We all three went for a walk out to the gypsy camp, and Brett **had** her fortune ***told***. (우리 셋이 모두 집시들이 사는 캠프까지 산책하러 나갔다가 브렛은 점을 봤다.) - Hemingway, *The Sun Also Rises*

d. Somebody came to me last year to **have** their portrait ***done***. (작년에 어떤 사람이 나에게 와서 초상화를 그려 달라고 했어.) - Wilde, *The Picture of Dorian Gray*

e. Let's **have** the record ***read*** by the court reporter. (그 기록을 법정 출입기자에게 읽어 달라고 합시다) - Gardner, *The Fiery Fingers*

f. It's always been extremely difficult to **get** your first novel ***published***. (항상 첫 번째 소설을 출판하기는 대단히 어렵다.)

② 수동 (주어에 의지가 없을 때) (~당하다)

a. She **had** her purse ***snatched*** on the street. (거리에서 핸드백을 날치기 당했다.)

b. He **had** his house ***broken*** into last night. (= His house was broken into last night.) (지난 밤에 그의 집에 강도가 들었다.)

c. Politicians are used to **having** caricatures of themselves ***printed*** in newspapers. (정치가들은 자신들의 만화가 신문에 실리는 것을 종종 본다.)

d. I've **had** a sister ***sold*** in that New Orleans market. (내 누이동생 한 명이 그 뉴올리언즈 시장에서 팔렸어요.) – Stowe, *Uncle Tom's Cabin*

e. I **got** my right leg ***hurt*** in the car crash. (자동차 사고로 오른 쪽 다리를 다쳤다.)

③ 완료 (현재완료와 거의 같은 의미를 가진다)

동작의 완료보다 완료 후의 상태를 나타내며, 특히 *AmE*에서 많이 쓰인다.

a. I'll **have** my things ***packed*** in five minutes. (5분 안에 짐을 다 꾸려 놓겠다.)

b. They **have** scarcely any money ***saved*** for their old age. (그들은 노후를 대비하여 저축해 놓은 것이 없다.)

c. He **had** his down parka ***zipped*** up to keep out the cold wind. (그는 찬바람을 막기 위해서 오리털 파카의 지퍼를 위에까지 잠가 놓았다.) - Cook, *Mutation*

d. They had all hoped to **get** their chores ***done*** before dark and have a free evening. (그들은 모두 어두워지기 전에 집안일을 끝내고 한가한 저녁시간을 가지고 싶었다.) - Pasternak, *Doctor Zhivago*

§ 92 재귀 동사

재귀 동사란 항상 재귀 대명사(myself, yourself, himself, *etc.*)를 동반하는 타동사를 말하는데 일종의 idioms이다(→*p*.37).

address *oneself* to 에게 말을 걸다, ~에 본격적으로 착수하다
absent *oneself* (from) (에) 결석하다
adjust *oneself* to 에 적응(순응)하다
behave (*oneself*) 점잖게 행동하다
bestir *oneself* 분발하다, 노력하다
burn *oneself* to death 분신자살하다. cf. leap to one's death 투신자살하다
bring *oneself* to do 할 마음이 내키다
collect (*or* compose) *oneself* 마음을 가라앉히다
commit *oneself* to 에 몸을 맡기다, ~에 전념(헌신)하다
confine *oneself* to 에 국한하다
cry *oneselff* to sleep 울다가 잠이 들다
devote *oneself* to 에 전념(몰두/ 헌신)하다
dress *oneself* 옷을 입다
drink *oneself* to death 과음으로 죽다
excuse *oneself* 변명(사과) 하다. 양해를 구하고 자리를 뜨다
familiarize *oneself* with (= be familiar with) 에 정통(익숙)하다
flatter *oneself* (that) (~라고) 자부하다
help *oneself* to 을 마음대로 집어 먹다(마시다). 자신이 음식을 날아먹다
keep *oneself* to *oneself* 다른 사람과 교제하지 않다.
lock *oneself* out (of the house) 열쇠를 잊은 채 잠가버려 (집에) 못 들어가게 되다
lend *oneself* to 에 적합하다
pull *oneself* together 정신을 차리다, (병에서)회복되다
reconcile *oneself* to 으로 만족하다, 감수하다
revenge (*or* avenge) *oneself* on 에게 복수하다
set *oneself* to do 하려고 마음먹다/ 노력하다
suit *oneself* 마음대로 하다, 제멋대로 하다
smoke *oneself* to death 지나친 흡연으로 죽다
suggest *oneself* to 마음에 떠오르다, 생각이 나다
surrender *oneself* to 에 빠지다, ~에 항복하다
throw *oneself* (from the top of the building) (건물 옥상에서) 투신(자살) 하다
treat *oneself* to 큰 마음먹고 즐기다(사다)
work *oneself* to death 과로하여 죽다

§ 93 동사 + one's way (+ 부사/ 부사구)

(해당동사의 의미 + go <~하면서 나아가다>)

이 표현은 주로 타동사와 함께 사용되지만, 가끔 자동사도 쓰인다. 뒤에 오는 부사(구)는 여러 가지가 있으나 <through the crowd>가 가장 빈번하게 나타난다. 그리고 이 <동사 + one's way>는 우리말로 옮길 때 까다로운 경우가 많다. 아래에 보인 해석은 대체적인 뜻이며, 문맥에 따라서 다양한 의미를 나타낸다.

argue *one's* way 싸우며 ~ 하다
beat *one's* way 헤치며 나아가다
blast *one's* way 총을 쏘며 전진하다
bluff *one's* way 속여서(위협하여)~하다
breathe *one's* way 숨을 크게 쉬며~하다
bribe *one's* way 뇌물을 주어~하다
bull *one's* way 반대를 무릅쓰고 나아가다
bulldoze *one's* way 위협하여~하다
burrow *one's* way 굴을 파서~하다
bum *one's* way 남의 돈을 빼앗아~하다
buy *one's* way 돈으로 매수하여~하다
clasp *one's* way 박수치며~하다
claw *one's* way 두 손으로 헤치며 나아가다
complain *one's* way투덜거리며~하다
crush *one's* way 밀치고 들어가다
cut *one's* way 나무를 베어가며 나아가다
ease *one's* way 천천히 나아가다
eat *one's* way 먹어 들어가다, 먹어 치우다
edge *one's* way 천천히/조심해서 나아가다
elbow *one's* way 팔꿈치로 헤치며 나아가다
feel *one's* way 손으로 더듬으며 나아가다
fight *one's* way 싸우며 나아가다
find *one's* way 길을 찾아가다
force *one's* way 억지로 나아가다
fumble *one's* way 더듬어 나아가다
get *one's* way 자기 마음대로 하다
grope *one's* way 손으로 더듬어 나아가다
hew *one's* way 진로를 개척하다
inch *one's* way 조금씩 전진하다
kick *one's* way 발로 차면서 나아가다
make *one's* way (= go)
pay *one's* way 빚지지 않고 살아가다
pick *one's* way 조심스럽게 나아가다
plow(*or* plough) *one's* way 힘들여 나아가다
plod *one's* way 터벅터벅 걸어가다
push *one's* way (군중 속을 헤치며) 나아가다
shoulder *one's* way 어깨로 밀치며 나아가다
shove *one's* way (군중 속을 헤치며) 나아가다
sleepwalk *one's* way 몽유병자처럼 아무 생각없이 하다.
slog *one's* way 터벅터벅 걷다, 꾸준히 일하며 나아가다
sniff *one's* way 코로 냄새 맡으며 가다
sob *one's* way 흐느껴 울면서~하다
squeeze *one's* way 비집고 나아가다
squirm *one's* way 꿈틀거리며 나아가다
talk *one's* way 이야기하여 해결하다
thread (*or* thrust / work) *one's* way through the crowd 군중 속을 헤치며 나아가다
thumb *one's* way 히치하이크하다
trace *one's* way 더듬어 찾아가다
weave *one's* way 누비며 나아가다
work (*or* earn/ pay/ scratch) *one's* way through college 고학으로 대학을 졸업하다
work *one's* way up 노력하여 승진하다
worm *one's* way (군중 속을 헤치고) 나아가다

< 동사 + one's way (+ 부사/부사구) >의 용례

a. Reuther had soon **argued his way** out of his job at Ford. (로이터는 포드 회사 측과 싸우고 그 회사에서 일자리를 잃었다.) - Lacey, *Ford*

b. For over a year he had been **beating his way** along the south shore of Lake Superior as a clam-digger. (일 년 이상이나 그는 조개를 잡으려고 슈피리어 호숫가를 터벅터벅 걸어 다녔다.) - Fitzgerald, *The Great Gatsby*

c. He's got an incredible ability to **bluff his way** out of awkward situations. (그는 상대방을 속여서 난처한 상황에서 벗어나는 놀라운 능력을 갖고 있었다.)

d. He was probably **bumming his way** home. (그는 아마도 다른 사람을 등쳐먹으며 집으로 돌아갔을 것이다.) - Fitzgerald, *Op. cit.*

e. A few Jews learned of the roundups in advance and either fled or tried to **buy their way** into Christian homes. (소수의 유태인들은 일제검거가 있을 것이라는 정보를 사전에 입수하여 도망을 가거나 돈을 주고 기독교도의 가정에 들어가려고 했다.) - Uris, *Exodus*

f. They **clapped their way** out into the middle of the floor and began to dance in an awkward way. (그들은 손뼉을 치면서 바닥의 한 가운데로 나오더니 엉거주춤하게 춤을 추기 시작했다.) - Haley, *Roots*

g. Stumbling over tree roots in the darkness, **clawing his way** past dripping branches, he saw the Jeep ahead. (어둠 속에서 나무뿌리에 걸려 넘어지기도 하고, 물이 뚝뚝 떨어지는 나무 가지를 손으로 헤치며 가다가 보니 앞에 짚차가 보였다.) - Crichton, *Jurassic Park*

h. The forty members of the junior class hurried down the dormitory staircase while fifteen senior boys tried to **crush their way** up. (2학년 학생 40명이 기숙사 계단에서 뛰어 내려가고 있을 때 3학년 남학생 15명이 밀치며 위로 올라가고 있었다.) - Kleinbaum, *Dead Poets Society*

i. He **forced his way** through the undergrowth with rapid strides. (그는 덤불을 헤치며 성큼성큼 앞으로 걸어갔다.) - Maugham, *Neil MacAdam*

j. In 1519 the indomitable soldier, Hernan Cortes, with a small army **hewed his way** to the center of Mexico, defeated the forces of the Aztec emperor Montezuma, and seized the country. (1519년에 불굴의 군인 에르난 코르테즈는 소수의 군대로 멕시코의 심장부로 진격하여 아즈택의 몬테주마 황제의 군대를 격파하고 아즈택을 점령했다.) - Nevins, *A Pocket History of the United States*

k. They have an idea the man probably walked down to the main highway and **hitch-hiked his way** into town. (그들은 그 남자가 아마도 걸어서 큰 길로 나와서 차를 얻어 타고 시내로 들어갔다고 생각한다.) - Gardner, *The Gilded Lily*

l. He was dirt poor and **scratched his way** through law school at night. (그는 찢어지게 가난했기 때문에 밤에 아르바이트를 하여 법과 대학원을 졸업했다.) - Grisham, *A Time to Kill*

m. I **worked my way** up to the presidency of the Ford Motor Company. (나는 열심히 노력하여 포드 자동차 회사의 사장까지 승진했다.) - Iacocca, *Autobiography*

§ 94 운동이나 변화를 나타내는 자동사

왕래, 발착 따위의 운동이나 상태의 변화를 나타내는 일부의 자동사 즉, agree, arrive, become, change, come, fall, finish, go, grow (up), read, return, rise, *etc.* (이러한 동사들을 변이동사(Mutative Verb) M[utative verb]라고 부르기도 한다)의 완료형 또는 과거 분사형은 타동사의 그것과 같은 기능을 가지며, <운동이나 변화가 완료한 결과>를 나타낸다. 이 동사들의 과거분사는 타동사의 그것에 비해서 사용빈도가 훨씬 낮으며, 또 때로는 타동사와 구별하기 어렵거나 구별할 필요가 없는 경우도 있다 (위에 든 동사 중에서 agree, change, finish, read, *etc.*). 그리고 오늘날에는 이러한 변이동사의 과거분사를 형용사로 보는 경향이 강하다.

(1) 이러한 동사들의 특징은 완료시제를 만들 때 <be + 과거분사>의 형태를 취한다.

a. We **are**(= have) **agreed** on finding the accused man innocent. (피고가 무죄라는 데 우리들 전원의 의견이 일치했다.)

• Everyone **was agreed**, in a business not generally noted for breeding or refinement, that Edsel Ford was a true gentleman. (예절이나 품위와는 다소 거리가 있는 사업계에서 엣셀 포드야말로 진정한 신사라는 데 아무도 이의가 없었다.) - Lacey, *Ford*

b. I think you **are** newly **arrived** in India. (당신은 인도에 최근에 오신 분 같군요.) - Forster, *A Passage to India*

• Does he know your guest **is arrived**? (그는 당신의 손님이 도착해있음을 아느냐?) - Maugham, *The Alien Corn*

c. She **was become** extremely blowsy. (그녀는 대단히 뚱뚱하고 추레해졌다.) - Maugham, *The Consul*

d. Biff **was** very **changed** this morning. (비프는 오늘 아침에는 전혀 딴 사람이 되어 있었다.) - Miller, *Death of a Salesman*

• The people too **were changed** in the evening, quieted. (저녁때가 되자 그 사람들도 달라져서 잠잠해졌다.) - Steinbeck, *The Grapes of Wrath*

e. The time **was come** for him to go to England. (그 남자가 영국으로 갈 때가 되었다.) - Maugham, *The Traitor*

f. He **was finished** combing his goddam gorgeous hair. (그는 그의 멋진 머리칼에 빗질을 끝냈다.) - Salinger, *The Catcher in the Rye*

g. The professor **was gone** for the day, but scheduled to teach at 9a.m. class Tuesday. (교수는 퇴근했지만 화요일 오전 9시 강의에 올 예정이었다.) - Grisham, *The Chamber*

• By the end of the rainy season, half of the village **was gone**. (우기가 끝났을 때 마을의 절반은 없어졌다.) - Walker, *The Color Purple* *h.* Then, after their children **are grown**, they start saving for retirement. (그리고, 아이들이 다 자라고 나면, 그들은 퇴직에 대비해서 저축을 시작한다.) - *Time* (1987)

i. He **was** deeply **read** now, not only in history, but in philosophy and science. (그는 이제 역사뿐만 아니라, 철학과 과학에도 널리 정통해 있었다.) - Maugham, *Mayhew*

- The Hamiltons managed to be remarkably well educated and well **read**. (헤밀턴 집안 사람들은 훌륭하게 교육을 잘 받았기 때문에 대단히 박식했다.) - Steinbeck, *East of Eden*

NB read는 오늘날에는 위의 i 처럼 deeply, well, widely 따위의 부사와 함께 쓰이거나 복합어로 쓰이는 일이 많다. *ex.* a well/ widely-read person (박식한 사람) Cf. widely/ little-read (널리 읽혀지는/ 거의 읽혀지지 않는)

j. It was from this journey that Bateman Hunter **was** now **returned**. (베이트맨 헌터는 방금 바로 이 여행에서 돌아 왔다.) - Maugham, *The Fall of Edward Barnard*

(2) 이런 동사들의 과거분사는 형용사적인 색채가 짙어서, 명사의 앞 (ex. *fallen leaves* 낙엽), 또는 뒤에서 그 명사를 수식하거나, 서술적으로 쓰이기도 하고, 드물게는 분사구문을 만들기도 한다. 이 경우도 앞의 (1)과 마찬가지로 <동작이나 변화가 완료한 결과>를 나타낸다.

a. He laid the most recently **arrived** document on the table. (그는 가장 최근에 온 서류를 책상 위에 놓았다.) – Clancy, *Without Remorse*

- Because of newly **arrived** competitors, his daily tape rentals have dropped from 130 to about 75. (새로 뛰어든 경쟁자들 때문에 하루 나가는 그의 임대용 테이프는 130개에서 75 정도로 떨어졌다.) - *Time* (1986)

b. You will find him **changed** since you was here last, sir. (지난번에 오셨을 때보다 훨씬 변했어요. [=몸이 약해졌어요].) - Maugham, *Of Human Bondage* [was = were]

c. He's like a hero **come** back from the war. (그는 전쟁에서 이기고 돌아온 영웅 같다.) – Miller, *Tropic of Cancer*

- If I win the tournament, it will be a dream **come** true. (내가 이번 토너먼트 경기에서 우승하면 내 꿈이 실현되는 셈이다.)
- There's a man **come** all the way from England, specially to see you, Walter. (월터, 일부러 당신을 만나려고 멀리 영국에서 오신 분이 있어요.) - Archer, *As the Crow Flies*

d. There was still much to do, including removing the bodies of his **fallen** men. (쓰러져 있는 부하들의 시체를 치우는 일을 포함하여 아직 할 일이 많았다.) - Clancy, *Patriot Games*

e. She had had to listen to enough of them when he sat on the porch at Tara in days **gone** by. (지난 날 그가 타라의 현관에 앉아 있었을 때 그녀는 그런 이야기를 지겹도록 들었음에 틀림없었다.) - Mitchell, *Gone with the Wind*

f. He had a wife and three **grown** daughters, all married and settled. (그에게는 아내와 장성한 딸이 셋이 있었으나 딸은 모두 결혼하여 자리를 잡았다.) Caldwell, *Saturday Afternoon* *g*. If my uncle was seen turning the corner, we hid in the shadow until we had seen him safely **<u>housed</u>***. (삼촌이 모퉁이를 도는 것이 보이면, 우리는 그늘에 숨어서 삼촌이 어김없이 집안에 들어간 것을 볼 때까지 기다렸다.) - James Joyce, "Araby" in *Duliners* [* house (*vi*) 안전한 곳에 들어가다, 살다, 묵다]

h. The father, just **returned** from his own nine-to-five job and the mother, exhausted and depressed from paying the latest batch of bills, are outraged. (아침 9시부터 오후 5시까지 일하고 돌아온 아버지와 최근에 온 청구서 뭉치를 처리하고 지쳐버린 어머니는 화를 낸다.) - Toffler, *The Third Wave*

- She treated me as a prodigal **returned** from his husks and was disposed to make much of me. (그녀는 나를, 콩깍지까지도 먹지 않으면 안되었던 상태에서 돌아온 탕아—누가 복음(IX, 11~ 32)의 고사—처럼 융숭하게 대접하며 나를 받들어 모시듯 했다.) - Maugham, *Jane*
- In <u>*The Graduate*</u>*(1967), Dustin Hoffman became a star via his portrayal of Benjamin Braddock, the recently **returned** graduate stirred by a nebulous dread of his parents' empty-headed materialism. (영화 <졸업>에서 더스틴 호프만은 벤자민 브레덕의 역으로 스타가 되었다. 대학을 졸업하고 집에 돌아온 그는 자기 부모의 공허한 물질주의에 대한 모호한 불안으로 동요한다.) - Schneider, *1001 Movies* [*→ 이 쪽의 맨 아래 ☞]

i. The moon was large and pallid, the color and consistency of cream cheese, **risen** just above the sea. (방금 바다 위로 솟아 올라왔기 때문에, 달은 크고 창백했으며, 크림치즈의 색깔과 밀도를 지니고 있었다.) - Murdoch, *The Sandcastle*

j. The following morning saw us **started** on the hunt proper. (다음 날 아침 우리는 본격적인 수색에 나서고 있었다.) - Christie, *Poirot Investigages*

☞ *The Graduate* (1967 정확히 말하면 '대학 졸업생')는 개봉 당시 상당히 대담한 영화로 여겨졌다. 그 해는 60년대의 그 유명한 섹스 혁명이 막 시작되고 있었지만 아직 완전히 자리 잡지 못한 때였다. 그 때까지 할리우드 주류 영화가 중산층의 성을 그렇게 적나라하게 바라본 적도, 그렇게 기이한 삼각관계를 다룬 적도 없었다. 갑자기 주체할 수 없을 만큼 시간이 남아도는 대학 졸업생 (더스틴 호프만), 그와 성관계를 맺기로 한 알코올 중독자인 주부(밴 크로프트) 그리고 자신의 큰 경쟁자가 바로 약탈자와도 같은 자기 어머니라는 사실을 모르는 순진하고도 착한 아가씨(케서린 로스)의 삼각관계 (love triangle)를 다룬 작품으로 20세기 중반의 momism(모친에 의한 자식의 과보호)의 관(coffin)에 마지막 못질을 한 영화가 바로 이 <졸업>이다.

제7장 동사의 시제

WARM-UP

시제(Tense)란 시간적 구분을 나타내는 동사의 어형 변화를 말한다. 현재 시제, 과거 시제, 미래시제가 기본시제(Primary tenses)이며, 여기에 완료형과 진행형이 조합하여 완료시제가 3개, 진행시제가 6개 만들어져서 12 시제가 있다. 타동사의 경우는 수동태가 있으므로 12개가 합쳐져서 모두 24 개가 되지만, 보통 영어의 시제는 12개로 간주된다. 완료시제는 완료형, 진행시제는 진행형이라고 부른다.

(1) 기본시제

① 현재 (I write a letter.)
② 과거 (I wrote a letter.)
③ 미래 (I shall write a letter.)

(2) 완료시제

① 현재 완료 (I have written a letter.)
② 과거 완료 (I had written a letter.)
③ 미래 완료 (I shall have written a letter.)

(3) 진행 시제

① 현재 진행 (I am writing a letter.)
② 과거 진행 (I was writing a letter.)
③ 미래 진행 (I shall be writing a letter.)
④ 현재 완료진행 (I have been writing a letter.)
⑤ 과거 완료진행 (I had been writing a letter.)
⑥ 미래 완료진행 (I shall have been writing a letter.)

NB Tense & Time

Tense와 time은 혼동하기 쉽다. 자칫하면 Present tense는 present time을 나타낸다고 생각하기 쉽다. tense는 문법상의 용어이며, time은 실제생활에서 생각하는 '시간'이다. 그러면 영어에서 이 둘의 관계는 어떤가 하면 실제생활의 time을 동사의 형태로 표현된 것이 바로 tense이다.

Ⅰ. 현재 시제

§95 현재시제의 기본용법

현재시제는 현재라는 한 순간에 일어나고 있는 동작이나 상태를 나타내는 것(이것은 현재 진행형으로 나타낸다)이 아니고, 현재의 사실을 그대로 서술하는 것으로서, 서술되고 있는 사실은 현재를 중심으로 미래까지 미친다.

(1) 현재의 사실을 나타낸다

a. It **takes** nine months for the human embryo to develop fully. (인간의 태아가 완전히 성숙하는 데는 9개월이 걸린다.)

b. The Earth **moves** round the sun at a speed of 30km per second. (지구는 초속 30킬로미터의 속도로 태양의 주위를 공전한다.)

c. With the build-up of cholesterol, the coronary arteries **get** narrower. (콜레스테롤이 쌓이면 관상동맥이 좁아진다.)

d. The carbohydrates, fats and proteins in food **provide** us with energy. (음식물 속에 있는 탄수화물, 지방 그리고 단백질은 우리에게 에너지를 공급한다.)

e. Forms always **follow** function. (형식이란 항상 기능을 따르기 마련이다.) - *Folsom, The Day After Tomorrow*

f. The incidence of skin cancer **is** highest among red-haired people with freckled skin. (피부암은 얼굴에 주근깨가 있고, 머리칼이 붉은 사람들에게 발생률이 가장 높다.)

g. Those with fair skin **are** more at risk of skin cancers than those with dark skin. (백인은 흑인보다 피부암에 더 잘 걸린다.)

h. The best way to lose weight **is** using diet and exercise in combination. (체중을 줄이는 최선의 방법은 식이요법과 운동을 병행하는 것이다.)

i. At a height of 25,000 feet, the lack of oxygen **causes** dizziness and headaches. (25,000 피트의 높이에서는 산소 부족으로 현기증과 두통이 일어난다.)

j. The usual way of treating malaria **is** to give the patient large doses of quinine. (말라리아를 치료하는 일반적인 방법은 환자에게 다량의 키니네를 먹이는 것이다.)

k. Drinking alcohol during pregnancy **does** a great deal of harm to the developing fetus. (임신 중에 술을 마시면 자라고 있는 태아에게 대단히 해롭다.)

l. Guests and fish **stink** in three days. (손님과 생선은 사흘만 지나면 냄새 난다.) - Benjamin Franklin

(2) 현재의 반복적, 습관적 동작을 나타낸다(흔히 빈도의 부사를 동반한다).

a. She **keeps** fit by jogging five miles *every day*. (매일 5마일 조깅을 함으로써 건강을 유지한다.)

b. He **does** a few exercises *every morning* before breakfast. (그녀는 매일 아침 조반 전에 몇 가지 운동을 한다.)

c. My day **starts** at 6 : 30 a.m. and the first thing I **do** is make* myself a cup of coffee. (나의 하루는 오전 6시 30분에 시작되며, 내가 하는 첫 번째 일은 내 손으로 커피 한 잔을 타 마시는 것이다.) [* → *p.* 245]

d. In an arranged marriage the husband *often* **insists** that the wife brings a dowry. (중매결혼에서는 흔히 남편이 아내에게 지참금을 요구한다.)

e. Most English marriages **take place** between 11 and 12 in the morning. (영국의 결혼식은 대개 오전 11시에서 12시 사이에 거행된다.)

NB1 (1)과 (2)의 구별은 반드시 명확하지 않은 경우도 많고, 또 일일이 구별할 필요도 없다.

(3) 일반적인 진리를 나타낸다.

a. The Earth **rotates** on its axis once every twenty-four hours. (지구는 24시간에 한 번씩 자전한다.)

b. When a positron and an electron **come** into contact, they destroy each other. (양전자와 전자가 충돌하면 둘 다 파괴된다.)

c. The burning of fossil fuels **produces** carbon dioxide. (화석 연료를 태우면 이산화탄소가 나온다.)

d. Steam **condenses** to water when it comes into contact with a surface. (수증기가 물체의 표면과 닿으면 응축하여 물이 된다.)

Cf. A century ago it was widely believed that there **was** life on Mars. (일세기 전에는 화성에 생명체가 있다고 널리 믿어 졌다.)

NB2 일반적인 진리를 나타낼 때 격언이나 관용구에서 과거시제도 쓰인다.

ⓐ No good ever **came** of secrets. (비밀에서 좋은 결과가 나온 적은 일찍이 없었다.)

ⓑ Faint heart never **won** fair lady. [saying] (소심한 사람이 미인을 얻은 예는 결코 없었다.)
(= None but the brave deserve the fair. [용감한 자만이 미인을 얻을 자격이 있다.]

ⓒ The course of true love never **did** run smooth. (진정한 사랑의 길은 결코 평탄한 적이 없었다.) - Shakespeare, *A Midsummer Night's Dream*

오늘 날에는 이것을 현재형으로 바꿔 쓴다.

ⓓ The course of true love never **runs** smooth. (참 사랑의 길은 험난하다.)

§ 96 미래의 일을 나타내는 현재시제

(1) 단문에 쓰이는 경우

가까운 미래의 일로서 현재 이미 결정되어 있는 미래의 일부라고 생각되는 경우에 한정된다. 왕래, 발착, 시작, 종료를 나타내는 동사에 흔히 볼 수 있으며, 미래를 나타내는 부사(구)를 동반하는 일이 많다.

a. We'**re** all off* to Florida next week. (우리는 다음 주에 플로리다로 떠난다.) [* be off = leave]

b. What time does the next train to Busan **leave**? (부산행 다음 열차는 몇 시에 출발하느냐?)

(2) 때나 조건을 나타내는 부사절에 쓰이는 경우

a. Emma will inherit a fortune *when* she **comes** of age. (엠마가 성년이 되면 재산을 물려받을 거야.)

b. *If* the package **doesn't get** there, will it be covered by our insurance? (소포가 거기에 도착하지 않으면, 우리의 보험으로 보상 받을 수 있습니까?) [조건의 부사절]

- I'll even consider making you a trusty *if* you **behave**. (자네가 점잖게 행동한다면 모범수로 풀려나게 할 수도 있어.) - Grisham, *A Time to Kill*
- *In case* our team **wins**, there will be a big celebration. (우리 팀이 이기면 성대하게 축하할거야.)

NB1 <정중한 부탁>이나 <의지>를 나타내는 will은 조건절에 그대로 남는다.

ⓐ If you **will** just sign here, I'll give you the money. [정중한 부탁]
(= Please sign here, and I'll give you the money.) (여기에 서명하면 돈을 주겠소.)

ⓑ Liza **will** be happy if you will stay to dinner. [의지] (당신이 저녁 식사 때까지 남아 있으면 리자가 기뻐할거야.) - Steinbeck, *East of Eden*

- Man can learn anything if he will but try. [의지] (인간은 노력만 하면 무엇이든지 배울 수 있습니다.) - Forster, *A Passage To India*

NB2 When이나 if로 시작되는 명사절에서는 미래라면 미래시제가 쓰이지만, 형용사절의 경우는 일정치 않다. (→ *p.* 363 (1))

ⓐ Do you know when the concert **will** be held? (연주회가 언제 열리는지 아느냐?)

ⓑ The time will come when you (**will**) have more leisure. (더 많은 여가를 가질 때가 올 것이다.)

- The time will come when you **will** want to borrow more money from me. (나한테 더 많은 돈을 빌리고 싶을 때가 올 거야.) - Mitchell, *Gone with the Wind*

§ 97 과거 또는 현재완료를 나타내는 현재시제

(1) 극적인 현재 (Dramatic present)

이야기 따위에서 과거의 일을 마치 현재 눈앞에서 전개되고 있는 것처럼 말할 경우에 쓰이며, 역사적 현재(historical present)라고도 한다. 이것은 역사적 사실에만 국한된 것이 아니고, 일반적으로 소설 따위에서 사용되는 수사적 기교이다.

- Over instant coffee, I gently **break** the news that Great Benefit **has gone** belly-up, that she**'s been shafted** once more. (인스턴트 커피를 마시면서, 나는 차분한 말로 그레이트 베니피트 생명 보험회사가 파산했으며, 그녀가 또 다시 이용당했다는 소식을 전했다) - Grisham, *The Rainmaker*

(2) 옛 사람의 말이나 사상을 인용할 때

위의 <극적인 현재>와 같은 기분을 담고 있음과 아울러, 인용된 말이나 사상이 오늘날에도 통용된다는 것을 나타낸다.

a. Plato **has it** that the soul is immortal. (플라톤에 의하면 영혼은 불멸이라고 한다.)

b. Shakespeare **says** in *As You Like It,* "All the world is a stage, and all men and women merely players. (세익스피어는『뜻대로 하세요』중에서 "이 세상은 무대이며 모든 남녀는 배우에 지나지 않는다."고 말하고 있다.)

(3) 현재완료와 같은 의미의 현재형

bring, come, forget, hear(=be told), learn, see(= understand), *etc.* 의 현재형은 동작 그 자체보다 결과에 중점을 두고 말할 경우에 현재완료와 같은 의미를 가진다.

a. Where do you **come** from? (= Where are you from?) (고향이 어디냐?)

- I have heard of you from them, but I **come** to see you today for another reason. (그들로 부터 당신에 대한 이야기를 들었습니다. 그러나 오늘은 다른 이유로 당신을 찾아 왔습니다.) - Christie, *The Mystery of the Blue Train*

b. He told me the title, but I **forget** it. (그가 나에게 책의 제목을 말해 주었으나 잊어버렸어요.) - Maugham, *Cakes and Ale*

c. I **hear** (= am told) you're moving to Toronto. (자네가 토론토로 이사간다던데)

d. "O.K. now do you see what I mean?" "Yes, I **understand** now." ("됐어, 이제는 내 말 뜻을 알겠니?" "예, 이제는 알았습니다.")

- I **get** it now - he set fire to the house to collect the insurance money. (이제야 알았어 - 그가 보험금을 타려고 그 집에 불을 질렀군.)

Ⅱ. 과거 시제

§ 98 과거시제의 용법

(1) 과거시제의 용법

① 과거완료의 대용

접속사 when, after, before, as soon as 따위와 함께 쓰이는 일이 많다. 이들 접속사에 의해서 시간의 전후관계가 명백해지기 때문에 일부러 과거 완료를 사용할 필요가 없기 때문이다.

a. *When* I **went** back to college, I told everybody that I was engaged. (내가 대학에 돌아왔을 때 모든 사람들에게 내가 약혼했다고 말했다.)

b. My father died three days *after* I **was** born. (나의 아버지는 내가 태어난 지 3일 후에 돌아가셨다.)

c. They luckily **got** out of Germany *before* the war started. (그들은 다행히도 전쟁이 시작되기 전에 독일에서 빠져 나왔다.)

d. *As soon as* he **heard** Mary's footsteps he left the room. (메리의 발자국 소리를 듣자마자 그는 방을 떠났다.)

② ever, never를 동반하여 현재완료처럼 경험을 나타낸다. (→ § 100 (2) **NB2**)

(2) 현재를 나타내는 과거시제

보통 have got(=have)이 현재완료가 아니라 (*AmE* 에서 get의 현재완료는 have gotten으로 나타낸다) 현재를 나타낸다는 것은 두 말할 나위도 없지만, *AmE* 구어에서는 have가 생략된 got 만으로 have의 뜻으로 쓰이는 일이 많다.

a. Anybody **got** some money? (누가 돈 좀 가지고 있니?) - Segal, *The Class*

b. I **got** to go. We **got** no place to stay. (나는 가야겠다. 우리는 머물 곳이 없다.) - Steinbeck, *The Grapes of Wrath*

c. You have to catch on by doing exactly what I tell you. You **got** that? (내가 시키는 대로 정확하게 해서 요령을 터득하도록 해야 한다. 알겠나?) - Ellison, *Invisible Man*

d. Old Martin called to Cal, "**Got** a cigarette, young fella*?" (마틴 노인이 칼에게 소리쳤다. "여보게, 젊은이, 담배 가진 거 있나?") - Steinbeck, *East of Eden* [* = fellow]

e. I **got** something on my mind. (나는 마음속에 걱정거리가 있다.) - Wright, *Native Son*

Ⅲ. 미래 시제

미래 시제를 표현하는 데는 will, shall과 be going to + V, be about to + V, be to + V(→§ 122 (1)), 현재 진행형, 현재형 따위가 있으나, 여기서는 will과 shall만 다루기로 한다.

§ 99 Shall과 will의 사용구분과 단순미래

(1) 사용구분은 다음과 같다.

		1인칭	2인칭	3인칭
단순미래		I Will	You Will	He will
		Will/ Shall I?	Will/ Shall you?	Will you?
의지미래	화자의 의지	I will	You wil	He shall
	주어의 의지	I will	You will	He will
	상대방의 의지	Shall I?	Will you?	Shall he?

Will과 shall은 native speaker 조차도 정확하게 사용하는 사람이 드물며 특히 *AmE* 에서는 단순미래나 의지미래를 막론하고 모든 인칭에 Will만 쓰거나 be going to + V. 로 대용한다. 일인칭과 이인칭의 의문문의 경우도 *AmE*는 물론 *BrE*에서도 현대 구어에서는 Will I / you?를 쓰는 것이 보통이다.

a. That'**ll** be the day. (과연 그렇게 될까 / 그렇게 된다면 해가 서쪽에서 뜰거야.)

b. It **won't** hurt your mouth to give a smile. (미소 한 번 지으면 입술에 덧나나요?)

c. **Will I** also be allowed to attend the proceedings? (나도 그 회의에 참석해도 될까요?)
- Archer, *As the Crow Flies* [필자는 영국 작가임]

NB1 We'll은 let's의 뜻으로 사용되는 일도 많다.

- "How about dinner tonight? We'll go Dutch, okay?" "Yes, let's go Dutch." (오늘 저녁에 식사 같이 하는 게 어때? 비용은 각자 부담하기로 하자, 괜찮지?" "응, 그렇게 해")

NB2 shall은 주로 *BrE* 에서만 가끔 쓰인다.

- "I shall look for some sittings tomorrow." "Who shall you go to?" ("내일은 모델 일자리를 좀 찾아 봐야겠어요." "누구한테 가 볼거요?) - Lawrence, *Women in Love*

d. It'**ll** be snowing in the mountain now. (산에는 지금 눈이 내리고 있을 거야.) [추측]

e. The hall **will** seat 1,000 people. (그 홀의 수용인원은 천명이다.) [수용력]

§ 100 의지미래

(1) 화자(speaker)의 의지

주어가 몇 인칭이든지 화자의 의지를 나타내는 용법으로 일인칭의 경우는 주어의 의지(→ (2))와 같다. 그러나 I/ we will 은 단순미래와 형식이 같으므로 구별이 곤란할 때도 있다.

① 주어가 1인칭인 경우

I'll see what I can do. (최선을 다해서 도와 주겠소.) - Grisham, *The Client*

NB1 <강한 결심>을 나타내는 데는 I shȧll (shall에 강세를 둠)도 쓰인다.

ⓐ I **shȧll** send my son to Harvard. (어떤 일이 있더라도 내 아들을 하버드에 보내겠다.)

ⓑ "Son, if you don't become bitter, nothing can stop you from success, remember." "I **shȧll,** Sir." I said. ("아들아, 네가 비관하지 않는다면, 성공하는데 방해가 되는 것은 아무 것도 없다. 잊지마라." "네 꼭 기억하고 있겠습니다."하고 내가 말했다.) - Ellison, *Invisible Man*

② 주어가 2인칭/ 3인칭인 경우

a. Then, Sam, you **shall** have an Eskimo pie. (그러면, 샘, 당신에게 에스키모 파이를 사 드리겠어요.) - Grisham, *The Chamber*

- I can't explain why on the telephone, you **shall** hear everything directly you come. (전화로 이유를 말씀 드릴 수 없지만, 당신이 여기에 오자마자 모든 것을 이야기 하겠어요.) - du Maurier, *Rebecca*

b. "**Shall** he stay up there?" asked the mate. ("그를 계속 [돛대] 위에 남아 있게 할까요?" 하고 항해사가 물었다.) - Maugham, *Red*

- I assure you that he **shall** be disciplined, severe disciplined. (제가 다짐합니다만, 그를 처벌하겠습니다, 엄하게 처벌하겠습니다.) - Ellison, *Invisible Man*
- No one **shall** come here without your entire consent. (당신이 싫으시다면 여기에 어떤 사람도 데려 오지 않겠어요.) - Maugham, *The Moon and Sixpence*
- No one **shall** not take our good fortune from us. (누구도 우리의 행운을 빼앗아 가지 못하게 할거야.) - Steinbeck, *The Pearl*
- They **shall** not want as long as I live. (내가 살아 있는 한 그들에게 부족한 것이 없도록 해 주겠다.)

NB2 You shall / He shall은 그다지 쓰이지 않고, 대신 다음과 같은 표현이 사용된다.

- You **shall** have a nice present.→ I will give you a nice present.
- They **shall** go at once.→ They must (*or*, have to/ have got to/ are to) go at once.

(2) 주어의 의지 (모든 인칭에 will을 쓴다)

일인칭의 경우는 앞의 (1) ①과 일치한다. 단순한 의지미래에서 발전하여 *a.* 주장, 고집, (부정형으로)거절 *b.* 현재의 습관, 습성, 경향 *c.*부드러운 명령, 요구 따위를 나타낸다.

a. He **will** have his own way. (그는 자기 마음대로 하려고 한다.)

- My doctor **won't** let me drink anything but champagne. (의사 선생님이 저한테 샴페인 외에는 어떤 술도 마시지 못하게 합니다.) - Maugham, *The Luncheon*

NB1 이 용법은 무생물에도 확장되어 won't가 <아무래도 ~하지 않다>의 뜻으로 쓰인다.

- The engine **won't** start. (아무래도 엔진의 시동이 걸리지 않는다.)

b. A bat **will** often spend the daylight hours hanging upside down in a tree or a cave. (박쥐는 흔히 나무나 동굴 속에서 거꾸로 매달려서 낮시간을 보낸다.)

- The poison produced by the spider's skin is so lethal that it **will** paralyze a bird or a monkey immediately. (거미의 피부에서 분비되는 독은 새나 원숭이를 즉시 마비시킬 만큼 치명적이다.)

c. You **will** pack and leave this room at once. (짐을 꾸려서 당장 이 방에서 나가주세요.)

- All in favor of this proposition **will** please say 'aye.' (이 제안에 찬성하시는 분은 모두 '찬성'이라고 대답해 주시기 바랍니다.)
- You **will** make your apology to the entire school. [번역과 출처→ *p.* 158 *c*]

NB2 3인칭에 대한 정중한 의뢰는 다음과 같이 표현하기도 한다.

ⓐ **Will** passengers on Flight 762 to Moscow please make their way to the departure lounge. (모스크바행 762편 비행기를 타실 분은 출발지점으로 나오시기 바랍니다.)

- **Would** passengers please make sure that their baggage does not block the gangways. (승객 여러분은 가방이 출입구를 막지 않도록 해 주시기 바랍니다.)

ⓑ If anyone has any information related to the crime **will** they* please contact the police. (그 범죄에 관한 정보를 갖고 계시는 분은 경찰서로 연락 주시기 바랍니다) [*→ *p.* 61]

(3) 상대방의 의지 (Shall I / we ~? 와 Will you ~?)

(상대방의 의사를 묻거나, 권유, 의뢰, 초대를 나타낼 때 쓰인다.)

① 1인칭 (상대방의 의지를 물을 때 쓰인다)

What **shall** I get you for Christmas? (크리스마스 선물로 뭘 사줄까?)

NB3 권유를 나타내는 let's의 뒤에는 shall we?가 흔히 쓰인다. (→ *p.* 518)

② 2인칭 (권유, 의뢰, 초대를 나타낸다) (명령문 뒤에 쓰일 경우 → *p.* 518)

Will you do me a favor? (제 부탁하나 들어 주시겠어요?)

Ⅳ. 완료 시제 (현재, 과거, 미래)

§ 101 현재완료

(1) 완료와 결과

현재까지의 동작이 <완료>함과 아울러, 그 <결과>로서의 현재가 어떻게 되어있는가를 암시한다. just, now, lately(= recently), already, yet 따위의 부사와 함께 쓰이는 일이 많다.

a. **It's been** a long day,* Mr. President. (힘든 하루였습니다, 대통령 각하.) - Grisham, *The Pelican Brief* [* 하루가 힘들고 지루했음을 나타내는 표현]

b. Once you**'ve checked** in, you have to go through customs. (탑승수속을 마치면 세관을 통과해야 한다.)

c. The investigator **has concluded** that they were making a false insurance claim. (조사원은 그들이 허위로 보험금을 청구하고 있다는 결론을 내렸다.)

d. Cat **got** your tongue? (왜 말이 없니?/ 왜 꿀 먹은 벙어리지?) - Steinbeck, *East of Eden* [이 말은 'Has the'생략하고 쓰는 것이 보통이며, 흔히 아이들에게 쓰는 말임]

e. I'll be late home. Something**'s come** up. (오늘 늦겠어요. 회사에 일이 좀 생겼어요.)

f. **Has** the postman **been** yet? (*BrE*) (= Has the mailman come yet?) (*AmE*) (우체부가 벌써 다녀갔느냐?)

g. I'm sorry, Mr. Cohen **has gone** for the day. (죄송하지만, 코언씨는 퇴근했습니다.) - Crichton, *Disclosure*

- A team of special investigators **have gone** to the scene of explosion. (특별 조사팀이 폭발 현장으로 달려갔다.)

(2) 현재까지의 경험 (흔히 once, ever, never, before, *etc.*와 함께 쓰인다.)

a. **I've been** around. (나는 산전수전 다 겼었다./ 나는 세상 경험이 풍부하다.)

b. **Have** you ever **seen** this person before? (당신은 전에 이 사람을 본 적이 있어요?)

NB1 <~에 가 본적이 있다>는 go의 <경험>은 have been to(*or* in)이며, have gone to는 <~ 에 가버렸다>는 <완료>를 나타낸다는 것이 *BrE*에서는 정석으로 되어있지만(위의 *g*), *AmE* 에서는 <~에 가본 적이 있다>도 have gone to가 이따금 쓰인다.

ⓐ This is about the fourth school **I've gone** to. (이것은 내가 다녀본 네 번째 학교이다.) - Salinger, *The Catcher in the Rye*

ⓑ We **haven't gone** anywhere except to our house up in Connecticut. (우리는 코네티컷에 있는 우리 집 외에는 어디에도 가 본적이 없습니다.) - Cook, *Contagion*

NB2 <과거시제>도 부사<ever / never>와 함께 쓰이면 <경험>을 나타낸다.

- Did you ever hear of such a strange custom? (그런 기묘한 관습이 있다는 말을 들은 적이 있느냐?)

NB3 go + V-ing의 관용구 또는 구문상 be 동사를 쓸 수 없는 경우는 그대로 쓴다.

ⓐ Have you ever **gone** *fishing* in the sea? (바다에서 낚시를 해 본적이 있느냐?)

ⓑ He's been there for almost 10 years, and you've never **gone** *to see* him? (그는 거기에 10년간 살고 있는데, 만나러 가 본적이 한 번도 없어요?) - Grisham, *The Chamber*

(3) 현재까지의 상태나 동작의 계속

주로 상태를 나타내는 동사에 쓰이며, 흔히 기간을 나타내는 부사(구) 즉, how long, for, since, during, *etc.*를 동반한다.

a. Plato **has influenced** many philosophers over the centuries and up to the present day. (플라톤은 수 세기에 걸쳐서 많은 철학자에게 영향을 미쳤고 지금까지도 영향을 미치고 있다.)

b. The Earth **has existed** for more than four billion years. (지구는 생긴 지가 40억년 이상 된다.)

c. Since his heart attack he**'s eaten** hardly any red meat. (심장발작을 일으킨 이후로 그는 붉은 고기를 거의 입에도 대지 않는다.)

- It**'s been** four years since Tom got killed. (탐이 죽은 지 4년이 된다.) - Uris, *Exodus*

d. I **have measured** out my life with coffee spoons. (나는 내 일생을 커피 스푼으로 되질해 왔다.) - T.S. Eliot. "The Love Song of J. Alfred Prufrock" (프루프록의 연가) [커피 숟갈로 커피를 되질하듯이 매일매일 탈선없이 소심하게 살아왔다는 뜻]

NB4 동작을 나타내는 동사의 <계속>에는 보통 <현재완료 진행>이 쓰인다.

- We**'ve been** going out with* each other for three years we've no plans to get married. (우리는 3년간이나 사귀고 있지만 아직 결혼할 계획이 없다.) [* go out with = go steady]

(4) 현재완료와 부사

명백한 과거를 나타내는 부사, ago를 동반한 부사구와 의문부사 when은 현재완료와 함께 쓸 수 없다. lately(= recently)와 just는 현재완료와 과거 양쪽에 다 쓰이지만 just now는 과거 시제에만 사용할 수 있다.

- Korea **came into** existence* as an independent country in 1948. (한국은 1948년에 독립국가로 탄생했다.) [* come into existence (*or* being) 태어나다, 생기다]
- As I said just now, you **have come** into a lot of money lately. (방금 말했듯이 당신은 최근에 거액의 돈을 물려 받았어요.) - Christie, *The Mystery of the Blue Train*
- We **have** recently **installed** closed circuit televisions to help detect shoplifters. (최근에 우리는 좀도둑을 잡기 위하여 폐쇄회로 TV를 설치했다.)

§ 102 과거 완료

과거완료는 현재시제에 대한 현재완료의 역할 및 과거시제의 역할 두 가지를 과거시제에 대해서 행하는 것이다. 그러나 구별이 명확하지 않은 경우도 많다.

(1) 과거 일정한 때에 있어서의 동작의 완료와 결과

This morning the newspapers announced that the last hostage **had been set** free. (오늘 조간신문들은 마지막 인질이 석방되었다고 보도했다.)

접속사에 의해서 시간의 전후관계가 명백한 경우에는 과거완료가 과거시제로 대용 되는 일이 많다. 다음의 세 문장은 같은 뜻이며, 어법상 하자가 없다.

When I reached the station, the train **(had)** already **left**. (내가 역에 도착했을 때 기차는 이미 떠나버린 뒤였다.)
= I reached the station after the train **had left**.
= The train (**had**) **left** before I reached the station.

no sooner …than, hardly (*or*, scarcely / barely) … when 따위의 부정구문에서는 <과거완료 + than/ when + 과거형>으로 하는 것이 보통이지만, 그렇지 않은 경우도 흔히 있다. (*p*. 467) 그리고 no sooner, hardly, scarcely, barely 따위의 부정어가 앞 에 나오는 경우보다 주어가 글머리에 나오는 형식이 더 구어적이다.

a. He **had** *no sooner*/ *No sooner* **had** he said *than* he regretted it. (그는 말을 마치자마자 후회했다.) [전자는 구어적, 후자는 문어적]

b. We **had** *hardly*/ *scarcely*/ *barely* **sat** at the table, *when* the phone rang. (= *Hardly* / *scarcely*/ *barely* **had** we sat down at the table, *when* the phone rang.) (우리가 식탁에 앉자마자 전화벨이 울렸다.)

(2) 과거 일정한 때까지의 경험

- Evidence showed that victims **had been** struck several times with an iron bar. (증거는 피해자들이 쇠몽둥이로 여러 차례 구타당했음을 보여 주었다.)

(3) 과거 일정한 때까지의 동작, 상태의 계속

- He **had been** ill for a week, when the doctor was sent for. (병이 난지 일주일이 지나서야 의사를 데리러 갔다.)

NB 동작의 계속은, 현재완료의 경우처럼 과거완료진행으로 표현되는 일이 많다.

- She had been driving for six hours and was very tired. (그녀는 여섯 시간 동안이나 계속 운전을 했기 때문에 몹시 피로했다.)

(4) Expect, hope, intend(= mean), think, want, *etc.*의 과거 완료형은 과거의 기대, 희망, 의도 따위가 실현되지 못했음을 나타낸다.

a. I **hadn't** for a minute **expected**(*or*, **supposed**) I should be able to win the championship. (내가 선수권을 획득하리라고는 꿈에도 생각하지 않았다.)

• He **had expected** wonderful things from London and it had given him nothing. (그는 런던의 생활에서 많은 신기한 것들을 기대했으나, 아무 소득이 없었다.) - Maugham, *Of Human Bondage*

b. They **had hoped** to find a home, and they found only hatred. (그들은 집을 발견하기를 바랐으나, 증오밖에 보지 못했다.) - Steinbeck, *The Grapes of Wrath*

c. I **had intended** to call on you, but was prevented from doing so. (찾아뵈올 생각이었으나, 그러지 못했습니다.)

d. I **hadn't meant** to stay out late but I lost track of the time.* (밤 늦도록 밖에 있을 생각은 없었으나 시간 가는 줄을 몰랐다.) [* lose track of the time 시간 가는 줄 모르다]

e. I **had thought** to ask her to listen at the door and tell me what was said. I gave it up. (나는 그녀에게 문가에서 엿들었다가 그들이 하는 말을 나에게 말해달라고 부탁할 생각이었다. 나는 포기하고 말았다.) - Ellison, *Invisible Man*

f. I **had wanted** to be with Aunt Maggie, but I did not dare contest the decision. (나는 매기 숙모가 함께 있고 싶었으나 그 결정에 대해서 이의를 제기할 수 없었다.) - Wright, *Black Boy*

NB <be 동사의 과거형 + 완료부정사 >도 (4)와 같은 용법으로 쓰인다(→ *p.* 250 (2)).

(5) <과거완료의 부정 +시간/ 거리+ before / when> (채~하기도 전에…하다)

a. I **had not waited** *long* **before** he came. (기다린 지 얼마 되지도 않아서 그가 왔다.)

b. I **had hardly walked** *a mile* **before** it began to rain. (내가 일 마일도 채 못 가서 비가 오기 시작했다.)

c. They **had not gone** gone *far* **when** they heard somebody calling. (그들이 멀리 가지도 않아서 누군가 부르는 소리가 들렸다.)

d. The lieutenant **hadn't gone** *fifteen yards* **before** the first bullet hit him. (중위는 15 야드도 채 못 갔을 때 최초로 날아온 탄환에 맞았다.) - Archer, *As the Crow Flies*

e. We **hadn't been** in the car *ten minutes* David said he felt sick to his stomach* (우리가 차를 탄지 십분도 채 안되어서 데이빗이 속이 메스껍다고 말했다.) [* feel sick to one's stomach 토할 것 같다.]

(6) 가정법에서의 용법 (가정법 과거완료의 조건절에 쓰인다) (→ § 222)

(7) 간접화법에서의 용법

시제의 일치 원칙에 의해서 직접화법의 ① 과거시제, ② 현재완료, ③ 과거완료에 해당한다. (→ § 107)

§ 103 미래 완료

미래의 일정한 때까지의 완료와 결과, 경험, 계속을 나타낸다.

(1) 완료와 결과

a. By the end of next week, he **will have left** the hospital. (내주 말이면 그는 병원에서 퇴원해 있을 것이다.)

b. By the time you read this letter, you **will** already **have landed** on the moon and, hopefully, be on your way back to Earth. (당신이 이 편지를 읽을 때는 이미, 달에 착륙해 있거나, 일이 잘되면, 지구로 돌아오고 있는 중일 거예요.) - Lovell, *Apollo 13*

c. If you receive blood in the United Kingdom it **will** already **have been screened** for HIV*. (영국에서 수혈을 받는다면 그 피는 이미 에이즈 바이러스 검사를 받은 것이 될 것이다.) [* human immunodeficiency virus 에이즈 바이러스]

(2) 경험

a. I **shall have read** Macbeth three times if I read it again this summer. (내가 이번 여름에 『맥베스』를 다시 읽으면 세 번 읽는 셈이 된다.)

b. I **shall have taken** the oral examination three times if I take it again. (내가 또 한 번 구술시험을 본다면 세 번 보는 셈이 될 것이다.)

(3) 계속

- We **shall have lived** here for full three years by next March. (내년 3월이면 우리가 꼬박 3년간 여기에 사는 셈이 될 것이다.)

NB1 추측의 will의 미래완료는 현재완료에 대한 추측을 나타낸다.

- The invitations **will have been** sent out by now. (초대장은 지금쯤 발송되었을 것이다.)

NB2 조동사가 will, shall 대신에 may가 쓰이는 경우도 있다.

- By the year 2000 three-quarters of America's tropical forests **may have been felled**, and 50 percent of their species lost forever. (2000년이 되면, 아메리카주의 열대 우림 중 4분의 3이 벌목 되고, 거기에 사는 동식물의 종의 절반이 영원히 사라질지도 모른다.) - Kennedy, *Preparing for the 21st Century*

NB3 미래완료(shall/ will have + 과거분사)는 딱딱한 느낌을 주기 때문에 현대 구어영어에서는 그다지 쓰이지 않고 다른 형식을 이용한다. 즉, 다음의 세 문장은 같은 뜻을 나타내며 첫번째의 미래완료 형식을 제외한 나머지 두 문장이 선호된다.

I **shall have finished** the work before you return. (당신이 돌아오기 전에 그 일을 끝낼 것이다.)
= I shall finish the work before you return.
= I shall have the work finished before your return.

V. 진 행 형

§ 104 현재 진행형의 기본용법

(1) 현재 진행 중이거나 계속 중인 동작

a. City life **is becoming** increasingly dangerous. (도시생활이 점점 위험해지고 있다.)

b. "Can I help you?" "I'**m just browsing.**"(=I'**m just looking around.**) ("도와 드릴까요?" "그냥 구경하고 있어요.")

c. What **are** you **driving at**? (자네는 무슨 말을 하고 싶은가?) - Segal, *Doctors*

d. Hey, **what's eating you**? (야, 무슨 걱정거리라도 있느냐?) - Segal, *The Class*

e. **Aren't** you **forgetting** your manners, Mary? (메리야, 인사해야지.) [선물을 받고 '고맙습니다'라는 인사를 잊은 아이에게 하는 말 따위]

f. How **are** you **getting** along these days? (요즘 어떻게 지내고 있니?)

g. **What are you *getting at**? (무슨 말을 하려고 하는가?) - Steinbeck, *East of Eden* [* be getting at (항상 진행형으로) ~을 암시하고 있다, 말하려고 하다]

h. This rotten weather **is** really **getting to** me. (이 빌어먹을 날씨가 신경질 나게 만드는군.)

i. **I'm** not **kidding**. (=No kidding.) (내 말은 농담이 아니야.)

j. He'**s living** off the fat of the land. (그는 호화생활을 하고 있다.) - Iacocca, *autobiography*

k. Things **are looking up**. (= Things work out[all right].) (상황이 호전되고 있다.)

l. "Instead of Miami, why don't we go to the South of France for our holidays this year?" "**Now you're talking.**" ("그게 좋은 생각이군 / 그게 좋겠군 / 이제야 말이 통하는군.")

m. Is all this really true, or **are** you **pulling my leg**? (이게 모두 진실이야, 아니면 나를 놀리고 있는 거야?)

n. The new notebook computers **are selling like hot cakes**. (새로 나온 노트북 컴퓨터가 날개 돋친 듯 팔리고 있다.)

o. **I'm telling you**. (정말이야 / 경고해 두지만. / 내 말을 잘 들어. / 이건 농담이 아냐)

p. **You're telling me**. (= You can say that again./ You said it./ I agree with you entirely.) (동감이야/ 지당한 말씀/ 그렇고 말구.)

q. He'**s working** his way through* medical school. (그는 아르바이트를 하면서 의과대학에 다니고 있다.) [* → *p.* 176]

r. **What's cooking**? [허물없는 사이에 쓰는 안부인사] (별일 없니? 뭘 하고 지내?)

s. What the hell do you think you'**re doing**? (도대체 당신들은 왜 이러는 거요?/ 도대체 당신들은 무슨 짓을 하고 있는거요?) - Maugham, *The Door of Opportunity* [상대방이 아주 나쁜 짓이나 멍청한 말을 할 때 쓰는 말 → *p.* 66/ the hell은 강조형]

(2) 동작의 반복, 습관

흔히 always, constantly, generally, *etc.*의 부사를 동반하지만, 부사 없이도 쓰인다.

a. He**'s** *always* **complaining** about people behind their backs. (그는 항상 사람들의 등 뒤에서 그들에 대한 불평을 늘어놓는다.)

b. I**'m** *constantly* **forgetting** that you don't take sugar in coffee. (나는 당신이 커피에 설탕을 넣지 않는다는 것을 항상 잊어버린다.)

c. She**'s seeing** a married man. (그녀는 유부남과 만나고 있다.)

NB be seeing *sb*는 <아무개와 낭만적인 관계를 가지다>란 뜻으로 쓰인다.

ⓐ I found out that my wife **was seeing** another man. (내 처가 또 다른 남자와 데이트를 하고 있다는 것을 알았다.) - Grisham, *The Street Lawyer*

ⓑ We've **been seeing** one another every day. (우리는 매일 만나고 있었다.) - du Maurier, *Rebecca*

(3) 가까운 미래

왕래, 발착을 나타내는 동사에 많고, 예정을 나타내는 표현으로 빈번하게 쓰인다.

a. **Coming up**. (ⓐ [식당에서 종업원이] (주문한 음식이) 곧 나옵니다. ⓑ [TV 프로그램을 방영하기 전에] 곧 시작합니다.)

b. I**'m** **going** on the wagon*. (앞으로 술을 끊겠다.) [* be/ go on the wagon 술을 끊다]

c. I**'m going** on a business trip to Japan next week. (내주에 일본으로 출장을 갈 거야.)

d. " I**'m coming**," She took a deep breath and got to her feet. ("곧 갑니다." 그녀는 숨을 깊이 들이마시고는 일어섰다.) - Sheldon, *Nothing Lasts Forever*

e. When **are** you **moving** to your new house? (넌 언제 새 집으로 이사 가느냐?)

f. I hear your daughter**'s getting** married in May. (자네 딸이 5월에 결혼 한다던데.)

g. I**'m meeting** an old college friend for dinner tonight. (오늘 저녁에 옛날 대학 친구를 만나서 함께 저녁을 먹을 거야.)

h. The Prime Minister **is speaking** on television tonight. (오늘 밤에 수상의 텔레비전 연설이 있을 예정이다.)

(4) 진행형이 감정적 색채를 띠는 경우

용법 자체는 (2)에 속하는 것이지만 반복되는 동작에 대해서 화자의 비난, 혐오, 경멸, 칭찬 따위의 기분이 가미되는 일이 있다. 이것은 문맥으로 알 수 있다.

a. You**'re** *always* **finding** fault with me. (당신은 항상 내 흠을 잡는군요.) [혐오]

b. She**'s** *constantly* **thinking** about other people. She never thinks of herself. (그녀는 언제나 다른 사람을 생각하고, 자신을 생각하지 않는다.) [감탄]

§ 105 진행형을 만들 수 없는 동사

원칙적으로 다음과 같은 동사들은 진행형을 만들 수 없다.

① 지각을 나타내는 동사 (see, hear, smell, *etc.*)

② 심리상태를 나타내는 동사 (love, like, think, believe, suppose, remember, know, understand, want, hope, wish, *etc.*)

③ 일반적으로 상태를 나타내는 동사 (belong, consist, depend, resemble, *etc.*)

④ be, have 및 이와 유사한 동사 (seem, appear, remain, possess, *etc.*)

그러나, 다음과 같은 예외가 있다.

(1) Be 동사

Be 동사의 진행형인 <be being + 형용사 / 명사>는 현대 구어체 문장에서 빈번하게 쓰이는 어법으로 행위자의 의도적 또는 일시적 상태나 행동을 강조할 때 쓰인다.

<be being + 형용사/명사>의 의미는 다음과 같이 paraphrase 할 수 있다.

㉠ be speaking (*or* behaving) + 형용사의 부사형 (형용사인 경우)
㉡ be speaking (*or* behaving) + as (*or* like) + 명사 (명사인 경우)

a. Immediately he sensed McVey **was being** careful with what he said. (곧 그는 맥베이가 조심스럽게 말을 하고 있다는 것을 알았다.) - Folsom, *The Day After Tomorrow*

b. You**'re being** ironic with me. You are an international celebrity in the field. (저를 놀리시는군요. 당신은 이 분야에서 세계적인 명사잖아요.) - Bellow, *More Die of Heartbreak*

c. Scarlett knew that Rhett **was not being** patriotic and, though she would have died rather than confess it, she did not care. (스칼렛은 레트가 애국심이라곤 없는 인간이라는 것을 알고 있었으나, 그것을 고백하기 보다는 차라리 죽는 편이 나았을 것이고, 또 그녀 자신도 그런 일은 관심 밖이었다.) - Mitchell, *Gone with the Wind*

d. I **was being** a lousy conversationalist, but I didn't feel like it. (나는 말을 멋없이 했으나 그럴 기분이 아니었다.) - Salinger, *The Catcher in the Rye*

e. By nine, he had violent stomach cramps and diarrhea. His wife wanted to call Dr. Navarre, but Dr. Richter told her that she **was being** an alarmist and that he'd be fine. (아홉시에 그는 심한 위경련과 설사가 있었다. 그의 아내는 나바르 박사에게 전화를 걸려고 했으나 릭터 박사는 그의 처가 공연히 호들갑을 떨고 있다면서 곧 나을 거라고 말했다.) – Cook, *Outbreak*

진행형은 흔히 그렇지만(→*p.* 196(4)), 이 형식도 <감정적인 색채>를 띠는 일이 있다.

a. You**'re being** very silly, my poor child. (가련한 내 딸아, 너는 대단히 멍청한 짓을 하고 있구나.) - Maugham, *The Unconquered* [비난]

b. She **was** not **being** a lady. (그녀는 숙녀답게 행동하지 않았다.) [멸시]

c. Pegg seemed kind enough, but maybe she **was being** kind in order to shove her part of the work on him. (펙은 대단히 친절했으나 아마 그녀가 해야 할 일을 그에게 떠넘기려고 그렇게 했던거야.) - Wright, *Native Son* [유감]

d. On his visit to his future residence, he **was being** the ideal husband. (그가 앞으로 살게 될 집을 방문했을 때 그는 이상적인 남편처럼 행동했다.) - Bellow, *More Die of Heartbreak* [칭찬]

e. He**'s being** very friendly and generous all of a sudden—what do you think he wants? (그가 갑자기 아주 친절하고 너그러워졌어. 그가 원하는 게 뭘까?) [의심]

f. You **are being** very offensive. I've paid you back your money and I own the mill and what I do with it is my own business. (당신의 말은 정말 불쾌해요. 나는 당신에게 빌린 돈은 모두 갚았어요. 그리고 나는 내 제재소를 가지고 있고 그것으로 내가 어떻게 하든 그건 당신이 상관할 일이 아닙니다.) - Mitchell, *Gone with the Wind* [성냄]

(2) Have와 see, hear, smell, *etc.* (**의지동사로 쓰일 때는 진행형이 가능하다.**)

a. We**'re having** a wonderful party. (우리는 신나는 파티를 열고 있다.) (have = hold)

b. **Are** you **seeing** him at lunch today? (오늘 점심시간에 그를 만날거야?) (see = meet)

c. Which judge **is hearing** the case? (어느 판사가 그 사건을 심리하고 있느냐?)

NB1 see가 '보다'의 뜻일 때도 의미를 강조하기 위하여 진행형으로 쓰는 일이 있다.

ⓐ Our subconscious plays tricks on us sometimes and we may imagine that we **are seeing** such as ghosts and demons. (우리의 잠재의식은 이따금 우리를 속인다. 그래서 우리는 유령이나 악마를 보고 있다고 상상할 지도 모른다.)

ⓑ "What you**'re seeing**," said Anders, "is a view of the Earth above the lunar horizon." (지금 자네가 보고 있는 것은."하고 앤더스가 말했다. "달의 지평선 위에 떠있는 지구의 모습이야.) - Lovell, *Apollo 13*

NB2 feel은 무의지 동사지만 진행형이 가능하다.

ⓐ How **are** you **feeling** today? (오늘은 기분이 좀 어떠냐?)

ⓑ She's never been up in a plane before and she's **feeling** very nervous. (그녀는 한 번도 비행기를 타본 적이 없기 때문에 몹시 겁을 내고 있다.)

ⓒ He **was feeling** exalted and talkative as football players are in the dressing room after a game.(그는 축구선수가 시합이 끝난 후에 탈의실에 돌아왔을 때처럼 의기양양해져서 말이 많아졌다.) – Hemingway, *Indian Camp*

§ 106 미래 진행형과 과거 진행형

(1) 미래 진행형(Future progressive)

① 정중함을 나타내는 경우

희망이나 느낌을 나타내는 동사 like, want, hope, wonder 따위는 계속적인 상태를 나타내므로 진행형을 만들 수 없지만, 진행형으로 쓰면 단순시제를 쓰는 경우에 비해서 <조심스럽고 정중한 느낌>을 준다. 진행형은 <일시성>을 나타내는 것이 보통이므로 심리적인 부담을 덜 주기 때문이다.

Cf. When **will** you see Mr. White? (화이트 씨를 언제 만나느냐?)
When **will** you **be seeing** Mr. White? (화이트 씨를 언제 만나십니까?)

위 문장은 윗사람이 아랫사람에게 하는 말로 적합하고, 아래 문장은 아랫사람이 윗사람에게 하는 말로 어울린다.

a. We **must**(*or* **may/ might/ shall**) be leaving. (곧 떠나야겠습니다.)

b. In a few days from now, you'**ll be feeling** much better. (며칠 후에는 훨씬 차도가 있을 겁니다.) [의사가 환자에게 하는 말]

c. **Will** you **be coming** over this evening, then, Scarlett? (스칼렛, 그러면, 오늘 저녁에 우리집에 오시겠어요?) - Ripley, *Scarlett*

d. How long **will** you **be staying**? (얼마 동안 머무시겠어요?) - Segal, *Acts of Faith* [처음으로 소개받은 여자친구의 남편에게 물어보는 말]

e. I **shall be joining** the staff of Sotheby's, Your Majesty. As an apprentice in their fine art department. (저는 소드비 경매회사에 입사할 예정입니다, 폐하, 미술부의 수습사원으로 말입니다.) - Archer, *As the Crow Flies*

f. The Principal **will be retiring** soon. Mr. Johnson was recently named as her replacement. (교장 선생님은 곧 은퇴 하실거야. 존슨씨가 최근에 그 후임으로 임명되었어.)

g. Lee said, "I wonder whether I'll ever get used to it." "Of course you will," Adam said without conviction. "Why, you'**ll be driving** all over the county first thing you know*."(리가 말했다. " 내가 그것(= 새로 산 자동차)에 익숙해질까." "물론 익숙해지겠죠." 아담이 자신없는 말투로 말했다. "어쨌든, 이내 그 차를 몰고 동네방네 몰고 다닐 테니까요.") - Steinbeck, *East of Eden* [Lee는 나이 많은 중국인 하인이고, Adam은 어린 소년임/ *→ *p.* 340]

h. Their Royal Highness **will be visiting** the States in a few weeks. (몇 주 후에 왕세자 전하께서 미국을 방문할 예정이야.) - Clancy, *Patriot Games*

i. We **shall be landing** at Singapore airport at 3 a.m. local time. (우리 비행기는 현지 시간으로 오전 3시 정각에 싱가포르 공항에 도착할 예정입니다.)

② 단순 미래를 나타내는 경우

<will + V>는 단순 미래와 의지미래에 모두 사용될 수 있으므로 단순미래 만의 뜻을 분명히 나타내기 위하여 <will be + V-ing>형을 사용한다. 이 경우는 <가까운 미래>를 나타내는 현재진행 시제와 거의 차이가 없다.

a. I'**ll be seeing** you tomorrow. (내일 만나자.) - Clancy, *Patriot Games*

b. Julie **will be staying** with friends in Vermont over the summer vacation. (줄리는 여름휴가 동안 친구들과 함께 버몬트에 머물거야.)

c. I have no idea what I'**ll be doing** a year from now. (지금부터 일년후에 내가 무엇을 하게 될지 나는 모른다.) - Grisham, *The Rainmaker*

d. "Mr. O'Hara, you must dismiss Jonas Wilkerson." Gerald exploded, "And where **will** I **be getting** another overseer who wouldn't be cheating me out of my eyeteeth?" ("여보, 조나스 윌커슨을 해고시켜 주세요." 제랄드가 큰소리로 말했다." 그러나 나를 속이지 않을 농장 감독의 후임을 어디서 구해 온단 말이요?") - Mitchell, *Gone with the Wind*

Cf. ⓐ Mary **won't be paying** the phone bill. [단순미래] (전화요금을 지불하지 않을 것이다.)
Mary **won't pay** the phone bill. [거절] (전화요금을 지불하려 하지 않는다.)

ⓑ **Won't** you **be coming** with us? [단순미래] (우리하고 같이 가지 않을거니?)
Won't you **come** with us? [초대] (우리하고 같이 가지 않을래?)

(2) 과거 진행형(Past progressive)

과거 진행형은 현재 진행형에 준하여 생각하면 되지만, 우리말로 옮길 때 주의할 필요가 있다. 주절의 동사가 과거 진행형이거나, <막~하려하다>에 해당하는 어구 즉, be about to + V, be ready to + V, be on the point of + V-ing, be in the middle of + V-ing, start to + V, just, *etc.*가 오고, 그 뒤에 when-절이 이어질 경우는 when 을 주절 앞에 붙여서 먼저 해석한 다음에 종속절을 해석한다. 계속적 용법의 관계부사의 해석과 유사하다.

a. The movie **was just beginning** *when* the fire alarm went off. (영화가 막 시작되었을 때 화재경보기가 울렸다.)

b. I **was about to speak** *when* he interrupted. (내가 막 말을 하려고 하는데 그가 끼어들었다.)

c. I **saw** him **crossing** the street *when* the kidnappers grabbed him. (그가 길을 건너는 것을 보고 있을 때 납치범들이 그를 낚아챘다.)

d. The driver **was just getting out** of his car *when* a police car pulled up alongside. (운전사가 차에서 막 내리려고 했을 때 경찰차가 그 옆에 와서 섰다.)

e. I **was just starting** to <u>drift off</u>* *when* I heard a sudden scream downstairs. (내가 막 잠이 들려고 했을 때 갑자기 아래층에서 비명소리가 들렸다.) [* = fall asleep]

Ⅵ. 시제의 일치

§ 107 시제의 일치의 원칙과 예외

시제의 일치(Sequence of tense)란 주절의 동사와 종속절의 동사 사이에 일어나는 시제의 일치 관계를 말한다. 그러나, 시제의 일치가 문제가 되는 것은 간접화법 및 거기에 준하는 명사절을 포함하는 구문에서 주절의 동사가 과거시제(과거 완료시제 포함)일 때이다. 여기서는 간접화법(→ *p.* 448) 이외의 경우만 다루기로 한다.

(1) 주절의 동사가 현재, 현재완료, 미래일 때, 종속절의 동사는 어떤 시제라도 좋다.

- Governments *have learned* that concessions to terrorists **are** not a solution. (여러 나라 정부는 테러리스트에게 양보하는 것은 해결책이 아님을 알았다.)
- You'*ll* know some day that you **made** a big mistake. (자네가 큰 실수를 했다는 것을 언젠가 알게 될 거야.)

(2) 주절의 동사가 과거일 때, 종속절의 시제는 과거 또는 과거완료이다

a. It *seems* that the train **is** late. (기차가 연착인 것 같다.)
It *seemed* that the train **was** late. (기차가 연착인 것 같았다.)

b. It *seems* that the train **was** late. (기차가 연착했던 것 같다.)
It *seemed* that the train **had been** late. (기차가 연착했던 것 같았다.)

c. I *don't* think that he **will** come. (그가 오리라고 생각하지 않는다.)
I *didn't* think that he **would** come. (그가 오리라고 생각하지 않았다.)

d. I *wonder* why he **hasn't** come. (그가 왜 오지 않았는지 궁금하다.)
I *wondered* why he **hadn't** come. (그가 왜 오지 않았는지 궁금하게 생각했다.)

(3) 종속절이 목적을 나타내는 부사절일 때는 시제의 일치 원칙이 적용된다.

He *works out** every day in the gym so he **can** keep physically fit. (그는 건강을 유지할 수 있도록 매일 체육관에서 운동을 한다.) [* work out = take exercise]

He *worked* out every day in the gym so he **could** keep physically fit. (그는 건강을 유지하기 위하여 매일 체육관에서 운동을 했다.

(4) 비교를 나타내는 부사절에서는 시간적으로 다른 대상을 비교하는 일이 있기 때문에 시제의 제한을 받지 않는다.

He was better off {
than he is now (그는 지금보다 부자였다.)
than I thought him to be. (그는 내가 생각했던 것보다 부자였다.)
than he had been. (그는 그전보다 부자였다.)

(5) 종속절의 동사가 가정법일 때, 주절의 동사에 영향을 받지 않는다. (→ *p.* 405 NB3)

I *wish* I **were** a millionaire. (내가 백만장자라면 좋겠다고 생각한다.)
I *wished* I **were** a millionaire. (내가 백만장자라면 좋겠다고 생각했다.)

I think if she *were* a little older she **would have** more sense. (그녀가 좀 더 나이를 먹으면 분별이 있을 거라고 생각한다.)
I thought if she *were* a little older she **would have** more sense. (그녀가 좀 더 나이를 먹으면 분별이 있을 거라고 생각했다.)

(6) 시제의 일치의 예외

① 종속절이 일반적인 진리나 격언을 나타내는 경우 (항상 현재형) (→ *p.* 183 (3))

a. She *was* obliged to recognize that crime **doesn't pay**. (그녀는 죄를 지으면 손해 본다는 것을 인정하지 않을 수 없었다.)

b. Darwin further *proposed* that the struggle for survival **is** frequently hardest among species that resemble each other the most. (다윈은 더 나아가서 생존경쟁은 흔히 서로 가장 닮은 종(種)사이에서 가장 치열하다고 주장했다.) - Gaarder, *Sophie's World*

c. Sartre *emphasized* that man must never **disclaim** the responsibility for his actions. (사르트르는 인간은 자신의 행동에 대한 책임을 절대로 포기해서는 안 된다고 강조했다.) - *Ibid.* [인간은 자기 자신의 행동에 책임을 져야 한다는 것이 바로 existentialism(실존주의)의 기본 사상이다]

Cf. Astrologers claimed that the position of the stars **influenced** people's lives on Earth. (점성가들은 별의 위치가 지구상의 인간생활에 영향을 미친다고 주장했다.) - *Ibid.* [that 이하의 내용은 진리가 아니므로 시제가 일치해야 한다.]

② 종속절이 현재도 변함없는 사실이나 습관을 나타낼 때 (일치하는 경우도 있다.)

- He *didn't know* that they **speak** Spanish in Mexico. (그는 멕시코에서 스페인어를 사용한다는 것도 몰랐다.)
- *Did* you know Sarah**'s** going out with one of your old boyfriends. (너는 지금 세라가 너의 옛날 보이프랜드 중 한 명과 데이트를 하고 있다는 사실을 알고 있었느냐?)

③ 역사적 사실은 과거시제 그대로 쓰며, 과거완료로 하지 않는다.

We *were taught* that the Boston Tea Party **happened** in 1773. (우리는 보스턴 차 사건이 1773년에 일어났다고 배웠다.)

제 8 장 조동사

WARM-UP

조동사 (Auxiliary verb)는 본동사 (Principal verb)와 상대되는 말이다. 본동사가 혼자서 표현할 수 없는 시제 (Tense), 법 (Mood→§ 제14장 동사의 법), 태 (Voice →§ 제16장 수동태) 따위를 표현하기 위하여 본동사의 보조로 쓰일 뿐만 아니라, 의문, 부정, 강조 따위의 표현에도 사용된다. 조동사에는 be 동사, have 동사, do (does, did), can (could), shall (should), will (would), may (might), must, ought to, need, dare, used to, *etc.* 가 있다. 조동사의 특징은 be, have, do를 제외하고, 3인칭 단수 현재형에—(e)s를 붙이지 않고, 부정문이나 의문문에 do를 사용하지 않으며, 부정사, 현재분사, 동명사를 만들 수 없다.

(1) 법 조동사 (Modal auxiliary verb)

위에 든 조동사 중에서 shall (should), will (would), can (could), may (might), must를 법 조동사 (Modal verb/ modal auxiliary verb/ modal auxiliary)라고 부른다. 법 조동사는 동사가 나타내는 동작의 상태를 사실로서가 아니라 화자의 마음속에서 생각한 것을 서술하는 가정법 (Subjunctive mood) 뿐만 아니라, 능력, 가능성, 허가, 의무, 목적, 필요 등 여러 가지 마음의 태도를 표현하는데 사용되는 조동사를 일컫는다. 위에 열거한 조동사 외에 need, have to, used to, had better, dare도 법 조동사의 특징을 다소 가지고 있다. 이런 것들은 각 조동사의 항에 사세히 설명되어 있으므로 예문과 함께 읽어보면 쉽게 이해할 수 있다. 또 한 가지 알아둘 점은 조동사 중에서 need, dare, used to의 셋은 현대 구어영어에서 일반동사로 쓰이는 일이 많다는 점이다.

(2) 조동사 be의 특수용법

'조동사로서의 be 동사'의 용법 가운데 중요한 것은 'be + 과거분사(자동사)'를 가지고 완료형을 만들 수 있다는 것이다. 그러나 모든 자동사가 이 방식으로 완료형을 만들 수 있는 것은 아니고, 장소의 이동이나 상태의 변화를 나타내는 동사 즉, go, come, arrive, return, fall, grow, set, *etc.*의 동사에만 적용된다. 물론 이 경우에 'have + 과거분사' 형도 많이 사용되지만 의미상 차이가 있다. 후자가 '동작'을 나타내는 데 비해서 전자는 '동작의 결과'를 나타낸다. (→ § 94)

I. HAVE / DO

§ 108 조동사로서의 have

(1) Have를 <of>나 <a>로 적는 일이 있다.

구어에서 have가 다른 조동사 (must, should, would, could, might, *etc.*)의 뒤에 쓰일 때, 발음대로 <of>나 <a>로 적는 경우가 있다. 이것은 native speaker가 빨리 말할 때 이렇게 발음하기 때문이며, 실제로 미국방송을 들어봐도 이러한 경우에 of [əv]나 a[ə]]처럼 들린다.

a. But if you'd **of** been in my place you'd **of** done the same as what I done.*(만약 당신이 내 입장이 되었더라도 내가 한 것처럼 했을 것이다.) - Orwell, *1984* [* = did]

b Not that* I wasn't proud to have a note from you but* the Yankees might **of** got it. (당신에게서 편지를 받는 것이 반갑지 않아서가 아니라, 만약에 양키가 그 편지를 받았을지도 모른다는 거지요.) - Mitchell, *Gone with the Wind* [*→ *P.* 334]

c. I won a flat race on* him when I was fifteen years old. I could **of** got two hundred dollars for him any time. (나는 열다섯 살 때 그 말을 타고 평지 경마에서 이겼단 말이야. 200 달러라면 언제라도 팔 수 있었을 거야.) - Steinbeck, *The Red Pony* [* → *P.* 304]

d. If the Chink hadn't come back he'd **of** bled to death, and you'd be staying with me in the jail. (만약에 그 중국인이 돌아오지 않았더라면 그는 피를 많이 흘려서 죽었을 것이고, 자네는 나와 함께 감옥에 가 있을 걸세.) - Ibid., *East of Eden*

e. If he'd of lived*, he'd **of** been a great man. (그가 살았다면 큰 인물이 되었을거야.) - Fitzgerald, *The Great Gatsby* [*가정법 과거완료의 조건절을 이와 같은 형식으로 쓰기도 한다. → *p.* 406 **NB1** 위의 *a*와 아래의 *g*도 같은 형식이다]

f. You must **of** been a manicurist one time. (당신은 틀림없이 전에 매니큐어 전문가였겠군요.) - Harris, *The Silence of the Lambs*

g. If you'd **of** started out early, you might of made a preacher. (만약 당신이 일찍 시작했더라면 목사가 되었을지도 모릅니다.) - Haley, *Roots*

h. "You should**a** got a wife," said Joad. "Preacher an' his wife stayed at our place one time." ("마누라를 얻어셔야겠군," 하고 조우드가 말했다. "한 번은 우리 동네에 목사와 그의 처가 묵고 간 적이 있어요.") - Steinbeck, *The Grapes of Wrath*

i. You must **a** known it would come back to me sometime. (당신은 그것이 언젠가는 나에게 돌아오리라는 것을 알고 있었음에 틀림없어요.) - Cather, *My Ántonia*

(2) Have to/ have got to (= must)

Have to와 have got to는 must의 가장 일반적인 용법인 ① <의무, 당연>외에 ② <필연, 추정>의 뜻으로도 쓰인다.

① 의무, 당연 (~해야 한다). 부정은 don't have to, haven't got to 이다.

- "All I'm saying," I said, "I've got to go away on a business trip." ("내 말은 내가 출장을 가야한다는 거야"하고 내가 말했다.) - Sanders, *The Sixth Commandment*

*AmE*의 구어에서는 have got to에서 have를 생략하고 got to 또는 gotta로 쓰는 일도 많다(→ *p.* 186).

② 필연, 추정 (~임에 틀림없다).

a. You **have to** be rich to afford anything in this store. (이 가게에 있는 물건을 무엇이든지 살 수 있다면 당신은 부자임에 틀림없다.)

b. You'd **have to** be crazy to harass your boss. (자신의 상사에게 성희롱하는 부하가 있다면 미친 사람임에 틀림없다.) - Crichton, *Disclosure*

c. You'**ve got to** be out of your mind. (자네 정신 나갔군.)

(3) Have to (≠ must)

What will you have to drink?(음료는 무엇을 드시겠어요?)에서 회화라면 have와 to사이에 짧은 호흡의 단락을 둠으로써 구별할 수 있지만 문장 속에서는 문맥에 의해서 판단해야 한다. 여기서 to-*inf.*는 앞에 있는 의문사 what을 수식하는 형용사적 용법 또는 목적을 나타내는 부사적 용법이며, 보통의 have to(= must)가 아니다. 이것은 주로 관계 대명사절 속에서 일어나며(아래 용례의 *a, b*), 예컨대, <You have something to do.>에서 목적어가 선행사로서 글머리에 나와 <Something(that) [what] you have to do>의 형식을 취한다.

a. I don't expect gratitude. I only thought you might care to hear what I **have** *to say*. (나는 감사해 주기를 기대하지 않습니다. 다만 제 이야기를 듣고 싶어 할지도 모른다고 생각했습니다.) - Forster, *A Passage to India* [what은 관계 대명사]

b. I wonder what she **has** *to give* you that I can't give you. (내가 당신에게 줄 수 없는 것으로서 그녀가 줄 수 있는 것이 무엇일까?) [what은 의문사]

c. I have tried to find out what philosophers of other schools **had** *to say* on this subject. (나는 다른 학파의 철학자들은 이 문제에 대해서 뭐라고 말하는가를 알아내려고 했다.) - Maugham, *The Summing Up* [what은 의문사]

d. What **have** you **got** *to* say for yourself,* Henry? (헨리, 당신은 무슨 변명할 말이 남아 있어요?) - Caldwell, *Uncle Henry's Love Nest* [what은 의문사] [* 변명하다]

§ 109 조동사로서의 do

(1) 의문문과 부정문에서

- **Do** you get nervous before an examination? (시험 전에는 떨리느냐?)
- He drew a short breath and said lightly but softly. "My dear, I **don't** give a damn.*" (그는 잠시 숨을 돌리고 나서 나지막한 목소리로 말했다. "여보, 난 전혀 상관없어") - Mitchell, *Gone with the Wind* [* = I don't care]

(2) 동사를 강조할 때

동사의 원형 앞에 do/ does/ did를 붙이고 강세를 둔다. 인쇄할 때 이탤릭체로 쓰는 일도 있다.

- Well,* I say,* you **do** swim. (야, 헤엄을 칠 줄 아는군.) [*→ *p.* 11]
- He's generally very reserved, but if he **does** speak, it is always to the point. (그는 평소에는 별로 말이 없지만, 일단 입을 열면 요령있게 말한다.)

NB1 다음과 같이 도치되는 경우도 있다.

- I only thought of walking and walk I did. (나는 걷는 것만 생각하고 실제로 걸었다.)

(3) 명령문에 do를 쓰면 <명령보다 강한 간청>을 나타내는 일이 많다.

- **Do** be satisfied with what you have got. (당신이 가진 것에 만족하시오.)
- **Do** go to her, and say you didn't mean to be unkind. (빨리 그녀한테 가서 별로 악의가 있어서 한 말은 아니었다고 말하고 오너라.) - Maugham, *Of Human Bondage*

NB2 의문문에서 의문사가 주어일 때는 조동사 do를 사용하지 않지만, 강조하기 위하여 강세가 있는 dó / dóes / díd 를 사용하는 일이 있다.

- But who **dóes** give me assistance? (그러나 누가 나를 도와줍니까?)

(4) 동사의 대용

a. Surely you can stay for supper, please **do**. (틀림없이 저녁식사 때까지 계실 수 있겠죠. 제발 계세요.)

b. Freckles run in Scotch families* just as gout **does** in English families. (통풍이 영국 가정의 유전이듯 주근깨는 스코틀랜드 가정의 유전이다.) – Wilde, *The Portrait of Mr. W. H.* [* run in the family 유전하다]

c. People like money even more they **do** looks.* (사람들은 미모보다 돈을 훨씬 더 좋아한다.) – Dreiser, *An American Tragedy* [*이 문장처럼 do의 뒤에 목적어가 오기도 한다.]

Ⅱ. SHOULD/ WOULD

두 조동사의 미래형인 shall과 will에 대해서는 미래시제 (→ § 99)

§ 110 Should

(1) Shall의 과거형 (시제의 일치[→ § 107]에 의한 것이므로 '해야 한다(의무)'가 아니다.)

(1) 의무, 충고 (must보다 의미가 약하다.)

a. You **should** not force your ideas on other people. (당신의 견해를 다른 사람에게 강요해서는 안 된다.)

b. Letters of recommendation s**hould** be simple and to the point. (추천장은 간결하고 요령이 있어야 한다.)

Should의 뒤에 완료 부정사가 오면 과거에 했어야 했던 일을 하지 않았음을 나타내며, 부정형은 그 반대를 나타낸다(= might have + V-ed/ ought to have + V-ed).

c. The doctor **should** *have warned* the patient of the possible side effects prior to beginning the treatment. (의사는 환자에게 치료를 시작하기 전에 부작용이 있을 수 있다는 것을 알려주었어야 했다.)

d. I **should** *have known* better than to believe in an FBI agent. (FBI 요원의 말을 믿은 것은 내 잘못이었다.) - Anderson, *Ground zero*

e. I'm sorry, I **shouldn't** *have lost* my temper. (화를 내서 죄송합니다.)

(2) 고도의 가능성 (strong probability), 확실한 미래(= ought to/ be very likely to/ be almost certain) <틀림없이/ 당연히 / 아마 ~일 것이다>란 뜻으로 주로 be 동사와 결합하며, 다른 동사와의 결합은 대단히 드물다.

a. You **should** be on cloud nine * (틀림없이 지내는 날 듯 한 기분일거야.) [*on cloud nine (더없이 즐거운, 행복한)은 미국 기상청이 분류한 구름의 가장 위 부분이 cloud nine인데서 유래한 말]

b. I had eighty francs(gold franc) to last me the rest of the month, and a modest luncheon **should** not cost more than fifteen francs. (나에게 이 달의 남은 기간 동안의 생활비가 금화로 80프랑 남아 있었고, 수수한 점심이라면 15프랑 이상 들 리가 없다고 생각했다.) - Maugham, *The Luncheon*

c. Bob is particularly good at dealing with people, so he **should** make an excellent manger. (밥은 특히 사람을 잘 다루기 때문에 틀림없이 유능한 관리자가 될 거야.)

d. She(= Melanie) was not recovering as she **should** and Scarlett was frightened by her white weakness. (멜라니의 회복은 순조롭게 진행되지 않고 안색이 창백하고 쇠약했으므로 스칼렛은 몹시 걱정이 되었다.) - Mitchell, *Gone with the Wind*

(4) It is strange/ absurd, *etc.* 뒤의 that-절에 쓰이는 should

a It is strange (that) ~ should 형
b I am surprised (that) ~ should 형
c I think(feel, find, *etc.*) it strange that ~ should 형
d How strange that ~ should 형

위의 구문은 놀람, 의외, 불만 등의 감정적 색채를 나타내는데 쓰이며, 많이 쓰이는 형용사는 위에 든 strange, surprised 외에도 absurd, curious(= funny/ odd), good, impossible, inconceivable, incredible, surprising, *etc.*이며, a pity (= a shame), a disgrace 같은 명사도 사용된다. 위의 네 가지 형식 중 *a.*형이 가장 많이 쓰인다. 이 용법 *BrE*의 문어체에서는 흔히 볼 수 있으나, 현대 구어에서는 *BrE, AmE* 모두 직설법 동사를 쓰는 것이 보통이다.

a. It was *absurd* that she **should** be asked to sacrifice her life for him. (그가 그녀에게 일생을 희생해 달라고 하는 것은 말도 안 되는 소리였다.) - Maugham, *The Back Beyond*

- It's *funny* that even now you **shouldn't** remember me at the hospital. (내가 그 병원에서 같이 근무했다는 사실이 아직까지도 생각나지 않는다니 이상하군요.) - Ibid, *Mirage*
- It was *beyond* their comprehension that an O'Hara lady **should** do manual labor. (오하라 집안의 숙녀가 육체노동을 한다는 것은 그들이 도저히 이해할 수 없는 일이었다.) - Mitchell, *Gone with the Wind*
- It is *inconceivable* that Mrs. Crosbie **should** have written such a letter. (크로스비 부인이 그런 편지를 썼다는 것은 상상도 할 수 없다.) - Maugham, *The Letter*
- It seems *a pity* that he **should** waste such a golden opportunity. (그가 그런 천재일우의 기회를 놓친다는 것은 아까운 일인 것 같다.) - Ibid., *His Excellency*

b. I'm terribly *sorry* you **should** think that of me. (자네가 나를 그렇게 생각하고 있다니 유감천만이다.) - Ibid. *Rain*

c. I feel it *strange* that she **should** not make her appearance at the appointed time. (그가 약속시간에 나타나지 않다니 이상하군.)

d. How *strange* that Ashley **should** be impressed by something that scamp had said a year ago. (그 악한이 일년이나 전에 한 이야기가 애슐리의 인상에 확실하게 남아 있다니 정말 이상하구나.) - Mitchell, *Op. cit.*

e. It comes as *a surprise* to all of us that he **should** prove such a fluent speaker, with such a fund of humor and common-sense. (그가 풍부한 유머와 상식을 갖춘 유창한 연설가라는 것은 우리 모두에게 놀라운 일이다.) - Maugham, *Mrs Craddock* *f*. It is a *disgrace* that they **should** stay so long that they become friends. (그들이 친구가 될 만큼 오래 머문다는 건 창피한 일이다.) - Hemingway, *A Farewell to Arms*

(5) It is natural/ necessary, *etc.* 뒤의 that-절에 쓰이는 should (→§ 220 (5))

여기에 쓰이는 형용사는 대체로 이성적 판단을 나타내는 형용사들이다. 이 밖에 essential, imperative, important, inevitable, logical, proper, right, urgent, *etc.* 이다.

a. For this position it is *essential* that you **should** be married. (이런 자리에 근무하기 위해서는 반드시 결혼을 해야 한다.) - Maugham, *A Marriage of Convenience*

b. I have discovered the identity of the victim. I know why it was *imperative* that he **should** leave America. (나는 그 피해자의 신분을 알아냈어요. 그 사람이 미국을 떠나지 않으면 안되었던 이유를 압니다.) - Christie, *Murder on the Orient Express*

c. It was *important* that they **should** look dignified. (그들이 위엄 있어 보인다는 것은 중요한 일이었다.) - Forster, *A Passage to India*

d. It was *inevitable* from the beginning that the movement of settlement in America **should** in general follow east-to-west lines. (아메리카 대륙에서의 정착운동은 처음부터 대체로 동쪽에서 서쪽으로 뻗어 나갈 수밖에 없었다.) - Nevins, *A Pocket History of the United States*

e. It was *natural* that the convert Aron **should** work on Cal. (개종한 아론이 캘에게 영향을 주는 것은 당연한 일이었다.) - Steinbeck, *East of Eden*

- It was only *natural* he **should** have been promoted to major. (그가 소령으로 승진한 것은 지극히 당연한 일이었다.) - Mailer, *The Naked and the Dead*

NB 위 문장처럼 주절보다 앞선 시세를 나타낼 때는 <should have + *pp.*> 형을 사용한다.

f. It is not *right* that we **should** hold a grudge in our hearts. (우리가 마음속에 원한을 품는 것은 옳지 않다.) - Capote, *In Cold Blood*

g. There is a lady who says it's *urgent* that she **should** speak to you at once without any delay. (지체 없이 당장 당신을 만나야겠다고 하는 숙녀가 계십니다.) - Christie, *Death on the Nile*

h. When so much has been written about Charles Strickland, it may seem *unnecessary* that I **should** write more. (찰스 스트릭랜드에 대해서는 너무나 많은 글이 씌어졌으므로 내가 더 쓴다는 것은 불필요한 일처럼 보일런지도 모른다.) - *Maugham, The Moon and Sixpence*

(6) Who, why, how, *etc.*로 시작하는 의문문에 쓰인 should는 <놀람, 의외의 기분>을 나타낸다.

a. *Who* **should** she see coming up the front walk but the preacher! (집 앞의 산책로로 오고 있는 사람이 누군가하면 바로 목사님인 거야!) - Williams, *A Streetcar Named Desire* *b.* One night while Shug singing a hot one, *who* **should** come prancing through the door of Harpo's but Sophia. (어느날 밤 셔그가 최신 유행가를 부르고 있는데 하포네 집 문으로 들어오는게 누군가 했더니 소피아였어.) - Walker, *The Color Purple*

c. As I was riding along Ivy Street a while ago, on my way to call on you, *who* **should** hail me from behind a hedge but Mrs. Ashley Wilkes! (조금 전에 당신을 만나려고 마차를 타고 아이비 스트리트를 통과할 때 생울타리 저쪽에서 부르는 소리가 있어서 누군가 했더니 애슐리 윌크스 부인이 아니겠어요!) - Mitchell, *Gone with the Wind*

(7) <제안, 요구, 주장, 명령, 소망, 결정, 결심, 의도 따위>를 나타내는 동사 (또는 명사나 형용사)뒤에 오는 that-절에 쓰이는 should (→§ 220 (2))

a. She *proposed* that he **should** meet her in the second-class waiting-room at Victoria Station. (그녀는 그에게 빅토리아역 2등석 대합실에서 만나자고 제의했다.) - Maugham, *Of Human Bondage*

b. It was finally *decided* that I **should** become a doctor. (마침내 나는 의사가 되어야 한다는데 합의를 보았다.) - Ibid. *The Summing Up*

c. This settled it, and it was *arranged* that Philip **should** start work on the fifteenth of September. (이로서 그 문제는 해결되었고, 필립은 9월 15일부터 일을 시작하기로 결정되었다.) - *Ibid. op. cit.*

d. It had never been *intended* that Neil **should** live permanently with the Munros. (닐은 언제까지나 먼로 가족과 함께 살 의도는 결코 없었다.) - Ibid. *Neil MacAdam*

e. The corps commander is *anxious* that they **should** be disarmed without delay. (군단 사령부는 지체 없이 무장을 해제하라고 합니다.) – Pasternak, *Doctor Zhivago*

(8) I should think/ say, I'd say

[확신할 수 없는 견해를 말할 때] (나로서는~라고 생각합니다만)

a. **I should think** they've done it on purpose, to avoid paying you the money. (그들은 당신에게 돈을 지불하지 않으려고 일부러 그렇게 한 것 같아요.)

b. Pretty late. Nearly two o'clock, **I should say**. (꽤 늦은 시각이었어요. 두 시쯤 되었을 거에요.) - Christie, *Murder on the Orient Express*

c. Judging by Michael's expression **I'd say** he wasn't in a very good mood today. (마이클의 표정으로 보아 그가 오늘 썩 기분이 좋았던 건 아니었나 봐.)

- From the way the body was lying **I'd say** it was suicide. (시신이 누워있는 방향으로 보아 자살한 것 같아요.)

NB 위와 같은 뜻으로 I would think도 쓰인다.

- Don't worry if you miss the train. There'll be another one soon, **I would think**. (기차를 놓치더라도 걱정하지 말게. 곧 또 다른 열차가 올 거야.)

§ 111 Would

Should는 시제의 일치 외에는 과거의 의미로 쓰이는 경우가 없지만, would는 시제의 일치 외에도 과거를 나타내는 용법 (2), (3), (4) 가 있다.

(1) Will의 과거형—시제의 일치에 의한 것 (주로 간접화법에 많이 쓰인다.)

a. I asked if she **would** come round the following day. (= I said to her, "Will you come round tomorrow?") (나는 그녀에게 다음 날 오겠느냐고 물었다.)

b. She burned the letters so that her husband **would** never read them. (그녀는 남편이 읽어 보지 못하도록 편지들을 모두 태워 버렸다.)

c. She never lost the profound conviction that sooner or later Red **would** come back. (그녀는 레드가 조만간 돌아오리라는 확신을 결코 버리지 않았다.) - Maugham, *Red*

(2) 과거의 추측, 과거의 상상

a. I suppose he **would** be about 50 when he died. (그가 죽었을 때의 나이는 50살 가량 되었으리라고 생각한다.)

b. At the time I saw her first she was a little girl. That **would** be in the year 1950. (내가 그녀를 처음 보았을 때 어린 소녀였다. 그것은 1950년이었을 것이다.)

(3) 과거의 의지, 고집, 거절 (무생물에도 쓰인다. 아래의 *e*)

a. He gave several knocks at the door, but she **wouldn't** let him in. (몇 번이나 노크를 했으나 그녀는 그를 들어오지 못하게 했다.)

b. The dog **wouldn't** leave her side and demanded almost constant attention. (강아지는 그녀의 곁을 떠나지 않고 계속 보살펴 달라고 보챘다.) - Cook, Outbreak

c. She wrote her novels under the pen name George Eliot*, because the publishers **would not** accept a manuscript written by a woman. (출판사들은 여자가 쓴 원고를 받아 주지 않았기 때문에 그녀는 조지 엘리엇이라는 필명으로 소설을 썼다.) [* → 이 쪽의 맨 아래 ☞]

d. Perhaps for the first time in his life Freddy **wouldn't** listen to his mother. (아마도 그의 생전에 처음으로 프레디는 어머니의 말을 듣지 않았다.) - Maugham, *The Alien Corn*

e. We didn't get into the house; the door **wouldn't** open. (우리는 그 집에 들어가지 않았다. 문이 열리지 않았던 것이다.)

☞ George Eliot (1819~1880) 영국의 여류소설가. 유럽 각국어에 능통하고 폭넓은 교양을 쌓은 그녀의 소설은 일종의 철학계통에 의거한 세밀한 심리묘사와 실증주의에 기초한 성격분석 그리고 아름다운 전원묘사를 특징으로 하는 독보적인 문학을 이루었다. *Adam Bede*, *The Mill on the Floss* (플로스강의 물레방아), *Daniel Deronda*등 많은 작품이 있으나 *Middlemarch*를 대표작으로 꼽는다.

(4) 과거의 습관 (과거의 반복된 동작이나 습관)

a. Sometimes the boys **would** play a trick on their teacher. (이따금 학생들은 선생님에게 장난을 치곤했다.)

b. He **would** sit for hours without speaking a word. (그는 말 한 마디 하지 않고 몇 시간이고 앉아 있곤 했다.)

c. He **would** occasionally clear his throat before beginning to speak. (그는 가끔 말을 시작하기 전에 헛기침을 하곤 했다.)

d. Whenever I heard the music, I **would** go stand quietly by my window. (나는 그 음악이 들릴 때마다 조용히 내 방의 창가로 가서 서 있곤 했다.) - Capote, *Breakfast at Tiffany's*

(5) 소망 (= wish to) (2), (3), (4) 와는 달리 현재를 의미한다.

a. I **would** ask you to reconsider the decision. (당신의 결정을 재고해 보시기 바랍니다.)

b. Any one who **would** profit by experience will never be above asking help. (경험에서 배우고자 하는 사람은 타인의 도움을 청하는 것을 부끄러워하지 않는다.)

c. Is there anyone who **would** lose his freedom of speech? (언론의 자유를 잃고 싶은 사람이 누가 있겠는가?)

d. We **would** rather go for a dinner after the show. (연극이 끝난 후에 저녁을 먹으러 갔으면 좋겠다.)

e. If you **would** understand a nation, you must know its language. (어떤 나라를 이해하고자 한다면 그 나라의 언어를 알아야 한다.)

f. Do as you would be done by [saying]. (대접 받고 싶은 대로 남을 대접하라.) [Cf. 己所不欲이면 勿施於人이라(내가 원하지 않는 것을 남에게 시키지 마라). – 논어(論語)]

NB *e, f*는 주어의 의지를 나타내는 will의 정중한 표현으로 볼 수도 있다(→*p.*184 **NB1**).

위의 의미에서는 문어체에서 본동사로서의 용법도 있다. 주어 I는 흔히 생략한다.

ⓐ **Would** that(= I wish) I were young again. (내가 다시 젊어진다면 얼마나 좋을까.)

ⓑ **I would** to God that I had been able to tell the truth. (내가 사실대로 말할 수 있었다면 좋았을 텐데.) - Wilde, *The Ideal Husband*

(6) 공손한 표현—원래는 가정법이다.

- **Would** you like a cup of coffee [if I offered you one]? (커피 한 잔 드시겠어요?)
- **Would** you please lend me your CD player? (당신의 CD 플레이어를 좀 빌려 주시겠어요?)

Cf. If you **would** help us, I should be grateful. (우리를 좀 도와주신다면 고맙겠습니다.)

Ⅲ. CAN/ MAY/ MUST

§ 112 Can / could

(1) 능력, 가능성의 유무 (= be able to)

- **Can** you come over* for dinner? (우리집에 저녁식사 하러 올 수 있겠어요?) [* come over (to) 아무의 집을 잠시 방문하다.]
- You **can't** take it with you(when you go). (그 재산 무덤에 지고 갈거야?)

NB1 이 용법의 can / could가 항상 우리말의 <할 수 있다>와 같은 것은 아니다.

ⓐ If you want to something for me, you can make me a cup of coffee. (나를 도와주고 싶다면 커피 한 잔 타 주게.)

ⓑ I won't eat it. You can just take it back to the kitchen. (먹지 않겠어요. 그것을 부엌으로 가져가세요.) - Mitchell, *Gone with the Wind*

NB2 다음 예에서는 <일시적인 상태>를 나타낼 수 있음을 보여 준다.

ⓐ It can be warm in England, even in March. (영국에서는 3월에도 따뜻할 때가 있다.)

ⓑ Anyone can make a mistake. (누구든지 실수할 수 있다.)

(2) Can/ could와 be able to

① can(not)의 미래형과 완료형에는 be (un)able to를 사용할 수 있다.

- I'*ll* **be able to** play the Beethoven violin concerto if I practice long enough. (내가 충분히 연습한다면 베토벤의 바이올린 협주곡을 연주할 수 있을 것이다.)

NB3 능력을 강조할 때는 현재시제라도 be able to를 사용하는 일이 있다.

- I've always wanted to **be able to** speak French. (나는 항상 불어를 할 수 있기를 원했다.)

② could와 be able to는 대체로 같은 뜻이나 가정법의 결과절로 혼동할 우려가 있을 때는 was/ were able to를 쓴다. 즉, 다음 문장의 was able to는 <현실적으로 탈출할 수 있었음>을 나타내지만, could를 쓰면, <운전수가 탈출하려고 생각하면 탈출할 수 있을 것이다> 즉 가정법 과거처럼 되어 버린다.

- The car plunged into the river. The driver **was able to** get out but the passengers were drowned. (운전수는 탈출할 수 있었으나, 승객들은 익사했다.)

(3) 강한 의심이나 놀람을 나타낸다.

의문문이나 부정문에 사용되어 <도대체～일까?>, <～일리가 없다>란 뜻을 나타낸다.

a. What **can** it possibly be? (도대체 그것이 무엇일까?)

b. Alice **can't** be at home. I've seen her in the café. (집에 있을 리가 없다.)

c. They **can't** have gone out because the light's on. (불이 켜져 있는 것으로 보아 그들은 외출했을 리가 없다.)

Cf. When he married her, she **could not have been** more than sixteen. (그가 그녀와 결혼했을 때 그녀는 16살 이상 되었을 리가 없다.) - Maugham, *The Pool*

(4) 허가 (= may)

a. **Can** I have your <u>autograph</u>*? (사인 좀 해 주시겠어요?) [*autograph는 유명인사나 연예인이 다른 사람에게 주기 위하여 책이나 사진에 하는 서명이며, signature는 편지나 서류에 하는 서명]

b. "**Can** I use your bathroom?" "Sure, go ahead." ("화장실 좀 사용해도 될까요?" "예, 쓰세요.")

(5) 공손한 표현의 could (원래는 가정법이다)

a. **Could** you spare me a few minutes? (잠깐 시간 좀 내 주시겠어요?)

b. **Could** I borrow $ 10,000 against my house? (제 집을 담보로 10,000달러 대출 받을 수 있겠습니까?)

c. **Could** you <u>do me a favor</u>* and buy some milk for me? (부탁이 하나 있는데 우유 좀 사주시겠어요?) [* do *sb* a favor 아무의 부탁을 들어주다]

(6) Can/ could를 포함한 관용표현

① Couldn't care less (= don't care) (상관없다.) [care와 less는 별개의 단어]

• I **couldn't care less** who wins the match. (그 시합에서 누가 이기든 난 관심 없어.)

NB4 가끔 could care less도 쓰인다.

• Frankly, I could care less what they think of me around here, and one way or other, I'll <u>come by</u>* later. (솔직히 말하면, 이 동네에서 나를 어떻게 생각하든 개의치 않으며, 어떻게 해서든지 다음에 들르겠습니다) - Waller, *The Bridges of Madison County* [* ① (사람을 만나러) 잠시 들르다. ② 손에 넣다]

② Could use (= would very much like *sth*) ～이 있으면 좋겠다, ～했으면 좋겠다

a. Boy, it's too hot. I **could use** a cold bath. (어휴, 너무 더워. 냉수욕을 했으면 좋겠구나.)

b. I **could use** some herbal tea. (녹차를 한 잔 마시고 싶다.) - Cook, *Mutation*

c. I **could use** a little money right now. (지금 돈이 좀 필요합니다.) - Mitchell, *Gone with the Wind*

NB4 could use 대신, 드물지만, can use도 쓰인다.

- I can use a hot bath and a good steak. (따끈한 물에 목욕하고 맛있는 스테이크를 먹고 싶다.) - Sheldon, *Nothing Lasts Forever*

🔍 could(*or* can) use는 우리나라의 남도지방에서 많이 사용하는 '…했으면 쓰겠다'와 아주 비슷한 표현이다. 이렇게 영어와 우리말이 같은 용법을 가지게 된 것은 우연의 일치가 아니다. 국적이 다르고, 종족이 다르고, 피부색이 같지 않더라도 좋은 것을 보면 탐이 나고, 가지고 싶고, 사용하고 싶어지는 것은 모든 인간의 공통된 욕망일 뿐만 아니라, 양의 동서를 묻지 말며, 때의 고금을 따지지 말고 인간은 누구나 생각과 감정이 근본적으로 비슷하기 때문이다. 이 책에만 해도 이밖에 영어와(여기서는 우리말이 아니고) 한문이 아주 비슷한 의미를 가진 표현이 두 군데나 있다(→ *pp.* 33 / 212).

③ Cannot ~ too, *etc.* (아무리 ~ 해도 지나치지 않다)

a. I **cannot** appreciate your kindness **too** much. (= I can't thank you enough.) (뭐라고 감사의 말씀을 드려야 할 지 모르겠군요.)

Cf. I **can never** thank you **enough** for saving my life. (저의 목숨을 구해 주신 은혜에 대해서 어떻게 감사드려야 좋을지 모르겠군요.) - Sheldon, *Ibid.*

b. A child's morals **cannot** be attended to **too** early, let his station be <u>what it may</u>.* (어린이의 예절은 신분여하를 막론하고 아무리 일찍부터 주의해도 지나치지 않다.) [* → *p.* 398 (2)]

c. A man **cannot** be **too** careful in the choice of his enemies. (사람은 적을 선택하는데 아무리 주의해도 지나치지 않다.) - Wilde, *The Picture of Dorian Gray* [이것은 A man cannot be too careful in the choice of his friends.를 역설적으로 표현한 것이다]

그리고, it is impossible (*or* hard/ difficult) to exaggerate (*or* overemphasize/ overrate, *etc.*)도 비슷한 뜻이다.

d. **It is impossible to exaggerate** the importance of this meeting. (이 모임의 중요성은 아무리 강조해도 지나치지 않다.)

e. **It is hard to overstate** the importance of oil—it has made the country insolvent again. (석유의 중요성은 아무리 중요해도 지나치지 않다—그것은 또다시 국가를 파산상태로 몰아넣었다.)

④ It can/ will wait. (그건 나중에 해도 된다) (사물이 주어임에 주의)
어떤 일이 중요하지 않기 때문에 당장 할 필요가 없을 때 쓰는 표현이다.

a. Never mind cleaning your bike—**that can wait**. Go and do your homework. (네 자전거 닦는 일은 걱정하지 마라. 그건 나중에 해도 돼. 가서 숙제나 해라.)

b. I was going to finish my essay tonight but I suppose **it'll wait**. (내 수필을 오늘 저녁에 끝낼 예정이었으나 그건 나중에 해도 될거야.)

c. "**Supper can wait.**" said Melanie. ("저녁은 나중에 먹어도 돼"하고 멜라니가 말했다.) - Mitchell, *Gone with the Wind*

§ 113 May / might

(1) 추측/ 가능성 (= possibility)

a. It's possible that we **may** be a little late, but we'll try to be on time. (우리가 조금 늦을지도 모르지만, 정시에 오도록 노력해 보겠습니다.)

- In the future we <u>may be measuring</u>* movements on Earth's crust that are undetectable today. (미래에는 오늘날 측정할 수 없는 지각운동을 측정할 수 있을 지도 모른다.) [*는 <추측 + 미래>]
- It's just a hunch, but it's possible that the murderer **may** have been a woman. (육감에 불과하지만, 살인자는 여자일지도 모른다.)
- It **may** be(= Maybe) he has trained ears for bird songs. (아마 그는 새의 노래 소리에 훈련된 귀를 가지고 있을 것이다.)

b. I thought it **might** rain. (= I thought, "It may rain.")

- I was afraid he **might** refuse if I asked him again. (내가 다시 부탁하더라도 거절할지 모른다고 생각했다.)

NB1 He may have drowned.와 He might have drowned.의 차이

전자는 아마 그는 익사했을 것이다]란 뜻이지만, 후자는 [그는 익사했을지도 모르지만 익사하지 않았다]를 의미한다. 즉 전자는 직설법이고, 후자는 (조건절이 생략된) 가정법 과거 완료이므로 과거사실의 반대를 정한 것이다. 그러나 후자를 전자의 뜻으로 쓰는 사람도 많다.

(2) 허가 (= permission)

a. **May** I have your name, please? (성함이 어떻게 되십니까?)

b. **May** I speak to you for a moment in private, please? (잠시 조용히 말씀 좀 드려도 될까요?)

NB2 상대방의 허가를 구하는 표현은 앞에 나온 can과 위의 may 외에도 여러 가지가 있다.

ⓐ "**Is it all right if** I use the phone?" "Be my guest." ("전화 좀 써도 될까요?" "네 어서 쓰세요.")

ⓑ "**Do you mind if** I open the window?" "Not, not at all." (= Yes, it is all right.) ("창문 좀 열어도 될까요?" "네, 여세요.")

ⓒ "**Would you mind if** I made myself a sandwich?" "Of course not, feel free." ("내가 샌드위치 하나 만들어 먹어도 될까요?" "물론이야, 마음대로 만들어 먹어.")

(3) 기원문

May he rest in peace! (영혼이여, 고이 잠드소서!)

May you have a very happy married life! (진정으로 행복한 결혼생활을 보내시기 바랍니다!)

(4) 정중한 표현의 might (원래는 가정법이다.)

a. You **might** post this letter for me. (이 편지 좀 부쳐 주시겠어요.)
b. I think you **might** at least apologize. (사과쯤 해도 좋을 텐데요.)

(5) Might have + 과거분사 (= should have + 과거분사) (위의 (4)에서 발전된 용법)

a. Pity—you **might have come** to the trial. (안됐군요, 그 재판을 구경하러 오셨더라면 좋았을 텐데요.) - Maugham, *The Happy Couple*
b. You **might have written** a play and wanted to read me. (희곡을 써서 나한테 보여 주었더라면 좋을 뻔했어요.) - Ibid., *A String of Beads*
c. And he **might have** at least **kissed** her in front of Mammy. (그리고 적어도 그가 매미 앞에서 그녀한테 키스 정도는 해 주었더라면 좋았을 텐데.) - Mitchell, *Gone with the Wind*

(6) 관용표현

may well (*or* easily) (=probably) (아마 / ～할 가능성이 높다 / ～하는 것도 당연하다)
might (*or* may) as well A (as B) (B할 바에는) 차라리 A하는 게 낫다

a. **Well may/ might** you be surprised. (당신이 놀라는 것도 무리가 아닙니다.)
- Wages **may well** fall to extremely low levels over the next year. (내년에는 임금이 조금 떨어질 가능성이 높다.)
- He **may easily** have been exaggerating when he said that there were 200 people at the party. (그는 파티에 200명이 손님이 왔다고 했지만 아마 그의 말은 과장이었을 것이다)
- Problems to do with body temperature **may well** have brought about the death of the dinosaurs. (아마 공룡의 멸종은 체온 때문이었을 것이다.)

b. I **might just as well** go back to Atlanta on this afternoon's train. (오는 오후 열차로 아틀란타로 돌아가는 게 낫겠다.) - Mitchell, *Gone with the Wind*
- I **might as well** break off my engagement at once. (저는 당장 약혼을 파기하는 게 낫겠어요.) - Christie, *Poirot Investigates*

c. You **may as well** drink here **as** anywhere else. (다른 곳에 가지 말고 여기서 마시는 게 낫겠다.) - Greene, *The Power and the Glory*
We **might as well** be hanged (*or* hung) for a sheep **as** for a lamb. [saying] (바늘 도둑이 될 바에는 소도둑이 되는 게 낫다.) [속담]

(7) 부사절에서의 용법

목적을 나타내는 부사절에서는 may/ might, can /could, will /would, shall / should 따위가 쓰이며, 조동사 없이 쓰기도 한다. (→ *p.* 508)

§ 114 Must

(1) 필요, 의무, 명령을 의미하며, 부정은 <금지>를 나타낸다

- Blank floppy disks must be formatted before they can be used in a computer. (새 플로피 디스크를 컴퓨터에 사용하려면 포맷해야 한다.)
- If you must go out at night, do not walk along dark streets. (밤에 외출을 해야 한다면 어두운 길로 다니지 마라.)

(2) Must와 have to

must에는 현재형 밖에 없기 때문에 현재시제 이외에는 have to가 사용된다. 그리고 must의 부정은 <금지>를 나타내는데 비해서 don't need to는 <불필요>를 나타낸다.

a. You'll **have to** come with us. You're under arrest for the murder of John Cronin. (우리와 함께 가주셔야겠습니다. 당신을 존 크로닌 살인죄로 체포합니다.) - Sheldon, *Nothing Lasts Forever*

b. My CD player had a design fault so I didn't **have to** pay to have it repaired. (내 CD 플레이어는 디자인 결함이 있었기 때문에 수리비를 지불할 필요가 없었다.)

c. I **had to** stay up all night. (나는 밤을 꼬박 새우지 않으면 안 되었다.)

d. Do you **have to** type letters and answer the phone? (너는 편지를 타이핑하고 전화를 받아야 되니?)

NB1 간접화법 및 이에 준하는 문장에서는 must를 과거에도 쓸 수 있으며, 이것은 아래의 (3)에도 해당된다.

ⓐ He said he **must** leave at six. (= He said, "I must leave at six.") (그는 여섯시에 떠나야 한다고 말했다.) (이 밖에 *p.* 4의 *a*)

ⓑ Jack thought that he **must** look rather funny with his mouth open. (입을 벌리고 있으면 틀림없이 좀 우스꽝스럽게 보일 거라고 생각했다.) - Clancy, *Patriot Games* (이 밖에 *p.* 42의 *f*)

(3) 필연, 추정

- She's not answering the phone. She **must** be out. (그녀가 전화를 받지 않는다. 외출했음에 틀림없다.)
- She **must** have been a beauty in her day. (그녀는 젊었을 때 미인이었음에 틀림없다.)

NB2 이 용법은 <must be>나 <must have been>의 형태로 쓰이는 일이 많지만 현재시제에서는 be 이외의 동사와도 결합한다. 그러나 이 경우는 흔치 않다.

- You know her family, and you **must** know what she is like. (자네는 그녀의 가족을 알고 있으니까 그녀가 어떤 사람인가 알고 있음에 틀림없다.)

Ⅳ. Ought to / Need / Dare / Used to / Had better

§ 115 Ought to / Need, Dare

(1) Ought to (의미와 용법이 should와 아주 흡사하다.)

① 의무, 당연, 충고

- Coffee **ought to** be drunk while it is hot. (커피는 따끈할 때 마셔야 한다.)

NB1 ought to have + 과거분사 = should have + 과거분사

- You ought to have apologized. (= should have apologized) (당신은 사과를 했어야만 했다.)

② 고도의 가능성, 논리적인 결론(= should / probably)

- At your age you **ought to** know better. (자네 나이라면 당연히 철이 들어야 한다.)
- If you row all the time you **ought to** be there by seven o'clock in the morning. (쉬지 않고 계속 노를 저으면 아마 아침 7시 경에는 거기에 도착할거에요.) - Hemingway, *A Farewell to Arms*

(2) Need와 Dare

둘 다 조동사와 본동사의 양쪽으로 쓰이며, 또 부정문과 의문문에서만 조동사로 쓰이는 공통점을 가지고 있다.

a. I **need** not go alone. (나는 혼자서 갈 필요가 없다.)

b. She **dared** hardly go to the door. (문 쪽으로 갈 용기가 나지 않았다.) - Lawrence, *Women in Love*

NB2 need to, dare, used to의 세 조동사는 현대 구어영어에서는 보통 일반동사로 취급하여 do / does / did 를 사용한다. dare는 뒤에 원형 동사를 쓰는 일도 많다.

ⓐ You **don't need** (=**don't have**) to get up early. (일찍 일어날 필요가 없다.)

ⓑ **He didn't dare** to jump over the barbed-wire fence. (그는 감히 철조망 울타리를 뛰어 넘을 용기가 없었다.)

- He **didn't dare** tell a lie, because he knew Mike would see through him. (그는 마이크가 그의 마음을 꿰뚫어보고 있다는 것을 알기 때문에 감히 거짓말을 하지 못했다.)

NB3 didn't need + V (할 필요가 없었다, 그래서 하지 않았다/ 그러나 했다)
needn't have + 과거분사 (할 필요가 없었다, 그러나 했다)

ⓐ I **didn't need** put on my thick overcoat. (= So I didn't *or* I did.) (두꺼운 외투를 입을 필요가 없었다.[그래서 입지 않았다./ 그러나 입었다.])

ⓑ I **needn't have put** on my thick overcoat. (= but I did.) (두꺼운 외투를 입을 필요가 없었는데 [입었다].)

§ 116 Used to / Had better

(1) Used to

① 현재와 과거를 대비하는 경우

무의지 동사 특히 be 동사와 결합하여 현재와 과거를 비교할 때 쓰인다.

a. We **used to** be good friends but I don't see very much of her* now. (옛날에는 절친한 친구였으나 지금은 그녀를 그다지 만나지 않는다.) [* see much of *sb* 아무를 자주 만나다]

b. Golf **used to** be a game of the rich, but now it attracts people from every walk of life.* (옛날에는 골프가 부자들의 운동이었으나 지금은 모든 계층의 사람들이 즐기고 있다.) [* 각계각층의 직업인]

② 과거의 상태 (there used to be는 <과거의 존재>를 나타낸다.)

a. She's what **used to** be called 'a fine figure of a woman.' (그녀는 옛날에는 소위 '몸매가 날씬한 여자'였다.) - Sanders, *The Second Deadly Sin*

b. There **used to** be a cinema here. (전에 여기에 영화관이 하나 있었다.)

c. That's where I **used to** live when I was a child. (거기가 내가 어렸을 때 살던 곳이다.)

③ 과거의 습관적 동작

a. We **used to** swim every day when we were children. (우리는 어렸을 때 매일 수영을 했었다.)

b. "Do you smoke?" "No, but I **used to**." ("담배 피우세요?" "아뇨, 전에는 피웠어요.")

c. The older boys **used to** bully me but I didn't dare complain. (옛날에 나이 많은 소년들이 나를 괴롭혔으나 나는 감히 불평도 하지 못했다.)

NB1 be used to + doing (~을 하는데 익숙하다)/ be used to do ~ 을 하는데 사용되다

ⓐ Scarlett was **used to** men *asking* her to marry them. (스칼렛에게는 구혼하는 남자가 많았다.) – Mitchell, *Gone with the Wind*

ⓑ Animals are **used to** *assess* the effects of toxic chemicals on human beings. (동물은 유독성 화학물질이 인체에 미치는 영향을 평가하는데 이용된다.)

NB2 used to와 would의 차이점

used to가 비교적 장기간에 걸친 상습적인 동작을 나타내는데 비해서, would는 이따금 행해진 습관적 동작을 나타낸다는 점이다. (would에 often, sometimes, *etc.*이 붙는 일이 많은 것도 이 때문이다). 또 이 둘이 거의 구별 없이 사용되는 경우도 있다.

ⓐ We **used to** work in the same office and we would often have coffee together. (우리는 늘 같은 사무실에 근무하면서 종종 함께 커피를 마시곤 했다.)

ⓑ Sometimes he **used to** (= would) bring his children down to give them a bath. (이따금 그는 목욕을 시키려고 아이들을 데려 오곤 했다.) – Maugham, *Salvatore*

④ Used to의 부정문과 의문문

현대 구어영어에서는 다음과 같이 쓰는 것이 보통이다.

a. I *didn't* **use to** like classical music. (나는 이전에는 고전음악을 좋아하지 않았다.)

- It wasn't that I *didn't* **use to** take him with me when I went somewhere. (내가 어디로 나갈 때 항상 그를 데리고 가지 않았다는 건 아니다.) - Salinger, *The Catcher in the Rye*
- I *didn't* **use to** think like that, but the more I live the more I do. (내가 전에는 그렇게 생각하지 않았으나. 살아 갈수록 그 생각을 많이 합니다.) - Malamud, *The Assistant*

b. *Did* she **use to** have long hair? (그녀는 전에 머리를 기르고 있었느냐?)

c. There **used to** be a hotel here, *didn't* there? (전에 여기에 호텔이 하나 있었지?)

- She **used to** live with you, *didn't* she? (그녀는 전에 당신과 함께 살았죠?) - Greene, *The Quiet American*
- You **used to** go out with* the man from the bank, *didn't* you? (너는 전에 은행에 다니는 남자와 늘 데이트를 했었지?) [* = date / go steady with]

(2) Had better (충고, 제의, 명령, 경고, 위협)

Had better는 구어에서 *a.* 'd better로 되지만, *AmE* 구어에서는 'd를 생략하고 *b.* better 만으로 쓰거나, *c.* 주어까지도 생략하는 일이 있다.

a. You**'d better** run if you're going to get your ticket. (표를 사려면 뛰어가는 게 좋을 거야.) [충고]

- **Hadn't** we **better** take an umbrella? (우산을 가지고 가는 게 좋지 않을까?) [제의]

You**'d better** not tell anyone about this. (이것에 대해서 누설하지 마라.) [경고]

- "I promise I'll pay you back tomorrow." "You**'d better**." ("당신의 돈을 내일 갚을 것을 약속합니다." "갚는 게 좋을 거야") [위협]

b. You **better** keep those kids away if you want any car left. (자동차가 말짱하기를 바란다면 아이들이 차 가까이 오지 못하게 해야 합니다.) - Steinbeck, *East of Eden*

- We **better** look out for a place to stop. (우리는 머물 곳을 찾아보는 게 낫겠다.) - Ibid., *The Grapes of Wrath*

c. **Better** mind your own business. (남의 일에는 참견하지 않는 게 좋다.)

NB 구어에서는 had better대신에 (had) best (= 'd best)도 쓰인다.

ⓐ We**'d best** get the house done fast so I can move. (내가 이사할 수 있도록 집수리를 빨리 끝내는 게 좋겠어요.) - Ripley, *Scarlett*

ⓑ You **best** hold tight to my hand, white boy. (백인 소년, 내 손을 꼭 잡는 게 좋아.) - Capote, *Other Voices, Other Rooms*

제9장 준동사

WARM UP

(1) 준동사 (Verbal)란 무엇인가

예컨대 go, speak와 같은 동사는 I go/ speak. He goes/ speaks. 따위와 같이 주어의 인칭과 수에 따라서 변화한다. 그러나 이들 동사에서 나온 to go, going, gone/ to speak, speaking, spoken 따위는 인칭과 수의 변화를 하지 않는다. 이러한 것들을 통틀어서 준동사(Verbal)라고 부른다. 여기에는 부정사(Infinitive), 분사(Participle) (현재분사/ 과거분사), 동명사(Gerund)의 세 종류가 있다. 바꾸어 말하면, 동사에서 나온 것이므로 동사적인 요소를 가지고 있다. 즉 시제(Tense)와 태(Voice)가 있으며, 목적어를 가질 수 있고, 부사의 수식을 받을 수 있다.

(2) Infinitive의 번역 (부정사)

Infinitive의 in은 'not'이란 뜻이며, finite는 '제한된'이란 뜻이기 때문에 Infinitive란 Infinitive는 주어를 가지지 않고 (물론 의미상 주어는 있지만), 따라서 제한을 받지 않는다. 이와 같은 이유에서 '부정사(不定詞)'라고 번역하게 된 것이다.

(3) 분사 (Participle)의 중요성

영어에서 분사는 대단히 빈번하게 쓰이며, 그 의미나 용법도 복잡하다. 왜 이러한 어법이 사용되느냐 하면 이 분사를 사용하면 문장이 간략해지고, 여유있고 부드러운 문체가 되므로 앵글로 색슨의 민족성이 나타나고 있다고 말할 수 있다. 분사를 사용하지 않고 동일한 의미를 나타내는 문장을 쓰려고 하면 단어 수가 많은 Clause(절)로 바꾸지 않으면 안된다. 게다가 딱딱한 문체가 되기 쉽다. 분사 가운데 '현재분사'와 '동명사'는 형태가 똑같으므로 초학자는 혼동하기 쉬울 뿐만 아니라, 심지어 동명사를 진행형이라고 부르는 사람도 있다는 사실을 생각한다면 결코 소홀히 할 수 없는 부분이다.

§ 117 준동사의 특징

(1) 준동사의 공통된 특징

① 의미상 주어가 있다 (주절의 주어와 같거나 일반 사람을 나타낼 때는 생략한다/아래 용례에서 *a*는 부정사, *b*는 현재분사, *c*는 동명사이다).

a. The right-about-face of the Japanese in defeat is hard for Americans **to take** at face value. (2차 대전이 끝난 후 일본의 방향전환은 미국인들이 액면 그대고 받아들이기 어려웠다.) - Benedict, The *Chrysanthemum and the Sword*

• The thing that mattered was for the war to finish quickly and for Ashley **to come** home. (중요한 것은 전쟁이 빨리 끝나서 애슐리가 고향으로 돌아오는 일이었다.) - Mitchell, *Gone with the Wind*

b. A wife is subject, more or less, to the will of the husband, all things **being** equal, of course. (모든 것이 평등하다고 하더라도, 아내는 대체로 남편의 뜻을 따르기 마련이다.) - Caldwell, *The Windfall*

c. Do you object to me **meeting** with Tanya? (내가 타냐를 만나는 것을 반대하느냐?) - Bellow, *More Die of Heartbreak*

② 시제에는 단순시제와 완료시제의 두 가지가 있다 (전자는 주절의 동사와 같은 시제, 후자는 주절의 시제보다 앞에 일어난 일을 나타낸다).

a. Don't you know the quickest way to die is **to retire**? (가장 빨리 죽는 방법은 퇴직하는 것이라는 것을 모르느냐?) - Ellison, *Invisible Man* [현재 부정사]

• He seems **to have been** of a cheerful and practical disposition. (그는 쾌활하고 실제적인 성격의 소유자였던 것 같다.) - Maugham, *The Summing Up* [완료 부정사]

b. **Stumbling** on the narrow patch he made for his car. (좁은 길에서 걸려 넘어지기도 하면서 그는 자기 차 쪽으로 걸어갔다.) - Greene, *The Heart of the Matter* [현재분사]

• **Having been** a widower for many years, Abe was grateful for my company. (여러 해 동안 혼자 살아왔기 때문에 에이브는 내가 함께 있어준 것을 고마워했다.) - Segal, *Acts of Faith.* [완료분사]

c. I don't want to get the reputation of **being** a 'nigger lawyer.' (나는 '검둥이 전속 변호사'라는 평판을 듣고 싶지 않다.) - Caldwell, *The People* [현재 동명사]

• She was even proud of **having been** the priest's woman. (그녀는 사제의 여자가 된 것을 자랑스럽게 여긴 적도 있었다.) - Greene, *The Power and the Glory* [완료 동명사]

③ 부정어는 반드시 준동사의 앞에 온다.

a. What a fool I really was **not** *to take* the hundred pounds. (백파운드를 받지 않다니 난 정말 바보였어.) - Greene, *The Heart of the Matter* [부정사]

b. **Hardly** *knowing* what I was doing I hugged her tightly in my arms and kissed her lips for a long time. (나는 무슨 일을 하고 있는지도 모른 체 그녀를 내 가슴에 꼭 껴안고 그녀의 입술에 오랫동안 키스를 했다.) - Caldwell, The *Strawberry Season* [분사]

c. I always pride myself on *not* **having** a debt in the world. (나는 빚이 한 푼도 없다는 것을 항상 자랑으로 여긴다.) - Greene, *The End of the Matter* [동명사]

- Love means *never* **having** to say you're sorry. (사랑이란 미안하다는 말을 결코 할 필요가 없다는 것을 의미한다.) - Segal, *Love Story*
- I had always been lectured about not talking with my mouth full. (나는 입에 무엇을 가득 넣은 채 말을 하지 말라고 항상 잔소리를 들어 왔다.) - *Ibid.*

(2) 준동사 용법의 현대적 경향 (준동사 세 종류를 서로 바꾸어 사용한다.)

① To 부정사 대신에 동명사를 사용한다 (주어나 주격보어의 경우, 부정사보다 보다 동명사가 선호된다).

a. **Hosting** the Olympic Games would add to our country's international image. (올림픽 경기를 개최하면 우리나라의 국제적 위상이 높아질 것이다.)

- **Bribing** someone was almost as bad as taking a bribe. (뇌물을 주는 행위는 뇌물을 받는 것과 마찬가지로 나쁜 일이었다.) - Follett, *The Third Twin*
- **Disturbing** the evidence at crime scene is a serious offense. (범죄현장에서 증거를 훼손하는 것은 중대한 범죄이다.) - Anderson, *Ground Zero*

b. Gorvachev's greatest achievement was **ending** the Cold War. [번역 → *p.* 385 (3)]

② To 부정사 및 원형 부정사 대신에 현재분사를 사용한다 (주로 목적보어의 경우로서 부정사 대신에 현재분사가 많이 쓰인다). 그러나 부정사를 사용할 때와 현재분사를 사용할 때 의미상 차이가 없는 경우도 있지만 (a), 미묘한 차이가 느껴지는 경우도 있다(b)).

a. Now you can take yourself off. I won't have you **coming** up to the door. (이제 가세요. 집문 앞까지 오시면 안됩니다.) - Maugham, *Of Human Bondage*

b. She heard him **coming** and broke into a run. (그녀는 그가 오는 소리를 듣고 달리기 시작했다.) - Steinbeck, *The Pearl*

③ 동명사 대신 현재분사를 사용한다.

<전치사 + 동명사>형식을 구어체에서는 전치사를 생략하고 쓰는 일이 많다.

a. He *spent* much time *in* **trying** to locate his son. (그는 아들을 찾느라고 많은 시간을 소비했다.) - Anderson, *Winesburg, Ohio*

- The company has *spent* thousands of pounds **updating** their computer systems. (그 회사는 컴퓨터를 최신 버전으로 바꾸는데 수천 파운드를 썼다.)

b. Stiff with wounds and bruises, Tom was *a long time in* **accomplishing** this movement. (부상과 타박상으로 탐은 이 동작을 끝내는데 오랜 시간이 걸렸다.) - Stowe, *Uncle Tom's Cabin*

- He was *a long time* **answering**. "Yeah," he said. "In trouble. I can't go out to work." (그는 대답하는 데 오랜 시간이 걸렸다. "예,"하고 그는 말했다. "문제가 생겼습니다. 일하러 밖으로 나갈 수 없어요.") - Steinbeck, *The Grapes of Wrath*

c. He *makes an* honest **living** by selling insurance. (그는 보험 설계사로 정직하게 살아간다.)

- I'm *making a* **living** renting units in a motel. (나는 모텔의 방을 빌려주면서 생활을 꾸려가고 있습니다.) - Gardner, *The Gilded Lily*

Cf. Sam *made a fortune* **selling** ice-creams on the beaches last summer. (샘은 지난 여름에 해변에서 아이스크림을 팔아서 많은 돈을 벌었다.)

d. There is no *sense in* **telling** him about it now. (지금 그에게 그 이야기를 해봤자 소용없다.) - Haley, Roots

- There's *no sense* **blaming** him for something he didn't do. (그가 하지도 않은 일을 가지고 꾸짖어도 소용없다.) - Wright, *Native Son*

e. Julia *found* no *difficulty in* **telling*** to him naturally. (줄리아는 자연스럽게 그와 대화를 나누는데 어려움이 없었다.) - Maugham, *Theatre* [* find difficulty (in) V-ing = have difficulty (in) V-ing]

- Even native speakers *have difficulty* **understanding** Shakespeare's plays. (원어민들 조차도 셰익스피어의 희곡을 이해하기가 어렵다.)
- Deaf children *have* great *difficulty* **learning** to speak. (귀가 들리지 않는 아이들은 말을 배우기가 대단히 어렵다.)

④ To 부정사 대신에 원형 부정사를 사용한다. (→ *p.* 245)

a. I told him to *go* **look** for the safe while I tied her up. (내가 그녀를 묶고 있는 동안 금고를 찾으러 가라고 내가 그에게 말했다.) - Capote, *In Cold Blood*

b. *The last thing we want to do* is **call** attention to our miserable situation. (우리의 비참한 현실을 다른 사람에게 보여서는 안됩니다.) - Iacocca, *Autobiography*

c. *What you are going to do* is **go** down to the Passport Office and get a complete list of every application for a passport made recently. (당신이 할 일은 여권과에 가서 최근에 발급된 여권의 모든 신청서 명단을 입수하는 겁니다.) - Forsyth, *The Day of the Jackal*

§ 118 Go and *do* / go *do* / go *doing*

go의 뒤에 다른 동사가 오는 경우, go to do, go and do, go do 그리고 go doing의 네 가지가 있다. 이 가운데 go to do는 가장 formal하며, go and do는 표준구어, go do와 go doing이 가장 informal하다.

(1) Go and do

① go and do = go to do (→*p.* 244)

I'll **go and** *have* supper at a restaurant. (레스토랑에서 저녁을 먹어야겠다) - Maugham, *Theatre*

② <경고, 초조, 혐오, 불만, 놀람> 따위의 뉘앙스를 나타내며 <be so foolish as to do (어리석게도 / 함부로 ~와 같은 짓을 하다)>의 뜻으로 쓰인다.

a. Don't **go and** *pay* the money I owe—the fellow doesn't deserve it. (제가 빌린 돈을 함부로 갚지 마세요. 그 녀석은 그 돈을 받을 자격이 없어요.) - Greene, *The Heart of the Matter*

b. I never told him I was going to be away for the night. You **go and** *spring it on me** just because your wife happens to be away for the weekend. (나는 남편에게 오늘 저녁에 집에 들어가지 않는다고 말하지 않았어요. 당신은 주말에 부인이 집에 없다는 이유로 나한테 그런 멍청한 소리를 하는군요.) - Wain, *Hurry on Down* [*spring ~ on *sb* 아무에게 ~을 불쑥 요구하다.]

c. You had to **go and** *flunk* math! (하필이면 수학에서 낙제를 하다니!) - Miller, *Death of a Salesman*

과거형이 되거나 have gone and done과 같은 형식도 쓰이는데 후자는 특히 <어떤 사람이 한 일을 보고 놀랐을 때> 사용한다. (→ *LDCE*[3] *p.* 605)

d. He banged the nearest table··· A noise made him turn round. "Oh, Lord!" he said in another tone, "I'**ve gone and** *woken* the children." (그는 가까이 있는 테이블을 탕하고 쳤다. 바스락 거리는 소리에 그는 돌아보았다. "아뿔싸, 내가 멍청하게도 아이들을 깨우고 말았구나"하고 그는 어조를 바꾸어 말했다.) - Huxley, *Brave New World*

e. Handsome, untie every one of those bales," she said, "I want to see what else you'**ve gone and** *taken* of mine. Do like I tell you, Handsome." (핸섬, 그 고리짝을 모두 풀어라. 그 밖에 당신이 가져간 내 물건이 도대체 무엇인지 봐야겠어요. 핸섬, 내가 시키는 대로 해.) - Caldwell, *Georgia Boy*

(2) Go *do* (→*p.* 245 (3))

(3) Go *doing*

① go *doing* = go and *do* ②

a. I'm the talkative one of the family. I **go** *rambling* on and on and on. (저는 가족 중에서 수다스러운 편입니다. 혼자서 계속 쓸데없이 지껄이고 또 지껄입니다.) - Gardner, *The Fiery Fingers*

b. She **went** *pummeling* at George with both fists. (그녀는 화가 나서 두 주먹으로 조지를 마구 때렸다.) - Haley, *Roots*

이 go doing은 don't go doing의 형식으로 가장 많이 쓰인다.

c. **Don't go** *dragging* me into your silly family arguments—sort it out* yourself. (쓸데없이 부부싸움에 나를 끌어들이지 마라 - 그건 네 자신이 해결해라.) [* (분쟁이나 문제를) 해결하다]

d. Now I'm warning you, **don't go** *prowling* around on the way out. Just beat it. (당신에게 경고하겠는데, 이 근처에서 배회하지 마시오. 썩 꺼져요.) - Gardner, *The Amorous Aunt*

e. College instructors **don't go** *offering* extra tutorials unless they've got an ulterior motive. (대학 교수들은 숨은 동기가 없다면 함부로 개별지도는 제공하지 않아.) - Segal, *Acts of Faith*

f. Now **don't** you **go** *complicating* things, Sis, by bringing up a lot of irrelevant stuff that has nothing to do with all this. (아가씨, 쓸데없이 이 사건과 아무 관련도 없는 이야기를 자꾸 꺼내서 일을 복잡하게 난틀시 밀아요.) - Christie, *4 : 50 from Paddington*

Go 대신 come도 쓰인다.

g. He frowned. "That's me - and **don't come** *calling* me first name." (그는 얼굴을 찌푸리며 말했다, "그건 나야. 그리고 함부로 내 이름을 부르지 마라.") - Ellison, *Invisible Man*

② go *doing* = go and *do* ①

go, come, get, *etc.* 일부 동사에서만 볼 수 있는 것으로, 현재분사는 부정사와 같은 뜻이다. 특히 go의 경우는 § 136의 확장된 형식이라고 볼 수도 있으나, 여기에 쓰이는 동사는 <여가활동에 관련된 동사가 아니다>는 점이 다르다.

h. Sweets could not **go** *looking* for him. (스위츠는 그를 찾으러 갈 수 없었다.) - Steinbeck, *Tortilla Flat*

i. He knew he could not have chosen a finer day to **go** *calling* on Nancy in a new straw hat. (그는 새 밀짚모자를 쓰고 낸시를 만나러 가는데 오늘이 안성맞춤이라는 것을 알았다.) - Caldwell, *A Day's Wooing*

1 부정사

Ⅰ. 부정사의 기본 용법

§119 명사적 용법

(1) 주어로서

a. **To make** a living as a professional athlete is difficult. (프로 육상선수로 생계를 꾸려가기는 어렵다.)

b. **To arrest** him on insufficient evidence would be dangerous. (불충분한 증거로 그를 체포하는 것은 위험하다.) [이 부정사는 가정을 나타낸다 → *p.* 412 (3)]

NB1 길이가 긴 부정사가 주어일 때는 보통 가주어 구문을 쓴다(→*pp.* 45/ 46).

ⓐ It is difficult **to make** a living as a professional athlete.

ⓑ It galled her bitterly **to think** that her boyfriend was going out with another girl. (그녀는 자신의 애인이 다른 소녀와 데이트하고 있다는 걸 생각하면 몹시 속이 상했다.)

ⓒ It's Chinese tradition **to pay off** all your debts at the end of the year so that you make a fresh start. (중국에서는 새 출발을 하기 위해서 연말에 빚을 모두 갚는 것이 관습이다.)

(2) 타동사의 목적어로서 (다음에 보인 예문 *a*~*h*의 술어동사는 준동사를 목적어로 가질 때 항상 부정사만 사용한다.)

a. The band *agreed* **to appear** at the charity concert for free. (악단은 자선 연주회에서 무료로 연주하는데 동의했다.)

b. Have you *arranged* **to meet** Mark this weekend? (이번 주에 마크를 만나기로 약속했느냐?)

c. They *decided* **to keep** their engagement to themselves. (그들은 약혼을 비밀로 하기로 결정했다.) - Maugham, *Theatre*

d. In the event of difficulties, please don't *hesitate* **to call** me. (어려운 일이 생기면 망설이지 말고 전화해 주시오.)

e. When my mother was fifty, she finally *learned* **to drive**. (어머니는 쉰 살이 되었을 때 비로소 운전을 배우셨다.)

f. I'm really sorry, I didn't *mean* **to hurt** your feelings. (정말 미안해, 자네의 감정을 상하게 할 의도는 없었어.)

g. The children *promised* **to give** us a hand with the packing. (아이들은 이삿짐 포장하는 일을 도와주겠다고 약속했다.)

h. I *want* **to make** a good impression at a job interview. (나는 입사 면접시험에서 좋은 인상을 주고 싶다.)

NB2 관용적인 표현으로는 다음과 같은 것이 있다.

ⓐ The letter failed to(= did not) arrive on time. (편지는 제 때에 도착하지 않았다.)

He was fined for failing to stop at a red light. (그는 빨간 신호에서 정지하지 않았으므로 범칙금 처분을 받았다.)

ⓑ Although he came from a poor family, he managed to go from rags to riches. (가난한 가정에서 자랐으나 그는 맨주먹으로 부자가 되었다.)

(3) 전치사의 목적어로서

a. I was *about* **to speak** when he interrupted me. (내가 막 말을 하려는데 그가 가로막았다.)

b. There was nothing for it *but* **to give up**. (포기할 수밖에 없었다.)

- He had no choice *but* **to grant** their request. (그는 그들의 요청을 들어 줄 수밖에 없었다.)
- He had no alternative *but* **to drive** there in person. (직접 거기까지 차를 몰고 갈 수밖에 없었다.) - Segal, *Doctors*

c. You ought to know better *than* **to trust** her. (어리석게 그녀를 믿어서는 안 된다.)

NB3 같은 but이라도 <do nothing but ~>처럼 do가 있으면 원형 부정사가 쓰인다.

- He *does nothing but* **complain**. (그는 불평만 한다.)

Cf. There's nothing we can *do* except **wait**. (기다릴 수밖에 없다.) - Gardner, *The Mischievous Doll*

(4) 동사의 보어로서

a. The priest's role is **to give** advice on spiritual matters. (성직자의 역할은 정신적인 문제에 대해서 조언을 주는 것이다.) [주격보어]

- Our aim is **to raise** the consciousness of the world about the dangers of smoking. (우리의 목적은 흡연의 위험성에 대해서 세계인들의 의식을 높이는 것이다.) [주격보어]

b. Eliot considered modern society **to be** both culturally and spiritually empty. (엘리어트는 현대 사회가 문화적으로나 정신적으로나 공허하다고 생각했다.) [목적보어]

§ 120 형용사적 용법

(1) 명사의 바로 뒤에 오는 경우 (명사와의 관계는 여러 가지이다)

① 명사가 의미상의 주어

a. He is not a *man* **to betray** us. (= who would betray us) (그는 우리를 배신할 사람이 아니다.)

b. She was the first *woman* **to sail** solo across the Atlantic. (그녀는 혼자서 배를 타고 대서양을 횡단한 최초의 여성이었다.)

c. His stride told people that he was not *one* **to be** trifled with*. (성큼성큼 걷는 걸음걸이는 그가 우습게 볼 사람이 아님을 말해 주었다.) - Clancy, *Without Remorse* [* trifle with 소홀히 다루다, 우습게 보다]

d. There is not one first-class *sleeping berth* **to be had*** on the train. (이 열차에서 일등석 침대는 구할 수가 없습니다.) - Christie, *Murder on the Orient Express* [* → *p.* 426]

e. There's *a lot* **to be said** for it, actually. (사실, 거기엔 충분한 이유가 있다.) - Grisham, *The Chamber.* [관용표현]

② 명사가 의미상의 목적어

a. I get so lonesome here with no *one* **to talk** to. (나는 여기에 대화 상대가 없어서 대단히 외롭다.)

b. Though he had *nobody* **to save** for, he laid up every cent he earned. (그에게는 돈을 모아서 줄 사람도 없었지만 버는 돈을 모두 저축했다.)

c. There is *a lot* **to see** in Paris. (파리에는 볼 것이 많다.) [to be seen이 합리적이지만 이렇게도 쓴다.]

- Don't jump the gun*. There's a lot of *work* **to do**. (성급하게 굴지 마라. 할 일이 많다.) - Grisham, *The Firm* [* 조급하게 굴다, 성급한 짓을 하다]
- There's *nothing much* **to do** and *little* **to see**. (할 일도 많지 않고 볼거리도 별로 없다.) - Maugham, *Don Fernando*

d. When there is no school, the kids are always complaining that they have *nothing* **to do**. (수업이 없을 때, 아이들은 항상 할 일이 없다고 불평한다.)

③ 부정사가 명사의 내용을 설명하는 경우

a. You have the *right* **to remain** silent. (당신은 묵비권을 행사할 권리가 있다) - Grisham, *A Time to Kill* [Miranda rule의 일부 → *p.* 56]

b. The only *way* **to get rid of** a temptation is to yield to it. (유혹에서 벗어나는 유일한 방법은 유혹에 굴복하는 것이다.) - Wilde, *The Picture of Dorian Gray*

c. He got no hair on his face and *none* on his head **to speak of**. (그의 얼굴에는 수염이 없었고, 머리에도 머리칼이 하나도 없었다.) - Kesey, *One Flew over the Cuckoo's Nest* *d.* I've had no *chance* **to get away**. (of getting away) (나는 탈출할 기회가 없었다.)

- We saved enough *money* **to make** a down payment* on a house. (우리는 집을 사는데 필요한 계약금을 낼 만큼의 돈을 저축했다.) [* 할부금의 첫 불입금]

(2) 전치사 + 관계 대명사 + 부정사

이것은 문장이 전치사로 끝나는 것이 좋지 않기 때문에 그것을 피하기 위한 것이지 <형식적이고 딱딱한 문체>이므로 현대 구어 영어에서는 그다지 많이 쓰이지 않는다. (→§168 전치사의 위치)

He is easy **to live** *with.* (informal)
(= He is an easy man *with whom* **to live.**) (formal)
(그는 함께 살기에 편한 남자이다.)

a. I knew he was lying but I had no evidence *with which* **to refute** his story. (나는 그가 거짓말을 하고 있다는 것을 알고 있었으나 그의 이야기를 반박할 증거가 없었다.)

- He said, in effect, that the South had nothing *with which* **to wage** war but cotton and arrogance. (요컨대, 그의 말은 남부에는 전쟁을 치를만한 것은 아무 것도 없고 가진 것이라고는 단지 면화와 오만 뿐이라는 것이다.) - Mitchell, *Gone with the Wind*

b. She found a pretty vase *in which* **to put** flowers. (= in which she could put flowers) (그녀는 꽃을 꽂을 예쁜 꽃병을 하나 발견했다.)

c. He did not care for wealth and he had enough money *on which* **to live** in Italy. (그는 재산에는 관심이 없었고 이태리에서 살기에 충분한 돈을 갖고 있었다) - Maugham, *Mayhew*

부정사는 의문사 및 whether와도 결합한다.

a. Rutherford discovered *how* **to split** the atom by fission. (러더퍼드는 핵분열에 의하여 원자를 쪼개는 법을 발견했다.)

b. I don't know *which way* **to turn**. (어찌할 바를 모르겠다.) [관용표현]

c. After my wife died I didn't know *who* **to turn to**. (아내가 죽고 난 후에 나는 누구에게 의지해야 할지 몰랐다.)

- When you've been around a bit you get to know who to trust and who to avoid. (세상경험을 좀 하고 나면 누구를 믿고 누구를 믿지 말아야 할지 알게 된다.)

d. I did not know *whether* **to go** or turn back. (가야할 지 돌아와야 할지 몰랐다.)

(3) a place to live (*in*)

현대 구어영어에서는 명사 place 뒤에서 수식하는 부정사가 자동사일 때 그 뒤에 와야 할 전치사가 생략된다. 이 경향은 특히 *AmE*에서 현저하다.

a. It took an hour to find *a place* **to camp**. (캠핑할 곳을 찾는데 한 시간이 걸렸다.) [to camp at의 생략]

b. He had three weeks left on a six-month lease, but there was no *place* **to go**. (그는 6개월 임대기간 중 3개월이 남았으나 갈 곳이 없었다.) - Grisham, *The Chamber* [to go to의 생략]

c. Well, it's a pretty *place* **to live**, isn't it? (음, 여기는 살기에 꽤 좋은 곳이군.) - Steinbeck, *East of Eden* [to live in의 생략]

이렇게 사용되는 이유는 *AmE*에서 place가 부사적 성격이 강하기 때문이다. 이 때 뒤에 부정사가 오는 경우를 제외하고, place의 복수형 places나 any place/ some place/ every place/ no place 따위의 형태로 쓰이는 일이 많다.

d. Last night he had been talking about **places** he had been. (어제 밤에 그는 자기가 가본 곳에 대해서 이야기하고 있었다.) - McCullers, *The Heart is a Lonly Hunter*

- **Go places together**··· at worthwhile savings! Ask about Penn Central Family Fares. (가족 동반으로 여행하세요. 그러면 유리합니다. Penn Central 철도의 가족요금을 이용하시기 바랍니다.) [철도회사의 광고]
- Starting now there's no earthly reason not to go **places**. (지금 저축을 시작하시면 쉽게 여행하실 수 있습니다.) [은행의 광고]

e. She'd hand in her basket and then go **some place** swanky for lunch. (그녀는 [교회의 헌금] 바구니를 돌려주고 나서 으리으리한 곳으로 점심을 먹으러 갈 거야.) - Salinger, *The Catcher in the Rye*

f. The Newtons never go **any place** much without inviting me. (뉴튼 부부는 어디로 가더라도 나를 초대해서 같이 갑니다.) – Dreiser, *An American Tragedy*

g. She used to follow after him **every place** he went. (그녀는 그가 가는 곳이면 어디나 그를 따라 다니곤 했다.) - McCullers, *Op. cit.*

- We searched **every place** but we couldn't find him. It turned out he'd been home all the time. (우리는 백방으로 그를 찾아 다녔으나 찾지 못했다. 알고 보니 쭉 집에 있었다.)

h. I was lonely and broke with **no place** to go. (나는 외롭고 돈도 죄다 떨어지고 갈 곳도 없었다.)

*AmE*의 구어에서는 anyplace (= *BrE* anywhere), someplace (= *BrE* somewhere), everyplace (= *BrE* everywhere), noplace (= *BrE* nowhere)처럼 한 단어로 된 부사로 사용되는 것이 보통이다.

i. We never go **anyplace** but do anything interesting. (우리는 결코 아무데도 가지 않지만 무엇이든지 재미있는 일을 한다.)

j. She's hoping to find **someplace** to live that isn't too far from work. (그녀는 직장에서 그다지 멀지 않는 곳에 살 집을 찾고 싶어 한다.)

§ 121 부사적 용법

(1) 목적

- I always tried **to live** up to his expectations. (그의 기대에 어긋나지 않으려고 노력했다.)

Cf. ⓐ I *stopped* **to mail** a letter on the way to school.
[목적] (나는 학교 가는 길에 편지를 부치려고 걸음을 멈추었다.)
[결과] (나는 학교 가는 길에 걸음을 멈추고 편지를 부쳤다.)

ⓑ Did you ever *stop* **to think** what you'd do if you don't get a job when your money ran out. (네가 돈이 떨어졌을 때 직장을 구하지 못하면 어떻게 할지 생각해 본적이 있느냐?) - Salinger, *The Catcher in the Rye*

(2) 결과

주로 come, grow (up), live, return, wake up(=awake)등의 자동사의 뒤에 쓰이며, 특히 never나 only가 붙으면 반드시 결과를 나타낸다.

a. I *came* back **to find** the house dark and deserted. (내가 돌아와 보니 그 집은 어두컴컴하고 아무도 살고 있지 않았다.)

b. She's *grown up* **to** be the image of Ellen*. (그녀는 어른이 되더니 엘렌을 꼭 닮았어요.) - Ripley, *Scarlett* [* be the image of *sb* 아무를 꼭 닮다]

c. I *returned* **to find** that my bags had been moved into the spare room. (내가 돌아와보니 내 가방들은 예비용 침실로 옮겨져 있었다.)

d. I *woke up* **to find** myself in the hospital. (= When I woke up, I found that I was in the hospital.) (내가 잠을 깨어보니 병원에 와 있었다.)

e. The good old days *have gone* never **to return**. (그리운 옛날은 결코 다시 돌아오지 않는다.)

f. The child *survived* the accident **only to die** of measles. (그 아이는 사고에서는 살아남았으나 홍역으로 죽고 말았다.)

- In *Doctor Zhivago**(1965), eventually Zhivago *escapes*, **only to learn** his family has fled to Paris to avoid imprisonment. (영화 <닥터 지바고>에서 결국 지바고는 탈옥하지만 그의 가족은 투옥을 피하기 위하여 파리로 탈출했음을 알게 된다.) - Schneider, *1001 Movies* [* → ☞]

☞ 영화 *Doctor Zhivago* (1965)는 영국의 명감독 David Lean이 러시아의 문호 Boris Pasternak의 동명의 소설을 각색한, 영화사상 가장 위대한 서사극으로 20세기 초의 볼세비키 혁명을 전후한 러시아 사회의 불안을 기록한 것이다. 지바고(오마 샤리프)는 좋은 가문 출신의 의사이며 또한 타고난 시인이다. 그는 어릴 때부터 좋아했던 토냐와 결혼하고 전쟁터로 떠난다. 거기서 일생의 연인 라라(줄리 크리스티)를 만나는데 그녀는 이미 저명한 혁명가의 아내다. 영화는 Omar Sharif와 Julie Christie의 가슴 아픈 love story이지만 영화에서 가장 기억에 남는 것은 카자크인들이 항의하는 사람들에게 검을 휘두르는 장면과 지바고 가족이 전국을 누비며 끝없는 여행을 하는 장면, 지바고가 버려진 시골집에 있는 라라를 다시 만나기 위해서 혹독한 겨울의 눈 덮인 들판을 헤치고 가는 풍경이다.

(3) 원인 (주로 감정의 원인을 나타낸다.)

a. They were *delighted* **to learn** of the arrival of our baby. (우리에게 아기가 태어났음을 알고 그들은 기뻐했다.)

b. I *shudder* **to think** of the damage that must have been done to the poor boy. (틀림없이 그 불쌍한 소년에게 가해진 고문을 생각만 해도 몸서리가 난다.) - Kesey, *One Flew over the Cuckoo's Nest*

c. I'm *sorry* **to have kept** you waiting, ladies and gentlemen. (신사 숙녀 여러분, 기다리게 해서 죄송합니다.)

d. On 26 August 1957 the nation was *shaken* to the core **to learn** that the Soviet Union had successfully launched a satellite called Sputnik. (1957년 8월 26일 소련이 스푸트니크라는 인공위성을 성공적으로 발사한 것을 알았을 때 미국은 뿌리째 흔들렸다.) - Bryson, *Made in America*

(4) 이유, 판단

a. You must be very angry with me **to talk** like that. (자네가 그런 말을 하는 것을 보니 나한테 단단히 화가 난 것이 틀림없어.) - Wain, *Hurry on Down*

b. She was a fool **to take** anything he said seriously. (그의 말을 무엇이나 곧이 듣다니 그녀는 바보였어.) - Maugham, *Virtue*

(5) 조건, 가정 (→ *p.* 412 (3))

a. You would have done better **to have made** up with him. (당신은 그와 화해했더라면 좋았을 것이다.)

b. You'd have to be crazy **to harass*** your boss. (당신이 상사를 성희롱을 한다면 미쳤음에 틀림없다.) - Crichton, *Disclosure* [* Cf. sexual harassment 성희롱]

c. **To focus** too much on the sheer spectacle of *Lawrence of Arabia* or *Doctor Zhivago** would be to overlook some of Lean's greatest accomplishments. (<아라비아의 로렌스>나 <닥터 지바고> 같은 대작의 호화로움만 본다면 [데이빗] 린의 위대한 업적을 놓치게 된다.) – Schneider, *1001 Movies* [*→ *p.* 233]

(6) 형용사 수식어

a. This new camera is fully automatic and very *easy* **to use**. (이 카메라는 완전 자동이므로 사용하기가 아주 쉽다.)

b. You are *welcome* **to use** my car any time. (언제든지 마음대로 내 차를 이용하세요.)

c. The tea was scalding much too *hot* **to drink**. (그 차는 너무 뜨거워서 마시면 혀를 델 정도였다.) - du Maurier, *Rebecca*

§ 122 자동사의 보어

(1) Be to + V (예정, 운명/ 의무, 명령 / 목적, 의도 / 가능)

① 예정, 운명

a. They are **to be married** in May. (그들은 5월에 결혼할 예정이다). [예정]

- Our engagement is **to be announced** in <u>*The Times*</u>* tomorrow. (그들의 약혼은 더 타임스에 발표될 예정이다.) [예정] [* 영국의 권위 있는 신문]

b. What is **to become** of all our daughters if men refuse to marry. (남자들이 결혼하기를 거절한다면 우리 모든 딸들은 어떻게 될까?) - Forster, *A Passage to India* [운명]

- Henry Ford **was** never again **to beat** the rival that had nearly closed down in 1922 for lack of sales. (1922년에 차가 팔리지 않아서 거의 문을 닫을 뻔했던 경쟁회사(즉, GM)를 헨리 포드는 다시는 절대로 이길 수 없었다.) - Lacey, *Ford* [운명]

② 의무, 명령

a. All prisoners are **to be** in bed by 10 o'clock. (모든 죄수들은 10시까지는 잠자리에 들어야 한다.)

b. $ 100 of the purchase price must be paid now, and the remainder **is to be** paid off in monthly installments. (구입가격 중 100달러는 지금 지불하시고 나머지는 월부로 지불하시면 됩니다.)

c. Visitors **are to leave** when the bells ring. (방문객은 벨이 울리면 떠나야 한다.)

d. You **are not to smoke** here. (여기서는 금연입니다.)

③ 목저, 외도 (보통 조선설에 쓰인다.)

a. If you **are** really to **succeed** in anything, you must <u>get off to a good start</u>*. (진정으로 성공하고자 한다면 출발이 좋아야 한다.) [* = start well]

b. You must <u>speak out</u>* if we **are to remain** friends. (우리가 친구로 남아 있으려면 자네가 솔직해야 한다.) [* 거리낌 없이/ 털어놓고 이야기 하다]

c. The telegram **was to say** that she had been delayed. (그 전보는 그녀의 도착이 늦어진다는 것이었다.)

④ 가능 (흔히 수동태로 쓰이지만 필요조건은 아니다.)

a. Little traffic **was to be** seen on the street. (거리에는 차나 사람의 왕래가 거의 없었다.)

b. She knew of a place where designer clothes **were to be had** at bargain prices. (그녀는 고급 의류를 싼 값으로 살 수 있는 곳을 알고 있었다.)

NB 'Be + 수동태 부정사'가 모두 <가능>을 의미하는 것은 아니다.

- A novel is to be read with enjoyment. (소설은 읽어서 재미있어야 한다.) - Maugham, *The Art of Fiction*

(2) Seem/ appear to + *do*

사용되는 동사에는 이 밖에 chance, happen, prove(= turn out), *etc.*이다.

a. He *seems/ appears* **to speak** fluent English.
(= It seems/ appears that he speaks fluent English.)
(그는 영어가 유창한 것 같다.)

b. The day *chanced* **to fall** on the anniversary of his wife's death. (우연히 그날은 그의 아내의 기일이었다.) - Forster, *A Passage to India*

c. I *happened* **to be** out when he called.
(= It [so] happen that I was out when he called.)
(그가 찾아 왔을 때 나는 마침 외출 중이었다.)

d. His statement *proved* (= turned out) **to be** false.
(알고 보니 그의 진술은 거짓이었다.)

유사한 표현에 be likely/ unlikely to do가 있다.

e. She is *likely/ unlikely* to win first prize.
(= It is likely/ unlikely that she will win first prize.*)
(그녀는 일등상을 탈 것 같다/ 못 탈 것 같다.) [*→ *p.* 86]

(3) Come/ get/ grow to do (~하게 되다/ ~하기 시작하다)

a. Although she had *come* **to dislike** her boss, she tried not to let it show at work.
(그녀는 사장이 싫어지기 시작했으나 근무 중에는 내색하지 않았다.)
Gudrun had already *come* **to know** a good many people of repute and standing.
(굿런은 평판과 사회적 지위가 있는 사람들을 이미 많이 알고 있었다.) - Lawrence, *Women in Love*

b. How did you *get* **to know** all this? Who told you? (너는 어떻게 해서 이 모든 일을 알게 되었느냐? 누가 자네한테 말해 주었느냐?)

c. She has a hot temper, but you will soon grow to like her. (그녀는 성미가 급하지만 네가 좋아하게 될 거야.)

• He was a shy man, but I *grew* **to know** him quite well while we were at college together. (그는 수줍음이 많은 남자였으나 우리가 함께 대학에 다니는 동안에 아주 가까워졌다.)

NB 다음 문장의 get to는 can의 뜻이다.

ⓐ I've always been a fan of Madonna and last week I actually **got to** see her in concert. (나는 항상 마돈나의 팬이었는데 지난 주 마침내 공연에서 실제로 그녀를 만날 수 있었다.)

ⓑ Do I **get to** stay up late when Dad comes home from his business trip? (아빠가 출장 갔다 집에 돌아오시는 날 밤 늦도록 기다려도 괜찮아요?)

§ 123 흔히 사용되는 부정사 구문

(1) In order to와 so as to (목적) ~하기 위하여

a. A lot of women drug addicts become prostitutes **in order to** get money to buy drugs. (많은 여자 마약 중독자들은 마약 살 돈을 마련하기 위하여 창녀가 된다.)

b. We went early **so as to** get good seats. (우리는 좋은 자리를 잡으려고 일찍 갔다.)

• We went upstairs quietly **so as** not **to** wake the children. (우리는 아이들을 깨우지 않으려고 조용히 이층으로 올라갔다.)

(2) So ~as to (결과) 너무나~해서…하다, (정도) …할 만큼~하다

a. His work was **so** good **as to** make him internationally famous.
[결과] (그가 한 일은 하도 훌륭해서 그를 세계적인 명사로 만들었다.)
[정도] (그가 한 일은 그를 세계적인 명사로 만들만큼 훌륭한 것이었다.)

b. The castle was **so** built **as to** meet an attack from any side. (그 성은 어떤 방향에서 공격을 받더라도 대항할 수 있도록 지어져 있다.) [정도]

c. In fact, computers and communication are **so** closely fused today **as to** be inseparable. (사실, 오늘날 컴퓨터와 통신은 너무나 밀접하게 관련되어 있어서 서로 분리할 수 없다.) - Toffler, *Power Shift*

d. He went **so** far **as to** say that she was a liar. (그는 심지어 그녀를 거짓말쟁이라고까지 말했다.)

Cf. He was in **such** bad health **as to** *be* obliged to resign.
[결과] (그는 건강이 아주 좋지 않아서 사임하지 않으면 안되었다.)
[정도] (그는 사임해야 할 정도로 건강이 좋지 않았다.)

(3) ~enough to… (…할 만큼~하다)

a. When children are old **enough to** *walk*, they need constant attention. (아이들이 걸을 수 있을 만큼 자라면 항상 주의해야 한다.)

b. He was wise **enough** not **to** *speak* too often. (현명하게도 함부로 지껄이지 않았다.)

c. They were unfortunate **enough to** *be* hit by a violent storm.
(= They were so unfortunate as to be hit by a violent storm.)
(= They were so unfortunate that they were hit by a violent storm.)
(= They had the misfortune to be hit by a violent storm.)
(그들은 불행하게도 심한 폭풍을 만났다.)

(4) Too ~ to (= so ~ that … cannot) (너무 ~ 해서…할 수 없다) - ①
Too ~ not to (= so ~ that … can) (대단히 ~ 하므로…할 수 있다)
Not too ~ to (=not so ~ that…cannot) (…못할 만큼 ~는 아니다)

a. It is **too** good an opportunity **to** lose. (그것은 놓치기 아까운 기회다.)
- Peter is just **too** introverted **to** be a good manager. (피터는 내성적인 성격이기 때문에 훌륭한 관리자가 될 수 없다.)
- Joe is one of our best workers, but he's **too** much of a loner **to** be a good leader. (조우는 우리 회사에서 최고의 직원 중 한 명이지만 혼자 있기 좋아하기 때문에 훌륭한 지도자가 될 수 없다.)

b. He was too much of a man of the world **not to** know better. (그는 세상 물정에 밝은 사람이어서 그런 바보짓은 하지 않았다.)

c. **No** man is **too** old to learn **to** use a computer. (= No man is so old that he cannot learn to use a computer.) (컴퓨터 사용법을 배우지 못할 만큼 늙었다는 법은 없다→아무리 늙어도 컴퓨터 사용법을 배울 수 있다.)

Cf. ⓐ It's **never too** late **to** stop smoking. (담배를 끊는데 너무 늦다는 법은 없다.)
ⓑ It's **never too** late **to** mend. [saying] (버릇을 고치는데 너무 늦다는 법은 없다.) [속담]

(5) Too ~ to - ②

㈎ He is too angry to speak. (너무 화가 나서 말문이 막혔다.)
㈏ He is too ready to speak. (그는 너무 수다스럽다.)

위의 두 문장 중 ㈎는 (4)의 ①과 같지만 ㈏에서는 too가 ready to speak를 수식하는 형태로서, 이 밖에 anxious, apt, eager, easy, inclined, ready, willing, *etc.* 가 이런 용법으로 흔히 쓰인다.

a. You're **too** *anxious to make* money and too fond of bullying people. (당신은 돈을 벌려는 욕심도 너무 많고, 약한 자를 괴롭히기도 너무 좋아한다.) - Mitchell, *Gone with the Wind*

b. We are **too** *apt to overlook* our own faults. (인간은 자신의 잘못을 보지 못하는 일이 너무 많다.)

c. He wouldn't think that she was **too** *eager to stay* on his tail. (그는 그녀가 한사코 자기차를 미행하고 싶어 한다고 생각하지 않을 것이다.) - Koontz, *Intensity*

d. The political freedom we have today will never be **too** *easy to preserve.* (오늘날 우리가 누리고 있는 정치적 자유는 유지하기가 결코 쉽지 않을 것이다.)

e. He is **too** *ready to promise.* (약속을 너무 쉽게 한다.)

f. She was all **too** *ready to believe* anything she was told. (그녀는 남이 하는 말은 무엇이나 쉽게 믿었다.)

Ⅱ. 미래시제를 나타내는 부정사

§ 124 -to-be / to come / to go / still (*or* yet) to do

(1) -to-be (명사 뒤에 붙여서 복합어를 만들며, <미래의~/곧~이 되려는>)

my wife-to-be(=my future wife/ my fiancée) (내 아내가 될 사람, 내 약혼자), a bride-to-be (곧 신부가 될 사람, 예비신부), a minister-to-be (장관 예정자), *etc.*

a. The magazine is aimed mainly at **brides-to-be**. (그 잡지는 주로 예비 신부들을 독자층으로 하고 있다.)

b. It's understandable if the **husbands-to-be** feels nervous before the ceremony. (예비신랑이 결혼식 전에 가슴이 두근거린다면 그것은 당연한 일이다.)

NB would-be (~이 되고 싶어 하는 / ~지망의)

ⓐ He wanted to write, but his apartment was not the ideal lair for a **would-be** author. (그는 글을 쓰고 싶었으나 그의 아파트는 작가 지망생에게 이상적인 장소는 아니었다.) - Capote, *In Cold Blood*

ⓑ Every seat was taken and several **would-be** spectators had to be turned away. (모든 좌석이 꽉 차서 관람하러 온 사람들 중 일부는 발길을 돌리지 않으면 안 되었다.)

(2) To come (장래의/ 미래의 / 앞으로 올)

for weeks/ months/ years **to come** (앞으로 몇 주 동안/ 몇 달 동안/ 몇 년 동안), for a long time **to come** (앞으로 오랫동안), for some time **to come** (장차 얼마 동안), in years **to come** (지금부터 몇 년 후, 장래), in time(s) **to come** (장차), the life/ the world **to come**(= life after death)(내세), books **to come** (곧 나올 책)

a. I shan't have more than ￡200 a year for ten years **to come**. (나는 앞으로 10년간 일년에 200파운드도 못 벌 거야.) - Lawrence, *The Rainbow*

b. Nuclear power stations will still be needed for a long time **to come**. (핵발전소는 앞으로 오랫동안 여전히 필요할 것이다.)

c. Conceived from the outset as the ultimate Hollywood movie, *Gone with the Wind* became the <u>benchmark</u>* for popular epic cinema for decades **to come**. (처음부터 궁극적인 할리우드 영화를 만들겠다는 포부로 출발한 <바람과 함께 사라지다>는 그 후 수 십 년 동안 대작 영화의 기준이 되었다.) - Schneider, *1001 Movies* [* 표준, 기준, 척도]

(3) To go

① (시간이나 거리가) 남아 있는

a. I still have a year **to go** on my military service. (군 복무가 아직 1년 남아 있다.)

b. There are yet ten days **to go** till Christmas. (성탄절까지는 아직 열흘 남아 있다.)

c. Paddington had been more crowded than on the preceding Friday, as there were only two days **to go** before Christmas. (크리스마스 까지는 이틀 밖에 남지 않았기 때문에 패딩턴역은 지난주 금요일보다 훨씬 더 붐볐다.) - Christie, *4 : 50 from Paddington*

d. We still have a few miles **to go** before we get to London. (런던에 도착하려면 아직 몇 마일이 남았다.)

e. 1985 is already the worst year in civil-aviation history and there are still four months **to go.** (1985년은 이미 민간비행의 역사에서 최악의 해인데 아직도 넉 달이 남아 있다.) - *Time* (1985)

f. With only two seconds **to go** the scientists had to stop the countdown because of a fault in the spaceship's oxygen supply. (2초를 남겨두고 과학자들은 우주선의 산소공급장치의 결함 때문에 카운트다운을 중지하지 않으면 안 되었다.)

② (fast food 따위를) 싸 가지고 갈

a. (Do you want to eat that hamburger) Here or **to go**? ([햄버거를] 여기서 드시겠어요, 아니면 포장해 드릴까요?)

b. At the restaurant I got three pizzas **to go**. (식당에서 포장용 피자 3개를 샀다)

c. Joe ordered a slice of pizza and a Coke **to go**. (조우는 포장용 피자 한조각과 코카콜라 한 잔을 샀다.)

(4) Still (*or* yet) to do (앞으로~할 것이다 / 아직~하지 않았다.)

Still과 yet은 부정사의 앞에 오면 미래의 뜻을 나타내며, 명사의 앞이나 뒤에 와서 한정수식어로도 쓰지만, 주로 have(*or* be) still/ yet to *do*의 형식으로 쓰이는 일이 많다.

a. Still she had a strange prescience, as intimation of something **yet to come**. (그러나 그녀는 앞으로 닥쳐올 어떤 일을 알아내는 이상한 선견지명을 갖고 있었다.) - Lawrence, *Women in Love*

b. The titanic battle of Gettysburg is **still to come**. (치열한 게티스버그 전투는 아직 시작되지 않았다.) - *Newsweek* (1987)

c. Yet the most spectacular chapter in the history of the opening of the West was **still to be written**. (그러나 서부개척사의 가장 화려한 장은 아직 씌여지지 않았다.) - Nevins, *A Pocket History of the United States*

d. The worst is *yet to come*. (최악의 상황은 아직 오지 않았다.) - Segal, *Prizes*

§ 125 Remain to be + 과거분사

<Remain + 수동태 부정사>는 <지금부터 해야 할 일이 남아있다/ 아직 하지 않고 남아 있다>란 뜻으로 미래의 일을 나타내며, 특히 <it remains to be seen> (~일지 어떨지는 두고 볼 일이다/ ~은 예측할 수 없다)의 형태로 가장 많이 쓰인다.

a. Little now **remains to be done**. (이제 할 일은 거의 남아있지 않다.)
Much yet **remains to be done**. (아직 할 일이 많이 남아 있다.)

b. How many more of the passports issued in the last hundred days **remain to be checked**? (지난 백일 동안 발급된 여권 가운데 아직 조사하지 않은 것이 몇 개나 더 남았느냐?) - Forsyth, *The Day of the Jackal*

c. The new world was discovered, it **remained** only **to be explored**. (신세계는 발견되었고, 이제는 개발하는 일만 남았다.) - Lawrence, *The Rainbow*

d. Only a few tiny tribal populations, in South America or Papua New Guinea, for example, **remain to be reached** by agriculture. (예컨대, 남미라든가 파푸아 뉴기니 등지에서 볼 수 있는 극히 소수의 부족만이 아직도 농업을 모르고 있다.) - Toffler, *The Third Wave*

e. I think it just **remains to be said** that any one of a hundred everyday menaces —a car accident, a headcold, a lie before breakfast—could have disfigured or coarsened his bounteous good looks in a day or a second. (한 가지 말해두고 싶은 것은 일상생활의 위험한 여러 가지 사건들, 즉 자동차 사고, 감기, 아침밥 먹기 전에 하는 거짓말 한 마디 등이 일어나는 날이면 그의 중요한 얼굴이 잠깐 사이에 일그러지거나 추하게 된다는 것이다.) - Salinger, *The Catcher in the Rye*

f. Whether this vertical integration will ultimately produce the desired "synergy" **remains to be seen**. (이러한 수직적인 통합이 궁극적으로 기대했던 "상승작용"을 할지는 두고 볼 일이다.) - Toffler, *Power Shift*

- "What is your next film going to be about?" "Well, that **remains to be seen**." ("다음 영화는 어떤 내용입니까?" "보시면 압니다.")
- What **remains to be seen** now is whether it is too late to save the rainforests. (이미 너무 늦어서 열대 우림을 구할 수 있을지 없을지는 두고 볼 일이다.)

g. Whether Musky can in fact alter the course as well as the chaotic style of Carter foreign policy **remained to be worked out**. (머스키[국무장관]가 실제로 카터의 외교정책의 무질서한 방식뿐만 아니라 방향까지도 바꿀 수 있을지는 앞으로 해결해야 할 문제였다.) - *Newsweek* (1980)

Ⅲ. 원형 부정사

§ 126 지각 동사와 함께

(1) S + V + O + 원형 부정사

동사가 see, hear, feel을 비롯하여, listen to, look at, notice, observe, watch, behold (= look at) 따위의 지각 동사일 때는 원형 부정사를 써서 이 구문을 만든다.

a. The audience was so quiet that you could have *heard* a pin **drop**. (청중은 하도 조용해서 핀이 떨어지는 소리도 들렸을 것이다.)

b. She *felt* someone **push** her, and realized that her purse had been snatched. (그녀는 누군가 자신을 떠미는 것을 느꼈을 때 핸드백을 날치기 당했음을 알았다.)

- He *felt* hot tears **well up** and run down his cheeks. (그는 뜨거운 눈물이 솟아나더니 두 볼로 흘러내리는 것을 느꼈다.)
- I *felt* a little pain **come** at the pit of my stomach. (나는 명치가 약간 아픈 것을 느꼈다.)

c. We *listened* to Jenny **finish** the sonnet. (우리는 귀를 기울이고 제니가 소네트를 끝까지 읽는 것을 들었다.) - Segal, *Love Story*

d. Did you *notice* anyone **leave** the house? (어떤 사람이 집에서 나가는 것을 보았느냐?)

NB *BrE* 에서는 과거 또는 현재 완료구문에서 know가 위와 같은 구문을 사용하지만 <to 부정사>가 일반적이다. 이 때 know는 see 또는 hear의 뜻이다.

- She spoke with a passion that Neil had never **known** anyone show when speaking of art or literature. (그녀는, 닐이 누구에게도 본 적이 없는 열정을 가지고 예술이나 문학에 대해서 이야기했다.) - Maugham, *Neil MacAdam*

(2) Hear + talk (*or* say, speak of, *etc.*)

동사 hear는 목적어 없이 원형 동사와 결합하는 일이 있다. 이 경우 생략된 목적어는 somebody로 보면 무난하다.

a. I *hear* **say** that there will be an election. (곧 선거가 있을 것이라고 한다.)

b. I don't like to *hear* **talk** against my sister. (나는 내 누이동생에 대해서 욕하는 것을 듣기 좋아하지 않는다.) - Capote, *The Grass Harp*

c. I *hear* **praise** of him from every side. Of course Charles has the highest opinion of him. (어디를 가나 그에 대한 칭찬이 자자하다. 물론 찰스가 그를 가장 높이 치켜세운다.) - Maugham, *Mrs Craddock*

§ 127 사역 동사와 함께

동사가 have, make, let일 때 지각동사의 경우와 마찬가지로 <S + V + O + 원형 부정사> 구문을 만들며, help도 여기에 준한다.

(1) Have (→ § 91)

(2) Make (강요)

a. You can lead(or take) a horse to water, but you can't *make* him **drink**. [saying] (말을 물가로 데려갈 수는 있지만 억지로 물을 먹일 수는 없다.) [격언]

b. Even though it is compulsory to wear seat belts we can't *make* people **wear** them. (안전띠를 매는 것이 의무적이지만 사람들에게 억지로 메게 할 수는 없다.)

c. The aromas from the kitchen were *making* her mouth **water**. (부엌에서 나오는 음식 냄새 때문에 그녀의 입안에서 군침이 돌았다.) - Ripley, *Scarlett*

(3) Let (허용)

a. I *let* it **go** at that. (그 일은 그 정도로 해 두었다./ 그 이상 추궁하지 않았다.) - Hemingway, *A Farewell to Arms*

b. The owner *let* us **have** the first bottle of wine <u>on the house</u>*. (주인은 우리에게 최초의 포도주 한 병은 무료로 제공했다.) [* (bar나 restaurant에서) 무료로]

c. They've decided after all to *let* the right man **succeed** me. (그들은 결국 적임자가 내 후임자가 되도록 순리에 맡겼다.) - Greene, *The Heart of the Matter*

d. I couldn't *let* him **go** all that way by himself, with no money perhaps. (나는 그가 돈 한 푼 없이 맨손으로 떠나게 내 버려 둘 수 없었어요.) - Maugham, *Cakes and Ale*

e. We don't usually *let* children **travel** on their own. (우리는 일반적으로 아이들이 자기들끼리 여행하도록 내버려 두지 않는다.)

(4) Help

대체로 *AmE* 에서는 원형 부정사, *BrE*에서는 to 부정사를 쓰지만, 현대 구어에서는 영국에서도 원형 부정사가 일반화 되어가고 있다. 그리고, 특히, *AmE* 에서는 <help + 원형 부정사> 구문이 널리 사용되고 있다. 이 경우, 그 원형 부정사를 목적어로 볼 수도 있고, 목적어가 생략된 목적보어로 볼 수도 있다.

a. Better health education should *help* **decrease** the incidence of heart disease. (보다 나은 건강교육은 심장병의 발병률을 줄이는데 도움이 될 것이다.)

b. Magnetic board games can *help* **relieve** the boredom of long car journey for kids. (자석 보드 게임은 아이들에게 장거리 자동차 여행의 지루함을 덜어 주는데 도움이 될 수 있다.)

§ 128 원형 부정사의 현대 구어 용법

(1) Try, *etc.* and *do* (*or* be)

구어영어에서 try to *do* 대신에 많이 쓰이는 try and *do* 형식은 원형 부정사로만 쓰이며, 변화형 tries, tried, trying으로는 쓰이지 않는다. 즉, *a.* 명령형이나, *b.* 조동사의 뒤에 쓰이는 일이 가장 많고, *c.* to 부정사로도 사용되며, *d.* try 이외의 동사들은 과거형으로도 쓰인다. 흔히 사용되는 동사는 try, go, come 이지만 이 밖에도 여러 가지 동사가 있다.

a. **Try and be** in time on Monday. (월요일에는 늦지 않도록 해라.)
Come and see me sometimes, won't you? (이따금 놀러 오세요.)
Go and get the scissors for me, will you? (가위 좀 갖다 주겠니?)
Mind and write*, if it is a line. (한 줄이라도 좋으니 잊지 말고 편지 하세요.) [* mind and do 잊지 않고~하다]

b. I'll **go and say** goodbye to Miss Watkin. (가서 왓킨 양에게 작별인사를 해야겠어요.) - Maugham, *Of Human Bondage*

c. The police used tear gas **to try and disperse** the crowds. (경찰은 군중을 해산하기 위하여 최루가스를 사용했다.)

d. He **went and thanked** him last week. (지난 주 그에게 가서 고맙다고 인사했다.)
You **came and saw** me yesterday. (당신은 어제 나를 만나러 왔다.) [두 예문 모두 *New Fowler's*]

다음과 같이 사용하기도 한다.

e. Cohn said he was going over **and get** a shave. (코온은 면도하러 가야겠다고 말했다.) - Hemingway, *The Sun Also Rises*

f. I'm going back **and tell** Terry and Gottlieb they can go to the devil. (나는 돌아가서 테리와 고트리브에게 욕을 퍼 부어야겠다.) - Lewis, *Main Street*

(2) Be sure, *etc.* and *do*

a. "Mother said I was to **be sure and** *tell** him" said Clarice. ("어머니께서 저더러 그 분한테 꼭 이야기하라고 하셨어요."하고 클레리스가 말했다.) - du Maurier, *Rebecca* [*= be sure to tell]

b. **Be sure and** *let* me know if you need anything. (필요한 물건이 있으면 꼭 나한테 알려주게나.)

c. Would you be frightfully kind and do your usual. (여느 때와 같이 좀 해 주세요) - Wain, *Hurry on Down* [be kind and = kindly / please]

(4) Go / come + 원형 부정사

이것은 (1)의 go and *do*에서 and가 빠진 형식으로 특히 *AmE*의 구어에서 흔히 쓰인다.

a. Someone's at the door—**go see** who it is. (문에 누가 왔다. 누군지 나가 봐라.)

b. Laura, **go tell** your brother to rise and shine.* (로라야, 가서 오빠한테 일어나라고 해라.) - Williams, *The Glass Menagerie* [* (보통 명령문으로) 잠자리에서 일어나라]

c. I have to **go buy** a present for him. (그 분에게 드릴 선물을 사러 가야겠다.) - Ripley, *Scarlett*

d. Can she come visit? (그녀가 방문 올 수 있을까?) - Grisham, *The Chamber*

NB go, come 외의 다른 동사도 가끔 쓰인다.

Shall I *run fetch* him? (제가 뛰어가서 그를 데려 올까요?) - Mitchell, *Gone with the Wind*

(4) All I can do is wait. (all = the only thing)

<All *sb* (can, have to, *etc.*) do>에 이어지는 부정사 보어에는 현대구어에서는 보통 원형 부정사가 쓰인다. (→ *p.* 225 ④)

a. *All we can do is* **hope** for the best and wait. (우리가 할 수 있는 일은 최선을 기대하면서 기다리는 것 뿐이다.)

주어의 형태는 <All *sb* can / has to)>형이 가장 많지만, <최상급 + *sb* can do>, <The only / first thing sb can do>, <what sb can / has to do>, <the thing (for *sb*) to do> 등 여러 가지가 있다. 이런 표현의 공통점은 주어에 do를 쓴다는 점과 be 동사 뒤에 명령문이 오는 경우가 많다는 것이다. 그러나 예외도 없지 않다.

b. *The best I could do* was **make** my own living. (내가 할 수 있는 일은 고작 입에 풀칠하는 것 뿐이었어요.) - Williams, *A Streetcar Named Desire*

- One *of the most important things computers do* today is **talk** to one another. (오늘날 컴퓨터가 하는 가장 중요한 일 중의 하나는 서로 대화를 한다는 것이다) - Toffler, *Power Shift*

c. When you're climbing a mountain *the one thing** you shouldn't do is **look** down. [번역 → *p.* 58] [* = the only thing]

d. *What* you ought to do is **have** a deadline and **make** sure everyone stick to it. (당신이 해야 할 일은 마감 시간을 정해놓고 모두가 그것을 반드시 지키게 하는 것입니다.)

Cf. For any police force, the name of the game[*1] was **wait**[*2] for the bad guys to make a mistake. (경찰에게 중요한 것은 악당들이 실수할 때까지 기다리는 것이었다.) - Clancy, *Patriot Games* [[*1] 중요한 것, 요점, 본질 [*2] wait 이하를 명령문으로 볼 수도 있다.]

Ⅳ. 의미상 주어의 여러 가지

§ 129 부정사의 의미상 주어

(1) 일반적인 경우 (→ § 117 (1))

부정사뿐만 아니라, 분사, 동명사는 어떤 경우라도 의미상 주어가 있다. 다음 문장에서는 이탤릭 체 부분이 의미상 주어이다.

- *I*'m anxious **to meet** her. (나는 그녀를 만나고 싶다.)
- *Many women* are afraid **to go** out alone at night. (많은 여자들은 밤에 혼자 외출하기를 두려워한다.)

다음과 같은 경우에는 *a* 는 일반 사람, *b* 는 종속절의 주어, *c* 는 그 때의 당면한 사람이 주어가 된다.

a. It's easy **to get** into bad habits. (나쁜 습관은 물들기 쉽다.)
b. It's still possible **to make** a bit of money if you invest wisely. (당신이 현명하게 투자를 한다면 아직도 약간의 돈을 벌 수 있다.)
c. It seemed impossible **to go** further. (더 멀리 갈 수 없을 것 같았다.)

(2) For (주어를 명시할 필요가 있을 때는 for + 목적격을 쓴다.)

① 명사적 용법

- *For an old man* **to run** fast is dangerous. [문어체]
(= That an old man runs fast is dangerous.) (노인이 빨리 달리는 것은 위험하다.)
It is quite normal *for children* **to be** afraid of the dark. (어린이가 어둠을 두려워하는 것은 지극히 정상적이다.)

② 형용사적 용법

a. There's no need *for us* **to argue** about this. (우리가 이런 일로 논쟁할 필요는 없다.)
b. The colonel gave the order *for the men* **to <u>stand</u>** <u>to attention</u>.* (대령은 부하들에게 차렷 자세를 명령했다.) [*= stand at attention 차렷 자세를 취하다]
c. It was time *for Harold* **to inform** his elder son about <u>the facts of life</u>*. (헤롤드가 큰 아들에게 성교육을 시킬 때가 되었다) - Segal, *Doctors* [*= the birds and the bees]

③ 부사적 용법

a. The coffee was too hot *for her* **to drink**. (커피는 그녀가 마시기에 너무 뜨거웠다.)

b. *For photosynthesis* **to occur**, a leaf requires carbon dioxide, water and light as well. (광합성이 일어나기 위해서 잎은 이산화탄소, 물, 그리고 빛도 필요하다.)

c. Life is too short *for men* **to take** it seriously. (인생은 너무나 짧아서 진지하게 생각할 시간이 없다.) - B. Shaw, *Back to Methuselah*

d. *For two people* **to be** happy in marriage they must be able to respect one another. (결혼생활에서 두 사람이 행복 하려면, 서로 존경할 수 있어야 한다.) - Maugham, *A Marriage of Convenience*

④ Than의 뒤에

- There's nothing worse than *for a person* **to ill-treat** a child. (어린이를 학대하는 것보다 더 나쁜 것은 없다.)

⑤ 동사와 결합하여

a. He was waiting *for his dinner* **to be** served. (그는 저녁식사가 나오기를 기다리고 있었다.)

b. I can't bear *for her* **to be** angry with me. (그녀가 나에게 화를 내는 것을 참을 수 없다.)

c. She is longing(*or* sighing) *for the good old days* **to return**. (그녀는 즐거웠던 옛날이 돌아오기를 동경하고 있다.)

NB For의 뒤에 부사 there가 오는 일이 있다.

- *For there* **to be** life there must be air and water. (생명이 존재하려면 공기와 물이 필요하다.)

(3) Of (→§ 152)

(4) In (→§ 151)

부정사의 의미상 주어 앞에 for나 of 대신에 <in>을 쓰는 일이 있다. for나 of가 <행위>를 나타내는데 비해서 <in>은 <능력이나 소질>을 나타낸다

a. It isn't *in you* **to understand** her—how good she was. (그녀를-그녀가 얼마나 친절한 여자인지를—당신은 이해할 수 없어.) - Mitchell, *Gone with the Wind*

b. I cannot help feeling that it is seemly *in a total stranger* **to put** mister before my name when he addresses me. (전혀 모르는 타인이라면 말을 걸 때 내 이름 앞에 미스터를 붙이는 것이 적당하다고 생각한다.) - Maugham, *Mr. Know-all* [현대 영어라면 in 대신 for를 쓰는 것이 타당할 것이다.]

§ 130 Say (for *sb*) to do [= tell (*sb*) to do]

표준영어에서는 위와 같은 구문이 용납되지 않지만 *AmE* 구어 특히 소설 따위에서 명령을 나타낼 때 많이 쓰인다.

a. He **said to leave** twenty-five thousand dollars in the Wrightville railroad statioin waiting room, in one of those self-service parcel lockers they just installed. (그는 25,000달러를 라이트빌 대합실에 방금 설치된 자물쇠 달린 사물함 중의 하나에 넣어두라고 명령했다.) - E. Queen, *Ten Days' Wonder*

이것은 협박자에게서 걸려온 전화내용을 그대로 반복하고 있는 장면이다. 이러한 경우, 부정사의 의미상 주어는 보통 <나 또는 우리들>이다. 그리고 이 때 부정사 부분을 직접화법으로 바꾸면 명령문이 된다.

b. He **says not to worry** if we don't get any more letters for a while. (당분간 편지가 오지 않더라도 걱정하지 말라고 그는 말하고 있어요.) - Saroyan, *The Human Comedy*

c. He **says not to tell** nobody. (그는 누구에게도 이야기하지 말라고 말한다.) - Steinbeck, *The Grapes of Wrath*

d. He **said to tell** you to come in when you got here. (그는 저에게, 당신이 도착하면 들어오시게 하라고 말했습니다.) - Ellison, *Invisible Man*

e. He **said not to trust** anyone at the firm, and that everything I said was subject to being heard and recorded. (그는 회사에 있는 사람은 누구도 믿어서는 안되며, 내가 하는 말은 모두 도청되기 쉽다고 말했다.) - Grisham, *The Firm*

이 용법은 U-turn하여 *BrE*에서도 가끔 쓰이고 있다.

f. There has been an accident. She **said not to take** the child··· (사고가 났습니다. 그러므로 아이를 데려가지 말도록···하고 그녀가 말했습니다.) - du Maurier, *The Scapegoat*

부정사의 의미상 주어가 명백하지 않다든가, 의미상 주어가 필요한 경우에는 <say for *sb* to do>의 형식을 취한다. 이 때 say for *sb* to do 는 <tell *sb* to do>또는 <say that *sb* should do>의 뜻이다.

g. Calpurnia **said for us to try** and clean up the front yard. (캘퍼니아가 우리한테 앞마당을 청소하라고 했습니다.) - Lee, *To Kill a Mockingbird*

§ 131 I like *for* you to come.

(1) 타동사 + for + to 부정사

like는 타동사이므로 I like you to come.처럼 you의 앞에 전치사가 개입할 필요가 없지만, 현대 구어영어에서는 예컨대, We waited for the clock to strike.처럼 to가 들어가는 일이 드물지 않다.

a. Would you like **for me to come** back tomorrow? (제가 내일 다시 올까요?) - Grisham, *The Chamber*

앞의 § 131에서 설명한 <say for *sb* to do>만큼 빈번하지는 않지만, 위의 like처럼 보통 전치사를 취하지 않는 타동사의 앞에 for가 붙어서 의미상 주어로 사용되는 경우가 있다. like, love, hate, want 따위의 동사에 많으며, 이러한 경향은 특히, *AmE*의 구어에서 현저하다.

b. Would you like **for me to take** it to Atlanta and have it engraved? (내가 그것을 애틀랜타로 가져가서 네 이름을 새겨줄까?) - Mitchell, *Gone with the Wind*

c. Charles said slowly, "I've thought about it a lot. And I've wanted **for you to bring** it up. I guess you aren't ever going to." (찰스는 천천히 말했다. "그 점에 대해서 지금까지 많이 생각해 봤어. 나는 자네가 그 이야기를 꺼내 주기를 원했어. 너는 이야기하지 않겠지.") - Steinbeck, *East of Eden*

NB "거기에 도착하는데 3일 걸린다."는 보통 "It takes you three days to get there."이지만 특히 *AmE* 에서는 It takes three days for you to get there 라고도 하는데, 이것도 위의 [for ~ to …] 형식의 연장이라고 볼 수 있다. 그리고 부정사의 의미상 주어는 구태여 사람이 아니라고 좋다.

ⓐ It did not take long **for Deborah to realize** it. (데보라가 그것을 알아차리는 데 긴 시간이 걸리지 않았다.) - Segal, *Acts of Faith*

ⓑ How long do you think it will take **for an old man to die** of a broken heart. (노인이 실의에 빠져 죽는데 어느 정도의 시일이 걸릴까?) - J. McCord, *The Cave*

(2) 형용사의 뒤에도 위와 같은 구문이 사용된다.

- I was ashamed **for anyone to know** of my predicament, it was too stupid to be believed. (누구에게든지 나의 어려운 처지가 알려지는 건 부끄러운 일이었고, 그것은 믿을 수 없을 만큼 어리석은 일이었다.) - Ellison, *Invisible Man*

§ 132 완료 부정사

완료 부정사(to have + 과거분사)의 용법은 보통의 부정사의 용법에 준하지만 다음 몇 가지 점에 주의해야 한다.

(1) 완료 부정사는 문장의 동사보다 <앞선 시간>을 나타낸다. (→ § 117 (1) ②)

① 현재동사 + 완료 부정사 → 과거시제를 나타낸다.

a. He appears / seems **to have been** ill. (그는 아팠던 것처럼 보인다.)
(= It appears / seems that he was / has been ill.)

b. And, most surprising, Prince Thomas seems **to have vanished** along with his lawyer and friend. (그리고, 가장 놀라운 일은, 프린스 토마스가 그의 친구인 변호사와 함께 달아난 것 같애.) - Grisham, *The Rainmaker*

c. It's very good of you not **to have said** anything disagreeable to me, Philip. (저한테 싫은 소리를 하지 않아서 정말 고마워요, 필립.) - Maugham, *Of Human Bondage*

② 과거동사 + 완료 부정사 → 과거의 과거 즉 과거완료를 나타낸다.

a. He appeared/ seemed **to have been** ill. (그 전에 아팠던 것처럼 보였다.)

b. He seemed suddenly **to have grown** very sophisticated. (그는 갑자기 철이 들어 보였다.) - Maugham, *Theatre*

c. Now that I knew her **to have been** evil and vicious and rotten I did not hate her any more. (그녀가 사악하고 타락한 여자였음을 알았기 때문에 나는 더 이상 그녀를 미워하지 않았다.) - du Maurier, *Rebecca*

d. But the Colonel was supposed **to have met** her only a few days previously. (그러나 대령은 그녀를 바로 며칠 전에 만난 것 같았다.) - Christie, *Murder on the Orient Express*

(2) Be 동사의 과거형 + 완료 부정사 (실현되지 못한 희망이나 의도를 나타낸다.)

a. She *was* **to have spent** the night at a Berlin hotel, then fly to Los Angeles in the morning. (그녀는 그 날 밤을 베를린의 한 호텔에서 보내고, 그 다음 날 아침 비행기로 로스 엔젤레스로 돌아갈 예정이었다.) - Folsom, *The Day After Tomorrow*

b. It was in July, and in another fortnight he *was* **to have gone** for his holiday. (때는 7월이었고, 2주 후에는 휴가를 갈 예정이었다.) - Maugham, *Of Human Bondage*

c. "I *was* **to have been met**," he heard Hutchins say to the porter. (그는 허친스가 짐꾼에게 "누군가 나를 마중하러 나오게 되어 있었어요."라고 말하는 것을 들었다.) - Wain, *Hurry on Down*

§ 133 분리 부정사와 to 뿐인 부정사

(1) 분리 부정사

To가 붙은 부정사에서 그 동사를 수식하는 부사(구)가 to와 동사의 사이에 삽입된 것을 분리 부정사 (= 분할 부정사 Split infinitive)라고 한다. 여기에 쓰이는 부사(구)는 정도, 방법, 때를 나타내는 것이 가장 많다. 가장 유명한 예는 미국의 공상 과학 TV 시리즈 *Star Trek*의 선전문구 "To boldly go where no man has gone before"(지금까지 어떤 사람도 가본 적이 없는 곳으로 대담하게 들어가는 것)일 것이다.

a. **To** *fully* **understand** poetry, we must first be fluent with its meter, rhythm, and figures of speech. (시를 완전히 이해하기 위해서는, 먼저 보격, 리듬 그리고 비유법을 잘 알아야 한다.) - Kleinbaum, *Dead Poets Society*

b. The birth of modern science was **to** *fundamentally* **change** people's attitudes toward religion. (현대과학의 탄생은 사람들의 종교에 대한 태도를 근본적으로 바꾸어 놓았다.)

c. A man doesn't begin **to** *really* **love** his country until it's in trouble. (조국이 위기에 빠졌을 때 비로소 사람은 진정으로 자신의 조국을 사랑하기 시작한다.) - Saroyan, *The Human Comedy*

d. Scientists still have found nothing **to** *properly* **explain** such phenomena as flying saucers. (과학자들은 비행접시와 같은 현상을 정확하게 설명할 수 있는 증거를 아직 발견 하지 못했다.)

(2) To 뿐인 부정사

같은 동사의 반복을 피하기 위하여 두 번째 사용하는 동사를 생략하고 to만 쓰는 경우를 말한다. 단, 두 번째 사용하는 동사는 to가 붙는 부정사의 경우이다. 이 to는 문장의 끝에 오는 것이 보통이고, 구어에 많은 어법이다. 예컨대, His book will sell well, it's bound to. (그의 책은 잘 팔릴거야, 또 그렇게 되어야 한다.) 그렇다고 to까지 생략하면 의미가 바뀔 우려가 있다.

I will help you whenever you want me to. (자네가 나한테 도와 달라고 하면 언제라도 도와주겠다.) 에서 to도 생략하면 (당신이 저를 원할 때는 언제라도 도와 드리겠습니다.) 라는 뜻이 되어버린다.

a. That'll do. You can go now if you want **to**. (그 정도면 됐어. 이제 자네는 가고 싶으면 가도 좋아.) - Maugham. *Neil MacAdam*

b. "Would you care to do me a favor?" "I'd be glad **to** if I can." ("제 부탁 하나 들어주시겠어요?" "할 수 있는 일이면 기꺼이 도와드리겠습니다.") - Capote, *Miriam*

§ 134 부정사의 idioms

not to mention (= not to speak of/ to say nothing of ～은 물론, 말할 것도 없이), strange to say (이상한 이야기지만), to be frank (with you) (솔직하게 말하면), to be honest (정직하게 말하면), to say the least (of it) (줄잡아 말하더라도), to tell (you) the truth (사실을 말하면), to put it another way (*or* in other words)/ bluntly/ mildly/ plainly (바꾸어 말하면/ 솔직하게 말하면/ 조심스럽게 말하면/ 솔직하게 말하면)

a. He has two big houses in this country, **not to mention** his villa in France. (그는 프랑스에 있는 별장 말고도 이 나라에 두 채의 집이 있다.)

b. **To be frank with you**, I think your son has little chance of passing the exam. (솔직하게 말하면, 당신의 아들은 시험에 합격할 가능성이 거의 없습니다.)

c. Well, **to be honest**, I am having a little trouble. (그런데, 정직하게 말하면, 좀 곤란한 일이 생겼습니다.) - Grisham, *The Chamber*

d. It was rather thoughtless of him, **to say the least**. (좋게 말하더라도 그는 다소 경솔했다) [실제로 말하고 있는 것보다 더 나쁘거나, 더 심각하다는 뜻을 내포하고 있음]

e. **To put it in other words**, wasn't it their idea than yours? (바꾸어 말하면, 그것은 당신의 생각이 아니라 그들의 생각이었다는 말이군요.) - Malamud, *The Fixer*

- **To put it bluntly**, the worst thing a psychoanalyst can do is take advantage of the privilege that his patient has bestowed upon him. (솔직하게 말하면, 정신과 의사가 절대로 해서는 안 되는 일은 환자가 그에게 준 특권을 악용하는 것이다.) - Segal, *Doctors*
- **To put it bluntly**, this film is not very good. (솔직히 말하면, 이 영화는 그다지 좋은 영화가 아니다.)

f. **Come to think of it**, I forgot to bring my wallet. (방금 생각이 났는데/ 그 말을 듣고 생각이 났는데, 내가 지갑을 안 가져 왔군요.)

- **Come to think of it**, my Aunt Alice eventually married a professor of French literature at Harvard. (방금 생각이 났는데 앨리스 숙모님은 결국 하버드 대학의 프랑스 문학 교수와 결혼을 하셨어요.) - Ripley, *Scarlett*

Cf. ⓐ **If you come to think of it**, that's one of the most curious features of the whole case. (생각해보니, 그 사건의 가장 기이한 특징은 바로 그 점이었어요.) - Maugham, *The Happy Couple*

ⓑ I've never called him by any name: nor he me. Which is curious, **when you come to think of**. (나는 한 번도 그의 이름을 불러 본 적이 없고, 그도 내 이름을 불러 본 적이 없어. 생각해보면 이상한 일이야.) - Lawrence, *Lady Chatterley's Lover*

NB 위의 용례 *e* 와 같은 표현은 분사구문 형식으로도 많이 쓰인다. (→*p.* 421 **NB**)

2 분사

현재분사(Present participle)와 과거분사(Past participle)가 있다.

Ⅰ. 현재 분사

§ 135 현재 분사의 기본 용법

(1) 명사의 앞 또는 뒤에 붙는 형용사로서

a. There is now **convincing** evidence that smoking causes lung cancer and heart disease. (이제는 흡연이 폐암과 심장병을 일으킨다는 설득력 있는 증거가 있다.)

b. **Seeing** a tiger in the wild was a thrilling experience. (야생상태의 호랑이를 구경하는 것은 스릴이 넘치는 체험이다.)

c. The hunt for the **missing** boy had to be called off due to severe weather condition. (실종된 소년을 찾는 일은 악천후로 취소하지 않으면 안 되었다.)

현재분사에 다른 어구가 수반되면 피수식어의 뒤에 온다.

d. Anyone **wishing** (= who wishes) to leave early may do so. (조퇴를 원하는 사람)

e. Pupils **living** within two miles of the school are expected to pay their own bus fares. (학교에서 2마일 이내에 살고 있는 학생들은 자신의 버스요금을 지불해야 한다.)

(2) Be 동사의 보어로서

a. I'm not going to eat the soup. It's **fatting**. (나는 수프는 먹지 않을 거야. 수프를 먹으면 살이 찐다 말이야.) - Maugham, *A String of Beads*

b. So far the results of our tests have been very **encouraging**. (지금까지 우리의 테스트 결과는 매우 고무적이다.)

(3) 부사로서 일종의 강조어이다

a. We had a swim, then walked back across the **burning** hot sands. (우리는 수영을 하고 나서 발을 델만큼 뜨거운 모래밭을 가로질러 돌아왔다.)

b. She took one mouthful of **scalding** hot coffee and spat it out. (그녀는 혀를 델만큼 뜨거운 커피를 한 잔 마셨다가 도로 뱉어 버렸다.)

§ 136 현재분사의 보어 용법

현재분사는 다음 용법에서 주격보어로 사용된다.

(1) S + V + 현재분사 (동사는 come, go, keep, lie, sit, *etc.*)

- The children *keep* **pestering** me to take them to the zoo. (아이들이 동물원에 데려가 달라고 계속 나를 조른다.)
- I have to *go* **shopping** / **driving** / **swimming** / **fishing** this afternoon. (나는 오늘 오후에 쇼핑/ 드라이브 / 수영 / 낚시하러 가야겠다.)

go와의 결합에는 이밖에 다음과 같은 것들이 있다.

boating/ bowling/ camping/ hang-gliding/ hiking/ hunting/ jogging / mountain-climbing/ rock-climbing/ rowing/ riding/ running/ sailing/ shooting/ sight-seeing/ skating/ skiing/ walking/ wind-surfing/ yachting/ pot-holing, *etc.*
(뱃놀이/ 볼링/ 캠핑/ 행글라이딩/ 하이킹/ 사냥/ 조깅/ 등산/ 암벽등반/ 보우트/ 승마/ 경주/ 달리기/ 뱃놀이/ 사냥/ 관광/ 스케이팅/ 스키타기/ 산책 / 윈드서핑/ 요트경주/ 동굴탐사, 따위)

이러한 말들은 대부분 관용표현으로 주로 <스포츠나 여가 활동>에 관련된 것이다. 오늘날에는 다른 동사에도 확대 적용되는 경향이 있으나 대체로 같은 범주에 속한다.

a. A couple of buddies and I are using the money we earned washing cars on weekends to *go* **backpacking** in France. (나는 친구 두어 명과 주말에 자동차를 세차해 주고 번 돈으로 프랑스로 배낭여행을 갈꺼야.) - Segal, *Prizes*

b. We rented a car and *went* **house-hunting** as soon as we arrived. (우리는 도착하자마자 자동차 한 대를 빌려 타고 집구하기에 나섰다.)

c. I *go* **jogging** every morning and <u>work out</u>* with weights twice a week. (나는 매일 아침 조깅을 하고, 일주일에 두 번씩 웨이트로 운동을 한다.) [* = take exercise]

d. No one should *go* **mountain climbing** unless they are suitably dressed and equipped. (누구든 적당한 복장과 장비를 갖추지 않으면 등산을 해서는 안 된다.)

e. I just don't understand those freaks who *go* **swimming** in ice-cold water each morning. (매일 아침 얼음같이 찬 물에 수영하러 가는 괴짜들을 나는 도저히 이해할 수 없다.)

f. He *had once gone* **wind-surfing** in the South of France. (그는 한 때 프랑스 남부 지방으로 윈드서핑을 하러 갔었다.)

NB go의 뒤에 out 따위의 부사를 동반하는 일도 있다.

- <u>One time</u>* we went **out** fishing on the lake at night. (이전에 우리는 밤에 호수로 낚시 하러 나갔다.) [* = once]

(2) S + V + O + 현재분사

이 구문에 쓰이는 동사는 ① see를 비롯한 지각동사, ② keep, leave, set, *etc.* ③ have, get 따위이다. 그리고 지각동사와 have 동사의 경우, 현대구어 영어에서는 목적보어로서 원형 부정사 보다 현재분사가 선호된다(→ *P.* 224 (2)②).

① 지각 동사

a. We *saw* her **running** away from the scene of the crime. (우리는 그녀가 범죄 현장에서 달아나는 것을 보았다.)

b. I can *smell* something **burning**—are you sure you turned the oven off? (무엇이 타는 냄새가 나는구나. 오븐의 스위치를 틀림없이 껐느냐?)

② Keep, leave, set, catch, find, start, sent, *etc.*

a. I'm sorry to have *kept* you **waiting** so long. (오래 기다리게 해서 미안합니다.)

b. This director's films <u>*leave* the others **standing**</u>*. (이 감독이 만든 영화는 다른 영화보다 훨씬 낫다.) [* leave *sb/sth* standing ~보다 훨씬 낫다]

c. He *set* the machine **going** with a push. (그는 단추를 한 번 눌러서 기계를 작동시켰다.)

d. They *caught* her **cheating** in the exam and suspended her for a week. (그녀는 시험 중 부정행위를 하다가 적발되어 일주일간 정학처분을 받았다.)

e. They finally *found* the children **hiding** in an old mine shaft. (그들은 마침내 아이들이 오래된 폐광의 갱도에 숨어 있는 것을 발견했다.)

f. She flung him out of the door with a violence which *sent* him **staggering**. (그녀가 그를 문 밖으로 세세 떠밀어서 비틀거리게 했다.)

③ Get 과 have (→ *P.* 172)

a. I couldn't *get* the car **starting** this morning. (나는 오늘 아침에 자동차의 시동이 걸리지 않았다.) [사역]

b. I can *have* this coin **floating** on the water. (나는 이 동전을 물 위에 뜨게 할 수 있다.) [사역 / 동작의 진행]

- We *have* four guests **coming** for the weekend. (주말에 손님이 네 명 올 예정이다.). [수동 / 가까운 미래]
- The patient *has* three nurses **attending** on him. (환자는 세 명의 간호사로부터 간호를 받고 있다.) [사역/ 동작의 진행]
- We shall soon *have* the mist **rising**. (곧 안개가 걷힐 거야.) [수동/ 수익]

§ 137 현재분사의 현대 구어용법

이것은 § 117 (2)②에서 간단하게 언급했지만, 여기서는 많은 용례와 함께 좀 더 자세하게 다루기로 한다.

(1) <Spend + *time* + *V-ing*> 형식

이전에는 V-ing의 앞에 in이나 by를 사용했으나, 지금은 항상 현재분사만 사용한다. 이 형식은 아래에 든 동사 외에 waste, kill time, *etc.*도 쓰인다.

a. I *spent* so long in **filling** in the application form that I actually missed the closing date. (나는 원서를 작성하느라고 너무 많은 시간을 소비했기 때문에 마감 날짜를 놓쳐 버렸습니다.)

b. Anything was better than being tied here waiting for a baby that *took* such a long time **coming**. (어떤 일도, 나오는데 그렇게 오랜 시간이 걸리는 애기를 기다리는 것보다는 낫겠다[고 생각했다].) - Mitchell, *Gone with the Wind*

c. While waiting, I *killed* time **doing** a crossword puzzle. (기다리는 동안 퍼즐을 풀면서 시간을 보냈다.)

d. We used to *while away* the long summer evenings **talking** and **drinking** wine. (우리는 긴 여름 날 저녁 잡담도 하고 포도주를 마시면서 시간을 보냈다.)

(2) <Be + 형용사 + *doing*>형식

이 형식도 앞의 (1)처럼 doing의 앞에 in을 생략하는 것이 보통이며, 흔히 쓰이는 형용사는 busy, careful, crazy, (un)easy, happy, hard, kind, late, long, nervous, slow, *etc.* 이다(→ *p.* 225 *b*).

a. *Be careful* **crossing** the road. (길을 건널 때는 조심해라.)

- Cathy would have to *be careful* **driving** to and from work. (캐시가 자동차로 직장에 출퇴근할 때 조심해야 할 거야.) - Clancy, *Patriot Games*

b. I *was* a little *late* **finding** the place. (그 장소를 찾는 데 다소 시간이 걸렸습니다.) - Christie, *Mr. Parker Pyne, Detective*

c. He *wasn't long* **making** up his mind. (결심하는데 오랜 시간이 걸리지 않았다.)

d. To be truthful, we *were slow* **getting** started in Mississippi. (솔직히 말하면, 우리는 미시시피 주에서는 늦게 시작했습니다) - Grisham, *The Chamber*

e. Sir Malcolm *was* always *uneasy* **getting** back to his wife. (맬컴경은 처에게 돌아 갈 때는 항상 불안했다.) - Lawrence, *Lady Chatterley's Lover*

(3) <Have difficulty + *doing*> 형식

difficulty 대신에 trouble, a hard time, a job을 써도 뜻이 같다. <~하느라고 고생하다 / ~하기 어렵다>는 뜻으로, difficulty와 trouble의 경우 in을 쓰기도 하지만 생략하는 것이 보통이다. (→*p.* 225)

a. I *had no difficulty* **finding** the house. (나는 그 집을 쉽게 찾았다.)

Cf. The Japanese seem to have great difficulty with foreign languages. (일본인들은 외국어를 배우는 데 대단히 곤란을 느끼는 것 같다.)

b. I *had much trouble* **getting** the car starting. (차의 시동을 걸기가 아주 힘들었다.)

- She *had no trouble* **understanding** Scarlett's decision to stay in Ireland. (그녀는 스칼렛이 아일랜드에 머물기로 결정한 심정을 이해하기가 어렵지 않았다.) - Ripley, *Scarlett*

Cf. Do you *have* much *trouble with* **spelling**? (철자 때문에 어려움이 많아요?)

c. Do ladies always *have such a hard time* **having** babies? (여자들은 애기를 낳을 때 항상 그렇게 고생을 하나요?) - Hemingway, *Indian Camp*

- You'll *have a hard time* **getting** a cab. Want a ride? (택시 잡기가 힘들거요. 내 차를 같이 타고 가겠소?) - Gardner, *The Calendar Girl*

d. I *had quite a time* **locating** your office. (자네의 사무실을 찾느라고 상당한 시간이 걸렸다 / 꽤 힘들었다.)

- We *had a hell of a time* **trying** to solve it. (그것을 해결하느라고 무척 애를 먹었다.) - Crichton, *Jurassic Park*
- Sorry I'm so late. My car broke down and I *had a hell of time* **getting** help. (늦어서 죄송합니다. 제 차가 고장이 나서 도움을 받느라고 시간이 많이 걸렸어요.)
- I had a helluva time **convincing** her that I didn't give a good goddamn where her dog relieved himself. (나는 꽤 오랜 시간을 두고 그녀의 개가 어디서 배설을 하든 조금도 아랑곳하지 않는다고 납득을 시켰다.) - Salinger, *The Catcher in the Rye*

e. You'll *have a job* **finding** a store that's open at this time of night. (이 밤중에 영업 중인 가게를 찾기는 힘들거야.)

- She used to *have a rare job* **keeping** me quiet. (그녀는 나를 떠들지 못하게 하느라고 엄청나게 애를 먹었어요.) - Maugham, *Cakes and Ale*

Cf. The team will *have a job* **to get** to the top of the league. (그 팀이 리그의 수위로 복귀하기는 어려울 거야)

f. Winning three gold medals in the Olympic Games *takes some* **doing**. (올림픽 경기에서 금메달 3개를 딴다는 것은 하늘의 별 따기다.)

Ⅱ. 과거 분사

§ 138 과거 분사의 기본용법

과거분사의 기본용법은 현재분사에 준하여 생각하면 되지만, 현재분사가 의미상 능동적인데 비해서 과거분사는 수동적이다.

(1) 명사의 앞 또는 뒤에서

a. There are many differences between **spoken** and **written** languages. (구어와 문어 사이에는 많은 차이점이 있다.)

• The United Kingdom is unusual in not having a **written** constitution. (영국은 성문헌법을 가지고 있지 않다는 점에서 특이하다.)

b. Caviar is something of an **acquired** taste. (캐비아는 먹어봐야 맛을 아는 식품이다.)

c. The custom of **arranged** marriage still exists in many countries. (중매결혼의 관습은 아직도 많은 나라에 존재한다.)

d. The judge found him guilty of **attempted** murder and gave him 20 years in prison. (판사는 그에게 살인미수죄를 적용하여 20년형을 선고 했다.)

NB A faded rose (시든 장미), a retired life (은둔생활/ 은퇴생활), fallen leaves/ angels (낙엽/ 타락한 천사들)이나, 다음의 ⓐ, ⓑ, ⓒ와 같은 자동사의 과거분사에는 수동적인 의미가 없다.

ⓐ When I read his first essay, I knew that he was a **born** writer (그의 최초의 수필을 읽었을 때 그가 천부적인 작가임을 알았다.)

ⓑ I think there should be more severe punishment for **drunk** drivers / driving. (음주 운전자/ 음주운전에는 보다 엄한 처벌이 있어야 한다고 생각한다.)

ⓒ There were thousands of people **come***(= who were come) from all parts of the country. (수 천 명의 사람들이 전국에서 모였다.) [* → *p.* 179]

e. Cigarette butts **thrown** *carelessly from cars* can cause forest fires. (차에서 함부로 던진 담배꽁초는 산불을 일으킬 수 있다.) [현재분사의 경우처럼 뒤에 다른 어구가 수반되면 피수식어의 뒤에 온다.]

(2) Be 동사의 보어 (일종의 형용사이다.)

a. The streets were **deserted**. (거리에는 인적이 끊어졌다.)

b. He was **better read*** and better bred than most of their contemporaries. (그는 같은 연배의 대다수의 사람들보다 박식하고 교육도 잘 받았다.) [* Cf. well-read 박식한, 조예가 깊은]

§ 139 과거분사의 보어용법

과거분사는 다음 구문에서 보어로 사용된다.

(1) <S + V + 과거분사> 구문에서 (appear, come, feel, get, remain, stay, *etc.*)

a. He tied his shoelaces with a double-knot so that they wouldn't *come* **undone**. (그는 구두끈이 풀리지 않도록 이중매듭으로 메었다.)

b. When I heard what my friends had said about me I *felt* **betrayed**. (친구들이 나에 대해서 한 이야기를 들었을 때 나는 배신감을 느꼈다.)

c. In view of the worsening employment situation, I had no choice but to *stay* **put**.* (취업하기가 점점 어렵기 때문에 현재의 직장에 머물러 있을 수밖에 도리가 없었다) [stay put 그대로 남아 있다, 그대로 머물다]

(2) <S + V + O + 과거분사> 구문에서

① 지각동사

a. I'*ve heard* it **said** that she's a tough businessman. (그녀가 상대하기 어려운 사업가라는 말을 들었다.)

b. I *felt* my eyes **dazzled** by a blaze of light. (광선 때문에 내 눈이 부셨다.)

② 사역 동사

a. Stalin extorted false confessions and *had* innocent victims **executed**. (스탈린은 거짓 자백을 강요하여 무고한 사람들을 처형시켰다.)

b. He couldn't *make* his voice **heard**. (그는 불러도 대답할 수 없었다.)

c. He *got* his wrist **dislocated**. (그는 팔목이 삐었다.)

③ 그 밖의 동사들

a. *Keep* me **informed / posted*** of any development in the situation. (상황의 진전을 계속 알려 주게.) [* keep *sb* informed/ posted ~에게 최근의 소식을 계속 알려주다]

b. If you *want* a thing well **done**, do it yourself. [saying] (일을 잘 하고 싶으면 너 자신이 하라.) [속담]

c. The police promised to *leave* no stone **unturned*** in their search for the missing girl. (경찰은 모든 수단을 동원하여 실종된 소녀를 찾겠다고 약속했다.) [* 백방으로 손을 쓰다]

3 동명사

§ 140 동명사의 기본용법

동명사(gerund)는 명칭 그대로 동사적 기능과 명사적 기능을 둘 다 가지고 있으므로, 그것의 동사적 성질과 명사적 성질을 살펴보면 그 기본적 용법을 이해할 수 있다.

(1) 동명사의 명사적 성질

① 주어 (현대 영어에서는 부정사 주어보다 동명사 주어를 선호한다.)

a. **Writing** a will is not evidence of a morbid preoccupation with death. (유언장을 쓴다는 것이 죽음에 병적으로 집착하고 있다는 증거는 아니다.)

b. **Learning** French is a piece of cake* compared to trying to learn Japanese. (불어를 배우는 것은 일본어를 배우는 것과 비교하면 식은 죽 먹기다.) [* = very easy]

c. **Giving** advice is not in my line. (충고하는 것은 내 성질에 맞지 않아./ 나는 충고하는 것이 서투르다.) - Christie, *The Mystery of the Blue Train*

d. **Failing** your exams isn't the end of the world. (시험에 낙방한다고 세상의 끝은 아니다.)

e. It's a losing battle* **trying** to get the work finished on time. (이 일을 정시에 끝낸다는 것은 가망 없는 일이다.) [* a losing battle/ game 이길 가망이 없는 전투/ 경기]

② 보어 (부정사 보어보다 선호된다)

a. The only exercise I get is **walking** to work. (내가 하는 유일한 운동은 직장까지 걸어가는 것이다.)

b. One of her hobby is **collecting** records. (취미 중 한 가지는 레코드 수집이다.)

③ 타동사나 전치사의 목적어

a. Most people *hate* **going** to the dentist. (대부분의 사람들은 치과에 가기를 싫어한다.)

Most women *prefer* **breastfeeding** to bottle feeding. (대부분의 여성들은 우유보다 모유로 아기를 키우기를 좋아한다.)

b. He was arrested on suspicion *of* **driving** under the influence. (그는 음주운전을 한 혐의로 체포되었다.) - Grisham, *The Street Lawyer*

- Genius is an infinite capacity *for* **taking** pains. [saying] (천재란 노력할 수 있는 무한한 능력이다.)
- Seatbelts can prevent you *from* **being** knocked unconscious in a crash. (안전벨트는 충돌했을 때 의식불명이 되는 것을 예방할 수 있다.) - Iacocca, *Autobiography*

④ 복수형 또는 소유격이 가능하다

a. We watched the **comings** and **goings** of the guests from our bedroom window. (우리는 침실 창문에서 손님들의 왕래를 바라보았다.)

b. I'm not talking just for **talking's** sake; this is important. (나는 단지 말을 하려고 말하고 있는 것이 아니다. 이건 중요한 거야.)

⑤ a(n), the, any, some, no, this, that, *etc.*도 붙는다.

a. She heard *a* **rumbling** of thunder in the distance and *a* **spattering** of rain on the glass. (멀리서 나는 천둥소리와 비가 유리 창문을 두드리는 소리가 들렸다.) - Ripley, *Scarlett*

b. Between cloudbursts they heard only *the* **barking** of the hyenas. (호우가 잠시 그쳤을 때 하이에나가 짖는 소리만이 들렸다.) - Haley, *Roots*

c. *This* **knitting** of his brow was typical of John. (이렇게 얼굴을 찌푸리는 것이 존의 특징이었다.)

⑥ 형용사의 수식을 받는다.

a. The years of *heavy* **drinking** and *fast* **living** were beginning to show in his face. (수년간에 걸친 과음과 방탕한 생활의 결과가 그의 얼굴에 나타나기 시작했다.)

b. The *constant* **dripping** of water can wear away the toughest stone. (끊임없이 떨어지는 물방울이 바위를 뚫는다.) - Gardner, *The Mischievous Doll*

c. The only sound was the *ceaseless* **breaking** of the surf. (들리는 소리라고는 끊임없이 밀려와서 부서지는 파도 소리뿐이었다.) - Maugham, *Red*

(2) 동명사의 동사적 성질

① 완료형과 수동태 (완료형은 주절보다 앞선 시제를 나타낸다. → *p.* 223 ②).

a. The witness denied **having seen** the accused. (= that he had seen the accused) (증인은 피고를 만났다는 것을 부인했다.)

b. Each for the first time knew the double pleasure of loving and **being loved.** (각각 처음으로 사랑하고 사랑 받는 이중의 즐거움을 맛보았다.)

② 부사의 수식을 받거나, 목적어/ 보어를 가질 수 있다.

a. He is not interested in **dancing** *professionally*. (그는 직업적인 댄서가 되는 데는 관심이 없다.)

b. Liberty is a right of **doing** *whatever the laws permit*. (자유란 법률이 허락하는 것은 무엇이나 할 수 있는 권리이다.)

c. You can't arrest a man for **looking** *suspicious*. (어떤 사람이 의심스러워 보인다고 체포할 수는 없다.)

§ 141 동명사의 의미상 주어

부정사나 현재분사와 마찬가지로 동명사에도 의미상 주어가 있다. 예컨대, 다음의 *a*.의 동명사의 의미상 주어는 일반사람이며, *b*.에서는 문장의 주어 I가 그대로 동명사의 주어이다.

a. **Seeing** is **believing**. [saying] (백번 듣는 것이 한번 보는 것만 못하다.) [속담]

b. I strongly object to **being treated** like a child. (나는 어린애 취급당하는 것은 딱 질색이다.)

위와 같은 경우에는 다음과 같은 방법으로 의미상 주어를 표시한다.

b. I strongly object to *his/ him* **treating** me like a child. (그가 나를 어린애 취급하는 것이 딱 질색이다.)

(1) (대)명사의 소유격

특히 *a*.처럼 동명사가 문장의 주어일 때 이러한 경향이 강하다.

a. *Papa's* **storytelling** amused us for a while. (아빠의 이야기를 듣고 우리는 잠시 동안 즐거웠다.)

b. It's no use at all *your* **trying** to escape. (당신이 도망가려고 해도 아무 소용없다.) - Greene, *The Power and the Glory*

- Do you mind *my* **closing** the window? (제가 창문을 닫아도 될까요?)

(2) (대)명사의 목적격

현대의 spoken English에서는 동명사의 의미상 주어는 명사, 대명사를 막론하고 거의 항상 목적격을 쓴다. 이 경우 인칭 대명사 her는 목적격인지 소유격인지 구별할 수 없지만 그런 것은 문제가 되지 않는다.

a. This was a case of <u>too many *cooks* **spoiling** the broth</u>.* (이것은 사공이 많으면 배가 산으로 올라가는 격이었다.) - Pasnernak, *Doctor Zhivago* [* Too many cooks spoil the broth. (saying) 사공이 많으면 배가 산에 올라간다. (속담)]

- Scarlett was used to *men* **asking** her to marry them. [번역과 출처→ *p*. 220 **NB**]
- I can't stand *people* **smoking** around me when I'm eating. (내가 식사를 하고 있을 때 주위에서 사람들이 담배 피우는 건 참을 수 없다.)

b. Do you object to *me* <u>**meeting** with</u>* Tanya? (내가 타냐를 만나는 것을 반대하느냐?) - Bellow, *More Die of Heartbreak* [* meet with *sb* (*AmE*) = meet *sb*]

NB 무생물은 소유격을 만들기 곤란하므로 항상 목적격만 쓴다.

- I can't stand *things* not **being kept** in their proper places. (물건을 제자리에 놓아두지 않으면 마음이 놓이지 않는다.)

§ 142 동명사와 부정사

동명사와 부정사는 둘 다 목적어로 사용되지만, 어법상 이 둘이 똑 같이 사용되는 것은 아니다. 동명사만 목적어로 취하는 동사가 있는가 하면 부정사만을 목적어로 취하는 동사도 있으며, 동명사나 부정사 둘 다 목적어로 가질 수 있는 동사도 있다. 그런데, 동명사나 부정사를 똑같이 목적어로 취하는 동사는 대부분 차이가 없지만, 의미가 다른 동사도 더러 있다.

(1) 동명사 목적어와 부정사 목적어의 의미가 다른 타동사

① Forget (동명사는 <~했음 을 잊다>, 부정사는 <~할 것을 잊다>)

a. I'll never **forget** *finding* that old coin in my garden. (우리집 정원에서 그 희귀한 옛날 주화를 발견했을 때의 일을 결코 잊지 못할 거야.)

b. You've **forgotten** *to zip* up your pants! (바지의 지퍼를 잠그는 것을 잊었군요!)

- Don't **forget** *to get* some French money for your trip to Paris. (파리로 여행갈 때는 프랑스 화폐를 약간 가지고 가는 것을 잊지 마라.)

NB1 forget about + doing (=forget to + do)

ⓐ I forgot about mailing your letter. (편지를 부칠 것을 깜빡 잊었군요.)

ⓑ Making matters worse, Europeans have to forget about relying on trains or buses; public transportation has become almost totally unreliable. (설상가상으로 유럽인들은 열차나 버스를 이용하는 것을 잊어야 했다. [폭설 때문에]대중 교통을 전혀 믿을 수 없게 되어버린 것이다.) - *Newsweek* (1987)

② Remember (동명사는 <~했음을 기억하다>, 부정사는 <잊지 않고~하다>)

a. I **remembered** *locking* the door as I left the house. (집에서 나올 때 문을 잠궜다는 기억이 났다.) [remember 뒤에 단순형과 완료형 중 어느 것이나 쓸 수 있으며, 뜻도 같지만, 전자가 보통이다.]

- I can't ever **remember** *having* a hangover. (나는 숙취를 경험한 적이 없다.) - Gardner, *The Lucky Loser*
- I **remember** *having heard* him speak on that matter. (그가 그 문제에 대해서 이야기 것을 들은 기억이 납니다.)

a. Please **remember**(= don't forget) *to mail* the letter. (잊지 말고 편지를 부쳐주세요.)

NB2 remember about + *doing* (= remember to *do*)

- You will **remember about** watering plants while I'm away. (내가 집에 없을 때는 잊지 말고 꽃나무에 물을 주세요.)

③ Regret

동명사는 <후회하다/ 유감으로 생각하다>, 부정사는 <유감으로/ 애석하게 생각하다> (편지 따위로 나쁜 소식을 전할 때 사용하는 표현)

a. He sincerely **regrets** not *having* worked harder at school. (= He sincerely regrets that he didn't work harder at school.) (그는 학교 다닐 때 더 열심히 공부하지 않은 것을 뼈저리게 후회하고 있다.)

- I've never for a moment **regretted** *marrying* you. (나는 당신과 결혼한 것을 한 번도 후회한 적이 없어요.) - du Maurier, *Rebecca*

b. I **regret** *to inform* you that your dear Aunt departed this life early this morning. (오늘 아침 일찍 너의 백모가 별세했다는 사실을 알리게 된 것을 슬프게 생각한다.) - Maugham, *Of Human Bondage*

- The management **regrets** *to inform* that your contract will not be renewed next month. (경영진에서 당신의 계약을 내달에 연장하지 않게 되었음을 유감스럽게 생각합니다.)

④ Try

동명사는 <시험 삼아 해보다>, 부정사는 <~하려고 시도하다>

a. He **tried** *writing* her, but she didn't reply. (편지를 써보았으나 답장이 없었다.)

b. He **tried** *to write* her, but he couldn't. (편지를 쓰려고 했으나 쓸 수 없었다.)

⑤ Need, want (*BrE*), require, deserve

이 동사들은 뒤에 동명사가 오면 수동적인 의미가 된다.

a. In summer, house plants **need** *watering* very frequently. (여름에는 집에 있는 꽃나무에는 자주 물을 주어야 한다.)

b. The lawn badly **needed** *mowing*, the trees should have been trimmed, and the undergrowth cut away. (잔디는 깎을 때가 지났고, 정원수는 당장 가지치기를 해야겠고, 관목도 너무 자라서 지금 바로 낫을 대지 않으면 안 될 지경이었다.) - Sanders, *The Second Deadly Sin*

c. One can see he's been very badly brought up. He **wants** *licking* into shape. (그 아이는 교육을 잘못 받았다는 걸 알 수 있어요. 회초리로 교육을 시킬 필요가 있어요.) - Maugham, *Op. cit*

d. All cars **require** *servicing* regularly. (모든 차는 정기적으로 서비스를 받아야 한다)

e. They **deserved** *killing*, these insolent, ignorant, arrogant conquerors. (그 놈들, 이 무례하기 짝이 없고, 무식하고, 오만불손한 정복자들은 죽어 마땅한 자들이었다) - Mitchell, *Gone with the Wind*

(2) 동명사만을 목적어로 가지는 타동사

부정사만을 목적어로 가지는 동사와 부정사나 동명사 둘 다 목적어로 가지는 동사가 동명사만을 목적어로 가지는 동사보다 훨씬 수효가 많으므로, 수효가 적은 후자만 알아 두면 될 것이다. 대체로 다음에 열거한 동사들이 이 부류에 속한다.

admit, avoid, contemplate, consider, deny, enjoy, escape, evade, fancy, finish, mind (싫어하다, 꺼리다), miss, postpone, practice, resist, stop(= quit), give up, put off, *etc.*

NB1 위의 동사들 중 특히 중요한 것은 <Consider Megafeps>라고 기억해 두면 편리하다. 즉, Consider, M(mind, miss), enjoy, give up, avoid, finish, escape, practice, stop (= quit)

a. He **admitted** *having* cheated in the exam. (= He admitted that he had cheated in the exam. (그는 시험에서 부정행위를 한 사실을 시인했다.)

b. The best way to lose weight is to **avoid** *eating* fatty foods. (체중을 줄이는 최선의 방법은 기름진 음식을 피하는 것이다.)

c. The government has **contemplated** *reforming* the entire tax system. (정부는 조세 제도를 전부 바꾸려고 생각했다.)

d. Sotheby's is **considering** *raising* their commission to ten percent. (소드비 경매회사에서는 수수료를 10%까지 인상할 것을 고려하고 있다.) - Archer, *As the Crow Flies*

e. You idiot! Do you realize you narrowly **escaped** *electrocuting* yourself? (이 바보 자식! 하마터면 감전으로 죽을 뻔했잖아.)

f. After he **finished** *talking* the story you could have heard a pin drop. (그가 이야기를 모두 끝냈을 때 물을 끼얹은 듯 조용했다.)

g. Do you **mind** *looking* after the baby for a bit? (제 아기를 잠시 봐 주시겠어요?)

h. He'd never **missed** *spending* Christmas with her in the last twenty years. (그는 지난 20년간 어머니와 함께 크리스마스를 보내기를 한 번도 거른 적이 없었다.) - Waller, *Slow Waltz in Cedar Bend*

i. **Practice** *using* the computer until you feel quite at home with all the keys and buttons. (글자판과 단추를 모두 익힐 때까지 컴퓨터를 연습하여라.)

j. They told me at the hospital to **quit** *drinking* for a while. (병원에서 나에게 당분간 술을 끊으라고 했다.)

k. Stop backseat driving, dammit. (쓸데없는 간섭은 집어치워.) - Segal, *Doctors*

NB2 전치사 to 뒤에도 동명사만 목적어로 취하는 숙어가 있다.

ⓐ We're really **looking forward to** *seeing* you again. (너를 다시 만나려고 손꼽아 기다리고 있다.)

ⓑ He's painting the house **with a view to** *selling* it. (그 집을 팔려고 페인트칠을 하고 있다.)

§ 143 Do + the + V - ing

동사 do는 우리말의 <하다>와 아주 흡사하여, 그 뒤에 여러 가지 명사가 오는 일이 많은데, 우리말의 <하다>는 거의 모든 명사와 결합하지만, do는 특정한 명사와 결합한다(→ *p*.167)는 점이 다르다. Do는 이 밖에도 동명사와 결합하여 역시 우리말의 <하다>와 같은 의미로 쓰인다. (1) do + the + *V*-ing (2) do + 대명사의 소유격/some, *etc.* 형식이 가장 많이 쓰이고, 드물지만, (3) do + *V*-ing 형식도 쓰인다.

(1) Do + the + *V*-ing

여기서 the는 별다른 뜻이 없고, Please shut the door.의 경우처럼 상황적 기초에 의하여 한정된 것에 지나지 않는다.

a. On Saturdays we usually **do the shopping** and clean the car. (우리는 토요일에는 쇼핑을 하고 세차를 한다.)

NB <go shopping>에서는 shopping의 앞에 수식어가 붙지 않는다.

b. It was Mary who **did the talking.** (이야기를 한 것은 메리였다.) - Lawrence, *The Ladybird*

• You come with me and **do the talking**. (함께 가서 이야기해 주게.) - Doyle, *The Study in Scarlet*

c. You go and make a cup of coffee while I finish **doing the packing**. (내가 짐을 꾸리기를 마무리 하는 동안 너는 가서 커피를 끓여 오너라.)

Do the + V-ing 은 대개 <어떤 일을 맡아서 하다>의 뜻을 함축하고 있으며, 특히 뒤에도 같은 형식이 반복되어 <역할을 분담하다>라는 뜻을 나타내는 경우가 많다. (1)의 형식뿐만 아니라, (2)의 형식에도 이런 뜻이 포함되어 있다.

d. You wash the dishes, and I'll **do the drying**. (설거지는 네가 해라, 그러면 말리는 일은 내가 할께.)

e. Peggy **did the cleaning** and **cooking** for the two dozen boarders, and James **did the drinking**. (페기는 24명의 빨래와 요리를 하고, 제임스는 술만 마셨다.) - Sheldon, *The Stars Shine Down*

f. Why don't I **do the cooking** and you **do the cleaning**. (나는 식사를 담당하고, 너는 청소를 맡아서 하는 게 어때?) - Sheldon, *Morning, Noon and Night*

g. I like listening to the radio when I'm **doing the ironing**. (나는 다림질을 하는 동안 라디오 방송을 듣기 좋아한다.)

h. I'll **do the talking** and we'll **do the listening**. (이야기는 내가 하고, 우리 둘이서 그들의 이야기를 듣기만 하자) - Grisham, *The Client*

(2) Do + 대명사의 소유격/ any/ some/ much/ all, *etc.* + *V*-ing

a. I never **do my talking** to the hands. I do all my talking with the overseers. (내 쪽에서 직공들에게 말을 거는 일은 한 번도 없습니다. 나는 모든 이야기를 공장장 하고만 합니다.) - Nevins, *A Pocket History of the United States*

• Go along and **do your packing**. (빨리 가서 짐을 꾸리세요.) - Maugham, *Mr. Harrington's Washing*

b. I was planning at the time to **do some fishing** and **canoeing**. (나는 그 때 낚시와 카누타기를 좀 하려고 계획하고 있었다.) - Dale Carnegie, *How to Win Friends and Influence People*

c. I guess you'll want to **do some sightseeing** while you're here. (자네가 여기에 있는 동안 관광을 좀 하고 싶을 거야.)

d. Pretty nice. She'd wash clothes and mend, and **do a little cooking**. (아주 친절했어. 그녀는 내 옷도 빨아주고, 그리고 약간의 요리도 해 주었어.) - Steinbeck, *East of Eden*

e. We got to have a talk. The whole county's **doing plenty of talking**. (우리 이야기 좀 해야겠어요. 온 군에서 수군거리고 있어요.) - *Ibid.*

f. Larry was rather always silent. When we talk I think I **do most of the talking**. (레리는 언제나 입을 다물고 있었어요. 지껄이고 있을 때는 대부분 저 혼자서 말을 하지요.) - Maugham, *The Razor's Edge*

g. Then you were mighty polite to **do all that chopping** and **hauling**. (그러면 너는 친절하게도 그녀를 위해서 그 장작을 다 패주고 또 운반해 주었구나.) - Lee, *To Kill a Mockingbird*

h. Expecting women to **do all the ironing** is sheer male chauvinism. (다림질은 모두 여자가 하기를 기대하는 것은 순전히 남성 우월주의다.)

(3) Do + *V*-ing

동명사 앞에 the나 다른 수식어가 붙지 않는 경우는 (1)의 do the V-ing이 <특정한 경우>에 쓰이는데 비해서 이것은 <일반적인 경우>나 <직업적인 경우>에 쓰인다.

a. You can **do comparison shopping**. (비교하면서 쇼핑을 할 수 있다.) - Toffler, *Future Shock*

b. Have you **done nursing** long? (간호사로 일한지 오래 되었어요?) - Hemingway, *A Farewell to Arms*

c. I **do carpenting**, also **painting**, and **roofing**. (나는 목수일, 페인트 칠 그리고 지붕 이는 일을 하고 있어요.) - Malamud, *The Fixer*

d. She had never mentioned that she was **doing nude modeling** for a local photographer. (그녀는 그 지역 사진사에게 누드 모델을 하고 있다는 말을 입 밖에 낸 적이 없었다.) – Bryson, *Made in America*

§ 144 동명사의 idioms

(1) It's no use/ good + *doing* (~해도 소용없다)
(= There's no use/ good/ point/ sense [in] + *doing*)
(= There's not much point in + *doing*)
(= I can't see the use/ point in + *doing*)
(= What's the use/ good/ point of + *doing*?)

a. It's **no use** *argu***ing** with a drunk. (주정뱅이와 싸워 봤자 소용없다.)

b. **There's no sense in** *tell***ing** him about it now. (지금 그 이야기를 해봤자 아무 소용도 없다.) - Uris, *Roots*

c. There's **not much point in** *repair***ing** that old car again. (그 낡은 차를 다시 수리 해봤자 아무 소용도 없다.)

d. **I don't see any use in** *be***ing** a second-rate painter. (이류 화가가 되는 것은 소용없는 일이다.) - Maugham, *Of Human Bondage*

- **I don't see any point in** *hav***ing** a fortune if you have to fend off every attractive man in England simply because he's not rich. (단지 돈이 없다는 이유로 영국에 있는 모든 매력적인 남자들을 거절해야 한다면 재산을 가지고 있어 봤자 아무 소용이 없다.) - Ripley, *Scarlett*
- **I can't see the point in** *pay***ing** good money for a wedding dress when I'm only going to wear it once. (한 번 밖에 입지 않을 웨딩드레스에 많은 돈을 지불하는 것은 소용없는 일이다.)

e. **What's the good of** *mak***ing** us both unhappy? (우리 둘 다 불행해서 무슨 이득이 있느냐?) - Maugham, *Op. cit.*

- **What was the point of** *tak***ing** all that trouble to get a degree if she ends up as a counter clerk? (결국 점원이 될 바에는 학위를 받기 위해서 그렇게 고생하는 것이 무슨 소용이 있느냐?) - Archer, *As the Crow Flies*
- **What's the point of** *learn***ing** a dead language like Latin? (라틴어와 같은 죽은 언어를 배워서 무슨 소용이 있느냐?)

(2) There' s no + *doing* (= It is impossible to + *do*/ We cannot + *do*)

- **There's no** *tell***ing** what may happen. (무슨 일이 일어날지 알 수 없다.)
- **There is no** *know***ing** what she will do next. (그녀가 다음에 무엇을 할지 알 수 없다.)

(3) Feel like + (동) 명사 (~하고 싶다)

- Red didn't **feel like** *talk***ing** to anybody. (레드는 누구하고도 말을 하고 싶지 않았다) - Mailer, *The Naked and the Dead*

(4) Be worth + *doing* (~할 가치가 있다)

a. He decided to get a look at the house and see if it might **be worth** *buy***ing**. (그는 그 집이 살 가치가 있는지 한번 가보기로 마음먹었다.)

b. A book which **is worth** *read***ing** at all is likely to be read more than once. (적어도 읽을 가치가 있는 책은 여러 번 읽혀지는 것 같다.)

(5) Of one's own + *do*ing (자기 자신이 ~한)

a. A good deal of education will take place in the student's own room at home or in a dorm, at hours **of his own** *choos***ing**. (대부분의 교육이 가정에 있는 학생 자신의 방이나 기숙사에서 학생 자신이 선택한 시간에 이루어 질 것이다.) - Toffler, *Future Shock*

b. He knew that the lovely quality he'd ascribed to her were **of his own** *imagin***ing**. (그 사람이 말한 그 여자의 장점은 그의 상상의 산물임을 그는 알았다.) - Maugham, *A Casual Affair*

c. What's more, Japan is convinced that America's trade problems are **of its own** *mak***ing**. (게다가, 일본은 미국의 무역문제는 미국 자신이 만들어 낸 것이라고 확신하고 있다.) - *Newsweek* (1987)

(6) For the asking / taking (= for nothing 거저, 무상으로)

이 표현은 You may have it/ It's yours/ It's there for the asking. (달라고 하면 거저 준다)의 형식으로 쓰이는 일이 많다.

a. Happiness might have been hers **for the asking**. (그녀가 원했더라면 행복은 그녀의 것이 되었을지 모른다/ 행복했을지도 모른다.) - Maugham, *Theatre*

b. D'you think jobs can be had **for the asking**? (직장을 원한다고 그냥 얻을 수 있다고 생각하느냐?) - Maugham, *Gigolo and Gigolette*

c. For love of him she'd ignored the happiness that had been here **for the asking**. (그의 사랑을 얻기 위해서 그녀는 언제든지 원하기만 하면 가질 수 있었던 행복을 포기했다.) - Ripley, *Scarlett*

d. He(= Roosevelt) was at the height of his popularity and could doubtless have had another term **for the asking**. (루스벨트는 인기의 절정에 있었고, 원하기만 하면 틀림없이 대통령에 재선될 수 있었을 것이다.) - Nevins, *A Pocket History of the United States*

e. She could bear the burden of herself no more. She was to be had **for the taking**. (그녀는 더 이상 육체의 무게를 참을 수가 없었다. 원하기만 하면 힘들이지 않고 그녀를 가질 수 있었다.) - Lawrence, *Lady Chatterley's Lover*

(7) On + *do*ing (= as soon as/ when)

a. **On** *hear***ing** the news, she burst into tears. (그 소식을 듣자마자 울음을 터뜨렸다.)

동명사 대신에 동작 명사가 쓰이는 경우도 많다.

b. **On impact** the car turned over and burst into flames. (충돌하자마자 그 차는 뒤집혀서 불길에 휩싸였다.)

c. **On** close **examination** of the facts, it became clear that the boy was innocent. (그 사실을 자세히 조사해 본 결과 그 소년은 무죄임이 명백해졌다.)

d. **On** (your) **arrival** at the hotel please wait for further instructions. (호텔에 도착하면 다음 지시사항을 기다려 주시기 바랍니다.)

(8) In + *do*ing

<~할 때 / ~하는데 있어서>란 뜻이지만, 해석할 때 융통성이 필요하다.

a. **In** *train***ing** a dog(= When you train a dog), always use the same command. (개를 훈련시킬 때는 항상 같은 명령어를 사용하세요.)

b. He found an outlet for his anger **in** *kick***ing** the dog. (그는 화풀이로 개를 찼다.)

c. Am I right **in** *think***ing** you are on your honeymoon? (당신들은 신혼여행 중이시죠?) - Williams, *The Night of Iguana*

(9) Be not alone in + *do*ing (~하는 것은 [주어] 혼자만이 아니다.)

a. Harold Agnew **was not alone in** *feel***ing** that the Japanese "bloody well deserved" Hiroshima. (일본이 히로시마에 원자폭탄 세례를 받은 것은 자업자득이라고 생각한 사람은 헤롤드 애그뉴 혼자만이 아니었다.) - *Time* (1985)

b. **Nor is** the United States **alone in** *suffer***ing** from a kind of value vertigo. (일종의 가치혼란을 겪고 있는 것은 미국만이 아니다.) - Toffler, *Future Shock*

(10) There is talk of + (동)명사 (~라는 소문이 떠돌고 있다)

a. **There was talk of** *get***ting** CIA involved in antidrug operations. (마약 퇴치 작전에 CIA가 개입하고 있다는 소문이 떠돌고 있었다.) - Clancy, *Without Remorse*

b. He was doing very well at college and **there was talk of** him *be***ing** accepted for Harvard. (그는 대학교에서 공부를 매우 잘 하고 있었고 하버드에 진학할 거라는 소문이 돌고 있었다.)

(11) Get to + *do*ing (~하기 시작하다)

- He and McMurphy had **got to** *talk***ing** about the difference between hospital and jail. (그와 맥머피는 병원과 교도소의 차이에 대해서 이야기하기 시작했다.) - Kesey, *One Flew over the Cuckoo's Nest*

제 10 장 전치사

WARM-UP

(1) 전치사 (Preposition)란?

전치사(Preposition)는 명사, 대명사 또는 명사 상당어구의 앞에 와서 그것들과 문장 속의 다른 말과의 관계를 보여주는 말이다. 전치사의 뒤에 오는 명사(상당어구)를 그 전치사의 목적어(Object) 라고 부르며, 격은 항상 목적격이다. 전치사와 그 목적어로 만들어지는 구를 전치사구라고 한다. 전치사구는 그 역할에 따라서 형용사구 또는 부사구를 형성한다. We live *on the surface of the earth.*에서 on the surface는 동사 live를 수식하는 부사구이며, of the earth는 명사 surface를 수식하는 형용사구이다. 전치사는 우리말의 토씨와 닮았지만, 토씨보다 숫자도 많고 의미도 많으며, 용법도 다양하다. 동사와 형용사에는 각각 따라오는 전치사가 정해져 있으며, 또 동일한 단어라도 여러 가지 전치사가 와서 의미가 달라지므로 번거롭기 짝이 없다. 예컨대, act라는 동사를 보면, act against (~ 에 반대하다), act as (~ 노릇을 하다. ~ 으로 근무하다), act for (~ 의 대리를 하다), act on (~ 에 작용하다, ~에 따라 행동하다)처럼 여러 가지로 변화한다.

(2) 전치사의 사용빈도

우리가 전치사라고 부르는 단어는 100개 정도 되지만, 그 가운데 많이 사용되는 것은 60개쯤 되고, 다시 중요한 것으로 학교에서 다루고 있는 것은 30개에 불과하며, 이 중에서 사용빈도가 가장 높은 것은 10개 안팎이다. 어떤 학자가 연구한 전치사의 사용빈도의 통계에 의하면, at, by, for, from, in, of, on, to, with의 9개가 모든 전치사가 사용되고 있는 경우의 92%를 차지하고 있다고 한다. 따라서 이러한 전치사들은 한 개의 단어가 다양한 의미가 사용되고 있다는 뜻이 된다. 이 학자는 최고의 권위를 가진 영국의 *The Oxford English Dictionary*에 의하여 다음 괄호 안에 있는 것과 같이 표시하고 있다. at (39), by (39), for (31), from (15), in (40), of (63), on (29), to (33), with (40)이 통계숫자로 미루어 볼 때, 이 9개의 전치사만 제대로 이해한다면 전치사는 거의 마스터했다고 볼 수 있을 것이다.

☞ *The Oxford English Dictionary* (총 20권 약칭 *OED*)는 현재 최대 최선의 영어사전으로 전세계에 유례가 없는 최고의 사전이다. 수록한 단어는 약 42만개, 국내외의 독지가들이 자신이 읽은 작품에서 사전 편찬 위원회에 보내준 것 중에서 취사선택하여 실은 인용문이 약 200만개, 인용한 저자의 수는 약 5천명이며 1884년에 창간되어 1989년에 완성되었다. 오로지 이 사전을 위해서 36년을 쏟아 넣은 초대 편집장 James Murray를 비롯한 편찬자들의 노고와 땀이 서려있다. Oxford University에서 발행되었기 때문에 현재의 명칭이 붙었다.

Ⅰ. 전치사의 기본 용법

§ 145 Above

(1) (공간적으로)~의 위에, ~보다 높이, ~의 위층에 (*opp.* below)

a. The morning sun rose **above** the horizon like a great ball of fire. (아침 해가 커다란 불덩어리처럼 지평선 위로 떠올랐다.)

b. We(= our plane) were flying **above** the clouds. (우리가 탄 비행기는 구름 위로 날고 있었다.)

c. The starry heavens **above** me and the moral law within me.* (내 머리 위에는 별이 반짝이는 하늘 그리고 내 마음 속에는 도덕률) - Gaarder, *Sophie's World* [* → 이 쪽의 맨 아래]

d. Winston looked round the shabby little room **above** Mr. Charrington's shop. (윈스턴은 체링턴 씨의 가게 바로 위에 있는 초라한 조그만 방을 둘러보았다.) - Orwell, *1984*

e. Far in the distance they could see Mount Anaka rising **above** the island. (저 멀리 아나카 산이 섬 위로 높이 솟아 있는 것을 볼 수 있었다.) - Mailer, *The Naked and the Dead*

f. The church **dates from***[1] 1540 and there is a beautiful **fresco***[2] **above** the altar. (그 교회는 1540년에 지어진 것인데 제단 바로 위에 아름다운 프레스코화가 있다.) [*[1] = date back to~이래 존재하다/ *[2] 갓 바른 회벽 위에 그린 수채화]

Cf. The people in the room **above** always play their music too hard. (윗층에 있는 사람들은 항상 음악을 너무 크게 틀어 놓는다) [여기서 above는 부사]

- From **above**, the city's geometric design is clearly seen. (하늘에서 보면 그 도시의 기하학적인 설계를 뚜렷이 볼 수 있다.) [여기서 above는 명사]

NB1 위의 뜻으로는 above 대신 over를 쓸 수 있다.

- Scientists have discovered a hole in the ozone layer **above/ over** Antarctica. (과학자들은 남극대륙의 상공에 있는 오존층에 구멍이 뚫려 있음을 발견했다.)

NB2 그러나 <동작이나 위를 덮는다는 개념>에서는 over를 사용한다.

- He pulled the end of the blanket **over** his head again. (그는 담요 끝을 다시 그의 머리 위로 끌어 당겼다) - Mailer, *Op. cit.*

☞ 이 문장은 독일의 철학자 Immanuel Kant의 묘비명(Königsberg에 있음)에 새겨진 독일어의 영역으로 그의 명저 *Critique of Practical Reason* 『실천이성 비판』의 끝 부분에 나온다. 그 곳을 인용하면 다음과 같다.

Two things fill my mind with ever-increasing wonder and awe, the more often and the more intensely the reflection dwells on them: the starry heavens above me and the moral law within me. (그것에 대하여 곰곰이 생각하면 할수록 끊임없이 경탄과 경외심으로 나의 마음을 가득 채우는 것이 둘이 있으니, 내 머리 위에는 별이 찬란한 하늘과 내 마음 속에는 도덕률이다.)

(2) 초과 ([수량이]~이상, [소리가]~보다 더욱 높게)

a. The temperature crept up to just **above**(=over) 30 degrees. (기온이 슬금슬금 올라가더니 30도를 막 넘었다.)

b. She couldn't make herself(*or* her voice) heard **above** the noise of the traffic. (자동차 소리 때문에 그녀의 목소리가 들리지 않았다.)

c. You had to raise your voice to make yourself heard **above** the clatter of the sewing machine. (소란스러운 재봉틀 소리 때문에 목청을 돋워 말을 주고받아야 했다.) - Pasternak, *Doctor Zhivago*

d. **Above** the running of the water from the kitchen tap she did not hear the door close on the outdoor lobby. (부엌의 수도꼭지에서 흘러나오는 물소리 때문에 그녀는 바깥 복도 쪽 문이 닫히는 소리를 듣지 못했다.) - Forsyth, *The Day of the Jackal*

(3) 우월 (~보다 뛰어난, ~에 우선하여), 초월 (~을 초월하여, [능력이]미치지 않는)

a. Health is **above** wealth. [saying] (건강은 재산보다 낫다.) [속담]

b. Soldiers value honor **above*** life. (군인은 목숨보다 명예를 소중히 여긴다.) [* = over→ *p.* 308]

c. We need a chairman whose reputation and character are **above** (*or* beyond) reproach. (우리는 평판과 인격이 흠잡을 데 없는 의장이 필요하다.)

d. People entrusted to look after other people's money should be **above** suspicion. (타인의 돈을 관리해 달라는 부탁을 받은 사람은 의심 받을 행동을 해서는 안 된다.)

e. The first applicant we interviewed was definitely a cut **above*** the rest. (우리가 인터뷰한 최초의 지원자는 분명히 다른 지원자들 보다 한 수 위였다.) [* a cut above/ below ~ 보다 한 수 위 / 아래]

<be above + V-ing>는 <~하기에는 너무나 선량한/ 자존심이 강한/ 정직한> 즉, <~따위는 하지 않는/ ~하는 것을 수치로 여기는>이란 뜻으로 흔히 부정구문에 많이 쓰인다.

a. Our boss is not **above** *listening* to his staff. (우리 사장은 직원들의 의견을 기꺼이 들어준다.)

b. Although she is the manager, she's not **above** *asking* for advice from her staff. (그녀는 부장이지만 서슴지 않고 부하 직원들에게 자문을 구한다.)

c. They were pleased because he was not **above** *drinking* a cup of tea with them. (그들과 차 한 잔 마시기를 주저하지 않는 그는 그들의 환영을 받았다.) - Maugham, *Of Human Bondage*

d. I wasn't **above** *doing* honest work with my hands and in the fields too, till Pa got enough money to buy some more darkies. (나는 내 손으로 정직하게 일하는 것을 부끄럽게 여기지 않았어요, 아버지가 충분한 돈을 벌어서 더 많은 노예를 살 때까지는 밭일도 했어요.) - Mitchell, *Gone with the Wind*

§ 146 Against

(1) (적이나 경쟁상대와) 대항하여, (의견이나 계획에) 반대하여, (바람이나 흐름에) 거슬러서/ 반대 방향으로

a. The condition of man is a condition of war of everyone **against** everyone. (인간의 상태는 만인의 만인에 대한 전쟁상태다.) – Thomas Hobbes* (1588~1679), *Leviathan* [* 영국의 철학자, 사상가. 그의 대표작인 이 책은 절대주의의 변호론이다.]

- Last week I played **against** a team with two internationals in it. (지난주에 나는 국제경기의 출전경험이 있는 선수가 두 명이나 들어 있는 팀과 시합을 했다.)
- **Against** the odds, she had already survived the events of the past few hours. (만난을 무릅쓰고 그녀는 지난 몇 시간 동안에 일어난 사건에서 살아남았다.) - Koontz, *Intensity*
- She was preparing to bring a suit for divorce **against** her husband. (그녀는 남편에게 이혼소송을 준비하고 있었다.) - Christie, *The Mystery of the Blue Train*
- To her relief she was acquitted* of all charges **against** her. (그녀는 자신에 대한 모든 고소가 취하되어서 안심했다.) [* acquit 석방하다, 무죄로 하다]
- It was a race **against** time to get her to the hospital before her heart stopped. (그녀의 심장이 멎기 전에 병원으로 데려가는 일은 시간을 다투는 경쟁이었다.)

b. The judge decided against / for the plaintiff. (판사는 원고에게 불리하게 / 유리하게 판결했다.)

- Anything you say or write may be used **against** you in a court of law. (당신이 하는 말이나 글은 법정에서 당신에게 불리하게 사용될 수도 있습니다.) - Follett, *The Third Twin* [미국 형법에서 Miranda rule(미란다 원칙→ *p.* 56)의 일부]
- I am strongly **against** the use of corporal punishment in schools. (나는 학교에서 체벌을 강력하게 반대한다.)

c. We were rowing against the current. (우리는 흐름을 거슬러서 노를 젓고 있었다.)

(2) (규칙, 성격, 의지, 경향을) 위반하여, 금지하여

a. Is there any rule **against** throwing things overboard? (물건을 바다에 던지는 것을 금지하는 규정이라도 있어요?) - Christie, *Death on the Nile*

b. Sex discrimination is **against** the law, and any company found guilty of it may suffer heavy fines. (성차별은 위법이며, 이것을 어기는 회사는 무거운 벌금을 물게 될 지도 모른다.)

c. Is it **against** the rules for me to kiss you? (내가 당신에게 키스를 하는 것은 규칙위반인가요?) - Segal, *Doctors*

d. Of course I don't want to keep you here **against** your will. (물론 나는 억지로 당신을 여기에 붙잡아 두고 싶지 않습니다.) - Maugham, *The Force of Circumstance*

e. Smoking in the school building is **against** the rules. (학교 건물 안에서의 흡연은 교칙 위반이다.)

(3) ~에 대비하여, ~을 막기 위하여

a. He's saving money **against** a rainy day. (만일의 경우에 대비하여 돈을 저축하고 있다.)

b. Have you provided **against**(*or* for) a coal shortage* next winter. (당신은 다가오는 겨울의 석탄부족에 대비해 놓았느냐?) [* → *p.* 22 / *p.* 25의 29번]

c. Have you insured your house **against** fire? (= Is your house insured against fire?) (자네 집을 화재보험에 들었느냐?)

d. When he turned the corner, he pulled his collar up **against** the rain, then walked off. (그는 모퉁이를 돌았을 때 비를 피하려고 양복 깃을 세우고 걸어갔다.) - Folsom, *The day After Tomorrow*

e. This program is an effective way of safeguarding your data **against** computer viruses. (이 프로그램은 컴퓨터 바이러스로부터 자료를 보호할 수 있는 효과적인 방법이다.)

(4) 불리, 불이익, 손해 (→ *p.* 304)

a. You say he won't have a chance **against** these crack players, but you can't tell. (자네는 그가 이런 일류 선수들을 상대로 경기를 해봤자 승산이 없다고 하지만, 예측할 수 없어.) - Maugham, *The Facts of Life*

b. Eleanor, you know I'm not the sort of chap to say anything **against** another chap behind his back. (엘리너, 나는 다른 사람 뒤에서 험담하는 그런 인간은 아니야.) - Ibid., *The Lion's Skin*

(5) ~에 부딪혀서, ~에 기대서

a. He leaned **against** the wall and idly smoked cigarettes. (그는 벽에 기대서 한가롭게 담배를 피웠다.) - Ibid., *An Official Position*

- The cop was leaning **against** the bureau with his arms crossed.* (순경은 팔짱을 낀 채 책상에 기대어 서 있었다.) [* = with his arms folded 팔짱을 끼고]

b. The clink of glass **against** glass made her jump when she poured brandy. (그녀는 브랜디를 따를 때 유리와 유리가 부딪치는 소리에 깜짝 놀랐다.) - Ripley, *Scarlett*

c. The rain was beating **against** the windows. (비가 창문을 때리고 있었다.)

(6) ~을 배경으로 하여, ~와 대조되어

a. The Japanese flag consists of a red circle **against** a white background. (일본 국기는 흰 바탕에 붉은 원으로 되어있다.)

b. The young green of the trees was exquisite **against** the sky. (뭇 나무의 신록은 하늘을 배경 삼아 파랗게 빛났다.) - Maugham, *Of Human Bondage*

c. His face **against** white collar was very brown. (그의 얼굴은 하얀 칼라와 대조되어 짙은 갈색으로 보였다.) - Ibid., *Virtue*

§ 147 At

(1) 가격, 나이, 속도, 비율, 정도

a. The dress in the store window was priced **at** $ 500. (쇼윈도에서 본 그 드레스는 가격표에 500달러가 매겨져 있었다.)

- It was the string Miss Robinson was wearing, and it was valued **at** fifty thousand pounds. (그건 로빈슨 양이 하고 있던 목걸이였고, 오만 파운드였어요.) - Maugham, *A String of Beads*

b. The Earth moves round the Sun **at** a speed of 30km per second. (지구는 초당 30km의 속도로 태양의 주위를 공전하다.)

(2) 방향, 목표 (~을 향하여)

a. She scowled fiercely **at** the handsome girl. (그녀는 무섭게 얼굴을 찡그리며 그 아름다운 소녀를 바라보았다.) - Ibid., *The Mother*

b. What are you driving **at**? [번역과 출처→*p.* 195 *c*]

c. The drunken fellow started swearing **at** the policeman. (주정쟁이는 경관에게 욕을 퍼붓기 시작했다.)

(3) 감정의 원인

a. I always faint **at** the sight of(= when I see) blood. (피를 보면 언제나 졸도한다.)

b. She blushed **at** (the thought of) her stupid mistake. (그녀는 자신이 저지른 멍청한 실수를 생각했을 때 얼굴이 붉어졌다.)

c. Why are you mad **at** me? (왜 나에게 화를 내느냐?)

d. **At** this, Melanie began to cry in a frightened, heartbroken way. (이 말을 듣고 멜라니는 겁에 질려서 엉엉 울기 시작했다.) - Mitchell, *Gone with the Wind*

e. I think he was chagrined **at** finding no loophole for criticism. (그는 비난에서 빠져나갈 방법을 찾지 못해서 분하게 생각하는 듯 했다.) - Christie, *Poirot Investigates*

f. She was pleased **at** his return to good health. (그가 원기를 회복한 것을 보고 기뻐했다.)

(4) 종사, 활동, 몰두 (~을 하고 있는)

a. I must go and see what those children are **at**. (그 아이들이 무엇을 하고 있는지 가봐야겠다.)

b. After ten days **at** sea we had our first sight of land. (항해를 떠난 지 열흘 후에 우리는 처음으로 육지를 보았다.)

§ 148 By

(1) 차이, 정도 (~의 차이로, ~만큼)

a. He had escaped death **by** three inches. (그는 3인치 차이로 죽음을 모면했다.) - Maugham, *Mackintosh*

• We missed him **by** a couple of minutes, thanks to the stupidity of the operator. (바보 같은 전화 교환수 때문에 우리는 2분 차이로 그 놈을 놓쳤습니다.) - Forsyth, *The Day of the Jackal*

• I won the election **by** a landslide and it went to my head*. (나는 압도적인 표차로 선거에 이겨서 잔뜩 콧대가 높아졌다.) - Iacocca, *Autobiography* [* go to *one's* head [술이] 아무를 취하게 하다, (성공이나 칭찬이) 아무를 우쭐하게 하다]

b. The population is expected to grow **by** 20% in the next ten years. (앞으로 10년간 인구는 20% 가량 증가할 것으로 예상된다.)

• If scientists' predictions come true, the Earth's temperature will rise **by** five degrees in the next fifty years. (과학자들의 예언이 들어 맞다면 앞으로 50년 동안 지구의 온도는 5도 가량 올라갈 것이다.)

(2) 단위 (~의 단위로)

a. They get paid **by** the hour/ the day/ the week/ the result(s). (그들은 시간급으로/ 일급으로/ 주급으로/ 성과급제로 급료를 받는다.)

b. Submarines were sinking British ships **by** the score and the country was starving. (잠수함들이 영국 선박들을 수 십 척씩 격침시키고, 국가는 굶주리고 있었다.) Maugham, *The Unconquered*

c. As well as creating new words **by** the hundreds in the nineteenth century, Americans also gave new meanings to old ones. (19세기에 미국인들은 신어를 수 백 개씩 만들어 낼 뿐만 아니라 지금까지 사용해 오던 단어에는 새로운 의미도 부여했다.) - Bryson, *Made in America*

(3) 곱하기(multiplication), 나누기(division), 치수 (measurement)

a. 3 multiplied by 4 is (= makes) 12. (3×4 =12)

b. 10 divided 2 is 5. (= If you divide ten by two, you get five.) (10÷2=5)

c. She showed him twenty small canvases, eighteen by twelve. (그녀는 가로 18, 세로 12인치 정도의 작은 그림을 스무 장 가량 그에게 보여 주었다.) - Maugham, *Of Human Bondage*

d. The ragged end of a rotten two-**by**-four* caught his ankle and he tripped. (두께 2인치 폭 4인치의 썩은 각목의 울퉁불퉁한 끝이 발목에 걸려 그는 넘어졌다.) - Grisham, *The Client* [* 위의 용례처럼 흔히 명사로 쓰임]

(4) ~의 옆에/으로, ~을 따라서, ~을 지나서

- The thief came in **by** the back door. (도둑은 뒷문을 통해서 들어왔다.)
- None enters **by** this door but the King. (국왕 외에는 아무도 이 문으로 들어가지 못합니다.) - Wilde, *The Young King*

(5) 시간의 완료기한 (= not later than ~까지는)

- I reckon the film should be over **by** 9:30. (영화는 9시 반까지는 끝날거야.)
- Hopefully the bus should get in **by** 8 o'clock. (아마 버스는 8시 까지는 도착할 거야.)

Cf. The shop's only open from ten till two on Sundays. (그 가게는 일요일에는 열 시부터 두 시까지만 영업한다) [계속의 의미에는 till(= until)을 사용한다]

(6) 수동태의 동작주

- A painting **by** Van Gogh has been sold in New York for more than eighty-two million dollars. (반 고흐의 그림 한 점이 뉴욕에서 팔천 이백만 달러 이상으로 팔렸다.)

(7) 판단의 근거 (~에 의하여), 수단/ 방법 (~에 의하여)

a. You can judge a person **by** the company he keeps. [saying] (사귀는 친구를 보고 그 사람을 알 수 있다.) [속담]

b. Don't judge a person **by** appearances. (사람을 외모로 판단하지 마라.)

c. She was not rich **by** American standards, but **by** our English ones in affluent circumstances. (그녀는 미국의 기준으로 보면 부자가 아니지만 우리 영국의 기준으로 볼 때는 상당히 부자였다.) - Maugham, *The Lion's Skin*

d. He earns his living (**by**) teaching English. (영어를 가르쳐서 생활하고 있다.)

(8) ~에 관해서는, ~의 점에서는

a. Conan Doyle was a doctor **by** profession. (코난 도일의 직업은 의사였다.)

b. I know him **by** name. (그의 [얼굴은 모르지만] 이름은 알고 있다.)

c. I know him **by** sight. (그의 [이름은 모르지만] 얼굴은 알고 있다.)

(9) 아이를 낳는 주체 (~에게서 태어난)

- He had a child **by** his first wife. (전처의 몸에서 태어난 자식이 하나 있었다.)

(10) 교통, 통신, 전달수단 (→ § 44)

§ 149 For

(1) 교환 (~의 금액으로, ~와 교환으로)

a. I bought it **for** two bucks at a garage sale. (차고세일에서 2달러 주고 샀다.)

- He had bought the cap **for** $ 8.99 in a souvenir store. (그 모자를 선물가게에서 8달러 99센트를 주고 샀다.) - Follett, *The Third Twin*

b. But Gill had the situation under control, and he would take your case **for nothing down**. (그러나 질은 사태를 잘 수습하고 있었고, 네 사건을 착수금없이 맡아 주겠다고 한다.) - Grisham, *The Client*

c. I wouldn't sell that for ten thousand dollars. (누가 나한테 일만 달러를 준대도 그건 안 팔거요.) - Maugham, *Honolulu*

<바꾸다>의 뜻을 가진 동사 (barter, change, exchange, swap, trade, *etc.*)는 for와 결합하는 일이 많다.

d. She had *changed* her wet clothes **for** dry clothes. (젖은 옷을 마른 옷으로 갈아입었다.) - Ibid., *The Pool*

e. Some of Reagan's aides were alleged to have *traded* arms **for** hostages. (레이건의 측근 중 몇 명이 인질을 무기와 바꾸었다는 주장이 있었다.)

(2) 대리, 대표, 대용

a. The old man downstairs was ill, so Linda said she'd go shopping **for** him. (아래층에 사는 노인이 아파서 린다가 대신 장을 봐주겠다고 말했다.)

b. Please contact my lawyer, who is acting **for** me in this matter. (이 문제에서 내 대리인 역할을 하고 있는 내 변호사와 연락해 주시오.)

c. Scientists are looking for an ozone-friendly displacement **for** the chlorofluorocarbons used in refrigerators. (과학자들은 냉장고에 사용되는 CFC를 대신할 오존 친화적인 대체물질을 찾고 있다.)

d. Before becoming a sports commentator, he ran the Marathon **for** the United States. (그는 스포츠 해설가가 되기 전에는 마라톤 미국 대표 선수였다.)

e. A spokesman **for** the company read to waiting reporters from a prepared statement. (회사의 대변인은 대기중인 기자들에게 미리 준비된 성명서를 읽었다.)

(3) 찬성, 지지 (= in favor of)

- Don't get me wrong—I'm all **for** cutting taxes. (내 말을 오해하지 마라. 나는 세금을 줄이는데 대 찬성이다.)
- Are you **for** or against my proposal? (내 제안에 찬성하느냐, 반대하느냐?)

(4) 기간(~동안), 거리나 범위(~에 걸쳐서)

a. We've lived in this house (**for**) ten years. (이 집에 10년간 살아왔다.)

- He has been married (**for**) twenty years. (그는 결혼한 지 20년이 된다.)
- They were out of a job **for** weeks at a time. (그들은 계속해서 몇 주 동안이나 실직상태에 있었다.) - Maugham, *Gigolo and Gigolette*

b. For miles and miles there was nothing but sand. (몇 마일이나 계속해서 오직 모래뿐이었다.)

NB1 for가 시간이나 거리를 나타낼 때 위의 예처럼 수사 앞에 올 때 생략하는 일이 많으며, 글머리가 아니면, 보통의 경우도 생략하는 일이 흔하다. (→ *p*. 315 (4))

- She looked at Ashenden *a long time* before she answered. (그녀는 대답하기 전에 어센덴을 한참 동안 바라보았다.) - Maugham, *Giulia Lazzari*

NB2 for와 during의 차이점: for는 일정한 기간을 나타내며(따라서 수사와 함께 쓰는 일이 많다), during은 특정한 기간을 나타내는 데 사용된다.

ⓐ He stayed home **for** a week. (그는 일주일 동안 집에 머물렀다.)

ⓑ This place was an air-raid shelter **during** the war. (이 곳은 전쟁 중 방공호였다.)

- Children must remain within the school grounds **during** the lunch break. (학생들은 점심시간 중에는 학교 구내를 떠나서는 안 된다.)
- **During** his illness I was by his side day and night. (그가 아플 때 밤낮 그의 옆에 있었다.)

(5) 목적, 용도

a. She's gone into the hospital **for** a checkup. (그녀는 건강진단을 받기 위하여 병원에 입원했다.)

b. The phones are **for** internal communication only. (그 전화들은 구내통화 전용이다.)

c. Egashira gave his men £100 a month **for** living expenses. (에가시라는 부하 직원들에게 매달 생활비로 100파운드씩 주었다.) - Alletzhauser, *House of Nomura*

(6) ~치고는, ~에 비해서는

a. It's cold **for** the time of the year. (일 년 중 이맘 때 치고는 춥다.)

b. She looks young **for** her age. (그녀는 나이에 비해서 젊어 보인다.)

c. **For** an educated woman you have really no sense. (너는 교육을 받은 여자치고는 정말 분별이 없구나.) - Maugham, *The Unconquered*

d. She was small, beautifully made, with legs long **for** her body and slim hip. (그녀는 작고 예쁘장했으며, 몸매와 날씬한 엉덩이에 비해서 다리가 길었다.)

(7) 이유, 원인

a. Everyone shouted **for** joy when they heard the news. (그 소식을 듣고 모두 기뻐서 소리쳤다.)

특히 칭찬이나 비난의 이유로 많이 쓰인다.

b. Picasso's work is praised **for** many reasons, <u>not least</u>* for its originality. (피카소의 작품은 많은 이유로, 특히 독창성 때문에 칭찬 받는다.) [* = especially]

c. Paul Gauguin is famous **for** his paintings of native women on the Pacific island of Tahiti. (폴 고갱은 태평양의 타이티 섬에 사는 원주민 여자들의 그림으로 유명하다.)

d. Which driver is to blame **for** the accident? (사고의 책임은 어느 차의 운전사에게 있느냐?)

e. He's been sued twice **for** sexual harassment. (그는 성희롱 죄로 두 번 고소당했다.) - Grisham, *The Chamber*

f. In return he would serve no time in jail **for** tax evasion. (그 대신에 그가 탈세혐의로 교도소에 가는 일은 없을 것이다.) - *Ibid.*

(8) 의무, 책임

It is for *sb* to do(= It is *sb*'s responsibility/ duty to *do* (~하는 것은 아무의 책임/의무이다.)의 형태로 쓰인다. 이 때 <for + (대)명사>는 앞에 있는 be동사의 보어이다.

a. It's **for**(=up to) you to decide. (결정은 당신에게 달렸다./ 당신이 결정해야 한다.)

b. It's **for** the teacher to keep the class quiet and working hard. (교실을 조용히 하여 학생들로 하여금 열심히 공부하게 하는 것은 교사의 몫이다.)

NB1 It is up to *sb* to do = It is for *sb* + to *do*

- **It's up to the prosecution** *to establish* the defendant's guilt. (피고의 유죄를 입증하는 것은 검찰의 몫이다.)

(9) 방향, 목적지

- We headed **for** the nearest island to try and repair our ship. (우리는 배를 수리하기 위하여 가장 가까운 섬으로 향했다.)
- As he made for the door he tripped and fell heavily. (문쪽으로 가다가 발이 걸려 넘어졌다)

NB2 For는 <방향>을 나타내지만 <to>는 도착지점을 나타낸다.

위의 예문에서 We는 가장 가까운 섬을 향해서 떠났지만 도착한다는 보장은 없으며, We used to go to church every Sunday.에서 We는 분명히 일요일마다 교회에 갔으며, After escaping from prison, he managed to make his way to safety.에서 he는 틀림없이 안전한 곳으로 도피했음을 의미한다.

(10) 추구, 소망(→ § 158)

§ 150 From

(1) 시간, 장소 따위의 출발점

a. **From** now on(=Henceforth), you'll be working with me. (지금부터 자네는 나와 함께 근무하게 될걸세.)

b. Bees fly **from** flower to flower. (벌들은 이 꽃에서 저 꽃으로 날아다닌다.)

NB1 From~to 와 from~till

전자는 시간과 장소의 양쪽에 쓰이지만, 후자는 시간에만 쓰이며, from time to time(= sometimes), from day to day(= every day), from mouth to mouth(하루 벌어 하루 사는)과 같은 관용구에서는 till을 쓰지 않는다.

ⓐ Most people work Monday **to** Friday, 9 **to** 5. (대부분의 사람들은 월요일부터 금요일까지, 아홉시부터 다섯시까지 일한다.)

ⓑ The store is open Monday **through** Saturday until 9:00 p.m. (그 가게는 월요일부터 토요일 오후 아홉시까지 영업한다.)

위의 예문처럼 from~to를 from~through 라고도 쓰며, 두 경우 모두 앞의 from을 생략하기도 한다.

A week/ a month/ a year from today/ Sunday, *etc*. (일 주일/ 한 달/ 일 년 후 또는 전의 오늘/ 일요일, 따위) (*AmE*)

Today/ yesterday/ tomorrow week (지난 주 [또는 내주] 의 오늘/ 어제/ 내일) (*BrE*)

Sunday, *etc*, week (내주[또는 지난 주]의 일요일 (*BrE*)

(*AmE*나 *BrE* 둘 다 내주인가 지난주인가는 문맥에 따라서 결정되며, *AmE*에서는 a week를 two weeks, *etc.* 로 바꿔 쓸 수 있으며, today/ Sunday도 자유롭게 변화시켜서 사용할 수 있다.)

c. Fine, now that's out of the way, you and I leave for Grand Cayman **a week from tomorrow**. (좋아, 이제 그 문제는 걱정할 필요가 없으니, 자네와 나는 일주일 후 내일 그랜드 케이먼으로 떠나자.) - Grisham, *The Firm*

d. They have an unexpected opening **a week from Friday**, on the seventeenth. (그들은 예기치 않게 내주 금요일 즉, 17일에 시무식을 가집니다.) - Sheldon, *The Stars Shine Down*

e. "When is Harriet coming?" Mr. Patimkin breathed through a mouthful of potatoes. "**A week from yesterday**." ("헤리어트는 언제 오느냐 ?" 파팀킨씨는 입안에 감자를 가득 넣은 채로 물었다. "내주의 오늘 전날에요.") - Roth, *Goodbye, Columbus*

f. **This day week** you'll be on the sea. (내주 오늘이 되면 당신은 배를 타고 바다 위에 떠 있을 거야.) - Maugham, *Mrs Craddock* [이 문장은 *BrE*임]

(2) 출처, 출신, 기원

a. She gets her good looks **from** her mother. (그녀의 미모는 어머니로부터 물려받은 것이다.)

b. "Where are you **from?**" "I'm **from** Paris, France." ("고향이 어딥니까?")

c. The club has members from every walk of life*, **from** plumbers to doctors. (그 클럽의 회원은 배관공으로부터 의사에 이르기까지 사회의 각계각층의 직업인들로 구성되어 있다.) [* = from all walks of life 각계각층의]

- Besides the Vice-President and his wife, there are senators, ambassadors, and celebrities **from** all walks of life. (부통령 부처 외에도, 상원의원, 각국 대사들 그리고 각계각층의 명사들이 참석했다.) - Sheldon, *Windmills of the Gods*

(3) 구별, 차별, 차이

a. Men differ **from** brutes in that they can think and speak. (인간은 생각하고 말을 할 수 있다는 점에서 동물과 다르다.)

b. Amateurs may be unlikely to *tell** the fake **from** the original painting. (비전문가는 모조품과 원화를 구별할 수 없을지 모른다.) [* tell A from B = distinguish A from B]

c. Their mother has no difficulty distinguishing one twin **from** another. (어머니는 쌍둥이를 쉽게 구별할 수 있다.)

d. You must learn to discriminate fact from opinion. (사실과 견해를 구별할 줄 알아야 한다.)

(4) 재료, 원료

Bread is made from flour, water and yeast. (빵은 밀가루, 물 그리고 이스트로 만든다.)

NB2 made from과 made (out) of의 차이점

전자는 원래의 물질이 완전히 바뀌어서 알아볼 수 없는 경우에 쓰이고, 후자는 최초의 물질이 완전히 바뀌지는 않고 아직도 알아 볼 수 있는 경우에 쓰인다.

ⓐ Margarine, which is *made **from*** natural ingredients, seems to be more acceptable. (마가린은 천연성분으로 만들지만 더 먹음직스럽게 보인다.)

ⓑ Many components are *made **of*** plastic. (플라스틱으로 만드는 부품이 많다.)

ⓒ Danny *made* a model car ***out of*** old boxes and yogurt pots. (못쓰게 된 상자와 요구르트 병으로 모형 자동차를 만들었다.)

위의 구별은 원칙에 불과하며, 다음 예문처럼 of, from을 구별하지 않고 쓰기도 한다.

ⓓ That night in the forest we *made* a shelter ***from*** branches and leaves. (그날 밤 숲 속에서 우리는나뭇가지와 잎으로 잠 잘 곳을 만들었다.)

- Clothes *made **from*** 100% cotton are cooler than those *made **from*** other materials. (순면으로 만든 옷은 다른 재료로 만든 옷 보다 더 시원하다.)

§ 151 In

(1) 장소 (~의 안에)

there is something/ (some) truth in~ (~에는 일리가 있다)

a. There's something **in** what he says. (그의 말에는 일리가 있다.) - Maugham, *Of Human Bondage*

• There's definitely something **in** those Chinese ideas about the Yin and the Yang. (그러한 중국의 음양사상에는 분명히 일리가 있다.)

b. Aside from all else, there is some truth **in** that. (다른 모든 것은 그만 두더라도 그의 말에는 일리가 있다.) - Capote, *Other Voices, Other Rooms*

NB1 특히 *AmE*에서는 전치사 in 대신에 to도 많이 쓰인다.

ⓐ There's something to what he says. (그의 말에는 일리가 있다.) - Wright, *Native Son*

ⓑ No doubt, there is truth to these charges. (확실히, 이러한 비난에는 타당한 측면이 있다.) – Toffler, *The Third Wave*

ⓒ There could be some truth to his allegations. (그의 주장에는 다소 일리가 있을지도 모른다.) – *Time* (1986)

c. *There's no point* **in** lying to me. (나에게 거짓말을 해 봤자 소용없다) - Koontz, *Intensity* [→§ 144]

(2) 상태 (~한 상태로, ~한)

in good (perfect/ excellent)/ poor health 아주 건강한 / 건강이 좋지 않은
in (good)working order (기계가) 잘 돌아가는/정상적인, (일이)순조롭게 진행되는
in the right/ wrong order 올바른 / 틀린 순서로
in liquor/ wine 술에 취하여. **in** full bloom/ blossom 꽃이 만발하여
in (great/ much) demand (아주 잘) 팔리는, (대단히/ 선풍적인) 인기가 있는
in good/ poor (*or* bad) shape 건강한, 몸의 컨디션이 좋은/ 건강하지 못한

a. I picked up one of the old watches and found it was still **in** *working order*. (그 오래된 시계 중 하나를 집어 들어보니 아직 잘 돌아가고 있었다.)

b. The car was a wreck, and but we got out **in** *one piece*. (차는 부서졌으나, 우리는 무사히 빠져 나왔다.)

c. He's **in** *good shape* for a man of his age. (그는 나이에 비해서 아주 건강하다.)

• Harold is **in** *bad shape*. (헤롤드는 아주 위독하다.) - Bellow, *More Die of Heartbreak*

d. All our files are kept **in** *alphabetical order*. (우리의 모든 서류는 알파벳순으로 보관되어 있다.)

(3) 시간

① (지금부터) ~지나서, ~후에 (at the end of a period of time)

a. I shall be all right **in** a month, and then out I go again. (한 달이 지나면 다 나을 것이고 그러면 나는 다시 외출하는 거야.) - Maugham, *Mrs Craddock*

b. **In** a week I must be off again. (나는 일주일 후에 다시 떠나야해.) - Green, *The Heart of the Matter*

c. We'll be landing **in** ten minutes. (이 비행기는 10분 후에 착륙할 예정입니다.)

② within(= inside of)의 대용

- In less than a minute a dozen policemen and the police chief were at the scene. (일분도 채 안되어 12명의 경관과 경찰서장이 현장에 도착했다.)

NB2 위의 용례를 보아도 알 수 있듯이 ①과 ②가 명백히 구별되지 않는 경우도 많다.

③ for의 대용 (주로 *AmE*)

a. I haven't seen you **in** a long time. (= Long time no see.) (오래간만이야.)

b. **In** twenty-six years of living, she'd never saved anyone, in any sense whatsoever. (26년간 살아오는 동안에 그녀는 한 번도 사람의 목숨을 구해 준 적이 없었다.)

c. He gulped down his supper as though he had not smelled food **in** months. (그는 몇 달 동안 음식 냄새도 맡아보지 못한 사람처럼 게걸스럽게 저녁밥을 먹었다.) - McCullers, *The Ballad of the Sad Café*

(4) 착용 (~을 몸에 걸치고)

a. She was dressed **in** white like a nurse. (그녀는 간호사처럼 하얀 옷을 입고 있었다.) - Green, *Op. cit.*

b. She was buried **in** her wedding ring. (그녀는 결혼반지를 낀 채 매장되었다.)

c. He stands six feet three **in** his stockinged feet and drinks vodka like a fish. (그는 신발을 벗을 때 키가 6피트 3인치이며, 보드카를 물처럼 마신다.) - Miller, *Tropic of Cancer*

- The advertisement showed a very sexy girl **in** a short skirt standing beside a sports car. (광고에는 대단히 섹시하게 생긴 소녀가 짧은 스커트를 입고 스포츠카의 옆에 서 있었다.)

NB3 in대신 with가 쓰이는 일도 있으며, 특히 on이 쓰이는 경우는 항상 with를 동반한다.

ⓐ A tall man **with** a black coat was standing beside her. (검정색 저고리를 입은 키 큰 남자가 그녀의 옆에서 있었다.)

ⓑ He stretched out on the bed **with** his clothes on.

(= He stretched out on the bed in his clothes.) (그는 옷을 입은 채 침대 위에 다리를 뻗고 누웠다.)

(5) **동격관계** (~라고 하는/ ~야 말로)

a. I have **in** him a true friend to rely on in my difficulty. (그야말로 내가 어려울 때 의지할 수 있는 진정한 친구이다.)

b. Laura discovered what a valuable friend she had **in** Barney. (로라는 바니야말로 소중한 친구임을 알았다.) - Segal, *Doctors*

c. I think he has met his match **in** Hercule Poirot. (나는 그가 에르퀼르 푸아로라는 호적수를 만났다고 생각한다.) - Christie, *The Mystery of the Blue Train*

d. **In** Eisenhauer, they had the perfect candidate. (아이젠하워야 말로 그들의 완벽한 [대통령]후보였다.) - Reston, *Deadline*

e. "You've got a deal, Professor Lambros," said the provost. "I think the college has a rising star **in** you." (결정되었습니다, 람브로스 교수님,"하고 사무장이 말했다. "교수님이야말로 우리 대학의 떠오르는 별입니다.") - Segal, *The Class*

(6) **성격, 능력, 자격, 본질** (~에, ~의 성격/ 본질에) (→ *p.* 247 (4))

a. It's more in woman's nature to sacrifice herself than in a man's. (자기 자신을 희생하는 성질은 남자 쪽 보다 여자 쪽에 더 많다) - Maugham, *The Razor's Edge*

b. What do you see **in** him? (그의 어디가 마음에 들어?)

• What on earth does Maxim see **in** her? (도대체 맥심은 그녀의 어디가 마음에 들까?) - du Maurier, *Rebecca*

(7) **수량, 성질** (~의 점에서)

be rich **in** iron/ minerals/ protein, *etc.* (철 / 광물/ 단백질, 따위가 풍부한)
be high **in** fat/ sugar/ cholesterol, *etc.* (지방/ 설탕/ 콜레스테롤 따위가 많이 함유된)

a. Some of the pyramids are over 200 feet **in** height. (피라미드 중에는 높이가 200피트가 넘는 것도 있다.)

b. Calcium is found **in** large amounts in all dairy products except butter. (버터를 제외한 모든 유제품에는 다량의 칼슘이 들어있다.)

c. Liquids are different **in** character from both solids and gases. (액체의 성질은 고체나 기체와는 다르다.)

(8) **재료, 도구, 수단** (~로써, ~로 만든)

a. The children are only allowed to write **in** pencil. (연필로 쓰는 것만 허용된다.)

• Someone ringed all the important landmarks on the map in pencil. (누군가가 지도 위에 중요한 건물이나 지형물에 연필로 동그라미를 쳐 놓았다.)

b. There was a portrait of him, in oils, **in** a rich gold frame. (짙은 황금 빛 액자 속에 유화로 된 그의 초상화가 들어 있었다.) - Maugham, *Honolulu*

§ 152 Of

(1) 위치의 분리, 거리 (~에서,~로부터)

a. I live within cycling/ walking distance **of** the school. (나는 학교에서 자전거를 타고 / 걸어서 다닐 수 있는 거리에 살고 있다.)

b. I'll wager whoever did it was someone within ten miles **of** where we stand. (내가 장담하지만 누구든지 간에 이 사건의 범인은 여기서 10마일 이내에 사는 사람입니다.) - Capote, *In Cold Blood*

c. I see that you live within reach **of** Seattle. (나는 자네가 시애틀에서 가까운 거리에 살고 있다는 것을 안다.)

d. Her prediction was wide **of** the mark*; she said sales would double but in fact they fell by 50%. (그녀의 예측은 빗나갔다. 그녀는 판매가 두 배로 늘 것이라고 했으나, 사실은 50%나 감소했다.) [* 엉뚱한(하게), 과녁을 빗나간(빗나가서)]

(2) 출처, 기원

a. He was said to come **of** a good family. (들리는 말에 의하면 그는 명문가 출신이라고 했다.) - Pasternak, *Doctor Zhivago*

b. If an English child is born **of** rich parents, we say he was born 'with a silver spoon in his mouth.' (영국에서는 만약 아이가 부자인 부모에게서 태어나면 '입에 은숟가락을 물고 태어났다'고 말한다.)

(3) '요구' 의 of (-from)

<묻다, 요구하다, 기대하다>등의 뜻을 가진 동사 (ask, borrow, beg, demand, expect, inquire, request, require, want, *etc.*)와 함께 쓰인다.

a. Can I ask a favor **of** you? (부탁하나 드려도 될까요?)

• It is good not to ask too much **of** others. (다른 사람에게 너무 많은 것을 기대하지 않는 것이 좋다.)

b. She demanded too high a price **of** me. (나에게 너무 높은 가격을 요구했다.)

c. He's expecting too much **of** his son. (아들에게 너무 많은 기대를 걸고 있다.)

• As a boy he did everything that was expected **of** him. (그는 어렸을 때 그에게 기대하는 것은 무엇이나 다 해냈다.) - Maugham, *The Facts of Life*

d. Silence is required **of** all examination candidates. (모든 수험생은 정숙해야 한다.)

e. What do you want **of** me? (당신은 나에게 무엇을 원하십니까?) - Maugham, *Neil MacAdam*

(4) '부분'의 of

어떤 대상의 한 부분에 관계하여 동사와 함께 쓰이며, 이때의 of는 <some of/ part of>를 의미한다. 이것은 프랑스어의 부분관사와 비슷하며, 주로 give, drink, eat, feel, smell, taste 따위의 동사와 함께 사용된다.

a. Haven't you ever the desire to give **of** your riches? (당신은 재산의 일부를 나누어 주고 싶은 생각은 없습니까?) - Maugham, *Up at the Villa*

이것은 문어체에서 격조를 높이기 위하여 사용되며 give의 경우는 give of *oneself* (아낌없이 바치다, 헌신하다), give of *sb*'s time/ money/ best (시간/ 돈을 아낌없이 사용하다/ 최선을 다하다)의 형태로 쓰이는 일이 많다.

- However dull the women were he was sitting next to he *gave* them **of** his best. (그는 옆에 앉아 있는 여자들이 아무리 지겹더라도 그들에게 최선을 다해서 말동무가 되어 주었다.) - Maugham, *The Lion's Skin*
- You must *give* **of** your whole self without stint*, without hope of personal return. (자신에게 보답이 돌아오기를 기대하지 말고 아낌없이 온 몸을 바치지 않으면 안됩니다.) - McCullers, *The Heart is a Lonely Hunter* [* 제한없이, 아낌없이]

b. Then they seated themselves and they *drank* **of** the hot wine which the servant woman poured out for them. (그리고 나서 그들은 앉아서 하녀가 부어준 따끈한 포도주를 마셨다.) - Buck, *The Good Earth*

c. They *ate* **of** the dishes that Ippun brought in on trays and set before them. (그들은 이쁜이가 접시에 담아서 그들 앞에 놓아 둔 요리를 먹었다.) - Ibid., *The Living Reed*

d. He *felt* **of** his knee. The pants were torn and the skin was barked. (그는 무릎을 만져 보았다. 바지는 찢어지고 피부가 벗겨져 있었다.) - Hemingway, *The Battler*

e. They were watering the street and it *smelled* **of** the early morning. (거리에 물을 뿌리는 사람들도 있었고 이른 아침다운 냄새가 풍겼다.) - Ibid., *A Farewell to Arms*

f. Giles: Martha, my wife, I have waked at night many a time and found her in a corner, *readin'* **of** a book. Now what do you make of that? (자일즈: 내 처 마사 말인데. 내가 밤중에 몇 번이나 잠을 깨어보면 그녀가 구석에서 책을 읽고 있는 거야. 그런데 자네는 그것을 어떻게 생각해?) - Miller, *The Crucible*

g. I hate to mention it, but I'm going to *reek* **of** garlic. (말하기 싫지만 나에게 마늘 냄새가 좀 날 거야.) - Salinger, *Franny and Zooey*

h. The room *stank* **of** gunpowder, and paper fragments from the firecrackers littered the floor. (방에서는 화약 냄새가 나고, 폭죽에서 떨어진 종이조각들이 바닥에 흩어져 있었다.) - Clancy, *Patriot Games*

(5) <of + 추상명사>로 형용사구를 만든다(→ *p*. 493 (1)).

a. They were **of** *similar height* and *build*, though Sam looked twenty years older. (그들은 비슷한 키에 비슷한 체구를 갖고 있었으나 샘이 20살 더 나이가 많아 보였다.) - Grisham, *The Chamber*

b. The captain was a good-natured man and he was not **of** *a jealous nature.* (선장은 마음씨가 좋고 질투하는 성격이 아니었다.) - Maugham, *Honolulu*

c. Pasteur's research was **of** *vital importance* in developing a vaccine for rabies. (파스퇴르의 연구는 광견병 백신을 개발하는데 매우 중요한 것이었다.)

d. She had always expected* that she would marry someone **of** *a similar background* to herself. (항상 자신과 같은 배경을 가진 남자와 결혼하기를 기대했었다.) [*→*p.* 193]

e. Michael had given us a map of the city and marked some places of interest to visit. (마이클은 우리에게 그 도시의 지도를 주면서 가 볼만한 명승지에 표시를 했다.)

이 밖에도, of significance/ consequence(= important), of high quality (고급의, 양질의) 등 대단히 많다.

(6) <형용사 + of + 무관사 명사>의 형태로 (~한, ~하다는 점에서)

a. You'll have to speak up, I'm a little *hard* **of** *hearing.* (좀 큰 소리로 말씀해 주세요, 저는 귀가 좀 어둡습니다.)

b. The garden was filled with blossoms and *prodigal* **of** *scent.* (정원에는 꽃이 만발하여 향기가 사방으로 흩어지고 있었다.)

c. He was very fat and *short* **of** *breath.* (그는 몸이 너무 비대해서 숨을 헐떡거렸다.) - Greene, *The Power and the Glory*

d. He was *broad* **of** *shoulder,* and in his age he developed a portliness which only gave him more authority. (그는 어깨가 떡 벌어졌으며, 노년에는 체구가 당당하여 더욱 권위가 있었다.) - Steinbeck, *East of Eden*

(7) <of + 명사>의 형태로 시간의 부사구를 만든다.

주로 *BrE*에 많이 쓰이며, 보통 습관적인 행위를 암시하는 문맥에 사용된다.

a. What do you do **of** *a Sunday*(=on Sundays)? (일요일에는 보통 무엇을 하느냐?)

b. I often go and have a swim **of** *a summer evening.* (나는 여름 날 저녁에는 종종 수영을 하러 가곤 한다.)

c. **Of** *a Sunday afternoon* all good Romans follow the custom of going to vespers at Saint Peter's. (흔히 일요일 오후에 모든 선량한 로마인들은 관습에 따라서 성피터 성당에 저녁기도를 드리러 간다.) - James, *The Portrait of a Lady*

(8) 주격 관계 (~이 … 하는 것)

- The love of parents for their children is the only emotion which is quite disinterested. (자식에 대한 부모의 사랑은 이기적이 아닌 유일한 감정이다.) - Maugham, *Of Human Bondage*

(9) 목적격 관계 (~을…하는 것)

a. My love **of** children was my motivation for entering the teaching profession. (내가 교직을 선택하게 된 동기는 어린이에 대한 사랑이었다.)

b. World War I began with the assassination of King Ferdinand **of** Austria in Sarajevo. (일차 세계대전은 사라예보에서 오스트리아의 국왕 페르디난트를 암살한 사건을 계기로 시작되었다.)

(10) 동격관계 (~라고 하는) (→ *p.* 19)

a. The glorious Inca ruins **of** Machu Picchu are the main tourist destination in Peru. (영광스런 잉카제국의 유적인 마추픽추는 페루의 주요한 관광 명소다.)

b. He has all the advantages **of** being born into the upper class. (그는 상류계급 출신이라는 이점을 모두 가지고 있다.)

(11) 재료, 구성요소 (→ *p.* 283 (4))

The candlesticks are made of brass. (촛대는 놋쇠로 만든다)처럼 make A of B는 <B(재료)를 가지고 A를 만들다>라는 뜻 외에도, 비유적으로 <B(사람)를 가지고 A (직업인 따위)로 만들다>, <B (사람)를 A라고 생각하다>라는 의미로도 쓰인다.

a. The station was built **of** stone and had benches <u>on either side of</u>* the entrance. (역은 석조 건물이었으며, 입구 양쪽에 벤치가 두 개 놓여 있었다.) - Pasternak, *Doctor Zhivago* [* =on both sides of]

b. He said he was going to make a singer **of** me. (나를 가수로 만들겠다고 말했다.)

흔히 쓰이는 make a fool/ an ass of (= trick), make the best of (~을 최대한으로 이용하다), make much of (~을 중요시하다) 따위도 make *A* of *B*가 비유적으로 사용된 것이다. 이밖에 consist (*or* be composed/ be made up) of (~으로 구성되다), *etc.*

c. The human body is composed of billions **of** tiny cells. (인체는 수십 억 개의 작은 세포로 구성되어 있다.)

d. I'm not going to sit there for fourteen days and watch that woman *make a hog* **of** herself. (나는 거기에 14일간이나 앉아서 저 여자가 돼지처럼 게걸스럽게 먹어대는 것을 보고만 있지는 않을 거야.) - Maugham, *The Three Fat Women of Antibes*

(12) 제거, 박탈 (→ *p.* 302)

§ 153 Off of / out of

(1) Off of = off/ from

AmE 구어에서는 off나 from 대신에 off of 나 off from 도 쓰인다.

- The never took anything off of anybody, they get along on what they have. (그들은 다른 사람들로부터 어떤 것도 빼앗은 적이 없으며 자신들이 가진 것으로 잘 살아 가고 있다) - Lee, *To Kill a Mockingbird*

(2) Out of

① 안에서 밖으로 (↔ into)

a. When I first came **out of** the army I worked in a drug store. (내가 군대에서 제대하고 나서 처음에는 약국에서 근무했다.)

b. She was fresh **out of** university/ college. [*AmE*] (그녀는 대학을 갓 졸업했다.)
(= She was just **out of** university/ college. [*AmE*])
(= She was fresh from university/ college [*BrE*])

c. For a week Sarah locked Jossi **out of** the bedroom. (일 주일 동안 세라는 방문을 잠궈 놓고 조시가 침실에 들어오지 못하게 했다.) - Uris, *Exodus*

② 동기, 원인 (~ 에서, ~때문에)

out of curiosity (호기심에서), out of desperation (절망에 빠져서), out of mischief (장난삼아), out of pity (동정심에서), out of spite/ malice (앙갚음으로, 악의에서)

③ 재료, 원료

폐물을 이용하여 무엇을 만든다는 문맥에서 흔히 사용되지만, 구어에서는 단순히 from 이나 of 대신에 쓰이는 일이 많으며, 비유적인 의미로도 쓰인다.

a. He makes reading-lamps **out of** old wine bottles. (그는 못 쓰는 포도주 병을 가지고 독서용 램프를 만든다) (out of = of)

b. Cider is made **out of** apples. (사이다는 사과로 만든다) (out of = from)

c. But if the body is exhumed and she didn't die of arsenic poisoning, Perry, you're <u>a gone goose</u>*. You'll have made a martyr **out of** Nathan and shyster **out of** yourself. (그러나 만약 그 시신을 파내서 조사한 결과 그녀가 비소중독으로 죽은 것이 아니라고 밝혀진다면, 페리씨, 당신은 절망상태에 빠질거요. 네이단은 순교자가 되고, 당신은 악덕 변호사가 될 겁니다.) - Gardner, *The Fiery Fingers* [* 가망 없는 사람, 절망적인 일(상태)]

§ 154 On

(1) 때

① 날, 요일, 특정한 날의 아침, 저녁에 쓰인다.

a. We stayed up until midnight on December 31 to see the old year out and the new year in. (우리는 묵은해를 보내고 새 해를 맞이하기 위하여 12월 31일에 자정까지 자지 않았다.)

b. The death certificate showed the body to be that of an unnamed foreign tourist killed **on** Sunday August 25, 1963, in a hit-and-run accident on the motorway outside the city. (사망 증명서에 의하면 그 시신은 1963년 8월 25일 일요일 도시 교외의 고속도로에서 발생한 뺑소니 사고에서 사망한 신원을 알 수 없는 외국의 관광객이라고 적혀 있었다.) - Forsyth, *The Day of the Jackal*

c. Katherine received it on the morning of her arrival in London. (캐서린은 런던에 도착하던 날 아침에 그것을 받았다.) - Christie, *The Mystery of the Blue Train*

NB1 On이 생략되기도 한다. (→ *pp.* 15 ②/ 16)

ⓐ The lot was left unattended from that hour until six o'clock∨Monday morning. (그 주차장에는 그 시간부터 월요일 아침 6시까지 관리인이 없었다.)

ⓑ It was the same nurse who had been on duty∨the night of Sarah's accident. (세라가 사고를 당하던 날 밤에 당직한 사람은 같은 간호사였다.)

ⓒ "Did you see the ball game∨Friday night?" "Yeah, but I had to pay a scalper $100 to get a seat." ("금요일 밤에 야구경기 봤니?" "그래, 하지만 좌석권을 사려고 암표상한테 100달러를 지불하지 않으면 안 되었어.")

NB2 Early, late, middle과 함께 사용하는 경우는 in the early morning처럼 in이 보존되며, in the early morning of October처럼 of-phrase가 있는 경우도 같다.

- It is cold at 6: 40 in the morning of a March day in Paris, and seems even colder when a man is about to be executed by firing squad. (파리의 3월 아침 6시 40분은 춥지만, 한 사나이가 총살형을 당하게 되어있을 때는 더욱 추운 것 같다.) - Forsyth, *Op. cit.*

② On + (동)명사 (→ *p.* 270 (7))

a. Charles awakened **on** the strike of four-thirty as surely as though the brass pendulum of the clock had nudged him. (찰스는 마치 시계의 놋쇠 추가 그를 슬쩍 찌른 것처럼 확실하게 시계가 4시 30분을 치자마자 잠이 깼다.) - Steinbeck, *East of Eden*

b. **On** his retirement Mr. Wills received a gold watch from his colleagues. (퇴직할 때 윌즈 씨는 동료들로부터 금시계를 선사 받았다.)

(2) 기초, 근거 / 조건 / 의존

a. She works for us ***on*** *a part-time basis**. (그녀는 우리 회사에 시간제로 근무한다.) [* on a ~basis ~의 방식으로]

- The enterprise is now **on** a firm financial footing. (이 기업은 재정적 기반이 확고하다.)
- **On** what grounds are you claiming compensation? (당신은 무슨 근거로 보상금을 요구하느냐?)
- The film is based/ founded on a popular SF. (그 영화는 인기있는 공상과학 소설을 기초로 하여 만든 것이다.)
- He was also **on** *a first-name basis* with virtually every cop in the city. (사실상 시내에 있는 거의 모든 순경과 이름을 부르며 지내는 사이였다.) - Grisham, *The Client*

b. US companies want to be able to compete ***on*** *equal terms with* their overseas rivals. (미국의 회사들은 외국의 경쟁사들과 같은 조건에서 경쟁하기를 원한다.)

- Permission to use firearms is conditional **on** the consent of the Chief of Police. (소총을 사용하려면 경찰서장의 허가를 받아야 한다.)
- Mike lent me the money **on** condition that I paid it back within three weeks. (마이크는 3주 이내에 갚는다는 조건으로 나에게 그 돈을 빌려 주었다.)
- I have a friend who will lend him the money **on** *the security of his property.* (그의 토지를 담보로 그에게 돈을 빌려줄 친구가 나에게 있다.) - Maugham, *The Letter*

c. When she broke her leg she had to walk ***on*** *crutches.* (그녀는 다리를 다쳤을 때 목발을 짚고 걸어 다니지 않으면 안되었다.)

- Owls *feed **on*** mice and other small animals. (올빼미는 생쥐나 작은 다른 동물을 잡아먹고 산다.)
- Vegetarians *live **on*** vegetables, fruit and nuts. (채식주의자들은 야채와 과일 그리고 견과를 주식으로 한다.)
- Many cars nowadays *run **on*** unleaded gasoline. (오늘날 많은 자동차들은 무연 휘발유를 연료로 사용한다.)
- In some inner city* areas, over 90% of the population is ***on*** *welfare.* (어떤 빈민가에서는 주민의 90% 이상이 생활보호를 받고 있다.) [* 대도시의 중심에 있는 빈민가]
- He is at present **on** a salary of £900 a year. (현재 그의 연봉은 900 파운드이다.)
- They were living in Kansas City, Kansas, when Julia finished college ***on*** *a scholarship.* (그들이 켄자스주 켄자스시티에 살고있을 때 줄리아는 장학금을 받으며 대학을 졸업했다.) - Sheldon, *Morning, Noon, and Night*

(3) 진행, 동작의 계속

on business (용무로), **on** a business trip (출장 중), **on** a diet (다이어트 중), **on** duty (근무중, 당번인), **on** leave/ vacation (휴가중), **on** night duty (야간 당직 중, 숙직중), **on** fire (=burning), **on** sale (염가 판매 중), **on** strike (파업 중), **on** one's/ the way (가는 도중), **on** the increase (= increasing), **on** the move (= moving), **on** the rise (=rising), **on** the run (= running/ escaping), **on** tour (여행 중)

a. No admittance except ***on*** *business.* (볼 일이 없는 사람은 들어오지 마시오.)

- Are you here ***on*** *business* or for pleasure? (볼 일이 있어 왔니, 놀러 왔니?)
- <u>One time</u>* when father was *away* ***on*** *business* the house was broken into. (전에 아버지가 출장 가시고 안계실 때 집에 강도가 들었다.) [* = once]

a. A frequent overseas traveler, he died of a stroke in June ***on*** *a business trip* to the U. S. (자주 해외로 나가는 그는 6월에 미국 출장 중 뇌졸중으로 사망했다.) - *Time* (1987)

b. In the middle of September she is going ***on*** *maternity leave.* (9월 중순에 그녀는 출산휴가를 받을 예정이다.)

c. Mrs. Merriwether was ***on*** *night duty* at the hospital. (메리웨더 부인이 병원에서 야간 당직을 하고 있었다.) - Mitchell, *Gone with the Wind*

d. We're not allowed to smoke ***on*** *the job.* (작업중에는 금연입니다.)

- This morning they were all ***on*** *their jobs.* (오늘 아침에는 모두 일터에 돌아와 있었다.) - Maugham, *Outstation*

e. I'm ***on*** *my way.* (곧 갑니다/ 지금 가고 있는 중 입니다.)

f. Juvenile delinquency is ***on*** *the increase* in most parts of the country. (그 나라의 대부분의 지역에서 청소년 범죄가 증가일로에 있다.)

g. High technology shares, which slumped in 1984, are ***on*** *the move* again, led by IBM, the top U.S. computer manufacturer. (1984년에 하락세를 보인 첨단기술 분야의 주가도 미국최대의 컴퓨터 제조업체인 IBM을 필두로 하여 점차 회복세를 보이고 있다.) - *Time* (1985)

h. In Sweden, Germany, Italy and the Netherlands, the rate of domestic migration appears to be ***on*** *the rise.* (스웨덴, 독일, 이태리, 그리고 네델란드에서는 국내 이주율이 상승하고 있다.) - Toffler, *Future Shock*

- In addition, imports of auto fuel from overseas refineries are on the rise. (더구나 해외정유소로부터 자동차 연료수입이 늘어나는 추세에 있다.) - *Time* (1985)

i. Eleven prisoners are on the run following a jailbreak in Chicago. (11명의 죄수가 시카고에서 탈옥한 후 도주 중에 있다.)

§ 155 To

(1) 한계, 정도, 범위 (~까지, ~에 이르기 까지)

a. He lowered his voice **to** a whisper. (그는 목소리를 낮추어 속삭였다.)

b. We left Korea one year ago **to** the day. (정확하게 일년 전에 한국을 떠났다.)

(2) 결과

<to *sb's* + 감정명사> (아무가~하게도 / 아무가~한 것은)

a. He discovered ***to** his dismay* that she did not love him. (그가 놀랍게도/실망스럽게도 그녀가 그를 사랑하지 않는다는 사실을 알았다.) - Maugham, *The Point of Honour*

NB1 <To *sb*'s + 감정 명사>의 강조형은 부사 much나 형용사 great를 사용한다.

- ***Much** to my surprise* (= To my great surprise), she passed the exam with distinction. (내가 대단히 놀랍게도, 그녀는 우수한 성적으로 시험에 합격했다.)

b. In Psycho* Marion *is stabbed **to** death* while taking a shower that evening by what looks an old lady with a foot-long carving knife. (<사이코>에서 마리온은 그날 밤 샤워를 하던 중 노파처럼 보이는 사람에게 긴 고기 칼에 찔려 죽는다.) - Schneider, *1001 Movies* [* → 이 쪽의 맨 아래 ☞]

(3) 비교, 대조

a. He's quite rich now **to** what he used to be. (옛날에 비해서 지금은 꽤 부자다.)

b. What he had suffered before was nothing **to** what he suffered now. (그가 과거에 겪었던 일은 지금의 고통에 비하면 아무 것도 아니었다.) - Maugham, *A Man with a Conscience*

c. The chances are *a hundred **to** one* against you. (네가 성공할 가능성은 거의 없다.)

NB2 A hundred to one은 "백에 아흔 아홉까지는 확실한/ 거의 확실한"(= ten to one)의 뜻과 "백에 하나/ 가능성이 거의 없는"의 두 가지 뜻이 있으나, 어느 뜻인가는 문맥에 따라서 결정된다.

ⓐ It was *a hundred **to** one* that if Miss King recovered her speech she would tell him something that could be of no use to anyone. (가령 킹 양이 말을 할 수 있게 되더라도 도움이 될 만한 이야기를 할 가능성은 거의 없었다.) - Ibid., *Miss King*

ⓑ The odds against you getting killed in a plane crash are around *a million **to** one*. (사람이 비행기추락사고로 죽을 가능성은 약 백만분의 일이다.)

☞ 영화사상 불후의 걸작 중 하나이며, 가장 영향력 있는 공포영화인 <싸이코>(1960)는 알프렛 히치콕에게 서스펜스의 거장이라는 찬사를 안겨 주었다. 이 영화는 과거의 공포영화에 등장하던 vampire (흡혈귀), 늑대인간, Zombie(좀비, 미법으로 되살아난 시체) 등 초자연적인 존재 대신 너무나 인간적인 괴물을 등장시킨다. 정신분열증에 걸린 살인마 노먼 베이츠가 여주인공을 찔러 죽이는 장면을 본 당시의 관객들은 비명을 질렀다고 한다. [psycho ←psychopath 정신병자]

§ 156 Over / through / with

(1) Over

① 특정한 기간 동안 (= during)

a. Will you be home **over** Christmas vacation? (성탄절 휴가동안 집에 있을 거야?)

b. Some children find it very difficult to concentrate **over** long periods. (장시간 동안 집중하기가 매우 힘든 아이들이 있다.)

c. The biography is based on Marx's correspondence with Engels **over** 40 years. (그 전기는 마르크스가 40년 동안 엥겔스와 주고받은 편지를 기초로 하여 쓴 것이다.)

② ~하면서 (① 번과 비슷한 뜻이다.)

- We had a pleasant chat **over** a cup of coffee. (우리는 커피를 마시면서 즐거운 잡담을 나누었다.)
- They discussed his case **over** a bottle of whisky and a box of Philippine cigars. (우리는 위스키 한 병을 앞에 놓고 필리핀 시가 한 갑을 다 피워가면서 그의 병세에 대해서 이야기했다.) - Maugham, *Honolulu*

③ 우월, 통치, 지배 (→ *p.* 308)

(2) Through

① 관통, 통과

- As soon as I'd got **through** customs I jumped into a taxi. (세관을 통과하자마자 택시에 올라탔다.)

② 기간 (= all through 처음부터 끝까지)

- She lived in the house all **through** her life. (한 평생 내내 그 집에 살았다.)

③ 경험, 종료 (~을 거쳐,~을 끝마쳐)

- A homicide detective for the LAPD since 1955, he'd buried two wives and put three kids **through** college. (1955년부터 LA에서 강력계 형사로 근무하면서, 두 명의 아내를 여의고, 세 아이들에게 대학을 졸업시켰다.) - Folsom, *The Day After Tomorrow*

(3) With (= as a member of) [회사 따위에] 근무하다

a. I'm a reporter with *The Washington Post.* (워싱턴 포스트의 기자다.) - Sheldon, *Windmills of the Gods*

b. She's just got a job **with** a publishing company. (방금 출판사에 취직했다.)

c. I'm **with** a brokerage house. (나는 증권회사에 근무하고 있다.)

§ 157 분사와 같은 형태의 전치사 (독립 분사구문에서 유래했다) (→ *p.* 419)

(1) Barring (= except for) ~을 제외하면, ~이 없다면

- Meals are available at all times, **barring** Sunday evenings. (식사는 일요일 저녁을 제외하면 언제나 가능합니다.)
- **Barring** accidents he ought to make Capetown in two days. (사고가 없다면 그는 2일 후에는 케이프타운에 닿을 예정입니다.)

(2) Concerning (= about)

- Police are anxious to hear any information **concerning** his whereabouts. (경찰은 그의 소재에 대해서 알고 싶어 한다.)

(3) Considering (= for/ in spite of) ~에 비해서, ~을 고려하면, ~에도 불구하고

- He is very intelligent, **considering**(= for) his age. (나이에 비해서 대단히 영리하다.)

NB Considering은 접속사로도 쓰인다.

- **Considering** he's only been learning English a year he speaks very well. (영어를 배우기 시작한지 1년밖에 되지 않았다는 점을 고려한다면 그는 꽤 잘한다.)

(4) Following (= after)

- **Following** *Titanic* (1997)'s stupendous box-office success* (more than $1billion worldwide) and the most Academy Awards (11) since *Ben-Hur* (1959), James Cameron was rechristened a genius. (영화 <타이태닉>의 경이적인 흥행성공(세계적으로 10억 달러 이상) 과 <벤허> 이후 아카데미 최다부문(11개)을 석권한 후 제임스 카메론 감독은 천재라는 새로운 평가를 받았다.) – Schneider, *1001 Movies* [* 영화나 연극의 흥행성공]

(5) Given (= considering)

- **Given** his acrophobia, descent is more difficult than ascent, but Jack forced himself to do it. (자신의 고소공포증을 고려한다면, 내려가기가 올라가기보다 더 힘들지만, 잭은 내려가지 않으면 안되었다.) – Cook, *Contagion*

(6) Including ~을 포함하여,~을 넣어서

- **Including** you and me, there'll be eighteen people at the party. (자네와 나를 포함하여, 그 파티에는 모두 18명이 올 거야.)

(7) Regarding (= about)

- Thank you for your letter **regarding** the annual subscription to our magazine. (우리 잡지의 일년간 구독신청에 관한 편지를 고맙게 잘 받았습니다.)

Ⅱ. 전치사와 동사(형용사 / 명사)와의 결합

전치사는 그것이 결합하는 말에 따라서 의미가 결정되므로 어떤 말과 결합하는가를 파악하는 것이 전치사를 이해하는 데 가장 중요한 열쇠가 된다. 여기서는 사용빈도가 가장 높은 전치사 10개에 대해서 그것이 어떤 말과 결합하여 어떤 의미로 쓰이는가를 살펴보기로 한다.

§ 158 For / after <추구, 요구, 소망>을 나타내는 단어와 결합한다

'찾다, 추구하다, 요구하다, 갈망하다' 따위를 나타내는 동사 (형용사 / 명사) 의 뒤에는 for나 after가 쓰이며, 둘 사이에 의미상 차이는 없으나 전자가 더 많이 쓰인다.

be anxious for ~을 갈망하다 (cf. anxiety for ~에 대한 갈망)
ask for ~을 요구하다,~을 달라고 하다
call/ clamor for ~을 요구하다 (cf. a call / clamor for~에 대한 요구)
crave/ long for ~을 갈망(동경)하다 (= have a craving/longing for)
be crying out for ~을 긴급히 요구하다 (cf. a crying for~에 대한 요구)
a demand for ~에 대한 요구/ 수요
be eager for/ after ~을 갈망하다
feel for ~을 더듬어 찾다, ~을 동정하다
fight for ~을 (얻기) 위하여 싸우다
grope for/ after ~을 더듬어 찾다
hanker after/ for ~을 갈망 / 동경 / 열망하다
hope/ wish for ~을 바라다 (원하다) (n.)~에 대한 희망
hunger for/ after ~을 찾다,~에 굶주리다 (=be hungry for)
look/ hunt for ~을 찾다 (= be on the lookout for)
search for/ after ~을 찾다 (= make a search for)
seek for/ after ~을 찾다 (cf. be much sought-after 매우 인기가 있다)
shout for ~을 해 달라고 소리치다
sigh for ~을 동경하다 (그리워하다)
starve for ~에 굶주리다 (= be starved for ~에 굶주리고 있다)
strive for/ after ~을 얻으려고 노력하다
struggle for ~을 얻으려고 노력하다 (다투다) (*n.*)~을 위한 투쟁
a thirst for ~에 대한 갈망
yearn for ~을 갈망 / 동경하다

a. Driving after drinking alcohol is *asking* ***for*** trouble. (술을 마시고 운전하는 것은 화약을 지고 불 속에 뛰어 드는 것과 같다.)

b. The public has an insatiable *appetite* ***for*** scandal and political controversy. (대중은 스캔들과 정치논쟁에 대한 지칠 줄 모르는 갈증을 가지고 있다.)

c. The symptoms include *a craving* ***for*** sweet foods. (그 증상의 한 가지는 단 음식을 좋아한다는 것이다.)

d. Companies were forced to give in to consumers' *demand* ***for*** more environmentally friendly products. (회사들은 보다 환경 친화적인 제품을 만들어 달라는 소비자들의 요구를 받아들이지 않을 수 없었다.)

e. The treatment is designed to reduce individual's *desire* ***for*** alcohol. (그 치료법은 술을 마시고 싶은 욕구를 줄이기 위한 것이다.)

f. Newspapers are always *desperate* ***for*** stories. (신문들은 항상 기사거리를 갈망한다.)

g. I'm *dying* ***for*** a drink - let's go to a bar. (술 생각이 간절하구나, 술집에 가자.)

h. They were *impatient* ***for*** the fame they regard as their due. (그들은 응분의 명성을 얻고 싶어 안달하는 모습이었다.) - Maugham, *The Voice of the Turtle*

i. He *longed* ***for*** the good old days when teachers were shown respect. (그는 교사가 존경을 받던 그리운 옛날을 동경했다.)

j. Throughout his career he was motivated by *a lust* ***for*** power. (그는 일생동안 줄곧 권력욕에 이끌렸다.)

k. He *sought* ***for*** a word that should not offend the ladies' ears. (그는 귀부인들의 귀에 거슬리지 않는 말을 찾고 있었다.)

- He is one of the world's most *sought-**after*** singers. (그는 세계에서 가장 인기 있는 가수 중의 한 명이다.)

l. The drowning man *shouted* ***for*** help. (물에 빠진 사람은 살려달라고 소리쳤다.)

m. The children without parents were *starving* ***for*** affection. (부모가 없는 아이들은 애정에 굶주리고 있었다.)

n. Many small businesses are *struggling* ***for*** survival in this difficult economic climate. (많은 소기업들은 이 어려운 경제 여건에서 살아남으려고 경쟁하고 있다.)

NB Be 동사와 결합하는 경우는 항상 after만 쓰이며, be for는 <찬성하다>란 뜻이 된다.

ⓐ Police are **after** a short man with a tattoo on his cheek. (경찰은 뺨에 문신을 한 키가 작달막한 남자를 찾고 있다)

- Don't let his smooth manner fool you–he's just **after** your money. (그의 세련된 매너에 속지마라, 그가 노리는 것은 너의 돈 뿐이다.

ⓑ Are you for or against the proposal? (그 제안에 찬성하느냐, 반대하느냐?)

- Don't get me wrong – I'm all for cutting taxes if we can do without hurting the poor. (내 말을 오해하지 마라. 가난한 사람들을 다치지 않고 세금을 깎는 데는 대 찬성이야.)

§ 159 Into ㉠ / to ㉠ <변화>를 나타내는 동사와 결합한다

blossom *into* (사람이나 사물이) ~으로 바뀌다(발전하다)
burst *into* laughter 갑자기 웃음을 터뜨리다(= burst out laughing)
burst *into* tears 갑자기 울음을 터뜨리다(= burst out crying)
change *into*/ *to* ~으로 변하다(바꾸다), (옷을) 갈아입다
convert *into*/ *to* ~으로 바꾸다(바뀌다), (사람을) 개종시키다
cut *into* (*or to*) pieces ~을 갈기갈기 자르다
Cf. come/ take *to* pieces 분해되다, 산산 조각이 되다
darken *into* (얼굴 따위가) 검게 변하여~으로 되다
develop *into* ~으로 발전하다, 악화하여~이 되다
dissolve *into* ~으로 변하다/ 분해되다
Cf. dissolve itself *into* 녹아서~이 되다, 결국~이 되다
divide A *into* B A를 B로 나누다
grow *into*/ *to* 성장하여~이 되다
make A *into* B A를 B로 만들다
melt *into* 녹아서(누그러져서) ~으로 바뀌다
pass *into* ① ~으로 변하다 ② ~의 손에 넘어가다
put A *into* B A를B로 바꾸다/ 표현하다/ 번역하다
reduce A *to* B A를 B로 바꾸다 (수동태로 많이 쓰임)
resolve A *into* B A를 B로 바꾸다/ 분해하다
Cf. resolve itself *into* ~로 분해되다, 결국~이 되다
sink *into*/ *to* ~의 상태에 빠지다, (소리, 온도, 속도가)~로 내려가다
split A *into* B A를 B로 쪼개다
subside *to* 약해져서~의 상태로 되다
tear *into* (*or* to) pieces 갈기갈기 찢다
transform A *into* B A를 B로 바꾸다
translate A *into* B A를 B로 바꾸다
turn *into*/ *to* ~으로 바뀌다/ 변하다

a. In a few weeks caterpillars *change* ***into*** butterflies. (풀쐐기가 몇 주 지나면 나비로 탈바꿈한다.) [완전히 다른 물건으로 바뀌면 change *into*]

b. This computer system *converts* typed signals ***into*** synthesized speech. (이 컴퓨터는 입력한 신호를 합성 언어로 바꾼다.)

c. The chef expertly *blended* the egg yolks ***into*** the white sauce. (요리사는 달걀노른자들을 섞어서 흰 소스를 만들었다.)

§ 160 Into ⓛ 특정동사와 결합하여 <사역>의 뜻을 나타낸다

전치사 into의 또 하나의 용법은 다음에 열거한 동사들과 결합하여 <아무로 하여금~하게하다/ 시키다>란 뜻을 나타낸다는 것이다. 이것은 뒤에 나오는 out of와 대응한다.

argue sb *into* V-ing 아무를 설득하여~하게하다
beguile sb *into* V-ing 아무를 속여서~하게하다
bribe sb *into* V-ing 아무를 매수하여~하게하다(= bribe *sb* to do)
bully sb *into* V-ing 아무를 협박하여~하게하다
coax sb *into* V-ing 아무를 달래서/ 꾀어서~하게하다
cajole sb *into* V-ing 아무를 부추겨서~하게하다
con sb *into* V-ing 아무를 속여서~하게하다
deceive sb *into* V-ing 아무를 속여서~하게하다
delude sb *into* V-ing 아무를 속여서~하게하다
drive sb *into* V-ing 아무를 억지로/ 몰아세워서~하게하다
entice sb *into* V-ing 아무를 유혹하여~하게하다
fool sb *into* V-ing 아무를 속여서~하게하다
force sb *into* V-ing 아무를 강요하여~하게하다
frighten sb *into* V-ing 아무를 위협하여~하게하다
goad sb *into* V-ing 아무를 부추겨서~하게하다
inveigle sb *into* V-ing 아무를 속여서~하게하다
lure sb *into* V-ing 아무를 유혹하여~하게하다
mislead sb *into* V-ing 아무를 속여서~하게하다
persuade sb *into* V-ing 아무를 설득하여~하게하다(= persuade *sb* to do)
pressure sb *into* V-ing 아무에게 압력을 넣어서~하게하다
pressurize sb *into* V-ing 아무에게 압력을 넣어서~하게하다
reason sb *into* V-ing (= persuade sb *into* V-ing)
scare sb *into* V-ing (= frighten sb *into* V-ing)
starve sb *into* V-ing 아무를 굶겨서~하게하다
talk sb *into* V-ing (= persuade sb *into* V-ing)
tease sb *into* V-ing 아무를 졸라서/ 약을 올려서~하게하다
tempt sb *into* V-ing (= entice sb *into* V-ing)
terrify sb *into* V-ing (= frighten sb *into* V-ing)
trap sb *into* V-ing 아무를 함정에 빠뜨려서~하게하다
trick sb *into* V-ing 아무를 속여서 ~ 하게 하다

§ 161 Of <제거/ 박탈>을 나타내는 동사/ 형용사와 결합한다

이 용법의 of 는 사물을 목적어로 취한다는 점에서 사람을 목적어로 취하는 <요구의 of> (→ *p.* 287 (3))와는 다르다.

acquit A *of* B A (사람)에게 B(죄)가 없음을 선고하다
Cf. acquit oneself *of* (혐의)를 벗다, (책임/ 의무)를 다하다
(be) bare *of* ~이 없는(없다)
bereave A *of* B A (사람)로부터 B를 빼앗다 (보통 수동태로 쓰인다)
break A *of* B A (사람)로부터 B를 그만두게 하다
clear A *of* B A (장소)로부터 B를 제거하다
cure/ heal A of B A (사람)의 B를 고치다
deliver A *of* (a baby) A (사람) 에게 아기를 분만 시키다/A의 아기를 받다
deprive A *of* B A (사람)의 B를 빼앗다/ 박탈하다
despoil A *of* B A (사람)의 B를 약탈하다
(be) destitute *of* ~이 없는(없다)
dispossess A *of* B A (사람)의 B(재산, 토지, 집)를 빼앗다
divest A *of* B A (사람) 의 B(옷, 지위, 재산)를 벗기다/ 빼앗다
ease A *of* B A (사람)의 B를 덜어주다
empty A *of* B A (그릇)에서 B를 비우다(Cf. be empty of~이 없다)
relieve A *of* B A (사람)의 B를 덜어주다
rob A *of* B A (사람)의 B를 빼앗다
strip A *of* B A (사람)의 B를 빼앗다/ 제거하다
(be) void *of* ~ ~이 없는 (없다)

a. The jury *acquitted* him ***of*** the crime. (배심원들은 그의 범죄에 무죄평결을 내렸다.)

NB 수동태는 be/ stand acquitted of의 형식으로 쓰인다.

- He *stands acquitted* ***of*** all intent to injure you. (그는 자네에게 상처를 입힐 의도가 전혀 없다.)

b. A plane crash *bereaved* her ***of*** both her parents. (비행기 추락사고로 그녀는 양친을 모두 잃었다.)

c. Astonishment *deprived* me ***of*** my power of speech. (나는 너무나 놀란 나머지 말문이 막혔다.)

d. This drug will *relieve* you ***of*** your pain. (이 약을 먹으면 고통이 가라앉을 거야.)

§ 162 Be + 형용사 / 분사 + of = 타동사

Be 동사의 보어로 쓰이는 특정한 형용사나 현재분사 또는 과거분사가 of를 동반하면 일반적으로 타동사와 같은 역할을 하며, 특히 형용사의 어미가 <…ive>인 경우는 그 형용사의 동사형으로 바꿔 쓸 수 있다. 그리고 뒤에 that절이 오면 of는 생략된다.

be appreciative *of* (= appreciate) ~을 고맙게 여기다
be apprehensive *of* (= apprehend) ~을 걱정하다
be boastful *of* [about] (= boast of [about]) ~을 자랑하다
be careful *of* [about] ~에 주의하다
be characteristic *of* (= characterize) ~의 특징을 나타내다
be critical *of* (= criticize) ~을 비난/ 비판하다
be descriptive *of* (= describe) ~을 묘사/ 설명하다
be deserving *of* (= deserve) ~의 가치가 있다
be desirous *of* (= desire) ~을 바라다, 원하다
be destructive *of* (= destroy) ~을 파괴하다
be distinctive *of* (= distinguish) ~차이(특징)를 나타내다
be envious *of* (= envy) ~을 부러워하다
be expressive *of* (= express) ~을 표현하다
be illustrative *of* (= illustrate) ~을 설명하다
be jealous *of* ~을 시기하다, ~을 지키려고 급급하다
be observant *of* (= observe) ~을 관찰하다, 준수하다
be possessed *of* (= possess) ~을 가지고 있다
be productive *of* (= produce) ~을 생산하다
be proud *of* (= pride oneself *of*) ~을 자랑하다
be reminiscent *of* (= remind) 을 생각나게 하다 (연상시키다)
be representative *of* (= represent) ~을 대표하다, ~을 나타내다
be scornful *of* (= scorn) ~을 경멸하다
be sparing *of* (= spare) ~을 아끼다, ~에 신중을 기하다
be suggestive *of* (= suggest) ~을 암시하다(시사하다)
be supportive *of* (= support) ~을 지원(지지)하다
be suspicious *of* (= suspect) ~을 의심하다
be symbolic(al) *of* (= symbolize) ~을 상징하다
be tolerant *of* (= tolerate) ~에 관대하다,~을 묵인하다
be typical *of* ~의 특징을 나타내다, ~을 대표(상징)하다

§ 163 On/ against 특정한 단어와 결합하여 <불이익/손해>를 나타낸다

현대영어에서 빈번하게 쓰이는 on과 against는 상호교환 가능한 경우도 있고, 그렇지 않은 경우도 있으나, *AmE* 에서는 주로 on이 쓰인다. 전체적으로 볼 때도 on이 압도적으로 많이 사용되며, 특히 *AmE*에서는 on을 동반한 관용표현이 많다.

call cops/ the law *on* sb 경찰에게 아무를 체포하게 하다
declare war *on/ against* ~ ~에 선전 포고하다
do a hatchet job *on* sb (신문, 잡지, TV에서) 아무를 중상하다
have designs *on*/ against sb 아무를 해치려고 마음먹다
have/ bear a grudge *against* sb 아무에게 원한을 품다
have the law *on* sb 아무에게 경찰을 부르다
have nothing *on/ against* sb 아무에게 악의(반감)을 품고 있지 않다
have something *on* sb 아무의 약점을 쥐고 있다
lay/ put the blame *on* sb 아무에게 책임을 씌우다
play a joke/ a trick *on* sb 아무를 놀리다/ 장난하다(= play sb a trick)
play a practical joke *on* sb 아무를 골려 주다/ 아무에게 짓궂은 장난을 하다
pull the plug *on* sb ① 아무의 생명유지장치를 떼어내다 ② 손을 떼다
put a detective *on* sb 탐정[형사]으로 하여금 아무를 조사하게 하다
put pressure/ the heat *on* sb 아무에게 압력을 가하다
shut/ slam the door *on* sb 아무의 면전에서 문을 쾅 하고 닫다
take/ get revenge *on* sb 아무에게 복수하다
take vengeance *on*/ against sb 아무에게 복수하다
wage war *on*/ against sb 에 전쟁을 걸다

inform *on/ against* sb 아무를 밀고[고자질]하다
tell/ snitch *on* sb 아무를 밀고[고자질]하다
call down~*on* sb 아무에게 (신의 저주 / 천벌)을 빌다
cheat *on* sb (배우자/ 애인)을 속이고 바람을 피우다
crack/ clamp down *on* sb 아무를 엄벌에 처하다, 단속[탄압]하다
gang up *on* sb 아무를 못살게 굴다, 집단으로 공격하다
give up *on* sb (찾을 가망이 없다고)아무를 포기하다
hang up *on* sb 아무에게 일방적으로 전화를 끊다
skip/run/walk out *on* sb 아무를 버리(고 달아나)다(= desert)
sneak up *on* sb 아무에게 몰래 다가가다

a. Would you care to stop on the way and join me for a cocktail? **On** me. I'm loaded. (도중에 차를 세우고 칵테일 한 잔 안하겠소? 내가 사죠. 돈은 있어요.) - Salinger, *The Catcher in the Rye*

b. The investigators blamed the train crash **on** the driver. (조사팀은 열차충돌의 책임은 기관사에게 있다고 했다.)

c. The enemy bombers unleashed a terrible attack **on** the city. (적의 폭격기는 그 도시에 맹렬한 공격을 퍼부었다.)

d. She had to call the law **on** him. (그녀는 그를 체포하도록 경찰을 부르지 않으면 안되었다.) - McCullers, *The Member of the Wedding*

e. Listen, if they steal any more from that building the watchman'll *put the cops* **on** them! (여보게, 그들이 그 건물에서 무엇을 더 훔쳐 나오면 경비원이 경찰을 부를 거야.) - Miller, *Death of a Salesman*

f. What's he got on you? Is it blackmail? Have you done something? (그가 자네의 약점을 쥐고 있느냐? 협박 같구나. 손을 좀 써 두었느냐?) - Bellow, *The Victim*

- *What's* **on** *your mind*? (마음 속에 걱정거리라도 있느냐?)
  There's something **on** my mind. (걱정이 하나 생겼어.) - Cook, *Mutation*

g. In April the Americans *declared war* **on** Germany and entered the war. (4월에 미국은 독일에 선전포고를 하고 전쟁 상태에 돌입했다.)

h. After the separation he *laid the blame* **on** her wife. (헤어진 후 그 책임을 아내에게 돌렸다.)

i. You go in my house and *I'll have the law* **on** you. (자네가 우리 집에 들어가면 경찰을 부를 거야.) - Caldwell, *The Corduroy Pants*

j. A budget deal is cut after Reagan *pulls the plug* **on** Republicans. (레이건이 공화당 의원들에게 등을 돌린 후 예산 법안이 처리되다.) - *Time* (1985) [기사의 제목]

- The city council has *pulled the plug* **on** the new housing project. (시의회는 새 주택 건설 계획에서 손을 떼 버렸다.)

k. You locked the door **on** me. (내가 들어오지 못하도록 문에 자물쇠를 채워 놓았어요) - Maugham, *The Mother*

l. She *called* God's *vengeance down* **on** her husband. (그녀는 남편에게 하느님의 복수가 있기를 빌었다.)

m. Was your husband *cheating* **on** you? (당신의 남편이 바람을 피우고 있었어요?) - Sanders, *The Second Deadly Sin*

n. "He didn't *give up* **on** you." "And we're not *giving up* **on** him." ("그는 당신을 포기하지 않았어요." "그리고 우리도 그들을 포기하지 않고 있소.") - Crichton, *Jurassic Park*

o. I was so angry that I *hung up* **on** her. (나는 너무 화가 나서 그녀에게 일방적으로 전화를 끊어버렸다.)

p. I wonder I could have an advance **on** my salary. (제 급료에서 가불 좀 할 수 있을까요?) - Sheldon, *Morning, Noon, and Night*

§ 164 Out of ㉠ 특정동사와 결합하여 <~하지 못하게 하다/ 빼앗다>

이것은 § 163 Into ㉡ (~하게하다/ 시키다)와 대응하지만, <아무를 속여서 (돈)을 빼앗다>라는 의미로 많이 쓰인다. Into ㉡항에 쓰인 거의 모든 동사 (또는 뜻이 비슷한 동사)가 이 경우에도 사용된다.

argue sb *out of* V-ing 아무를 설득해서 단념 시키다
bamboozle sb *out of* money 아무를 속여서 돈을 빼앗다
bully sb *out of* V-ing 아무를 협박하여 그만두게 하다
cheat sb (*out*) *of* (their money) 아무를 속여서 (돈을) 빼앗다
cajole sb *out of* V-ing/ 명사 아무를 부추겨서 못하게 하다/ 속여서 빼앗다
coax sb *out of* V-ing/ 명사 아무를 달래서 못하게 하다/ 속여서 빼앗다
con sb *out of* (their money) 아무를 속여서 (돈을)빼앗다
defraud sb *out of* (their money) 아무를 속여서 (돈을) 빼앗다
do sb *out of* (their money) 아무를 속여서 (돈을) 빼앗다
fiddle sb *out of* (their money) 아무를 속여서 (돈을) 착복하다
frighten sb *out of* V-ing 아무를 위협하여 하지 못하게 하다
frighten/ scare sb *out of* their wits 아무를 깜짝 놀라게 하(여 정신을 빼앗)다
lock oneself *out of* (the house) 열쇠를 잊은 채 잠가버려 (집에) 못 들어가다
persuade sb *out of* V-ing 아무를 설득하여 하지 못하게 하다
reason sb *out of* (their fear) 아무를 설득하여 (공포심)을 버리게 하다
scare sb *out of* V-ing 아무를 위협하여 하지 못하게 하다
swindle sb *out of* (their money) 아무를 속여서 (돈을) 빼앗다
talk sb *out of* V-ing 아무를 설득하여 단념 시키다
trick sb *out of* (their money) 아무를 속여 (돈을) 빼앗다

a. She *argued* him ***out of*** leaving his job. (설득하여 직장을 그만두지 못하게 했다.)

b. The confession had to be *cajoled* ***out of*** him. (그를 달래서 자백을 받아내지 않으면 안되었다.)

c. He tried to *cheat* me ***out of*** my share of our father's money. (그는 나를 속여서 아버지의 유산 중 내 몫을 가로채려고 했다.)

d. I *locked* myself ***out of*** the house and had to shinny up a drainpipe to get in. (나는 열쇠를 잊은 채 문을 잠가버려 빗물용 홈통을 타고 들어가지 않으면 안되었다.)

e. The cop *talked* the man ***out of*** jumping from the top of the building. (순경은 그 남자를 설득하여 건물 옥상에서 뛰어내리지 못하게 했다.)

§ 165 Out of ⓛ 특정명사와 결합하여 <~이 없다>란 뜻을 나타낸다

Out of 는 사람이 '(물건을) 다 써버리다'란 뜻일 경우, without 과 바꿔 쓸 수 있다. 예컨대 We were also out of food. (우리는 식량도 바닥이 났다) For several days we were without food. (우리는 며칠 동안 식량이 떨어졌다) 그러나, out of는 일시적으로 부족하다는 뉘앙스를 동반하지만, without는 부족한 상태가 습관화하고 있음을 암시하는 일이 많다. 즉, He is out of money.는 단지 '돈이 떨어졌다.'는 말이지만, He is without money.는 '그는 항상 돈이 없다' 바꾸어 말하면 He is poor.를 의미한다. 그러나, 숙어적인 표현에서는 대부분의 경우, out of 는 without 와 교환할 수 없고, in 과 대응할 때가 많다.

out of breath 숨을 헐떡이며 (= breathless/ short of breath)
out of character 걸맞지 않는, 어울리지 않는 (= unlike/ untypical)
out of control/ hand 통제할 수 없는 (in control 통제하고 있는)
out of danger 위험이 없는 (in danger 위험한)
out of date 시대에 뒤떨어진, 구식의 (up-to-date 최신의, 현대적인)
out of debt 빚이 없는 (in debt 빚지고 있는)
out of sb's depth 이해할 수 없는, 힘에 겨운
out of earshot (불러도)들리지 않는 곳에 (within earshot 부르면 들리는 곳에)
out of fashion(or vogue) 유행이 지난 (in fashion[*or* vogue] 유행하고 있는)
out of favor 미움을 받아, 눈 밖에 나 (in favor ~의 마음에 들어, ~에게 유리한)
out of keeping with ~와 어울리지 않는 (in keeping with ~와 어울리는)
out of luck 운이 나빠서 (in luck 운이 좋아서)
out of sb's mind 제 정신을 잃어, 미쳐서 (in *sb*'s right mind 제정신의)
(= *out of* sb's senses/ wits) (in *sb*'s right senses 제정신의)
out of order (기계가) 고장 난 (in order 정돈되어)
out of place 제자리에 놓이지 않은, 부적당한 (in place 제자리에, 적당한)
out of print (책이) 절판 되어 (in print 인쇄되어, 출판되어)
out of reach 손이 닿지 않는, 힘이 미치지 않는 (within *sb*'s reach~의 손이 미치는 곳에)
out of season (과일이나 생선이) 제철이 지난 (in season 한창 때에, 제철의)
out of sight 보이지 않는 (in sight [of] [~이] 보이는)
out of shape 몸이 불편한, 건강이 좋지 않은 (in [good] shape 건강상태가 양호한)
out of stock 재고가 없는, 매진된 (in stock 재고가 있는)
out of sync (with) (~ 와) 생각(의견) 이 다른 (in sync [with] [~ 와] 생각/ 의견이 같은)
out of tune (with) (~와) 가락이 맞지 않는 (in tune [with] [~와] 가락이 맞지 않는)
out of turn 순서 없이, 순서가 바뀌어 (in turn 차례차례, 번갈아, 이번에는)
out of use 쓰이지 않는 (in use 쓰이고 있는)

§ 166 Over <우월, 지배, 통치, 승리>를 나타내는 단어와 결합한다

Over 의 기본적인 뜻인 '위를 덮다'에서 비유적으로 발전하여 위와 같은 뜻을 나타낸다. 다음과 같은 동사나 명사 그리고 거기에서 파생된 형용사에 붙는다.

Control, crow, dominate, govern, command, preside, prevail, reign, rule, tide, triumph, win, *etc.*

Advantage, ascendancy, authority, command, conquest, dominion, domination, influence, king, lord, master, power, prevalence, predominance, pre-eminence, prerogative, priority, ruler, superiority, supremacy, sovereignty, tyranny, victory, *etc.*

have an advantage *over* sb 아무보다 유리하다
have/ gain ascendancy *over* sb 아무를 지배하다, 아무보다 우세하다
crow *over* 의기양양하다, (승리를) 크게 기뻐하다
get *over* (곤란을) 극복하다, 회복하다, (슬픔을) 잊다
prevail *over* 이기다, 우세하다, 극복하다
rule/ reign *over* 통치하다, 지배하다
tide sb *over* 아무를 극복케 하다, 어려운 고비를 넘기게 하다
triumph *over* 이기다, 이겨서 기뻐하다, 극복하다
win *over* sb 아무를 설득하여 지지를 얻다, 자기편으로 끌어들이다

a. He has *an advantage* ***over*** you since he has studied assignment. (그는 과제물을 공부했으므로 너보다 유리하다.)

b. It was plain that he had *a great ascendancy* ***over*** Edward. (그가 에드워드보다 훨씬 낫다는 것은 명백했다.) - Maugham, *The Fall of Edward Barnard*

c. She has little *control* ***over*** her emotions. (그녀는 감정을 억제하지 못한다.)

d. Lots of children are afraid of the dark but they *get* ***over*** it. (많은 아이들은 어둠을 두려워 하지만 그것을 극복한다.) - Mitchell, *Gone with the Wind*

e. He was proud of his *influence* ***over*** them. (그는 그들에게 영향력을 행사할 수 있다고 자랑했다.) - Maugham, *Mackintosh*

f. He held the *power* of life and death ***over*** all of us. (그는 우리 모든 사원들의 생사여탈권을 쥐고 있었다.) - Iacocca, *Autobiography*

g. Existence takes priority **over** essence. (실존은 본질에 우선한다.) - Sartre

h. Youth means the *superiority* of courage ***over*** cowardice, of adventure ***over*** the love of ease. (젊음이란 비겁보다 용기를, 안락함보다는 모험을 우위에 둔다는 것을 의미한다.)

§ 167 To ㉡ <유사성, 적합, 일치>를 나타내는 단어와 결합한다

accustom oneself *to* ~에 익숙해지다
adapt oneself *to* ~ 에 적응 / 순응하다
adjust (oneself) *to* ~에 적응 / 순응하다
agree/ assent/ consent *to* ~에 동의/ 찬성/ 승락하다
amount *to* ~와 같다. (총계, 금액이) ~에 달하다
answer *to* ~와 일치/부합하다 (*Cf.* the answer to~의 해답)
be akin *to* ~와 유사하다, ~와 친척이다
conform *to* (규칙, 관습) 에 따르다
correspond *to* ~와 같다, ~에 상당/ 해당하다
dance *to* (music/ jazz) (음악/ 재즈)에 맞추어 춤을 추다
(be) equal/ equivalent *to* ~와 같다
get/ be used *to* ~에 익숙해지다
a/ the key *to* ~의 열쇠, (수수께끼를 푸는) 열쇠, (성공의) 비결
to the letter 문자 그대로, 충실하게, 엄밀하게
to one's liking/ taste ~의 마음에 드는 / 취미에 맞는
have a resemblance *to* ~와 같다 / 비슷하다
(be) similar/ identical *to* ~와 닮다 / 비슷하다
suit A *to* B A를 B에 맞추다
(be) true *to* life/ the original 현실 / 원작에 충실하다
(be) true *to* one's word/ promise 약속을 꼭 지키다
(sing) *to* the tune of ~의 곡조에 맞추어 (노래하다)
(be) tantamount *to* ~와 같다

a. The photo *answers* ***to*** the description of the wanted man. (그 사진은 지명수배자의 인상착의와 일치한다.)

- Who knows *the answer* ***to*** this question? (누가 이 문제의 해답을 아느냐?)

b. The alcohol in a pint of beer is *equal* ***to*** that in two glasses of wine. (맥주 1파인트 속에 있는 알코올의 양은 포도주 두 잔 속에 있는 알코올의 양과 같다.)

c. Control of money supply is *the key* ***to*** the whole problem of inflation. (통화공급의 관리가 모든 인플레 문제의 해결책이다.)

d. Was the meal ***to*** *your liking*, Madame? (부인, 식사가 마음에 드셨습니까?)

e. They're very well *suited* ***to*** one another. (그들은 천생 연분이다.)

f. *True* ***to*** their nationality, the two English people were not chatty. (영국인답게 두 사람은 수다스럽지 않았다.) - Christie, *Murder on the Orient Express*

Ⅲ. 전치사의 일반 사항

§ 168 전치사의 위치

전치사는 명칭 그대로 목적어의 앞에 위치하는 것이 보통이지만, 구어체 문장에서는 다음과 같은 경우에 위치가 바뀌어 문장의 끝에 온다. 물론 격식을 갖춘 문장에서는 목적어의 앞에 오는 일도 없지 않다.

(1) 목적어가 의문사일 때 (→ § 32)

a. He wondered *what* she is **after**. (그는 그녀가 무엇을 찾고 있는지 몰랐다.) - Maugham, *The Facts of Life*

b. *What* do you take me **for**? (나를 뭘로 보느냐?/ 나는 그렇게 할 사람이 아니야.)

- It's a pity Ruth shouldn't get *what* she married me **for**. (루스가 무슨 목적으로 나하고 결혼했는지 모르다니 안됐군요.) - Christie, *The Mystery of the Blue Train*

c. "There's a nigger for you, Wilson, with a note." "*Who* **from**?" ("윌슨씨, 흑인이 당신을 만나러 왔어요, 편지를 가지고요." "누구한테서?") - Greene, *The Heart of the Matter*

d. "*What* **on**?" I said. "Anything, anything descriptive. A room. Or a house…" ("제목은?"하고 내가 물었다. "어떤 것이라도 좋다. 묘사할 수 있는 것은 무엇이라도 좋다. 방이건, 집이건 간에…") - Salinger, *The Catcher in the Rye*

e. The driver brought the cab to a halt and raised his hat, "Where **to**, Miss?" (운전기사는 택시를 세우더니 가볍게 모자를 들며, "아가씨, 어디로 가십니까?"하고 물었다.) - Archer, *As the Crow Flies*

Cf. What are you looking **for**? (자연스럽고 바람직한 어순)
For what are you looking? (native speaker라면 사용할 가능성이 희박한 영어)

(2) 목적어가 관계 대명사이거나 관계대명사가 생략된 절일 때

a. She turned to him with a smile *which* she well knew the effect **of**. (그녀는 효과를 충분히 알고 있는 미소를 띄우며 그가 있는 쪽으로 돌아보았다.) - Maugham, *The Painted Veil*

b. The man he fired **at** wasn't hurt. (그의 총에 맞은 그 남자는 다치지 않았다.) - Christie, *They Came to Baghdad*

c. She's not crazy about him. It's us she's crazy **about**. (그녀는 그에게 반한 것이 아니야. 그녀가 반한 건 우리들이야.) - Mitchell, *Gone with the Wind*

d. He was not a man she could lean **upon**. (그는 그 여자가 믿을 수 있는 남자가 아니었다.) [*New Fowler's*]

(3) 부정사의 뒤에 올 때

a. Alone among the animals on the farm he never laughed. If asked why, he would say that he saw nothing *to laugh* **at**. (그는 농장에서 다른 동물들 속에 혼자 있을 때 웃는 법이 없었다. 이유를 물으면 웃을 일이 없다는 것이었다.) - Orwell, *Animal Farm*

b. Ada, too, talked a lot about getting clothes *to die* **in**. (또 아다는 죽을 때 입을 옷을 사는 일에 대해서 많은 이야기를 했다.) - Caldwell, *Tobacco Road*

c. Did you bring a knife *to cut the corn bread* **with**? (옥수수 빵을 자를 칼을 가져왔느냐?) - Ibid., *A Knife to Cut the Corn Bread With*

d. I always think I'm a very easy person *to live* **with**. (저는 함께 살기에 대단히 편한 여자라고 항상 생각하고 있습니다.) - Maugham, *Jane*

(4) <동사 + (명사) + 전치사>의 수동태 구문에서

a. They *are being* very well *looked* **after**, Doctor Ryan. (가족들은 잘 보호 받고 있습니다, 라이언 박사님.) - Clancy, *Patriot Games*

b. When I woke the next morning his side of the bed hadn't *been slept* **in**. (그 다음 날 아침에 내가 잠을 깨었을 때 침대의 그의 옆 자리는 누가 와서 잠을 잔 흔적이 없었다.) - Archer, *As the Crow Flies*

c. Another day passed, and the nurse said the doctor must be immediately *sent* for. (또 하루가 지나자 간호사는 즉시 의사를 모셔와야겠다고 말했다) - Maugham, *Mrs Craddock*

d. He would have been glad to stay a little longer to be made much **of**. (그 아이는 사랑을 받으면서 좀 더 오래 머물렀나면 좋아했을 것이다.) - Ibid., *Of Human Bondage*

Cf. This is the sort of English **up wih** *which* I will not put. (이것은 내가 참을 수 없는 영어다.)

[영국의 Winston Churchill이 어떤 책의 원고를 출판사에 넘겼을 때 교정자가 전치사로 끝난 처칠의 문장을 감히 바꾸어 놓자 위의 문장을 메모해 놓았다고 한다. put up with는 강하게 결합된 숙어이기 때문에 분리해서는 안 되는 것이다. 노벨 문학상 수상자답게 이 간단한 메모로 교정자를 질타했다.] (New Fowler's *p.* 618)

Anecdote (전치사가 어색하게 문장 끝에 사용된 예)

ⓐ (입원한 어린이) I want to be read **to**. (저한테 책을 읽어 주시면 좋겠어요.)

ⓑ (간호사) What book do you want to be read to **out of**? (어떤 책을 읽어 주면 좋겠니?)

ⓒ (입원한 어린이) *Robinson Crusoe* (로빈슨 크루소)

(Nurse goes out and returns with *The Swiss Family Robinson*)

ⓓ (입원한 어린이) What did you bring me that book to be read **to out of for**? (왜 그 책을 읽어주려고 가지고 오셨어요?)

§ 169 전치사의 목적어

전치사는 명사, 대명사, 외에도 다음과 같은 어구를 목적어로 가질 수 있다.

(1) 동명사 (→ § 140 (1))

- There's no point **in*** complaining. (불평해 본들 아무 소용이 없다.) [* → *p.* 268]
- There is a certain pleasure **in** *pointing* out other people's errors. (다른 사람의 실수를 지적하는 데는 약간의 쾌감이 있다.)

(2) 부정사 (→§ 119 (3))

- They can make a computer that can do anything except *talk** **to** you. (그들은 사람에게 말을 거는 것 외에는 무엇이든지 할 수 있는 컴퓨터를 만들 수 있다.) [* → *p.* 229]

(3) 형용사 (상당어)

a. Do you regard it **as** *essential*? (너는 그것이 꼭 필요하다고 생각하느냐?)

b. "The sort of case I like," he said, "is the one that all the doctors have given up **as** *hopeless*." ("내가 좋아하는 환자는."하고 그가 말했다. "모든 의사들이 가망 없다고 포기한 환자란 말이야.") - Maugham, *Mackintosh*

c. Robert is called Bob **for** *short*. (로버트는 줄여서 밥이라고 부른다.)

d. The ship sank and the crew were given up **for** *dead*. (배가 침몰했기 때문에 승무원들은 죽었다고 포기했다.)

NB As는 형용사 보어를 취하는 be동사와 비슷한 역할을 하는 경우도 있다.

- I'm against a general **as** President. (나는 장군이 대통령이 되는 것에 반대한다.)

(4) 부사(구)

- The bridge has not been repaired **until** *recently*. (그 다리는 최근까지도 수리되지 안았다.)
- The Jap machine gun lashed at them **from** *across the river*. (일본군의 기관총이 강 건너편에서 그들을 향하여 불을 뿜었다.) - Mailer, *The Naked and the Dead*

(5) 절 (→ *p.* 501 **NB3**)

a. I got some glimmering **of** *what he was driving at*. (나는 그의 의도가 무엇인지 어렴풋이 알고 있었다.) - Maugham, *A Friend in Need*

b. How **about** *we drink to a nice summer day and your success in writing*? (화창한 여름 날씨와 당신의 저술이 성공한 것을 기념하여 건배하는 게 어때요?) - Waller, *Slow Waltz in Cedar Bend*

c. George felt a twinge of pain in his ankle **from** *when he had slipped on the ice*. (조지는 얼음 위에서 미끄러졌을 때부터 발목이 쑤시고 아팠다.)

§ 170 전치사의 생략 (→ § 9)

전치사는 이른바 기능어(function word 의미보다는 문장 속에서 다른 말과의 관계를 나타내는 전치사, 관사, 관계 대명사/부사, 조동사 따위를 총칭해서 부르는 말)이므로 문장 전체의 의미에 지장을 주지 않을 경우는 생략하는 일이 많다. 이 현상은 언어의 경제(Economy of language)라는 측면에서 뿐만 아니라 바쁜 현대 생활의 필연적인 결과라고 볼 수 있다. 이 경향은 *BrE* 보다 *AmE* 에서, 높은 연령층보다 젊은층에서 더욱 현저하다.

NB1 기능어의 생략은 전치사뿐만 아니라, 예컨대 관사의 생략은 물론이고 다음과 같은 경우에도 자주 볼 수 있다.

ⓐ After he (*had*) read the book, he went out. (책을 다 읽고 난 후 밖으로 나갔다.)

ⓑ He (*has*) returned from abroad. (그는 방금 해외에서 돌아왔다.)

그런데, 특히 생략되는 일이 많은 전치사는 (1) 방향, 방법을 나타내는 in, (2) 시간을 나타내는 in, on, at, (3) 장소의 at, to, (4) 기간, 거리의 for 이다.

(1) 방향, 방법을 나타내는 in (→ § 9 부사적 목적격)

a. They went the opposite direction. (그들은 반대방향으로 갔다.) [*in* the opposite direction의 생략]

b. Which direction do we take once we reach the top of the hill? (우리가 일단 언덕 꼭대기에 도착하면 어느 방향으로 가느냐?) [*in* which direction의 생략]

Cf. The plane was traveling ***in*** a northeasterly direction when it was hit by lightning. (비행기가 북동쪽으로 비행하던 중 벼락을 맞았다.)

NB2 direction과는 달리 way의 경우는 항상 전치사 in이 생략된다.

ⓐ Come this way, please. (이 쪽으로 오세요)

ⓑ Which way did she go? (그녀는 어느 쪽으로 갔느냐?)

ⓒ He gets everything his own way. (그는 무엇이나 자기 마음대로 한다.)

c. This, I decided, was really the way to die (***in***). (이것이야말로 진정으로 죽는 방법이라는 결론을 내렸다.)

NB3 바로 위의 예문처럼 목적어가 전치사에서 분리되어 앞에 오는 경우에는 in 뿐만 아니라 동사와의 관계가 그다지 의식되지 않는 전치사는 생략된다.

ⓐ I have no money to buy the book (***with***). (나는 책을 살 돈이 없다.)

ⓑ Autumn is the best season to study (***in***). (가을은 공부하기에 가장 좋은 계절이다.)

(2) 시간을 나타내는 in, on, at

next, last, this/ these, that, most, all, every, the following, the whole, any, some, one, *etc.*의 뒤에 day, week, month, year, time, *etc.*가 오면 전치사는 항상 또는 대개 생략된다.

a. Mr. Hall's class will not meet *next Monday.* (홀 선생님의 강의는 내주 월요일에는 휴강한다.)
- She woke up the *next morning* with a terrible hangover. (그 다음날 아침에 잠이 깼을 때 그녀는 숙취가 심했다.)

b. There are few people traveling *this time of year.* (일년중 이맘때는 여행하는 사람이 별로 없습니다.) - Christie, *Murder on the Orient Express*
- We have been close friends *these five years.* (과거 5년간 절친한 친구였다.)

Cf. these days (= nowadays), in those days (=then)

c. He had not much appetite *that day* and toward evening he began to feel very unwell. (그 날은 식욕이 별로 없고, 저녁이 되자 기분이 매우 언짢았다.) - Maugham, *Honolulu*
- *That winter* they had to burn some of their furniture to keep warm. (그 해 겨울에 그들은 추위를 면하려고 약간의 가구로 불을 때지 않으면 안되었다.)

d. The heater was left on *all night* and it scorched the wall. (누군가가 밤새도록 난로를 켜 놓는 바람에 벽이 거슬렸다.)

e. *One night,* having had far too much to drink, he stumbled overboard and drowned. (어느 날 밤 그는 과음한 후 비틀거리다가 배 밖으로 떨어져서 익사했다.)

NB1 글머리에 올 때는 전치사를 생략하지 않는 것이 보통이다.
- *On that moment* I was not at home. (그 때 나는 집에 없었다.)

f. *Most of the time*(= in most cases) you never found any other remains of the victims. (대개의 경우 피해자들의 유품은 아무 것도 발견하지 못했다) - Crichton, *Jurassic Park*

g. I'm sure *every moment of my life* that I'm happy. (생애의 매순간 내가 행복하다고 생각한다.)

h. *The following year* a new wave of immigrants arrives from Eastern Europe. (그 다음 해 새로운 이민의 물결이 동유럽에서 도착했다.)

i. They danced together *the whole evening.* (그들은 저녁 내내 춤을 추었다.)

NB2 *AmE*에서는 요일 앞에 전치사(on)가 생략되는 일이 많다(→*pp.* 15②/ 16).

다음과 같은 경우에도 생략한다.

(in) the January before last (재작년 정월) [*AmE* 에서는 반드시 생략], (on) the day after tomorrow [*AmE* 의 구어체에서는 on은 물론 the까지도 생략하는 일이 많다], the following day [week month/ year], the day [week/ month/ year] before, the previous day [week/ month/ July/ summer/ year]

(3) 장소를 나타내는 at, in, to, across, through (out)

a. He is *home* all day. [at home의 생략. *AmE*의 구어에서는 거의 항상 생략]

- I worked a few night clubs. (나는 몇 군데의 나이트클럽에서 일했다.) - Baldwin, *This Morning* [at a few night clubs의 생략]

b. I got a cab outside the hotel, but I didn't have the faintest damn idea where I was going. I had no place to go. (호텔 밖에서 택시를 탔으나 어디로 가야할지 몰랐다. 나는 갈 곳이 없었다.) - Salinger, *The Catcher in the Rye* [no place to go ***to***의 생략 → § 120 (3)]

c. I had traveled the length and breadth of South Korea, by motorcar, so that I could stop when I liked. (내가 원할 때는 차를 세울 수 있도록 자동차를 타고 남한의 방방곡곡을 여행했었다.) - Buck, *The Living Reed*

Cf. ⓐ The group built their reputation by playing ***across*** *the length and breadth of North America.* (북미 여러 지역으로 순회공연을 다님으로써 명성을 쌓았다.)

ⓑ ***Throughout*** *the length and breadth of* the land, people were shivering in ill-heated house as they read morning papers and their breakfast, and grumbled about the weather. (그 나라의 전국 방방곡곡에서, 사람들은 난방이 안 된 집에서 벌벌 떨면서 조간신문을 읽고, 조반을 먹으며 날씨에 대해서 불평했다.)

(4) 기간, 거리를 나타내는 for (→ § 149 (4))

a. He was away from school ***(for)*** *four or five weeks.* (4, 5주간 학교를 쉬었다.)

b. He sat ***(for)*** *a while**, thinking about what Jane had said to him. (그는 잠시동안 앉아서 제인이 한 말을 생각하고 있었다.) [*for a (short/ little) while에서는 for가 생략되는 것이 보통이다.]

c. She saw a ghostly figure *some distance** ahead of her. (그녀는 조금 떨어진 앞에서 유령처럼 생긴 사람을 보았다.) [* some distance의 앞에는 전치사를 쓰지 않는다.]

NB 그러나 for가 글머리에 나오면 생략하지 않는다.

ⓐ ***For*** *a long time* she didn't see much of him. (그녀는 오랫동안 그를 자주 만나지 못했다.) – McCullers, *The Heart Is a Lonely Hunter*

ⓑ ***For*** *a minute* or two Poirot remained lost in thought. (잠시 동안 푸아로는 생각에 잠겨 있었다.) – Christie, *Poirot Investigates*

ⓒ ***For*** *two years* I was governess to two little girls in Stuttgart. (나는 2년 동안 슈투트가르트에서 두 소녀의 가정교사로 있었어요.) - Maugham, *The Unvanquished*

c. They lounged about on the veranda *most of the morning.* (그들은 아침나절의 대부분을 베란다에서 어슬렁거리며 시간을 보냈다.) - Ibid., *The Yellow Streak*

(5) Of

Of는 소리 값이나 의미, 기능의 부담량이 가장 가볍기 때문에, 특히 *AmE*의 구어에서는 a couple (of) years, plenty (of) time, a quarter-hour (= a quarter of an hour), short(*or* shy) (of) ten dollars, *etc.*에서 생략되는 일이 많다.

a. I have *a couple* uncles and some cousins, but we don't see each other much. (나에게는 삼촌이 두 분 계시고, 사촌은 여러 명이 있지만 서로 자주 만나지 못한다.) - Clancy, *Without Remorse*

NB *AmE*의 구어에서는 a couple of를 coupla라고 쓰는 일도 많은데, 이것은 of를 빨리 발음하면 a [ə]처럼 들리기 때문이다 (→ *p.* 204)

- I think they've been robbed a **coupla** times. (그들은 두 번이나 강도를 만난 것 같애.) - Grisham, *The Rainmaker*

b. There, with *plenty* blankets he will be comfortable. (담요가 여러 장 있으면 그는 거기서 편안하게 잠을 잘 수 있을 거야) - Malamud, *The Assistant*

c. "You're *short* a dollar, Morris," Charlie said with a little chuckle, "but we will let it go. ("일 달러 부족해, 모리스," 찰리가 킥킥 웃으면서 말했다. "그러나 됐어.") - Malamud, *The Assistant* [short ***of***의 생략]

d. I thought her anywhere between sixteen and thirty; as it turned out, she was *shy* two months her nineteenth birthday. (나는 그녀의 나이를 열여섯 살에서 서른 살까지로 보았으나, 알고 보니 2개월 모자라는 19살이었어) - Capote, *Breakfast at Tiffany's* [shy ***of***의 생략]

e. I think you did a fine job *getting* this affair underway. (당신은 이 일을 잘 처리한 것 같다) - Cook, *Outbreak* [***of getting***의 생략]

(6) <전치사 + V-ing>

위의 용례 *e* 처럼 <'전치사 + V-ing' 형식보다 전치사를 생략한 형식>을 선호하는 것이 현대 구어영어의 경향(→ *p.* 224③)으로 소설이나 신문, 잡지에 빈번하게 쓰인다. 분사만 남기 때문에 분사구문과 구별하기 어려운 경우도 있다.

a. I'm all out of breath∨*dashing up* the stairs. (계단을 뛰어 올라 가느라고 숨이 차다.) [***from***의 생략]

b. The doctors performed experiments∨*using* the prisoners as human guinea pigs. (의사들은 죄수를 이용하여 생체실험을 했다.) - Segal, *Doctors* [***by***의 생략]

c. He makes his living∨selling soft drinks to summer tourists at vastly inflated prices. (그는 여름에 관광객들에게 청량음료를 바가지 요금을 받고 팔아서 생계를 꾸려 간다.) [***by***의 생략]

제 11 장 접 속 사

WARM-UP

접속사 (Conjunction)는 8품사 (Eight Parts of Speech)의 하나로서 문장 또는 단어, 구, 절을 연결하는 역할을 한다. 접속사는 부사, 전치사와 마찬가지로 그 수효도 적고 비교적 간단하지만 그것들을 명백히 구별하기 어려운 경우도 있다(Cf. therefore, nevertheless, yet, now, else, so, accordingly, hence, moreover, still, then, *etc.*는 접속사로 보기도 하지만, 엄격히 말하면, 접속사적인 성격을 띤 부사이다). 접속사는 대체로 기능에 따라서 등위 접속사와 종속 접속사로 나눈다.

(1) 등위 접속사 (Coordinate conjunction)

문법상 대등한 관계에 있는 단어, 구, 절을 연결시키는 접속사로 and, but, or, nor, for 가 대표적인 것이며, 이들을 포함하는 both ~ and, at once ~ and, not only ~ but (also), either ~ or, neither ~ nor, 이 밖에 so, yet, however, as well as 따위가 있다.

(2) 종속 접속사 (Subordinate conjunction)

종속절을 이끌며, 그 종속절을 주절에 결합시키는 역할을 하는 접속사로서 문법상 중요하다. 문장이 복잡해지는 것은 주절과 종속절이 겹쳐서 복문(Complex sentence→§ 299 (3))이 되기 때문이며, 이 종속절이 명사절인지, 형용사절인지, 또는 부사절인지를 알면, 복잡한 문장도 쉽게 이해할 수 있다. 종속 접속사에는 다음과 같은 것이 있다: after, (al)though, as, because, before, if, since, that, till, unless, until, when, whether, while, so ~ that, such ~ as, whether ~ or, as soon as, scarcely ~ when, hardly ~ before, no sooner ~ than, as (*or* so) long as, as if (*or* though), in case, in order that, for fear [that], *etc.*

(3) 상관 접속사 (Correlative conjunction)

일정한 단어가 전후에서 호응하여 상관적으로 쓰이는 group 접속사로서 위의 (1), (2) 가운데 both(*or* at once/ alike) ~ and, as well as, either ~ or, neither ~ nor, not only ~ but [also], no sooner ~ than, scarcely ~ when, hardly ~ before, as ~ so, though ~ yet, the ~ the…, *etc.*를 특히 상관 접속사라고 부른다.

- **The more** depressed he got, **the more** he turned to drink. (그는 우울하면 할수록 점점 더 술에 의존했다.)

Ⅰ. 등위 접속사

§ 171 And

(1) And로 결합된 두 개의 명사가 일체를 이루거나 단일 개념을 나타내는 경우에 그것이 주어로 쓰이면 뒤에 오는 동사는 단수로 받는다.

a. Fish **and** chips *is* very popular in Britain. (생선감자튀김은 영국에서 대단히 인기 있는 식품이다.)

b. Ham **and** eggs *is* what I like best for breakfast. (햄 앤 에그는 내가 아침 식사로 가장 좋아한다.)

c. All work **and** no play *makes* Jack a dull boy. [saying] (아이를 공부만 시키고 놀리지 않으면 바보가 된다.) [속담]

(2) X Street(*or* Boulevard) and Y Avenue ('X가'와 'Y로의 교차점')

두 개의 거리가 교차하는 지점을 말할 때 *AmE*에서는 and를 사용하여 위와 같이 표현한다. 종종 Street (*or* Boulevard) 와 Avenue를 생략하여 X and Y라고 하거나, Street 또는 Avenue의 어느 한쪽을 생략하는 경우도 있으며, 전치사는 on 또는 at을 사용한다.

a. "On the night of the sixth," she said, "a pedestrian, Horace Emmet, was struck in the crosswalk at Hollywood Boulevard **and** Western Avenue." ("6일 밤에 호라스 에메트라는 보행자가 할리우드가와 웨스턴로의 교차점에 있는 횡단보도에서 차에 치었습니다." 라고 그녀가 말했다.) - Gardner, *The Mischievous Doll*

b. This time it was Sunset **and** La Brea and I was to cross the street fifty times. (이번에는 선셋가와 라브리 로의 교차점에서 도로를 50번 횡단하라는 명령을 받았어요.) - *Ibid.*

c. He worked in a parking lot on Madison **and** 40th. (그는 메디슨가와 40번로의 교차점에 있는 주차장에서 일했다.) - Kerouac, *On the Road*

d. I'm working now down at Mr. Klinkle's store at 7th **and** Brooklyn. (저는 지금 7 번가와 브루클린로의 교차점에 있는 클링클씨의 가게에서 근무하고 있습니다.) - Dreiser, *An American Tragedy*

e. Her name was Faith Cavendish, and she lived at the Standford Arms Hotel on Sixty-fifth **and** Broadway. (그녀의 이름은 페이스 캐번디시였고, 브로드웨이 65번가에 있는 스탠포드 암스 호텔에 살고 있었다.) - Salinger, *The Catcher in the Rye.*

(3) And = but

a. I'm going away on vacation tomorrow **and** I haven't even started packing yet. (나는 내일 휴가를 떠날 예정이지만 짐 꾸리기는 아직 시작도 하지 않았다.)

b. She had expected so much **and** got so little. (그녀의 기대는 대단히 컸으나 손에 넣은 것은 거의 없었다.) - Maugham, *Mrs Craddock*

c. He(= Sam Cayhall) was an honorable man, **and** Roland wanted him dead. (샘 케이홀은 훌륭한 사람이었으나 롤랜드는 그가 처형되기를 원했다.) - Grisham, *The Chamber* [Sam Cayhall은 사형수임]

d. It's been over three months now **and** we haven't heard a word. (석 달이 지났는데도 우리는 소식을 듣지 못하고 있다.) - Ludlum, *The Road to Omaha*

e. You're all I've got in the world, **and** you're not glad to see me! (나에게는 이 세상에 당신 밖에 없는데 당신은 나를 보고도 기뻐하지 않군요!) - Williams, *A Streetcar Named Desire*

NB and가 but의 뜻으로 쓰일 때는 and yet, and now 따위로 이어지기도 한다.

- He had a sweet and generous nature, and *yet* was always blundering. (그는 상냥하고 너그러운 성격이었으나 항상 실수 투성이였다.) - Maugham, *The Moon and Sixpence*

(4) 명사어군 + and + 절

이것은 <명령문 + and + 절>과 비슷한 형식으로 명령문 대신에 명사어군을 쓴 점이 다르다. 예컨대 다음 세 문장은 뜻이 같다.

One more step, **and** you will be a dead man.
= Take one more step, **and** you will be a dead man.
= If you take one more step, you will be a dead man.
(한 발자국만 더 앞으로 나오면 너는 죽은 목숨이다)

a. He was a strong man, *one heave* **and** the old hinges cracked. (그는 힘이 장사였기 때문에 한 번 밀어 제치자 헌 돌쩌귀가 부서졌다.) - Maugham, *Mrs Craddock*

b. *A few minutes more* **and** he lay asleep. (몇 분 후에 그는 깊은 잠이 들어 있었다.)

c. *One move* **and** I blow a hole clear through to your gut. (몸을 움직이기만 하면 너의 배에 구멍을 내 주겠다.) - E. Queen, *The King is Dead*

여기에서 and에 연결되는 절의 동사는 위에 든 *a, b, c*처럼 <직설법 현재나 과거형>이 오기도하고, *d* 처럼 <미래형>이나, *e* <would + 원형>과 <would have + 과거분사>형식도 쓰이는 일이 있다. 그것은 and 앞의 말이 일종의 조건을 나타내기 때문이다.

d. *Another fortnight*—**and** all your troubles will be over. (이 주일만 더 지나면, 당신의 모든 걱정은 완전히 해소될 겁니다.) - Christie, *Mr. Parker Pyne, Detective* *e.* *One little slip now* **and** I'll spoil the whole thing. (지금 조금만 실수하면 나는 모든 걸 망치게 될거야.) - Wright, *Native Son*

- *One false step*, **and** (= If we should take one false step,)our enemies would be upon us. (우리가 한 번 발을 헛디디면, 적들은 우리를 덮칠 것이다.) - Orwell, *Animal Farm*

f. *Two more months* **and** I'll be back where I belong. (두 달 후에는 나는 집과 직장으로 돌아갈거야.) - Clancy, *Patriot Games*

g. *Five minutes to go**, **and** he'd be back. (오분 후에 그는 돌아옵니다.) - Waller, *Slow Waltz in Cedar Bend* [* → *p.* 240]

(6) And + 주어 + 보어

앞 문장과 대조의 의미를 내포하면서 놀람, 비난 따위의 감정을 표현할 때 쓰이는 형식으로 and 이하는 보통 양보적인 의미를 나타내며, 구어에 많은 표현이다. 그리고 주어가 대명사일 때는 목적격인 경우가 많다.

a. How could the room be cleared, **and** me with rheumatism!
(= How could the room be cleared, though I'm suffering from rheumatism!)
(어떻게 방 청소를 할 수 있겠는가, 내가 류머티즘을 앓고 있는데 말이야!)

b. Oooooooh! You really aren't (Rinehart). **And** me trying to give you his money. Get away from me. (저런, 자네는 정말 (라인하트가) 아니야. 그것도 모르고 내가 자네한테 그의 돈을 주려고 하다니. 내 앞에서 썩 꺼져요.) - Ellison, *Invisible Man*

c. Of course, they all knew what she was there for, **and** him with a wife and three children. (물론 그들은 모두 그녀가 왜 거기에 있는지 알고 있었다. 게다가 그에게는 아내와 세 명의 아이가 있는데 말이다.) - Maugham, *Cakes and Ale*

d. If he wanted to keep in with the Princess he'd have been wiser not to tell everyone that she goes to bed her chauffeur. **And** him with a wife and three children. (그가 공작부인의 마음에 들고 싶었다면 그녀가 운전수하고 잠을 잔다는 이야기를 퍼뜨리지 말았어야 했어요. 그것도 아내와 자식이 셋이나 있는 운전수하고 말입니다.) - Ibid., *The Razor's Edge*

e. It was awful to think of him dying quite near me **and** me never knowing. (그가 내 바로 가까이에서 죽어가고 있었는데 내가 까맣게 모르고 있었다니 생각만 해도 끔찍한 일이었다.) - Ibid., *A Casual Affair*

f. Does your wife still work on the land **and** you rich? (당신은 부자인데도 부인은 아직도 밭에 나가서 일을 하고 있어요?) - Buck, *The Good Earth*

g. Dennis, why is all the poetry you know so coarse? **And** you talking of being a pastor? (데니스, 당신이 알고 있는 시는 왜 모두 그렇게 추잡해요? 목사가 되겠다면서 말입니다.) - Waugh, *The Loved One*

§ 172 But

(1) 일반적인 용법

- Marriage has many pains, but celibacy has no pleasures. (결혼생활은 괴로움이 많다, 그러나 독신생활은 즐거움이 없다.) - Samuel Johnson (1709~1784), English writer

NB1 세미콜론이 but의 뜻으로 쓰이는 일이 있다.

- Happy families are all alike ; every unhappy family is unhappy in its own way. (행복한 가정은 모두 닮았지만 불행한 가정은 모두 제 각각 불행하다.) – Tolstoi, *Anna Karenina*

(2) Not *A* but *B* (A가 아니고 B)

a. As Shakespeare perceptively remarked, 'love looks *not* with the eyes **but** with the mind.'* (셰익스피어가 재치 있게 말했듯이 사랑은 눈으로 보는 것이 아니라 마음으로 보는 것이다.') [*→ 이 쪽의 맨 아래 ☞]

b. The plane crash was caused *not* by a technical fault **but** by human error. (비행기 추락 사고는 기술적 결함이 아니고 인간의 실수 때문이었다.)

NB2 not A but B에서 B를 앞에 두면, B and not A 또는 B, (but) not A로 되는 경우도 있다.

ⓐ He did what his father told him to do and not what he thought best. (그는 아버지가 시키는 대로 한 것이지 자기가 최선이라고 생각한 것을 한 것이 아니다.)

ⓑ The Spartans were famous for being brave, but not for being clever. (스파르타인들이 유명한 것은 용감했기 때문이지 영리했기 때문이 아니다.)

(3) (It is) True, (that)…but~ (과연…은 사실이지만, 그러나~)

a. *True*, there was a woman dead who wore royal robes, **but** it was found that she was not the Queen. (왕족의 옷을 입고 죽은 여인이 있었던 것은 사실이나, 그녀는 황후가 아님이 밝혀졌다.) - Buck, *The Living Reed* [여기서 황후는 명성황후를 가리킴]

b. *True*, we were not saved, **but** an American, Woodrow Wilson declared self-determination. (사실 우리는 해방 되지 못했지만, 미국의 우드로 윌슨이 민족자결주의를 선포했다.) *Ibid.*

c. *True*, he got his room and meals free, plus cigarettes, **but** what was six or seven dollars to anybody in times like these, when a decent pair of shoes cost eight to ten. (과연 그는 침식과 담배까지도 공짜로 제공 받고 있지만 점잖은 구두 한 켤레에 8~10달러나 하는 이러한 때에 6~7달러를 주다니 이게 무슨 일인가.) - Malamud, *The Assistant*

☞ 이 말은 Shakespeare의 *A Midsummer Night's Dream* (한 여름 밤의 꿈)에 나오는 유명한 대사로 바로 뒤에 And therefore is wing'd Cupid painted blind (그래서 날개 달린 큐피드는 장님으로 그려진다.)라고 이어진다.

§ 173 Also / Or / For

(1) Also

현대 *AmE* 에서 also는 글머리에서 and와 같은 뜻으로 접속사로 쓰인다(→ *p.* 126).

a. **Also**, he felt without knowing why that something of importance would happen tonight. (그리고 그는 이유는 모르지만 오늘 밤에 중대한 일이 일어나리라는 느낌이 들었다.) - McCullers, *The Heart is a Lonely Hunter*

b. *Also* if your lawyer can help me I'll be much obliged. (그리고 당신의 변호사가 저를 도와줄 수 있다면 정말 고맙겠습니다.) - Malamud, *The Fixer*

(2) Or

a. Japanese pupils often go to a juku, **or** cram school after school hours to improve their grades. (일본의 학생들은 성적을 올리기 위해서 방과후에 주꾸(塾) 즉 학원에 간다.) - Toffler, *Power Shift*

b. Drink frequently on these desert trips, **or** you'll get dehydrated. (이런 사막을 여행할 때는 물을 자주 마시지 않으면 탈수증에 걸린다.)

c. Get a move on* **or** we'll be late. (서두르지 않으면 늦을 거야.) [* = hurry up]

NB1 명령문 뒤에 쓰이는 or (= otherwise / if not)는 다음의 경우에도 적용된다.

- She was already engaged, or she might have accepted him. (그녀가 이미 약혼한 상태가 아니었다면 그의 구혼을 받아 들였을 지도 모른다.)

NB2 or else는 상대방을 위협할 때 사용한다.

ⓐ Do what I tell you or else. (내가 시키는 대로 하는 게 좋아.)

ⓑ Then way up ahead I sees* a bright light like a jack-o-lantern over a graveyard. It gits* brighter and brighter and I know I got to catch up with it or else. (그 때 저 앞 쪽에서 공동묘지 위의 도깨비불처럼 반짝이는 불빛이 보였어요. 그 불빛은 점점 더 밝아졌어요. 나는 그 불빛을 뒤쫓아 가지 않으면 안 된다는 걸 알고 있었어요.) - Ellison, *Invisible Man* [* sees = see / gits= gets]

(3) For (문어적인 접속사로서 회화에는 그다지 쓰이지 않는다.)

NB3 for와 because 의 차이

ⓐ 앞에 말한 내용에 대해서 추가적인 설명을 할 때는 for, 인과관계를 나타내어 그 자체의 원인, 이유를 말할 때는 because를 쓴다.

It's morning, for the birds are singing. (새가 지저귀는 것을 보니 아침이다.)

ⓑ for는 글머리에 사용하지 않지만, because는 글머리에도 올 수 있다.

I took a rest, **for** I felt tired. / *For* I felt tired, I took a rest. (wrong)

I took a rest **because** I felt tired / *Because* I felt tired, I took a rest.

§ 174 Yet / Still / So / Only

(1) Yet (그러나, 그렇지만)

a. Last summer there was a drought, **yet** some people were still watering their lawns every day. (지난 여름은 가물었지만 여전히 자기네 잔디밭에 매일 물을 뿌리는 사람들이 있었다.)

b. Bertha felt no older than when she was eighteen, and **yet** she was thirty. (버사는 18살 때보다 더 늙었다는 느낌은 들지 않았지만 벌써 30살이었다.) - Maugham, *Mrs Craddock*

c. It's quite hard to tell an alligator from crocodile, **yet** a crocodile has two long protruding teeth. (미국산 악어와 아프리카산 악어를 구별하기는 대단히 어렵지만 아프리카산 악어는 돌출한 두 개의 이빨을 가지고 있다.)

(2) Still (그러나, …하지만)

a. It rained a lot when we went camping, but **still**, we had a great time. (캠핑을 갔을 때 비가 많이 왔지만 그러나 신나게 놀았다.)

b. **Still**, the fates seldom give us what we want in the way we want it. (그러나, 운명은 인간이 원하는 것을 인간이 원하는 방식대로 주는 일은 좀처럼 없다.) - Maugham, *Jane*

(3) So (= therefore/ with the result that)

- There was nothing on TV, **so** I decided to go to bed. (TV에서 볼만한 프로가 없었으므로 나는 잠을 자기로 했다.)
- I was the only kid without a bike **so** I pestered my parents to buy me one. (내 또래 아이들 중에서 나 혼자만 자전거가 없었기 때문에 부모님에게 사 달라고 졸랐다.)

NB 다음의 so는 항상 글머리에 오며, 감탄사처럼 쓰인다.

ⓐ **So** you're back again! (드디어 네가 다시 돌아왔구나!)

ⓑ **So** you're not coming! (네가 오지 않겠다는 말이군!)

ⓒ **So** she's one of your relatives! (그럼 그 여자가 자네의 친척이구!)

(4) Only (<유감이지만>의 기분으로 사용한다)

a. The flowers are lovely, **only** they have no scent. (아름답지만 아쉽게도 향기가 없다.)

b. The book is likely to be useful, **only** it's rather expensive. (그 책은 쓸모가 있겠는데 가격이 비싸단 말이야.)

c. He would probably do well in the exam **only** he gets very nervous. (그가 너무 겁을 내지 않으면 시험을 잘 볼텐데.)

§ 175 상관 접속사

상관 접속사란 둘 이상의 단어가 앞뒤에서 서로 호응하여 바늘에 실 가듯 상관적으로 쓰이는 등위 접속사를 말한다. 즉 both (*or* at once) A and B (=A and B alike), either A and B, neither A nor B, not only A but (also) B, A as well as B, no sooner～than ⋯, scarcely (*or* hardly)～when (*or* before) 따위가 여기에 속한다. (마지막에 있는 둘은 제8장의 § 101에서 다루었으므로 여기서는 생략한다.)

(1) both (*or* at once) A and B (= A and B alike)

a. Being speechless is **both** a symptom **and** a cause of depression. (침묵은 우울증의 징후이며 동시에 원인이기도 하다.)

b. Fred Zinnemann's <u>*High Noon*</u>* (1952) is at once a great Western and a stark allegory of the climate of fear and suspicion prevailing during the McCarthy era. (프렛 진네만 감독의 '하이눈'은 탁월한 서스펜스 서부극이며 매카시 시대에 만연해 있던 공포와 의심의 분위기를 섬뜩하게 보여주는 우화이기도 하다.) - Schneider, *1001 Movies* [*→ 이 쪽의 맨 아래 ☞]

c. Doctors **and** executives **alike** complain that they cannot keep up with the latest developments. (의사와 기업체 간부들 모두가 자기들 분야에서 이루어지고 있는 최근의 발전을 따라가기 어렵다고 호소한다.) - Toffler, *Future Shock*

NB1 both A and B에서 A와 B는 문법적으로 같은 요소의 어구이어야 한다.

- He lived in both Britain and America.
  = He live both in Britain and in America.

(2) Either ～or/ Neither～nor

a. I'm going to buy **either** a camera **or** a CD player with the money. (나는 그 돈으로 카메라나 CD플레이어를 살 거야.)

b. He can **neither** read **nor** write. (= He can't read or write.) (그는 글을 읽을 줄도 쓸 줄도 모른다.)

NB2 either～or에서 동사는 가까운 주어에 일치하는 것이 원칙이나, neither～nor의 경우는 의미상 양쪽을 가리키므로 복수동사를 쓰는 일도 많다.

ⓐ **Either** John **or** I am to blame (존과 나 둘 중 한 사람에게 책임이 있다.)

ⓑ **Neither** John **nor** I are to blame. (존도 나도 책임이 없다.)

☞ 영화 *High Noon*은 Gary Cooper가 marshal (보안관)역을 맡고, 뒷날 모나코 왕비가 된 Grace Kelly가 그의 bride-to-be (예비신부) 로 나온다. 보안관 한 명이 네 명의 악당과 대결하는 장면도 손에 땀을 쥐게 하지만 Dimitri Tiomkin이 작곡한 아름다운 theme song "Do not forsake me oh my darling"(그대여 나를 버리지 마오)"은 영원한 애창곡이 되었다.

(3) Not only *A* but (also) *B* (= *B* as well as *A*)

Not only *A* but also *B*에서 *a.* also를 생략할 수 있는 것은 물론이고, but까지도 생략하는 일이 있으며, *b.* but 대신에 semicolon(;) 을 쓰는 일도 있고, *c.* also 대신에 as well을 사용하는 경우도 있다. 또 *d.* only 대신에 merely나 just 또는 alone을 쓰기도 한다.

a. Shakespeare was **not only** a dramatist **but** (also) an actor. (셰익스피어는 극작가일 뿐만 아니라 배우였다.)

b. You've **not only** dried up my tears; you've dried up my soul. (당신은 내 눈물을 마르게 했을 뿐만 아니라 내 영혼까지도 마르게 했다.) - James, *The Portrait of a Lady*

c. **Not only** do the nurses want a pay increase, they want reduced hours **as well**. (간호사들은 임금인상 뿐만 아니라 근무시간도 줄여 주기를 원하고 있다.)

NB1 부정어가 글머리에 나오면 도치가 일어나며 not only도 예외가 아니다(→ *p.* 467).

- **Not only** *is* love a source of delight, **but** its absence is a source of pain. (사랑은 기쁨의 원천일 뿐만 아니라 그것이 없으면 고통의 원천이다.) - Russell, *The Conquest of Happiness*

d. I think Blanche **didn't just** love him **but** worshipped the ground he walked on! (내 생각에 블랑쉬는 그를 사랑할 뿐만 아니라, 그가 걸어 다니는 땅까지도 사랑하는 것 같애.) - Williams, *A Streetcar Named Desire*

- Japanese parents need children, **not alone** for emotional satisfaction, **but** because they have failed in life if they have not carried on the family line. (일본이 부모들에게 자식이 필요한 것은 정서적 만족을 위해서 뿐만 아니라 가계를 이어갈 후손이 없으면 그들 자신이 인생에서 실패자가 되기 때문이다.) - Benedict, *The Chrysanthemum and the Sword*

NB2 not only～but (also)와 as well as는 같은 뜻이지만, 주어 동사의 관계는, 전자는 동사에 가까운 주어에 일치하고, 후자는 먼 쪽의 주어에 일치한다.)

- **Not only** the driver **but also** the passengers *are* to blame for the car accident.
  The passengers **as well as** the driver *are* to blame for the car accident.
  (그 자동차 사고의 책임은 운전수뿐만 아니라 승객들에게도 있다.)

NB3 as well as가 동등비교 (→§ 201)를 나타내는 일도 있다.

ⓐ He spoke German **as well as** he spoke French. (그의 독일어는 불어만큼 유창했다.)

ⓑ It's a table prayer, and you know **as well as** I do what it means. (그건 식사 때 하는 기도야. 그것이 무슨 뜻인지 너도 나만큼 잘 안다.) - Saroyan, *The Human Comedy*

ⓒ The last model didn't sell **as well as** they'd expected. (최근에 나온 모델은 그들이 기대한 만큼 잘 팔리지 않았다.)

Ⅱ. 종속 접속사 (↔ *p.* 503)

§ 176 As

(1) 시간 (when보다 동시성이 강하다.)

a. I saw him **as** she was getting off the bus. (그녀가 버스에서 내리는 것을 보았다.)

b. **As** the police were entering the building from the front entrance the thieves escaped through the back door. (경찰이 앞문으로 들어가고 있을 때 도둑들은 뒷문으로 빠져나갔다.)

(2) 원인, 이유

- **As** it's late, why don't we get a takeout* instead of cooking for ourselves? (시간이 늦었으니 테이크아웃을 사가는 게 어때요?) [* 가져 갈 수 있도록 요리하여 포장해 주는 요리]

(3) ~하는 것과 같이, ~대로

a. We must take human nature **as** it is. (인간성은 있는 그대로 받아들여야 한다) - Maugham, *The Portrait of a Gentleman* [it = human nature]

이 as는 A is to B as (or what) C is to D (A와 B의 관계는 C와 D의 관계와 같다). [Just] as~, so... (~와 [꼭] 마찬가지로...이다)의 형식으로도 쓰인다.

b. Parks are to the city **as** (*or* **what**) lungs are to the body. (공원과 도시의 관계는 허파와 신체의 관계와 같다.)

c. **Just** as men are fond of sports, (so) women are fond of chatting. (남자들이 스포츠를 좋아하듯이 여자들은 수다를 좋아한다.) [이 경우 so를 생략해도 뜻이 같다.] (이 밖에 *p.* 87의 마지막 용례)

(4) As it is (= in reality)

① 있는 그대로 [위의 (3)의 *a*] ② 실제로는 [그렇지 않으므로], 현재로서는 [이것은 현재의 사정이 기대와 다를 때 쓰이며, 흔히 가정법의 뒤에 오는 문장의 첫머리에 오지만 직설법 문장의 앞이나, 뒤에 올 때도 있다. 이 때 it는 구체적인 것을 가리키지 않는다.

a. If you were a man, I would break your neck for that. **As it is,** all I can say is for you to shut your Goddamn mouth. (자네가 남자라면 당장 목을 비틀어 놓겠는데. 그렇지 않으니 우선 말로 해두겠는데 말이야, 그 염병할 입 좀 다물어요.) - Mitchell, *Gone with the Wind*

b. **As it is,** scientists have no way of knowing what caused the Big Bang. (현재로서는 무엇이 빅뱅을 일으켰는지 알아낼 수 있는 방법을 과학자들은 모른다.)

(5) 양보

<형용사/부사/명사/동사 + as + S +V>의 형태로 쓰인다. [Cf.→ *p.* 424]

a. *Young* ***as*** *he is*, he is very intelligent. (그는 나이는 어리지만 대단히 영리하다.)

• *Much **as*** I sympathize with you in your predicament, I don't really see what I can do. (당신의 어려운 처지는 공감하지만, 실제로 제가 도와 드릴 일은 아무 것도 없습니다.) [* (as) much as = although]

NB1 문맥에 따라서는 이유를 나타내기도 한다.

• Young as he is, he naturally makes such a mistake. (그는 젊기 때문에...)

As 대신 though도 쓰이며, *AmE*에서는 앞에 as를 첨가하는 형식을 선호한다.

b. *Discourteous* **though** it my appear I would prefer not to go give you my name at the moment. (실례가 될지 모르겠지만 지금 제 이름을 말씀 드리고 싶지 않습니다.)

c. *As unlikely* **as** *it sounds* today, The Graduate* struck many moviegoers as daring, even a bit scandalous when it opened in 1967. (오늘날에는 믿기 어렵겠지만 1967년에 개봉되었을 때 <졸업>은 제법 대담한 영화로, 심지어 다소 수치스러운 영화라고까지 생각되었다.) - Schneider, *1001 Movies* [* → *p.* 180]

d. *Hero* **as** *he was*, he trembled at the terrible sight. (영웅이었지만, 끔찍한 광경을 보고 몸을 떨었다.)

위의 *d.*처럼 앞에 명사가 올 때는 부정관사가 붙지 않는다. 원래 as의 이 용법에서는 앞에 형용사가 오는 것이 가장 보편적인 구문이기 때문에 부정관사를 생략함으로서 명사를 형용사에 가까워지도록 하기 위함이며, 이것은 품사의 성격이 바뀐다는 점에서, 형용사의 앞에 정관사를 붙이면 복수 보통명사가 되는 것과 비슷한 이치이다. 그리고 <동사 + as + S + V>형식에서는 흔히 will, would/ may, might가 사용되며, as 대신에 의문사가 쓰이는 일도 많다(→ *p.* 398).

e. Be that **as** it may*, the fact remains that the inmates of the Grand Hotel are for the most part women. (그건 그렇다 치고, 그랜드 호텔의 투숙객의 대부분이 여자라는 사실에는 변함이 없다.) - Maugham, *The Closed Shop* [*= even if it is true/ nevertheless]

NB2 명사의 경우는 as 대신 that도 더러 쓰인다. 그리고 as와 마찬가지로 이유를 나타내기도 한다 (ⓒ).

ⓐ She'll outlive us all, *little tiny thing **that** she is*. (어머니는 체구는 작으시지만 가족 중 누구 보다 오래 사실거야.) - Steinbeck, East of Eden

ⓑ Even Rhett, *conscienceless scamp **that** he was*, had killed a negro for being "uppity to a lady." (양심이라곤 털끝만큼도 없는 레트조차도 "숙녀에게 무례하게 굴었다"는 이유로 흑인 한 명을 총으로 쏘아 죽였다.) - Mitchell, *Gone with the Wind*

ⓒ But, *fool **that** I was*, I thought I could make you care. (그러나, 내가 미련했기 때문에 당신으로 하여금 나를 사랑하게 할 수 있다고 생각했소.) - *Ibid.*

(6) 비례 ((1)과의 구별이 분명치 않은 경우도 있다.)

a. **As** he got older, Picasso's stature as an artist increased. (나이를 먹어감에 따라서 피카소는 예술가로서의 역량도 커졌다.)

b. One must advance in modesty **as** one advances in knowledge. (사람은 학식이 늘수록 겸허해야 한다.)

c. You can earn more or less money **as** you work. (일을 하는데 따라서 돈을 더 벌 수도 있고 덜 벌수도 있다.)

d. He is not bad, **as** politicians go. (요즈음 정치가치고는 괜찮은 편이다.)

- The school was small **as** public schools go, there were not more than* two hundred boarders. (그 학교는 사립학교 치고는 규모가 작은 편이이서 기숙생이 고작 200 명밖에 되지 않았다.) - Maugham, *Of Human Bondage* [* not more than = at most]

(7) As = that

a. I don't know **as** I am (ashamed of myself). (제가 부끄럽다고는 생각하지 않습니다.) - Stowe, *Uncle Tom's Cabin*

b. "We did want a salesman," said the man, "I don't know **as** it's anything you'd care to take hold of though." ("우리에게 영업사원 한 명이 필요했어요,"하고 그 남자가 말했다. "그러나 당신이 그것을 하고 싶어 할지 모르겠어요.") - Dreiser, *Sister Carrie*

이것은 구어체 문장에서 볼 수 있는 것으로 say, think, know, see, *etc.* 의 목적절을 인도하는 경우에 쓰이고, *AmE* 뿐만 아니라 *BrE* 에서도 더러 볼 수 있다.

c. I suppose you heard **as** Miss Allsop was married last week. (올섭양이 지난주에 결혼했다는 이야기를 들었을 줄 생각합니다.) - Lawrence, *Lady Chatterley's Lover*

d. He must have come around to see me, and then Miss Crabtree, *seeing* **as** I didn't answer the door, went to answer it herself. (그는 나를 만나러 왔었음에 틀림없습니다. 그러나 제가 문을 열어 주지 않았으므로 크랩트리 양이 직접 문을 열려고 나갔습니다.) - Christie, *Sing a Song of Sixpence*

NB Seeing as (= seeing that/ being as/ because)는 한 개의 접속사로 쓰인다.

ⓐ We could have a joint party, **seeing as** your birthday is the same day as mine. (우리는 생일이 같은 날짜니까 합동 파티를 열 수 있을 거야.)

ⓑ He told her to pardon him, but he hadn't seen her **being as** it was so dark. (그는 그녀에게 그 사람을 용서하라고 말했으나 날이 어두웠기 때문에 그녀를 볼 수 없었다.) - Kesey, *One Flew Over the Cuckoo's Nest*

§ 177 But

종속 접속사 but은 부정의 뜻을 포함하고 있을 때가 많다.

(1) But = except (~외에는/ ~을 제외하고는)

a. It was extraordinary that everyone **but** she should so highly esteem his intelligence. (그녀를 제외한 모든 사람들이 그의 재능을 높이 평가한다는 것은 이상한 일이었다) - Maugham, *Mrs Craddock*

b. It(=the wink) was so quick that nobody **but** I could have caught it. (눈을 매우 빨리 깜박였으므로 나 외엔 아무도 그것을 눈치 채지 못했을 것이다.) - Ibid., *Cakes and Ale*

NB <but + 대명사>의 경우, 현대 영어에서는 주격보다 목적격을 쓰는 것이 자연스럽다. 그러면 but이 전치사가 된다.

(2) But that (→ *p.* 411 NB)

But that의 형태로 조건의 부사절을 이끌며, 이 때 that-절속의 동사는 보통 직설법이다

a. Life would be short, ***but that*** hope prolongs it. (희망이 인간의 수명을 연장시켜주지 않는다면 사람의 일생은 짧을 것이다.)

b. My uncle would not have kept him ***but that*** he was very energetic. (그가 대단한 정력가가 아니었다면 삼촌은 그를 고용하지 않았을 것이다.) - *Ibid.*

(3) 부정, 의문의 주절 뒤에, 특히 not so나 not such의 뒤에서 정도나 결과를 나타내는 부사절을 만든다. (but/ but that/ but what = that~not [~하지 않고서는/ ~하지 않을 만큼/ ~하면 반드시])

a. It *never* rains **but** it pours. [saying] (재난은 반드시 한꺼번에 온다.) [속담]

b. *Not* a day goes by ***but that*** I think of Geof. (= I think of Geof every day.) (내가 제프를 생각하지 않는 날은 하루도 없다.)

c. I *never* in my life since then put on a blanket **but** I felt that saddle on my back. (나는 그 이후로 밑에 안장 남요를 얹으면 반드시 그 무거운 안장이 내 등에 얹혀 있는 듯 한 느낌이 들었다.) - Steinbeck, *The Red Pony*

d. *No* man is *so* old **but** (that) he may learn. (사람은 아무리 나이를 먹어도 배울 수 있다.)

e. Life is *not so* short **but** there is time enough for courtesy. (인생은 아무리 바빠도 예의를 지킬 시간은 있다.)

(4) But / but that / but what = that ~ not

Expect, fear, know, say, see, think, be sure/ certain, *etc.*의 부정문이나, 의문문의 뒤, 또는 it cannot be, it is impossible, is it possible?의 뒤에 와서 명사절을 만든다.

a. I don't know/ I'm not sure **but** it is all right. (아마 그건 사실일거야.)

b. Who knows **but that** everything will come out all right? (만사가 잘 풀릴 지도 모른다.)

- Who knows **but that**, on the lower frequencies, I speak for you? (내가 작은 목소리로 당신을 대변하고 있는지도 모른다.) - Ellison, *Invisible Man*
- How is it possible **but that** we should be discontented? (우리가 불만을 느끼지 않을 수 있겠는가?)

c. I'm not certain **but what** someone else, standing just outside the tent, fired a shot. (바로 천막 밖에 서있던 누군가 다른 사람이 총을 한 발 쏘았을 거야.) - Gardner, *The Deadly Toy*

(5) But/ but that/ but what = that

부정적인 의미를 가진 다음과 같은 동사의 뒤에 올 경우

deny (= say that … is not true), question (= have doubts 의문시하다), doubt (= think … is not true …이 아니라고 생각하다), wonder (= feel doubtful 이상히 여기다)

a. I *shouldn't wonder* **but** he wanted to fight with somebody. (그가 누구와 싸우고 싶었다고 해도 나는 놀라지 않습니다.) - Maugham, *Red*

b. I *don't deny/ doubt/ question* **but that** you're telling the truth. (나는 당신이 진실을 말하고 있다는 것을 부인하지 않는다 / 의심하지 않는다) [*OALD*[5]]

c. I *shouldn't wonder* **but what** a fellow might do well with a little shop here. (여기에 조그만 가게를 하나 내면 틀림없이 잘 될거야.) - Ibid., *The Verger*

위에 든 동사들의 명사형의 경우에도 마찬가지다.

d. There is *no doubt* **but that** he was murdered. (그가 살해되었다는 것은 의심할 여지가 없다.) - Christie, *Ten Little Niggers*

- After the accident he went right back to Chicago. There's *no question* **but that** it was a hit*. (그 사고 후 그는 곧장 시카고로 가버렸다. 그것이 청부살인이라는 것은 의심할 여지가 없다) - Sheldon, *The Stars Shine Down* [* 범죄조직에 의한 살인]

e. There is *no question* **but what** they were the same tablets. (그 약이 같은 정제였다는 것은 의심할 여지가 없다.) - Gardner, *The Fiery Fingers*

§ 178 Like (= as / as if)

Like는 as와 같은 뜻으로 쓰이지만, 구어에서는 as if 나 as though 대신에 접속사로 흔히 쓰인다. *Oxford Guide* (1994)에도 You look as if/ look as though/ look like you've seen a ghost. 라는 예문이 실려 있는 것으로 보아 이것은 *AmE* 나 *BrE* 에 두루 쓰이고 있는 것 같다.

Don't talk to me **like** (= as) you talk to a child.
(어린이에게 말하듯이 나에게 말하지 마세요.)

The next time Marsha saw him, she acted **like** she had never seen him.
(다음에 마샤가 그를 만났을 때는 그를 한 번도 본 적이 없는 듯이 행동했다.)

(1) 특히 look, seem, sound와 결합할 때는 관용표현처럼 빈번하게 쓰인다.

a. He **looked like** his skin and bones couldn't shrivel much more. (그는 너무나 말라서 피골이 상접한 사람처럼 보였다.) - Caldwell, *Kneel to the Rising Sun*

b. It **looks like** I have a video feed coming in from Malaysia. (내가 말레이시아로부터 비디오로 보고를 받을 것 같다.) - Crichton, *Disclosure*

(2) 바로 위의 용례처럼 비인칭 it으로 시작되면 그 it이 생략되어 looks like(to me)의 형태로 마치 한 단어처럼 *AmE*에서 널리 사용된다. 또 seems like나 sounds like의 경우도 마찬가지이다.

a. **Looks like** the Dodgers will win the pennant*, but it's too early to be certain. (다저스팀이 이길 것 같지만 단언하기엔 너무 이르다) [* 우승하다]

- **Looks like** we're getting dragged into a vortex of events. (우리가 사건의 소용돌이에 휘말려 들어가고 있는 것 같구나.) - Gardner, *The Lucky Loser*
- **Looks like** your boss wants you. (사장이 자네를 찾는 것 같애.) - Crichton, *Op. cit.*
- We didn't see the shooting, you understand? Three bullets into each head. They picked two out of Rosenberg, found another in his pillow. Looks like he and the nurse were asleep. (총을 쏘는 건 보지 못했습니다, 아시겠쥬? 두 사람의 머리에 각각 세 발을 쏘았어요. 로센버그의 머리에서 두 개의 탄환을 빼내고, 다른 한 발은 베개 속에서 찾아냈어요. 아마 그와 그의 간호사는 자고 있었던 것 같습니다.) - Grisham, *The Pelican Brief*
- **Looks like** luck is finally on our side. (마침내 행운은 우리 편인 것 같아요.) - Cook, *Outbreak*

b. **Seems like** her middle name is Mistletoe. (그녀의 중간 이름은 미슬토우인 것 같습니다.) - Gardner, *The Daring Decoy* *c.* Thank you for calling. **Sounds like** you <u>could use</u>* some sleep, lieutenant. (전화해 줘서 고맙네, 자네 좀 자야겠어. 경사.) - Sanders, *The First Deadly Sin* [*→ *p.* 214]

- **Sounds like** you were having a little nightmare. (당신이 잠시 악몽을 꾸고 있었던 것 같습니다.) - Capote, *In Cold Blood*

NB 이 경우 절을 인도하지 않는 다음과 같은 표현과 혼동해서는 안 된다.

- Long time later I heard sounds from downstairs. Seems like the library: my room's right over. (한참 지나서 아래층에서 소리가 들렸습니다. 서재에서 나는 소리 같았어요. 제 방은 바로 위에 있습니다) - E. Queen, *The Origin of Evil*

(3) It looks like는 It seems like처럼 삽입구로도 쓰이며, 또 looks like는 혼자서 독립하여 쓰이기도 한다.

d. His thin bony face gave way to a drooping mouth. "Gone looney, **it looks like,**" the girl said with a touch of regret. (말라서 뼈만 남은 그의 얼굴에서 입이 축 쳐져 있었다. "절망에 빠진 바보처럼 보였어요."하고 그 소녀는 안됐다는 듯이 말했다.) - J. C. Oates, *Upon the Sweeping Blood*

(4) Like 다음에 형용사가 오면 it is/ was 가 생략되었다고 볼 수 있다.

e. He polished it this morning and it looked just **like** *new.* (그가 오늘 아침에 차를 닦아서 꼭 새 차 같구나.) - h. Dressner, *Room with a View*

(5) Look, seem, sound 의 뒤에 오는 as if나 like는 심리적으로 접속사 that의 의미 밖에 갖고 있지 않다는 점에 주의할 필요가 있다.

f. *It seemed* **as if** at that time it was always moonlight, the hot moonlights as bright as day, and **that** he was eternally in evening-dress wandering slightly drunk with Marie-Laure through endless gardens. (연인과 함께 보낸 그 시기는 언제나 달밤, 대낮같이 밝은, 더운 달밤과 같았고, 그는 영원히 끝없는 정원을 애인, 마리 로르와 함께 약간 취한 채 야회복 차림으로 걸어 다니고 있는 것처럼 생각되었다.) - Murdoch, *An Official Rose*

(6) Looks like는 앞에서 설명한 것처럼 *BrE*에서도 사용되고 있으며 look like처럼 -s가 빠진 형태는 black English에서 흔히 볼 수 있다.

g. **Look like** you <u>done got</u>* yourself in trouble. (너한테 곤란한 일이 생긴 것 같구나) - Walker, *The Color Purple* [*done got = have got]

§ 179 That

(1) 명사절을 이끈다(주어 / 목적어 / 보어가 된다).

a. **That** money doesn't grow on trees should be obvious. (돈이 나무에서 자라지 않는다는 것은 명백하다) [주어]

NB1 이 경우, 주어가 무거워 지는 것을 피하기 위하여 가주어 구문을 쓴다(→§ 23).

- It is obvious (that) money doesn't grow on trees.
- It is an old superstition (that) walking under a ladder is unlucky. (사다리 밑으로 걸으면 재수가 없다는 말은 옛날 미신이다.)

b. His only complaint was **that** the day was too short. (그의 유일한 불평은 하루가 너무 짧다는 것이다.) [보어]

c. I only regret that I have **but** one life to lose for my country. (Nathan Hale*) (조국을 위해서 바칠 목숨이 하나 밖에 없는 것이 유감일 따름이다) [목적어] [* 미국 독립전쟁 당시의 미국군 장교]

Be assured/ certain/ confident/ positive/ satisfied/ sure that (을 확신하다), be aware/ conscious that(= know that), be proud that (=boast that), be insistent that (= insist that), be adamant that (주장을 굽히지 않다), *etc.* 와 같이 <be + 형용사>가 의미상 한 개의 동사와 같은 뜻을 가질 때도 that 절을 쓰면 명사절로 볼 수 있다.

d. You can rest assured **that** I will never tell anyone. (내가 절대로 누설하지 않는다고 믿어도 좋다.)

e. She was insistent **that** they all meet for dinner. (그들이 모두들 만나서 식사를 같이하자고 그녀는 우겼다.)

f. The company's boss was adamant **that** there would be no compromise with the union. (회사의 사장은 노조와 타협을 하지 않겠다는 주장을 굽히지 않았다.)

NB2 이 that-절은 흔히 쓰이는 동사(think, say, know, see, believe, *etc.*)의 목적어일 때와 많이 쓰이는 형용사(afraid, aware, glad, confident, sorry, *etc.*)의 뒤에 올 경우, 회화에서는 항상 생략하고, 신문기사에서는 생략하는 편이 많으며, 학술서적에서는 거의 생략하지 않는다.

ⓐ I think you should pay the money back. (당신은 그 돈을 갚아야 한다.) [회화]

ⓑ The police say **that** they don't have the time to worry about marijuana. (경찰은 마리화나에 대해서는 걱정할 시간도 없다고 한다.) [신문]

ⓒ Empirical data show **that** similar process can be guided quite differently. (경험적인 자료에 의하면 같은 과정이 전혀 다른 결과를 가져올 수 있음을 보여준다.) [학술서적]

(2) 부사절을 이끈다 (that = because).

① <감정을 나타내는 형용사나 과거분사>의 뒤에 오는 that-절은 이유를 나타내는 부사절이며, 이에는 흔히 should가 쓰인다.

a. I was anxious **that** it might be cancer. (그는 그것이 암일까 봐 걱정했다.)

Cf. We were anxious **that** everyone should know the truth. (우리는 모든 사람들이 진실을 알기를 원했다.) [→ *p.* 210 (7)]

b. Caroline seemed disappointed **that** you couldn't come to the party. (캐롤라인은 네가 파티에 올 수 없어서 실망하는 것처럼 보였다.)

c. I am wounded that we should let us be treated like this. (우리가 이런 대접을 받아야 하다니 정말 화가 납니다.) - Maugham, *The Closed Shop*

d. I was very offended that you forgot my birthday. (당신이 내 생일을 잊어버려서 정말 화가 났습니다.)

e. I'm so sorry that I missed your birthday. (당신의 생일을 잊어버려서 정말 미안해요.)

② Not that~, but that··· (~때문이 아니라···때문이다) (that 대신 because도 쓰인다), Not that (그렇다고 해서~는 아니다), It is not (merely/ just/ simply) that~, it is rather that ··· (그렇다고 해서~때문만은 아니고, 오히려···때문이다) (이 형식에서 it is/ was는 생략되는 것이 보통이며 여기서 it는 앞 문장의 내용을 받는다.)

Cf. If I find fault, it is **that** I want you to improve. (내가 잔 소리를 하는 것은 네가 잘 되기를 바라는 마음에서 그러는 거야.) [that = because]

a. **Not that** I loved Caesar less, **but that** I loved Rome more. (내가 시저를 죽인 것은 그를 덜 사랑해서가 아니라, 로마를 더 사랑했기 때문이다.) - Shakespeare, *Julius Caesar*

NB 이 형식의 후반부에서 that이나 but이 생략되는 경우도 있다.

ⓐ **Not that** he wanted him indicted, **but** he knew the indictment was necessary. (그가 기소되기를 바란 것이 아니고 기소가 불가피하다는 것을 알았기 때문이었다.) - Grisham, *A Time to Kill*

ⓑ **Not that** Pete was ever a very fast runner, just a very smart one. (피트가 유달리 빠른 선수라는 게 아니고, 그냥 빠른 편에 속한다는 것이다.) - *Time* (1985) [just의 앞에 but that he was가 생략되었음]

b. **It wasn't simply that** the water was cold. **It was more that** it had no time for children. (이렇게 된 것은 물이 차가웠기 때문만은 아니었다. 오히려 개울물이 아이들과 노닥거릴 시간이 없었기 때문이었다.) - Saroyan, *My Name is Aram*

§ 180 The way

The way-절에서 the way의 품사는 명확히 규정하기 곤란한 경우도 있지만 (특히(1)), 그 기능으로 보아 접속사에 포함시키는 것이 타당할 것이다.

(1) The way = how/ that

명사 the way의 뜻을 다소 내포하면서, 동시에 명사절을 인도하는 접속사 역할을 한다는 점에서 <반 접속사>로 볼 수 있지만, 편의상 <접속사>에 포함시켰다. It is~the way…구문에서는 앞에 있는 It의 진주어로 간주할 수 있다.

a. It's disgraceful **the way** they spoiled their children. (그들이 아이들을 버릇없이 만드는 것을 보면 한심하다.) [the way = that]

b. It was horrible **the way** a man could be killed. (사람이 죽을 수 있다는 것은 무서운 일이었다.) - Mailer, *The Naked and the Dead* [the way = that]

c. It's a shame **the way** little boys are made so suffer by all sorts of ridiculous mechanical devices. (어린 소년들이 온갖 종류의 멍청한 기계장치 때문에 고통을 받는 것은 가슴 아픈 일이에요.) - Saroyan, *The Human Comedy*

d. It's a sin **the way** he keeps on doing it. (그 놈이 그 짓을 계속하는 것은 죄악이야.) - Caldwell, *Big Buck* [the way = that]

e. I liked **the way** she enjoyed my athletic <u>credentials</u>*. (그녀가 나의 운동선수로서의 실력을 알아주는 것이 기뻤다.) - Segal, *Love Story* [이 문장의 the way는 that과 닮았지만, like는 that-절을 동반할 수 없으므로 that과는 미묘한 차이가 있다] [* 항상 복수형 ① 실력, 업적, 자격 ② 신임장, 증명서]

NB 아래 문장의 the way는 접속사가 아니라, 그 앞에 전치사 in이 생략된 것이다.

- Favel drank it greedily like an animal. There was something sensual and horrible the way he put his mouth to the glass. (파벨은 마치 동물처럼 게걸스럽게 그것을 마셨다. 그가 술잔에 입술을 대는 걸 보면 육감적이고 끔찍한 데가 있었다.) - du Maurier, *Rebecca*

(2) The way = as

a. A college could not fire faculty **the way** a restaurant could fire an incompetent waiter. (레스토랑에서 무능한 웨이터를 해고하듯이 대학교에서 교수를 해고할 수는 없을 거야.) - Follett, *The Third Twin*

b. Hospitals had wooed him **the way** the colleges courted prize high school quarterbacks. (대학교에서 고등학교의 우수한 쿼터백을 스카우트 하듯이 여러 병원에서 서로 다투어 그를 데려가려고 했다.) - Segal, *Doctors* *c*. Picasso studied an object **the way** a surgeon dissects a cadaver. (피카소는 마치 외과의사가 시신을 해부하듯이 대상을 연구했다.)

d. He fell in love with this land **the way** other men fall in love with a woman. (그는 다른 남자들이 한 여자를 사랑하듯이 이 땅을 사랑했다.) - Ripley, *Scarlett*

e. I want to see him **the same way** Ulysses wants to see him. (율리시즈가 그를 만나고 싶은 것과 꼭 마찬가지로 나도 그를 만나고 싶다.) - Saroyan, *The Human Comedy* [the same way = just as]

(3) The way = judging from the way (~으로 판단하건대/ ~에 의하면)

a. He's over fifteen hundred pounds **the way** he is, he thought. (언뜻 보아 이 고기는 1500 파운드 이상 되겠다고 노인은 생각했다.) - Hemingway, *The Old Man and the Sea*

b. **The way** the Big Nurse acted so confident in that staff meeting, that worried me for a while, but it didn't make any difference to McMurphy. (큰 간호사가 직원회의에서 그렇게 자신 있게 행동하던 걸 생각할 때 나는 다소 걱정이 되었지만 맥머피에게는 아무렇지도 않았다.) - Kesey, *One Flew Over the Cuckoo's Nest*

c. **The tough way** she acts you'd never suppose she came from a well-to-do family like mine, would you? (그녀의 거친 행동으로 보아서는 나처럼 부잣집 아이라고는 결코 생각하지 않겠지?) - Capote, *Other Voices, Other Rooms*

d. **The way** the world's going, everyone'll be living in one big video game eventually. (세상 돌아가는 걸 보고 있노라면, 결국 모든 사람들은 거대한 비디오 게임 속에서 살고 있는 것 같다.) - Koontz, *Dark Rivers of the Heart*

e. **The way** she asked me, I knew right away old Spencer'd told her I'd been kicked out. (부인이 묻는 말투로 보아, 나는 스펜서 선생님이 내가 퇴학당한 이야기를 했음을 알았다.) - Salinger, *The Catcher in the Rye*

f. **The way** I figure, anything is possible. I always think about the different kinds of chances. (제 생각으로는, 무슨 일이든 할 수 있어요. 저는 제가 가진 여러 가지 가능성에 대해서 항상 생각합니다.) - Malamud, The *Assistant*

특히 the way I see it / the way I look at it (= as I see it/ in my opinion 내가 보는 바로는)는 관용표현으로 많이 쓰인다.

g. **The way I see it**, they've <u>done me out of</u>* three weeks' wages. (내가 보기에 그들은 3주일치 내 임금을 떼먹었어.) [* do *sb* out of (their money) 아무를 속여서 (돈을) 빼앗다 → *p*. 306]

h. **The way I look at it**, every step in the Army turns out to be worse than you expected. (내가 보는 바로는, 우리 군대 내의 모든 조치가 기대했던 것보다 나쁘다.) - Mailer, *The Naked and the Dead*

§ 181 때를 나타내는 부사(구) 또는 명사

때를 나타내는 부사, 부사구 (대부분이 전치사가 생략된 부사구), 또는 명사가 종속 접속사로 쓰이는 일이 많은데, 대체로 (1) 단순부사 (2) 형용사 + time, *etc.* (3) the + 명사, (4) the + 형용사 + 명사, (5) (the) first / next thing sb knows 따위로 나눌 수 있다.

(1) 단순 부사

Directly/ immediately/ instantly (= as soon as), now (that) (= because), once (= if once/ when/ as soon as)

a. **Now (that)** you mention it, I do remember the incident. (네가 말을 하니까 그 일이 생각나는구나.)

b. Using the computer isn't difficult **once** you get the hang of it. (컴퓨터는 일단 요령을 터득하고 나면 사용하기 쉽다.)

(2) 형용사 + time, *etc.*

Any time/ each time/ every time (= whenever), first time, last time, next time, first morning, first chance (= as soon as you can manage to)

a. He would take up for Buck **any time** the choice was required. (그는 언제든지 선택을 해야 하는 경우에는 벅의 편을 들곤 했다.) - Caldwell, *God's Little Acre*

b. **Each time** I saw the sequence repeated, I felt a different way. (그 장면을 반복해서 볼 때 마다 느낌이 달랐다.) - Crichton, *Rising Sun*

c. **Every time** my father snapped his fingers, his dog would come to him. (아버지가 손가락으로 딱 소리를 낼 때마다 그의 개가 그에게로 오곤 했다.)

Cf. **Every single time** I phone her, the line is busy. (내가 그녀에게 단 한 번이라도 전화를 걸 때마다 통화중이다.)

d. "They'll give you my job," he said slowly. "**Last time** I was in Apia I told them you were all right." ("그들은 당신에게 내 직책을 줄거요,"하고 그는 천천히 말했다. "지난번에 아피아에 갔을 때 그들에게 당신이 적임자라고 말해 두었어요.") - Maugham, *Mackintosh*

e. **Next time** I hear of a really good thing I'll let you know. (다음에 좋은 정보가 들어오면 곧 알려 드리겠어요.) - Ibid., *Of Human Bondage*

f. **First chance** I get I gonna find a long plank and make a ridge pole, and put the tarp over that. (기회가 오면 기다란 널빤지를 사서 그걸로 들보를 만들고 그 위에 방수포를 덮어서 천막을 만들 수 있어요.) – Steinbeck, *The Grapes of Wrath*

(3) The + 명사

The instant/ the minute/ the moment/ the second (= as soon as), The hour, the day, the week, the morning, the night, the time (= when), the age (～의 나이가 되면)

a. **The instant** I saw him, I knew he was the man the police was looking for. (나는 그를 보자마자 경찰에서 찾고 있는 사람임을 알았다.)

b. Tell him I need to see him **the minute** he arrives. (그가 도착하는 대로 내가 만나고 싶어 한다고 전해 주시오.)

c. He said he'd phone **you the moment** he got home. (그가 집에 도착하자마자 자네한테 전화하겠다고 했어.)

d. **The second** my hand reached the wheel I felt the shock—it must have killed her instantly. (내 손이 핸들에 닿는 순간 충격을 느꼈어요. 그 충격으로 그녀가 즉사했음에 틀림없어요.) - Fitzgerald. *The Great Gatsby*

e. I tried to enlist **the day** war broke out, but they wouldn't have me on account of my age. (전쟁이 일어나던 날 군에 입대하려고 했지만, 나이가 많다고 받아 주지 않았어요.) - Maugham, The Traitor

- **The day** I signed on with Chrysler, Marian called to wish me well. (내가 크라이슬러사와 고용계약에 서명하던 날 (나의 처) 마리안은 나에 축하전화를 걸어왔다.) - Iacocca, *Autobiography*

f. I felt very much the same as I did **the morning** I was married. (내가 결혼하던 날의 아침과 같은 기분이었다.) - du Maurier, *Rebecca*

g. **The night** they handed in their study cards, Andrew, Wig, and Newall had a gin-and-tonic party to honor their official course commitment to self-betterment. (앤드루, 윅 그리고 뉴얼이 수강 신청서를 제출하던 날 밤 그들은 자신들의 발전을 위하여 공식적인 코스에 전념할 것을 다짐하고 진토닉을 마시며 자축파티를 열었다.) - Segal, *The Class*

NB 그러나 위의 (3)과 다음 페이지의 (4)의 경우, 명사 뒤에 관계 대명사가 따르거나, 앞에 전치사가 붙는 형식도 많이 쓰이지만, 이런 것은 접속사로 볼 수 없다.

ⓐ **The first time** *that* I met Robert McNamara, my new boss, we talked about carpeting. (내가 신임 사장인 로버트 맥나마라를 처음으로 만났을 때 우리는 카페트에 대해서 이야기 했다.) - Iacocca, *Autobiography*

ⓑ My husband never did a stroke of work *from* **the day** I married *to* **the day** he died and I had to keep him. (남편은 결혼하던 날부터 그가 죽는 날까지 일이라곤 손도 까딱하지 않았어요. 그래서 제가 남편을 먹여 살려야 했습니다.) - Maugham, *The Treasure*

(4) The + 형용사 + 명사

The first time/ day/ year/ moment, the first chance (= as soon as you can manage to), the next time, the last time, the same hour, the very evening/ minute/ moment, the whole time (= all the time), *etc.*

a. **The first time** Michael asked me out*, he was so nervous his hands were shaking. (마이클이 처음 나한테 데이트를 신청할 때 그는 너무 떨려서 손이 흔들렸다.) [* ask *sb* out 아무에게 데이트를 신청하다]

b. **The first day** we met, your Mrs. Van Hoppe asked me why I came to Monte Carlo. (우리가 처음으로 만나던 날 당신의 반 호퍼 부인은 나에게 왜 몬테 카를로에 왔느냐고 물었습니다.) - du Maurier, *Rebecca*

c. **The first year** I was at Chrysler, I wrote off $ 88 million in used car losses. (내가 크라이슬러에서 근무하던 첫 해에 8800백만 달러를 중고차의 손해로 날려 버렸다.) - Iacocca, *Autobiography*

NB 서수의 앞 또는 뒤에 다른 형용사가 붙기도 한다.

ⓐ Isabel, you know I wanted to marry you **the very first day** I saw you. (이자벨 양, 내가 당신을 만난 바로 첫날부터 당신과 결혼하고 싶었다는 걸 알고 계시겠죠.) - Maugham, *The Fall of Edward Barnard*

ⓑ **The first two or three years** I was in India I lived mostly in native hotels. (내가 인도에 있던 처음 2, 3년간은 원주민의 호텔에 투숙하고 있었어요.) - Ibid., *The Razor's Edge*

d. "Have you got a dime in your pocket to spare, son?" He whispered to me, "I'll pay it back to you **the first chance** I get." ("이봐, 너 10센트 가진 거 있니?"하고 그는 속삭였다. "생기는 대로 곧 돌려주마.") - Caldwell, *Georgia Boy*

e. **The next time** you pull a goddam trick like that, I'm going to put you in for a court-martial. (자네가 다음에 또 그런 식으로 나를 놀리면 군법회의에 회부할 거야.) - Mailer, *The Naked and the Dead*

f. **The last time** I saw him, he was going to see his father in the hospital. (지난번에 그를 만났을 때 그는 병원에 입원 중인 아버지를 문병하러 가는 길이었다.)

g. **The very moment** I have drunk my coffee I shall leave this apartment for ever. (내가 이 커피를 다 마시자마자 이 방을 영원히 떠날거야.) - Maugham, *Appearance and Reality*

h. **The whole time** she was handling the funeral arrangements, she didn't even shed a tear. (그녀는 장례식 준비를 하는 동안 내내 눈물 한 방울 흘리지 않았다.) - Ripley, *Scarlett*

Cf. Max looked into the mirror **all the time** he was talking. (막스는 이야기하는 동안 내내 거울을 보고 있었다.)

(5) (The) first thing *sb* knows (처음에 정신을 차리고 보니/ 눈을 떠보니)
(The) next thing *sb* knows (다음에 정신을 차리고 보니/ 눈을 떠보니/ 어느 틈엔가)

위의 형식은 엄밀한 의미에서 앞에서 설명한 네 가지 형식과는 다르다. 의미는 부사절과 닮았지만, 항상 글머리에 온다는 점에서 접속사와 유사하기 때문에 여기에 포함시켰다.

Cf. **The first thing I did** when I got off at Penn Station, I went into this* phone booth. (펜실베니아 역에 도착했을 때 내가 맨 먼저 한 일은 공중전화 박스에 들어간 거야) - Salinger, *The Catcher in the Rye* [* this = a → *p.* 54]

a. **First thing I knew**, Ashley had me on my horse and told me to come to you. (눈을 떠보니 애슐리가 나를 내 말에 태워 주면서 당신한테 가라고 했어요.) - Mitchell, *Gone with the Wind* [앞에 the가 없는 것이 보다 informal한 형식임]

- **: first thing you know,** boy, folks is gonna say you got to wee squattin' down. (이봐, 우선, 사람들은 네가 웅크리고 앉아서 오줌을 눠야 한다고 말할거야.) - Capote, *Other Voices, Other Rooms* [you가 여자아이처럼 예쁜 소년이므로 사람들이 계집애라고 놀린다는 뜻. folks is = folks are]

NB the first thing *sb* knows라는 표현도 있지만, 위의 first thing *sb* knows 보다 사용빈도가 낮다.

b. I fainted and **the next thing I knew** I was in the hospital. (나는 졸도했는데 깨어보니 병원에 와 있었다.)

- **The next thing he knew**, he was in a stream of traffic going past the Eiffel Tower. (어느 틈엔가 그는 에펠탑을 통과하는 자동차의 물결 속에 있었다.) - Folsom, *The Day After Tomorrow*
- **The next thing I knew**, I was face down on cold cement. (다음 순간 눈을 떠보니 차가운 시멘트 바닥 위에 엎드려 있었다.) - Sanders, *The Sixth Commandment*
- Then he really let one go at me, and **the next thing I knew**, I was on the goddamn floor again. (그러자 그 놈은 나한테 정말 한 대 갈겼어. 그래서 다음 순간 정신을 차리고 보니 나는 다시 마룻바닥에 뒹굴고 있더군.) - Salinger, *Ibid.*
- I felt a bit funny, then **the next thing I knew** I was lying on the floor—I must have fainted. (기분이 이상하다는 느낌이 들었어. 그 다음에 정신을 차리고 보니 내가 바닥에 누워 있는거야. 내가 실신했음에 틀림없어.)

c. **Next thing you know**, the mechanic at the gas station is replaced. (다음에 알고 보면 주유소의 종업원이 바뀌어 있다.) - Toffler, *Future Shock*

- **Then next thing I realize** you busted back through the kitchen and run up to your room. (그 다음 순간 너는 급히 부엌을 지나서 너의 방으로 뛰어 올라갔어.) - McCullers, *The Member of the Wedding*

§ 182 On account (of)

(1) 영어에서 전치사 of는 생략되는 일이 많고(→§ 170 (5)), 전치사구 on account of의 of도 *AmE*의 구어에서 종종 생략된다. 이 of가 생략된 on account가 그대로 접속사로서 because와 같은 의미로 쓰이는 일이 있다(cf. on account of = because of).

a. Of course, she is a little lame on the right foot … but nobody notices **on account** she is so brilliant and also beautiful. (물론 오른쪽 다리를 약간 절지만, 그녀는 대단히 영리하고 아름답기 때문에 아무도 눈치 채지 못한다.) - Malamud, *The Magic Barrel*

b. We can't afford to keep him but we can't afford to lose him, **on account** he might improve more the business if he stays. (그를 가게에 계속 붙잡아 둘 여유가 없지만 그가 있으면 장사가 잘 되기 때문에 내 보낼 수도 없다.) - Malamud, *The Assistant*

이 어법은 *BrE* 에서도 쓰이고 있다.

c. Take your three days off, Mr. Barlow, only don't expect to be paid for them **on account** you're thinking up some fancy ideas. (발로우 씨, 3일간 휴가를 받으세요. 좀 멋있는 아이디어를 생각하고 있다고 해서 급료를 받을 수는 없겠지만요.) - Waugh, *Loved One*

Cf. So what is the difference, tell me, between twenty-seven and thirty-two? My own wife is seven years older than me. So what did I suffer ? – Nothing. If Rothschild's a daughter wants to marry you, would you say **on account** her age, no? (자 그럼 27살과 32살의 차이가 어느 정도인지 말해봐요. 내 처는 나보다 7살 연상입니다. 그래도 나에게는 아무런 지장도 없어요. 만약 로스차일드의 딸이 당신과 결혼하자고 한다면 나이 차이 때문에 싫다고 하겠소?) - Malamud, *The Magic Barrel*

(2) On account 뿐만 아니라 전치사와 똑같은 on account of도 접속사로 쓰인다. 이 on account of의 접속사 용법은 지역방언(regional dialect)이라고 비난하는 사람도 있으나 소설 같은 데서는 흔히 눈에 띈다.

a. **On account of** it was Sunday, there were only about three shows playing. (일요일이었으므로 연극을 세 군데 밖에 하고 있지 않았다.) - Salinger, *The Catcher in the Rye*

b. I wasn't supposed to come back after Christmas vacation, **on account of** I was flunked four subjects and not applying myself and all. (나는 크리스마스가 끝나면 돌아오지 않을 예정이었다. 왜냐하면 네 과목이나 낙제했고, 열심히 공부도 하지 않았기 때문이었다.) - *Ibid.*

c. He's president of the Patients Council **on account of** he has a paper that says he graduated from college. (그는 대학을 졸업장을 가지고 있기 때문에 환자 위원회의 회장이다.) - Kesey, *One Flew Over the Cuckoo's Nest*

d. He stops winding his watch **on account of** it's tight enough another twist is going to spray it all over the place. (그는 시계의 태엽 감기를 중지했다. 태엽이 팽팽하게 감겨져서 한 번만 더 돌리면 태엽이 끊어져서 사방으로 흩어질 것 같았기 때문이었다.) - *Ibid.* [이 문장의 현재 시제→§ 97 (1), 또 형용사 + enough (so) that →§ 273 (3). 이 문장에서는 enough의 뒤에 접속사 that이 생략 되었다.]

e. You never knew what he was thinking, never even knew if he was looking at you - on account of he was slightly cockeyed. (당신은 그가 무슨 생각을 하고 있는지 몰랐고, 그가 약간 사팔뜨기이기 때문에 그가 당신을 보고 있는지 어떤지 조차 몰랐다.) - Capote, *In Cold Blood*

On과 of를 둘 다 생략한 account만으로 접속사로 쓰는 경우도 있다.

f. I'll throw in the ammo, **account** you're a good customer and all. (당신은 좋은 고객이니까 탄환도 넣어 주겠소.) - Higgins, *The Friends of Eddie Coyle*

제2부

구 문 론

제12장 관계사

WARM-UP

관계사(Relative) 란 접속사 와 대명사 (부사, 형용사) 의 역할을 동시에 가지는 말이다. 즉, 접속사와 대명사의 기능을 동시에 가지는 관계 대명사 (Relative pronoun), 접속사와 부사의 기능을 가진 관계 부사 (Relative adverb), 그리고 관계 형용사 (Relative adjective)를 함께 일컫는 용어이다. 관계 대명사에는, who (whose, whom), which, that, what, *etc.*가 있고, 관계 부사에는 when, where, why, how, *etc.* 가 있으며, 관계 형용사에는 which, what, whichever, whatever, whose가 있다. 이 밖에 whoever, whichever, whatever/ whenever, wherever, however 는 복합 관계 대명사/ 부사, 그리고 as , but, than은 유사 관계 대명사라고 부른다.

(1) 관계 형용사와 의문 형용사

의문 형용사의 뒤에는 수식 \받는 명사가 오기 때문에 다른 경우와 확실히 구별할 수 있지만, what 의 경우에는 혼동하기 쉽다. 다음의 두 예문을 비교해 보면 그 차이를 알 수 있다.

- I showed him **what** clothes (= all the clothes that) I should wear. (내가 입을 옷을 전부 그에게 보여 주었다.) [관계 형용사]
- I asked him *what* clothes I should wear. (나는 무슨 옷을 입고 가야 할지 그에게 물었다.) [의문 형용사]

(2) 관계 대명사 who와 whom

논리적으로는 목적격 whom이 와야 할 곳에 주격 who가 쓰이는 것은 의문사 (→ *pp.* 64/65)만큼은 빈번하지 않지만, 구어체 문장에서는 가끔 볼 수 있다.

- There's the man (that)/ (**who**) we met in the pub last night. (우리가 지난밤에 술집에서 만난 그 남자가 저기에 있다.) [*PEU*[2]]
- The family (**who**/ that/ whom) I met at the airport were very kind. (내가 공항에서 만난 그 가족은 대단히 친절했다.) [*OALD*[6]]

I. 관계 대명사

문장을 명사 즉 선행사에 연결하는 대명사를 말하며, who (whose/whom), which (whose *or* of which / which), that 그리고 what이 있다. 그러나 회화에서는 관계 대명사를 사용하지 않으며, 현대 구어 영어에서 한정용법의 경우 목적격 관계 대명사는 항상 생략하고, 또 한정 용법의 경우 주격 관계 대명사는 which 보다 that을 선호한다.

§ 183 Who (whose / whom)

(1) Who는 반드시 사람을 선행사(antecedent)로 한다.

- A postman is *a man* **who** delivers letters. (우체부는 편지를 배달하는 사람이다.)

NB1 동물을 인간처럼 취급하여 who로 받는 일이 있다.

- I have *a dog* ***who*** can do clever trick. (나한테 재주를 잘 부리는 개가 있다.)

(2) Whose는 무생물에도 쓰이며, 항상 관계 형용사가 된다.

- That is *the man* **whose** house was broken into by burglars last night. (저 분이 지난밤에 강도가 든 집 사람이다.)
- The others were playing *a game* **whose** rules (= the rules of which) I couldn't understand. (다른 사람들은 내가 규칙을 알 수 없는 어떤 경기를 하고 있었다.)

(3) Whom

a. That is *the man* (**whom**) I met in Singapore a few days ago. (저 사람이 내가 며칠 전 싱가포르에서 만난 남자이다.)

b. This is *John Perkins*, **whom** you met at the sales conference. (이 분이 존 퍼킨스씨, 우리가 영업회의 때 만난 분이다.) [이 관계 대명사는 계속적 용법이므로 생략할 수 없다.]

c. I have *a lot of American relatives*, <u>most of **whom**</u>* live in Texas. (나에게는 미국인 친척이 많은데 그들은 대부분 텍사스에 살고 있다.) [*most of whom의 어순은 바꿀 수 없다.→§ 189 (2)]

NB2 다음 문장의 who는 was의 주어(she says 는 삽입구) 이므로 whom이 아니다.

- She has an adopted child ***who*** she says was an orphan. (그녀에게는, 자신의 말을 빌리면 고아였다고 하는 입양아가 있다.) [그러나 문법적으로는 who가 맞지만 관계 대명사가 타동사 say의 목적어로처럼 보이기 때문에 whom도 종종 쓰인다.] 다음 예문도 같은 경우이다.
- There is a child in this class ***who(m) I believe*** is a musical genius. (이 반에는 음악의 천재로 보이는 어린이가 한 명 있다.) [*PEU* 435]

§ 184 Which

(1) 동물이나 사물을 가리킨다.

- The depression which started in 1929 was a catastrophe of unprecedented dimensions* for the United States. (1929년에 시작된 불경기는 미국에 전례 없는 규모의 큰 재앙이었다.) [* *pl.* 용적, 면적, 부피, 크기]

NB 한정용법의 경우, 주격 관계 대명사 which 보다 that이 선호된다(→*p.* 352). 다음 문장에서 which도 가능하지만 that을 사용하는 것이 바람직하다.

- Did you see the letter that came yesterday? (어제 온 편지를 보셨어요?)

(2) Which의 소유격 whose와 of which의 용법상의 관계는 다음과 같다.

The house **whose** windows are broken is unoccupied.
= The house **of which** the windows are broken is unoccupied.
= The house the windows **of which** are broken is unoccupied.
(창문이 깨어진 그 집은 비어 있다.)

Cf. The house with the broken windows is unoccupied. (윗 문장의 자연스런 표현)

a. To the habitual reader reading is a drug **of which** he is the slave. (습관적인 독서가에게는 독서란 끊을 수 없는 마약이다.) - Maugham, *The Bum*

b. They sat in a circle **of which** Mrs. Albert Forester was the center. (앨버트 포레스터 부인을 중심으로 하는 원형으로 앉았다.) - Ibid., *The Creative Impulse*

c. Things could go on there the news **of which** would never penetrate to the outside world. (거기에서는 정보가 외부 세계로 결코 누설되지 않는 어떤 일들이 진행되고 있을지도 모른다.) - Christie, *They Came to Baghdad*

d. She turned to him with a smile **which** she well knew the effect **of**. (그녀는 효과를 충분히 알고 있는 미소를 띄우며 그가 있는 쪽으로 돌아보았다.) - Maugham, *The Painted Veil*

(3) 선행사가 사람 그 자체가 아니고, 그 사람의 성격, 직업, 신분 따위를 나타낼 때는 which(or that)가 보어로 쓰이지만 생략되는 일이 많다.

- She is no longer the cheerful woman **which** she used to be. (그녀는 옛날의 그 쾌활한 여자가 아니다.)

Cf. I've sacrificed everything to become the man∧I am. (나는 현재의 내가 되기 위해서 모든 것을 희생했다.) - Maugham, *Lord Mountdrago*

§ 185 한정용법과 계속용법

(1) Who와 which에는 한정용법(Restrictive use)과 계속용법(Continuative use)이 있다. 전자는 관계 대명사가 이끄는 형용사절(=관계사절)이 선행사를 수식하며, 문장의 중요한 일부가 되는 경우이다. 후자는 관계사절이 문장의 중요한 일부로서가 아니고, 추가적으로 사용되는 경우로서 일종의 삽입절 역할을 한다. 관계 대명사의 앞에 comma가 없으면 한정용법, 있으면 계속용법이다. 계속용법의 경우, 그 관계 대명사를 [and/ but/ for/ though, *etc.* + 주어]로 보면 무난하다.

a
- There were few passengers who escaped without serious injury. [한정용법] (중상을 면한 승객은 거의 없었다.)
- There were few passengers, who (= and they) escaped without serious injury. [계속용법] (승객은 몇 명 밖에 없었지만, 그들은 모두 중상을 면했다.)

b
- He had three sons who became professors. [한정용법] (교수가 된 아들이 셋이 있었다.) [그 밖에도 아들이 있었을지 모른다.]
- He had three sons, who (=and they) became professors. [계속용법] (그에게는 세 아들이 있었는데, 그들은 모두 교수가 되었다.) [아들은 세 명뿐 이다.]

*b*의 윗 문장은, who가 한정(즉 수식)하는 아들이 셋이 있었다는 뜻이며 그 밖의 아들에 대해서는 (있는지 없는지 조차) 언급하고 있지 않다. 아래 문장은 먼저 He had three sons 로서 서술은 일단 끝나고 있다. 아들이 모두 세 명임은 명백하고 거기에 대해서는 뒤에 who이하를 추가적으로 서술한 것이다. 계속용법의 관계 대명사가 나타내는 의미는 문맥으로 파악해야 한다.

a. SAT scores are falling, **which** means fewer kids get to go to college. (대입 자격시험 성적이 계속 떨어지고 있는데, 이것은 대학에 갈 수 있는 학생 수가 줄고 있다는 뜻이다.)

- I gave him a warning, **to which** he turned a deaf ear. (= but he turned a deaf ear to it.) (그에게 경고를 했으나 그는 내 말을 듣지 않았다.)

b. The man, **who**(= though he) was far from well off, remained quite contented. (그 사람은 결코 부자가 아니었으나 아주 만족하고 있었다.)

- Dessie, **who**(= though she) had more friends than anyone in the whole valley, had no confidants. (데시는, 그 동네의 누구보다 친구가 많았지만, 마음을 터놓고 지내는 친구는 없었다.) - Steinbeck, *East of Eden*
- Lying is a great sin against God, **who**(=for he) gave us a tongue to speak truth and not falsehood. (거짓말 한다는 것은 하나님에 대한 큰 죄악이다. 왜냐하면, 하나님은 인간에게 진실을 말하라고 혀를 준 것이지 거짓말을 하라고 준 것이 아니기 때문이다.)

(2) 현대영어는 구두점이 엄격하게 지켜지지 않으므로 comma의 유무가 한정용법 과 계속용법을 구별하는 지표가 되지 않는다. 그래서 comma가 없더라도 계속용법인 경우가 많다. 이것은 관계부사의 경우에도 적용되지만, 여기서는 관계 대명사의 용례만 들기로 한다.

a. She handed the flask to Macomber **who** handed it to Wilson. (그녀는 그 플래스크를 마코머에게 주었으나 그는 그것을 윌슨에게 주었다.) - Hemingway, *The Short Happy Life of Francis Macomber* [who= but he]

- I visited a doctor **who** told me that there was nothing wrong with me except malnutrition. (내가 의사에게 가 보았더니 영양실조 외에는 몸에 다른 이상은 없다고 말했다.) - Wright, *Black Boy* [who= but he]
- It was just after the First World War. She had been engaged to a man **who** was killed in it and she and her mother had managed to get over to France to see his grave. (때는 일차대전 끝난 직후였다. 그녀는 어떤 남자와 약혼했었으나 남자가 전사했고, 그녀는 어머니와 함께 그의 무덤을 보려고 프랑스로 건너왔다.) - Maugham, *A Woman of Fifty*

b. After a few minutes an elderly woman opened with a suspicious face **which** immediately changed to a beam of welcome. (잠시 후 나이 지긋한 여인이 의심에 찬 얼굴로 문을 열어 주었으나 그 얼굴은 이내 반가운 미소로 바뀌었다.) – Christie, *They Came to Baghdad* [which = but it]

- Marvell unclasped her handbag, and drew out three envelopes **which** she handed to Poirot. (마블은 핸드백을 열고 세 개의 봉투를 꺼내더니 그것을 푸아로에게 건네주었다.) - Ibid., *Poirot Investigates* [which = and them]
- On their marriage they had been appointed to the islands in **which** they had labored ever since. (그들은 결혼하자 그 섬으로 발령을 받아서 그 후 거기서 열심히 근무해 왔다.) - Maugham, *Rain* [in which = and in the islands]
- I look upon marriage as a spiritual union in **which** it's my duty to love, honour and obey my husband. (나는 결혼이란 영혼의 결합이며 결혼생활에서는 내 남편을 사랑하고, 존경하며, 그리고 복종하는 것이 내 의무라고 생각해요.) - Ibid., *Mrs Craddock*
- Simon's initial feeling when he heard about the accident was sadness **which** then turned to anger. (사이먼이 그 사고 소식을 들었을 때 최초의 감정은 슬픔이었고 그 다음에 분노로 바뀌었다.) [which = and it]

c. The house had been rented on a long lease to a family **that** had just moved to Junction City. (그 집은 어떤 가족에게 전세로 빌려 주었으나 그들은 바로 얼마 전에 정션 시티로 이사를 가 버렸다.) - Sheldon, *Windmills of the Gods* [that = but they]

- Eventually the ice began to thaw, and broke into pieces **that** floated on the surface of the pond. (마침내 얼음이 녹기 시작하더니 산산 조각으로 부서져서 연못의 표면에 둥둥 떠 다녔다.) [that= and they]

이 밖에도 *p.* 25의 두 번째 용례

§ 186 Which의 계속용법

Which가 계속용법으로 쓰이는 경우, 아래의 (1), (2)와 같은 두 가지 용법이 있다.

(1) 앞 문장의 전체 또는 일부를 선행사로 받는 경우

① 앞 문장 전체 또는 절을 선행사로 받는다.

a. *He lost his health,* **which** was the cause of his failure. (그가 건강을 잃은 것이 실패의 원인이었다.)

b. *She didn't cry or take on*,* **which** was very brave on her part. (그녀는 울거나 슬퍼하지 않은 것은 용기가 있었기 때문이었다.) - Capote, *Other Voices, Other Rooms* [* 흥분하다, 슬퍼하다]

c. *She used to get very depressed,* **which** is one of the reasons she committed suicide. (그녀는 항상 대단히 우울했는데 그것도 자살한 이유 중의 하나이다.)

d. *He thought she didn't look Jewish,* **which** was all to the good. (그는 그녀가 유태인처럼 보이지 않는다고 생각했는데, 그건 잘 된 일이었다.) - Malamud, *The Assistant*

e. *My car had broken down opposite a garage,* **which** was a real stoke of luck. (내 차가 자동차 정비소 맞은편에서 고장이 났는데 그건 정말 다행이었어.)

f. *Only three people passed the test,* **which** just shows how hard it was. (그 시험에 세 명 만이 합격했는데 이것은 시험이 얼마나 어려웠는지를 말해준다.)

NB1 관계사절이, 그 내용을 받는 절의 중간에 삽입되는 경우도 있다.

- He was, **which was rare for him**, in a bad temper. (그에게는 드문 일이지만, 기분이 나빴다.) – Maugham, *An Official Position*

② 앞 문장에 있는 동사어군을 선행사로 받는다.

a. He tried *to catch the ball*, **which**(= but it) was found impossible. (그는 공을 잡으려고 했으나, 잡을 수 없었다.)

b. I had forgotten *to draw my curtain*, **which** I usually did. (내가 항상 하는 일인데 내 커튼 치는 일을 잊어 버렸다.)

c. Later, we try *to find them work*—**which** is almost impossible. (그 후 우리는 그들에게 일자리를 구해 주려고 하지만 그것은 거의 불가능한 일입니다.) - Isherwood, *Goodbye to Berlin*

③ 앞 문장의 동사를 받아서 관계사절의 술어가 된다.

He beckoned her to *approach*, **which** she did not. (그는 그녀한테 손짓으로 가까이 오라고 했으나 오지 않았다.)

④ 앞 문장에 있는 명사를 받아서 관계사절의 보어가 된다.

a. … the little bird flew round and round her, singing like *a nightingale*, **which** indeed it was. (그 작은 새는 나이팅게일처럼 그녀의 주위를 날면서 빙글빙글 돌았는데, 그 새는 정말 나이팅게일이었다.) - Maugham, *Princess September*

b. They think that fashion is *nonsense*, **which** it is not. (그들은 패션을 난센스라고 생각하지만, 그렇지 않다.)

⑤ 앞 문장의 보어인 형용사를 받아서 관계사절의 보어가 된다.

a. She was *rich*, **which** I unfortunately was not. (그녀는 부자였으나 불행하게도 나는 부자가 아니었다.)

b. … "only not quite so useful," he added, fearing lest people should think him *unpractical*, **which** he really was not. ("다만 그다지 도움은 되지 않아요," 라고 그는 말했지만 이것은 다른 사람들이 그를 비현실적인 인간이라고 여기지 않을까 하고 생각했기 때문이다. 그러나 사실은 그는 현실적인 남자였다.) - Wilde, *The Happy Prince*

(2) Which의 관계형용사로서의 용법

a. She spoke to me in *French*, **which** (= but this) language I did not understand. (그녀는 나에게 불어로 말했으나, 나는 불어를 몰랐다.)

- I was told *to go not by bus but by subway*, **which** advice I followed. (나는 버스로 가지말고 지하철로 가라는 말을 듣고 그 충고를 따랐다.)

b. *The upper class may continue to block reforms*, in **which** case we must expect the use of violence. (상류계급은 계속 개혁을 방해할지 모른다. 그런 경우에는 폭력을 사용해야 할 것이다.)

- Sometimes the computer system breaks down, in which case you'll have to work on paper. (이따금 컴퓨터가 고장이 나는데, 그런 경우에는 종이에 기록해야 할 것이다.)

Cf. "*But there may not be any profits.*" "In **which** case I will automatically take over sixty percent of the assets." ("그러나 이익이 남지 않을지도 모릅니다." "그런 경우에는 자동적으로 내가 자산의 60퍼센트를 인수하겠습니다.) - Archer, *As the Crow Flies* [여기서는 관계 형용사가 독립적으로 사용되고 있다.]

이상에서 볼 수 있는 바와 같이 관계형용사가 이끄는 절은 항상 계속용법이며 그 의미는 and this (*or* these), but this (*or* these), though this (*or* these), because this(*or* these)로 된다.

NB2 관계 형용사로 쓰이는 것은, which외에 what (→*p.* 353), 복합 관계 대명사 가운데 whichever, whatever (→§ 198(2))이다.

§ 187 That

항상 한정용법으로만 쓰이고, 사람, 동물, 사물 등 무엇이든지 선행사가 될 수 있다. 특히 <선행사가 의문사이거나, 선행사가 the only, the very, the same, all, any, the last, 서수 및 형용사의 최상급으로 수식되는 경우>에 쓰는 것이 원칙이나, 이런 경우에도 선행사가 사람일 때는 who, 사물일 때는 which도 쓰인다(아래의 Cf.에 있는 두 개의 용례).

a. *Who* **that** has pride in him can stand such an insult? (자존심이 있는 사람치고 누가 그런 모욕을 참을 수 있겠는가?)

b. Man is *the only* animal **that** consumes without producing. 인간은 생산하지 않고 소비만 하는 유일한 동물이다.) - Orwell, *Animal Farm*

c. Lindbergh was *the first* man **that** flew across the Atlantic alone. 린드버그는 혼자서 비행기를 타고 대서양을 횡단한 최초의 인간이었다.)

Cf. The love of parents for their children is *the only* emotion **which** is quite disinterested. [번역과 출처→ *p.* 290]

- He was *the only* man in town **who** could stop a husband-and-wife fight. (그는 읍내에서 부부싸움을 말릴 수 있는 유일한 사람이다.) - Steinbeck, *Sweet Thursday*

이 밖에 선행사가 *d.* 사람과 사람 이외의 것, *e* 인간 자체가 아니고 인간의 성격, 지위, 직업 따위를 나타내는 경우에도 that이 쓰인다. →*p.* 347(3))

d. I made notes of the people and places that excited my interest. (나의 흥미를 끄는 사람이나 장소를 기록해 두었다.) - Maugham, *On a Chinese Screen*

e. Now look at what I've done, fool that I am.* Half your chin is smooth and the other half is bristly. (아니, 내가 바보 같은 짓을 했구나. 한 쪽 턱은 반반하게 깎았는데 반 쪽은 그냥 남겨 놓았군.) - Pasternak, *Doctor Zhivago* [*= What a fool I am! 내가 정말 바보구나! ↔ *p.* 327ⓒ]

NB1 선행사가 사람인 경우에 that 보다 who가 선호되는 이유는, that을 사용하면 사람을 무생물로 취급하는 느낌을 동반하기 때문이다.

- In *Gunfight at the OK Corral*, Wyatt Earp is *the only man* **who** dares intervene to end the rampage of a drunken Indian. (영화 <OK 목장의 결투>에서 와이어트 어프는 술취한 인디안의 행패를 말리는 유일한 사람이다.) – Schneider, *1001 Movies*

☞ <OK 목장의 결투>(1957)는 1881년 Arizona주 Tombstone에서 실제로 있었던 와이어트 어프와 클랜튼 갱의 유명한 대결을 각색한 멋진 서부영화다. marshal(보안관) Earp역은 완벽한 체격과 이를 드러내며 씩 웃는 미소의 액션스타 Burt Lancaster가 맡고, 그의 동료 Doc Holliday는 Kirk Douglas가 잘 소화했으며, Dimitri Tiomkin의 아름다운 멜로디의 주제곡도 영화를 한층 살린다. 이 영화는 같은 내용으로 John Ford가 만든 *My Darling Clementine* (1946)보다 좀 더 사실에 충실하다.

§ 188 What (선행사를 포함한 관계 대명사)

(1) 관계 대명사 what은 that which, the thing which, all that, anything that, *etc.* 으로 바꿔 쓸 수 있다.

a. Life never gives us **what** we want at the moment that we consider appropriate. (인생은 우리가 원하는 것을 우리가 적절하다고 생각할 때 주는 일은 절대로 없다.) - Forster, *A Passage to India*

b. **What** he said was lost in the applause that greeted him. (그가 한 말은 그를 환영하는 박수갈채에 파묻혀 버렸다.) [what = that which]

c. **What** a man is (= A man's character) contributes more to his happiness than what he has (= his wealth). (인격은 재산보다 사람의 행복에 더 많이 기여한다.)

d. I'll see **what** I can do*. (what = all that)(= I'll do as much as I can./ I'll do all I can.) (힘자라는 데까지 당신을 도와 드리겠어요.) [* 빈번하게 쓰이는 표현]

- She does what I tell her. She gives me **what** I want from a woman. (그녀는 내가 시키는 일은 무엇이든지 한다. 그녀는 내가 여자에게서 원하는 것은 무엇이든지 준다.) - Maugham, *The Moon and Sixpence*

e. He is not **what** he used to be. (what = the man that) (그는 옛날의 그가 아니다.)

(2) 관계 형용사로서의 what (즉 what + 명사 = all the + 명사 + that)

a. What money I have will be yours when I die. (내가 가진 돈은 내가 죽고 나면 모두 네 것이 될 거야.)

b. He went to his desk and took out **what** money he had. (그는 그의 책상으로 가서 가진 돈을 모두 꺼냈다.) - Maugham, *Of Human Bondage*

c. Binta and the other women snatched **what** little relaxation they could around the village's new well. (빈타와 다른 여인들은 마을의 새 우물 옆에서 얼마 되지 않지만 그 짧은 시간동안 휴식을 즐겼다.) - Haley, *Roots*

d. With what little money* she saved, she'd caught another bus and stepped in New Orleans. (그녀는 얼마 안되지만 저축한 돈을 몽땅 털어서 또 한 대의 버스를 타고 뉴 올리언스로 진출했다.) - Clancy, *Without Remorse* [* = all the little money that 얼마 안되는 돈 전부]

e. I was their last pawn, and to save **what** little face* they had left, they wanted all the blood they could squeeze. (나는 그들의 마지막 저당물이었고, 그들에게 남아있는 얼마 안되는 체면을 유지하려고 그들은 짜낼 수 있는 모든 피를 짜내려고 했다.) - Grisham, *The Street Lawyer* [*save *sb*'s face 아무의 체면을 세우다]

(3) What의 idioms (→ *p.* 74 *g*)

① What we (*or* you/ they) call, what is called (소위, 이른 바)

a. Well, I say, you know black folks have **what you call** albinos to this day. (그런데 말이야, 너도 알다시피, 우리 흑인들에게는 오늘날까지도 소위 백피증 환자가 있지.) - Walker, *The Color Purple*

b. Sartre's allegiance was to **what we might call** an atheistic existentialsim. (사르트르는 소위 무신론적 실존주의에 충실했다.) - Gaarder, *Sohhie's World*

② What A is to B, C is to D = A is to (*or* in) B what C is to (*or* in) D (A와 B의 관계는 C와 D의 관계와 같다)

a. **What** the fear of dismissal *is to* the employee, the fear of bankruptcy *is to* the employer. (종업원에게 해고의 공포는 고용주에게 파산의 공포와 같다.) - Russell, *The Conquest of Happiness*

b. A showy classic, <u>*Grease*</u>* *was to* pubescent girls of the late 1970s **what Star Wars** *was to* young boys. (1970년대 말의 사춘기 소녀들에게 화려한 고전영화 <그리스>(1978)는 사춘기 소년들에게 <스타워즈>(1977)가 갖는 의미와 같은 것이었다.) - Schneider, *1001 Movies* [* → 이 쪽 의 맨 아래 ☞]

③ What with A and (what with) B (what with = because of) [흔히 좋지 않은 사태의 원인을 둘 이상 열거할 때 쓰는 말] (A다 B다 하여, A하거나 B하거나 하여)

a. **What with** the wind *and* the rain our walk was spoiled. (바람도 불고 비도 오고 해서 우리들의 산책은 엉망이 되어 버렸다.)

b. It had been a very bad year for Gilbert, **what with** losing his job *and* his his wife. (직장도 잃고, 아내도 잃고 하여 길버트에게는 불운한 한 해였다.)

c. She's had a terrible run of bad luck this year, **what with** the car accicent *and* her boy friend leaving her. (그녀는 금년에 자동차 사고를 당하기도 하고, 보이 프랜드와 헤어지기도 하여 불운의 연속이었다.)

☞ 이 영화는 브로드웨이 뮤지컬을 각색한 것으로, cool boy(멋진 남자)는 얌전한 여자를 사귀지 않으려 하지만 그녀가 다른 남자를 만나면 질투한다는 해묵은 줄거리를 바탕으로 하고 있다. 친구들의 간섭 때문에 여러 가지 오해가 생기지만 결국 그는 멋지게 보이는 것보다는 사랑이 더 중요하다는 것을 깨닫고 행복하게 끝난다. 1978년의 *Saturday Night Fever*의 엄청난 성공으로 십대 소녀들의 우상이 된 John Travolta와 Olivia Newton John이 주연으로 나온다. 잊을 수 없는 멋진 장면 중 가장 인상적인 것은 춤추고 노래하는 장면이다. 이 영화를 가장 뛰어난 뮤지컬 영화의 반열에 올려놓은 것은 영화 속에 섞어 넣은 다양한 요소들 중에서도 이제는 하나 같이 클래식이 되어버린 "Summer Nights"같은 관능적이며 생기발랄한 노래들이다.

§ 189 관계 대명사와 전치사

관계 대명사가 전치사의 목적어로 쓰일 때는 다음과 같은 원칙이 있다.

(1) 어순의 일반적인 원칙

전치사는 관계 대명사의 앞에 오는 일도 있고, 문장의 끝에 오는 일도 있지만 that의 앞에 오는 전치사는 없다.

ⓐ This is the computer *of* **which** I spoke the other day.
ⓑ This is the computer **which** I spoke *of* the other day.
ⓒ This is the computer **that** I spoke *of* the other day.
ⓓ This is the computer I spoke *of* the other day.

어법상으로는 ⓐ ~ ⓓ 모두 옳지만, ⓐ가 가장 문어적이며, 아래로 내려올수록 구어적인 문장이 된다. 가장 일반적인 것은 ⓓ이다. 아래 두 쌍의 문장도 ⓔ' ⓕ'가 구어적이며 가장 일반적이다.

ⓔ That girl to whom you lent your SF belongs to my class.
ⓔ' That girl you lent your SF to belongs to my class. (자네가 공상과학 소설을 빌려 준 그 소녀는 우리 반 학생이다.)

ⓕ The knife that we use to cut the bread with is very sharp.
ⓕ' The knife we use to cut the bread with is very sharp. (빵을 자르는데 사용하는 그 칼은 매우 잘 든다.)

(2) 전치사가 반드시 관계 대명사의 앞에 오는 경우

① all, most, some, both, one, *etc.* + of + 관계 대명사일 때

a. He was accompanied by two women and a man, *all of* **whom** were wearing masks. (그를 따라온 두 명의 여자와 한 명의 남자는 모두 마스크를 착용하고 있었다.) - Cook, *Contagion*

b. I represent drunks, thugs, wife beaters, husband beaters, injured people, *most of* **whom** have little or no money. (내 고객은 주정뱅이, 깡패, 마누라 팬 놈, 남편 때린 여자, 부상자들인데 이들은 대부분이 빈털터리야.) - Grisham, *A Time to Kill*

② 전치사가 beyond, during, (a)round, opposite, outside, *etc.* 일 때

- It was the result of the six years *during* **which** he had been painting. (그것은 그가 6년간 그림을 그린 결과였다.) - Maugham, *The Moon and Sixpence*

§ 190 주격 관계 대명사의 생략

타동사나 전치사의 목적어로 쓰인 목적격 관계 대명사는 물론이고, 주격 관계 대명사라도 다음 (1), (2), (3), (4), (5), (6)의 경우에는 생략할 수 있다. 특히 현대 구어영어에서는 이 경향이 현저하여, 목적격이건 주격이건 생략할 수 있는 경우는 항상 생략한다. 이것은 언어의 경제(economy of language)의 한 예이다.

(1) 관계 대명사가 (주격/ 목적격) 보어로 쓰일 때

a. She's not the cheerful woman∧she was before she married. (그녀는 결혼 전의 그 쾌활한 여자가 아니다.) - Maugham, *The Painted Veil* [that]

b. When I look back upon the girl∧I was I hate myself. (소녀시절을 돌이켜 보면 내 자신이 싫어진다.)

c. The thing you got to understand is I am not the same person∧I once was. (자네가 알아 둘 일은 나는 옛날의 내가 아니라는 점이다.) - Malamud, *The Assistant*

d. I fear he is not the gentleman∧Mr. Dickens is. (그는 디킨즈씨와 같은 신사는 아니라고 생각해요.) - Mitchell, *Gone with the Wind*

e. Like the great gentleman∧he was he would not have hesitated to admit that he had been mistaken. (훌륭한 신사답게 그는 자신의 생각이 틀렸음을 시인하기를 주저하지 않았을 것이다.) - Maugham, *The Lion's Skin*

f. You are not the girl∧I thought to be. (당신은 내가 생각했던 소녀가 아니군요.) [목적보어 that의 생략]

(2) There is/ here is의 뒤, 또는 there is의 앞에 오는 관계 대명사(현대 영어에서 빈번하게 볼 수 있다)

a. *There's* somebody∧wants you on the phone. (어떤 분이 전화로 당신을 찾습니다.) [who]

b. I want to know everything∧*there is* to know about the case. (그 사건에 대해서 모든 것을 알고 싶소.) - Gardner, *The Gilded Lily* [that]

- My dad knows everything∧there is to know* about engines—he used to be a mechanic. (우리 아빠는 엔진에 대해서는 무엇이나 다 아신단 말이야, 옛날에 기계 수리공을 하셨거든.) [* 어떤 분야에 경험이 풍부하기 때문에 무엇이나 다 알고 있다는 뜻]

c. That's all∧*there is* to it. (그것뿐 이다./그것으로 끝) [that] [대단히 많이 쓰이는 표현]

d. *There's* nobody in the County∧sits a horse better than Ashley. (우리 카운티에서 애슐리만큼 말을 잘 타는 사람은 없어.) - Mitchell, *Ibid.*

e. When she had done all∧*there was* to be done we sat on the balcony outside my room. (그녀가 할 일을 모두 끝냈을 때 우리는 내 방 밖에 있는 발코니에 앉았다.) - Hemingway, *A Farewell to Arms f. There's* no one∧enjoys good food than he does. (그 사람만큼 맛있는 음식을 좋아하는 사람은 아무도 없다.) - Maugham, *Jane*

g. There was no breeze∧came through the open window. (열린 창문으로 산들바람 한 점 들어오지 않았다.)

h. Here's some fellas∧want some breakfast. (여기에 조반을 먹고 싶어 하는 사람들이 있어요.) - Steinbeck, *The Grapes of Wrath* [fellas = fellows]

(3) It is … that~강조구문에서 (→ § 25)

a. It was I∧bought these flowers to Miss Adams. (애덤스 양에게 이 꽃은 사 준 사람은 바로 나였다.)

b. But *it's* an awful risk∧we're taking. (하지만 지금 우리는 엄청난 모험을 하고 있습니다.) - Maugham, *Up at the Villa*

(4) I have (*or* have got), *etc.*의 뒤에서

a. He's got a sister∧lives in Sweetwater. (그에게는 스위트워터에 살고 있는 누님이 한 분 있다.) - Capote, *In Cold Blood* [who]

b. They ain't anybody∧can have an idea what it's like. (그것이 어떻게 생겼는지 아는 사람은 아무도 없다.) - Hemingway, *Fifty Grand* [who]

c. I've got a buck rabbit∧weighs fifteen pounds .I'm going to give it to my father for his birthday. (무게가 15 파운드 나가는 숫토끼를 한 마리를 잡았어요. 아버지 생일 선물로 드릴꺼에요.) - Steinbeck, *East of Eden* [that/ which]

d. I've two weeks allowance∧should be here. (2주일치 용논이 도착할거야.) - Hemingway, *The Sun Also Rises*

e. We had a colored girl in Vermont∧came in regular—fifteen bucks a week and glad of it. (버몬트에 사는 한 흑인 여자가 정기적으로 와서 우리를 도와주었어요. 15달러를 주었으나 만족했지요.) - Waugh, *The Loved One*

NB 위의 (2), (3)에서 there is, it is 따위는 특별한 의미는 없고, 다만 문장을 이끌기 위한 고정 표현이므로 뒷부분만으로도 [S + V] 관계가 성립하기 때문이며, (4)의 I (he/ they) have (*or* have got)은 there is 와 뜻이 비슷하기 때문이나 [→ *p.* 34 (2)]

(5) <관계 대명사 + 삽입절>구조에서

관계 대명사 절속에 다른 절이 삽입되는 경우, 가장 흔히 볼 수 있는 구조는 [주어 + think, believe, feel, know, say, *etc.* / I'm sure (*or* certain)]이다.

a. Read only those books∧*you think* are both interesting and instructive. (재미있고 유익하다고 생각되는 책만 읽으라.)

b. When they got back to London Mildred began looking for the work∧*she had asserted* was so easy to find. (런던에 돌아오자 밀드렛은 찾기 쉽다고 장담했던 일자리를 찾기 시작했다.) - Maugham, *Of Human Bondage*

c. The flight director can do anything∧*he feels* is necessary for the safety of the crew. (비행단장은 승무원의 안전을 위해서 필요하다고 생각되는 일은 무엇이든지 할 수 있다.) - Lovell, *Apollo 13*

d. Jack found nothing∧*he was sure* was a bite, although a few lesions looked mildly suspicious. (약간의 외상이 다소 의심스러워 보이기는 했지만 잭은 동물에게 물린 자국이라고 확신할 수 있는 것은 아무 것도 발견하지 못했다.) - Cook, *Contagion*

e. It was not the sort of thing∧*one expected* would happen. (그것은 일어나리라고 예상했던 일이 아니었다.) - du Maurier, *Rebecca*

f. Are you the Jew∧*they say* murdered a Russian lad? (자네가 러시아 소년을 죽였다고 하는 바로 그 유태인인가?) - Malamud, *The Fixer*

(6) 앞의 (2), (3), (4)와 마찬가지로 의미상 큰 부담을 주지 않는 경우

a. *He's* the one∧makes noise at night. (그 하이에나가 밤에 시끄럽게 군다.) - Hemingway, *The Snows of Kilimanjaro* [He = the hyena]

b. *She was* the one∧found him. (그녀가 바로 그를 찾은 사람이야.) - McCullers, *The Heart is a Lonely Hunter*

c. Howdy? *You're* the guy∧was in the papers? (안녕하시오? 당신이 신문에 난 바로 그 사람이오?) - Clancy, *Patriot Games*

d. *You're* the only body∧stopped here since two hours. Where you coming from? (두 시간 전부터 여기에 머물고 있는 사람은 당신 밖에 없어. 당신은 어디에서 온 사람이오?) - Capote, *In Cold Blood*

e. *I'm* the one∧been here on the ward the longest, since the Second World War. (나는 2차 대전 이후 이 병동에 가장 오랫동안 수용되어 있는 사람이야.) - Kesey, *One Flew Over the Cuckoo's Nest* [이 문장에서는 who has의 생략]

§ 191 관계 대명사의 이중한정

두 개의 관계 대명사(가 이끄는 형용사절)가 접속사에 의하여 결합되지 않고 동일한 선행사에 걸리는 경우를 관계 대명사의 이중한정(= 이중제한)이라고 한다. 엄밀히 말하면 [선행사 + 제 1 관계 대명사절]이 제2관계 대명사의 선행사가 된다.

a. Is there anyone **that** we know **who is** as talented as he? (우리가 아는 사람 가운데 그이만큼 재능 있는 사람이 있느냐?)

(1) 엄밀한 의미에서는 이중한정이라고 보기 어렵지만, 제 2 관계 대명사의 앞에 등위 접속사(and, but, *etc.*)가 오거나, comma가 존재하는 일도 있다.

b. The Bible is the only book **that** I read every day *and* **that** I found so inspiring. (성경책은 내가 매일 읽고 또 많은 고무를 받았던 유일한 책이다.)

c. He had something in his face **that** she recognized, **that** made her uneasy. (그의 얼굴에는 그녀를 불안하게 하는 듯 한 무엇인가가 있었다.) - Steinbeck, *East of Eden*

(2) 이중한정의 경우에도 그 관계 대명사가 목적격일 때는 물론 생략할 수 있지만 생략하는 것은 주로 제1관계 대명사인 경우가 가장 많다. 제2대명사를 생략하면 문맥이 모호해지기 때문이다.

d. Is there anything∧you want **that** you do not have? (당신에게 필요한 것으로서 갖고 있지 않는 것이 있어요?)

e. There is nothing∧I can tell you **that** you don't know. (내가 말할 수 있는 것으로 당신이 모르는 것은 아무 것도 없다.) - Greene, *The Third Man*

(3) 그러나 드물기는 하지만 제 2 관계 대명사가 생략되는 일도 있고, 또 때로는 제 1 관계 대명사와 제 2 관계 대명사가 모두 생략되는 일도 없지 않다.

f. Is there anything∧I do∧you don't like? (제가 하는 일 중에서 마음에 들지 않는 것이 있어요?) - Hemingway, *A Farewell to Arms*

(4) 이중한정은 관계 부사의 경우에도 일어난다.

g. It's the only reason∧I can think of **why** she should have been killed. (그것이 내가 생각해 낼 수 있는 것으로서 그녀가 피살된 유일한 이유이다.) - Christie, *The Mirror Crack'd from Side to Side*

§ 192 주격 관계대명사의 선행사로서의 목적격 또는 소유격

(1) 목적격이 선행사일 경우

선행사가 명사라면 격변화가 없기 때문에 문제가 없지만 목적격의 인칭 대명사가 선행사일 경우는 <목적격 + 주격>이라는 연속이 눈에 거슬리지만 이러한 용례를 가끔 볼 수 있다.

a. Listen to **me**, who am your friend. (내 말을 잘 들어, 나는 너의 친구잖아.)

b. Painting is, to **us** who live by it, a cruel art. (회화는, 그것으로 살아가는 우리에게, 잔인한 예술이다.)

(2) 소유격의 (대)명사 또는 독립 소유격이 선행사인 경우

c. How fortunate is **his** lot who can accept the charming emotions that Nature gives gim without trying to analyze the charm! (자연이 주는 매력적인 감동을, 그 매력을 분석하려고도 하지 않고, 그대로 받아들일 수 있는 사람은 얼마나 행운아인가!) - Maugham, *A Writer's Notebook*

d. There was something beseeching in them(=his eyes), like a **dog's** that has been whipped. (그의 눈 속에는 회초리로 얻어맞은 개의 눈처럼 애원하는 듯이 보였다.) - Maugham, *The Painted Veil*

NB <목적격 + 소유격 관계 대명사>의 구조도 있다.

- What can she see in* a man like **me** *whose* advantages are all disadvantages if I have it right? (나에 유리한 점이 있다고 하더라도 남들이 보면 모두 불리한 점뿐인 나를 그녀가 좋아할까?) - Malamud, *The Fixer* [* → *p*. 286 (6)]

선행사가 주격의 인칭 대명사라도 he [she/ they]who... 따위는 a person [a man/ a woman/ those]로 바꾸는 것이 보통이며, 목적격의 경우는 격변화가 없는 명사나 지시(부정) 대명사로 바꾼다. 소유격일 때는 <of- *phrase*>로 바꾸거나, 선행사로 쓰인 말을 반복한다. 그러나 1인칭이나 2인칭의 인칭대명사는 적용되지 않는다.

e. Fortunately or unfortunately, results have nothing whatever to do with the moral guilt or blamelessness **of him** who brings them about. (다행인지 불행인지, 결과는 그것을 초래한 사람의 도덕적인 죄나 무죄와는 전혀 관계가 없다.) - S. Butler, *The Way of All Flesh*

Ⅱ. 관계 부사

관계부사와 그 용법의 기본형식은 다음과 같고, 이 밖에 that이 있다.

a. *This is the restaurant* **where** (= in which) he worked as a busboy. (여기가 그가 웨이터의 조수로 일했던 레스토랑이다.)
b. Monday is *the day* **when** (= on which) people feel gloomy. (월요일은 사람들이 우울해지는 날이다.)
c. That is *the reason* **why** (= for which) he was late.
d. I don't want to know **how** (= the way in which) he died.

§ 193 Where

(1) 선행사가 있는 경우 (한정용법과 계속용법이 있다)

a. Washington is the only *place* **where** sound travels faster than light. (워싱턴은 소리가 빛보다 빠른 유일한 곳이다.) - *Reader's Digest*

b. He was taken to *the police station*, **where** (= and there) he proceeded to make a full confession. (그는 경찰서로 연행되어 거기서 계속하여 모든 것을 자백했다.)

• *The Tower of London*, **where** so many people lost their lives, is now a tourist attraction. (런던탑은, 수많은 사람들이 목숨을 잃은 곳이지만, 지금은 관광명소로 되어 있다.)

c. I went to *the infirmary* **where** the nurse checked my arm to see if it was broken. (내가 양호실에 갔더니 골절되었는지 보려고 간호사가 내 팔을 진찰했다.) [이 예문처럼 관계 부사도 관계 대명사처럼 comma 없이도 계속용법으로 쓰인다. → *p.* 349]

(2) 선행사가 없는 경우

a. I climbed up the stairs to **where** she was sitting. (나는 계단으로 걸어 올라가서 그녀가 있는 곳까지 갔다.) - Segal, *Love Story* [명사절]

• That is [the point] **where** you are mistaken. (거기가 틀린 점이다.) [명사절]

• That bar is **where** all the yuppies* go after work. (저 술집은 여피족들은 누구나 퇴근 후에 들리는 곳이다.) [명사절] [* Young urban professionals 도시에 살며, 전문직에 종사하고, 고소득을 올리는 젊은이들]

b. Apply the plaster **where** the pain is felt. (아픈 곳에 고약을 바르시오) [부사절]

Where I come from in the States, we have* plenty of snow. (미국의 내 고향에서는 눈이 많이 온다.) [부사절] [* → *p.* 34 (1)]

You should have left the bottle **where** it stood. (그 병을 원래 있던 곳에 두었어야 했다.) - Greene, *The Power and the Glory*

(3) Where = while, whereas

a. **Where** European manners were rigid and punctilious, Americans were flexible and careless. (유럽의 예의범절은 엄격하고 세심한 점까지 따지는데 비해서 미국인들은 융통성이 있고 대범했다.)

b. **Where** he had once been lounging and indolent, he was now as alert as a prowling cat. (그는 한 때는 하는 일없이 빈둥거리며 게으름을 피웠지만 지금은 먹이를 쫓는 고양이처럼 민첩했다.) - Mitchell, *Gone with the Wind*

(4) Where 의 선행사

장소를 의미하는 말 외에 여러 가지 명사가 where의 선행사로 쓰일 수 있다.

a. He had reached *an age* **where** death no longer has the quality of ghastly surprise. (그는 이제 죽음이 놀람이라는 본성을 가지지 않는 나이에 도달했다.) - Fitzgerald, *The Great Gatsby*

b. There are *cases* **where** honesty doesn't pay. (정직해서 손해 볼 때도 있다.)

- The Party did not permit divorce, but it rather encouraged separation in *cases* **where** there were no children. (당에서는 이혼을 허락하지 않았지만, 자녀가 없는 경우에는 별거를 권장하는 편이었다.) - Orwell, *1984*

c. He had a fight, …to keep his desires in *the channel* **where** he thought they belonged. (그는 자신의 욕망을 그것이 속한다고 생각하는 노선에 붙잡아 두려고 투지를 불태웠다.) - Anderson, *Winesburg, Ohio*

d. She did not live in *circumstances* **where** she could say: 'I am not at home* to Mr. Barlow.' (그녀는 '바로우씨는 만날 수 없습니다'라고 말할 입장이 아니었다.) - Waugh, *The Loved One* [* 방문객을 만날 수 있는]

e. He lives *a life* **where** all the money is apt to go on nonsense and clothes. (그는 모든 돈이 시시한 물건이나 의복으로 들어가는 경향이 있는 생활을 하고 있다.) - Forster, *Howards End*

f. Sometimes in life one is faced by *a situation* **where** honesty stands on the one side and loyalty on the other. (인생에서는 이따금 정직하게 살려면 충성을 할 수 없고, 또 충성을 하려면 정직할 수 없는 경우에 직면할 때가 있다.) - Maugham, *A Man of a Conscience*

- It was so nice to be back to *a situation* **where** rain was a major annoyance. (그는 비가 주요한 걱정거리가 되는 상황으로 돌아온 것이 대단히 기뻤다.) – Clancy, *Patriot Games*

g. Otherwise he never opened a volume—particularly that *volume* **where** the barest fact of all was contained: C. died. (그렇지 않으면 일기장을 열어 보는 일이 없었다. 특히 c가 죽었다고 하는 명백한 사실이 들어 있는 1권은.) - Greene, *The Heart of the Matter*

§ 194 When

(1) 선행사가 있는 경우 (한정용법과 계속용법이 있다.)

a. *The exact time* **when** the murder was committed is not known. (살인이 일어난 정확한 시간은 모른다.)

• There are *times* **when** everyone wants to be alone. (누구나 혼자 있고 싶을 때가 있다.)

b. *The day* will soon come **when** we can travel into outer space. (우리가 외계로 여행할 수 있는 날이 곧 올 것이다.)

• *A time* will come **when** your son will bring a stranger home. (당신의 아들이 낯선 여자를 집에 데리고 올 때가 올 것이다.) - Waugh, *The Loved One*

c. She showed no sign of emotion till she reached home, **when** (= and then) she broke down* completely. (그녀는 집에 도착할 때까지는 전혀 감정의 변화를 보이지 않았으나, 집에 오자 목을 놓고 울었다.) [* break down 정신없이 울다]

• *The summer of 1969*, **when** men first set foot on the moon, will never be forgotten. (인간이 처음으로 달에 착륙한 1969년 여름은 결코 잊혀지지 않을 것이다.)

• July is our busiest month, **when** all the tourists come. (7월은 우리에게 가장 바쁜 달이다. 모든 관광객이 이 때 오기 때문이다.)

(2) 선행사가 없는 경우는 접속사로 간주된다 (*b*의 when에 주의)

a. You really shouldn't drink too much **when** you have to drive—it's just asking for trouble * (운전을 해야할 때는 과음해서는 안된다. 그것은 화약을 지고 불 속으로 뛰어들어가는 것과 같다.) [* ask for it (*or* trouble) 사서 고생하다, 화를 자초하다, 자업자득이다]

b. How could I refuse **when** refusal meant death? (거절은 곧 죽음을 의미하는데 어떻게 거절할 수 있었겠느냐?)

• Why is she settling for margarine **when** she could have real butter? (왜 그녀는 진짜 버터를 먹을 수 있는데 마가린으로 만족하는 걸까?) - Segal, *Doctors*

(3) When의 선행사

시간을 의미하는 명사 외에 circumstances나 occasion도 선행사로 쓰인다. (Cf. *p.* 362 (4))

• There are *occasions* **when** a human being will stand out against pain, even to the point of death. (인간은 심지어 죽을 정도까지 고통을 참을 때가 있다.) - Orwell, *1984*

• I can remember very few *occasions* **when** he had to cancel because of ill health. (아주 드문 경우지만 그가 건강이 나빠서 취소하지 않으면 안되었던 때가 기억이 난다.)

§ 195 Why / How

(1) Why

① 선행사가 있는 경우 (선행사는 reason뿐이며 계속용법은 없다.)

- *The reason* **why** he committed suicide is <u>anybody's guess</u>*. (그가 자살한 이유는 아무도 모른다.) [* 아무도 모르는 일]
- There is every *reason* **why** the book should have so wide an appeal. (이 책이 독자들에게 널리 호평을 받고 있는 데는 충분한 이유가 있다.)

② 선행사가 없는 경우

- Perhaps genetic differences can explain **why** some women develop breast cancer and others do not. (왜 유방암에 걸리는 여자도 있고, 그렇지 않는 여자도 있는지는 유전자의 차이 때문일 것이다.)

(2) How

① 선행사 없이 사용되고, 명사절을 이끌며 부사절을 이끄는 일은 드물다.

- That's **how** he got out of the danger. (이렇게 하여 그는 위험에서 벗어났다.) [명사절]
- A man has a right to spend his money **how** he pleases. (사람은 자기 마음대로 자기 돈을 사용할 권리가 있다.) [부사절]

② How = that

- It's funny **how** people always remember him. (사람들이 그를 항상 기억하고 있다는 것은 이상하다.)
- But remember **how** you went eighty-seven days without fish and then we caught big ones every day for three weeks. (그러나 할아버지는 87일 동안 고기를 한 마리도 못잡았지만 우리는 3주 동안 매일 큼직한 고기만 잡았다는 걸 기억하세요.) - Hemingway, *The Old Man and the Sea*

③ how의 선행사에 해당하는 (the) way는 다음과 같은 구문에 쓰인다. (Cf. → § 180)

- She's behaving (in) **the** same **way** her elder sister used to. (그녀는 과거의 자기 언니처럼 행동하고 있다.)
- Watch **the way** he fastens the saddle then you try to copy him. (그가 안장을 메는 법을 잘 보고 그를 따라 해라.)

§ 196 That

관계부사로서 when, where, why, (how) 대신에 사용할 수 있지만 실제로 용례가 가장 많은 것은 when이고, 나음으로 why이다.

(1) That = when

a. For the first six weeks **that** Ashenden was at the sanatorium he stayed in bed. (어센덴이 결핵 요양소에 들어간 최초의 6주 동안은 침대를 떠나지 않았다.) - Maugham, *Sanatorium*

b. I hope that I never live to see the day **that** you and I must fight. (자네와 내가 싸워야 하는 날이 절대로 오지 않기를 바란다.) - Uris, *Exodus*

c. Her mother had died the very day **that** she was born. (그녀의 어머니는 그녀가 태어난 바로 그날 돌아가셨다.) - McCullers, *The Member of the Wedding*

d. Not a day passed **that** Kunta and his mates didn't feel both anxiety and joy at the approach of the next harvest festival. (다음번 추수 축제가 다가오자 쿤타와 그의 친구들은 하루도 빼놓지 않고 불안과 기쁨을 함께 느꼈다.) - Haley, *Roots*

(2) That = why

a. The main reason **that** no uprising could be staged was that there was no support for it in Poland outside the ghetto. (봉기가 일어날 수 없었던 주요한 이유는 유태인 거주지역 밖으로부터 폴란드 국내의 유태인 거주지역으로 지원이 없었기 때문이었다.) - Uris, *Exodus*

b. Probably I wrote like a prig, for the reason **that** I have never been tempted in this way. (나는 아마도 이런 기분에 빠진 일이 한 번도 없었기 때문에 학자인 척하는 글을 썼을 것이다.) - Forster, *The Longest Journey*

(3) That = how

a. He smiled in a way that she had never seen him smile. (그는 그녀가 전에 한 번도 본 적이 없는 듯 한 미소를 지었다.) - Maugham, *The Painted Veil*

- Marilyn Monroe was famous for being able to wiggle her hips in a way that drove men wild. (매럴린 먼로는 남자들이 열광하도록 엉덩이를 흔들 수 있는 것으로 유명했다.)

b. I hurt him the way that you would like to hurt me. (당신이 나에게 상처를 입히려고 했던 것과 똑같이 그 아이에게 상처를 입혔습니다.) - Williams, *A Streetcar Named Desire*

(3) That = where (극히 드물다)

§ 197 관계부사의 생략

관계부사의 생략이 가장 흔하게 일어나는 경우는 when이며, 그 다음으로는 the way의 뒤 (즉, that) 그리고 why 이다. Where의 생략은 *BrE*에서는 극히 드물지만, *AmE* 의 구어에서 place의 뒤에서는 보통 생략한다. place는 부사적 성격이 강하기 때문이다. (→ *p.* 232)

(1) When의 생략

a. She rued the day*∧she ever took up with Remi. (그녀는 레미와 친하지 않았더라면 좋았을 거라고 생각했다.) - Kerouac, *On the Road* [* rue the day = regret the time (when)]

- The day∧her mother died was one of the saddest days of her life. (그녀의 어머니가 죽은 날은 그녀의 일생에서 가장 슬픈 날 중의 하나였다.)

b. She looked forward to the time∧her brother and the bride should come. (그녀는 오빠와 신부가 집으로 돌아올 때를 손꼽아 기다렸다.) - McCullers, *The Member of the Wedding*

c. That was the year∧Louise went home for an operation. (그 때는 루이즈가 수술을 받기 위하여 귀국한 해였다.) - Greene, *The Heart of the Matter*

d. We'll be married the very moment∧we find a house. (우리는 살 집을 구하자마자 결혼할 거에요.) - Maugham, *The Escape*

NB 위의 *d*처럼 때를 나타내는 word-group이 접속사 역할을 할 때는 그 뒤에 올 when 또는 that은 보통 생략하며, 현대 영어에서는 이러한 word-group을 접속사로 간주한다(→ *p.* 339).

(2) That의 생략

a. I hate the way∧you talk. (당신의 말투가 마음에 들지 않아.) - Greene, *The Third Man*

b. The fates seldom give us what we want in the way∧we want it - Maugham, *Jane* [번역과 출처→ *p.* 323]

(3) Why의 생략

- That's the reason∧you had me cash the checks. (그 때문에 당신은 나에게 수표를 현금으로 바꿔오게 한 겁니다.) - Gardner, *The Silent Partner*

(4) Where의 생략

- Last night he had been talking about places∧he had been. (어제 밤에 그는 자기가 가 본 곳에 대해서 이야기하고 있었다.) - McCullers, *The Heart is a Lonely Hunter*

Ⅲ. 복합 관계 대명사 / 부사

§ 198 복합 관계 대명사/ 부사

(1) 복합 관계 대명사의 일반적인 용법

종류에는 whoever, whichever, whatever가 있으며, whoever에는 whoever–whosever –whomever가 있다.

a. **Whoever** (=Anyone who) finds us will take the pearl. (우리를 발견하는 사람은 누구든지 그 진주를 빼앗아 갈 거야.) - Steinbeck, *The Pearl*

b. You may choose **whichever** (= any one that) you like. (어느 것이건 당신이 좋아하는 것을 선택하시오.)

c. **Whatever** (= Anything that) has a beginning also has an end. (시작이 있는 것은 무엇이나 끝도 있는 법이다.)

NB1 아래의 두 문장에서 ⓐ의 whoever는 came의 주어이기 때문에 주격이며, ⓑ의 whomever는 met의 목적어이므로 목적격이다. 그러나 둘 다 to의 목적어임에는 틀림이 없다. 이와 마찬가지로 whoever, whomever의 격은 뒤에 이어지는 clause의 주어인가, 목적어인가에 따라서 좌우되는 것이지, 앞에 있는 전치사와는 관계가 없다.

ⓐ He always smiled and raised his hat to **whoever** came his way. (그는 길을 가다가 만나는 사람은 누구에게나 항상 미소를 지으며 모자를 벗고 인사를 했다.)

ⓑ He always smiled and raised his hat to **whomever** he met. (그는 누구든지 만나는 사람에게 항상 미소를 지으며 모자를 벗고 인사를 했다.)

(2) 관계 형용사로서의 용법

a. **Whosever** horse comes first wins the prize. (누구의 말이든지 일등으로 들어오면 상을 탄다.)

b. **Whichever** side wins, I shall be satisfied. (어느 편이 이기든 나는 만족할거야)

c. **No matter what** time I go to bed, I always wake up early. (나는 몇 시에 잠자리에 들더라도 항상 일찍 일어난다.) - Cook, *Contagion*

Cf. Her motives were simple: François, and after him Jean-Claude. They should be avenged, **no matter by what** means, **no matter what** the cost to herself or anyone else. (그녀의 동기는 간단했다. 프랑수아와 그의 후계자인 장 끌로드를 대신하여, 어떤 수단을 사용하든지, 그녀 자신과 다른 사람들이 어떤 대가를 치르든지 복수를 하는 것이었다.) – Forsythe, *The Day of the Jackal*

(3) 양보절을 인도하는 용법

a. **Whoever** (= No matter who)else objects, I won't give up. (다른 누가 반대하더라도 나는 포기하지 않을거야.)

- **Whoever** you ask, you will get the same answer. (누구한테 물어보더라도 같은 대답을 들을 것이다.)

b. We'll take a taxi or the bus, **whichever** (= no matter which) comes first. (택시든 버스든 먼저 오는 걸 타자.)

c. **Whatever** was written on the paper, it must have some kind of political meaning. (종이 위에 쓰여진 것은 무엇이든지 어떤 정치적 의미가 담겨 있음에 틀림없다.) - Orwell, *1984*

- **No matter what** happened, Steve's parents were always on his side. (무슨 일이 일어나든 스티브의 부모는 항상 스티브의 편이었다.) - Follett, *The Third Twin*

NB2 whoever–whomever의 격은 의문사에서 who–whom의 관계처럼 문어체에서는 구별하여 쓰지만 구어체에서는 모든 경우에 whoever 만을 사용한다. 위의 예문 *a* 에서 첫번째 whoever는 주격이고, 두번째 whoever는 whomever 대신 쓴 것이다. 심지어 전치사 뒤에서도 주격을 쓰는 일이 많다.

ⓐ You can go out with whoever you choose. (누구든지 좋은 사람이 있으면 데이트해도 좋다.) - Maugham, *Of Human Bondage*

ⓑ The device was designed to be detonated by whoever opened the parcel. (그 장치는 누구든지 소포를 열면 폭파하도록 설계되어 있었다.)

(4) 양보절에서 복합 관계대명사가 보어인 경우 be 동사는 흔히 생략한다.

a. All men, **whatever** their race, color, or origins, are capable of anything and everything. (인종과 피부색과 출신에 관계없이 모든 사람은 무슨 일이나 할 수 있다.)

b. **Whatever** his defects as a human being, Rousseau's genius was clearly apparent. (그의 인간적인 결점이 무엇이든 간에 루소가 천재라는 건 의심할 여지가 없다.)

c. **No matter what** their leanings, they all had a common bond. (그들의 정치적 성향이 무엇이든 모두 공통의 유대를 가지고 있었다.) - Uris, *Exodus*

(5) 복합 관계부사

whenever (= no matter when), wherever (= no matter where), however (= no matter how)는 선행사가 없는 용법뿐이므로 when처럼 접속사로 취급해도 좋다.

a. **Whenever** I buy you a present, you think I have <u>ulterior motives</u>*. (내가 선물을 사 줄 때마다 자네는 나에게 딴 속셈이 있다고 생각한다.) [* an ulterior motive 숨은 동기]

b. **Wherever** she goes, there are crowds of people waiting to see her. (그녀는 어디를 가거나 수많은 사람들이 그녀를 만나려고 기다리고 있다.)

Ⅳ. 유사 관계 대명사

§ 199 As

(1) 상관어구와 함께 쓰이는 경우

(a) as~as *(b)* so~as *(c)* such~as *(d)* the same~as의 형식으로 쓰인다.

(a) As many men **as** came were caught. (온 사람들은 모두 붙잡혔다.) (→ *p.* 375)
- She was as happy **as** (happy) could be. (그녀는 더할 나위 없이 행복했다.)
- He is as honest a man **as** ever lived. (그는 누구 못지않게 정직하다.)

NB1 윗 문장과 뜻은 같지만 다음 문장의 as는 접속사이다.
- He is *as* honest **as** any man that ever live.

- Life is too short to be interested in everything, but it is good to be interested in as many things **as** are necessary to fill our days. (인생은 너무나 짧기 때문에 모든 일에 관심을 가질 수는 없지만 매일 매일을 충족시켜 주는데 필요한 만큼의 많은 일에 관심을 갖는 것은 좋은 일이다.) - Russell, *The Conquest of Happiness*

(b) We are given just *so* much food **as** will keep the breath in our bodies. (우리는 살아 갈 수 있을 만큼의 식량 밖에 제공 받지 못한다.)

(c) This book is written in *such* easy English **as** beginners can understand. (이 책은 초보자라도 이해할 수 있을 만큼 쉬운 영어로 씌어 있다.)

NB2 윗 문장은 as가 understand의 목적어로서 as 이하는 형용사절이지만 같은 뜻을 다음과 같이 표현하면 that 이하는 부사절이다.
- This book is written in such easy English that beginners can understand.

(d) I'm the same age as you are. (나는 당신과 동갑이다.) - Maugham, *Jane.*

NB3 the same~as 와 the same~that

이 둘은 같은 뜻이다. *PEU* (1995 *P.* 509)에 "the same~that과 the same~as의 사이에는 의미상 차이가 없다."는 설명과 함께 She was wearing the same shirt that/ as she had on the day before.라는 예문은 들고 있다. 작품의 용례를 보아도 명백하다.

ⓐ We drove out of the town by the same road as we had entered. (우리는 들어갈 때와 똑 같은 도로로 시내에서 빠져 나갔다.) [Hornby, *Progressive English*] [같은 것]

ⓑ Mr. Peobody suffers from the same handicap that you and I do. (피바디씨도 당신과 나와 똑 같은 결함을 가지고 있습니다) [같은 종류]

(2) As만으로 쓰이는 경우

관계 대명사 as가 홀로 쓰일 때는 그 관계사절에서 주어, 목적어, 보어가 되거나 또는 앞이나 뒤에 있는 주절의 내용을 받는다. 이 점에서는 which 와 흡사하다. (아래 용례에서 볼드체로 된 단어는 선행사임)

a. *The sunset* **as** (was) seen from the top of the mountain was a spectacle. (산꼭대기에서 바라 본 일몰은 장관이었다.) [as는 주어]

b. He seemed *a foreigner*, **as** in fact he was. (그는 외국인처럼 보였는데 사실 외국인이었다.) [as는 보어]

- I saw that his face and head were *wet* with water, **as** were mine. (그의 얼굴과 머리는 나와 마찬가지로 젖어 있음을 알았다.) [형용사 wet이 선행사]
- Think of her position, *left* **as** she is without a mother. (어머니도 없이 뒤에 남아 있는 그 소녀의 처지를 생각해 보세요.) [과거분사 left가 선행사]
- I compared the Grace before my eyes with *the remembered image of Grace* **as** I first knew her. (내 눈 앞에 있는 그레이스와 내가 처음 알았을 때의 기억에 남아있는 그레이스의 얼굴보습을 비교해 보았다.) - A. Huxley, *Two or Three Graces* [know는 비교적 드물지만 이 문장처럼 목적보어를 가지는 일이 있다] (Cf. → *p.* 242 **NB**)

앞 문장의 전체 또는 일부를 선행사로 받는 as는 계속용법의 which와 같은 역할을 한다. 그러나 which-절은 항상 주절의 뒤에 오지만, as-절은 위치가 자유롭다. 즉, 주절의 뒤에는 물론이고, 글머리나 글의 가운데 놓이기도 한다.

c. As is often the case with foreigners, he does not care for raw fish. (외국인은 흔히 그렇지만 그도 생선을 좋아하지 않는다.)

Cf. He was, *which* was rare for him, in a bad temper. (그에게는 드문 일이지만, 기분이 나빴다.) - Maugham, *An Official Position*

d. Holmes chuckled, and wriggled in his chair, as was his habit when in high spirits. (홈즈는 기분이 좋을 때는 항상 그렇듯이 킥킥 웃거나 의자에 앉은채 몸을 비틀곤 했다) - C. Doyle, *The Red-Headed League*

e. **As** so often happens in a large-scale battle, an error was made. (대규모의 전투에서 흔히 있는 일이지만 한 가지 실수가 있었다.) - Uris, *Exodus*

f. **As** can well be imagined, there was not much joy in his childhood. (충분히 상상할 수 있겠지만, 그의 어린 시절에는 즐거운 일이 그다지 많지 않았다.) - Anderson, *Winesburg, Ohio*

§ 200 But / than

(1) But

관계 대명사 but은 주절이 부정이거나 부정에 준하는 구문에 사용하며, but = that (*or* who)~not 이다. 주절이 부정이고, but에도 부정의 뜻이 있으므로 결국 이중 부정이 되어 의미는 항상 긍정이 된다. 그리고 but은 보통 주어로만 쓰인다.

a. There is no rule but has some exceptions.
(= There is no rule that does not have some exceptions.)
(= Every rule has some exceptions) (예외 없는 규칙은 없다.)

b. There is nothing in the world but teaches us some good lesson. (이 세상에서 무엇인가 좋은 교훈을 주지 않는 것은 아무 것도 없다.) (= 他山之石)

c. It is certainly depressing to be bidden in a party where there is no one but has one foot in the grave. (한 발을 관 속에 넣고 있지 않은 사람은 한 사람도 없는 듯한 파티에 초대받는 것은 분명히 우울한 일이다.) - Maugham, *A Writer's Notebook*

다음과 같이 주절의 술부가 생략되는 경우도 있다.

d. Nobody but has his faults. (결점이 없는 사람은 없다.) [There is의 생략]

NB But은 종속 접속사로도 쓰이는데 그 용법이 관계 대명사와 아주 흡사하다

- I never pass my old house **but** I think of the happy years I spent there. (옛날에 살던 집 옆을 지나갈 때마다 거기서 보냈던 즐거운 시절이 생각난다.)

(2) Than

Than-절에서 than이 주어, 보어, 목적어 구실을 할 경우, 관계 대명사로 보지만, as와 마찬가지로 접속사로 보기도 한다.

a. Even if only 3 percent of the total population is nowadays involved in farming, far more is produced **than** can be consumed at home. (오늘날 전 국민의 3%만이 농업에 종사하고 있지만 국내에서 소비할 수 있는 것보다 훨씬 더 많은 식량이 생산되고 있다.) - Kennedy, *Preparing for the Twenty-First Century* [주어]

b. Try not to be more **than** you should be. (본래의 너 자신 이상으로 보이지 않도록 하라.) [보어]

c. This was more **than** the hungry animals could bear. (배고픈 동물들은 이것을 참을 수 없었다.) - Orwell, *Animal Farm* [목적어]

제13장 비교구문

WARM-UP

(1) 비교 변화의 원칙과 예외

형용사, 부사의 비교변화에는 원급 (Positive degree), 비교급 (Comparative degree), 최상급 (Superlative degree)의 세 가지가 있고, 비교급은 다시 편의상 우등비교 (more *or* er ~ than) 와 열등비교 (less ~ than)로 세분할 수 있다. 그러나 모든 형용사, 부사가 비교급이나 최상급을 만들 수 있는 것은 아니고, 의미상 비교 변화가 불가능한 것도 있다.

accurate, entirely, equal, infinite, perfect, round, singular, square, unique, *etc.* 는 의미상 다른 것과 비교할 수가 없다. 이 단어들을 비교할 경우에는 nearly (almost *or* not quite) perfect / infinite, *etc.*로 표현한다. 그러나 표현의 편리함 때문에 이따금 more accurate, more perfect, more singular, *etc.*로 쓰이기도 한다.

a. The earth is *not quite round*, because it is slightly flat at the poles. (지구는 양극이 약간 평평하기 때문에 완전히 둥근 것은 아니다.)

b. European watermelons are much *rounder* than the American variety. (유럽산 수박은 아메리카산 수박보다 훨씬 더 둥글다.)

c. But some animals are *more equal* than others. (어떤 동물은 다른 동물보다 더 평등하다.)
– Orwell. *Animal Farm*

(2) pleasanter, pleasantest/ more pleasant, most pleasant

대체로 말하면, 영어의 비교 변화형은 —er, —est 형에서 점차 more, most형으로 옮겨온 것이 현대영어의 특징의 하나이다. 형용사, 부사의 비교변화는 ① 1음절의 단어는 — er, —est 를 붙이고, ② 2음절 단어의 일부(또는 전부) 그리고 ③ 3음절 이상의 형용사, 부사는 more, most를 붙여서 비교급, 최상급을 만든다. 그래서 특히 2음절의 형용사, 부사의 비교급, 최상급에 두 가지 형식이 공존하는 것이 많다.

emptier, emptiest/ more empty, most empty; abler, ablest/ more able, most able; oftener, oftenest/ more often, most often 이 밖에도 angry, likely, strong, narrow, shallow, bitter, clever, tender, gentle, noble, cruel, common, quiet, pleasant, *etc.*가 있다.

위에 열거한 것처럼 두 가지의 비교 변화를 하는 형용사가 대단히 많으며, 어느 것을 선택하는가는 작가 개인의 기호, 리듬, 강세, 문체 따위에 의해서 좌우되는 일이 많아서 어느 쪽이 더 많이 사용된다고 잘라서 말할 수 없다.

I. 원 급

§ 201 원급에 의한 비교 표현 (= 동등비교)

(1) As ~as 와 not as (*or* so)~as

현대 영어에서 동등비교의 부정은 관용적인 표현을 제외하고는 not as~as이며, not so ~ as는 주로 *BrE*의 문어체에서만 쓰인다.

- Changing a tire is *not* **as** difficult **as** people think it is. (타이어를 교환하는 일은 사람들이 생각하는 것만큼 어렵지 않다.)
- No people talk **so** much about the weather **as** the English. (영국인만큼 날씨를 화제로 삼는 국민도 없다.) [*BrE* 문어체]

(2) 첫 번째 as의 생략

동등비교에서 첫 번째 as는 구어체에서 생략하는 일이 빈번하며, 특히 관용적인 표현에서 생략하는 일이 많다.

a. I'm twenty-three years old and∧fit **as** a fiddle*. (나는 스물세 살이며 아주 건강합니다.) - Segal, *Doctors* [* (as) fit as a fiddle 대단히 건강한]

b. The night was almost∧light **as** day by that time. (그 날 밤은 거의 대낮처럼 밝았다.) - Caldwell, *Crown-Fire*

c. The next day the sea was∧smooth **as** glass. (그 다음 날 바다는 유리처럼 매끄러웠다.) - Uris, *Exodus*

d. His voice with its Cuban accent was∧soft and sweet **as** a banana. (큐바인의 말투가 섞인 그의 목소리는 바나나처럼 부드럽고 감미로웠다.) - Capote, *A Diamond Guitar*

e. Coffee is black **as** the devil, hot **as** hell, pure **as** an angel and sweet **as** love. (커피는 악마처럼 검고, 지옥처럼 뜨겁고, 천사처럼 순수하며, 사랑처럼 달콤하다.) - Charles Maurice de Talleyrand (샤를르 모리스 드 탈레이랑)* [French politician and diplomat (1754~1838)]

☞ 근대 프랑스 역사에서 정치가와 외교관으로서 탈레이랑을 능가할 인물은 아무도 없다. 그는 또한 프랑스 대혁명, 나폴레옹 전쟁 그리고 왕정복고의 혼란기에 살아남은 탁월한 능력의 소유자였다(나폴레옹의 사람됨을 알아보고 정계에 진출하도록 권유한 것도 바로 그였다). 그의 어두운 면으로는 정상의 자리를 손에 넣기 위하여 정계에서 양다리 걸치기를 서슴지 않았으며, 토지거래와 투기로 거대한 재산을 축적했다. 어릴 때 사고로 지체장애인이 되었기 때문에 성직자가 되었으나 능수능란한 처세술로 외무부 장관에 세 번이나 기용되었다. 그의 가장 큰 외교적 업적은 나폴레옹 몰락 후 유럽의 새질서를 정립하기 위하여 열린 비엔나 회의에서 지연전술을 구사하여 (당시에 '회의는 춤춘다. 그러나 회의는 진행되지 않는다'는 말이 유행했다고 한다) 적대국들을 분열시킴으로써 프랑스의 국제적 지위를 부활시키는데 결정적인 공을 세운 점이다.

NB1 배수를 나타낼 때 그리고 원급과 비교급을 함께 사용할 때는 as를 생략할 수 없다.

ⓐ China is 44 times **as** large **as** Korea. (중국의 면적은 한국의 44배다.)

ⓑ Mammy was black, but her code of conduct and her sense of pride were **as** high **as** or higher than her owners. (매미는 흑인이었지만, 그녀의 예절과 자존심은 그녀의 소유주인 주인들만큼 또는 그 보다 높았다.) - Mitchell, *Gone with the Wind*

부사의 경우도 생략할 수 있다.

- The fact is, I liked Mr. Clutter∧much **as** any man I ever met. (사실은, 내가 지금까지 만난 누구 못지않게 클러터 씨를 좋아했어.) - Capote, *In Cold Blood*
- "Quit that hollering," Portia said. "He can hear∧well **as** you can. ("그렇게 소리 지르지마,"하고 포샤가 말했다. "그도 너만큼 잘 들을 수 있어.") - McCullers, *The Heart is a Lonely Hunter*

(3) 두번째 as이하의 생략

as~as나 not as/ so~as에서 as이하가 자명한 것일 때는 보통 생략한다.

(*a*) Tangerines are similar to oranges but not as sweet[as oranges]. (귤은 오렌지와 닮았지만 [오렌지만큼] 달지는 않다.)

(*b*) Nothing is so exhausting as indecision, and nothing is so futile [as indecision is]. (우유부단만큼 피로하게 하는 것도 없으며, 또 [우유부단만큼] 무익한 것도 없다.) - Russell, *The Conquest of Happiness*

Cf. I love you as much as [I love] her. (나는 그녀를 사랑하는 만큼 당신을 사랑합니다.)

(4) He is not as old as **me**.

동등비교에서 뒤의 as는 접속사이다. 그러나 구어체 문장에서는 뒤의 as 다음에 오는 동사가 생략되면 as를 전치사로 간주하여 목적격을 쓰는 일이 많다.

- She's suffering almost as much as **me** because we're having no luck. (우리는 둘 다 운이 없기 때문에 그녀도 나만큼 고생하고 있다.) - Grisham. *The Rainmaker*

NB2 마찬가지로 비교급의 than뒤에서도 동사가 생략되면 흔히 목적격이 쓰인다.

ⓐ Richard was five years younger *than* **him,** but no match intellectually or physically for Robert Kincaid. (리처드는 킨케이드보다 다섯살이나 젊었지만 지적으로나 육체적으로나 상대가 되지 못했다.) - Waller, *The Bridges of Madison County*

ⓑ Your father was seven years older *than* **me**. (너의 부친은 나보다 일곱 살 연상이었다.) – Saroyan, *The Human Comedy*

ⓒ Just because she has all that <u>fancy</u>*[1] camera equipment <u>doesn't mean</u>*[2] she can take better pictures *than* **me**. (그녀가 온갖 값비싼 카메라 장비를 갖고 있다고 해서 나보다 사진을 더 잘 찍을 수 있다는 것을 의미하지는 않는다.) [*[1] = expensive *[2] →p. 530]

§ 202 중요한 원급 구문

(1) She is as wise as (she is) fair. (그녀는 재색을 겸비했다.)

두 개의 대상을 비교하는 것이 아니라, 한 대상에 대해서 두 가지 성질을 동등 비교를 할 경우는 우리말로 옮길 때 표현의 묘를 살려야 한다.

a. She is **as** kind **as** (she is) honest. (그녀는 정직하고도 친절하다.)

b. We get older with a vague idea that death is **as** remote **as** it is undesirable.(죽음이란 바람직하지 않은 먼 미래의 일이라는 막연한 생각을 하면서 인간은 나이를 먹어간다.)

c. Clyde was **as** vain and proud **as** he was poor. (클라이드는 가난하지만 허영심이 많고 자부심이 강했다.) - Dreiser, *An American Tragedy*

• After him came his assistant, who was **as** garrulous **as** her superior was taciturn. (뒤따라 그의 조수가 나왔다. 과장은 말수가 적은 것과는 반대로 조수는 수다스러운 여자였다.) - Pasternak, *Doctor Zhivago*

(2) As ~ as (~) can be (더 할 나위 없이 ~하다)

a. If you married him, you'd be **as** happy **as** (happy) **can be.** (당신이 그이와 결혼한다면 더할 나위 없이 행복할거야.)

b. Why, I should say* it was just **as** plain **as** plain could be. The man in my compartment was the murderer. (제 생각엔 그것은 불을 보듯 환합니다. 제가 탄 칸에 있던 남자가 범인입니다.) - Christie, *Murder on the Orient Express* [*→ *p.* 210]

(3) As ~ as possible (= as ~as *sb* can)

a. Personal computers are designed to be **as** user-friendly **as possible.** (개인용 컴퓨터는 될 수 있는 대로 사용하기 쉽도록 설계된다.)

b. I'll try and give you **as** clear an account **as** *I* **can** of what he thinks. (그가 어떻게 생각하고 있는가를 될 수 있는 대로 명확하게 설명하겠습니다.)

(4) As ~as any + n./ as ~as ever + v. (→ *p.* 390 (2))

의미상 최상급이 되는 일이 많다.

a. In my opinion this poem is **as** good **as any***thing* T. S. Eliot ever wrote. (내 생각에 이 시는 T. S. 엘리어트의 시와 비교해도 조금도 손색이 없다.)

b. He is **as** kind and obliging **as ever.** (그는 대단히 자상하고 친절하다.)

• He was **as** good an officer **as ever** trod on the deck. (그는 누구 못지않게 훌륭한 해군 장교였다.)

(5) Not so much A as B (= not A so much as B) A라기 보다는 오히려 B이다.

a. I was **not so much** shocked **as** astonished. (나는 충격을 받았다기 보다는 놀란 편이었다) - Maugham. *Cakes and Ale*

b. Murray nodded, **not so much** in agreement **as** in understanding. (머리는 동의해서가 아니라 알았다는 뜻으로 고개를 끄덕였다.) - Clancy, *Patriot Games*

NB1 위의 구문의 긍정형은 as much~as 이다.

- Communion and confession were **as much** a part of his life **as** love and work. (성찬식과 신앙고백은 사랑과 일만큼 그의 생활의 중요한 일부였다.) - Sanders, *The First Deadly Sin*

(6) Not so much A but B (not so much A as B와 not A but B의 혼합)

The problem with populating the New World was**n't so much** one of finding people willing to go **but** of keeping them alive before and after they got there. (신세계에 사람들을 이주시키는 문제는 자진해서 갈 사람을 찾는 문제라기보다는 그들이 신세계에 도착하기 전후에 죽지 않고 살아남도록 하는 문제였다.) - Bryson, *Made in America*

NB2 Not so much as(= not even)~조차 하지 않다

- She can**not so much as** (= cannot even) write her own name. (자기 이름도 못쓴다.)

Cf. He left without so much as saying goodbye. (작별인사도 없이 떠나 버렸다.)

(7) As much as (= all / as if)

a. It was **as much as** (=all) he could do to pay his way. (빚지지 않고 살아가는 것이 고작이었다.)

b. She gave a look at me **as much as**(=as if) to say, "Leave me alone." ("저를 혼자 내버려 두세요,"라고 말하려는 듯이 그녀는 나를 바라보았다.)

(8) As early as ~ (이미~에)

As recently (*or* late) as ~ (바로~에/ 바로~까지도)

a. For obvious economic reason, blacks were encouraged to propagate freely. **As early as** 1775, they accounted for* 40 percent of the population of Virginia. (명백히 경제적인 이유 때문에 흑인들에게 출산을 장려했다. 이미 1775년에 흑인들은 버지니아 인구의 40%를 차지했다.) - Bryson, *Made in America* [* account for~의 비율을 차지하다]

b. **As recently as** 1982, 80% of those surveyed in one study said premarital sex was immoral. (바로 1982년에만 해도 한 여론조사에서 응답자의 80%가 혼전 성관계를 부도덕한 것이라고 대답했다.) - *Time* (1986)

Ⅱ. 비 교 급

§ 203 비교급의 기본사항

(1) Older, oldest/ elder, eldest

형제자매를 말할 때 *AmE*에서는 older, oldest를 쓰지만, *BrE*에서는 elder, eldest를 쓴다.

a. The **older** brother began to sing while the younger brother listened. (형이 노래를 부르기 시작하자 동생이 귀를 기울였다.) - Saroyan, *The Human Comedy*

• My **oldest** brother died when he was fifty-six. (내 큰 형님은 56세 때 돌아가셨다.) - Grisham, *The Chamber*

b. My **elder** brother looks nothing like me. (나의 형은 나하고 전혀 닮지 않았다.)

Her **eldest** daughter is at university now. (그녀의 맏딸은 지금 대학에 다니고 있다.)

(2) Than 이하의 생략

실제로 비교급을 사용한 문장을 보면 than 뒤의 <주어 + 동사>는 생략하고, 단어, 구, 절만이 남아있는 경우가 많다. 동등비교의 경우처럼 문맥상 자명한 경우는 생략해 버리기 때뮤이다. 때로는 생략된 어구가 무엇인지 모르면 의미를 파악하기 어려우므로 생략된 어구를 보충해봐야 한다. 또 than 이하를 모두 생략한 경우도 적지 않다.

a. Some people think much more about their rights than [they do] about their duties. (의무보다 권리를 훨씬 더 많이 생각하는 사람들이 있다.)

b. Nothing is more precious than time, yet nothing is less valued [than time.] (시간보다 귀중한 것도 없지만, 시간만큼 그 가치를 인정받지 못하는 것도 없다.)

c. She looks better in Korean clothes. (그녀에게는 한복이 더 잘 어울린다)

(3) 비교급을 강조하는 어구

much가 많이 쓰이지만, much와 같은 뜻을 가진 a good (*or* great) deal, a lot, lots, a heap, heaps, 이 밖에도 (by) far, still, even, yet, all the 따위도 쓰인다.

• The country would be *a heap* **better** off without fools like you. (너 같은 바보가 없다면 이 나라가 훨씬 더 살기 좋을 거야.) - Caldwell, *The Midwinter Guest*

§ 204 알아두면 유용한 비교급 구문

(1) 동일한 사람 또는 물건의 두 가지 성질을 비교할 때는 more를 사용한다.

- The remark is **more** witty **than** just. (그 말은 재치는 있지만 타당하지 않다.)

NB1 비교하는 두 가지 성질을 형용사가 아니고 명사로 표현할 때는 <more of + (a(n)) + *n.*+ than + *n.*>으로 나타낸다.

ⓐ It **was more** of a challenge **than** request. (그것은 요청이라기보다는 도전이었다.) - Grisham, *The Street Lawyer*

ⓑ There **was more** of threat **than** of request in her tone. (그녀의 어조는 요청이라기보다는 위협에 가까웠다.) - Steinbeck, *The Red Pony*

NB2 than 이하를 단축하지 않을 때는 <~er>형도 쓰인다.

ⓐ Her typing is neater than it is accurate. (깨끗하지만 정확하지 않다.)

ⓑ The wall is in some places thicker than it is high.(그 벽은 어떤 지점에서는 높이 보다 폭이 더 넓다.)

(2) 열등비교 (less~than)를 우리말로 옮길 때는 표현의 묘를 살려야 한다.

a. He spends **less** time at work **than** at play. (= He spends more time at play than at work. (그는 공부보다 놀이에 더 많은 시간을 소비한다.)

b. Young men and young women meet each other with much **less** difficulty **than** was formerly the case. (젊은 남녀들이 옛날에 비해서 훨씬 쉽게 만나서 교제할 수 있다.) - Russell, *The Conquest of Happiness*

NB3 위의 예에서 알 수 있듯이, 열등비교는 우등비교로 바꾸어 옮기거나, 동등비교의 부정으로 옮기는 편이 좋을 때가 많듯이, 최상급도 긍정은 부정으로 바꿔서 옮기는 편이 좋을 때가 많다.

ⓐ The time when he is **least** *busy* is Friday afternoon. (가장 한가한 때는 금요일 오후이다.)

ⓑ He came when we **least** *expected* him.(전혀 기대하지 않을 때 그가 왔다.)

(3) Than 대신 to를 쓰는 경우(이 단어들은 more의 뜻이 포함되어 있다.)

superior, inferior, prior, junior, senior, prefer, preferable, *etc.*

a. Most people think that cultured pearls are **inferior** *to* natural pearls. (대부분의 사람들은 양식 진주가 천연 진주보다 못하다고 생각한다.)

b. In politics England **preferred** evolution *to* revolution. (정치에서 영국은 혁명보다 진화를 선택했다.)

c. She **prefers** watching soap opera on TV *to* talking to me. (그녀는 나하고 대화를 하기보다 TV에서 연속극 보기를 더 좋아한다.)

§ 205 비교급과 the

구문상 비교급에 붙는 the에는 두 종류가 있다. 아래에서 (1)의 the는 보통의 정관사이지만, (2), (3)의 the는 <그만큼>이란 뜻의 부사이다.

(1) 글 속이나 문맥에서 of the two가 있을 때 <둘 가운데 하나>라고 특정화되기 때문에 the가 붙는다.

a. **The younger** *of the two* was a stranger to me. (둘 중 젊은 쪽은 내가 모르는 사람이었다.) - Fitzgerald, *The Great Gatsby*

b. *Of gold and silver*, the former is **the more precious**. (금과 은 중에서 금이 더 귀하다.)

c. **The taller** *of the two*, a wiry type with dirty-blond, crew-cut hair, had an engaging grin and a polite manner. (둘 중 키가 큰 쪽은, 강인한 외모와 지저분한 금발의 상고머리에 미소가 매력적이고 매너가 좋았다.) - Capote, *In Cold Blood*

또 the upper~, the lower~도 <상하>둘로 나누므로 the가 붙는다. 모든 물건을 둘로 나누어 한 쪽을 비교급으로 표현하면 the가 붙고, 다른 한 쪽도 비교급이 되며 the가 붙는다.

d. **The lower** part of an airplane's wing is flat; **the upper** surface is convex. (항공기 날개의 아래 표면은 평평하고, 위 표면은 볼록하다.)

e. He has all the advantages being born into **the upper class**. (그는 상류층 출신의 모든 이점을 다 가지고 있다.)

NB the upper class(es)[상류계급]과 the lower class(es)[하층계급]는 복합명사로서 항상 the가 붙는다.

(2) The + 비교급 (+ for/ because/ since, *etc.*)

뒤 또는 앞에 이유를 나타내는 어구가 있으며, the (그만큼)는 그 이유에 대한 정도를 나타낸다. 또 강조하기 위하여 the의 앞에 all 이나 so much가 붙기도 한다.

a. I think he was for the most part a trifle **the worse for*** liquor. (내 생각에 그는 대개 얼큰하게 술이 취해 있었다.) - Maugham, *The Man with the Scar* [* ~ 때문에 악화되어/ the worse for drink 술에 취하여]

b. I like him *all* **the better for** his faults. (결점이 있기 때문에 나는 그만큼 더 그를 좋아한다.)

c. He's **none the worse for** his fall from the window. (그는 창문에서 떨어졌으나 아무렇지도 않다.)

d. I have a notion that children are *all* **the better for** not being burdened with too much parental love. (내 생각으로는 아이들이 부모의 사랑을 너무 많이 받지 않는 것이 더 좋다고 본다.) - Maugham, *Masterson*

e. I hated him all the more because for a week I'd loved him with all my heart. (내가 일주일 동안 온 정성을 바쳐서 사랑했기 때문에 더욱 더 그가 미웠다.) - Maugham, *Before the Party*

이유를 나타내는 부사구/ 절이 없고, 문맥 속에 있는 경우도 있다.

f. I said nothing, which made him *all* **the more** angry. (내가 아무 말도 하지 않았기 때문에 그는 한층 더 화를 냈다.)

g. Esther pushed and scratch but Amos held her *all* **the tighter**. (에스더는 밀치고 할퀴었으나 그 때문에 아모스는 더욱 더 그녀를 꼭 껴안았다.) - Caldwell, *An Autumn Courtship*

h. I've read the manual but I'm **none the wiser**. (사용 설명서를 읽어 보았으나 여전히 알 수 없었다.)

(3) The + 비교급 ~, the + 비교급 … (~하면 할수록 더욱 … 하다)

앞의 the는 관계부사, 뒤의 the는 지시 부사이다.

a. **The safer** they feel, **the sooner** we'll grab them. (그들이 안전하다고 느낄수록 우리는 더 빨리 그들을 붙잡을 거야.) - Capote, *In Cold Blood*

b. For my part, I find that **the longer** I know people, **the more** they puzzle me. (내가 사람을 오래 사귀면 사귈수록 더욱 더 그들을 이해할 수 없다.) - Maugham, *A Friend in Need*

c. **The poorer** people are, **the more** likely they are to turn to crime. (사람이 가난하면 할수록 더욱 더 범죄에 의존하기 쉽다.)

이 구문에서 be동사는 흔히 생략된다.

d. They say **the more** stupid you are, **the braver**∧. (멍청할수록 용감하다고 한다.) - Capote, *Breakfast at Tiffany's*

e. **The greater** your achievements∧**the less** satisfactory your personal and domestic life will be. (업적이 크면 클수록 사생활이나 가정생활은 만족스럽지 못하다.) - Bellow, *More Die of Heartbreak*

f. **The longer** the journey∧, **the more** expensive the ticket∧. (여행거리가 멀면 멀수록 차표는 더 비싸다.)

g. Money makes money. To put it another way, **the greater** the investment∧, **the greater** the profit∧. (돈이 돈을 번다. 바꾸어 말하면, 투자를 많이 하면 할수록 그만큼 이익도 많아진다.)

§ 206 No more than / not more than / no more ~ than

(1) No more than/ not more than

a. He has no more than (=only) a hundred dollars.
(그는 백 달러 밖에 갖고 있지 않다.)

b. He has not more than (=at most) a hundred dollars.
(그는 고작[기껏해야] 백 달러 밖에 갖고 있지 않다.)

(2) No more ~ than (= not ~ any more than)

A whale is no more a fish than a horse (is).
(= A whale is not a fish any more than a horse[is].)
(말이 물고기가 아니듯이 고래도 결코 물고기가 아니다.)

이 구문은 흔히 <고래공식>이라고 부르는데, than 앞의 부정을 강조하기 위하여 사실성이 전혀 없는 than이하를 첨가하는 형식으로 우리말로 옮길 때는 반드시 than이하를 먼저 부정해야 한다.

a. He is **no more** to blame **than** you are. (자네에게 잘못이 없듯이 그에게도 잘못이 없다.)

b. He will leave **no more** trace of his sojourn on earth **than** a stone thrown into a river leaves on the surface of water. (강물에 던진 돌멩이가 일으킨 파문이 수면에 흔적을 남기지 않고 사라지듯이 그도 지상에 존재했다는 흔적을 남기지 않고 사라질 것이다.) - Maugham, *The Razor's Edge*

c. If a boy were playing all day, the games would become **no more** interesting **than** work. (소년이 하루 종일 놀이를 한다면 그 놀이는 일과 마찬가지로 지겨울 것이다.) - Everett, *Ethics for Young People*

NB 다음 문장도 위와 같은 형식이지만 의미는 전혀 다르므로 주의해야 한다.

- There is **no more** dangerous experiment **than** that of undertaking to be one thing before a man's face and another behind his back. (사람의 면전에서 하는 행동과 뒤에서 하는 행동이 다른 것만큼 위험한 것도 없다.)

d. She was **never** in love with me **any more than** I was in love with her. (내가 그녀를 사랑하지 않았던 것처럼 그녀도 나를 조금도 사랑하지 않았다.) - Maugham, *The Force of Circumstance*

e. I do**n't** believe in God **any more than** I do Santa Claus. (나는 산타클로스의 존재를 믿지 않는 것처럼 하나님의 존재도 믿지 않는다.) - McCullers, *The Heart is a Lonely Hunter*

§ 207 More than + 형용사 / worse than + 형용사

(1) More than + 형용사 (more than = extremely)

<more than + 형용사>에는 보통 좋은 뜻의 형용사가 오는 일이 많으며 주로 [be more than + glad / happy / pleased / willing, *etc.* + to do]의 형태로 많이 쓰인다.

a. If you're not satisfied with your purchase, we will be **more than** *happy* to refund your money. (구입한 물건이 마음에 들지 않으시면 기꺼이 대금을 환불해 드리겠습니다.)

b. "You've been **more than** *generous*," she said. ("아주 고마웠어요,"하고 그 여자가 말했다.) - Salinger, *The Catcher in the Rye*

c. Student : "Would you provide a reference for me?"/ Teacher: "I'd be **more than** *glad* to, John. You're one of my best student. (학생: 선생님, 저의 신원 보증인이 좀 되어 주시겠습니까?/ 교사: 그러고 말고. 자네는 내 수제자 중의 한 명이니까.)

More than의 뒤에 [분사/ 부사/ 동사/ 명사(절)]가 오기도 한다.

d. He has **more than** *repaid* my kindness. (그는 내 친절에 충분히 보답했다.)

e. The thought of his ex-wife being married again was **more than** *he could endure.* (그의 전처가 재혼할 것이라고 생각했을 때 그는 참을 수가 없었다.)

NB more than의 뒤에 나쁜 의미의 형용사가 오는 일도 있다.

- Owens was more than just annoyed at this (오웬스는 이 말을 듣고 대단히 화가 났다.) - Clancy, *Patriot Games*

(2) Worse than + 형용사

More than과 의미는 비슷하지만 worse than의 뒤에는 나쁜 뜻의 형용사가 온다.

a. He gave me sedatives. They had no effect. He gave me tonics. They were **worse than** *useless*. He's an old fool. (그 의사는 나에게 진정제를 주었어. 효과가 없었다. 강장제를 주었어. 먹으나마나 했다. 그는 늙은 바보야.) - Maugham, *Lord Mountdrago*

b. He knew that any offer of comfort from himself would be **worse than** *useless*, hateful to her, jangling her. (그는 자신이 주는 어떤 위안도 그녀에게 아무 쓸모도 없고, 지겹고, 귀에 거슬린다는 것을 알고 있었다.) - Lawrence, *The Rainbow*

c. I felt **worse than** *embarrassed* when I found out that Dr. George Scudder's knife had cut my youth out of my body. (조지 스커더 박사가 내 젊음(= womb)을 잘라냈다는 것을 알았을 때 나는 적지 않게 당황했다.) - Williams, *Sweet Bird of Youth*

§ 208 No less than / not less than
No less ~ than / not less ~ than

(1) No less than + 수량/ not less than + 수량

a. The phone bill came to **no less than** 100 dollars. (전화요금은 자그마치 100달러나 되었다.)

• **No less than**(= no fewer than/as many as)200 persons died in the plane crash. (비행기 추락사고로 무려 200명이 목숨을 잃었다.)

Cf. In 1966 America was scorched by *no fewer than* forty-three race riots. (1966년에 미국에서는 인종폭동이 자그마치 43번이나 발생했다.) - Segal, *Doctors*

b. His monthly allowance amounts to **no less than**(= at least) two hundred dollars. (그의 한 달 용돈은 적어도 200달러나 된다.)

(2) No less +형용사/ 부사 + than (= as +형용 / 부사 + as)
Not less + 형용사/ 부사 + than (= as + 형용사/ 부사 + as)

a. She was **no less** *beautiful* **than** her mother. (그녀는 어머니 못지않게 미인이었다.)

b. When it came to concealing his troubles, Tommy Wilhelm was **not less** *capable* **than** the next fellow.* (어려운 일을 감추는 것으로 말하면 타미 윌름은 누구 못지않게 노련했다.) - Bellow, *Seize the Day* [*Cf. as ~ as the next fellow 어느 누구에게도 뒤지지 않는]

c. It would be no less tedious to hear Beethoven's Fifth Symphony every day than it would be to eat caviare. (베토벤의 교향곡 제5번도 매일 들으면 캐비아를 매일 먹는 것처럼 지겨울 것이다.) - Maugham, *Don Fernando*

(3) No less ~ than … (= no less than)

a. A whale is **no less** a mammal **than** a horse. (말과 마찬가지로 고래도 포유동물이다.) (= A whale, **no less than** a horse, is a mammal.)

b. Man, **no less than** the lower form of life, is a product of evolution. (하등동물과 마찬가지로 인간도 진화의 산물이다.)

NB 어떤 명사를 강조할 때도 no less than을 쓰는 일이 있다.

ⓐ It's **no less** a person **than** the President!(President himself의 강조형)
(= It's the President himself, no less!) (그 분이 바로 대통령이다.)
(= It's none other than the President!)

ⓑ We hope to invite **no less** a person **than** a professor. (교수급 인사를 초빙하고 싶다.)

Ⅲ. 최상급

§ 209 최상급의 기본사항

(1) 서술 용법으로 쓰인 최상급의 정관사

BrE 에서는 동일한 사람 또는 사물의 최상급이나, 서술용법으로 쓰인 형용사의 최상급에는 무관사가 원칙이나, 구어체 *AmE* 에서는 이런 경우에 흔히 정관사가 붙는다.

a. The current is **strongest** in the middle of the river. (강의 한 복판이 가장 물살이 세다.) [*BrE*]

• Though John Ford was **most famous** for making Westerns, he also had a fondness for all things Irish.) (존 포드는 서부영화 감독으로 가장 유명하지만, 아일랜드와 관련된 것은 무엇이나 다 좋아했다.) – Schneider, *1001 Movies* [*BrE*]

• The incidence of skin cancer is **highest** among red-haired people with freckled skin. (피부암은 붉은 머리에 주근깨가 있는 피부를 가진 사람에게 발병률이 가장 높다.) [*BrE*]

b. The marriage rate in the United States was **the highest** in the world in the years 1944 to 1948. (미국의 결혼율은 1944년부터 1948년 사이에 서구에서 가장 높았다.) [*AmE*]

(2) *BrE*에서는 부사의 최상급일 때 무관사지만, *AmE*에서는 정관사가 붙는다.

a. In a fair tax system those who earn **the most** pay **the most**. (공정한 조세제도에서는 소득이 가장 많은 사람이 가장 많은 세금을 낸다.)

• I opened up my holster, took the pistol, aimed at the one who had talked **the most** and fired. (나는 권총집을 열고 총을 꺼내서 제일 말이 많은 놈을 겨냥하여 발사했다.) - Hemingway, *A Farewell to Arms*

b. That was the room that Scarlett liked **the best** in all the house. (그것은 스칼렛이 집에서 가장 좋아하는 방이었다.) - Mitchell, *Gone with the Wind*

c. Maybe the last part of the symphony was the music she loved **the best**. (아마도 그 교향곡의 마지막 부분이 그녀가 가장 좋아하는 음악이었다.) - McCullers, *The Heart is a Lonely Hunter*

d. It's the oldest (tree) because the leaves stay green **the longest.** (나뭇잎이 가장 오랫동안 초록색으로 남아 있기 때문에 그것이 가장 나이 많은 나무야) - Caldwell, *The First Autumn*

e. They say he talks **the loudest**, prays **the loudest**, sings **the loudest**··· (그는 제일 큰소리로 말하고, 제일 큰소리로 기도하고, 제일 큰소리로 노래를 부른다고 한다.) - Caldwell, *A Knife to Cut the Cornbread With*

[이 밖에도 *p.* 358 (6) *e*]

(3) 정관사는 (대)명사의 소유격과 양립하지 않는다.

a. Many people regard **Beethoven's** Fifth Symphony as **his** best work. (많은 사람들은 베토벤의 제5교향곡을 최고의 걸작으로 친다.)

b. **Gorbachev's** greatest achievement was ending the Cold War. (고르바초프의 최대 업적은 냉전을 끝낸 것이었다.)

c. When he was at **his** best Nicholaus was one of the best golfers there's ever been. (전성기일 때 니컬러스는 가장 탁월한 골프 선수 중의 한 사람이었다.)

(4) 최상급이 양보의 뜻을 가지는 경우 (even을 보충하여 해석한다)

a. **The richest** man(= Even the richest man) in the world cannot buy everything. (세상에서 제일 부자라도 모든 물건을 다 살 수는 없다.)

b. I don't have **the slightest**(*or* **faintest**) idea what you're talking about. (당신이 무슨 말을 하고 있는지 전혀 모르겠다.)

c. By the law of nature the stream will run down, and **the strongest** man cannot stop it. (자연법칙에 의하여 강물은 아래로 흐르며, 아무리 힘센 사람이라도 이것을 막을 수 없다.)

d. **The slightest** movement made him cry out in agony. (몸을 조금만 움직여도 너무나 아파서 고함을 질렀다.) - Haley, *Roots*

NB 처음부터 even이 붙는 경우도 많다.

ⓐ **Even** the most healthy-looking person could be carrying the AIDS virus. (아무리 건강해 보이는 사람도 에이즈 보균자일 수 있다)

ⓑ **Even** the greatest authors have written a number of very poor books. (가장 위대한 작가들도 졸작을 많이 썼다,) - Maugham, *The Summing Up*

(5) 최상급 + of two

비교급을 써야 할 곳에 최상급을 사용하는 것은 구어에서 많이 볼 수 있다.

a. When we reached the pecan tree, **tallest** *of two*, she began to climb. (우리가 두 그루의 나무 중에 키가 큰 피칸 나무에 다다랐을 때 그녀가 오르기 시작했다.) - Capote, *Other Voices. Other Rooms*

b. "Which did you like **best**?" "I liked them *both*." ("어느 분을 더 좋아하셨어요?" "두 분 다 좋아했단다.") - Lawrence, *The Rainbow*

c. She expects me to come to her, instead of her coming to me! And yet who is **the busiest**? (그녀는 자기가 오지 않고 날더러 오라는 거야! 그러나 누가 더 바쁜데?)

§210 중요한 최상급 구문

흔히 쓰이는 형식 외에 현대 영어에서는 다음과 같은 구문도 많이 쓰인다.

(1) 최상급 + of any + 단수명사

최상급의 뒤에는 보통 [of all the + 복수명사] 또는 [in + 집합명사]가 오지만 현대 영어에서는 <최상급 + of any + 단수명사>형식도 많이 볼 수 있다. 예컨대 아래의 ⓐ, ⓑ 두 문장을 blending(혼합)하면 바로 ⓒ 문장이 된다.

ⓐ English has the largest vocabulary of all the languages in the world.
ⓑ English has a larger vocabulary than any other language in the world.
ⓒ English has **the largest** vocabulary of any language in the world.
(영어는 세계의 어떤 언어보다도 가장 많은 어휘를 가지고 있다.)

다음에 문학 작품 속에서 용례를 들기로 한다.

a. He had **the highest** I. Q. *of any* boy at Whooton. (그는 후튼 고등학교에서 가장 지능지수가 높은 학생이었다.) - Salinger, *The Catcher in the Rye*

b. She was **the most definite** *of any* of the Hamiltons except her mother. (헤밀튼 집안에서 그녀는 어머니를 제외하고 가장 개성이 강했다.) - Steinbeck, *East of Eden*

c. Pearl had **the prettiest** yellow hair *of any* gal I ever saw. (펄은 내가 지금까지 보아온 어떤 소녀보다도 가장 아름다운 노랑머리를 갖고 있었다.) - Caldwell, *Tobacco Road* [gal = girl]

Cf. He had **the top** <u>fielding average</u>* *of anyone* ever when he played in the outfield. (그가 외야수로 있을 때 어느 누구 보다도 가장 뛰어난 수비율을 자랑했다.) - *Time* (1985) [* 수비율]

(2) Be among the + 최상급 (+ 복수명사)
(= one[or two, some]of the + 최상급 +복수명사)

a. Most Americans are convinced that their nation **is among history's most moral**. (대부분의 미국인들은 미국이 역사상 가장 도덕적인 국가 중의 하나라고 확신하고 있다.) - *Time* (1985)

b. Hunger, thirst and sex **are among the strongest human drives**. (기아, 갈증, 그리고 섹스는 인간의 가장 강력한 충동이다.)

c. *Crimes and Misdemeanors* (1980) **is** intricate, adult, both dark and delightful, right up there **among his very best**. (복잡하고 성인취향이며, 음침한 동시에 밝은 <범죄와 비행>은 그(=우디 알렌)의 최고 걸작이다.) – Schneider, *1001 Movies*

다음과 같은 최상급 형식도 흔히 볼 수 있다.

a. Yuri Gagarin *has the distinction of* **being the first man** to fly in space. (유리 가가린은 우주비행을 한 최초의 인간이었다.)

b. Seoul's taxi cab drivers *have the doubtful distinction of* **being among the most dangerous**. (서울의 택시 운전기사는 세계에서 가장 위험한 운전사라는 오명을 갖고 있다.) - *Time* (1985)

c. The first horror movie to win the Academy Award for Best Picture, *The Silence of the Lambs** also *has the distinction of* **being the third** movie in history to win the five major Oscars. (공포영화로서는 처음으로 아카데미 작품상을 받은 <양들의 침묵>은 역사상 주요한 5개 부문에서 오스카상을 받은 세번째 영화다.) - Schneider, *1001 Movies* [* 이쪽의 맨 아래→ ☞]

d. With a reported budget of over $ 200 million, even before its release *Titanic was given the dubious honor of* **being the most expensive** production of all time. (개봉하기 전부터 2억 달러 이상이 들었다고 소문이 난 영화 <타이태닉>은 역사상 제작비가 가장 비싼 영화라는 달갑지 않은 명예를 얻었다.) - *Ibid.*

(3) The last ~ (= most unlikely)

뒤에 부정사나 형용사절이 올 경우, [최후에~할]이라는 뜻에서 발전하여 <가장~할 것 같지 않은>이란 뜻으로 쓰인다.

a. She was **the last** woman in the world *to commit* murder. (그녀는 결코 살인을 저지를 사람이 아니다.) - Maugham, *The Letter*

Cf. **The last time** I was inside a woman was when I visited the Statue of Liberty. (내가 마지막으로 여자의 몸속에 들어간 것은 자유의 여신상에 갔을 때야.) - Schneider, *1001 Movies*

b. **The last** thing *he wanted to do* was to go into that jungle. The very idea gave him the creeps. (그는 밀림 속으로 들어가는 것이 죽기보다 싫었다. 생각만 해도 섬뜩했다.) - Crichton, *The Lost World*

c. Probably **the last** thing *she wanted was to do* be left alone with a macho man with a gun. (아마도 그녀가 가장 싫어하는 일은 혼자서 총을 가진 건장한 남자와 함께 있는 것이었다.) - Follett, The Third Twin

d. You're **the last** man *I should ever have expected to hear speak like that*. (당신이 그런 말을 하리라고는 꿈에도 생각하지 않았다.) - Maugham, *The Back of Beyond*

☞ Thomas Harris의 동명의 소설을 각색한 이 영화(1991)는 그 상에 걸맞게 잘 만들어진 작품이다. 악명 높은 serial killer(연쇄 살인범) 이며 psychiatrist (정신과 의사) 인 Hannibal Lecter역을 맡은 Anthony Hopkins와 FBI의 수습요원 Jodie Foster가 열연한다. 한니발이 갇혀 있는 어둡고 기괴한 지하 감옥에서 유리 한 장을 사이에 두고 벌어지는 그들의 대화는 홉킨스와 포스터가 최고의 연기를 선보인 이 영화의 핵심적인 장면이다. 이 영화가 만들어진 후 홉킨스의 캐릭터는 그 자체의 생명력을 지니게 되었다.

§ 211 최상급의 강조

(1) much, the very, (by) far, quite, yet, far and away, there is, *etc.*

a. That was **much** *the best* meal I've ever tasted. (그것은 내가 여태까지 먹어본 중에서 단연코 가장 맛있는 식사였다.)

b. He is **the very** *best* student in the class. (그는 학급에서 뛰어나게 제일 공부를 잘하는 학생이다) [어순에 주의]

c. *Rebel Without a Cause* (1955) remains **by far** the best 1950s film dealing with the then-new phenomenon of teenage delinquency. (당시로서는 새로운 사회 현상이었던 청소년 비행 문제를 다룬 <이유 없는 반항>은 1950년대 영화의 최고 걸작이다.) – Schneider, *1001 Movies*

(2) 최상급 형용사 + imaginable/ possible, *etc.* + *n.*
최상급 형용사 + *n.* + imaginable/ possible, *etc.*

a. A lawyer has a duty to give his client *the best* **possible** advice. (변호사는 그의 의뢰인에게 가능한 최선의 조언을 제공할 의무가 있다.) - Grisham, *The Rainmaker*

b. *The faintest* **imaginable** smile appeared on her lips. (눈에 띌까 말까한 미소가 그녀의 입술에 떠올랐다.)

He looked at me as though I had committed *the worst* crime **imaginable**. (그는 내가 상상도 할 수 없는 흉악한 범죄를 저지르기나 한 것처럼 나를 쳐다보았다.) - Ellison, *Invisible Man*

(3) 이 밖에 구어에서 흔히 쓰이는 최상급의 강조표현

a. Of all the vicious fellows he is *the violentest* and *worst* **by a long shot**. (모든 악당 중에서도 그는 단연코 가장 난폭하고 흉악한 놈이다.)

b. When he was at his peak Nicklaus was one of the best golfers *there's ever been*. [번역 → *p.* 385 (3) *c*]

- One of *the most famous* movies **of all time*** and quite possibly the most influential horror film in history, Alfred Hitchcock's *Psycho* (1960) (영화사상 가장 유명한 영화의 하나이며, 아마 가장 영향력 있는 공포 영화인 알프렛 히치콕의 <싸이코> (1960) – Schneider, *1001 Movies* [* = in history]

c. I've had to compete with some of *the sharpest* wit **going***. (재산을 모으기 위해서 가장 약삭빠른 사람들과 경쟁하지 않으면 안되었다.) - O. Henry, *After Twenty Years* [*= existing]

d. Seven of the ten worst tropical cyclones **on record** have been spawned in the Bay of Bengal. (현재 기록상 가장 심했던 10번의 열대성 태풍 중 7번이 뱅골만에서 발생했다.) - *Time* (1985)

(4) 최상급 + (that/ who) ever

강조어 ever를 포함하는 관계사절을 최상급의 뒤에 붙여서 강조한다. 이 경우 관계사절의 시제는 과거, 현재완료 또는 과거완료가 된다.

a. He is *the greatest* composer **that ever lived.** (여태까지 없었던 대작곡가였다.)

b. This is *the most beautiful* picture **(that) I have ever seen** in my life. (이것은 내가 지금까지 본 중에서 가장 아름다운 그림이다.)

c. Newton is considered by many to be *the most brilliant* scientist **who ever lived.** (뉴튼은 고금을 통하여 가장 탁월한 과학자라고 많은 사람들이 생각하고 있다.)

d. This is *the longest drought* **we've ever seen**. (이것은 지금까지 없었던 가장 긴 가뭄이다.)

Cf. ⓐ This is *the severest* earthquake **we've had for years**. (근년에 없었던 대지진이다.)
ⓑ This is *the coldest* weather **we've had for years**. (근년에 없었던 추위다.)

e. This is *the most fascinating* story **the author ever wrote**. (이것은 저자가 지금까지 쓴 것 중에서 가장 매력적인 이야기이다.)

f. The Bible is *the greatest* book **ever written**. (성경은 지금까지 씌어진 것 중에서 가장 위대한 작품이다.)

*AmE*에서는 최상급의 뒤에 ever만 붙이는 경우도 있다.

g. This novel of his is *the worst* work **ever**. (그가 쓴 이 소설은 그가 쓴 것 중에서 최악의 작품이다.)

h. Then we'll have *the biggest* breakfast **ever**. (그러면 여태까지 맛보지 못한 최고의 조반을 먹자.) - J. Doss Passos, *The Soldiers*

i. It made Homer feel that she was just about *the best* teacher **ever**. (그것을 보고 호우머는 그녀가 일찍이 보지 못한 가장 훌륭한 교사라고 느꼈다.) - Saroyan, *The Human Comedy*

j. This month she became *the youngest* person **ever** to graduate from Oxford, taking an honors degree in math. (그녀는 이 번 달에 수학에서 우등학위를 받고 역사상 최연소자로 옥스퍼드 대학을 졸업했다.) *Time* (1985)

원급이나 비교급으로 최상급의 뜻을 나타낼 때도 ever가 쓰인다.

a. He's *as* great a conductor *as* **ever** lived. (고금을 통하여 으뜸가는 명지휘자이다.)

b. That night she stayed *later than* she had **ever** before. (그녀가 그날 만큼 늦도록 자지 않은 일은 일찍이 없었다.)

§ 212 원급과 비교급에 의한 최상급의 표현

(1) <부정어 + so ~ as>에 의한 것

a. **None** are **so** blind **as** those who won't see. (보지 않으려고 하 사람만큼 장님은 없다.)

- There are **none so** deaf **as** those who won't hear. (듣지 않으려고 하는 사람만큼 귀머거리는 없다.)

b. There have been many French films about World War II and the German Occupation, but **none as** sumptuous **as** François Truffaut's *The Last Metro* (1980). (2차 대전과 독일의 점령을 다룬 영화는 많지만 프랑수와 트뤼포의 <마지막 지하철> 만큼 화려한 영화는 없다.) - Schneider, *1001 Movies*

(2) <As ~as>에 의한 것 (→ *p.* 375 (2))

a. He was **as** honest and kind-hearted a fellow **as** any, and a very modest one. (그는 더할 나위 없이 정직하고 친절한 남자였고, 또 대단히 겸손했다.)

NB <as + 형용사 + as>에서 최초의 as는 생략되기도 한다. (→*p.* 373)

ⓐ He was a fellow (as) honest **as** any. (그는 더할 나위 없이 정직한 남자였다.)

ⓑ Lots of these boys were green **as** green can be. (소년들은 대부분 정말 풋내기였다.)

ⓒ The springtime water was unfriendly **as** anything could be. (봄철의 물은 대단히 비우호적이었다.) Saroyan, *My Name is Aram*

b. I'm as eager to avoid **as** unpleasant experience <u>**as** *the next fellow*</u>*. (나는 어느 누구보다 불쾌한 일은 피하고 싶다.) [* as ~ as the next fellow 누구 못지않게 ~ 하다]

c. She was **as** good-looking **as** *the next girl* in town. (그녀는 읍내에서 어느 누구 못지않게 예쁜 소녀였다.) - Caldwell, *The Medicine Man*

- I could do **as** fine preaching and praying **as** *the next one.* (나는 누구 못지않게 설교와 기도를 잘 할 수 있을 거야.) - Ibid., *Tobacco Road*

d. The album was made **as** luxurious **as** fine albums could be. (그 앨범은 그 이상 호화로울 수 없을 만큼 호화로웠다.)

e. He knows English **as** well **as** can be expected of non-natives. (그의 영어는 외국인의 영어로서는 최고수준에 속한다.)

f. Socrates was **as** far from being handsome **as** even a philosopher can be.
(= Socrates was **as** ugly **as** ugly philosophers could be.)
(= Socrates was the ugliest of all ugly philosophers.) (소크라테스는 못생긴 철학자 중에서도 가장 추남이었다.) - Durant, *The Story of Philosophy*

(3) <부정어 + 비교급>에 의한 것

a. **Nothing** in the world is **more** precious **than** human life. (세상에서 사람의 목숨만큼 귀중한 것은 없다.)

- **Nothing** is **more** pleasant **than** to take a walk along the beach on a fine morning. (맑게 갠 날 아침에 해변을 산책하는 것보다 기분 좋은 일은 없다.)
- **Nothing** is **more** important for a student **than** to keep the rules of his school. (학생에게 교칙을 지키는 것보다 더 중요한 일은 없다.)
- There is **nothing more** depressing **than** spending Christmas alone. (크리스마스를 혼자서 보내는 것보다 더 쓸쓸한 것은 없다.)

b. The first day I met you I thought I'd **never** seen anyone I disliked **more**. (우리가 처음 만나던 날 당신이 정말 싫었습니다.)

- There **never** was a **more** honest man alive **than** Sam Billings. (샘 빌링스만큼 정직한 사람은 없었다.)
- I have **never** seen a **more** thorough examination **than** you were given in all my experience with this hospital. (당신이 받은 그런 철저한 검사는 제가 이 병원에 온 이래 처음 보았습니다.)
- I'm **never** happier **than** when spring comes around again. (봄이 올 때 가장 즐겁다.)

c. She thought she could **not** choose a **better** day to go calling on him in a new dress. (새 옷을 입고 그에게 가는 데는 오늘이야 말로 안성맞춤이라고 생각했다.)

- Father was **never more** angry all his life. (아버지께서 그 때 만큼 화를 내신 것은 그 전에도 그 후에도 없었다.)

d. The contrast can **scarcely** be **better** illustrated than by the following chapter. (차이점을 가장 명료하게 보여 주는 것은 다음에 인용하는 문장이다.)

e. "How was the movie?" "It couldn't be **better**/ **worse**. ("영화가 어떻던가?" "정말 좋았어/ 형편없었어.")

f. **No** two other brothers could be **more** unlike in character. (성격이 저렇게 다른 형제도 드물 것이다.)

g. "How's it you feel?" "**Never better**." ("기분이 어떠가?" "최고입니다.")

NB 원급도 비교급도 아니지만 there's nothing like~도 최상급의 뜻을 나타낸다.

ⓐ **There's nothing like** a good cry to get all your worries out of your system. (머리에서 모든 근심걱정을 떨쳐 버리는 데는 실컷 우는 것보다 나은 것은 없다.)

ⓑ **There was nothing like** a general store for collecting all the stories that were going around. (떠도는 소문을 듣는 데는 잡화점만큼 좋은 곳은 없었다.) - Ripley, *Scarlett*

ⓒ **There's nothing like** a glass of really cold beer on a hot summer's day. (더운 여름 날 아주 찬 맥주 한 잔만큼 좋은 것은 아무 것도 없다.)

§ 213 최상급의 특수구문

The Cuban missile crisis in 1960 was probably the closest we have been to nuclear war.

위 문장에서 closest는 be close to에서 온 것이므로 원래 부사지만 명사적으로 쓰여서 생략된 관계부사의 선행사가 되었다. 이 구문은 아주 구어적인 어법이다. 이 문장의 의미는 [1960년에 있었던 쿠바 미사일 위기는 아마 핵전쟁에 가장 가까이 간 것이었다. → 1960년의 미사일 위기 때 핵전쟁이 일어날 뻔했다]처럼 적당히 의역하는 것이 좋다.

a. *The Birds** (1963) is **the closest** Alfred Hitchcock ever came to a conventional horror movie. (영화 <새>는 알프렛 히치콕이 전통적인 공포 영화에 가장 가깝게 만든 영화이다.) - Schneider, *1001 Movies* [* → 이 쪽의 맨 아래 ☞]

- She sort of wouldn't let me get to the mouth. Anyway, it was **the closest** we ever got to necking. (얼굴의 다른 곳은 키스를 허락했지만 입술에는 못하게 했어. 어쨌든 그 때 우리는 포옹하기 일보직전까지 간거야.) - Salinger, *The Catcher in the Rye*
- **The closest** the United States came to a declaration of war in Vietnam was Tonkin Gulf Revolution of August in 1964. (미국이 베트남에 선전포고 일보직전 까지 간 것은 1964년 8월에 있었던 통킹만 사건 때였다.) - McNamara, *In Restrospect*
- **The closest** the Don had ever come to boasting was he never ate a mozzarella that was more than thirty minutes old. (보스는 모짜렐라 치즈를 만든 지 30분 이상 된 것은 먹어 본 적이 없다는 말을 자랑 비슷하게 말했다.) - Puzo, *The Last Don*

b. **The longest** I ever held a job was one month. (내가 어떤 직장에 가장 오랫동안 붙어 있었던 것이 한 달이었어요.) - Saroyan, *The Human Comedy*

c. I got the impression that **the nearest** he had ever before been to a public bar was the chop-house off Northumberland Avenue where he ate lunch with his colleagues from the Ministry. (그가 가 본 술집이라곤 기껏해야 근무처의 동료들과 함께 찾아가서 점심을 먹었던 노섬버랜드가에 있는 대중음식점 정도라는 생각이 들었다.) - Greene, *The End of the Matter*

d. **The soonest** we can have it ready for you is Saturday. (우리가 당신에게 가장 빨리 해 줄 수 있는 것이 토요일입니다.)

☞ *The Birds* (1963)는 Daphne du Maurier의 동명의 소설을 스릴러의 거장 Alfred Hitchcock이 각색한 공포영화다. 이것은 그의 영화 중 가장 수수께끼 같은 작품으로, 다양하게 해석되지만 히치콕은 어떤 해석에도 동의하지 않았다. 보데가 베이라는 작고 따분한 해변 마을에 온 Tippi Hedren은 애완동물 가게에서 우연히 Rod Taylor를 만난다. 나중에 그녀가 그의 집을 방문해 그를 놀래주려고 할 때 갈매기 한 마리가 그녀를 공격하는데 이는 마을 전체에 닥칠 운명의 전조다. <새>에는 조류뿐만 아니라 여성을 나타내는 은어로서의 새까지 수많은 새에 대한 언급이 나오며, 테일러는 그의 환심을 사려는 수많은 여성들 사이에 유일한 남성이다. 그렇다면 히치콕은 이 영화를 다소 모호하지만 여성혐오의 성적인 allegory를 의도한 것인지도 모른다.

제 14 장 동사의 법

WARM-UP

(1) 동사의 법 (Mood)이란 무엇인가

영어의 동사는 어떤 일을 사실로 서술하면 직설법 (Indicative mood), 명령으로 서술하면 명령법 (Imperative mood), 화자가 마음속에서 생각한 것을 가정으로 서술하면 가정법 (Subjunctive mood)이 된다. 앞에서 설명한 것은 모두 직설법이므로 여기서는 가정법과 명령법만 다룬다.

(2) 가정법(Subjunctive mood)과 직설법(Indicative mood)

If-절이 있다고 해서 반드시 가정법이어야 한다는 법은 없다. 화자의 mood(기분)상 그 일이 충분히 있을 수 있다고 본다면 직설법을 쓰고, '설마 그런 일은 없겠지만 가령~ '라고 생각한다면 가정법으로 쓰는 것이다. 아래의 네 문장은 기분만 다를 뿐 뜻은 거의 차이가 없다.

Oxygen is essential to all forms of animal and plant life.
(산소는 모든 동식물에게 꼭 필요하다.)

a. If an animal or a plant is deprived of air, it dies. [직설법]
(동물이나 식물이 공기를 빼앗기면, 죽는다.)

b. If an animal or a plant *were* deprived of air, it would die. [가정법 과거]
(동물이나 식물이 공기를 빼앗긴다면, 죽을 것이다.)

c. If an animal or a plant *should* be deprived of air, it will die. [가정법 미래]
(동물이나 식물이 공기를 빼앗긴다면, 죽을 것이다.)

d. If an animal or a plant *were to* be deprived of air, it would die. [가정법 미래]
(동물이나 식물이 공기를 빼앗긴다면, 죽을 것이다.)

동식물이 공기를 빼앗긴다는 것은 전혀 있을 수 없는 일이 아니고, 예컨대, 산채로 묻거나, 또는 실험을 하기 위해서 진공 속에 둘 수도 있다. 그러한 경우를 생각해 볼 때 가정법을 쓸 것인가 직설법을 쓸 것인가는 그 때 그 때의 상황에 따라서 화자가 결정할 일로서, 가정의 조건을 말한다고 해서 항상 가정법이 되어야 할 이유는 없는 것이다.

Ⅰ. 명 령 법

명령법은 명령, 요구, 의뢰, 희망, 금지(부정 명령의 경우) 따위를 나타내기 위하여 사용되며, 동사는 항상 원형(root-*form*)이 된다. 아래의 명령문은 거의 모두가 idiom이므로 그대로 외어두면 일상생활에서 편리하게 사용할 수 있다.

§ 214 명령법의 기본 형식

1) "May I use your cell phone?" "**Be my guest**!" (= Feel free.) ("당신의 휴대폰 좀 사용해도 될까요?" "네, 쓰세요")

2) When you're out our way, **be sure and look us up**. (이 쪽으로 오시는 일이 있으시면, 꼭 한 번 들러 주세요.)

3) **Beat it**. (= Go away./ Get lost./ Split) (저리 가라/ 꺼져.)

4) **Believe me.** (= Take my work for it.) (내 말을 믿어 줘/ 내 말을 믿어도 좋아)

5) **Beware of** pickpockets, purse snatchers, and muggers. (소매치기, 핸드백 날치기 그리고 노상강도를 조심하세요.)

6) **Buckle up**! (= Please fasten your seat belt.) (안전띠를 메세요.)

7) **Drop me a line** (*or* a note) in a while. ([전화나 편지로] 가끔 소식 전해주게.)

8) **Fancy meeting you here**! (자네를 여기서 만날 줄이야.)

9) **Get along**, you two! There's 10 minutes till your test starts! (너희들 빨리 가거라. 시험시작 시간이 10분밖에 안 남았다.)

10) **Fill'er up** with regular unleaded, please. ([gas station에서] 보통 무연 휘발유로 가득 채워 주시오.) ['er = her. *AmE*에서는 자동차를 흔히 여성으로 받는다.]

11) **Give me a refill, please**. ([술집에서] 한 잔 더 주시오.)

12) **Give me the bottomline**. (요점만 이야기해)

13) **Give me a wake-up** call at 7 tomorrow morning, please. [호텔에서 교환양에게] (내일 아침 7시에 깨워 주시오.)

14) It will take an hour. **Give and take** a few minutes. (한 시간 걸릴거야, 몇 분의 오차는 있겠지만.)

15) **Go for it**! (= Do it!/ Try it!) (한 번 시도해봐.)

16) **Hang in there**!(= **Hang on**./ Stick it out.) (꾹 참고 기다려라.)

17) **Help yourself to** coffee and cake. (커피와 과자를 마음대로 드세요.)

18) **Hold the sugar**/ the lettuce/ the hair. (주로 레스토랑에서 쓰는 말) (설탕/ 상치는 빼고 주세요/ 머리카락은 넣지 마세요.)

19) **Look who's talking!** (사돈 남 말하네/ 누가 할 소리) [상대방의 비난을 받아서 <지금 네가 한 말은 바로 내가 하고 싶은 말이다>의 뜻으로 쓰는 말]

20) **Look before you leap.** [saying] (돌다리도 두드려 보고 건너라.) [속담]

21) **Mark my word(s).** (내 말을 명심해둬/잘 기억해둬.)

22) **Pardon/ Excuse my French.** (점잖지 못한 말을 써서 미안해) [백년 전쟁(1337~1452)때문에 생긴 영국과 프랑스 사이의 적대감에서 생긴 표현일 것이다.]

23) **Put me on your wait(ing) list.** (항공편을 예약할 때) (나를 대기자 명단에 올려 주세요.)

24) **Put your <u>John Hancock</u>* here.** (= I need your John Hancock here.) (여기에 서명해 주세요.) [* 미국 건국 초기의 정치가로 독립 선언서에 제일 먼저 서명한 사람]

25) **Say hello to your parents.** (= Give my best regards to your parents for me.) (자네 부모님께 안부 전해주게.)

26) "Would you direct me to the Immigration Office." "**Search me.**" ("이민국으로 가는 길을 좀 가르쳐 주시겠습니까?" "모릅니다.")

27) **Shoot!** (어서 말해/ 빨리 털어놔.) [감탄사로 사용하면 <제기랄/ 빌어먹을/ 맙소사>.]

28) **Speak of the devil.** [saying] (호랑이도 제 말하면 온다.) [속담]

29) **Step on it.** (= Pick it up./ Speed it up.) (더 빨리 갑시다.)

30) "Do you mind if I sit here?" "**Suit yourself.**" (좋을 대로 하세요.)

NB1 위의 *29)* 처럼 정중한 명령이나 부탁을 할 때 쓰는 please는 원래 May it please you to do (~ 하는 것이 당신의 마음에 드시기를)의 형태로, 그 생략형에서 나왔기 때문에 드물기는 하지만 to가 남아 있는 경우도 볼 수 있다

ⓐ If Monsieur Dugan would like to call at 11a.m.? And **please to** bring the necessary items for a final fitting. (듀간씨 오전 11시에 들르시겠습니까? 그러면 마지막으로 조립해 볼 수 있도록 필요한 부속들을 가지고 오십시오.) - Forsyth, *The Day of the Jackal* [이것은 외국인이 영국인에게 한 말임]

ⓑ There is hard sickness here, Giles Corey, so **please to** keep the quiet. (자일스 코리씨, 여기에 고치기 고질병이 있습니다. 그러므로 조용히 해 주시기 바랍니다.) - Miller, *The Crucible*

NB2 부사 just도 please와 비슷한 용법으로 쓰이며, 또 명령문의 뒤에 will/ won't you?를 붙여도 어조가 부드러워 진다. (→ p. 518 (2))

ⓐ **Just** listen to what I'm saying. (내 말 좀 들어 보세요.)

Just remember, my precious little cheat, the time will come when you will want to borrow more money from me. (기억해 두세요, 귀여운 사기꾼 아가씨, 언젠가 당신이 나에게 돈을 더 빌리고 싶을 때가 반드시 올거요.) - Mitchell, *Gone with the Wind*

ⓑ Give me a rain check, **will** (*or* won't) **you**? (다음에 초대해 주시겠죠?)

Have a cup of coffee, **will** (*or* won't) **you**? (커피 한 잔 드시죠?)

§ 215 부정 명령

(1) Don't(= Do not)를 써서 금지를 나타낸다(일반동사는 물론이고, be 동사도 don't를 사용하는 점에 주의해야 한다).

a. **Don't** get me wrong. (내 말을 오해하지 마라.)

b. **Don't** drink and drive. (음주 운전하지 마라.)

c. **Don't** hog the phone/ photocopier. (전화/ 복사기를 혼자 쓰지 마시오.)

d. "Are you sure you can do it in time?" "**Don't** sweat it." (걱정 마라.)

(2) 구어에서는 never나 not + to 부정사를 쓰는 표현도 있다.

a. There! There! Never mind, you'll soon feel better. [주로 어린이를 달래거나 위로할 때] (괜찮아! 괜찮아! 염려하지 마라, 곧 나을거야.)

b. **Not to** worry, dear boy. You'll pay me back later. (이봐, 젊은이, 걱정하지 말게. 돈은 나중에 지불해줘.) - Sheldon, *A Stranger in the Mirror*

NB1 부정 명령문은 Don't를 강하게 발음하면 의미가 강조되지만, Don't 와 동사의 사이에 you를 넣어서 의미를 강조하는 일도 있다.

- Her daughter Jeannie said, "**Don't you worry,** Mom, we're going to get you out of here sooner or later." (딸 제니가 말했다, "조금도 걱정 말아요, 엄마, 내가 조만간 엄마를 여기서 다른 곳으로 모셔 갈거야.) - Follett, *The Third Twin*

특히 부정 명령은 아니더라도 강조나 대조하기 위하여 you를 붙이고, 이 you에 강세를 두는 표현도 있다.

c. **Yóu** mind your own goddam business. (쓸데없는 참견은 집어치워.) - Steinbeck, *East of Eden*

d. **Yóu** be back here by midnight. (자정까지는 여기로 돌아오시오.) - Clancy, *Without Remorse*

e. **You** wash the dishes and I'll put them in the cupboard. (당신이 접시를 씻으면 내가 그것을 찬장에 넣을게.)

NB2 상대가 특정한 개인이 아닐 때는 you를 대신하는 말이나 어구를 사용한다.

ⓐ **Somebody** get a doctor! I think this woman's had a heart attack. (누가 의사 좀 불러 주세요. 이 여자분이 심장마비를 일으킨 것 같아요.)

ⓑ We have a motion and a second. **All** in favor raise your hands. (동의가 나왔고 재청도 있었습니다. 찬성하시는 분은 모두 손을 들어주십시오.) - Grisham, *A Time to Kill*

ⓒ **Everybody** say Pepsi. ([사진 찍을 때] 모두들 펩시라고 하세요.) - Trantino, *Pulp Fiction*

ⓓ Would **the audience** please take their seats – the show will begin in fifteen minutes. (관객 여러분은 자리에 앉으시기 바랍니다. 연극은 15분 후에 시작됩니다.)

§ 216 Let 을 사용하는 명령법

Let은 <하게 하다>란 뜻이지만, 명령법에서 그렇게 해석되는 일은 없다. 가장 많이 사용하는 (1)과 같은 명령 외에도 (2), (3)과 같은 용법이 있으므로 주의해야 한다.

(1) 보통의 명령

a. **Let** me buy a drink. (내가 너한테 술 한 잔 살께.)

b. Thank you for the quote. **Let** me shop around*. [가게에서] (견적서를 내 주셔서 고맙습니다. 다른 데도 알아보고 결정하겠어요.) [* shop around 이 가게 저 가게를 들러서 다른 데도 알아보고 결정하다]

NB1 부정의 명령에는 Don't let을 사용한다.

- **Don't let** children play with matches. (아이들에게는 성냥을 갖고 놀게 하지 마라.)

(2) 권유 (let us가 Let's로 단축되어 <~합시다 / ~하자>가 된다)

a. **Let's** have a party, shall we? (파티를 열자.)

b. **Let's** call it a day. (오늘은 일을 그만하고 퇴근하자.)

c. **Let's** get down to business. (= Let's get down to brass tacks.)(본론으로 들어갑시다.)

NB2 부정형은 let's not (*AmE*에서 표준구어) / don't let's / let's don't

- Well, **let's don't** talk about unpleasant things tonight, Mr. Kennedy. (저, 오늘 저녁에는 불쾌한 이야기는 하지 맙시다, 케네디씨) - Mitchell, *Gone with the Wind*

(3) 유사명령

① 2인칭에 대한 명령에서 발전한 것이지만, 우리말로 옮길 때 주의해야 한다.

a. **Let** the work be done immediately. (그 일을 즉시 끝내라.)

b. **Let** there be no mistake about it. (그 일에 오해가 없도록 합시다.)

② 유사명령

위의 ①이 발전하여 실제로는 명령의 뜻을 잃고 <~해야 한다>, <~할 테면 하게 하라>, <~라고 가정하자>로 옮길 수 있다.

a. **Let** young men bear in mind. (청년들에게 이것을 명심 시켜야 한다.)

b. **Let** the line AB be equal in length to the line XY. (선분 AB와 선분 XY의 길이가 같다고 가정하자.)

§ 217 명령법의 조건 구문과 양보 구문

(1) 조건 구문

명령문 + and/ or (~하라, 그러면/ 그렇지 않으면)

a. **Do me this favor and** I'll take care of you in times to come. (자네가 이 부탁을 들어주면 뒷날 내가 자네를 돌봐 줄께.) - Puzo, *The Godfather*

b. **Work hard or (else)** you will fail your exam. (= If you don't work hard, you will fail~) (열심히 공부하지 않으면 시험에 낙방할거야.)

c. **Let's** get going **or** we'll miss the plane. (서두르지 않으면 비행기를 놓칠거야.)

• **Shut up**, now! **Or** I'll wring your neck, you fool. (이제 입 닥쳐! 그렇지 않으면 네 목을 비틀어 놓겠어, 바보 자식!) - Wright, *Black Boy*

(2) 양보 구문

<~할테면 하라>에서 의미가 발전하여 <가령~하더라도>의 양보의 뜻이 된다. 이것은 문어체의 어법이므로 spoken English에서는 그다지 쓰이지 않는다.

a. **Be it ever** so humble, there's no place like home. (아무리 누추해도 내 집 같은 곳은 없다.) -J. h. Payne*, *Home, Sweet Home* [* (1791~ 1851) American dramatist]

b. **Say what you like**, I'll wager one of the kids survives. (당신이 뭐라든 나는 그 아이들 중 한 명은 살아있다고 확신합니다.) - Crichton, *Jurassic Park*

c. You have a talent, a drive, a genius—**call it whatever the hell you like**—for investigative work. (당신은 재능, 추진력, 천재적인 소질—수사하는 데 필요한 것은 무엇이나 갖추고 있습니다.) - Sanders, *The First Deadly Sin*

d. **Let them say what they like**, I have a clear conscience. (그들이 뭐라고 하던 나의 양심은 떳떳하다.)

• **Let the older towns call Atlanta anything they pleased**, Atlanta did not care. (오래된 도시에 사는 사람들이 애틀랜타를 뭐라고 부르든 애틀랜타 시민들은 개의치 않았다.) - Mitchell, *Gone with the Wind*

e. **Search though she might**, she saw no sign of John Wilkes. (아무리 찾아보아도 존 윌크스의 모습은 보이지 않았다.) - *Ibid.* [Cf. 형용사/ 부사 + as + S + V → *p.* 327]

f. **Try as he might**(= However hard he tried), he couldn't force the door open. (아무리 애를 써도 그 문을 억지로 열 수 없었다.)

• **Try as he would**, he couldn't put them out of his mind. (아무리 애를 써도 그의 머리에서 그 생각을 지울 수가 없었다.) - Cook, *Mutation*

§ 218 명령법의 특수구문

명령법 중에는 친밀한 감정이나 애정 어린 말투로 상대방(사람 또는 동물)에게 무엇을 요청하거나 설득할 때 사용하는 특수한 형식이 있다.

Be a good chap (*or*, boy, girl, guy, fellow, dog) and + V. / be an angel(*or*, a dear, a darling) and + V. 그리고 be a sport (*or* a pal) and + V. 따위가 있다. 이 형식은 <be + 형용사 + and + do> (→§ 128 (2))에서 발전한 것으로 명령문의 앞에 쓰기도 하고 뒤에 쓰기도 한다. 이 중에서 be a good boy (*or* girl)는 어린이뿐만 아니라 어른에게도 사용하고, be an angel (*or* a dear, a darling)은 주로 여자가 쓰는 표현이며, be a good chap (*or* guy, fellow)와 be a sport (*or* a pal)은 남자들 사이에 쓴다.

a. Will you **be a good boy and** be nice to Ferguson. (퍼거슨 양한테 친절하게 대해 주시면 좋겠어요.) - Hemingway, *A Farewell to Arms*

- **Be a good girl and** Dr. Wallace will give you brownie points*. (내 말대로 해요.. 그러면 왈리스 박사가 칭찬하실 거야.) - Sheldon, *Nothing Lasts Forever* [병원에서 남녀 레지던트끼리 주고받는 대화] [* 윗사람에게 환심을 사서 얻은 신용 또는 총애]

b. **Be an angel**, Mary, **and** run downstairs and get the scissors. You will find them on the kitchen table. (메리야, 착하지. 아래층에 가서 가위 좀 갖다 주렴.)

Cf. Will you **be an angel**? India was unable to come tonight and assist me. Will you receive with me? (당신은 친절한 분이잖아요. 오늘 밤에 인디아가 와서 나를 도와 줄 수 없답니다. 나하고 같이 손님 접대를 해 줄 수 있겠어요?) - Mitchell, *Gone with the Wind*

c. **Be a darling and** bring me a little something, will you? (나한테 [먹을 것] 좀 갖다 주렴.) - Segal, *Doctors*

d. We got a good job offered if we get there tonight.. If we don't, we miss out. **Be a good fellow**. (우리가 오늘 저녁에 도착하면 좋은 일자리가 하나 있소.. 만약 못 가면 놓친단 말이요. 제발 좀 그렇게 해 주시오.) - Steinbeck, *The Grapes of Wrath*

- **Be a sport and** let me borrow your bike. (제발 선심 좀 서서 네 자전거 좀 빌려줘.)
- Thanks, Chuckie, **Be a pal and** run me a tab, would you? (처키, 고마워, 냉큼 계산서 좀 갖다 주게) - Osborne, *Basic Instinct*
- Great. If I'm lucky, at least I'll get my Christmas presents. Skip, **be a pal and** give me a shot of Jack Daniel's. Pour one yourself and Penrose, too. (잘 됐어. 내가 운이 좋으면 적어도 금년 크리스마스 선물은 받겠지. 스킵, 나한테 잭 다니엘스를 한 잔 따라주게나. 자네와 펜로우즈도 한 잔 씩 따라 부어 마시게.) - Segal, *Prizes*

§ 219 명령법의 idioms

(1) Come on(= C'mon)

ⓐ (재촉) 서둘러 (= Hurry up) ⓑ (간청, 설득) (= please), 힘내라구 ⓒ 진정해 ⓓ 괜찮아 (= Don' worry) ⓔ 그만해(=Stop) ⓕ 농담하지마 (=You're wrong)

ⓐ **Come on**! I'm in a hurry. (서둘러, 난 바빠.)

ⓑ Please tell me what's wrong. **Come on**, I'll buy you a drink and we can chat. (무슨 일인지 이야기해 보세요. 제발, 내가 술 한 잔 살 테니까. 같이 마시면서 이야기할 수 있어요) - Segal, *Prizes*

ⓒ "I can't stand the sight of you." "**Come on**! I don't believe that." ("네 꼴도 보기 싫어." "좀 그러지 마, 그 말 진심으로 하는 말 아니지.")

ⓓ You look as if you need a break from studying. **Come on**, I'll make you a cup of coffee. (너 공부 그만하고 좀 쉬어야겠다. 걱정 마, 내가 커피 한 잔 타 줄께.)

ⓔ Sally was tickling Tom and he was laughing like mad. Finally he sputtered, "**Come on**!" ("샐리가 탐을 간질이고 있을 때 탐은 미친 듯이 웃었다. 마침내 탐은 "그만해." 하고 소리쳤다.)

(2) Go ahead

ⓐ 먼저 가세요 ⓑ 시작하세요, 어서 하세요(드세요/ 말씀 하세요)ⓒ 계속하세요

ⓐ "Can't you move any faster?" "**Go ahead**. I'm all out of breath." ("더 빨리 갈 수 없니?" "먼저 가, 난 너무 숨이 차")

ⓑ "Do you mind if I smoke?" "**Go ahead**." ("담배 피워도 될까요?" "예, 피우세요.")

(3) Take it easy

ⓐ (작별인사)잘 가게, 수고해 (= So long) ⓑ 진정해, 흥분하지마 (=Calm down) ⓒ 마음 놓게, 걱정하지 마라, 서두르지 마라 ⓓ 푹 쉬게, 쉬어 가면서 해

ⓐ "See you next week." "O.K. **Take it easy**."("다음 주에 보세." "그래, 잘가.")

ⓑ "I'm so mad I blow my top*." "Now, now. **Take it easy**. What's wrong?"(" 화가 나서 미치겠어." "이봐, 진정해. 무슨 일인데") [* 불같이 화를 내다, 분노가 폭발하다 / 미치다]

ⓒ "Take it easy." said Freddy. "This one is on the house."("마음 놓고 마시게. 이 술은 공짜야"하고 프레디가 말했다.) - Hemingway, *To Have and Have Not*

ⓓ "I do aerobics every day of the week." "**Take it easy** now and then." ("나는 한 주일 내내 하루도 빠짐없이 에어로빅을 하고 있어." "이따금 쉬어 가면서 해.")

Ⅱ. 가 정 법

§ 220 가정법 현재

동사 원형을 사용하며, 사용범위는 비교적 좁다.

(1) 현재 또는 미래의 단순한 가정

오늘날에는 가정법 현재는 거의 쓰이지 않고, 그 대신 직설법을 쓴다. 그러나 문어체에서 whether-절에 be동사가 오는 경우, 빈번하지는 않지만, 가끔 가정법 현재가 쓰이며, 접속사 lest의 뒤에도 이전에는 should가 쓰였으나(→ *p.* 351⑤ *b*), 지금은 가정법 현재가 일반적이다.

a. Mrs. Tarleton was, as usual, deaf to all other ideas when pursuing her favorite topic, breeding, whether it **be** horses or humans. (탈튼 부인은 여느 때와 마찬가지로 그녀가 좋아하는 화제인 번식이야기가 나오면, 그것이 말이건 사람이건 간에 다른 이야기에는 귀를 기울이지 않았다.) - Mitchell, *Gone with the Wind*

b. The young man offered to blow out the candle *lest* it **keep** him awake. (청년은 잠자는데 방해가 될 테니 촛불을 끄자고 했다.) - Pasternak, *Doctor Zhivago*

(2) <제안, 요구, 주장, 명령, 소망, 결정, 결심, 의도, 등>을 나타내는 동사 뒤에 오는 that-절에서 주로 *AmE* 에서는 가정법 현재가 많이 쓰이고, *BrE* 에서는 should를 쓰는 것이 보통이나 (→ *p.* 210 (7)), 점차 미국식을 따라가는 경향을 보이고 있다. 많이 쓰이는 동사는 suggest, propose, move/ ask, demand, require, request/ insist/ command, order/ wish, desire/ determine, resolve/ intend / recommend(권하다),/ stipulate (규정하다), urge, *etc.*이다.

a. We *ask* that this list **be** received in evidence, Your Honor. (판사님, 이 명단을 증거물로 받아들이기를 요청하는 바입니다.) - Gardner, *The Daring Decoy*

b. The Jews had *begged* that the Negev Desert **be** added to their state. (유태인들은 네게브 사막이 그들의 영토에 편입되기를 간절히 원했다.) - Uris, *Exodus*

c. The commission intervened and *commanded* that work on the building **cease**. (위원회가 개입하여 건축공사를 중단하라고 명령했다.)

d. I sprang at him, seized his coat lapels and *demanded* that he **apologize**. (나는 그에게 달려들어 그의 멱살을 잡고 사과하라고 요구했다.) - Ellison, *Invisible Man*

e. Many Florentines *were determined* that the death **be** a spectacular suicide. (많은 플로렌스 사람들은 그의 죽음은 장엄한 자살이라고 단정했다.) - Harris, *Hannibal* *f.* I wanted to pay by check but the landlord *insisted* that I **pay** him in cash. (나는 수표로 지불하고 싶었으나 집주인은 현찰로 지불하라고 우겼다.)

g. He *proposed* that I **write** a series of articles under his name for a Jewish daily in New York. (그는 나에게 그의 이름으로 뉴욕에 있는 유태인 일간지에 일련의 기사를 쓰라고 제의했다) - Miller, *Tropic of Cancer*

h. Doctors *recommended* that all children **be** immunized against polio and tuberculosis. (의사들은 모든 어린이들이 소아마비와 결핵 백신을 맞힐 것을 권했다.)

- We *recommended* to the senate of this university that Dr. Jean Ferrami **be** dismissed. (우리는 진 페라미 박사를 해고하라고 이 대학의 이사회에 건의했어요.) - Follett, *The Third Twin*

(*i*) Regulations *required* that each man **remain** in his seat at all times. (규정에 따르면 누구나 자동차에 앉을 때는 항상 안전띠를 매게 되어 있었다.) - Anderson, *Ground Zero*

(*j*) Lenin *urged* that *Taylor's methods **be** adopted for use in socialist production. (레닌은 테일러의 방식을 사회주의적 생산 방식에도 활용해야 한다고 주장했다.) - Toffler, *The Third Wave* [* 미국의 경영이론 전문가]

NB1 현대 구어영어에서는 위의 동사 뒤에 직설법을 사용하는 일이 많다.

ⓐ In an arranged marriage the husband often insists that the wife **brings** a dowry. (중매결혼에서는 흔히 남편이 아내에게 지참금을 가져오라고 요구한다.)

ⓑ The will also stipulates that if you are deceased, all property **goes** to your wife. (이 유언장에는 또 당신이 돌아가시면, 모든 재산은 당신의 부인에게 돌아가도록 규정하고 있습니다.) - Steinbeck, *East of Eden*

(3) (2)와 유사한 뜻을 가진 명사나 형용사의 뒤

a. They are *anxious* that the report **be** published as soon as possible. (그들은 그 보고서가 될 수 있는 대로 빨리 공표되기를 바라고 있다.)

Cf. The corps commander is *anxious* that they should **be** disarmed without delay. (군단 사령관은 그들에 게 지체 없이 무장을 해제하라고 합니다.) - Pasternak, *Doctor Zhivago*

b. Indeed, many companies are relaxing their *insistence* that work **be** done in the office. (사실, 많은 기업체들이 업무는 사무실에서 보아야 한다는 주장을 완화하고 있다.) - Toffler, *The Third Wave*

- *Insistent* from the first that every detail **be** sumptuous, Selznick* then wore out at least three directors. (처음부터 세세한 부분까지 모두 화려하게 만들기로 마음먹은 셀즈닉은 적어도 세 명의 감독을 지쳐 떨어지게 만들었다.) - Schneider, *1001 Movies* [* (David O.) Selznick은 영화 *Gone with the Wind*의 제작자]

c. Deborah bristled at her father's *proposal* that her son **chat** in Yiddish. (데보라는 자신의 아들에게 이디시 말로 지껄이게 하자는 아버지의 제안에 화를 냈다.) - Segal, *Acts of Faith*

(4) It is natural, necessary, *etc.* + (that-)절 속에서

이 경우도 앞의 (2), (3)과 마찬가지로 *BrE*에서는 주로 should가 쓰인다. 많이 쓰이는 형용사는 위에 든 것 외에, essential, imperative (= urgent), important, inevitable, logical (필연적인, 당연한), proper, right, vital (= essential), *etc.*이다.

a. It is *essential* that every member **be** informed of these regulations. (모든 회원은 이 규칙을 알고 있어야 한다.)

b. The *important* thing is that he **be** able to get in, unspotted and unsuspected. (중요한 것은 그가 눈에 띄지 않게 그리고 의심받지 않고 들어 갈 수 있다는 것이다.) - Forsyth, *The Day of the Jackal*

• It seems to us *important* that this fundamental fact **be** clear and our understanding of it be made clear to our own people. (이 기본적인 사실을 명백히 하여 우리 국민들에게 분명하게 이해시키는 것이 중요하다.) - McNamara, *In Retrospect*

c. It's perfectly *natural* that a father **want** to be able to see his children. (아버지가 자신의 아이를 보고 싶어하는 것은 지극히 당연하다.)

d. It was *vital* the man *stay* where he was a few hours more. (그 남자는 그가 있던 곳에 몇 분 더 머물러 있을 필요가 있었다.) - Forsyth, *Op.cit.*

NB2 이 경우도 앞의 (2), (3)처럼 현대 구어영어에서는 직설법을 쓰는 경향이 농후하다.

ⓐ It is vital that everyone **follows** the correct safety procedure if there is a fire. (화재가 나면 모든 사람은 안전 수칙을 따르는 것이 가장 중요하다.)

ⓑ It is *essential* that the oil level **is** checked every 10,000km, otherwise the engine may seize up* may seize up. (10,000km를 운행할 때마다 반드시 기름을 점검해야 한다. 그렇지 않으면 엔진이 고장 날 수도 있다) [* (기계가) 서다, 고장 나다]

NB3 앞의 (2), (3), (4)의 경우, 영국 작가가 가정법 현재(즉, 동사 원형)를 쓰는 일이 있는 것[(4)의 *b*, *d*]과 마찬가지로 미국 작가들 중에서도 가정법 현재 대신 should를 선호하는 사람도 있다.

ⓐ He prayed that the storm **should** not destroy his father's crops. (그는 아버지의 농작물이 폭풍으로 피해를 입지 않기를 기원했다.) - Mailer, *The Naked and the Dead*

ⓑ It was natural that the convert Aron **should** work on Cal. [번역과 출처→ *p.*209]

ⓒ But it was inevitable that when farmers came together, even for fun, they **should** talk business and politics. (그러나 농부들이 놀기 위하여 모이는 경우라도 장사와 정치를 화제로 삼는 것은 당연한 일이었다.) - Nevins, *A Pocket History of the United States*

§ 221 가정법 과거

동사의 과거형 (단, be동사의 경우는 인칭과 수에 관계없이 were)을 사용하며, if - 절에 쓰일 경우는 결과절(즉, 주절)에 <조동사의 과거형(should, would, *etc.*)이 사용된다. 가정법의 여러 가지 형식 가운데 이 가정법 과거가 가장 많이 쓰인다.

NB1 가정법의 명칭은 조건절의 시제의 명칭과 일치한다. 즉, 가정법 현재는 조건절의 시제가 현재형(동사원형), 가정법 과거는 조건절이 과거형, 가정법 과거완료는 조건절이 과거완료형이다. 그러나 가정법 미래는 조건 절에 should 또는 were to가 쓰인다.

(1) 현재사실에 반대되는 가정

현재사실에 반대되는 가정뿐만 아니라 현재 또는 미래에 있어서 실현성이 극히 희박한 가정에서부터 다소 가능성이 있는 가정에 이르기까지 여러 가지가 있다.

a. Frankly, if I **saw** you first in the morning, it *would* make my day. (솔직히 말해서 내가 아침 일찍 너를 만나면, 즐거운 하루가 될거야.) - Segal, *Prizes*

b. If a burglar **broke** into my room at night, I'*d* scream. (밤에 내 방에 강도가 들어오면 비명을 지를거야.)

c. What *would* you do about the problem if you **were** in my shoes*? (만약 당신이 내 입장이라면 어떻게 하겠어요?) [* in *sb*'s shoes 아무의 입장이 되어]

NB2 조건절은 가정법 과거지만, 결과절은 <조동사의 과거형+ have +*P.P.*>인 경우도 있다.

ⓐ If you **had** any sense you'*d have married* Stuart or Brett long ago. (네가 조금이라도 분별이 있다면, 오래 전에 스튜어트나 브렌트와 결혼했을 텐데.) - Mitchell, *Gone with the Wind*

ⓑ If he **were** living in this town, I *would have known* long before. (그가 이 읍내에 살고 있다면, 내가 오래 전에 그를 만났을 것이다.)

이와는 반대로 조건절은 과거완료이지만, 결과절은 가정법 과거인 경우도 있다. (→ *p.* 406)

(2) 현재의 실현하기 어려운 소망 또는 유감 (I wish 또는 If only로 시작됨)

a. **I wish** I *knew* her address. (내가 그녀의 주소를 안다면 좋을텐데.)

- **I wish** he *were* coming with us. (그가 우리와 함께 간다면 좋을텐데.)
- **I wish** to God I *could* meet somebody I could respect. (내가 존경할만한 사람을 만날 수 있다면 좋을 텐데.) - Salinger, *Franny and Zooey*

b. **If only** you *knew* how much I love you. (내가 당신을 얼마나 사랑하는지 당신이 아신다면 좋으련만!) - Pasternak, *Doctor Zhivago*

(3) Would (that) + 과거형 (= Oh, that + 과거형)

문어체에 쓰이며, 의미는 I wish처럼 <강한 소망>을 나타낸다.

a. Would that they **were** safe home again! (제발 그들이 무사히 집에 왔으면!)

b. Oh, that(= How I wish) I **could** see her again.! (그녀를 다시 만날 수 있다면!)

c. Would that all issues of sensibility in language **were** so easily resolved. (언어상의 모든 민감한 문제들이 해결될 수 있다면 좋을 것이다.) - Bryson, *Made in America*

NB3 모든 가정법은 시제의 일치에 제한을 받지 않기 때문에 I wished처럼 과거시제가 되더라도 그 뒤의 시제는 변함이 없다.

ⓐ He *wished* he knew her address. (그는 그녀의 주소를 안다면 좋겠다고 생각했다.)

• He *wished* only that he *could* talk his worries over with somebody. (그는 자신의 고민을 누구와 상의하고 싶었다) - Maugham, *Of Human Bondage*

ⓑ My doctor told me that if I didn't stop drinking whisky, I'd be dead in a year. (의사는 나에 위스키를 끊지 않으면 일 년 안에 죽을 거라고 말했다.)

(4) It is (about/ high) time의 다음에 (이제~할 시간이다/ 이제~할 때가 되었다)

a. It's time you **got** married. (= It's time for you to get married.)

• *It's time* the police **did** something about all this illegal parking. (이러한 모든 불법 주차에 대해서 경찰이 어떤 조치를 취할 때가 되었다.)

• *It's time* Father and Mother **saw** something of the world. (엄마와 아빠는 세상 구경을 좀 하실 때가 되었다.) - Steinbeck, *East of Eden*

b. I think *it's high time* we **went** home. (이제는 우리가 집으로 돌아갈 때가 된 것 같다.) - McCullers, *The Member of the Wedding*

NB4 It's (about/ high) time + I/ he/ she/ it의 뒤에 오는 be동사는 항상 was이다

• Oh, of course I'd like to have a house of my own, and it's about time *I* **was** settling down. (아뇨, 저도 이젠 제 집이 갖고 싶고, 한 곳에 자리 잡을 때도 되었다고 생각해요) - Maugham, *Op. cit.*

NB5 가정법 과거에서, 문어체나 격식을 갖춘 영어에서는 주어가 I, he, she, It 일 때도 were를 쓰지만, 구어에서는 was를 쓰는 것이 보통이며, 조동사도 'd로 단축한다.

ⓐ I wouldn't go out with him if he **was** the last person on earth. (나는 그가 이 지구상에 남은 마지막 남자라고 해도 데이트를 하지 않을 거야.)

ⓑ If I **was** the banker, I'd never give money to a creature dressed like you. (내가 은행원이라면 당신과 같은 복장을 한 사람에게는 절대로 돈을 빌려 주지 않을 거야) - Ripley, *Scarlett*

ⓒ I wish I **was** going somewhere for good. (나는 영원히 어딘가로 가버리고 싶어) - McCullers, *Op. cit.*

§ 222 가정법 과거완료

동사의 과거 완료형을 사용하며, 조건절에 쓰일 경우에는, 결과절은 <조동사의 과거형 (should, would, *etc*) + have + 과거분사>로 된다.

(1) 과거 사실에 반대되는 가정

- If Columbus **had** not **discovered** America, somebody else *would have discovered* it. (만약 콜럼버스가 아메리카를 발견하지 않았더라도 누군가 다른 사람이 발견했을 것이다.)
- If I **hadn't been** wearing a seat belt, I'*d have been* seriously injured. (만약 내가 안전띠를 메지 않았다면 중상을 입었을 것이다.)

NB1 구어영어에서 가정법 과거완료의 조건절이 <had, would, could, *etc.* + have + V-ed> 또는 < 'd have + V-ed>인 경우도 있는데 부정확한 영어지만 교양있는 사람들도 사용한다고 한다. 단축하지 않는 전자는 강조하거나, 부정문에 쓰이며, 단축형은 결국 결과절과 같은 형식이므로 병렬구조라고 부른다.

ⓐ We would have never met if he **hadn't have crashed** my car. (그가 내 차에 부딪히지 않았다면, 우리는 결코 만나지 못했을 거야.) [*PEU p.* 251]

ⓑ It was four o'clock in the morning then, and if we'**d of raised** the blinds we'd of seen daylight. (그 때 새벽 네 시쯤 되었겠죠. 블라인드를 접어 올렸다면 새벽이 왔다는 것을 알았을 거에요.) - Fitzgerald, *The Great Gatsby* (이 밖에 *p.* 204 의 *a, e, g*)

ⓒ If she **could have killed** him, she could have done it. (만약 그녀가 그를 죽일 수 있었다면 그렇게 했을 것이다.) - Mitchell, *Gone with the Wind*

NB2 조건절이 가정법 과거완료라도 결과절이 <should / would, *etc* + V>인 경우도 있다.

ⓐ If he **had taken** my advice, he would be a rich man. (그가 내 충고를 들었다면, 지금쯤 부자가 되어 있을 것이다.)

ⓑ Life *would be very* different if the computer **had** not **been** invented. (컴퓨터가 발명되지 않았다면 현재의 생활은 대단히 다를 것이다.)

(2) 과거에 실현하지 못한 소망 또는 후회 (주로 I wish 또는 if only와 함께)

a. I wish I **hadn't said** I'd go to the party. (파티에 가겠다고 말하지 말걸 그랬어.)

b. If only she **could have seen** Mrs Moor! (그녀가 무어 부인을 만나볼 수 있었다면 얼마나 좋았을까!) - Forster, *A passage to India*

c. Would to God (that) I **had** not **agreed**! (승락하지 말걸 그랬다!) (Cf.→§ 221 (3))

NB3 가정법은 <시제의 일치>(→§ 107)가 적용되지 않으므로 다음 두 문장의 내용자체는 과거이다.

ⓐ I *wish* I hadn't spent so much money. (그렇게 많은 돈을 낭비한 걸 후회하고 있다)
(= I'm sorry I spent so much money.)

ⓑ I *wished* I hadn't spent so much money. (그렇게 많은 돈을 낭비한 걸 후회했다.)

§ 223 가정법 미래

조건절에 should 또는 were to (미래를 나타내는 be to + V.의 과거형) 를 쓰며, 주절(즉, 결과절)에는 조동사의 과거형이 쓰인다(조건절에 should를 쓰는 경우는 현재형 조동사도 쓰인다).

(1) 일반적인 용법 (미래에 대한 가정을 나타낸다)

a. If you **should** be late once again, you'*ll* lose your job. (자네가 다시 한 번 지각을 하면 직장을 잃을 거야.)

b. If I **were** to tell you all I know, you *would* be amazed. (내가 알고있는 것을 모두 말한다면 네가 놀랄 거야.)

- If all the Antarctic ice **were to** melt, the level of the seas *would* rise to drown most of the seaports of our planet. (만약 남극의 얼음이 모두 녹는다면 바다의 수위가 높아져서 세계의 대부분의 항구가 물에 잠길 것이다.)

현대영어에서는 If~should 뒤에 명령법을 수반하여 사용되는 일이 많다.

c. If I **should** die, please *offer* my heart to someone who needs it. (내가 죽으면 내 심장을 필요한 사람에게 제공해 주시오.)

d. If by some chance she **should** wake, *be* sure to tell her I'm on my way. (그녀가 잠을 깨면 잊지 말고 내가 가는 중이라고 전해주게.) - Segal, *Prizes*

(2) Should 와 were to 그리고 가정법 과거와의 관계

*BrE*에 비하여 *AmE*에서는 were to의 사용빈도가 다소 낮다는 점을 제외하면, should와 were to의 의미상의 차이는 거의 볼 수 없다. 그리고 가정법 과거와도 같은 의미로 사용되는 일이 많다. 이러한 사실은 미국의 영어학자 G. O. Curme의 *Syntax* (1931)에 실려 있는 다음 예문을 보아도 알 수 있다.

- If we **missed(should miss,** *or* **were to miss**) the train, we should have to wait an hour at the station. (기차를 놓치면 역에서 한 시간 동안 기다려야 할 것이다.)

(3) 가정법 미래의 조건절에 could도 쓰인다.

- If Germany and France **could** merge their coal and steel industries, he felt, they would not only increase production in the short run but in the long run be forced to cooperate politically. (독일과 프랑스가 그들의 석탄 및 철강산업을 합병 할 수 있다면, 단기적으로는 생산증가를 가져올 뿐만 아니라, 장기적으로는 두 나라가 정치적으로 협력해야 할 것이라고 그는 생각했다.) - Reston, *Deadline*

§ 224 가정법의 중요구문

(1) If it were (*or* was) not for ~ (= Were [*or* Was] it not for ~) ~ 이 없다면
If it had not been for ~ (= Had it not been for ~) ~ 이 없었다면

a. **If it were not for** the fact that his father is on the board of directors, he would never have got the job. (그의 아버지가 중역이 아니라면 그는 결코 그 자리에 취직하지 못했을 것이다.) [조건절과 결과절의 시제가 다른 경우는→ *p.* 404 NB2]

- Our society would be much fairer **if it wasn't for** the selfishness of a few rich and powerful individuals. (재력과 권력을 가진 소수인의 이기심만 없다면 이 사회는 훨씬 더 공평할 것이다.)

b. If it hadn't been for Christine, I could never have met Michael. (크리스틴이 아니었다면 결코 마이클을 만나지 못했을 것이다.)

- **Had it not been** for your laziness, you could have finished the work by now. (네가 게으름을 피우지 않았다면 지금쯤 그 일은 끝낼 수 있었을 텐데.)

NB1 이치를 따진다면 it은 상황의 it (→§ 22), for는 이유를 나타낸다. 그리고 현대 구어 영어에서는 이것을 if not for로 단축하여 쓰기도 한다.

ⓐ **If not for** the fences and barbed wire, it could almost pass for an elementary school in the suburbs. (담장과 철조망이 없다면 그것은 변두리에 있는 초등학교처럼 보일 것이다.) - Grisham, *The Chamber*

ⓑ **If not for** your father and two of you, I would have gone anywhere with him. (너희 아버지와 너희들 둘이 없었다면 나는 그 분과 함께 어디론가 떠나 버렸을 것이다.) - Waller, *The Bridges of Madison County*

(2) As if (= as though) 마치 ~ 인 것처럼

① As if-절과 as though-절의 시제는 *a* 주절과 동일한 시제이면 과거형, *b* 주절보다 앞선 시제는 과거 완료형을 쓴다.

He speaks **as if** he knew everything. (그는 무엇이나 아는 것처럼 말한다.)

NB2 이 문장은 결국 He speaks as [*he would speak*] if he knew everything.을 줄인 것이다.

a. He speaks as fluently **as if** he *were* a native Frenchman. (그는 마치 프랑스 사람인 것처럼 프랑스 말이 유창하다.)

b. It isn't **as though** he *were* poor. (그는 가난한 것 같지 않다.)

c. Lillian was trembling **as if** she *had seen* a ghost. (마치 유령이라도 본 것처럼 벌벌 떨고 있었다.)

② As if, as though의 뒤에는 부정사, 분사, 형용사, 부사어구가 오는 일도 있다.

a. He opened his lips **as if** *to say* something. (무슨 말을 하려는 듯이 입을 열었다.)

b. Children were running on the heath **as if** *blown* by the wind. (아이들은 마치 바람에 날려 가듯이 황야를 달려가고 있었다.)

c. He acted **as if** *certain* of success. (마치 성공을 확신하고 있는 것처럼 행동했다.)

d. Gerald's face had brightened **as if** *by magic* at her entrance. (그녀가 들어오자 마치 마술에 걸린 듯이 제랄드의 표정이 밝아졌다.) - Mitchell, *Gone with the Wind*

NB3 As if가 감탄문을 이끄는 경우가 있다.

- It's my birthday. **As if** you didn't know! (그날은 내 생일이야. 당신이 모르다니!)

③ 현대 구어영어에서는 as if, as though 뒤에 직설법만 사용하며, seem, look 따위의 동사에 많다. 그리고 it looks as if/ as though의 뒤에는 흔히 미래시제가 오며, 이것만으로 apparently/ probably와 동의어로 쓰이는 경우가 많다.

a. It *seems* **as though** the situation will get worse. (사태가 악화할 것 같다.)

b. You *look* **as if** you've been up all night. (네 얼굴을 보니 밤을 꼬박 지새운 것 같구나.)

- You *look* **as though** you need a break from studying. Come on, I'll make you a cup of coffee. (네 얼굴을 보니 공부를 잠시 쉬었다가 해야겠다. 걱정마, 내가 커피 한 잔 타 줄께.)
- It *looks* **as if** the company *will* make a profit this year. (회사가 금년에는 이익을 낼 것 같다.)

c. It feels **as if** it's going to rain. (비가 올 것 같은 느낌이다.)

- I feel **as if** I'*m* floating in the air. (내가 공중을 둥둥 떠다니는 기분이다.)

d. It sounds **as though** the situation *will* get worse. (사태가 악화할 것 같다.)

e. This essay reads **as if** you have just dashed off* (이 수필을 읽어보니 자네가 방금 급히 쓴 것 같구나.) [* dash off 급히 쓰다, 단숨에 해치우다]

(3) If의 생략 (조건절의 if가 생략되면 주어, 동사가 도치된다.)

a. Shaved he his beard he would look much younger. (그가 면도를 한다면 훨씬 젊어 보일텐데.)

b. Had he had the opportunity, Jack was sure he'd be a doctor, or a lawyer, or some other professional. (만약 그에게 기회가 주어 졌다면 의사나 변호사 또는 어떤 다른 전문직업인이 되어있을 거라고 잭은 확신했다.) - Cook, *Contagion*

c. Had UN forces not interfered, a full-scale war might have erupted. (만약 유엔군이 개입하지 않았더라면 전면전이 일어났을지도 모른다.)

d. Should an emergency arise, call 911. (급한 일이 생기면 911번으로 전화하시오.) [911은 미국의 경찰, 구급차, 소방서 등의 긴급전화 번호]

(4) Would do (*or* give) anything for + *n*. (*or* to do)

~을 위해서라면 (~한다면) 어떤 희생도 감수하겠다(아깝지 않을 것이다), 꼭~하고 싶다 (이 표현은 가정법 과거 완료로도 쓰인다)

a. I **would do anything for** a cup of coffee. (커피 한 잔 마시고 싶어 죽겠어.)

- I just wish I caught 'em, ya know? Oh man, **I'd give anything to** catch 'em doing it. (그 놈들을 꼭 붙잡고 싶어. 이봐, 내가 그 놈들이 마약 거래하는 것을 현장에서 체포할 수 있다면 어떤 희생도 감수할 거야.) - *Pulp Fiction* (screenplay) ['em= them. ya = you]

b. When she began writing, she **would have done anything to** get an article printed. (그녀가 작품을 쓰기 시작했을 때 자신의 글이 인쇄되기 위해서 라면 무엇을 주어도 아깝지 않았을 것이다)

- Philip hated Watson, and yet **he would have given anything to** change places with him. (필립은 왓슨이 미웠으나, 그의 위치와 맞바꾸기 위해서라면 어떤 희생도 감수했을 것이다.) - Maugham, *Of Human Bondage*

(5) Would you mind if + **가정법 과거**? (~해 주시겠습니까?)
(= Do you mind if + **직설법 현재**?/ Is it all right if~?)

a. "**Would you mind if** my daughter *took* a photograph of you?" "Yes, I would actually." ("제 딸이 사진 한 장 찍어도 될까요?" "사실은 안되겠어요.")

Cf. "**Would you mind if** we *took* a walk?" "No, of course not." ("같이 산책 좀 할까요?" "네, 그러죠.") - Segal, *Acts of Faith*

b. **Would you mind if** I *asked* a few questions? (질문 좀 해도 될까요?) - Cook, *Outbreak*

c. **Would you mind if** I *left* my car here and drove with you? (내 차를 여기에 두고 함께 타고 가도 되겠소?) - Segal, *Doctors*

NB *AmE*의 구어에서는 직설법 현재형도 사용된다.

- Would you mind if I *ask* you a question? (한 가지 물어봐도 되겠어요?) - Osborne, *Basic Instinct*

(6) As it were (= so to speak / in a sense / in a manner) (비유해서) 말하자면

- The newspaper is, **as it were**, a mirror of society. (신문은, 말하자면, 사회의 거울이다.)
- The plan is, **as it were**, a castle in the air. (그 계획은, 말하자면, 공중누각이다.)

Cf. We all learned this theory, *so to speak*, at our mother's knee. (우리는 모두 이 이론을, 말하자면, 어머니의 무릎에서[= 어렸을 때] 배웠다.)

§ 225 If-clause에 상당하는 어구

의미상 if-clause와 같은 역할을 하는 어구가 여러 가지가 있으며, 그것들을 숙지해 두면 영어의 가정법을 이해하는데 크게 도움이 된다. 아래의 형식들은 if- clause에 못지않게 빈번하게 사용되고 있다.

(1) 부사어구

① But for (= without) ~이 없다면, ~이 없었다면

- We'*d be* at the top of the mountain now **but for** this awful weather. (이런 악천후가 아니라면 우리는 지금 산꼭대기에 올라가 있을 텐데.)

NB <but for + 명사>이지만 <but that + 명사절(직설법)>구문을 취한다.

- He *would have helped* us **but that**(= if it had not been for the fact that) he was short of money at that time. (그 당시 그가 돈이 달리지 않았다면 우리를 도와주었을 것이다.)

② Without (~이 없다면, ~이 없었다면)

- No living thing *could exist* **without** air and water. (= No living thing could exist if there were no air and water.) (공기와 물이 없다면 …)
- **Without** Pearl Harbor there *wouldn't have* been Hiroshima. (진주만 공격이 없었다면 히로시마에 원자 폭탄을 투하하지 않았을 것이다.) - *Time* (1985)

③ 부사어구 + and (→ § 171 (4))

- **A step farther, and** you *would have fallen* over the cliff. (= If you had taken a step farther, you~) (한 발자국만 더 앞으로 나갔더라면 절벽에서 떨어졌을 것이다.)

④ 기타 (경우에 따라서는 어떤 부사어구라도 가정의 조건을 나타낼 수 있다.)

- **In his place** I *would have thought* up a better excuse. (내가 그의 입장이었다면 더 그럴듯한 구실을 생각해 내었을 것이나.)
- **A few years** earlier, my making a speech in public *would have been* inconceivable. (몇 년 전 같으면 내가 대중 앞에서 연설한다는 것은 상상도 못할 일이었다.)

(2) 분사 (보통 분사구문의 형태로 사용된다)

- The same thing, **happening** in war time, *would amount* to great disaster. (= The same thing, *if it should happen*~) (같은 일이라도 전시에 일어난다면 큰 재앙이 될 것이다.)

- **Freed** from the tremendous weight of ice, the Antarctic continent *would rise* to a total of 500 to 600 meters.) (=*If it were to freed*~) (거대한 얼음의 무게에서 해방된다면 남극 대륙은 500~600미터까지 솟아오를 것이다.)

(3) 부정사

a. **To hear** him talk (=If you heard him talk), you *would take* him for an American. (그의 말을 들으면 미국인이라고 생각할 것이다.)

b. You *would be* well **to take** your doctor's advice. (의사의 충고를 따르는 편이 좋을 거야.)

c. I know several girls who *would* stop at nothing*[1] short of*[2] murder **to get** him. (그 남자를 차지하기 위해서 라면 살인 외에는 무슨 일이든지 저지를 것 같은 여자를 나는 4, 5명 알고 있어요.) - Maugham, *The Razor's Edge* [*[1] 어떤 일도 서슴지 않다 *[2] ~ 까지는 안가고, ~ 은 제외하고]

(4) 가정법 현재 (come)

a. We'll have been married ten years **come** Christmas. (이번 크리스마스가 되면 우리가 결혼한 지 10년이 된다.)

b. **Come** a few years and we'll have the finest farm in this section. (몇 년 후에는 우리는 이 지역에서 가장 훌륭한 농장을 갖게 될 거야.) - Steinbeck, *East of Eden*

c. **Come** spring you'll be so busy delivering lumber you won't have time to be sad. (봄이 되면 목재를 운반하느라고 너무 바빠서 슬퍼할 틈도 없을 거야.) - Ripley, *Scarlett*

(5) 관계사절

- Any boy **who should do that** *would be* sneered and scoffed at. (= Any boy, if he should do that, would be sneered and scoffed at.) (어떤 아이라도 그런 일을 하면 웃음거리가 될 것이다.)

(6) 명사, 대명사

a. **A true friend** *would have acted* otherwise. (= If he had been a true friend, he would have acted otherwise.) (진정한 친구라면 그렇게 하지 않았을 것이다.)

b. **A clever thief** could have stolen the jewels without running his head into a noose*. (영리한 도둑이었다면 쥐도 새도 모르게 그 보석을 훔칠 수 있었을 것이다.) - Christie, *The Mystery of the Blue Train* [* 교수형(에 사용하는 밧줄)]

c. **A life-time happiness**! No one can bear; it *would be* hell on earth. (일생동안 행복하다고! 참을 수 없는 일이야, 그건 지상의 지옥이다.) - B. Shaw, *Man and Superman*

§ 226 If-clause도 대용어도 없는 경우

실제로 쓰이는 영어를 보면 가정법을 포함하는 if-clause나 그 대용어도 없이 결과를 나타내는 주절만으로 구성된 문장을 흔히 볼 수 있다. 이러한 형식도 많이 쓰인다.

(1) 일반적인 경우

전후관계로 유추하여 어떤 가정의 조건이 행간에 내포되어 있는지 확인해야 한다.

a. I'm so hungry I **could** eat a horse.* (배가 고파 죽겠어. ←너무 배가 고파서 말 한 마리도 먹을 수 있겠다.) - Ripley, *Scarlett* [* 이것은 좀 과장된 표현이고, 보통 I'm starved/ starving. 을 쓴다.]

b. In the stillness you **could have heard** a pin drop. (하도 조용해서 바늘이 떨어지는 소리도 들렸을 것이다.) - Christie, *Murder on the Orient Express*

c. After all, Charlie **could sell** blocks of ice to the Eskimos. (좌우간, 찰리는 [마음만 먹는다면] 에스키모들에게 얼음 덩어리도 팔 수 있을 거야.) - Archer, *As the Crow Flies*

d. No one was to blame. The accident **could not have been prevented**. (누구의 책임도 아니다. 그 사고는 [막으려고 해도]막을 수가 없었을 것이다.)

e. She **could have married** anyone she liked. ([마음만 먹었더라면] 그녀는 자기가 좋아하는 누구하고도 결혼할 수 있었을 것이다.) - Maugham, *The Human Element*

(2) 관용표현 (would rather)

관용적인 것이므로 모두 가정의 조건을 보충해서 옮길 필요는 없다. 주로 조동사의 과거형을 사용한 정중한 표현이며, 여기서는 <would rather + 명사절>에 대해서만 다루기로 한다.

would rather (*or* sooner) + 과거시제: (현재 또는 미래에 대해서)~라면 좋을 텐데
would rather (*or* sooner) + 과거완료시제: (과거에 대해서)~이었다면 좋았을 텐데

a. I'd rather you came tomorrow than today. (오늘보다 내일 와주면 좋겠다.)

- I'd rather we went skiing this year instead of hiking. (금년에는 하이킹 대신에 스키를 타러 가면 좋겠다.)
- I'd rather you told me about this land. (나한테 이 토지에 대해서 이야기를 해 주면 좋겠소.) - Steinbeck, *East of Eden*

b. I'd rather you had been present. (자네가 출석했다면 좋았을 텐데.)

NB ⓐ 주어가 1 인칭 단수인 경우, 구어에서는 보통 I'd로 단축한다.
ⓑ 구어에서는 I'd rather 뒤에 가끔 현재형도 쓰인다.

- I'**d rather** you *send* me a letter now and again, so I know how you're going on. (소식을 알 수 있도록 이따금 편지를 보내다오.) - Follett, *Night Over Water*

제15장 분사구문

WARM-UP

분사구문 (Participial construction)이란 분사가 중심이 되어 주절 전체를 부사적으로 수식하는 구문을 말한다. 분사구문의 종류는 크게 나누면, 현재분사 구문과 과거분사 구문이 있고, 독립 분사 구문과 부대상황 구문도 여기에 포함된다.

※ 분사구문의 문제점

(1) 분사구문은 간결하고 생생한 느낌을 주기 때문에 널리 사용되지만, 그 때문에 주절과의 관계가 모호해지는 경우가 있다. 그러한 우려가 있을 때는 다음과 같은 몇 가지 장치를 마련해 두고 있다.

a. *While* going down town, I met an old friend. (시내를 걸어가다가 옛 친구를 만났다.) [분사의 앞에 접속사를 둔다] (→ *p.* 417 (1))

b. *By* holding on to rope firmly, I came safe to land. (밧줄을 꽉 잡고 안전하게 지상에 내려앉았다.) [분사→동명사]

- *On* arriving at the station, he found his train gone. (역에 도착해보니 그가 탈 기차가 떠나 버리고 없었다.) [분사→동명사]

(2) 다음과 같은 구문에서는 분사를 수식어로 볼 수도 있다.

- I've just sent him a telegram **asking** him to meet me at Busan Station, as I arrive today by the 3: 00 train. (오늘 3시 정각 열차로 도착하기 때문에 나는 그에게 전보를 쳐서 부산역에 마중을 나와 달라고 했다.)

(3) 또 다음과 같은 구문은 분사구문의 주어와 주절의 주어가 다르기 때문에 소위 dangling participle(매달린 분사)이 되므로(실제로는 쓰이고 있지만) 피하는 것이 좋다. (→ *p.* 419 (2))

- The sleeves of his shirt were rolled up, exposing forearms covered with auburn hair.

→ He rolled up the sleeves of his shirt, exposing forearms covered with auburn hair. (그가 셔츠의 소매를 걷어 올리자, 다갈색 털로 덮인 팔뚝이 드러났다.)

- Having been robbed of all my money, the Embassy was my last hope.

→ As I had been robbed of all my money, the Embassy was my last hope. (나는 돈을 몽땅 도둑맞았으므로 대사관이 마지막 희망이었다.)

§ 227 분사구문의 기본 용법

분사의 의미상 주어는 주절의 주어와 같으며, 주절에 대한 수식관계에 의하여, 시간, 이유/ 원인, 조건, 양보 그리고 부대상황(→§ 233) 따위로 나눌 수 있다.

(1) 시간 (when/ while/ after)

a. **Spotting a police car in the distance** (= When he spotted a police car in the distance), he ran for it*. (멀리 있는 순찰차를 보았을 때, 그는 급히 달아났다.) [* run for it 급히 달아나다]

b. **United**(= When we are united), there is little we cannot do in a host of new cooperative ventures. **Divided**(= When we are divided), there is little we can do. (우리가 뭉치면, 새로이 협력할 사업에서 못할 것이 없습니다. 그러나 분열하면 우리가 할 수 있는 일은 거의 없습니다.) - J. F. Kennedy, *Inaugural Address*

c. **Receiving the prize in honor of her dead father**, she was overcome with emotion. (돌아가신 아버지 대신 상을 받았을 때 그녀는 감정이 북받쳤다.)

d. **Composing himself**(= After he composed himself), he cleared his throat and began to tell his four sons their gran'mammy's story of their great gran'pappy. (그는 마음을 가다듬고 나서 헛기침을 한 후 증조할아버지에 관한 할머니의 얘기를 들려주기 시작했다.) - Haley, *Roots*

• **Putting down my newspaper**(= After I put down my newspaper), I walked over to the window. (보던 신문을 내려놓은 후에 나는 창문 쪽으로 걸어갔다.)

(2) 이유, 원인 (As/ because)

a. Giving way to* her grief (= As she gave way to her grief), Anna burst into tears. (너무나 슬퍼서 안나는 왈칵 울음을 터뜨렸다.) [* give way to ~ 에 양보하다, ~ 에 빠지다]

b. **Being a seasoned* traveler**(= Because he he was a seasoned traveler), he was fully prepared for the long delay at the airport. (여행경험이 많았으므로, 그는 공항에서 장시간 지체할 경우에 대한 충분한 대비가 되어 있었다.) [* = experienced]

c. **Being unable to help in any other way**, I gave her some money. (다른 방법으로 도와 줄 수가 없었으므로, 나는 그녀에게 약간의 돈을 주었다.)

d. **Living in the country**, he rarely has visitors. (그는 시골에 살고 있으므로 찾아오는 손님이 거의 없다.)

e. **Not wishing to continue my studies,** I decided to become a dress designer. (공부를 계속하고 싶지 않았으므로 나는 의상 디자이너가 되기로 결심했다.)

f. She was taken to the hospital **suffering from acute appendicitis**. (그녀는 급성 맹장염에 걸려서 병원으로 보내졌다.)

(3) 조건

- **Turning to the right** (= If you turn to the right), you will find the butcher shop in your left. (오른쪽으로 돌면 그 정육점이 보일 것이다.)
- **Trolling this time of year** you catch some beautiful pieces. (이맘때 쯤 견지낚시를 하면 큰 놈들이 걸립니다.) - Hemingway, *A Farewell to Arms*

(4) 양보

- **Born in England** (= He was born in England, but) he now looks upon Paris as his hometown. (그는 영국에서 태어났지만, 이제는 파리를 고향으로 생각하고 있다.)

(5) 부대상황 (주절과 동시동작 또는 연속된 동작을 나타낸다) (→§ 233)

- Fans were swarming around him, **begging him for his autograph**. (=and begged for his autograph.) (팬들은 그의 주위에 모여서 사인을 해달라고 요구했다.)
- On August 6th the first bomb was dropped on Hiroshima, **killing** 80,000 people outright. (= and killed 80,000 people outright.) (8월 6일 최초의 원자폭탄이 히로시마에 투하되어 순식간에 8만 명이 목숨을 잃었다.)

(6) 완료 분사 구문 (주절보다 앞선 시간을 나타낸다.) (§ 117 (1) ②)

a. **Having seen** (= As I had seen him) him many times, I recognized him at once. (몇 번이나 만난 일이 있으므로 나는 그를 금방 알아보았다.)

b. **Having soothed the man's fears** (= After he had soothed the man's fears), Poirot began his question. (그 남자의 두려움을 가라앉힌 후에 푸아로는 질문을 시작했다.) - Christie, *Murder on the Orient Express*

c. The man, having been ill for a long time, was reduced penniless. (= As he had been il for a long time, he was reduced penniless.) (그 남자는 오랫동안 아팠으므로 돈이 한 푼도 없었다.)

(7) 분사구문의 부정 (항상 부정어를 분사의 앞에 둔다) (→§ 117 (1) ③)

- **Not knowing what to do**, he asked me for help. (어찌할 바를 몰라서 그는 나에게 도움을 청했다.)
- But **never having been pregnant or seen a birth**, except in movies, she'd had no idea what it would be like. (하지만 애를 가져 본 적도 없고, 애 낳는 것은 영화에서밖에 본 적이 없었으므로 그녀는 출산이 어떤 것인지 몰랐다.) - Cook, *Mutation*

§ 228 분사구문의 변형

(1) 분사의 앞에 접속사가 첨가되는 경우

분사의 앞에 접속사가 덧붙여진 경우도 있고, 접속사와 분사의 사이에 <주어 + be 동사>가 생략 되었다고 볼 수 있는 경우도 있다.

a. **While reading** (= While I was reading), I fell asleep. (책을 읽다가 잠이 들었다.)

b. I tossed and turned for hours **before falling asleep**. (= before I fell asleep) (나는 몇 시간이나 몸을 뒤척이다가 겨우 잠이 들었다.)

c. **After playing** (= After it played) around with the bone for a while, the dog dug a hole and buried it. (개는 잠시 동안 뼈를 가지고 놀다가 구멍을 파서 그것을 땅 속에 묻었다.)

d. Sergei Eisenstein* is one of those names that inevitably appear **when studying** film theory and aesthetics. (세르게이 에이젠슈테인은 영화 이론과 영화 미학을 공부할 때 반드시 등장하는 인물 중의 한 명이다.) - Schneider, *1001 Movies* [* → 이 쪽의 맨 아래 ☞]

(2) 앞에 being이 생략되었다고 볼 수 있는 경우 (being이 없는 형식이 보통이며, 대개의 분사구문처럼 <원인이나 이유>를 나타내는 구문이 가장 많다.)

a. **A sailor and an artist** (= Being a sailor and an artist), he had little sense of money. (그는 선원이며 예술가였으므로 금전관념이 거의 없었다.)

b. **Unable to sell enough cars**, the company went bankrupt. (자동차를 많이 팔지 못했기 때문에 그 회사는 파산했다.)

- **Hot from our walk**, we undressed quickly and plunged at once into the water. (걸어오느라고 더웠으므로 우리는 재빨리 옷을 벗고 곧장 물속으로 뛰어 들어갔다.) - Maugham, *The Lotus Eater*

Cf. ⓐ **An orphan at six** (= Because he became an orphan at six), he was brought up by a distant relative. (그는 여섯 살 때 고아가 되었으므로 먼 친척에 의해서 양육되었다.)

ⓑ **Never much of a businessman** (= As he was never much of a businessman), he immediately sold the rights to the device for $ 400. (그는 결코 대 사업가 기질이 아니었으므로 즉시 권리금 400 달러를 받고 그 기계를 팔아버렸다.) - Bryson, *Made in America*

☞ Eisenstein (1898~1948)은 사회주의 영화를 대표하는 소련의 영화감독으로, 몽타주 수법을 이용하여 만든 *The Battleship Potemkin* <전함 포템킨> (1925)은 그의 대표작이며, 특히 포템킨호의 수병반란과 오데사 계단에서 벌어진 대학살 장면은 유명하다. 그가 감독한 영화로는 <파업>, <10월>, <낡은 것과 새 것>, <알렉산드르 네프스키>, <폭군 이반 1부>, <폭군 이반 2부> 따위가 있다. 마지막 영화에서 이반이 너무 햄릿 같다는 이유로 상영이 금지된 후 당국의 비판과 공격을 받고 건강도 악화되어 실망과 좌절 속에 살다가 사망했다.

§ 229 분사구문의 실제용례 검토

영어에 쓰이고 있는 분사구문을 살펴보면 분사가 글머리에 오는 경우보다 문장의 끝이나 중간에 오는 편이 훨씬 더 많고, comma가 없는 경우도 흔하다(→§ 231).

(1) 글머리에 오는 경우

a. **Playing** on our fear of the known, he(= Spielberg) builds up the tension by slowly revealing the shark to the strains of William's unforgettable score. (스필버그는 미지의 것에 대한 인간의 공포를 이용하여 윌리엄스의 잊을 수 없는 음악에 맞추어 상어의 모습을 서서히 드러내며 긴장을 고조시킨다.) - Schneider, *1001 Movies*

b. **Knowing** how Ashley valued honor over his life, Scarlett knew he must be writhing. (애슐리는 생명보다 명예를 소중히 여긴다는 것을 알기 때문에 스칼렛은 그가 틀림없이 괴로워하고 있으리라고 생각했다.) - Mitchell, *Gone with the Wind*

c. **Not having** enough films of his own to show, Edison illegally copied some of the Lumière brothers'* early works. (에디슨은 다른 사람들에 보여줄 자신의 영화필름을 충분히 갖고 있지 않았으므로 뤼미에르 형제의 초기 작품을 불법으로 복사했다.) - Bryson, *Made in America* [* 프랑스의 영화제작자, 영사기의 발명자, 최초로 영화공개에 성공했음]

(2) 문장의 끝에 오는 예

a. In *Brief Encounter* (1946), he(= David Lean) makes good use of sound effects as well as music, **incorporating** Rachmaninoff's Piano Concerto No 2 as the film's running theme. (<밀회>에서 데이빗 린은 음악뿐만 아니라 음향효과도 잘 이용하여, 라흐마니노프의 피아노 협주곡 2번은 영화가 상영되는 동안 줄곧 주제곡으로 나온다.) - Schneider. *1001 Movies*

b. Then, with only forty seconds to go*, an enemy player charged into Barney, **incurring** a penalty. (그 때 겨우 40초를 남겨두고 상대편 선수가 바니에게 달려들면서 반칙을 범했다.) - Segal, *Doctors* [* → *p.* 240]

c. He went to the window, **drawing** the curtains aside slightly. (그는 창문으로 가서 커튼을 약간 옆으로 당겨서 닫았다.) - Christie, *The Mystery of the Blue Train*

(3) 문장의 중간에 오는 예

a. Postmistress Clare, **enjoying** a coffee break at Hartman's Café, complained of the low volume of the café's radio. (여자 우체국장인 클레어 여사는 하트만 카페에서 커피를 마시면서 카페의 라디오 소리의 볼륨이 낮다고 불평했다.) - Capote, *In Cold Blood*

b. Her husband, **having failed** to obtain promotion, was retired at the age of 50. (그녀의 남편은 승진의 기회를 놓치고 50세 때 퇴직했다.)

§ 230 현재분사의 독립 분사구문

분사구문에서 분사의 의미상 주어와 주절의 주어가 일치하지 않을 때는 분사의 의미상 주어를 밝혀 줄 필요가 있다. 이 경우 <주어 + 분사>는 주절에서 독립되어 있기 때문에 <독립 분사구문>이라 부른다.

(1) 독립 분사구문의 기본형

a. *Other things* **being equal** (= If other things are equal), married women are superior to unmarried women as teachers. (다른 조건이 같다면 기혼여성이 미혼여성보다 교사로서 낫다.)

b. He talked on and on, *the audience* **beginning to feel bored**. (=and the audience began to feel bored) (그가 계속해서 이야기하자, 청중들은 지루해지기 시작했다.)

c. They had many talks with natives, *the guide* **acting as interpreter***. (안내인을 통역으로 하고 그들은 원주민과 여러 번 이야기를 나누었다.) [*→ *p.* 88 (2) ③]

d. *Christmas* that year **falling on Thursday**, the shop was to close for four days. (그해는 성탄절이 목요일이었으므로 가게는 4일간 쉴 예정이었다.) - Maugham, *Of Human Bondage*

NB1 There is～도 독립 분사구문으로 사용된다.

- There being (= As there was) no objection, the meeting adjourned. (반대가 없었으므로 회의를 끝냈다.)

(2) 비문법적인 분사구문

분사의 의미상 주어와 주절의 주어가 일치하지 않으면 문법적으로는 맞지 않지만 실제로는 이런 분사구문도 가끔 사용된다. (→ *p.* 414)

- **Being** not yet fully grown (=As he was not yet fully grown), his pants were too long. (아직 다 자라지 않았으므로, 바지가 너무 길었다.)
- **Living** alone (=As she was living alone) with a maid, a few rooms were all that was necessary. (하녀와 둘이서만 살았으므로 방은 두세 개만으로 충분했다.)

(3) 관용적인 독립분사 구문 (의미상 주어는 일반 사람이므로 생략한다)

talking of (～에 관한 이야기라면)/ generally [*or* biologically] speaking (일반적으로 [생물학적으로] 말하면)/ assuming that (= if), going by (= judging from or by)(～으로 판단하면), *etc.* 이것들은 모두 idioms이다.

§ 231 Comma 없이 주절 뒤에 오는 현재 분사구문

분사구문이란 원래 문어체 표현이므로 구어에서는 그다지 쓰이지 않는다. 그러나 여기에서 설명하는 분사구문은 현대 구어영어에서 빈번하게 사용된다. 이 중에는 순수한 분사구문도 있고, 원래 <전치사 + V-ing>이었던 것이 전치사가 빠지고 분사구문의 형태로 남은 것도 있다(분사의 바로 앞에 생략되었다고 볼 수 있는 단어를 끝에 표시했다). (전치사의 생략 → § 170)

a. I'm a little embarrassed **talking** boldly about all of these <u>plumbing</u>* secrets and everything. (이러한 소화기에 관한 비밀까지 모두 서슴없이 이야기하려니까 좀 쑥스럽군요.) - *Time* (1985) [when] [* 소화관]

- I was out of breath **dashing** up the stairs. (나는 계단을 뛰어 올라가느라고 몹시 숨이 찼다.) [when]

Cf. I was a trifle out of breath when I had climbed four flights of stairs. (네 줄의 계단을 올라갔을 때 약간 숨이 찼다.) - Maugham, *The Voice of the Turtle*

b. He had caught cold **playing** golf. (골프하다가 감기에 걸렸다.) - Maugham, *Sanatorium* [while]

- In recent months, six aviators had died **attempting** to cross the Atlantic. (최근 몇 달 동안에 6명의 비행사가 대서양을 횡단비행 하던 중 목숨을 잃었다.) - Bryson, *Made in America* [while]

c. Birkin had written to Ursula **saying** he expected to see her at the party. (버킨은 어슐라에게 편지를 써서 파티에서 그녀를 만나고 싶다고 말했다.) - Lawrence, *Women in Love* [saying = and said]

- He was a photographer, and he was here in 1965 **photographing** the covered bridges. (그는 사진기자였으며, 1965년에 여기에 와서 덮개를 한 다리의 사진을 찍었다.) - Waller, *The Bridges of Madison County* [photographing = and photographed]
- He'd slept for nearly four hours and got up **feeling** hot and stiff and road weary. (그가 네 시간 가량 자고 일어났을 때 덥고, 몸이 뻣뻣하고 노독을 느꼈다.) - Ibid. *Slow Waltz in Cedar Bend* [feeling = and felt]
- He went to the doctor **complaining** of difficulty in breathing. (그는 의사한테 가서 호흡곤란을 호소했다.) [complaining = and complained]
- David had gone to bed the night before **complaining** of some abdominal discomfort. (데이빗은 전날 밤에 잠자리에 들 때 배가 아프다고 했다.) - Cook, *Mutation* [= When David went to bed the night before, he complained of some abdominal discomfort.]

d. They bought a Ferrari **knowing** it would increase in value. (그들은 가격이 오르리라는 것을 알고 페라리 자동차 한 대를 샀다.) [knowing = as they knew]

- She was taken to the hospital **suffering** from acute appendicitis. [번역 → *p.* 415] [suffering = as she suffered]

§ 232 과거분사의 분사구문

(1) 기본 용법

a. **Wounded in the leg**(=As he was wounded in the leg), he could hardly walk. (한 쪽 다리에 부상을 입었기 때문에 거의 걸을 수 없었다.)

b. **Put bluntly**, American capitalism needs a heart transplant. (솔직히 말하면, 미국의 자본주의는 심장이식이 필요하다.) - Thurow, *Head to Head*

c. **Best known** outside Italy as the director of *Bicycle Thieves* (1948), Vittorio De Sica had a long and varied career. (해외에서는 <자전거 도둑>으로 가장 많이 알려진 이탈리아 영화감독 비토리오 데 시카는 길고도 다양한 경력의 소유자이다.) - Nowell-Smith, *The Oxford History of World Cinema*

NB put bluntly/ simply, *etc.* (= to put it bluntly/ simply, *etc.*→ § 134)와 같은 형식은 엄밀히 말하면 어법에 맞지 않지만 현대 영어에서 idiom으로 자주 쓰인다.

ⓐ *Put simply*, we accept their offer or go bankrupt. (간단히 말하면, 그들의 제안을 받아들이거나 아니면 파산하거나 둘 중 하나다.)

ⓑ *Put differently*, they(= politicians) are engaged in a squabble for the proverbial deck chairs on a sinking Titanic. (바꾸어 말하면, 잘 쓰이는 비유지만 정치가들은 침몰하고 있는 타이태닉호 위에서 의자 빼앗기 놀이를 하고 있는 것이다.) - Toffler, *The Third Wave*

d. **Glued to their television screens,** they saw the Berlin Wall brought down. (텔레비전 화면 앞에 붙어 앉아서 그들은 베를린 장벽이 무너지는 것을 지켜보았다.) - Toffler, *Power Shift*

e. These dogs, **trained properly**(=if they are trained properly), they will be able to do a lot of tricks. (이 개들은 제대로 훈련을 시키면 여러 가지 재주를 부릴 수 있을 거야.)

앞에 접속사가 첨가된 경우 ('주어 + be동사'의 생략이라고 볼 수도 있다.)

f. Alone among the animals on the farm he never laughed. *If* **asked** why, he would say that he saw nothing to laugh at. (농장에 있는 동물들 중에서 그 혼자만 웃지 않았다. 이유를 물으면 웃을 일이 없다고 했다.) - Orwell, *Animal Farm*

g. Alcohol is particularly dangerous *when* **taken** with tranquilizers. (술은 신경안정제와 함께 마실 때 특히 위험하다.)

(2) 독립 분사구문

- *Her work* **done**(= Her work being done), Aunt Flora sat down for a cup of coffee. (일이 끝나자 플로라 아주머니는 앉아서 커피 한 잔을 마셨다.)
- *That task* **completed**(= When that task was completed), he shaved, changed into his best suit. (그 일이 끝나자 그는 면도를 하고 가장 좋은 양복으로 갈아입었다.) - Capote, *In Cold Blood*

§ 233 부대상황 구문

부대상황 (Attendant circumstances)구문이란 주절의 동사와 동시동작이나 상태, 또는 연속적인 동작이나 상태가 부가적으로 표현된 구문인데, <~하면서/ ~한 채로/ ~하고 / 그리고> 등으로 해석한다. 다음과 같은 네 가지 종류가 있다.

(1) 현재분사로 시작되어 <능동>의 뜻을 나타낸다.

a. He wrote to his father, **asking for more money** (= and he asked for more money). (그는 아버지에게 편지를 써서 더 많은 돈을 요구했다.) [동시동작]

- She went through all the drawers **looking for the sweater**. (그녀는 스웨터를 찾느라고 모든 서랍을 샅샅이 뒤졌다.) [동시동작]
- He was reading a newspaper, **his wife watching TV by his side**(= while/ and his wife was watching TV by his side) (그는 신문을 보고 있었고, 그의 아내는 옆에서 텔레비전을 보고 있었다.) [동시동작]
- He was sitting with his arms crossed, **staring in front of him**(= and stared in front of him). (그는 팔짱을 끼고 앉아서 앞을 응시하고 있었다.) [동시동작]
- Large bodies of unemployed men marched through the street **demanding work** (and demanded work). (많은 실업자들이 일자리를 요구하며, 거리를 행진하고 있었다.) [동시동작]

b. My train starts at six, **arriving at ten** (= and arrived at ten). (내가 타고 갈 기차는 6 시에 출발하여, 10 시에 도착한다.) [연속된 동작]

- A ball flew into the room, **breaking a vase on the table** (= ,and broke a vase on the table). (공이 방 안으로 날아 들어와서 책상 위에 있던 꽃병을 깨뜨렸다.) [연속된 동작]
- **Saying goodbye to Mr. and Mrs. Smith**, I left their home. (=I said goodbye to Mr. and Mrs. Smith, and left their home. (스미스 부부에게 작별인사를 하고서 나는 그들의 집을 떠났다.) [연속된 동작]
- **Starting as an office boy**, he worked his way up* to the position of vice-president. (급사로 출발하여 열심히 노력한 끝에 부사장이 되었다.) [연속된 동작] [* → *p.* 176]

(2) 과거분사로 시작하여 수동의 뜻을 나타낸다.

a. He ran ahead, **followed by a barking dog**. (= He ran ahead with a barking dog followed him.) (그가 앞으로 뛰어가자 개가 짖으면서 따라갔다.)

b. He lives a simple life now, **deprived of his power and wealth**. (그는 권력과 부를 빼앗긴 채 지금은 평범하게 살고 있다.)

(3) <with / without + 명사 + 보어 (분사 / 형용사 / 부사어구)> 형식

① 이것은 분사구문의 변형된 형태로서 명사 와 보어의 사이에 being이 생략되었다고 볼 수 있으므로 이들은 <주어 + 술어>의 관계가 성립하며, with는 그 자체에 특별한 의미 없이 <명사 + 보어>를 주절에 연결시키는 기능을 한다.

② 그러나, <with = having>으로 볼 수 있는 경우도 있다.

③ 대개 부사구로 쓰이지만, 형용사구의 구실을 할 때도 있다.

a. The scene was chaotic, *with* **people scattering in all directions**. (현장은 수라장이 되고, 사람들은 사방으로 흩어졌다.)

b. *With* **the Korean War over**, the United States surrendered herself to an orgy of consumer indulgence. (6.25전쟁이 끝나자, 미국 국민들은 소비재 구입에 열을 올렸다.) - Lacey, *Ford*

c. *With* **an eye bandaged**, he could not write properly. (한 쪽 눈을 붕대로 감았기 때문에 그는 글씨를 제대로 쓸 수가 없었다.)

d. It was a misty and quiet morning *with* **little wind blowing**. (바람 한 점 불지 않는, 안개 낀 조용한 아침이었다.) [형용사구]

e. What a lonely world it would be *with* **you away**! (당신이 떠나 버리면 이 세상이 얼마나 쓸쓸할까!)

(4) 앞의 (3)과 같은 구문에서 with가 생략된 구문

뒤에 특히 현재분사 나 과거분사가 오면 독립 분사구문에 해당하며, 또 이 구문에서는 명사 앞에 올 인칭 대명사의 소유격이나 보어에 올 관사가 생략되는 일이 많다.

a. He was confined to his room, **all the windows shut**. (그는 방 안에 갇혀 있었는데, 창문이 모두 닫혀 있었다.)

b. He was lying on the sofa, **book in hand**. (손에 책을 든 채 소파에 누워 있었다.)

c. In *Breakfast at Tiffany's**, Audrey Hepburn, **her hair swept back**, dressed in a chic black dress, and carrying her elegant cigarette holder, provides an unforgettable image that hasn't faded over time (영화 <티파니에서 아침을>에서 머리를 뒤로 당겨 올리고 세련된 검은 드레스를 입고 우아한 담뱃대를 손에 든 오드리 헵번의 이미지는 아무리 세월이 흘러도 잊을 수 없는 인상을 남겼다.) – Schneider, *1001 Movies* [* → 아래의 ☞]

☞미국의 소설가 Truman Capote의 동명의 소설을 각색한 Audrey Hepburn 주연의 영화(1961). 잊을 수없는 오프닝 장면에서 맨해튼의 유명한 티파니 보석상의 바깥에 서있는 헵번은 더 없이 찬란하고 매혹적이다. 홀리(헵번)는 남자들이 주는 선물을 팔아서 살아가는 보헤미안이며, 그녀와 같은 아파트에 살고 있는 작가 폴(조지 페파드) 역시 부유한 후원자의 a kept man(정부)으로 힘겹게 살아간다. 폴과 홀리가 아슬아슬하게 균형을 유지하다가 폴이 이웃 홀리를 사랑하게 되면서 위태로운 상황에 빠진다.

§ 234 분사구문 속의 < as + S + do / be >

(1) as + S + do

이것은 일종의 표현상의 기교이며, 이 부분을 제거해도 의미상 큰 변화는 없다. 여기서 as는 <~처럼>이란 뜻의 접속사, do는 분사를 받는 대동사이다. 자동사 나 타동사를 막론하고 분사를 동사로 환원할 수 있는 경우는 <as + S + do>를 쓴다. (아래의 용례 외에도 *p.* 4의 *c*)

a. **Living** *as I do* in a remote village, I rarely have visitors. (이렇게 먼 시골에 살고 있기 때문에 찾아오는 손님이 거의 없다.) [이 문장의 바탕에는 I live in a remote village.라는 말이 깔려 있다]

b. **Standing** *as it does* on a hill, the cathedral commands a fine view. (이렇게 언덕 위에 서 있으므로 그 성당은 전망이 좋다.) [이 문장의 바탕에는 It stands on a hill.라는 말이 깔려 있다]

c. How is it that, **knowing women** *as he does*, he did not foresee that Madame would have kept that letter? (저렇게 여자를 알고 있음에도 불구하고, 부인이 그 편지를 가지고 있을지도 모른다는 것을 어째서 예측하지 못했을까?) - Christie, *The Mystery of the Blue Train*

d. But the mixture of whisky and beer, **coming** *as it did* on an empty stomach, was beginning to take effect. (그러나 위스키와 맥주의 혼합물이 빈 배 속에 들어왔으므로 술기운이 오르기 시작했다.) - Wain, *Hurry on Down*

NB 이 as는 때로는 다른 접속사(상당어구)로 대치되기도 한다.

ⓐ I shouldn't stay here, feeling **the way*** I do. (나는 이런 기분이므로 여기에 머물 수가 없다.) – Steinbeck, *The Red Pony* [* → *p.* 335 (2)]

ⓑ The rain, coming **when** it did, was most beneficial. (비가 그 때 내려 주었으므로 정말 단비였다.)

(2) as + S + be

*V-ing*가 완전히 형용사가 된 경우(*ex.* interesting, amusing, charming, *etc.*)이거나 또는 진행형 출신의 경우는 be 동사가 쓰인다(→ *p.* 327).

a. **Interesting** *as it is*, the book is not instructive. (재미있지만 유익하지 않다.)

b. It was very difficult for Brangwen to take in this remote and official information, **glowing** *as he was* within the quiet of his church and his anthem music. (조용한 교회 안에서 찬송가 연습에 열중해 있었으므로 브랭귄은 먼 곳에서 온 이 정식의 통보를 받아들이기가 매우 어려웠다.) - Lawrence, *The Rainbow*

제16장 수동태

WARM-UP

'HAVE + 물건 + 과거분사' 형식

영어의 수동태 (Passive)는 'be, get, *etc.* + 과거분사' 형식을 취하지만, 위의 표제와 같은 형식도 많이 쓰인다. 이것은 엄밀히 말하면 수동태가 아니지만 어떤 동작을 당한다는 의미에서 일종의 수동태라고 볼 수도 있다. 우리말의 '시계를 도난당하다'와 같이 자신에게 소속된 물건이 타인으로부터 '동작을 받다, 또는 경험하다'라는 뜻에서 '경험의 수동태'라고 부르기도 하며, have (*a*) 대신에 get (*b*)도 쓰인다. 그러나 이 형식은 수동 뿐만 아니라, '사역'의 뜻으로도 사용되기 때문에 특히 주의해야 한다. (→ §91 (3))

a. We **had** a window **broken** in the storm. (폭풍으로 창문이 파손되었다.)

- My sister **has had** some money **stolen**. (내 누이동생이 돈을 도난당했다.)
- The houses **had** their roofs **ripped** off by the gale. (강풍으로 지붕들이 뜯겨 나갔다.)

b. The cat **got** her tail **singed** through sitting too near the fire. (고양이가 불가에 계속 앉아 있다가 꼬리가 눌었다.)

- He **got** his left wrist **broken**. (그는 왼쪽 손목을 삐었다.)
- Since I arrived in this country, I nearly *got run over* by one of those two-story buses. I almost **got** my head **blown** off by a damned Maoist. (내가 이 나라에 도착하여 그 놈의 이층버스에 치어 죽을 뻔했어요. 또 염병할 마오쩌둥 주의자 한 놈으로부터 머리통이 날라갈 뻔했습니다.) - Clancy, *Patriot Games* [앞부분은 보통의 수동태이고, 뒤 부분은 경험의 수동태임]

Cf. 사역의 용례

ⓐ He could *have* his clothes **made** by the best tailor in London. (그는 런던의 일류 재단사에게 양복을 맞추어 입을 수 있었다.) - Maugham, *The Razor's Edge*

ⓑ He's gone off with him to *get* him **bandaged** by a doctor. (그는 의사한테 상처의 붕대를 감기 위하여 그와 함께 떠났다.) - du Maurier, *Rebecca*

ⓒ We *had* our caricatures **drawn** by a street artist while we were on vacation in Paris. (우리는 휴가 중 파리에 있을 때 거리의 화가한테 우리의 풍자만화를 그려 달라고 했다.)

Ⅰ. 수동태의 일반적인 형식

§ 235 수동태의 기본형식

수동태(Passive voice/ Passive)의 기본형식은 능동태 (Active voice/ Active) 문장의 형식에 따라서 다음과 같이 크게 세 가지로 나눌 수 있다.

(1) <S + V + O> 형식의 문장

a. He *kicked* two penalty goals in the last ten minutes. [능동태]
→ Two penalty goals *were kicked* in the last ten minutes. [수동태] (그는 마지막 10분 동안에 페널티킥으로 두 골을 차 넣었다.)

b. When anything pleasant occurs you should *enjoy* it to the full.
→ When anything pleasant occurs it should **be enjoyed** to the full. (즐거운 일이 생기면 마음껏 즐겨야 한다.) - Russell, *The Conquest of Happiness*

NB1 <S + V + O>형식이라고 해서 어떤 문장이라도 수동태가 가능한 것은 아니다.

- John resembles his father./ Tom lacks confidence. 따위의 문장은 수동태가 불가능하다.

NB2 outshine이나 survive의 수동태를 우리말로 옮길 때는 주의해야 한다.

ⓐ **Modest people believe themselves** to **be outshone by** those with whom they habitually associate. (겸손한 사람들은 평소에 교제하는 사람들보다 자신이 못하다고 생각한다.) - *Ibid.*

ⓑ Mr. Barber **is survived by** three sons and a daughter from his first marriage. (바버 씨의 유족으로는 첫번째 결혼에서 얻은 세 아들과 딸 하나가 있다.)

have가 <소유>의 뜻일 때는 수동태가 불가능하지만, obtain(입수하다)의 뜻일 때는 수동태로 쓰인다. 보통 <to be had(=available)>의 형태로 사용된다.

c. When no work was **to be had** he borrowed money from friends. (그는 일자리를 구할 수 없었을 때 친구들한테 돈을 빌렸다.)

d. Good farms were **to be had** for small sums. (적은 돈으로 좋은 농장을 살 수 있었다.) - Nevins, *A Pocket History of the United States*

e. The necessary materials were simply not **to be had** in Atlanta. (애틀랜타에서는 필요한 재료들을 도저히 구할 수 없었다.) - Mitchell, *Gone with the Wind*

NB3 동족 목적어도 수동태의 주어가 될 수 있다.

- *Life* is there **to be lived** rather than to be written about. (인생은 그것을 쓰기 위해서 있는 것이 아니라 살기 위해서 있는 것이다) - Maugham, *Of Human Bondage*

(2) <S + V + IO + DO>형식의 문장

관심의 초점에 따라서 간접 목적어(IO)를 수동태의 주어로 하는 수동태와 직접 목적어(DO)를 주어로 하는 수동태가 둘 다 가능하지만, 전자가 일반적이다.

- The university *awarded* her a scholarship. (대학교는 그녀에게 장학금을 주었다.)

→ She **was awarded** a scholarship by the university. (IO가 주어)
→ A scholarship **was awarded** (to) her by the university. (DO가 주어)

NB4 envy, save, spare, *etc.*는 직접 목적어를 주어로 하는 수동태를 만들 수 없으며, buy, do, make, read, order, wire, write, *etc.*는 간접 목적어를 주어로 하는 수동태가 불가능 하다. ask의 경우는, ask *sb* a question은 흔히 쓰이지만, 같은 뜻인 ask a question of *sb* 는 별로 쓰이지 않는다. 그러나 이것의 수동태는 더러 쓰인다.

- Not a single question **was asked of** either Wycoff or Goodman. (누구도 와이코프나 굿맨에게 질문을 던지지 않았다.) - Grisham, *The Chamber*

(3) <S + V + O + OC (명사 / 형용사 / 분사)> 형식의 문장

a. We can often *call* Richard Dick by his pet name.
(우리는 흔히 리처드를 애칭으로 딕이라고 부른다.)
→ Richard **is** often **called** Dick by his pet name.

b. The jury *found* him guilty of murder.
(배심원들은 살인혐의로 그에게 유죄평결을 내렸다.)
→ He **was found** guilty of murder by the jury.

c. Come on, Lewis. We mustn't *keep* the boss waiting.
(서둘러, 루이스, 사장님을 기다리게 해서는 안 된다.)
→ Come on, Lewis. The boss mustn't **be kept** waiting.

d. Mr. Rachett **was found stabbed** this morning. (라쳇트씨는 오늘 아침에 칼에 찔린 시체로 발견되었습니다.) - Christie, *Murder on the Orient Express*

이 밖에 진행형의 수동태는 *a.* <be being + 과거분사>의 형식을 취하며, Who~?는 *b.* Who~by?로 된다.

a. They *are repairing* my car in the garage. (내 차는 정비소에서 수리중이다.)
→ My car **is being repaired** in the garage.

b. Who *composed* 'the Marriage of Figaro'? ('피가로의 결혼'을 누가 작곡했느냐?)
→ Who was 'the Marriage of Figaro'* composed **by**? [* 프랑스의 극작가 Beaumarchais(보마르세)가 쓴 희곡을 Mozart가 작곡한 것]

§ 236 <S + V + O + (원형) 부정사>구문

(1) 일반 동사의 경우

- They *forced* all the hostages *to hand* over their passports.

→ All the hostages **were forced** *to hand* over their passports.
(모든 인질들은 여권을 내놓지 않으면 안되었다.)

- They *suppose* the castle *to be* haunted.

→ The castle **is supposed** *to be* haunted.
(그 성에는 유령이 나온다고 한다.)

NB1 be supposed to do는 위의 예문처럼 ⓐ<~라고 생각되다>라는 뜻 외에 ⓑ<예정이나 의도> ⓒ<의무/금지>를 나타내는 일도 많다.

ⓐ There **is supposed to** *be* buried treasure somewhere on the island. (그 섬의 어딘가에 보물이 묻혀 있다고 한다.)

ⓑ The concert **is supposed to** *raise* money for charity. (그 음악회는 자선단체에 기부할 돈을 모금하기 위한 것이다.)

ⓒ You'**re** not **supposed to** *do* the dishes – you're a guest. (당신이 설거지를 해서는 안 됩니다. 당신은 손님입니다.)

Cf. be expected to *do*도 be supposed to *do*처럼 <의무>를 나타낼 때 흔히 쓰인다.

- An officer **is expected to** *set* a good example to his men. (장교는 부하들에게 좋은 모범을 보여주어야 한다.)
- Doctors **are expected to** *be* cool and act quickly in an emergency. (의사들은 위급할 때 냉정하고 신속하게 행동해 야 한다.)

NB2 give의 경우에는 다음과 같은 수동태 구문도 있다.

- Although I received no official indication, I **was given to understand** that I would be promoted within a year. (나는 공식적인 암시는 받지 못했지만, 일 년 내에 승진하리라는 것을 알았다.)

이 구문은 give *sb* to understand / believe (that)... (아무에게~을 알리다/ 믿게 하다)의 경우에만 볼 수 있으며 흔히 수동태로 쓰인다.

(2) 지각동사와 사역동사 (→§ 126/ 127) (문장의 리듬 때문에 수동태에 to가 붙는다.)

문장의 리듬 때문에 수동태에to가 붙는다.

① 지각동사

a. Someone *saw* the suspect *leave* the house and get into his car.

→ The suspect **was seen to leave** the house and get into his car.
(용의자가 집에서 나와서 차를 타는 것이 목격되었다.)

b. I *heard* him *fall* with a thud on the carpet. (쿵하고 넘어지는 소리가 들렸다.)
→ He **was heard to** *fall* with a thud on the carpet.

c. He *felt* a snake *touch* this foot. (뱀이 그의 발을 건드리는 것을 느꼈다.)
→ A snake **was felt to** *touch* his foot.

d. They *noticed* him *hesitate* for a moment. (그가 잠시 주저하는 기색이 보였다.)
→ He **was noticed to** *hesitate* for a moment.

NB3 지각동사라도 watch에는 수동태가 없으나, know에는 지각동사와 같은 구문으로 쓰이는 일이 있다. (→*p.* 242).

ⓐ I have never known him (*to*) lose his temper. (그가 화를 내는 것을 본 일이 없다.)
→ He **has** never **been known** to lose his temper.

ⓑ We *have* never *known* Peter disappear from home before. (피터는 전에 한 번도 집을 나간 적이 없었다.)
→ Peter **has** never **been known** to disappear from home before.

② 사역동사

a. They *made* him *sign* the agreement against his will*.
(그들은 그에게 협정에 서명하라고 강요했다.) [* 본의 아니게 / 마지못해]
→ He **was made to sign** the agreement against his will.

• They used to make little boys climb the chimneys to clean them.
(옛날에는 어린 소년들을 굴뚝에 올라가서 청소를 하도록 시켰다.)
→ Little boys used to **be made to climb** the chimneys to clean them.

b. They *have let go** the suspect because of insufficient evidence.
(용의자를 증거 불충분으로 석방했다.) [* = discharge/emancipate]
→ The suspect **has been let go** because of insufficient evidence.

c. He *bade* the attendants *leave* the hall. (archaic)
(그는 수행원들에게 퇴장하라고 명령했다.)
→ The attendants **were bidden to leave** the hall.

NB4 let의 수동태는 일반동사처럼 쓰는 일은 드물고, let go, let drop/ fall (떨어뜨리다), let slip ([기회를] 놓치다) 따위의 관용구로 쓰이는 것이 보통이다.

• As a gesture from the inspector the chain **was let fall** to the ground and the Citroën crunched over it. (경감의 손짓에 따라 쇠사슬이 땅에 내려지자 시트로엥 자동차는 자갈 밟는 소리를 내며 그 위로 지나갔다.) - Forsyth, *The Day of the Jackal*

Cf. They **were let into** the house by a stout middle-aged Japanese woman. (그들은 건장하게 생긴 한 중년의 일본인 여인에 의해서 집안으로 안내되었다.) - Maugham, *Neil MacAdam*

§ 237 <S + V + that- 절>구문

(1) 일반적인 구문

a. We *admitted* that mistakes had been made.
(우리는 실수가 있었음을 시인했다.)
→ **It was admitted** that mistakes had been made.

b. He *alleged* that he had signed the document under pressure.
(그는 강요에 못 이겨 그 서류에 서명했다고 주장했다.)
→ **It was alleged** that he had signed the document under pressure.

c. You should *bear* in mind that the most effective defense is offense.
(공격이 최선의 방어라는 것을 명심해야 한다.)
→ **It should be borne in mind** that the most effective defense is offense.

d. His experiment *showed* that the theory was false.
(그의 실험은 그 이론이 틀렸음을 증명했다.)
→ **It was shown** by his experiment that the theory was false.

위의 경우는 that-절 이외의 경우에도 적용된다.

e. No one *knows* when he made his first appearance in Paris.
(그가 파리에 처음 나타난 것이 언제인지 아무도 모른다)
→ **It is not known** when he made his first appearance in Paris.

NB1 주어가 길지 않으면 that-절을 그대로 수동태의 주어로 사용할 수 있다.

• We *cannot deny* **that Bach is a great composer**.(바하가 대작곡가임을 부인할 수 없다.)
→ **That Bach is a great composer** cannot be denied.

Cf. **What can't be cured** must be endured. [saying] (고칠 수 없는 것은 참아야 한다.) [격언]

NB2 가목적어 it이 있는 경우는 그 it을 그대로 수동태의 주어로 사용하면 된다.

ⓐ **It was taken for granted** that he had attempted suicide.
(↑We *took it for granted* that he had attempted suicide.)
(우리는 당연히 그가 자살을 시도했다고 생각했다.)

ⓑ **It was taken for granted** that he would be taking over the Ford Motor Company. (당연히 그가 포드 자동차 회사의 사장이 되리라고 생각되었다.) - Lacey, *Ford*

(2) <People/ They say that~> 구문

능동태의 구문은 앞의 (1)과 같지만 두 종류의 수동태가 가능하다.

a. They say that the love of money is the root of all evil.
→ **It is said** that the love of money is the root of all evil.
→ The love of money **is said** to be the root of all evil.
(돈을 사랑함은 모든 악의 뿌리라고 한다.)

이러한 수동구문에 사용되는 동사는 위에 든 say 외에 assume, believe, consider, expect, feel, report, suppose, think, *etc.*가 있다.

b. We generally *assume* that money brings us happiness.
→ **It is** generally **assumed** that money brings us happiness.
→ Money **is** generally **assumed** to bring us happiness.
(일반적으로 돈이 행복을 가져온다고 생각되고 있다.)

c. At one time *people believed* that life existed on Mars.
→ At one time **it was believed** that life existed on Mars.
→ At one time life **was believed** to exist on Mars.
(한 때는 화성에 생명체가 존재한다고 믿어졌다.)

d. They report that the liner was in collision with an oil tanker.
→ **It is reported** that the liner was in collision with an oil tanker.
→ The liner **is reported** to have been in collision with an oil tanker.
(그 정기선은 유조선과 충돌했다고 전해지고 있다.)

e. People suppose that the culprit escaped disguised in woman.
→ **It is supposed** that the culprit escaped disguised in woman.
→ The culprit **is supposed** to have escaped disguised in woman.
(범인은 여자로 변장하여 달아났다고 생각되고 있다.)

NB 위의 *a*~*e*와 비슷한 것으로 It seems that~구문이 있다.

It seems that she accepted his proposal of marriage.

ⓐ It seems that his proposal of marriage **was accepted** by her.

ⓑ His proposal of marriage seems **to have been accepted** by her.
(그녀는 그의 구혼을 받아들인 것 같다.)

Ⅱ. 동사구의 수동태

동사구 (= 구동사 Phrasal verb)란 원래 <자동사 + 전치사>나 <타동사 + 부사> 또는 <타동사 + 부사 + 전치사>로 된 단어의 집단으로, 한 개의 동사와 같은 기능을 가진 것을 가리키는데, 여기서는 편의상 <동사 + 명사 + 전치사>도 포함시키기로 한다.

§ 238 자동사 + 전치사 / 타동사 + 부사

한 개의 타동사로 간주되어 수동태가 가능하지만, 이런 형식이 모두 수동태가 될 수 있는 것은 아니다.

a. You must *account for* (= explain) every cent you spent. (네가 소비한 모든 돈의 사용처를 밝혀야 한다.)
→ Every cent you spent must *be* **accounted for**.

b. His return to the office was widely *approved of* (= okayed/ accepted). (그의 복직은 대환영이었다.)

c. No conclusion has yet *been* **arrived at**(= reached). (아직 결론에 이르지 못했다.)

NB We *arrived at* a village/ the airport.와 같은 문장은 수동태가 될 수 없다.

d. His house *was* **broken into** (= robbed) last night. (지난밤에 그의 집이 털렸다.)

e. How can the desired result *be* **brought about** (= effected)? (어떻게 하면 소기의 성과를 거둘 수 있을까?)

f. It was obvious that the boy had *been* well **brought up** (= educated). (그 소년은 교육을 잘 받고 자랐음이 명백했다.)

- At all events I've *been* **brought up** to regard marriage as a holy institution. (좌우간 나는 결혼을 신성한 제도라고 교육을 받았어요.) - Maugham, *Mrs Craddock*

g. The football match *was* **called off** (= canceled) due to the heavy rain. (축구경기는 폭우 때문에 취소되었다.)

h. The surgery *was* **carried out** (= performed) under local anesthesia. (수술은 국소마취 상태에서 실시되었다.)

- The attack *was* **carried out** by a previously unknown group of terrorists. (그 공격은 자금까지 알려진 적이 없는 테러 집단에 의해서 이루어 졌다.)

i. The silver *was* **disposed of**(= sold) to an antique dealer. (은식기는 골동품상에 팔렸다.)

j. *Was* the will **drawn up** by a lawyer? (그 유언장은 변호사가 작성했어요?) - Christie, *Poirot Investigates*

k. The search *was given up* (= quit) after a week. (일주일 후에 수색을 포기했다.)

l. He has never *been* **heard of** since he left home twenty years ago. (그는 20년 전에 집을 나간 후 영영 소식이 없었다.)

m. From one end of the country to the other, banks *were* **held up** (= robbed) with pistols, sawn-off shotguns and submachine guns on an almost daily basis. (전국 어디서나 은행들은 거의 하루가 멀다 하고 권총이나 단총 또는 기관단총으로 무장한 강도들에게 털렸다.) - Forsyth, *The Day of the Jackal*

n. Alec *was* **knocked down** by a bus yesterday. (어제 알렉이 버스에 치었다.)

- Hugh *was* **knocked down** by an automobile one day, while he was jacking up a rail to replace a rotten crosstie and run over and killed. (휴는 어느날 썩은 철로 침목을 바꾸려고 잭으로 레일을 들어 올리다가 지나가는 자동차에 치어서 목숨을 잃었다.) - Caldwell, *Masses of Men*

o. The driver of the car *was* **knocked out** at the moment of impact. (승용차의 운전사는 충돌하는 순간에 의식을 잃었다.)

p. He was terribly shy and couldn't stand *being* **laughed at** (= derided). (그는 대단히 수줍음을 잘 타기 때문에 조롱을 당하면 참을 수 없었다.)

q. Any objections will *be* **listened** to sympathetically. (어떤 불평도 성의있게 들어 줄 것이다.)

r. They are *being* very well **looked after**, Doctor Ryan. (그들은 아주 잘 보호 받고 있습니다, 라이언 박사님.) - Clancy, *Patriot Games*

s. All substances *are* **made up** (= composed) of molecules. (모든 물질은 부자로 구성되어 있다.)

Cf. ⓐ Actors have to be **made up** before they appear on stage. (배우는 무대 위에 서기 전에 화장을 해야 한다)

ⓑ **My mind's made up** and nothing on God's earth can change it. (나의 결심은 확고합니다. 어떤 일이 있더라도 그 결심은 바꾸지 않을 거예요.) - Maugham, *The Unconquered*

t. However, when he took up the brush he was a real master, and his pictures *were* eagerly **sought after**. (그러나, 그가 붓을 들면 진정한 대가였으며, 그의 그림은 대단히 인기가 있었다.) - Wilde, *The Model Millionaire*

u. Another day passed, and the nurse said the doctor must *be* immediately **sent for**. (또 하루가 지나자 간호사는 당장 의사 선생님을 모셔 와야 한다고 말했다.) - Maugham, *Mrs Craddock*

v. His bed hadn't *been* **slept in**. (그의 침대는 잠을 잔 흔적도 없었다.) - Ibid., *A Man from Glasgow*

w. Ancient Athens *is* generally **thought of** (= looked on) as the cradle of democracy. (고대의 아테네는 일반적으로 민주주의의 요람으로 생각되고 있다.)

§ 239 동사 + 부사 + 전치사

앞의 § 238 과 마찬가지로 <동사 + 부사 + 전치사>도 하나의 타동사로 간주되어 수동태가 될 수 있지만, 모두 가능한 것은 아니다.

a. It is about time we **did away with** (= abolished) this obsolete law. (시대에 뒤떨어진 이 법률을 폐지할 때가 되었다.)
→ It is about time this obsolete law *was done away with.*

b. His retirement *is* very much **looked forward to** (= anticipated) by the office staff. (사무실 직원들은 그가 퇴직하기를 손꼽아 기다린다.)

c. They *were* **looked down on**(= despised) by their neighbors. (그들은 이웃 사람들에게 멸시 당했다.)

d. Bill has always *been* **looked up to**(= respected) for his courage. (빌은 그의 용기 때문에 항상 존경을 받아 왔다.)

e. There are many inconveniences that have to *be* **put up with**(= endured) when you are camping. (캠핑할 때는 많은 불편을 참아야 한다.)

f. Bob has always *been* **highly spoken of**(= praised) by his teachers. (밥은 항상 선생님들로부터 칭찬을 받아 왔다.)

NB1 speak highly/ well of (= praise), speak ill of (= vilify에 대해서 나쁘게 말하다) 따위의 수동태에서 부사의 위치는 보통 과거분사의 앞이다.

g. His work *is* **highly thought of** by the critics. (그의 작품은 비평가들에게 높이 평가된다.)

NB2 위의 (*f*)와 마찬가지로 think highly of (= respect)의 경우도 부사는 과거분사의 앞에 놓인다. 위의 (*a*), (*b*), (*c*), (*d*), (*e*) 와는 달리 동사와 전치사와의 사이에 여러 가지 부사가 들어 갈 수 있다는 사실에서 알 수 있듯이 동사와 부사의 결합이 불가분의 관계가 아니기 때문이다.

h. Richard *is* **well thought of** within his own firm. (회사 안에서 평판이 좋다.)

i. All his arguments had *been* **well thought out** and thoroughly prepared. (그의 모든 주장은 용의주도하고 철저하게 준비된 것이었다.)

NB3 think well of 와 think well out 는 be well thought of (좋은 평가를 받다, 존경을 받다), be well thought out(용의주도하다/ 면밀하다)처럼 주로 수동태로 사용되며, 자주 쓰이기 때문에 하이픈을 붙여서 복합 형용사로 사용하는 경우가 많다. 즉, well-thought-of (평판이 좋은/ 존경 받는), well-thought-out (면밀한/ 잘 다듬어진 / 잘 생각하여 완성한)의 형태로 쓰인다.

§ 240 동사 + 명사 + 전치사

예컨대, pay attention to, take care of, make allowances for 와 같이 <동사 + 명사 + 전치사>가 한 단위로 쓰이는 표현은 (1) 두 가지 수동태가 가능한 것도 있고 (2) 한가지 수동태만 가능한 것도 있다.

(1) 두 가지 수동태가 가능한 것

아래의 예문에서 ㉠은 <동사 + 명사 + 전치사>가 하나의 타동사로 간주되어 만들어진 것이며, ㉡은 <동사 + 명사 + 전치사>가운데 명사가 수동태의 주어가 된 것이다. 이것은 명사 앞에 간단한 형용사 <no, little, much, every, any, good, *etc.*>가 붙는 경우에 많이 볼 수 있다.

a. pay attention to ~에 주의하다
㉠ The smallest detail should *be* **paid careful attention to.**
㉡ **Careful attention** should *be* **paid to** the smallest detail.
(아주 사소한 것 까지도 세심하게 주의해야 한다.)

b. take care of (= care/ attend to)~을 돌보다, 보살피다
㉠ The children will *be* **taken good care of**.
㉡ **Good care** will *be* **taken of** the children.
(이 아이들을 잘 보살펴 드리겠습니다.)

c. take notice of (= notice)~을 주목하다
㉠ His warning *was* **taken no notice of**. (그의 경고는 무시당했다)
㉡ **No notice** *was* **taken of** his warning.

d. make much of (= extol)~을 높이 평가하다, 존중하다, 중요시하다
㉠ She wanted to *be* **made much of**, to be adored. (그녀는 존경도 받고 싶고, 사랑도 받고 싶었다.) - Lawrence, *Women in Love*
㉡ Nowadays much *is* not **made of** this writer by young readers. (오늘날 이 작가는 젊은 독자들에게 높이 평가받지 못한다.)

e. make use of (= employ/ use/ utilize)~을 이용하다
㉠ I didn't know I was just *being* **made use of**. (내가 단지 이용만 당하고 있다는 것을 알지 못했다) - Maugham, *The Voice of the Turtle*
㉡ It was absurd that no use should *be* **made of** his talents. (그의 재능을 썩혀 두는 건 무의미한 일이었다.) - Maugham, *Of Human Bondage*

(2) 한 가지 수동태만 가능한 것

<동사 + 명사 + 전치사>에서 3요소의 결합의 정도가 비교적 약할 때는 명사가 분리되어 글머리에 나와서 수동태의 주어가 된다. 이 형식은 <S + V + O>의 수동태와 조금도 다르지 않다.

a. You must **make allowances for** his poor eyesight.
→ **Allowances must be made for** his poor eyesight.
(그의 시력이 나쁘다는 점을 참작해야 한다.)

b. place (*or* lay/ put) emphasis (*or* stress) on (= emphasize) 강조하다
Too much emphasis *is* **placed on** the social aspects of school.
(학교의 사회적인 측면을 지나치게 강조한다.)

• In the early part of the book **a greater emphasis is placed on** the injustice of human suffering. (그 책의 앞부분은 인간의 고통이 부당함을 더 크게 강조하고 있다.)

c. make an allusion to (= allude to) ~에 대해서 암시하다, 언급하다
He wondered why **no allusion** *was* **made to** the strike then impending.
(그는 곧 있을 파업에 대해서 한 마디의 언급도 없는 것은 이상하다고 생각했다.)

d. attach importance to ~을 중요시하다
Much greater importance *is* now **attached to** environmental concerns.
(오늘날은 환경문제가 훨씬 더 중요시 되고 있다.)

e. make mention of (= mention)~에 대해서 언급하다
No mention *was* **made of** his wife's illness to me.
(아내의 병에 대해서 나에게 한 마디의 언급도 없었다.)

f. make a note (*or* notes) of (= note down) ~을 필기하다, 기록하다
A careful note should *be* **made of** the exact dimension of the place.
(그 장소의 정확한 면적을 자세하게 기록해 둬야 한다.)

그러나, <동사 + 명사 + 전치사>의 3요소가 밀접하게 결합되어 있는 경우에는 명사가 분리되지 않는다.

a. All right, I don't care, but I'm not going to *be* **made a fool of** (= deceived) another time. (좋아, 괜찮아, 그러나 두 번 다시 속지 않을거야.) - Maugham, *Of Human Bondage*

b. He did not like to *be* **made fun of** (= ridicule). (그는 조롱당하는 것을 좋아하지 않았다.) - Ibid., *Neil MacAdam*

c. Such a ridiculous state of things ought to *be* **put an end to** (= stopped). (그런 우스꽝스런 사태는 당장 끝나야 한다.)

Ⅲ. 수동태에 관한 주의사항

§ 241 수동태의 실제용례 분석

실제로 사용되고 있는 수동태 문장을 보면 금방 알 수 있지만, by ~ 가 붙어 있는 경우보다 붙지 않는 경우가 압도적으로 많다. 이 사실에서 판단하면, by ~ 가 붙지 않는 것이 원칙이며, 붙어 있을 때는 그 나름대로의 이유가 있다.

(1) By ~ 가 없는 예

다음과 같은 경우에 수동태가 사용되며 by ~ 는 붙지 않는다

① 문맥상 동작주(agent)가 명백하여 언급할 필요가 없을 때, ② 동작주를 정확히 모를 때 (anyone, someone, a person, *etc.*), ③ 동작주가 people, one, you, they, 등 일반 사람일 때, ④ 동작주보다 행위 자체에 더 관심이 갈 때, ⑤ 글의 중간에 주어를 넣는 어색한 문장을 피하기 위하여, ⑥ (책임회피, 예의, 겸손, 또는 개인 감정을 드러내지 않으려는 등의) 심리적인 이유, ⑦ 전형적인 수동태 문장, 따위를 들 수 있으나 구별이 명확하지 않는 경우도 많다.

① 동작주를 언급할 필요가 없을 때

a. Einstein **was awarded** the Nobel Prize for his work in quantum physics. (아인슈타인은 양자 물리학에 관한 연구로 노벨상을 받았다.)

b. René Descartes **is regarded** as the founder of modern philosophy. (르네 데카르트는 근대 철학의 창시자로 간주된다.)

c. The bill **was passed** unanimously in the House of Representatives last November. (그 법안은 지난 11월에 하원에서 만장일치로 통과 되었다.)

d. His fame **was bought** at the expense of health and happiness. (그의 명성은 건강과 행복을 희생하여 얻었다.)

e. Sergeant Trumper **was discharged** from active service on February 20, 1919. (트럼퍼 병장은 1919년 2월 20일에 현역에서 제대했다.) – Archer, *As the Crow Flies*

f. Even mangoes can **be got** in England now. (지금 영국에서는 망고도 구할 수 있다.) – Forster, *A Passage to India*

g. At the trial he **was given** the maximum sentence of 30 years. (재판에서 그는 최고 30년형을 선고 받았다.

② 동작주를 정확히 모를 때

a. My car has **been towed** away. (누군가 내 차를 끌고 가 버렸다.)

b. He has **been shot** in the back while trying to escape. (도망가려다가 등에 총을 맞았다.)

③ 동작주가 일반 사람(people, one, you, they, *etc.*)일 때

a. Married life **is said** to be a matter of give-and-take. (결혼생활이란 서로 양보하는 관계라고 한다.)

b. Veal should **be eaten** three or four days after it has been slaughtered. (송아지 고기는 도살된지 3, 4일 후에 먹어야 한다.)

④ 동작주보다 행위 자체에 더 관심이 많을 때

a. Women only swimming sessions **are held** every Thursday. (여성 전용 수영강좌가 매주 목요일에 열린다.)

b. The escaped convict **was arrested** two days later. (탈옥수는 이틀 후에 체포되었다.)

c. People **are mugged** in the park almost every night. (공원에서 거의 매일 밤 강도 사건이 발생한다.)

d. The police officers **were found** guilty of serious dereliction of duty. (경찰관들에게 중대한 직무태만이 있었음이 발견되었다.)

e. A vast amount of the Amazonian rainforest **is** being **destroyed** every day. (광대한 아마존의 열대 우림이 매일 파괴되고 있다.)

⑤ 글의 중간에서 주어를 바꾸지 않기 위해서

a. When *he* arrived home *he* **was arrested.** (그는 집에 도착했을 때 체포되었다.)
(↑When he arrived home a detective arrested him.)

b. *The hostage* **had been bound** and **gagged** and **left** in a corner of the room. (인질은 손발이 묶이고 입에 재갈이 물린 채 방의 한 구석에 남겨져 있었다.)

⑥ 심리적인 이유

- This letter has been opened! (→You've opened this letter!) (편지가 뜯겼구나!)

⑦ 전형적인 수동태 구문 (항상 수동태로만 쓰인다)
공지사항/ 언론보도/ 신문의 제목, 광고, 게시문 따위

a. Candidates **are required** to present themselves 15 minutes before the examination begins. They **are asked** to be punctual. (수험생은 시험이 시작되기 15분 전에 입실해야 한다. 수험생은 시간을 엄수해야 한다.) [공지사항]

b. Passengers **are required** to remain seated until the aircraft comes to a complete stop. (승객 여러분은 비행기가 완전히 정지할 때까지 좌석에 앉아 계셔야 합니다.) [비행기가 착륙할 때의 안내방송]

c. BOY SLAYER OF WORKING GIRL **INDICTED** (여공 살해범 청년 기소되다.) - Dreiser, *An American Tragedy* [신문 표제에서 be 동사는 항상 생략한다]

(2) By ~ 가 있는 예

다음의 ①과 ②의 구별은 그다지 명확하지 않다.

① 문장의 의미가 모호해지는 경우

a. Edward **was represented** in court *by his lawyer.* (에드워드의 법정변론은 그의 변호사가 맡았다.)

b. The old woman **was** almost **run over** *by a bus* when she walked out into the road. (노파가 도로 안으로 걸어 들어 가다가 하마터면 버스에 칠 뻔 했다.)

c. Harvard University **was founded** *by two frontier preachers.* (하버드 대학은 개척시대 두 명의 목사에 의하여 설립되었다.)

d. Native religious practices **were referred to** *by European missionaries* as superstition. (원주민들의 종교적 관습을 유럽의 선교사들은 미신이라고 불렀다.)

e. The trial had to be abandoned when it was discovered that jury members **had been got at*** *by the Mafia.* (배심원들이 마피아에 매수되었음이 알려 졌을 때 재판을 포기하지 않으면 안되었다.) [*get at (재판에 영향력을 행사하려고 판사, 증인 따위를) 매수하다]

f. The autopsy showed that her death **was caused** *by heart failure.* (부검결과 그녀의 사인은 심장마비라는 것이 밝혀졌다.)

g. The lives of most men **are determined** *by their environment.* (대부분의 사람들의 일생은 환경에 의하여 결정된다.) - Maugham, *Mayhew*

② By ~에 중점을 두는 경우

by ~가 없더라도 뜻은 통하지만 특히 동작주를 명백히 나타내고 싶을 때 쓴다.

a. My garden **is overlooked** *by the neighbors.* (우리집 정원은 이웃집에서 내려다보인다.)

b. In 1953 the intricate chemical structure of DNA **was solved** *by James Watson and Francis Crick.* (1953년에 DNA의 복잡한 화학적 구조가 제임스 왓슨과 프랜시스 크릭에 의해서 해결 되었다.)

c. Darwin's theories **were dismissed** *by many in the scientific community.* (다윈의 학설은 많은 과학자들로부터 배척당했다.)

d. I think your daughter should **be seen** *by a psychiatrist* as soon as possible. (따님은 될 수 있는 대로 빨리 정신과 의사의 진찰을 받아 보셔야겠습니다.)

e. Catherine Barkley **was** greatly **liked** *by the nurses* because she would do night duty indefinitely. (케서린이 계속해서 야근을 하려고 했으므로 다른 간호사들이 대단히 좋아했다.) - Hemingway, *A Farewell to Arms*

NB 다음 문장의 by~는 동작주가 아니고, <단위>를 나타낸다.

- Translators **are** usually **paid** by the page. (번역가들은 페이지 단위로 번역료를 받는다.)

§ 242 Get/ become / grow + 과거분사

구어에서는 수동태에서 be 동사 대신에 get 이 흔히 쓰이며, become이나 드물게는 grow가 쓰이기도 한다. 그러나 사용 빈도로 볼 때 get이 압도적으로 우세하며, 관용표현이 많다. 'be + 과거분사' 는 <상태나 동작>, 'get / become / grow +과거분사'는 <동작>을 나타낼 때 사용된다고 하나, 약간의 경우를 제외하고는 그다지 엄격하게 지켜지지 않는다.

(1) Get + 과거분사

a. We knew you were going to ***get*** *married*. (우리는 네가 결혼하리라는 것을 알고 있었다.) - Lawrence, *Women in Love* [동작]

Cf. Rupert and I are going to ***be*** *married* tomorrow. (루퍼트하고 저는 내일 결혼할거에요.) - *Ibid.* [동작]

b. My people ***got*** *fed* up with me and I went out to China. (가족들이 나에게 싫증을 내었으므로 나는 중국으로 가 버렸다.) - Maugham, *Mirage*

c. Alison ***got*** *caught* red-handed* stealing from the register. (엘리슨은 현금출납기에서 돈을 훔치다가 현장에서 붙잡혔다.) [* be caught red-handed 현행범으로 체포되다.]

d. You can't expect to ***get*** *promoted* if you keep changing jobs all the time. (계속 직장을 바꾸면 승진을 기대할 수 없다.)

e. I never ***got*** *used/ accustomed* to the fast pace of life in New York. (나는 뉴욕의 빠른 생활템포에 결코 익숙해지지 않았다.)

NB <be used/ accustomed to + (동)명사>는 상태를 나타낸다.

ⓐ Living so far north, they ***are used to*** the very cold winters. (그들은 먼 북쪽에 살기 때문에 혹한의 겨울 날씨가 몸에 베어 있다.)

ⓑ He ***wasn't accustomed to*** getting up so early in the morning. (그는 아침에 그렇게 일찍 일어나는 습관이 붙어 있지 않았다.)

(2) Become/ grow + 과거분사

a. A few weeks ago he ***became*** *engaged to* a woman old enough to be his mother. (2, 3주 전에 그는 자신의 어머니뻘 되는 나이 많은 여자와 약혼했다.) - Maugham, *The Ant and the Grasshopper*

- I didn't ***become*** *interested* in education until I had a child of my own. (나는 내 아이를 갖게 되어서 비로소 교육에 관심을 갖게 되었다.)

b. Philip was ***growing*** *used* to his rapid leaping from one subject to another. (필립은 화제의 빠른 전환에 익숙해지고 있었다.) - Ibid., *Of Human Bondage*

(3) <Get + 과거분사>의 idioms (수동의 뜻은 별로 없다.)

a. I got up and **got dressed**. (= put on my clothes) (나는 일어나서 옷을 입었다.)

b. He **got undressed** and stepped into the shower. (옷을 벗고 샤워장 안으로 들어갔다.)

NB2 <옷을 입고 있다>라는 상태를 나타낼 때는 <be dressed in>이 쓰인다.

He **was** as usual **dressed** in jeans and T-shirt.
(= He was as usual wearing jeans and T-shirt.)
(그는 여느 때와 같이 진과 티셔츠를 입고 있었다.)

c. Her parents **got divorced** (= got a divorce) last year. (그녀의 부모는 작년에 이혼했다.)

NB3 '동작'을 나타낼 때 <약혼하다>, <결혼하다>의 경우, 앞 페이지에서 설명한 것처럼 be동사나 become도 사용할 수 있지만, 현대 구어영어에서는 get divorced처럼 get engaged/ get married로 쓰는 것이 보통이다.

d. We **got engaged** when I was 22 years old but we didn't get married until I was 30. (나는 22살 때 약혼을 했으나 30살이 되어서야 결혼 했다.)

e. We'd better **get started** now if we want to finish this job by noon. (이 일을 정오까지 끝내려면 지금 시작해야겠다.)

f. We **get paid** on the 25th of each month. (우리는 매월 25일에 급료를 받는다.)

NB4 <get + 과거분사>는 명령문에도 쓰인다.

Get washed! (몸을 씻어라!) Get dressed! (옷을 입어라!)

Get lost(= Go away). I never want to see you again! (썩 꺼져. 이제 넌 꼴도 보기 싫어!)

(4) <상태>를 나타내는 수동 (~되어있다)

lie, remain, rest, stand, stay 따위의 동사와 함께 쓰이며, 여기에 쓰인 과거분사를 보어로 볼 수도 있다. (볼드체로 된 것은 idioms)

a. All manner of* foodstuff **lay scattered** on the kitchen table. (부엌 식탁 위에는 온갖 종류의 음식이 널브러져 있었다.) [* = all kinds of]

b. Grandfather **remained lost** in thought. (할아버지는 생각에 잠기고 계셨다.)

c. You can **rest assured** that she knew nothing about the money that was left to her. (그녀가 자기 몫의 유산에 대해서는 아무 것도 모른다고 확신해도 좋다.) - Sheldon, *Nothing Lasts Forever*

d. Vincent Amis, you **stand accused** of murder. (빈센트 에이미스, 당신은 살인죄로 고발되어 있습니다.)

e. You **stay put** in the car while I run into the store! (가게에 뛰어 갔다 올 테니 꼼짝 말고 차 안에 있어!)

§ 243 주로 수동태로 쓰이는 표현들

(1) 감정을 나타내는 동사들

사람이 주어일 경우, 우리말에서는 능동태로 쓰지만, 영어에서는 수동태로 쓰이는 동사들이 의외로 많다. 대체로 감정을 나타내는 동사들이며, 현대 영어에서는 이러한 감정 동사의 과거분사를 형용사로 보는 일이 많다(→§ 70 (3)). 종류가 많기 때문에 모두 다 열거할 수는 없고, 여기서는 <화를 내다>란 뜻의 동사만 몇 개 예를 들기로 한다.

a. The cop **got** very **annoyed** and asked to see my ID card. (순경은 몹시 화를 내면서 내 신분증을 보여 달라고 요구했다.)

b. Oh God, I'**m** really **pissed**. I screwed up on my exam. (에이, 화가 나 죽겠어. 나는 실수로 시험을 망쳤어.)

c. She **was** very **put out** when I said her dress didn't suit her. (그녀의 드레스가 어울리지 않는다고 말하자 그녀는 몹시 화를 냈다.)

d. I **get upset** when I see people being cruel to animals. (사람들이 동물을 학대하는 것을 보면 화가 난다.)

e. Don't **get worked up** over such a trivial matter. (그런 사소한 일로 화내지 마라.)

(2) 관용적인 수동태 표현

be done (= be finished) 끝나다
be lost for words (= be at a loss for words/ words fail *sb*) 너무 놀라서 말문이 막히다
be rumored to be (*or* that + 명사절) (소문에 의하면) ~라고 한다
be scheduled to *do*/ for (+ *n*.) ~할 예정이다
get (*or* be) set (= get ready) 준비를 갖추다
be struck dumb (= be lost for words) 너무 놀라서 말이 나오지 않다.

a. We all heaved a sigh of relief*when the work **was done**. (일이 끝났을 때 우리는 모두 한시름 놓았다.) [* heave/ give a sigh of relief 안도의 한숨을 쉬다, 한 시름 놓다]

b. When they told me I had won first prize, I **was lost for words**. (내가 일등상을 받게 되었다는 말을 들었을 때 너무 놀라서 말이 나오지 않았다.)

- When I heard about Tom's death, I **was lost for words.** (나는 탐이 죽었다는 소식을 들었을 때 너무 놀라서 말문이 막혔다.)

c. It **was rumored** that Johnson had been poisoned. (존슨은 독살되었다고 한다.)
(= Johnson **was rumored to** *have* been poisoned.)

d. **Are** you all **set** now? (자, 모두들, 준비됐어요?) - Segal, *The Class*

§ 244 형태는 능동태지만 의미는 수동태인 동사

(1) 타동사가 자동사로 되어 수동의 뜻을 가지는 동사들이 많다.

a. The bread doesn't **bake** well in this oven. (이 오븐에서는 빵이 잘 구워지지 않는다.)

b. When they came back, we all went into the kitchen while supper was **cooking**. (그들이 돌아오자 저녁식사를 요리하고 있는 동안 우리는 모두 부엌에 들어갔다.) - Caldwell, *Priming the Well*

c. This martini **drinks** dry. (이 마티니는 맛이 쓰다.)

d. These crackers **eat** short and dry. (이 크래커는 파삭파삭하고 입에 닿는 느낌이 산뜻하다.)

e. This letter **reads** like an ultimatum. (이 편지는 최후통첩 같다.)

- This play **reads** better than it acts. (이 희곡은 상연된 것보다 책으로 읽는 편이 낫다.)

f. This car **rides** quiet and easy-handling. (이 차는 조용하고 조작도 간편하다.)

g. The new book is **selling** like hot cakes. (이 신간 서적은 날개 돋친 듯 잘 팔린다.)

h. This ballpoint pen **writes** smooth. (이 볼펜은 글씨가 매끄럽게 잘 써진다.)

(2) 부정사나 동명사에도 이러한 용법이 있다.

a. Who **is to blame** for the car crash? (자동차 충돌사고의 책임은 누구에게 있느냐?)

- She **was to blame** for the breakup of their marriage. (파경의 책임은 그녀에게 있었다.)

b. There is no time **to lose**. (머뭇거릴 시간이 없다.)

- There is a lot of work **to do**. (할 일이 많다.)

c. Flight AF 321 for Paris is now **boarding** at Gate 15. (파리행 에어 프랑스 321편 비행기는 지금 15번문으로 탑승중입니다.)

(3) <Be + -able/-ible로 끝나는 형용사>도 수동의 뜻을 나타낸다.

a. His voice **was** barely **audible** above the roar of the crowd. (군중들의 고함소리 때문에 그의 목소리는 거의 들리지 않았다.)

b. **Disposable** syringes are meant to be used once only. (일회용 주사기는 한 번만 사용하도록 되어있다.)

c. It's a good idea to paint your bike with luminous paint so that you are more **visible** to car drivers. (자동차 운전자들이 더 잘 볼 수 있도록 자전거에 발광 페인트를 칠하는 것은 좋은 생각이다.)

d. Unfortunately he bought a printer that was not **compatible** with his computer. (불행히도 그가 구입한 프린터는 그의 컴퓨터와 호환성이 없었다.)

e. I'm sorry, Mr. Martin is not **available**. (죄송하지만, 마틴씨는 지금 안 계십니다.) - Sheldon, *The Stars Shine Down*

제 17 장 화 법

WARM-UP

(1) 화법의 분류

타인의 말이나 생각을 전달하는 서술 방법을 화법 (Narration/ Speech)이라고 한다. 그대로 인용하여 전달하면 직접화법 (Direct narration/ Direct speech)이며, 그 취지를 자기의 언어로 바꿔서 전달하면 간접화법(Indirect narration/ Indirect speech)이 된다.

직접화법 : He said, "I like this car."
간접화법 : He said (that) he liked that car.

이것을 세분하여, 직접화법은 완전 직접화법과 불완전 직접화법으로 나누며, 간접화법은 완전 간접화법과 불완전 간접화법으로 나누고, 불완전 간접화법은 다시 혼합화법 과 묘출화법(Represented speech)으로 분류 한다. 즉 다음과 같이 된다.

직접화법 → 완전 직접화법, 불완전 직접화법
간접화법 → 완전 간접화법, 불완전 간접화법 (혼합화법, 묘출화법)

(2) 화법에 쓰이는 용어

전달동사 - 예컨대, 직접화법의 say 와 같은 동사인데, 직접화법에 쓰이는 전달동사는 작가에 따라서 여러 가지 동의어에 의하여 반복을 피한다. 이 밖에도 tell, ask, answer, begin, breathe, continue, cry, explain, go on, observe, remark, repeat, sigh 등 이루 말할 수 없을 정도로 다양한 동사가 쓰이지만 의문문의 경우는 현대 영어에서 ask 가 압도적으로 많이 쓰인다.

전 달 부 - 주어와 전달동사를 합쳐서 부르는 말. 전달부는 자명할 때는 생략되는 일이 많다. 현대문학, 특히 구어체로 쓰여진 가벼운 문학, 주로 인물의 회화에 의하여 이야기가 전개되는 문체에서는 전달부가 생략 되는 일이 많다. 생략에 의해서 문체가 간결해지고, 회화가 드라마틱해지기 때문이다.

피전달부 - (= 피전달문) 전달되는 내용, 즉 직접 화법이라면 따옴표로 둘러싸인 부분을 말한다.

Ⅰ. 직접 화법

§ 245 완전 직접화법

(1) 전달부의 위치와 생략

전달부는 피전달부의 앞, 뒤, 어디에도 둘 수 있지만 앞에 두는 편이 많다. 피전달부를 둘로 나누어, 그 중간에 두는 일도 있는데, 피전달부가 길 때 선호된다.

(2) 구두점의 문제

① 전달부가 피전달부의 앞에 오는 경우, 전달부의 끝에 comma를 두는 것이 보통이지만 피전부가짧은 문장, 특히 외치는 말이나 간단한 인사말이면 comma가 없는 경우도 있고, 때로는 따옴표가 생략되는 일도 있다. 따옴표에는 큰따옴표("....")와 작은 따옴표('....')가 있으나, 용법상 차이가 없다. 전자는 *AmE*에, 후자는 *BrE*에 주로 쓰인다.

a. He shouted "Thief!" (그는 "도둑이야!"하고 소리쳤다.)

b. Since he did not want anyone to enter, he had the presence of mind not to say **come in***. (그는 누구도 들어오는 것을 원치 않았으므로, 침착성을 가지고 들어오세요라고 말하지 않았다.) - Maugham, *Miss King* [*이 문장의 come in처럼 피전달부가 소문자로 시작하는 경우도 있다.]

② 피전달부가 길거나, 격식을 갖춘 문장에서는 전달부 끝에 colon(:)을 쓰는 일도 있다.

c. When George Washington's secretary excused himself for the lateness of his attendance and laid the blame upon his watch, his master quietly said : "Then you must find another watch, or I another secretary." (조지 워싱턴의 비서가 늦게 출근하여 죄송하다는 말과 함께 시계 때문에 늦었다고 하자, 워싱턴은 조용히 말했다. "자네가 시계를 바꾸든지 아니면 내가 비서를 바꾸든지 해야겠군") - P. Hay, *Harrap's Book of Business Anecdotes* [이 책의 모든 인용문의 앞에 comma 대신 colon이 사용되고 있다.]

③ 피전달부를 둘로 나누어 전달부를 삽입할 때, 전달부 끝의 구두점은, 나누지 않았을 때의 최초의 피전달부의 끝에 올 구두점(느낌표나 물음표는 제외)을 사용한다.

d. "I've got to get a move on* here," she said. "Sal has to leave early." ("여기 일을 서둘러야겠어요," 그녀가 말했다. "셀이 일찍 출발해야 해요") - Cook, *Contagion* [* = hurry up]

만약 이 문장을 둘로 나누지 않았다면 "I've got to get a move on here. Sal has to leave early."로 되어야 할 것이다.

§ 246 불완전 직접화법

보통의 직접화법과 같으나, 따옴표가 없는 것을 말한다. 이런 점에서 본다면 구두점의 문제에 지나지 않는다. *Bible*은 완전히 이 형식으로 쓰여져 있으며, 또 따옴표가 정착될 때까지는 이 형식이 쓰여 왔다. 따옴표의 사용이 일반화됨에 따라 이 형식도 쇠퇴하고, 현재 이 형식이 쓰이는 경우는 어떤 문체적 효과를 노리는 것이라고 볼 수 있다. 이 형식과 뒤에 나오는 간접화법 중의 혼합화법을 구별하기 어려운 경우도 있다. 여기서는 일단, 피전달부에 따옴표를 붙이면 바로 보통의 직접화법이 되는 경우만 다루기로 한다. 현대 영어에서 이 형식이 사용되는 것은 마음속의 생각이나 감정을 묘사하는 경우가 압도적으로 많다.

a. **You'll get married, for you're pretty enough**, thought Mrs. Dempster. (당신이라면 결혼할 수 있을 거야, 아주 예쁘니까, 하고 뎀스터 부인은 생각했다.) - Woolf, *Mrs. Dalloway*

b. **There's no use blaming them if we feel unwelcome. It's worse than* unwelcome**, said Samuel (우리가 반갑지 않은 손님이라고 생각한다면 그들을 비난하는 것은 아무 소용이 없어. 그건 미련한 짓이야, 라고 사무엘이 말했다.) - Walker, *The Color Purple* [*→ *p.* 382]

c. The silence became minutes, and the minutes became miles, and everything is over now, I thought, **I shall never drive with him again**. (침묵 속에 금방 몇 분이 지났다고 생각하자 곧 몇 마일이나 오고 있었다. 그리고 이제 만사가 끝났다고 생각했다. 다시는 이 분과 드라이브하는 일도 없을 거야.) - du Maurier, *Rebecca*

d. **Don't be foolish**, said the former jurist, **how can you go on suffering like this, caked in filth**? (미련한 짓은 하지 마라, 하고 전에 배심원을 지냈던 사나이가 말했다; 오물 속에 뒹굴면서 어떻게 계속 이런 고생을 할 수가 있느냐?) - Malamud, *The Fixer*

e. **I could just drift**, he thought, **and sleep and put a bight of line around my toe to wake me.** (나는 그냥 표류할 수 있어, 그는 생각했다, 그리고 나를 깨우도록 발가락 주위에 낚시줄을 묶어놓고 잠을 잘 수도 있단 말이야.) - Hemingway, *The Old Man and the Sea*

f. An awful weariness touched him, and he thought: **I will go home: I won't creep by to her tonight**. (무서운 피로감이 엄습했다. 그리고 그는 이렇게 생각했다. 집에 돌아가자, 오늘 밤에는 그녀에게 돌아가지 않을 거야.) - Greene, *The Heart of the Matter*

실제회화를 전달하는데 이런 형식이 쓰이는 일은 현대영어에서는 드물지만, 가끔 눈에 띈다. 의식적으로 화법의 구두점을 무시하고 하나의 작품을 쓴 작가도 있다. 다음의 인용은 미국의 소설가 William Saroyan(1908~1981)의 *My Name Is Aram*에 실려 있는 일절인데, 처음으로 멀리 여행을 떠나는 사람(my uncle)에게 그 삼촌에 해당하는 노인(the old man)이 자세하게 주의를 주고 있는 모습을 묘사한 부분이다. 따옴표는 없지만 이해하는 데 어려움은 없다.

g. **On your way back to your seat from the diner**, the old man said, **you will pass the smoker. There you will find a game of cards in progress. The players will be three middle-aged men with expensive-looking rings on their fingers. They will nod at you pleasantly and one of them will invite you to join that game. Tell them, No Speak English.**

Yes, sir, my uncle said.

That is all, the old man said.

(식당차에서 자리로 돌아올 때, 하고 노인은 말했다. 흡연차를 통과하게 될거야. 거기에는 카드게임이 한창 진행 중 일거야. 얼핏 보면 값비싼 반지를 낀 중년의 남자 셋이 있을 걸세. 그 자들은 자네한테 기분 좋게 인사를 하고 그 중 한 녀석이 자네한테 같이 해보지 않겠느냐고 유혹할 거란 말이야. 영어 못해, 라고 말해주라구. 예, 알았습니다하고 삼촌이 말했어. 그 뿐이야, 하고 노인은 말했다.)

h. **No**, he said, **you go down, you know the way, you get it. I don't care if you go down to the cellar or up on the roof, all I want is the money. But remember —don't try to <u>pull any tricks</u>*. he said, it doesn't pay to fool with me**. (안 돼, 하고 그는 말했어요, 네가 내려가서 그 돈을 가져와. 네가 지하실로 내려가든 지붕위로 올라가든 돈만 내 놓으면 그만이야. 그러나 기억해 두라구, 나를 속이려 들지 마라. 딴전을 부렸다간 가만두지 않을 테니까, 하고 그는 말했대요.) - Pasternak, *Doctor Zhivago* [* pull a trick on *sb.* 아무를 속이다]

짧고 다소 상투적인(stereotyped) 표현에도 쓰이는데, 이런 경우는 명사적이다.

i. I've said **good morning** to her when I've seen her on deck. (나는 갑판에서 그녀를 만났을 때 빔새 안녕하셨어요라고 말했다.) - Maugham, *Winter Cruise*

j. She smiled and said **hello**. (그녀는 미소를 지으며 여보세요 라고 불렀다.) - Ibid., *The Razor's Edge*

k. Mrs. Hubbard said **good night** to Poirot. (허버드 부인은 푸아로에게 안녕히 주무시라고 말했다.) - Christie, *Murder on the Orient Express*

l. Passing the bank, I called in to cry **how-do-you-do** to the manager. (은행 앞을 지나갈 때 나는 지점장에게 안부인사를 하기 위하여 들렀다.) - Maugham, *Cakes and Ale*

• Of course the colonel knew him, but only to say **how d'you do** to him. (물론 대령은 그를 알고 있었지만 인사를 나눌 정도에 지나지 않았다.) - Ibid., *The Colonel's Lady*

m. …and then with a little start, breaking out of <u>brown study</u>*, said **No, thank you**. (…그리고 나서 멍하니 생각에 잠겨 있다가 소스라치게 놀라 깨어서 정신이 들어 말했다, 아니 됐어요.) - Ibid., *Theatre* [* 생각에 잠김, 공상]

Ⅱ. 완전 간접화법

간접화법도 직접화법의 경우와 마찬가지로 완전 간접화법과 불완전 간접화법으로 나눌 수 있다. 이 책에서 간접화법이라고 할 때는 완전 간접화법을 가리킨다.

§ 247 화법의 전환

직접화법을 간접화법으로 바꿀 때 전반적인 주의사항은 대체로 다음과 같다.

(1) 직접화법의 what do you think? 전달부는 간접화법의 주절이 되며, 피전달부는 종속절이나 명사절(구)로 바꾼다. 따옴표는 생략하고, 직접화법과는 달리 전달부는 생략할 수 없다.

- Tom says, "I'll never get married."

→ Tom says that he'll never get married.

(2) 피전달부가 평서문일 때 접속사는 that 을 사용하지만 생략되는 일이 많다.

- Mary says, "I will do my homework in the afternoon."

→ Mary says (**that**) she will do her homework in the afternoon.

(3) 전달동사는 피전달부의 성질에 따라서 적당한 것을 선택한다.

- He said to me, "I'll call back later in about an hour."
  (그는 나에게, "한 시간 쯤 후에 다시 전화 할께."라고 말했다.)

→ He **told** me he would call back later in about an hour.

(4) 인칭대명사, 지시대명사, 시간 및 장소의 부사는 상황에 따라 바꾼다(→ § 248).

- He said, "I'll meet you here at the same time tomorrow."

→ He said **he**'d meet **me there** at the same time **the following day**.

(5) 동사의 시제는 <시제의 일치> 원칙을 따른다(→§ 107).

- He said, "I have forgotten the combination of my safe."
  (그는, "내 금고 자물쇠의 번호를 잊어버렸다."고 말했다)

→ He said he **had forgotten** the combination of his safe.

(6) 의문문은 간접의문문이 된다(→§ 250).

(7) 명령문은 대부분의 경우에 <목적격 + 부정사>가 된다(→§ 251).

§ 248 지시대명사 및 부사의 변화

전달동사가 과거로 되면 <시제의 일치>원칙이 적용되는 것 외에도 <직접화법→간접화법>에 동반하여 대체로 다음과 같은 변화가 생긴다. 그러나, 이러한 변화는 기계적, 자동적인 것이 아니고 구체적인 경우에 따라서 적당히 처리해야 한다.

this (these) → that (those), here→there, now → then, ago → before, thus → so, today→ that day, tonight→that night, yesterday → the day before/ the previous day, next (week) → the next (week/ the following (week), last week → the previous week/ the week before, tomorrow → the following day/ the next day/ the day after

a. His mother asked him what he had learned in school **that day**. (그 날 학교에서 무엇을 배웠느냐고 물었다.) - Steinbeck, *The Red Pony* ["What did you learn in school today"]

b. She said that the girl was not an inmate, but came **there** only from time to time and had left. (그녀는 그 소녀가 입주한 것이 아니라, 이따금 여기에 왔다 가곤 했다고 말했다.) - Maugham, *The Hairless Mexican* ["The girl is not an inmate, but comes from time to time and has left."]

c. I remarked that I had met the curate and he was coming up **that afternoon**. (부목사를 만났더니 그 분이 오후에 방문하러 오시겠다더라고 나는 말했다.) - Ibid., *Cakes and Ale* ["I met the curate and he is coming up this afternoon."]

d. As a day or two later Mrs. Strickland sent me round a note asking if I could go and see her **that evening** after dinner. (하루 이틀 후에 스트릭랜드 부인은 나에게 편지를 보내서 그날 저녁 식사 후에 그녀를 만나 줄 수 있는지 물었다.) - Ibid., *The Moon and Sixpence*

그러나 위에 든 원칙에 위배되는 경우도 있다.

e. I wanted to live there all my life. And I was leaving it **today**. This is the last time I brush my hair before the looking-glass, the last time I shall clean my teeth into the basin. (나는 일생동안 거기에 살고 싶었다. 그러나 오늘 떠날 예정이었다. 거울 앞에서 머리를 빗는 것도 이것이 마지막이며, 이 세면기에서 이빨을 닦는 것도 이것이 마지막이다) - du Maurier, *Rebecca* [today가 인연이 되어 그 뒤의 동사가 현재형으로 바뀌었다]

이처럼 위에 든 원칙이 깨어지는 이유는, 작가가 사건을 객관적으로 묘사하는 것이 아니라 주관적으로 묘사하고 있기 때문이다. 즉, 작중인물 속에 들어가서 그 인물의 입장에서 주위를 보고 있다. *e*의 du Maurier의 용례에서 시제가 현재로 바뀌어서 주인공의 내면 세계를 눈앞에서 전개되고 있는 것처럼 전달하고 있다.

§ 249 평서문의 경우

앞의 § 247～248에서는 모든 종류의 문장에 적용되는 일반적인 사항을 언급했다. 여기서부터 § 252까지는 문장의 종류에 따라서 특히 주의할 점에 대해서 설명하기로 한다.

(1) 종속절에 의한 일반적인 간접화법은 앞에서 많은 용례를 들었으므로 여기서는 전달동사에 대해서만 약간 언급하기로 한다. 직접화법의 전달동사는 간접화법에서도 사용되지만 피전달자가 글 속에 나와 있을 때는 tell이 쓰인다.

a. The police officer **said** that the defendant had resisted arrest. (경찰관은 피고가 체포될 때 저항했다고 말했다.)

b. The witness **told the court** that she had never seen either of the accused before. (증인은 법정에서 두피고 중 누구도 본적이 없다고 말했다.)

c. My friend **told me** that wasn't her real name. He said her real name was Peregrine. (내 친구는 그것이 그녀의 진짜 이름이 아니라고 말했다. 그녀의 진짜 이름은 페레그린이라고 했다.) - Maugham, *The Colonel's Lady.*

NB 드물기는 하지만, 직접화법의 경우에도 피전달자가 있을 경우, tell 이 사용되거나, 반대로 간접화법에서 피전달자가 있는 데도 say to 가 쓰이는 일이 있다.

ⓐ "You are to stay in bed until I allow you to get up," he **told** her. ("내가 일어나도 좋다고 할 때까지는 침대에 누워 계셔야 합니다."하고 그는(즉, 의사는)그녀에게 말했다.) - du Maurier, *Rebecca*

ⓑ He **said to** her that she might have the old woman's room for her own if she liked when the old one was dead. (그는 그녀에게 그 노파가 돌아가신 후, 그 노파의 방이 마음에 들면 사용해도 좋다고 말했다.) - Buck, *The Good Earth*

(2) 종속절에 의하지 않는 방법

① <목적어 + 부정사 >

d. The jury declared **him to be guilty**. (배심원은 그에게 유죄평결을 내렸다.)
[↑The jury declared, "he is guilty."]

e. The doctor advised **me to work out** every day. (의사는 나에게 매일 운동을 하라고 충고했다.)
[↑The doctor said, "You had better work out every day."]

② <목적어 + 보어>

The jury declared **him guilty**.

③ 동명사, 추상명사, 부정사 따위에 의한 경우

f. Kosti **insisted on going** there. (코스티는 거기에 가겠다고 우겼다.) - Maugham, *The Razor's Edge*
(↑Kosti said, "I *must go* there *by any means*.")

g. None could **claim** any **intimacy** with him. (누구도 그와 친하다고 말할 수 없었다.)
(↑None could say, "I am intimate with him.")

h. He **offered to lend** me some money. (돈을 빌려주겠다고 말했다.)
(↑He said, "I will (be glad to) lend you some money.)

i. He **threatened to resign** the post. (사직하겠다고 위협했다.)
(↑He said, "I will resign the post.")

(3) 부사구에 의한 것

He answered/replied **in the affirmative** (←He said/answered/replied, "Yes.").
He answered/replied **in the negative** (←He said/answered replied, "No.").

① He said/ answered/ replied, "Yes."의 간접화법에서 위에서 든 He answered/ replied in the affirmative는 문어체에서 흔히 볼 수 있고, 구어영어에서는 <He said yes>형식이 많이 쓰인다.

j. Gabriel heard his wife **answer yes**. (가브리엘은 처가 예라고 하는 말을 들었다.) - Joyce, *Dubliners*

k. Some **say Yes**; some **say No**. (그렇다고 말하는 사람도 있고 그렇지 않다고 말하는 사람도 있다.) - T. Hardy, *Jude the Obscure*

② 위의 He said/ answered/ replied, "yes."의 경우처럼 He said/ answered/ replied, "No."의 간접화법도 He answered/ replied in the negative.는 문어체에 주로 쓰이고, 구어체에서는 <He said no.>형식이 많이 쓰이며, 드물게 <He denied it.>도 사용된다.

l. I asked whether he agreed with those of his profession who held that salt was unnecessary and even harmful. He **replied** with great energy **in the negative**. (소금은 필요하지도 않을 뿐만 아니라 심지어 해롭다고 주장하는 동업자의 말에 찬성하느냐고 물었다. 그러자 그는 그렇지 않다고 힘주어 대답했다.) - A. G. Gardner, *Windfalls*

m. Paul offered to lend her some money, but she **said no**. (폴이 그녀에게 돈을 꾸어주겠다고 하자 그녀는 받으려 하지 않았다.)

n. She came along to my room and asked if anything was the matter. I **said no**. (그녀는 내 방에 와서 무슨 일이냐고 물었다. 나는 아무 일도 없다고 대답했다.) - Maugham, *Up at the Villa.*

§ 250 의문문의 경우

(1) 의문사의 유무에 따라서 간접화법의 형식이 달라진다.

- She said to me, "What do you do for a living?"
  (그녀는 나에게, "직업이 무엇입니까?"라고 물었다.)

→ She asked me **what I did for a living**.

- The customs officer said to me, "Do you have anything to declare?"
  (세관원은 나에게 "신고할 과세품이 있습니까?"라고 물었다)

→ The customs officer asked me **if I had anything to declare**.

먼저 전달동사를 ask, inquire, wonder 따위로 바꾸고, 다음에 피전달문은 간접 의문문으로 바꾼다. 즉 ㉠ 의문사가 있으면 그대로 두고, ㉡ 의문사가 없으면 if나 whether를 보충한다. ㉢ 조동사 do를 생략하고, 어순을 평서문 형식으로 하며, ㉣ 물음표를 제거한다.

(2) He said to me, "What's the matter?" (그는 나에게 "너 왜 그래?"하고 물었다)

→ ⓐ He asked me **what was the matter** (보통).

→ ⓑ He asked me what the matter was (드뭄).

What's the matter?에서 What이 주어이고, the matter(= wrong)는 형용사적인 기능을 하므로 ⓐ 형식이 일반적이며, ⓑ 형식은 극히 드물다.

NB 다음 예를 보면 the matter의 기능을 알 수 있다.

ⓐ I thought something must be the matter (어딘가 문제가 생겼음에 틀림없다는 생각이 들었다.) – Melville, *Moby Dick*

ⓑ Is there anything **the matter**? (어떻게 된 거야?) – Huxley, *Brave New World*

(3) "Will/ Would you～?"나 "Could you～?"가 의뢰를 나타낼 때는 명령문처럼 취급한다.

- He said to me, "Will you lend me a lawn mower?"
  (그는 나에게, "잔디 깎는 기계를 좀 빌려 주시겠어요?"라고 물었다.)

→ He asked me to lend him a lawn mower.

(4) "How do you do?"처럼 빈번하게 쓰이는 관용 표현들은 고정된 어순을 취한다. (→ *p.* 447의 후반)

§ 251 명령문의 경우

a. A traffic cop drove up beside me and said to me, "Pull over."
(교통순경이 내 옆으로 오더니 "차를 길가에 붙여 세우시오."라고 말했다)
→ A traffic cop drove up beside me and **told me to pull over.**
→ A traffic cop drove up beside me and **ordered that I pull over**.

명령문은 위의 예문과 같이 ㉠ 전달동사를 tell, order, command, ask, request, demand, beg, beg, entreat, forbid 등 그 명령의 의미와 상황에 따라서 선택한다. ㉡ <목적어 + 부정사>구문을 취하거나, ㉢ 동사에 따라서는 명사절을 사용하고, 그 속의 동사는 가정법 현재형이나 should를 쓴다(→§ 220/ 110 (7)).

b. He said, "*Please* lend me an umbrella." (그는 "우산 좀 빌려 주세요"라고 말했다.)
→ He **asked** me to lend him an umbrella.

c. He said, "*Please be kind enough to* lend me some money."
(그는 "돈 좀 빌려 주십시오."하고 말했다)
→ He **begged** me to lend him some money.

d. The commandant said to them, "Line up against the wall."
(지휘관은 그들에게, "벽에 붙어서 일렬로 정렬하라."고 명령했다.)
→ The commandant **ordered** them to line up against the wall.

e. Her father said to her, "*Don't go* out at night."
→ Her father **forbade** her to go out at night.

화살표 뒤에 보인 간접화법은 의미나 뉘앙스의 점에서 비교적 가깝다는 것이지 엄밀하게 각각의 직접화법과 일치하는 것은 아니다. 아래의 용례 *f* 에서 asked와 told는 문장에 변화를 주기 위하여 다른 단어를 사용한 것에 지나지 않는다.

f. He took the pack of cards and **asked** me to name one. He shuffled them and he told me to choose one. (그는 한 벌의 카드를 집어 들고 어느 것이든 한 장의 이름을 말하라고 했다. 그리고 카드를 섞더니 한 장을 고르라고 했다) - Maugham, *The Razor's Edge*

g. Then he proposed that we should play for money. (그리고 나서 돈을 걸고 카드놀이를 하자고 제의했다.) - *Ibid*.
[↑Then he said, "Let's play for money."]

h. She cried for help. [←She said, " Help me."]. (그녀는 살려 달라고 소리쳤다.)

§ 252 감탄문과 기원문의 경우

(1) 감탄문을 간접화법으로 바꾸는 데는 일정한 형식이 없고, 피전달부의 내용에 따라서 적당한 전달동사와 수식 어구를 사용하여 감탄의 의미를 나타내면 된다. 가장 많이 쓰이는 전달동사는 cry, exclaim 따위이며, 필요에 따라서 with delight, sadly를 첨가하고 느낌표는 생략한다. 다른 종류의 문장도 그렇지만, 특히 감탄문의 경우에는 간접화법으로 바꾸면 직접화법의 힘찬 느낌과 발랄함이 감소된다.

a. He said, "Hello! Where are you headed?"
(그는, "야 ! 어디 가는 길이냐?"하고 소리쳤다)
→ He **greeted me** and asked where I was headed.
b. She said, "Oh! I've cut myself !" ("앗, 손을 베었어."하고 그녀는 외쳤다.)
→ She **cried out** that she had cut herself.
c. She said, "Good gracious ! It's impossible."
("큰일 났군요! 그럴 리가 없어요."하고 그녀는 소리쳤다)
→ She **exclaimed loudly** that it was impossible.
d. He said, "Alas ! how foolish I have been!"
→ He **confessed with** regret that he had been very foolish.
e. He said, "Confound it ! it's going to rain."
("젠장! 비가 오겠군."하고 그는 말했다.)
→ He **exclaimed with a curse** that it was going to rain.
f. He said, "What a lovely garden (this is)!"
→ He **remarked** what a lovely garden it was.

위의 *f* 처럼 how, what으로 시작되는 감탄문을 그대로 say 에 연결시킨 He said how/what... 형식도 이따금 쓰인다. 이 때 글 속에 피전달자가 있으면 say가 tell로 바뀌는 것도 있다.

g. He wrung his hand and **told him how** delightful he was to see him. (그는 친구의 손을 꼭 잡고 만나서 정말 반갑다고 말했다.) - Maugham, *Cakes and Ale*

(2) 기원문의 전달동사는 pray, wish 따위이며, 종속절 속의 동사에는 may가 첨가된다.

He said to me, "May you be happy!"
→ He **expressed his wish** that I **might** be happy.
He said, "God bless this child!"
→ He **prayed** that God **might** bless that child.

§ 253 중문(Compound sentence)의 경우

두 개 이상의 등위절이 and, but, or 또는 접속사 없이 연결된 중문을 직접화법에서 간접화법으로 바꾸는 경우, 두번째 이하의 등위절에는 접속사 that을 반복하는 것이 원칙이다. 물론 첫번째 등위절에서 that을 생략할 수 있다는 것은 단문의 경우와 같다. 이것은 그 부분도 지문이 아니라 화자의 발언의 일부임을 명시하기 위함이다(단, for도 등위접속사이지만, 그 뒤에 that을 쓰지 않는다). 예컨대, He said, "I felt giddy, but I am all right."에서 but의 뒤에 that을 넣지 않고 He said he had felt giddy, but he was all right.으로 하면, but이하의 절이 지문으로 오해될 가능성이 있기 때문이다.

a. The doctor said I was slightly overweight **and that** I needed to take more exercise. (체중이 약간 초과되었으므로 운동을 더 할 필요가 있다고 말했다.)

b. The young man told him that he was the nephew of a well-known revolutionary, **but that** his parents were incorrigible reactionaries, real dodoes*. (그 청년의 말에 의하면, 자기는 유명한 혁명가의 조카뻘 되지만, 그의 양친은 형편없는 반동이며, 그의 표현을 빌리면 아무 쓸모없는 멍청이라는 것이다.) - Pasternak, *Doctor Zhivago* [* dodo 지금은 멸종한 날지 못하는 큰 새의 이름, 시대에 뒤떨어진 사람, 얼간이]

그러나, 다음과 같은 경우에는 두 번째 이하의 절에서 that이 생략될 수 있다.

(1) and로 연결되어 있더라도 한 쪽이 의미상 다른 쪽에 종속되든가, 또는 종속되지 않더라도 의미상 대단히 밀접하게 결합되어 있을 때

c. He told me then that Henry Maturin was dead **and** Gray ruined. (그 때 그는 나에게 헨리 마튜린이 죽고 나서 그레이가 몰락했다고 말했다.) - Maugham, *The Razor's Edge*

(2) 두 번째 절의 주어가 첫 번째 절의 주어와 같을 때는 두 번째 절의 that과 주어를 함께 생략할 수 있다. (→ *p*. 449 *b*)

d. She said that she had a bad headache **and** was not hungry. (그녀는 머리가 몹시 아파서 배가 고프지 않다고 말했다.) - *Ibid*. (이 밖에도 but의 경우→ *p*. 449의 *b*)

(3) 구어체 문장에서

e. He said that Miss Wingford had had a weak heart **and** he'd been treating her for ages. (그는 말하기를, 윙퍼드 양은 심장이 약해서 그가 오랫동안 치료를 해 왔다고 했다.) - Maugham, *The Happy Couple*

NB3 피전달부가 복문일 경우는 단문의 경우와 같이 취급하면 된다.

Ⅲ. 불완전 간접화법 (혼합화법과 묘출화법)

§ 247~253에서는 피전달부가 완전히 전달부의 종속절(경우에 따라서는 구 또는 단어)로 되어 전달자 자신의 말이 되어버린 것을 다루었다. 그러나, 실제로는, 직접화법적인 어법이 간접화법 속에 섞여서 완전한 객관적인 보고로 되어있지 않은 경우를 볼 수 있다. 이러한 형식 가운데 묘출화법 이외의 형식을 모두 혼합화법 속에 포함시키기로 한다. 그러한 불완전 간접화법의 여러 형식 상호간, 또는 이것들과 직접화법이나 간접화법과의 사이에 명확한 경계를 긋기는 대단히 어렵다. 어떤 것은 간접화법적인 요소가 극히 강하고, 또 어떤 것은 직접화법에 가깝다. 그리고, 묘출화법과의 구별에 대해서는 편의상 전달부가 있으면 혼합화법, 없으면 묘출화법으로 나누고, 혼합화법은 다시 따옴표가 있는 것과 없는 것으로 구분한다. (문장의 의미를 완전히 파악할 수 있다면 문법 용어는 그다지 중요한 것이 아니다.)

§ 254 혼합화법 ① (피전달부가 따옴표로 둘러싸인 것)

He said that "his father was seriously ill."(그는 "그의 아버지가 위독하다"고 말했다.)의 형식이다.

NB 때로는 He said that his father was "seriously ill."처럼 특히 어떤 단어만을 따옴표로 둘러싸는 경우도 있지만, 이것은 어법상 거의 문제가 되지 않으므로 여기서는 피전달부 전체가 따옴표로 둘러싸인 것만 다루기로 한다.

이 형식에서는 따옴표 이외의 점에서는 완전한 간접화법이지만, 그 밖의 점에서는 직접화법의 특징을 보존하고 있는 경우가 있다. 이 형식은 간접화법에 의하여 발언의 내용을 전하는 형식을 취하면서 따옴표에 의하여 그것이 비교적 충실한 발언의 내용임을 보여주는 절충적인 방법이라고 볼 수 있다. 완전한 간접화법에 가까운 것부터 용례를 든다.

- He bowed and smiled—a total change from his usual attitude of indifference—picked up my handkerchief that had fallen on the floor, and hoped "Mademoiselle had enjoyed her lunch." (그는 절을 하고 미소를 짓더니—이것은 평소의 냉담한 태도와는 완전히 달랐다—바닥에 떨어진 내 손수건을 집어 주면서 "아가씨, 식사는 마음에 드셨어요." 하고 말했다.) - du Maurier, *Rebecca* [직접화법→ "I hope *Mademoiselle* has enjoyed *her* lunch." 대명사가 직접화법 그대로이다. 간접화법이라면 Mademoiselle, her는 각각 I, my로 된다.]

§ 255 혼합화법 ② (피전달부에 따옴표가 없는 것)

(1) 전달부가 삽입구로 되어 있는 것

His father, he said, **was badly ill**.의 형식이다.

이 형식에서는 피전달부가 종속절로 되어 있지 않고, 지문이 되어, 전달부 쪽이 삽입구로서 오히려 종속적인 입장에 있다. 어순은 직접화법의 "My father," he said, "is badly ill."과 닮아 있다. 이 형식의 특징은 다음과 같다.

㉠ 전달부가 피전달부의 삽입구로 된다(직접화법과 같다).
㉡ 의문문, 감탄문의 형식은 직접화법과 같다. 따라서, 물음표, 느낌표를 사용한다.
㉢ 대명사, 시제는 간접화법과 같다.

a. **She must have a son like Septimus**, she said. **But nobody could be like Septimus; so gentle; so serious; so clever.** (당신과 같은 아들을 낳아야겠어요, 그녀는 (셉티머스[남편]를 보고) 말했다. 그러나 당신같이 이렇게 친절하고, 이렇게 진실하며, 이렇게 현명한 아들은 될 수 없겠죠.) - Woolf, *Mrs. Dalloway*

[직접화법→ "I must have a son like you," she said to Septimus. "But nobody can be like you; so gentle; so serious; so clever."]

b. **She was entirely lost without a man to take care of her**, she said, and **she did not know how, with her delicate health, she was going to bring up her dear Iris**. (그녀는 자기를 돌봐줄 남자가 없어서 앞길이 캄캄하다고 했다. 그리고 연약한 몸으로 딸 아이리스를 어떻게 키워야 할지도 모르겠다는 것이었다.) - Maugham, *Louise*

c. **Her home**, she said, **was in Southern China, but she hadn't been there since she was a child**. (그녀는 자기 고향이 중국의 남부지만 어릴 때 이후로 한 번도 가 본적이 없다고 말했다.)

(2) 전달부가 피전달부의 뒤에 오는 것

His father was badly ill, he said.의 형식으로 전달부가 최후에 첨가되어 있는 점을 제외하면 (1)의 형식과 똑같다.

d. **Could she not read Shakespeare too? Was Shakespeare a difficult author?** she asked. (나도 세익스피어를 읽을 수 없을까요? 세익스피어는 어려운 작가인가요, 하고 그녀는 물었다.) - Woolf, *Ibid.*

e. Of course she was not frightened of him; **after all what could she do**, she repeated to herself. (물론 그녀는 그를 무섭다고 생각하지 않았다. 결국 내가 무엇을 할 수 있을까 하고 그녀는 혼자서 몇 번이나 생각했다.) - Maugham, *The Painted Veil* [이 용례처럼 의문문의 뒤에 물음표가 생략되는 경우도 있다.]

(3) 전달부가 피전달부의 앞에 오는 것

① 평서문의 경우 (용례가 드뭄)
② 의문문의 경우

다음 용례 *f*에서, 어순 따위는 간접화법으로 되어 있지만, 물음표는 직접화법의 흔적일 것이다. I wonder로 시작되는 경우가 가장 많다.

f. As a matter of form, Mr. Worthing, I had better ask you if Miss Cardew has any little fortune? (형식적인 것이지만, 워딩씨, 카듀양이 재산을 좀 갖고 있는지 알고 싶군요.) - Wilde, *The Importance of Being Earnest*

다음 용례에서는, 어순은 직접화법이지만, 인칭과 시제는 간접화법으로 되어 있다(물음표가 없는 경우도 있다). 이 형식은 특히 현대 소설이나 일상회화에 많이 쓰이기 때문에 정확하게 알아둘 필요가 있다.

g. I asked him (= the priest) **couldn't I be a Catholic and marry you?** (신부님한테 제가 카톨릭 교도로 개종하여 당신과 결혼할 수 없겠느냐고 물어 보았어요.) - Greene, *The End of the Affair*

h. "I've brought your tea," said Kathleen softly. "And Maureen asks **will you be wanting to go to the Market with her this morning?**" ("차를 가지고 왔어요." 하고 캐슬린이 조용히 말했다. "그리고 모린이 오늘 아침에 함께 시장에 가고 싶으신지 물어보래요.") - Ripley, *Scarlett* [이 용례와 다음 두 용례처럼 전달부 뒤에 comma가 없는 경우도 있다.]

i. Oh, yeah, Danny, I almost forgot. Charles said **could you please move out by Labor Day**? (오, 대니, 하마터면 잊어버릴 뻔 했구나, 찰리가 그러는데 말이야, 노동절까지 그 방을 비워줄 수 있겠니?) - Segal, *Acts of Faith*

j. Bigger wondered **how much did the man really know**. (비거는 이 남자가 과연 얼마나 많이 알고 있을까 하고 생각했다.) - Wright, *Native Son*

k. She asks for you. The doctor says, **will you come**. She cannot last much longer. (그 여자 분이 당신을 만나고 싶어 합니다. 의사는 당신이 와주지 않겠느냐고 합니다. 그 분은 이제 얼마 남지 않았습니다.) - Maugham, *Miss King* [직접화법→ The doctor says, "Will he come?"]

의문문이 and, but 등으로 인도되는 등위절을 만드는 수도 있다.

l. She asked her next door neighbor if he knew lady Mickleham by sight, and **had he seen her lately**? (그녀는 이웃사람에게 미클럼 부인을 알고 있는지, 그리고 최근에 그녀를 만났는지 물었다.)

§ 256 묘출화법 (Reported speech)

혼합화법에서 전달부 없이 피전달부가 독립된 형식을 묘출 화법이라고 부른다.

a. He felt sorry for her. **It must have been a terrible blow for her to lose her mother.** (그는 그녀를 측은하게 생각했다. 어머니를 잃는다는 것은 그녀에게 큰 타격이었음에 틀림없다[고 그는 생각했다].)
[직접화법→ He said to himself, "It must have been ... her mother."]
[간접화법→He thought it must have been ... her mother.]

b. The doctor said nothing more, but she heard him sigh as he shut the door softly. **Perhaps he once had a sister of his own, and lose her? Perhaps she was like Mary in the face**. ([메리의 임종에 입회한] 의사는 그 이상 아무 말도 하지 않았지만 나갈 때 문을 조용히 닫으면서 한 숨을 쉬는 소리가 그녀의 귀에 들렸다. 아마 이 의사에게도 전에 여동생이 있다가 죽은 경험이 있을 거야. 아마 그 여동생의 얼굴이 메리와 닮았겠지 [하고 그녀는 생각했다].)

c. I drummed with my fingers on the table, uncertain of myself and of him. **Was he still laughing at me, was it all a joke? He looked up, and saw the anxiety on my face.** (내 자신도 분명히 알 수 없고 그의 마음도 알 수 없어서 불안한 나머지 손가락으로 식탁을 톡톡 쳤다. 그는 아직도 나를 비웃고 있을까, 그 말 은 모두 농담일까 [하고 그녀는 마음속으로 생각했다]. 그는 고개를 들고 내 얼굴에 불안이 감돌고 있음을 보았다.) - du Maurier, *Rebecca*

d. My brain kept telling me that I was going to see a dead body. **Would I be able to bear the sight**? (나의 머리속에서는 지금부터 시체를 보러 가는 거야, 하고 계속 말하고 있었다. 시체를 보고 기절하지 않을까?) [작가는 일인칭으로 사분하고 있다]

e. She fingered the coins in her pocket – **did she have enough for a cup of coffee**? (그녀는 호주머니 속에 있는 주화를 손으로 만져 보았다 – 커피 한 잔 값이 될까?[하고 생각했다])
[간접화법 → She wondered if she had enough for a cup of coffee.]

f. The history of painting was full of artists who had earned nothing at all. He must resign himself to penury; and it was worth while if he produced work which was immortal; but he had a terrible fear that he would never be more than second rate. **Was it worth while for that to give up one's youth, the gaiety of life, and the manifold chances of being**? (회화의 역사를 보면 전혀 수입이라고는 없는 화가들이 많이 있었다. 그도 가난을 감수하지 않으면 안되었다. 만약 불멸의 작품을 생산할 수 있다면 그것도 보람 있는 일이었다. 그러나 그는 아무래도 2류 이상은 결코 되지 못하리라는 강한 불안이 있었다. 그런 일을 위하여 젊음과 인생의 즐거움과 살아있으므로 얻을 수 있는 여러 가지 기회를 포기할 가치가 있을까?) - Maugham, *Of Human Bondage* [간접화법 → He wondered if it was worth...]

§ 257 문장의 종류별로 본 묘출화법

묘출화법에서 인칭과 시제는 간접화법을 따른다. 그러나 시제가 일치하지 않는 경우도 더러 눈에 띄는데, 이것은 <역사적 현재>(→§ 97)의 일종이라고 볼 수 있다. (1) 의문문과 명령문의 구조와 어순은 직접화법을 따른다. (2) 감탄문에서는 감탄사가 그대로 보존 되므로 감정적 요소도 거의 상실되지 않는다. 이것은 묘출화법이 간접화법에 대해서 가지는 유리한 점이다. 감탄문의 감정적 요소를 손상시키지 않고 간접화법으로 옮기기는 도저히 불가능하기 때문이다. (3) 물음표나 느낌표 또는 yes나 no도 보존되며, 앞에서 열거한 지시대명사나 부사(→§ 248)는 반드시 일치하지는 않지만 직접화법에 일치하는 편이 많다. (4) 생략된 구문도 그대로 이어 받는다. 이런 이유 때문에 연결되지 않은 의식의 흐름을 묘사하는데 흔히 사용된다. William Faulkner나 James Joyce의 작품에 묘출화법이 많이 쓰이는 것도 이 때문이다.

(1) 의문문과 명령문

a. "I don't like it myself," said Mrs. Danvers. Her voice was surprisingly normal and friendly, and I wondered why it was she had taken the trouble to* come up with my discarded sketch herself. **Did she want to be friends with me at last**? ("저 자신은 그것이 마음에 들지 않습니다." 하고 덴버즈 부인이 말했다. 그녀의 목소리는 놀랄 만큼 차분하고 다정했다. 내가 버린 밑그림을 그녀가 왜 일부러 주워 가지고 올라 왔는지 궁금했다. 그녀는 결국 나하고 친구가 되고 싶어서 일까?) - du Maurier, *Rebecca* [간접화법→ I wondered if she wanted …] [* take the trouble to *do* 수고를 아끼지 않고…하다/ 일부러…하다]

b. There was a smile in his eyes when he looked at the woman cowering against the wall. **Was she afraid it was her turn next**? (벽에 기댄 채 웅크리고 있는 그 여자를 보았을 때 그의 눈가에 미소가 떠올랐다. 다음이 그녀 차례라고 겁을 집어먹고 있을까?) - Maugham, *The Unconquered*

c. He began to slam the balls, trying to beat her, and sent one after the other into the net. She had never seen him with that set face. **Was it possible that he was a little out of temper because he was not playing well**? (그는 그녀에게 이기려고 계속하여 네트 안으로 힘껏 공을 쳐 넣기 시작했다. 그렇게 굳어진 표정을 짓고 있는 그의 모습을 그녀는 여태까지 한 번도 본적이 없었다. 경기가 잘 풀리지 않는다고 그가 다소 화가 난 것일까?) - Ibid., *The Force of Circumstance*

d. Sooner or later they would be told of Lebel's request to him that morning. There was the daily heads-of-department conference at 10, in half an hour's time. Should he mention it there. (조만간, 그날 아침 레벨이 나에게 협조를 요청했다는 사실을 그들도 듣게 될 것이다. 30분 후인 10시에 매일 열리는 부장회의가 있다. 그 자리에서 내가 이 이야기를 해야 할까?) - Forsyth, *The Day of the Jackal*

다음의 *e.* 는 의문문과 평서문이 섞여 있다.

e. He was frightened again. **Would this soft-spoken killer try to silence him now, to ensure his silence?** *Surely not. The enquiries into such a killing would expose to the police the visits of the tall Englishman to this house long before he ever had a chance to use the gun he now carried in a suitcase. The Englishman seemed to be reading his thoughts.* He smiled briefly. You do not need to worry. I do not intend to harm you. (그는 다시 겁이 났다.말씨가 부드러운 이 청부살인자가 침묵을 보장하려고 지금 나를 죽일까, 확실히 그렇지 않을거야. 이렇게 나를 죽인 것을 경찰에서 조사하면 그가 지금 여행가방 속에 가지고 있는 그 총을 사용할 기회가 오기도 훨씬 이전에 이 키큰 영국인이 나를 여러 번 찾아 왔다는 사실이 경찰에 알려질거야. 이 영국인은 내 생각을 읽고 있는 것 같다. 그는 잠시 미소를 지었다. 걱정할 필요가 없습니다. 나는 당신을 해칠 생각은 없어요.) - Forsyth, *The Day of the Jackal*

[직접화법 → He said to himself, "Would this soft-spoken killer try to silence me now to ensure my silence?"]

다음 용례는 명령문이다

f. Mr. Buxton looked at them, appalled. How on earth would it be possible to get any useful work out of them? It was no good beginning to try to rouse them now. **Wait till the lull came; they might feel better then**. (벅스톤씨는 그들을 보고 깜짝 놀랐다. 어떻게 하면 그들에게 유용한 일을 시킬 수 있을까? 지금 그들을 깨워 봤자 아무 소용도 없다. 파도가 잔잔해질 때까지 기다리자. 그러면 그들이 기분이 좋아질지 모른다. 그는 배다리 쪽으로 걸어갔다.) - R. Hughes, *In Hazard*

(2) 감탄문

g. She knew that Charlie was stupid and vain, hungry for flattery... He was proud of a low cunning. **How worthless must she be if she had given her heart so passionately to such a man because—because he had nice eyes and a good figure! ... Oh, if she could get him out of her mind altogether!** (그녀는 찰리가 어리석고 거만하며 아첨에 굶주리고 있다는 것을 알았다··· 그는 비열하고, 못된 꾀가 많았다. 그가 아름다운 눈매와 멋있는 체격을 갖고 있다고 해서—단지 그 이유 때문에 나의 마음을 그런 남자에게 열렬하게 바친다면 얼마나 시시한 여자일까! 아아, 그를 내 마음 속에서 제거할 수 있다면!) - Maugham, *The Painted Veil*

(3) Yes, no, 지시 대명사, 시간, 장소의 부사(구)

h. Laboriously Kowalski explained to him that he wished to telephone a man in Marseilles France, but that he did not know the man's telephone number. **Yes,** *he knew the name and address. The name was Grzybowski.* (코왈스키는 프랑스의 마르세이유에 사는 한 남자에게 전화를 하고 싶은데 그의 전화번호를 모른다는 것을 손짓발짓 해가면서 겨우 설명했다. 예, 이름과 주소는 알고 있습니다. 이름은 그리보우스키입니다) - Forsyth, *The Day of the Jackal* [직접화법→He said, "Yes, I know the name and address. The name is Grzybowski."]

i. I put on my hat and stepped round to Macdougal Street. *Mr. Flagg had gone out late in the afternoon and had not returned.* **No,** *he had left no word in case any one called. What had happened?* (나는 모자를 쓰고 먹다걸 거리로 나갔다. [가보니] 플래그씨는 오후 늦게 나가서 아직 돌아오지 않았습니다. 누가 찾아 왔을 때의 전언도 남겨놓지 않았습니다. 무슨 일이 생겼습니까[라는 말투였다]) - T. B. Aldrich, *My Cousin the Colonel* [이 전달자는 Flagg의 사촌으로 그를 부를 때 보통 존칭을 쓰지 않는다. 여기서는 Mr.가 붙어 있으므로 Flagg의 하숙집 하녀의 말을 묘출화법으로 전하고 있다.]

j. He told me how the sun there, on a spring afternoon, leaving a glow upon the headland ··· *On a bank below the lawns, crocuses were planted, golden, pink, and mauve, but by this time they would be past their best, dropping and fading, like the pallid snowdrops...* (그는 봄날 오후 곶에 미련을 남기면서 지고 있는 석양을 이야기해 주었다. 잔디밭 아래의 둑에는 크로커스가 심어져 있고, 황금빛이나 핑크 빛이나 엷은 보라 빛이었으며, 그러나, 한창 때가 지나서 창백한 아네모네처럼 축 처지고 색깔이 바래져 있었다...고 이야기해 주었다.) - du Maurier. *Rebecca*

(4) 생략구문

k. And so it went on, until in July a man came to see her. He was accompanied by her cell leader, who showed him great deference. He had no name. *Would she be prepared to undertake a special job for the Organization?* **Of course. Perhaps dangerous, certainly distasteful? No matter**. (그리고 그렇게 시간이 흘러갔다. 7월이 되자 한 남자가 그녀를 만나러 왔다. 그와 함께 온 팀장은 그를 대단히 존경하고 있었다. 그 남자는 이름을 밝히지 않았다. 조직을 위해서 특별한 일을 좀 해주겠소? 물론 입니다. 아마 위험하고, 틀림없이 마음이 내키지 않겠죠. 문제없어요.) - Forsyth, *The Day of the Jackal*

§ 258 묘출화법과 전달부

묘출 화법은 전달부에서 독립된 것이지만, 여기에도 몇 가지 경우가 있다. 크게 나누면 (1) 앞 문장에 전달부가 있는 것, (2) 앞 문장에 전달부와 유사한 것이 있는 것, (3) 진덜부가 전혀 없는 것 따위이다. 그러나, (2)와 (3)은 명백히 구별하기 어려운 경우도 많다.

(1) 앞 문장에 전달부가 있는 것

이것은 He *said* that his father was seriously ill. **It was doubtful he would ever recover**.와 같은 경우이다.

a. Then the Minister started to speak. It was neither a consultation nor a request. It was a directive, followed by a copious briefing. He would set up his own office; he would have unlimited access to all necessary information··· (그때 장관이 말을 꺼냈다. 그것은 자문을 구하는 것도 아니고, 요청도 아니었다. 그것은 바로 명령이었고, 뒤이어 장황한 지시사항이 뒤따랐다. 내 전용 사무실을 하나 마련하라는 것, 모든 필요한 정보는 무제한 제공 받을 것이며···) - Forsyth, *The Day of the Jackal*

(2) 전달부와 유사한 단어가 있는 것

앞 문장에 전달동사는 없더라도, 그것을 대신할만한 단어가 있어서, 그 다음 문장이 피전달부임을 보여주는 경우가 있다. 이러한 기능을 하는 말은 반드시 동사만은 아니고 명사나 형용사인 경우도 있다. 이러한 단어들은 직접 전달은 하고 있지 않지만 그 의미에 의해서 다음 문장에 묘사된 인물의 말 또는 심리라는 것을 보여주는 역할을 한다.

b. Then *I was sent up to "Captain Hopkins"* in the room overhead, with Mr. Micawber's compliments, and **I was his young friend and would Captain Hopkins lend me a knife and fork**. (그리고 나서 미코버씨는 나를 바로 위층에 있는 홉킨스 대위에게로 심부름을 보냈다. 나는 대위한테 가서 미코버씨가 인사말을 전하더라고 말하고 나는 그의 나이 어린 친구라는 내 소개를 한 다음 나이프와 포크를 빌려달라는 이야기를 했다.) - Dickens, *David Copperfield*

(3) 전달부가 전혀 없는 것

c. His wife was not in. She had gone out a quarter of an hour before. **Out at such a time of night into this terrible fog! What was the meaning of that.** (그의 처는 집에 없었다. 그녀는 15분 전에 나갔다. 이런 밤중에, 이런 엄청난 안개 속에 나가다니! 도대체 어찌된 일일까?) - Galsworthy, *The Man of Property*

제18장 특수구문

WARM-UP

여기서 특수 구문이란 도치, 강조, 생략, 공통, 삽입 따위를 가리키는데 중요한 것은 도치, 강조, 생략의 세 가지이다.

(1) 도치 (Inversion)

영문법에서 도치 (*or* 어순도치) 라고 하면 보통의 어순 (S + V)을 파괴하고, <V + S>로 되는 것을 의미한다. 그러나, 일반적으로 <S + V>에는 변화가 없더라도 문장의 주요한 요소가 글머리에 나오면 도치로 취급된다. 도치를 하는 경우는 여러 가지가 있지만 가장 많이 쓰이고 또 가장 중요한 것은 강조를 위한 도치이다. 부사(구), 목적어, 보어 따위가 글머리에 나오는 일이 많은데 이 중에서도 가장 흔히 볼 수 있는 것은 아래 문장과 같은 부정의 부사(구) 이다.

- Never before **had she** looked so charming.
  (그녀가 그렇게 매력적으로 보인 적은 일찍이 없었다.)

(2) 강조 (Emphasis)

회화나 연설 등의 구어에서 어떤 말을 강조하는 경우는 어떤 어구에 힘을 주거나, 손짓, 몸짓 따위로 듣는 사람의 주의를 끌 수 있다. 그러나 문장 속에서는 이렇게 할 수 없기 때문에 다른 방법을 사용해야 한다. 강조어에 의존하거나, 같은 어구를 반복하거나, 수사의문 (→*p.* 522)을 이용하기도 하지만 (1)의 '도치'가 압도적으로 많이 쓰인다. 그래서 도치와 강조는 불가분의 관계에 있다.

(3) 생략 (Ellipsis)

생략이 가장 많이 일어나는 경우는 아무래도 일상 회화일 것이다. 문장에서도 생략이 적지 않지만, 자신이 편리한 대로 줄이는 것이 아니고 원칙보다도 관용을 따르는 것이 무난하다.

Ⅰ. 도치 구문

§ 259 구문상의 도치

(1) Neither 또는 nor로 시작되는 문장이나 절에서

a. He doesn't like Brahms, and **neither** *do I.* (그는 브람스를 좋아하지 않고, 나도 브람스를 좋아하지 않는다.)

b. I am not, **nor** *have I* ever been a rich man. (나는 지금 부자가 아니며, 지금까지 부자였던 적도 없었다.)

(2) 접속사 than이나 as의 뒤에서

주어가 길고 동사가 짧을 경우, 리듬 때문에 흔히 도치가 일어난다.

a. Henry Ford employed more women **than** *did most other employers* in Detroit, and at better wages. (헨리 포드는 디트로이트에 있는 대부분의 다른 고용주들보다 더 많은 여성을 더 나은 임금으로 고용했다.) - Lacey, *Ford*

• I spend less **than** *do nine cases out of ten people* in my position. (나는 같은 지위에 있는 사람 열 명 가운데 아홉 명보다 돈을 적게 쓴다.)

b. The candy store is small and dirty **as** *are all the stores on the cobble-stoned street.* (조약돌을 깐 그 도로가에 있는 모든 상점들이 다 그렇듯이 그 과자가게도 작고 지저분했다) - Mailer, *The Naked and the Dead*

• French priests were murdered on Korean soil, **as** *were shipwrecked sailors from foreign countries.* (프랑스 신부들은 외국에서 온 난파선의 선원들과 마찬가지로 한국 땅에서 피살되었다.) - Buck, *The Living Reed*

• Some delicate perfume that she was using thrilled in his nostrils **as** *might have the fragrance of spring.* (그녀가 사용하고 있는 미묘한 향수는 봄의 향기처럼 그의 콧구멍을 짜릿하게 했다.) - Dreiser, *An American Tragedy*

(3) 가정법에서 if를 생략할 때 (→ *p.*409 (3))

a. **Should anyone phone,** tell him I'm in conference. (전화가 오거든 회의중이라고 말해주게.)

b. **Had the drought not lowered the reservoir**, the ancient village would not have been discovered. (만약 가뭄으로 저수지의 수위가 낮아지지 않았다면 그 옛날 마을은 발견되지 않았을 것이다.)

(4) 양보를 나타내는 부사절에서 (→ *p.* 398 (2))

§ 260 강조를 위한 어순 도치

강조와 어순 도치는 two sides of the same coin(같은 동전의 양면)과 같이 불가분의 관계에 있다. 즉, 문장의 어떤 요소를 강조하기 위하여 어순을 도치를 하고, 도치하면 강조가 된다.

(1) 일반적인 부사(구) (→ *p.* 127 NB)

주어가 대명사이면 <부사 + 조동사 + S + V> (*a* ~*d*), 또는 <부사 + S + V>의 어순을 취한다(*e* ~ *g*).

a. **Well** *do* I remember those happy school days. (나는 그 즐거웠던 학창시절을 또렷하게 기억하고 있다.)

b. **Often** *did* we go for walks together. (종종 우리는 함께 산책하러 가곤 했다.)

c. "Are you well?" he asked. **Well** *might* he put the question. ("몸은 괜찮아요?"라고 그가 물었다. 그가 물어 본 것도 무리가 아니었다.)

d. **So clearly** *did* she spoke we could hear every word. (그녀의 발음이 너무나 또렷했으므로 우리는 한 마디도 놓치지 않고 들을 수 있었다.)

e. I shall be all right in a month, and then **out** I go again. (한 달 후에는 몸이 나을게고 그러면 나는 다시 외출하게 될 거야.) - Maugham, *Mrs Craddock*

f. So **off** we went, with the children, to England. (그래서 우리는 그 아이들과 함께 영국으로 떠났어.) - Walker, *The Color Purple*

g. **Here** we are at last! (마침내 다 왔다!)

그러나 주어가 명사이면 완전한 도치가 일어난다. 즉 <부사 + V + S>가 된다.

a. **To the victor** *belong* the spoils. (전리품은 승자의 것이다.) - Bryson, *Made in America*

Cf. spoils system 엽관제도 (선거에 이긴 정당이 정실로 관직을 배분하는 것)

b. I opened the box and **out** *jumped* a frog. (상자를 열자 개구리 한 마리가 튀어 나왔다.)

c. Look out, **here** *comes* the boss! (밖을 내다봐, 사장님이 이리 오고 있어.)

d. **Side by side in the same city** *dwell* rich and poor. (같은 도시에서 부자와 가난한 사람이 나란히 살고 있다.)

e. **High above the city on a tall column**, *stood* the statue of the Happy Prince. (도시의 높은 원주모양의 탑 위에 행복한 왕자의 동상이 우뚝 서 있었다.) - Wilde, *The Happy Prince*

(2) 부정의 부사(구)가 글머리에 나올 때(도치의 전형적인 형태)

이 경우는 항상 <부정의 부사(구) + 조동사 + (대)명사>의 어순을 취한다.

a. **No** address *had* he written upon this document. (이 서류에 주소를 쓰지 않았다.)

b. **Not for a moment** *did* he falter in his purpose. (그의 목적은 한 번도 비틀거린 적이 없었다.)

c. **Little** *did* I dream that he was an impostor. (그가 사기꾼이라고는 꿈에도 생각하지 않았다.)

d. **Rarely** *do oak* trees bear acorns until the trees are more than twenty years. (떡갈나무는 20년 이상 되어야 도토리가 열린다.)

e. **No sooner** *had he* said it than he regretted it. (그 말을 하자마자 곧 후회했다.)

- **No sooner** *have American boats* landed on the beaches of Normandy when young men are mowed down by incessant bursts of machine gun fire. (미국 군함들이 노르망디 해안에 상륙하자마자 젊은 병사들이 끊임없는 기관총 포탄세례에 쓰러진다.) - Schneider, *1001 Movies*

f. **To none but the wise** *can wealth* bring happiness. (현명한 사람 이외에는 부가 행복을 가져오지 않는다.)

g. **Not until hours later** *did she* recall that he had not kissed her on the lips. (몇 시간 후에야 비로소 그녀는 그가 자기에게 키스를 하지 않았다는 생각이 났다.) - Mitchell, *Gone with the Wind*

- **Not until considerably later** *was it* (= the Gettysburg Address) perceived as perhaps the greatest of American speeches. (상당한 시일이 자나서야 비로소 게티즈버그 연설은 아마도 미국 역사상 가장 위대한 연설이라고 생각되었다.) - Bryson, *Made in America*

h. **At no time** *did anyone* suggest that the drug was dangerous. (아무도 마약이 위험하다고 말하지 않았다.)

i. **On no account** *should* you attempt this exercise if you're pregnant. (임신부는 절대로 이 운동을 해서는 안 된다.)

j. **Under no circumstances** *can I* tell anyone what you tell me. (어떤 경우에도 당신이 나한테 하는 이야기를 다른 사람에게 발설할 수 없습니다.) - Grisham, *The Client*

k. **Only when like marries like** *can there* be any happiness. (비슷한 사람끼리 결혼해야 비로소 행복할 수 있다.) - Mitchell, *Ibid.*

- **Only after arriving at the hospital** *did Reagan* learn that he had been shot. (병원에 도착했을 때 비로소 레이건 대통령은 자신이 총에 맞았음을 알았다.) - *Time* (1981)

NB Only가 글머리에 나올 때 도치가 일어나는 이유는 only가 일종의 부정어이기 때문이다. 그러나 다음 예문처럼 only가 글머리에 나오더라도 주어의 앞에 있으면, 도치가 일어나지 않는다.

- **Only** the President can authorize a nuclear attack. (= Nobody can authorize a nuclear attack except the President.) (대통령만이 핵공격을 승인할 수 있다.)

(3) 보어가 글머리에 나올 때 (<V + S>로 되는 경우가 많다.)

a. **Such** *was* the force of the explosion that all the windows were broken. (창문이 모조리 깨질 만큼 폭발력이 컸다.)

b. **So intimate** *is* the relation between a language and the people who speak it that the two an scarcely be thought of apart. (어떤 언어와 그것을 사용하는 국민의 관계는 대단히 밀접하므로 이 둘을 분리해서 생각하기란 거의 불가능하다.)

- **So colossal** *is* human egotism that people who have met an author are constantly on the lookout for portraits of themselves in his works. (인간의 자존심이란 대단한 것이어서 작가를 만난 일이 있는 사람들은 그의 작품 속에서 자신의 초상화가 있을까 하고 끊임없이 감시한다) - Maugham, *The Summing Up*

그러나 다음의 *c, d* 는 강조를 위한 어순도치 라기 보다는 주어에 긴 수식어가 붙어 있기 때문에, 문장의 균형을 위해서 보어가 앞에 나온 어순 도치이다. 긴 주어가 글머리에 나오면 문장의 균형의 깨어지기 때문이다. 주어가 길 때 가주어(it)를 앞에 내세우는 것과 같은 원리이다. (→§ 23).

c. Happy is a man who has a sound mind in a sound body. (건전한 신체에 건전한 정신을 가진 사람이야말로 행복하다.)

d. Typical of the age was Charles Goodyear, the man who gave the the world vulcanized rubber. (그 시대를 대표할만한 전형적인 사람은 가황고무를 발명한 찰스 굿이어였다.) - Bryson, *Made in America*

(4) 목적어가 글머리에 나올 때 (보통 S + V 의 어순 그대로이다.)

a. God, **the black eye** I'm going to have tomorrow. (맙소사, 내일 눈자위가 퍼렇게 멍이 들겠구나.) - Maugham, *The Lion's Skin*

b. "She'll try and get you back." said Mrs. Sunbury. "**A fat chance** she's got of doing that." said Herbert. ("그녀가 너를 데리러 올거야." 하고 선베리 부인이 말했다. "그녀가 그렇게 할 가능성은 거의 없어요."하고 허버트가 말했다.) - Ibid., *The Kite*

c. **What you can get in Paris** you can get here. (당신이 파리에서 살 수 있는 것은 여기서도 살 수 있습니다.) - Ibid. *Of Human Bondage*

d. **Why he should have captivated Scarlett** when his mind was a stranger to hers she did not know. (그의 마음을 전혀 알 수 없는데도 어째서 그가 그녀의 마음을 사로잡았는지 스칼렛은 영문을 알 수 없었다.) - Mitchell, *Gone with the Wind*

e. **All my spare time, and much that I should have devoted to my medical studies**, I spent reading and writing. (나의 모든 여가시간과 의학공부에 할애해야 할 시간의 대부분을 독서와 글쓰는 일에 소비했다.) - Maugham. *The Summing Up*

Ⅱ. 강조 구문

강조(Emphasis)의 대표적인 형태는 It is~that 구문(→ § 25)이지만, 이 밖에도 앞에서 설명한 어순도치를 포함하여 여러 가지 형식이 있다. (이 밖에 동사를 강조할 때는 조동사 do를 사용한다. → § 109)

§ 261 추상명사의 강조

(1) 추상명사의 앞에 the very나 the mere를 첨가한다.

a. You are **the very** man for the job. (자네가 바로 그 일의 적임자다.)

- **The very** *thought* of leaving her breaks my heart. (그녀와 헤어진다는 건 생각만 해도 내 가슴이 미어질 것 같다.) - Segal, *Prizes*
- I saw that picture you done* of Miss Rogers. It was **the very** image* of her. (당신이 로저스양을 그려놓은 것을 보았어요. 그녀를 꼭 그대로 그렸어요.) - Maugham, *Of Human Bondage* [*done = had done]

NB be the (very/ living/ spitting) image of *sb* 아무를 꼭 닮다 (→*p.* 233 *b*)

- You're the spitting image of your father. (자네는 아버지를 쏙 빼 닮았어.) - Kleinbaum, *Dead Poets Society*

b. The mere thought of it makes me shudder. (= I shudder at the thought of it.) (그것을 생각만 해도 소름이 끼친다)

(2) <Be all + 추상명사> (= be very +형용사) 형식을 사용한다.

a. "I wish you'd let me get on with it." "**I'm all attention.**" ("제 이야기를 계속하게 해 주세요." "귀담아 듣고 있습니다.") - Maugham, *A String of Beads*

b. She **was all eagerness** to get it back. (그녀는 그것을 꼭 돌려받고 싶었다.)

c. These politicians! They'**re all talk** and no action. (이 따위 정치가들 말이야! 그들은 탁상공론만 하고 있어.)

사람의 신체의 일부 또는 동작, 행위에 관한 명사가 올 때는 복수명사를 쓴다.

d. He **was all eyes** as the train sped through the country. (기차가 시골길을 달리고 있을 때 그는 넋을 잃고 바깥경치를 바라보고 있었다.) - Ibid., *Of Human Bondage*

- When he had finished his explanations Isabel **was** once more **all smiles.** (그가 설명을 끝냈을 때 이자벨은 또 한 번 만면에 미소를 띄우고 있었다.) - Ibid., *The Fall of Edward Barnard*

(3) <Be + 추상명사 + itself> (= be very + 형용사) 형식을 사용한다.

이것은 문어체 형식이므로 회화에서는 사용하지 않는다.

a. The old gentleman **was hospitality itself**. (그 노신사는 손님을 융숭하게 대접했다.)

b. No woman could want a better husband. He's always **been kindness itself** to you. (어떤 여자도 그 이상의 남편을 바랄 수 없습니다. 그는 항상 당신에게 더할 나위 없이 친절했어요.) - Maugham, *Jane*

c. Mr. Glover **was patience itself,** which a little irritated Miss Ley, who liked a man of spirit. (글로우버 씨는 참을성이 너무 강한 사람이어서 활발한 남자를 좋아하는 리이 양은 좀 안타까웠다.) - Ibid., *Mrs Craddock*

d. Up to this time, Clyde had been **attentiveness itself.** (이 때까지 클라이드는 대단히 조심해 왔다.) - Dreiser, *An American Tragedy*

(4) 추상명사를 그대로 설명적인 보어로 사용한다.
(그 명사의 형용사형 보다 명사가 간결하기 때문에 강조의 느낌을 준다.)

a. When she left him it was **wretchedness**, and when she came to him again it was **despair**. (그녀가 떠나 버리면 비참하기 짝이 없었고, 그녀가 다시 돌아오면 이번에는 절망에 빠졌다.) - Maugham, *Of Human Bondage*

b. It was **consolation** to be held in his arms. (그의 품에 안기는 것은 큰 위안이었다.) - Lawrence, *The Rainbow*

c. They can't build a big road through all that beautiful park—it's **madness**! (그 아름다운 공원을 관통하는 큰 도로를 건설해서는 안됩니다—그것은 미친 짓입니다.)

d. Chief Executives felt that it would be **folly** to enter into such an agreement. (수뇌부에서는 그런 협정을 체결하는 것은 어리석은 짓이라고 생각했다.)

e. The life of an animal is **misery** and **slavery**. (동물의 생활은 비참한 노예상태 그대로다.) - Orwell, *Animal Farm*

강조의 기분을 더욱 살리기 위해서 추상명사의 앞에 all이나 형용사를 붙이기도 한다.

f. We have to keep them(= the patients) sedated or it would be *sheer* **chaos**. (환자들을 진정시키지 않으면 난장판이 될거야) - Segal, *Doctors*

g. To go to that wilderness in winter, without food, without strength or hope – It's *utter* **madness**. (엄동에 식량도 없이, 힘도 희망도 없이 그 황무지로 떠나다니 완전히 미친 짓이야.) – Pasternak, *Doctor Zhivgo*

h. It is *all* **absurdity** to reject it as absurd. (그것을 어리석은 짓이라고 배척하는 것이야말로 어리석기 짝이 없는 짓이다.)

§ 262 앞 문장을 강조하는 period (= that's all)

현대 구어영어를 읽어 보면 대화가 끝난 뒤에 period라는 단어가 쓰이는 것을 볼 수 있다. 이것은 구두점(punctuation)이 아니다. <어떤 말을 한 후 그 문제에 대해서 더 이상 협상의 여지가 없음을 강조할 때> 쓰는 말로서 <재론할 여지가 없다, 더 이야기하지 않겠다. 얘긴 끝났어>등의 뜻이다. We can't pay higher wages, *period*. (그 보다 높은 임금은 줄 수 없습니다. 더 이야기하지 않겠소) [*OALD*[5]]처럼 쓰인다.

a. This is strictly business. These girls will want twenty dollars an hour... Some of them want chaperons. Some of them will take a chance if they know you. Some of them will take a chance, **period**. (엄밀히 말하면, 이것은 사업입니다. 이러한 아가씨들은 한 시간에 20달러를 받아요. 동반할 보호자를 요구하지요. 어떤 아가씨들은 아는 사이라면 모험을 합니다. 어떤 아가씨들은 모험을 한다구요. 더 이야기 않겠어요.) - Gardner, *The Calendar Girl*

b. A highly decorated World War II fighter pilot, a former Governor of South Dakota... Foss speaks with the relish of a man with unyielding convictions I say all guns are good guns," he pronounces. "There are no bad guns. I say the whole nation should be an armed nation. **Period**." (높은 훈장을 받은 2차대전의 전투기 조종사이며, 전직 사우스 다코타 주지사인... 포스는 불굴의 신념을 가진 사람처럼 말한다. "내 생각엔 모든 총은 좋은 총입니다."하고 단언한다. "나쁜 총이란 없습니다. 전 국민이 무장해야 한다고 생각합니다. 재론의 여지가 없습니다.") - *Time* (1990)

c. "We're very different persons," says Cheney. "We have different backgrounds. He is a professional military man, and I'm a professional politician. But it works because we bring different skills to our assignments and it meshes nicely." Says Powell: "There is no competition. I work for him. He is my boss. I am his adviser. **Period**." ("우리는 매우 다른 사람입니다. 우리는 매우 다른 배경을 가지고 있습니다. 그는 직업군인이며, 나는 직업 정치가입니다. 그러나 우리는 직무에 다른 기술을 가지 가지고 와서 훌륭하게 조화를 이루고 있기 때문에 만사가 잘 되어 가고 있습니다."고 체니는 말한다. 파월은 "경쟁은 없습니다. 나는 그를 위해서 일하고, 그는 나의 상관입니다. 나는 그의 조언자입니다. 이 이상 재론할 필요가 없습니다."라고 말한다.) - *Time* (1990)

d. "Don't talk, **period**," Mason shouted back as the officer propelled him out of the front door. ("아무 말도 하지 마시오. 이야긴 끝났어요." 순경이 그를 문 밖으로 밀어낼 때 메이슨이 뒤로 돌아보며 소리쳤다.) - Gardner, *The Fiery Fingers*

§ 263 조건절에 의한 강조

(1) 조건절이 주절을 강조하는 경우

'그는 신사였다.'라는 말을 강조하는 데 <신사가 있었다면 그야말로 신사였다> (He was a gentleman if ever there was one.)라는 표현이 있다. any, ever를 포함하는 if-절이 쓰인다.

a. A blockbuster **if ever there was one**, *Titanic* made a superstar and teen heartthrob*[1] of* DiCaprio[2]. (진정한 블록버스터인 타이태닉은 디카프리오를 수퍼스타이자 십대의 우상으로 만들었다.) – Schneider, *1001 Movies* [*[1] 많은 여자들의 가슴을 두근거리게 하는 매력적인 남자 배우 또는 가수 *[2] → *p.* 290 (11)]

b. **If any language deserves to be so called**, English may claim to be the universal language. (세계어라는 이름에 어울리는 언어가 있다고 한다면 영어야말로 그렇게 부를 수 있다.)

c. He was a virgin **if ever I saw one.** (그야말로 진짜 총각이었다.) - Salinger, *The Catcher in the Rye*

d. He is a fine scholar, **if ever one was**. (그야말로 훌륭한 학자이다.)

e. You are my true friend **if I have any in the world**. (이 세상에 진정한 친구가 있다면 자네야 말로 진정한 친구일세.) – Dickens, *David Copperfield*

강조하기 위하여 if-절을 간략하게 한 관용구도 쓰인다.

f. You must go **if anybody**. (자네야말로 가야 한다.)

g. You will find it in Rome **if anywhere**. (만약 발견한다면 그건 로마야.)

이밖에, any나 ever를 포함하지 않는 if-절로 <확실히, 틀림없이, 적어도>를 의미하는 관용구가 있다.

h. He must be over seventy, **if a day**. (그는 70세가 넘었음에 틀림없다.)

• She's forty **if she's a day**, and her complexion is like parchment very much the worse for wear. (나이는 틀림없이 마흔 살인데 얼굴이라곤 너무 많이 사용하여 낡아빠진 양피지와 같았다.) - Maugham, *Mrs Craddock*

i. He is six feet tall, **if an inch**. (그의 키는 적어도 6피트이다.)

• We've walked five miles, **if a yard**. (우리는 적어도 5마일은 걸었다.)

j. The enemy force was 5,000 strong **if a man.** (적군의 병력은 적어도 5,000명을 밑돌지 않았다.)

if a day(a yard, an inch, an ounce, a man, *etc.*)처럼 쓰이는 일이 많으며, day는 나이, penny, cent, dime은 금액, yard, inch는 길이, ounce는 무게, man은 인원에 대해서 사용한다.

§ 264 반복에 의한 강조

(1) 명사 + after/ (up)on + 같은 명사 (+ of)

a. The real estate agent showed them **house after house**, but they couldn't find one they liked. (부동산 중개인이 많은 집을 차례로 보여 주었지만 그들은 마음에 드는 집을 찾을 수 없었다.)

b. As the fog lifted, **mountain after mountain** appeared before our eyes. (안개가 걷히자 많은 산들이 우리들의 눈앞에 나타났다.)

c. Whenever our boss gets nervous, he smokes **cigarette after cigarette**. (사장은 초조할 때는 언제나 줄담배를 피운다.)

d. She cried herself to sleep* **night after night**. (그녀는 밤마다 울다가 잠이 들었다.) - Maugham, *Of Human Bondage* [* → *p.* 175]

e. She sat on the white sand, **hour after hour**, with the tears running down her cheeks. (몇 시간이고 흰 모래밭에 앉아서 두 볼에 눈물을 흘리고 있었다.) - Ibid., *Red*

f. Shelves upon shelves of books are contained in this great library. (이 큰 도서관에는 책꽂이마다 책이 가득 차 있다.)

g. The first response to a hostage crisis by a nation unwilling to pile death on death must be negotiation. (시체 위에 시체를 쌓아올리는 유혈사태를 원치 않는 나라가 인질위기를 당했을 때 보이는 첫 반응은 협상일 것이다.) - *Time* (1985)

(2) 두운 형식(Alliterative form)에 의한 반복

a. I **tossed and turned** for hours before falling asleep. (나는 밤새도록 엎치락뒤치락 하다가 겨우 잠이 들었다.)

b. I'm glad to see you back **safe and sound**. (당신이 무사히 돌아온 것을 보니 기쁩니다.) - Maugham, *The Yellow Streak*

c. They moved to a little house in the country in order to get away from the **stresses and strains** of city life. (그들은 도시생활의 긴장과 과로에서 벗어나기 위하여 시골에 있는 조그만 집으로 이사했다.)

d. There were so many petty **rules and regulations** that some companies gave up trying to export their products. (까다로운 규정과 규제가 너무나 많아서 어떤 회사들은 제품의 수출을 포기했다.)

e. If you want to lose weight, here are some **do's and don'ts**. (체중을 줄이려면 몇 가지 지켜야 할 사항들이 있다.)

§ 265 그 밖의 강조어구

(1) Too를 강조하는 부사 (much, far, rather, only, all 따위를 쓴다.)

a. They're **much** *too* young to marry. (그들은 너무 어려서 결혼할 수 없다.) - Maugham, *The Razor's Edge*

- *Gone with the Wind* was a great movie, but it was **much** *too* long. (영화 '바람과 함께 사라지다' 는 훌륭한 영화지만 상영 시간이 너무 길다..)
- I did not want to be anything but a writer, but I was **much** *too* shy to say so. (나는 작가 외엔 어떤 것도 되고 싶지 않았으나, 너무 수줍은 성격이어서 그렇게 말할 용기가 없었다.) - Ibid., *The Summing Up*

Cf. ⓐ I'm worried about your health - I think you eat **too** *much*. (자네 건강이 걱정스럽다 - 자넨 너무 많이 먹는 것 같애.)

ⓑ Jane spends **too** *much* money on clothes. (제인은 의복에 너무 많은 돈을 쓴다.)

b. The fence is far too high for you to jump or climb over. (그 울타리는 너무 높아서 뛰어넘거나 기어 올라갈 수 없다.)

NB fence는 목재나 금속으로 만든 울타리, wall은 돌, 벽돌, 콘크리트로 만든 담

c. This book is **rather** *too* difficult for the juniors and rather too easy for seniors. (이 책은 하급생에겐 다소 지나치게 어렵고, 상급생에겐 다소 지나치게 쉽다.)

d. He was **only** *too* glad to do anything for her in the old days. (그는 옛날에는 그녀를 위해서 무엇이든지 기꺼이 해 주었다.) - Ibid., *Of Human Bondage*

e. The party ended **all** *too* soon. (파티는 정말이지 [유감스럽게도/ 어이없게도] 너무 빨리 끝났다.)

- **All** *too* often the loopholes in these tax laws are exploited. (이러한 조세법의 허점은 악용되는 일이 너무 흔하다.)

(2) Of all persons/ places/ days (하필이면) (의외의 감정을 나타낼 때 쓰인다.)

a. Why had she been such an idiot as to marry Charles **of all people** and have her life end at sixteen? (왜 하필이면 찰스와 같은 남자와 결혼하여 열여섯 살에 인생을 마감하다니 정말 바보였구나하고 그녀는 후회했다.) - Mitchell, *Gone with the Wind*

- I don't believe that he, **of all people**, could say something so unkind. (많은 사람 중에서 하필이면 그가 그런 매정한 말을 했다고는 믿어지지 않는다.)

b. **Of all days** on New Year's Day, he was working hard. (날도 많은데 하필이면 정월 초하루에 그는 열심히 일하고 있었다.)

c. What on earth has brought you here – here of **all places**? (하필이면, 여기 우리집에 찾아 온 이유는 무엇입니까?) – Pasternak, *Doctor Zhivago*

§ 266 회화에서 사용되는<강세>를 문장에서 표현하는 법

회화에서는 강조하고 싶은 어구를 특히 강하게 발음한다. 예컨대, John is good at English. 에서 John에 stress를 두면 <존이 영어를 잘한다>(다른 학생과 비교할 때)의 뜻이 되고, English에 stress를 두면 <존은 영어를 잘한다>(다른 학과에 비해서)를 의미한다. 회화에서 쓰이는 stress를 문장에서 나타내는 경우, 다음과 같은 방법이 있다.

(1) 이탤릭 체(italic type)

stress가 있는 단어를 인쇄할 때 <이탤릭체>로 하여 강세를 표시한다.

a. Just stop it, Zooey! Just *stop* it! (제발 그만둬, 주이! 그만 두라니까.) - Salinger, *Franny and Zooey*

b. "I am a wrestler," Garp said. "I'm *going* to be a writer." ("나는 지금은 레슬링 선수다."가프가 말했다. "앞으로는 꼭 작가가 될거야.") - Irving, *The World According to Garp*

c. And I feel that I *can* paint. I know I've got it in* me. (그림이라면 제대로 그릴 줄 압니다. 저에게 소질이 있다는 것을 알고 있습니다.) - Maugham, *Of Human Bondage* [* have (got) it in *sb* 아무개에게 소질이 있다]

d. *Now* is the time to make real the promise of Democracy. (지금이야말로 민주주의 약속을 실천할 때입니다.) - M. L. King Jr., "I have a Dream" [연설문]

회화체가 아닌 지문에서도 이탤릭체로 강조할 수 있다

f. Garp *liked* wandering around in a museum. (가프는 박물관 안에서 이리저리 돌아다니기를 대단히 좋아했다.) - Irving, *Ibid.*

f. The subject of Marcus Aurelius's* dreary observation was certainly the *subject* of most serious writing. (마르쿠스 아우렐리우스의 따분한 이야기의 주제는 분명히 대부분의 진지한 작품의 주제와 같은 것이다.) - *Ibid.* [* 고대 로마의 철학자 황제, 흔히 말하는 5 현제의 한 사람으로 *The Meditations* (명상록)을 저술함]

g. What he's trying to do is *enjoy* the pain as fully as possible. (그가 하려고 하는 것은 될 수 있는 대로 충분히 고통을 즐기는 것이다.) - Koontz, *Intensity*

단어뿐만 아니라 구나 절을 강조하기 위하여 이탤릭체로 하는 일도 있다.

h. It's *none of your business*, buddy, what he does with his hair. (친구야, 그가 자기의 헤어스타일을 어떻게 하든 자네가 상관할 바가 아니야.)

i. Franny shrieked, "*Will you shut up, please*?" ("잠자코 있어요."하고 프레니가 날카로운 소리로 외쳤다.) - Salinger, *Op. cit.*

(2) 대문자(Capital letter)

강조할 어구를 눈에 잘 띄도록 하기 위하여 대문자로 인쇄하는 경우도 있다.

a. The usual word "**PUB**" is short for "public house". (흔히 쓰이는 pub(술집)은 public house의 약자다.)

b. When the government says we MUST, we MUST. (정부가 우리에게 이렇게 해야 한다고 말하면, 우리는 좋든 싫든 하지 않으면 안 된다.)

c. He saw something move in front of him. "OSBORN! IT'S CYANIDE GAS! OSBORN! CAN YOU HEAR ME?" (그의 앞에서 무엇인가 얼른거리는 것이 보였다. "오스본! 청산칼리 가스다! 오스본! 내 말이 들리나?") - Folsom, *The Day After Tomorrow*

(3) 따옴표(Quotation marks), 느낌표(Exclamation marks)

큰 따옴표(" ")와 작은 따옴표(' ')는 직접화법이나 인용문뿐만 아니라 강조할 어구가 눈에 잘 띄도록 하기 위하여 쓰이는 일이 있다.

a. The survey suggests that 'brainy men' are much more attractive to women than big muscular types. (조사한 바에 의하면, '머리 좋은' 남자가 체격이 좋은 근육질의 남자보다 여자들에게 훨씬 더 매력적이라고 한다.)

b. "Tea" to the English is really a picnic indoors. Plenty of sandwiches and cookies and of course hot tea. (영국인에게 "티"란 정말 실내의 야유회와 같은 거야. 많은 샌드위치와 쿠키 그리고 물론 따끈한 차도 나오지.) - Walker, *The Color Purple*

c. As late as 1953, the main character in *Gentlemen Prefer Blondes* was not permitted to say 'Bottoms Up'* when quaffing a drink. (최근인 1953년에 나온 영화, <신사는 금발을 좋아한다>의 주인공은 술을 단숨에 쭉 들이킬 때 'Bottoms Up'이란 표현을 사용할 수 없었다.) - Bryson, *Made in America* [* 이 쪽의 맨 아래 손가락표 ☞]

느낌표는 감탄문뿐만 아니라, 강조하기 위하여 평서문이나 명령문에도 쓰인다.

d. If you're asking me for money, the answer is no! (만약 자네가 나에게 돈을 요구한다면, 그 대답은 노우!다.)

e. If you can answer these questions, you could win a color TV! (만약 당신이 이 문제의 답을 말할 수 있다면, 칼라 TV 한 대를 탈 수 있습니다.)

f. I wouldn't go to that club—it's a complete rip-off ! (나는 그 클럽에는 안 갈거야. 거긴 완전 바가지야!)

g. He lost the election, and went out in disrepute. Poetic justice! (그는 선거에 패배하고 불명예 속에서 사라지고 말았다. 그건 정말 인과응보였다!) - Iacocca, *Autobiography*

☞ Bottoms Up(건배)! 건배할 때 술을 완전히 다 마시면 잔의 밑바닥을 위로 하는 데서 유래한 말이지만, Bottoms라고 복수로 쓰는 것은 너나 할 것 없이 참석자는 모두 술잔을 비우자는 뜻이 담겨있다.

Ⅲ. 생략구문

생략(Ellipsis)에는 여러 가지가 있겠지만 여기서는 어구의 중복을 피하기 위한 생략, 구문상의 생략, 그리고 글머리의 생략 등으로 나누어 다루기로 한다.

§ 267 중복을 피하기 위한 생략

(1) 형용사(+ 명사) [형용사에는 수사, some, many, *etc.*와 대명사의 소유격 포함]

a. "Shall we have red wine or white?" "I don't mind. I'll leave it to you." ("레드 와인으로 할까 아니면 화이트 와인으로 할까?" "난 상관없어. 자네한테 맡기겠네.") [white wine]

b. "How do you like your coffee?" "**Strong** please, with no sugar." ("커피를 어떻게 드십니까?" "설탕은 빼고 진하게 타주세요.") [strong coffee]

c. He normally prefers classical music to **rock**. (그는 보통 락음악보다 고전 음악을 더 좋아한다.) [rock music]

d. Marx was clearly the most **influential** of all the socialist* writers. (마르크스는 모든 사회주의 저술가 중에서 명백히 가장 영향력이 있는 인물이다.) [influential writer] [*→ *p.* 97]

e. Money is like a sixth sense without which you cannot make a complete use of the other **five**. (돈은 육감과 같아서 그것이 없으면 다른 오감도 완전히 이용할 수가 없다.) - Maugham, *Of Human Bondage* [five senses]

(2) 보어의 생략

- Intimacy is no excuse for rough manners, though the majority of us seem to think **it is**. (친하다고 해서 예의를 지키지 않아도 된다는 것은 아니지만, 대부분의 사람들은 그렇게 생각하고 있는듯하다.) [*it is an excuse of rough manners*]

(3) 동사의 생략 (동사에 수반되는 다른 요소도 함께 생략되는 일도 있다.)

a. Hate **breeds** hate; violence∧violence. (증오는 증오를 낳고, 폭력은 폭력을 낳는다.)

b. To some **life is** pleasure; to others∧suffering. (어떤 사람에게는 인생이 즐겁지만, 다른 사람에게는 고통이다.)

c. The strong **were made** to bully and the weak∧to knuckle under. (강한 자는 위협하기 마련이고, 약한 자는 굴복하기 마련이다.) - Mitchell, *Gone with the Wind*

d. *Animal Farm* is an allegory in which the animals **represent** the Russian people and Farmer Jones∧the old Tsarist regime. ('동물농장'은 동물들이 러시아 국민을 나타내고, 농장주 조운스가 제정 러시아 정부를 나타내는 우화이다.)

§ 268 구문상의 생략

(1) 부사절에서 <S + V>의 생략

a. ***As***∧*a child*, I hated being kissed by visiting relatives. (어렸을 때 집에 찾아온 친척들이 나에게 키스하는 것이 싫었다.) [I was]

b. ***When***∧*completed*, the road will link four major cities. (이 도로가 완성 되면 네 개의 주요 도시를 연결하게 될 것이다.) [it is]

c. He got malaria ***while***∧*traveling in Africa*. (그는 아프리카를 여행하던 중 말라리아에 걸렸다.) [he was]

- He was so tired he fell asleep ***while***∧*watching television*. (그는 너무나 피로하여 텔레비전을 보다가 잠이 들었다.) [he was]

d. The rumor, ***however*** *incredible*∧, was believed by the natives. (아무리 신빙성이 없더라도 원주민들은 소문을 믿었다.) [it was]

e. ***If***∧*taken in small doses*, the drug has no harmful effects. (마약은 소량 복용하면 전혀 해가 없다) [it is]

f. ***Once***∧*inside the airport*, I made my way to the check-in. (공항에 도착하자 곧 나는 탑승수속 카운터로 갔다) [I got]

g. The marriage, ***though***∧*brief*, was a happy one. (비록 짧았지만 행복한 결혼 생활이었다) [it was]

h. She seldom spoke ***unless***∧spoken to. (누가 말을 걸지 않으면 그녀는 먼저 말을 하는 법이 좀처럼 없었다) [she was] - Maugham, *Winter Cruise*

NB 양보 구문에서는 be 동사만 생략되는 일이 많다. (→ *p*. 368 (4))

ⓐ The building must be saved whatever the cost [is]. (비용이 얼마가 들더라고 그 건물은 보존 되어야 한다.)

ⓑ No matter what the circumstances [are], street violence cannot be justified. (어떤 경우라도 거리의 폭력은 정당화될 수 없다.)

(2) Be 동사의 생략

문어체 문장에서, 도치구문 따위의 리듬 때문에 가벼운 be동사가 흔히 생략된다.

a. Fortunate the man who, at the right moment, meets the right friends; fortunate also the man who, at the right moment, meets the right enemy. (적절한 시기에 적절한 친구를 만나는 사람은 행복하다. 적절한 시기에 적절한 적을 만나는 사람도 행복하다.) [Fortunate *is* the man ...]

b. The higher the mountain, the purer the air. (산이 높을수록 공기가 맑다) [the mountain *is*/ he air *is*]

§ 269 글머리의 생략

현대 구어영어에서는 생략이 빈번하지만, 특히 문장의 머리 부분을 생략하는 경우가 가장 많다. 대부분이 관용적이므로 일상대화에서는 생략한 형태로 쓰는 것이 보통이다.

(1) It의 생략

a. "What's the longest river in the world?" "[It] Beats me." ("세계에서 가장 긴 강은 어느 강이냐?" "몰라.")

- [It] Beats me why young people spend so much money on CDs. (왜 젊은이들이 CD에 그렇게 많은 돈을 소비하는지 모르겠어.)

b. [It] Can't be helped./ [It] Couldn't be helped. (어쩔 수 없다.)

c. [It] Couldn't be better. (더 할 나위 없이 좋다.)

d. [It] Makes no difference. (= I don't care) (마찬가지야./ 난 상관없어.)

e. [It] *Looks* as if we're going to have good flying weather tomorrow. (내일은 날씨가 [연]날리기에 좋을 것 같애.) - Maugham, *The Kite*

f. [It] Suits me (fine). (= It's fine with me./ It's OK with me.) (난 괜찮아.)

- *Suits me.* I don't want to fight with you. (그럼 됐어. 난 너와 싸우고 싶지 않아.) - McCullers, *The Heart is a Lonely Hunter*

(2) It's의 생략

a. [It's] Good/ Nice to have you here. (여기에 온 걸 환영한다. / 잘 왔다.)

b. [It's/ That's] No big deal. (= Big deal!/ What's the big deal?) (별것 아냐/ 걱정할 것 없어/ 대수롭지 않아.)

- *No big deal.* You can come and go as you please. (걱정할 것 없어요. 마음대로 출입할 수 있어요) - Grisham, *The Firm*

c. [It's] Good/ Nice to see you again. (다시 만나서 반갑다.)

d. I walked forward and introduced myself. "*Nice to meet you.*" (나는 앞으로 가서 내 소개를 했다. "처음 뵙겠습니다.) - Ibid., *The Street Lawyer*

e. [It's] Very good of you to look me up. (저를 찾아 주셔서 대단히 고맙습니다.) - Christie, *The Mystery of the Blue Train*

f. "*On me,*" he said and poured a small glass and pushed it toward me. ("내가 한 잔 사죠." 그는 이렇게 말하면서 조그만 술잔에 술을 따라서 그것을 나에게 밀었다.) - Hemingway, *A Farewell to Arms*

g. [It's] Time to go. (= It's now time to leave.) (이제 가봐야겠다.) [흔히 초대받은 손님이 쓰는 말이지만 초대받은 어린이에게 어른이 쓰기도 한다]

(3) Do you / Did you의 생략

아래 *a*의 5개 문장은 관용표현으로 모두 <내 말을 알겠느냐?>란 뜻이다.

a. [Do you] Get it? (= Got it?/ Got that?)
[Do you] See what I mean?/ [Do you] Get my drift?
[Do you] Get the picture?/ [Do you] Get the message?

b. "[Do you] Mind if I smoke?" "Yes, I mind." ("담배 피워도 될까요?" "안 피우시면 좋겠어요.") - Grisham, *The Pelican Brief*

c. (Did you) Leave a girl behind, (did you) get a Dear John*. (애인은 고향에 남겨두고 왔느냐? 절교장을 받았느냐?) - Mailer, *The Naked and the Dead* [* Dear John (letter) 절교장, 파혼장]

(4) Have you, there is, *etc.*의 생략

a. [Have you] Got a headache? (머리 아프니?) - Grisham, *A Time to Kill*

- Okay, kids. I want you to stay here no matter what. Got it? (좋아, 애들아, 어떤 일이 있더라도 여기를 떠나지 마라. 알겠지?) - Crichton, *Jurassic Park*
- "Pinch?" he asked. "Got a warrant? ("체포하러 왔어요?" 그가 물었다. "영장 갖고 있습니까?") - Steinbeck, *East of Eden*

NB [Do you have] Any idea who this girl is? (이 소녀가 누군지 알아요?) - Gardner, *The Lucky Loser*

b. No point in going home to Atlanta without the deed in her hand. (손에 토지권리증도 들지 않고 아틀란타의 집으로 돌아가는 것은 아무 소용이 없었다.) - Ripley, *Scarlett* [No sense = (There was) no sense→ *p*. 268 (1)]

- No sense having a six-shooter if you're not going to put it through all its tricks. (6연발 권총으로 모든 묘기를 다 부리지 않을 생각이라면 그걸 가지고 있어 봤자 아무 소용이 없어요) - *Ibid.*

c. Mason walked into the partially opened door leading into the bedroom. He knocked gently. Everybody decent? (메이슨은 침실로 통하는 약간 열린 문 안으로 걸어 들어갔다. 그는 가볍게 노크를 했다. "옷은 다 입었어요?") - Gardner, *The Daring Decoy*) [everybody의 뒤에 is의 생략]

- "Hello!" Victor called. "Anybody home?" ("여보세요!"하고 빅터가 소리쳤다. "집에 누구 있어요?") - Cook, *Mutation*

d. Damned if you do and damned if you don't. (진퇴양난에 빠졌어.) - Kesey, *One Flew Over the Cuckoo's Nest* [damned의 앞에 You are의 생략]

(5) It is ... (that)의 생략

예컨대, It is true that ...에서 ① It is만 생략한 <True + that-절> 형식, ② that까지도 생략한 <True + 명사절> 형식, ③ <True, + 명사절> 형식의 세 가지가 있다.

① <True that-절> 형식

a. **Strange that** it(= Hebrew) wouldn't strike you as logical. (자네한테 히브리어가 논리적인 언어라는 생각이 들지 않다니 이상하군.) - Uris, *Exodus*

b. **Curious that** the nerves seem to give out in the afternoon without a cup of coffee. (커피 한 잔을 마시지 않으면, 오후에 신경활동이 무뎌진다는 건 이상한 일이야.) - Bernard Shaw, *You Never Can Tell*

c. **Enough that** he likes my society. (그가 나와의 교제를 좋아한다는 것만으로 충분하다) - George Gissing, *The Private Papers of Henry Ryecroft*

d. **Better far that** your bones should bleach in this wilderness. (네가 이 황야에서 쓰러져 죽는 편이 훨씬 낫다.) - Conan. Doyle, *A Study in Scarlet*

② <True + 명사절>형식

a. **Funny** they don't see me. (그들이 나를 만나지 않다니 이상하군.) - Stephen Crane, *The Open Boat*

b. **Lucky** I came, wasn't it? (내가 온 것이 다행한 일이 아니었느냐?) – Christopher Isherwood, *Mr. Norris Changes Trains*

c. **A pity** you refused that hundred thousand pounds. (자네가 그 10만 파운드를 받지 않았다는 건 유감이군.) - A. Milne, *Essays*

Cf. **Pity** it's too far for weekend leave. (애석하게도 거기는 주말휴가를 보내기에는 너무 멀다) - Waugh, *Men at Arms*

③ <True, + 명사절> 형식

a. **Funny**, I don't feel hungry at all, and I only had a cup of tea. (이상하게도, 나는 차 한 잔 밖에 안 마셨는데 전혀 배가 고프지 않아.) - Ripley, *Scarlett*

b. **True**, it was valueless stuff even to a clue-hungry detective. (사실, 그것은 단서를 찾기에 골몰하고 있는 형사에게도 가치 없는 물건이었다.) - Capote, *In Cold Blood*

- **True**, Gorbachev had repeatedly and publicly proposed a snap meeting to negotiate a ban on nuclear test. (고르바초프가 그 동안 여러 차례에 걸쳐서 공개적으로 핵실험 금지를 협상하기 위한 임시 회담을 제의해 왔다는 건 사실이었다.) – *Time* (1986)

§ 270 (The) Fact is (that) 및 이와 유사한 형식

a. **The bottom line is that** drinking and driving can kill. (요컨대, 음주운전은 사람을 죽일 수 도 있다는 것이다.) [(the) bottom line (is) = in brief]

- **The bottom line is**, either you pay me more or I leave. (요컨대, 나한테 돈을 더 지불하지 않으면 난 떠나겠소.)
- **Bottom line**, John, the president is right. (존, 요컨대, 사장의 말이 맞아.) - Crichton, *Rising Sun*

b. **The fact is that** I don't like to go there. (사실은 나는 거기에 가고 싶지 않다.) [(the) fact is (that) = in fact]

- **The fact is,** growing multitudes of us today have more than a single boss. (사실은, 오늘날 많은 사람들이 복수의 상사 아래서 근무하고 있다.) - Toffler, *The Third Wave*
- **Fact is**, it seemed that everyone and everything was going to Los Alamos. (사실은, 모든 사람과 모든 것이 로스 알라모스로 가고 있는 것처럼 보였다.) - *Time* (1985)

c. **The funny thing is that** you're a salesman, and you don't know that. (이상한 일이군. 자네는 외판원이면서 그걸 모르다니.) - Miller, *Death of a Salesman*

- **The funny thing is**, though, I was sort of thinking of something else while I shot the bull.* [* shoot the bull 허튼 소리를 하다] (우습게도, 내가 허튼소리를 하고 있는 동안에도 나의 머리 속에서 다른 생각을 하고 있었다.) - Salinger, *The Catcher in the Rye*
- **Funny thing,** I would have done it for nothing. (이상한 이야기지만, 나는 돈을 한 푼도 받지 않고도 그것을 했을 거야.) - Cook, *Contagion*

d. **The point is**, Lecter was an orphan, like Clarice Sterling. (중요한 사실은, 렉터가 클레리스 스털링과 마찬가지로 고아였다는 것이다.) - Harris, *Hannibal* [the point is~= the most important thing is~]

e. **The thing is,** I had an operation very recently. (문제는, 내가 아주 최근에 수술을 받았다는 것이다.) - Salinger, *Op.cit.* [the thing is, 문제는/ 중요한 것은...이다]

Cf. **The whole thing is**, she's married. (중요한 문제는 그녀가 결혼을 했다는 사실이야) - Christie, *Death on the Nile*

f. **The trouble is that** no one seems to know what is happening. (문제는 무슨 일이 일어나고 있는지 아무도 모르는 것 같다는 것이다.)

- **The trouble is** we're one woman short in this matter. (중요한 것은 이 사건에서 여자 한 명이 빠졌다는 것이다.) - Gardner, *The Daring Decoy*
- **Trouble is**, the project of the century has proved to be the headache of the epoch for the Crees. (문제는, 세기의 대사업이 크리 인디안 부족에게는 세기의 두통거리가 되어버렸다는 것이다.) - *Newsweek* (1987)

Ⅳ. 공통 구문

문장 속에서 같은 요소인 두 개 이상의 어구가 다른 요소에 대해서 공통의 관계를 가질 때 이것을 공통구문이라고 하는데, 문장을 간결하게 하기 위한 장치라는 점에서 생략구문과 공통점이 많다.

§ 271 공통 구문의 유형

공통관계는 (1) 주어와 동사 (2) 동사와 목적어 (3) 동사와 보어 (4) 조동사와 동사 (5) 전치사와 목적어 (6) 수식어와 피수식어 따위의 사이에서 발생한다(다음에 드는 모든 예문에서 굵은 활자로 된 부분이 모두 공통어이다).

(1) 주어와 동사

a. *My sister,* not *my mother,* **went** with me. (나는 어머니가 아니라 누나와 함께 갔다.)

b. *Speaking English,* and *not reading it,* **makes** you a fluent speaker of English. (영어를 읽음으로서가 아니라 영어를 말함으로써 영어를 유창하게 말할 수 있다.)

(2) 동사와 목적어

a. **Put** *your best thought, your best work, your best energy* into everything you do. (당신의 최선의 사고, 최선의 노력, 최선의 정력을 당신이 하는 모든 일에 쏟아라.)

b. It probably never happens that a person lives who *has not,* or *has never had,* any one to **love him**. (자신을 사랑해주는 사람이 없다든가, 또는 여태까지 없었던 사람은 아마도 절대로 존재하지 않을 것이다.)

(3) 동사와 보어

a. He *was,* but not he *is,* **a diligent boy**. (근면한 소년이었으나, 지금은 아니다.)

b. Knowledge *is not, cannot be,* **everything**. (지식은 전부가 아니며, 전부일 수도 없다.)

c. It is not *what he has,* but *what he is,* that makes a man great. (사람을 위대하게 만드는 것은 재산이 아니라 인격이다)

(4) 조동사와 동사

- You *can,* and *must,* **do so**. (당신은 그렇게 할 수 있고, 또 그렇게 해야 한다.)

(5) 전치사와 목적어

a. No man can live *by* and *for* **himself.** (누구도 혼자서 혼자 힘으로 살아 갈 수 없다.)

b. We all go through life wearing spectacles colored **by** *our own tastes, our own calling, and our prejudices.* (우리는 모두 우리 자신의 취미, 직업, 편견에 의하여 채색된 안경을 끼고 인생을 살아간다.)

c. Much of their wealth came from, and often returned *to*, **another phenomenon of the age**, the hamburger joint. (그들의 부의 대부분은 그 시대의 또 하나의 기적인 햄버거 가게에서 나왔고, 또 종종 햄버거 가게로 돌아갔다.) - Bryson, *Made in America*

(6) 수식어와 피수식어

a. Passions *weaken*, but habits *strengthen*, **with age**. (정열은 나이와 더불어 약해지지만, 습관은 나이와 더불어 강해진다.) - John L. Avebury

b. A man *of virtue*, and not *of wealth*, deserves our respect. (돈 많은 사람이 아니라 덕망있는 사람이 우리의 존경을 받을 자격이 있다.)

c. The pen may be *a surer*, but the tongue is *a nicer* **instrument**. (펜은 보다 확실한 도구지만, 혀는 보다 섬세한 도구이다.)

d. Education means **development,** not only *of the brain*, but also *of the body*. (교육은 두뇌의 발달뿐만 아니라, 신체의 발달도 의미한다.)

e. The person *who is rich*, but *who is not healthy* can never be happy. (부자일지라도 건강하지 않으면 결코 행복할 수 없다.)

f. All virtue is most rewarded, and all wickedness most *punished*, **in itself**. (모든 미덕은 그 자체가 보수이며, 모든 악은 악 그 자체가 이미 형벌이다.)

g. I received *a cordial* though naturally *a somewhat astonished* **welcome**. (나는 정중한 가운데 당연하면서도 다소 놀랐다고 할만한 환영을 받았다.)

h. The man who wins is **the man** *who keeps cool, whose effort is always proportioned to his power*. (승리를 얻는 사람은, 항상 냉정하고, 그 노력이 언제나 자신의 실력과 균형을 이루는 사람이다.)

다음과 같은 공통구문도 있다.

i. Work is so much a necessity of existence that it is less a question *whether*, than *how*, **we shall work**. (일은 생존에 극히 필요한 것이기 때문에 일을 해야 하느냐 하지 말아야 하느냐 보다도 어떻게 하느냐가 문제이다.)

j. If we had not very *rich*, we generally had very *happy*, **friends** about us. (우리 주위의 친구들은 큰 부자는 아니지만, 대체로 지극히 행복한 사람들이었다.)

Ⅴ. 삽입 구문

문장 속의 어디에나 어떤 어구를 설명적으로 끼워 넣는 것을 삽입(Parenthesis)이라고 한다. 삽입어구는 그것을 제외하더라도 문맥을 파악하는 데는 전혀 지장이 없으므로 일단 그것을 생략하든가 괄호로 묶어서 문장의 의미를 생각해 보면 더욱 명료해지는 일이 많다.

§ 272 설명적인 문장의 삽입

앞에 나온 어구에 대해서 설명적으로, 또는 앞에 나온 어구에 다시 생각을 추가하여, 어법상 전후에 관계가 없는 독립된 문장을 삽입하는 경우이다. comma(,) 외에 dash(—)나 괄호에 의하여 둘러싸여 있다.

a. All the curious books that I have, **they are indeed few**, shall be <u>at your disposal</u>*.
(제가 가지고 있는 진귀한 책은, 정말 몇 권 되지 않지만, 마음대로 보십시오) [* = available]

NB 다음과 같이 동격의 명사를 중심으로 한 동격절도 있다.

- Even Rhett, **conscienceless scamp that he was**, had killed a Negro for being "uppity to a lady." (→ p.327 NB2)

b. Schooldays—**or so we are told**—are the happiest days of our lives. (학창시절이—또는 그렇다고들 말하듯이—우리 생애에서 가장 행복한 시절이다.)

- He made an apology—**I wonder if it were a sincere one**—for having caused us so much trouble. (그는 우리들에게 그렇게 큰 폐를 끼친 데 대해서—그의 마음속에서 우러난 것인지는 모르지만—사과를 했다.)
- Winters of the Mediterranean—**contrary to what many people think**—can be very cold. *v*ery cold. (지중해의 겨울은 - 많은 사람들이 생각하는 것과는 반대로—대단히 추울 때도 있다.)
- His influence—**he was a powerful figure in the community**—was a deterrent to effective opposition. (그의 영향력은—그는 그 지역에서 막강한 인물이었다—강력한 반대를 저지하는 힘이 되었다)

c. Human societies (**there are some brilliant exceptions**) have been generally opposed to freedom of thought. (인간사회는 [훌륭한 예외도 더러 있지만] 일반적으로 사상의 자유에 반대해왔다.)

- At the age of ten (*such is the power of genius*), he could read Greek with facility. (열 살 때 [천재의 능력이란 이런 것이겠지만] 그는 그리스어를 쉽게 읽었다.)

§ 273 구/ 절의 삽입

(1) 부사어(구)의 삽입

a. He is clever, **to be sure**, but not very hard-working. (그는 확실히 영리하지만, 그다지 열심히 노력하지 않는다.)

- It happened, **to be exact**, at two minutes past eleven. (그것은, 정확히 말하면, 열한시 이분에 일어났다.)
- We all learned this theory, **so to speak**, at our mother's knee. (우리는 모두 이 이론을, 말하자면, 어머니의 무릎에서 [= 아주 어린 시절에] 배웠다.)

b. He thought, **and very wisely**, that it was best do so. (= He thought that it was best to do so, and he thought very wisely.) (그는 그렇게 하는 것이 가장 좋다고 생각했는데, 그것은 대단히 현명한 생각이었다.)

c. My life, **more than that of anyone I know,** had been spent in solitude and wandering. (내 일생은 내가 아는 어떤 사람보다도 더 많이 고독과 방랑에 소비되었다.)

d. Your mother would never allow it, and **for that matter**, neither would I. (네 어머니는 결코 그것을 허락하지 않을 것이고, 그 문제에 대해서는 나도 허락하지 않을 것이다.)

(2) If로 시작되는 부사절의 단축형은 삽입구로 쓰이는 일이 많다.

a. I seldom, **if ever**, saw such a beautiful sight. (= I seldom saw such a beautiful sight.) (그렇게 아름다운 경치는 본 일이 있다고 하더라도 드물다.)

b. You'll find few, **if any**, good buys* in these parts. (이 지역에는 싸고 좋은 물건이 있다고 하더라도 드물다.) [* 그 값어치가 있는 물건]

- Correct errors, **if any**. (= if there are any) (틀린 곳이 있으면 고쳐라.)

c. He looked very handsome, and, **if anything**, younger than ever. (그는 미남으로 보였고, 어느 편이냐 하면, 이전보다도 젊어 보였다.)

NB If anything은 <조심스럽게 의견을 말하거나 >, 아래의 두번째 예문처럼 부정적인 진술 뒤에, <정확히 말하면 그 반대가 진실>이라고 말할 때 사용된다.

- He's not thin—**if anything** he's rather on the plump side. (그는 여윈 사람이 아니다—정확히 말하면, 다소 뚱뚱한 편에 속한다.)

d. I'll stay up all night, **if necessary**, to get it finished. (그 일을 끝내기 위해서, 필요하다면, 밤샘도 하겠다.)

e. While writing, you should have light come, **if possible**, over your left shoulder. (글을 쓸 때는 될 수 있는 대로, 불빛이 왼쪽 어깨에 오도록 해야 한다.)

(3) 부사절의 삽입

a. He is, **as it were,** a modern Sherlock Homes. (그는 말하자면 현대판 셜록 홈즈다.)

b. The fire, **although it had been burning for several hours,** was still blazing fiercely. (불은, 몇 시간 동안이나 타고 있었지만, 아직도 맹렬하게 타고 있었다.)

c. If he had been sent there, **as well he might***, he could still be alive. (그가 그곳으로 보내졌다면 당연한 이야기지만 아직 살아 있을 것이다.) - Uris, *Exodus* [* as well ~ may/ might …하는 것도 무리가 아니다/ 아니었다]

(4) It seems/ I think, *etc.* 의 삽입

실제로는 주절에 해당하는 clause가 글 속에 삽입되는 경우를 말한다.

a. His wishes, **it seems**, have come true. (그의 희망은 실현된 것 같다.)

b. Perseverance, **it has often been said,** the very key to success. (흔히 하는 이야기지만, 인내는 바로 성공의 열쇠이다.)

c. Strickland was not, **I should say***, a man of great intelligence, and his view on painting were by no means out of the ordinary. (스트릭랜드는, 아마, 탁월한 지능의 소유자는 아니었고, 또 그의 그림에 대한 견해도 결코 비범한 것이 아니었다.) - Maugham, *The Moon and Sixpence* [*→ *p.* 210]

양쪽에 comma가 없는 삽입절도 많다.

d. I've a guest room that **I'm confident** you'll find comfortable. (우리집에는 손님용 방이 하나 있는데 틀림없이 네가 편하다고 느낄거야.) - Cook, *Contagion*

e. When we were little, the last thing **I imagined** you'd want to be was a politician. (우리가 어렸을 때, 내 생각에, 넌 결코 정치가가 되고 싶어 하지 않았어.) - Segal, *Doctors*

(5) 독립절의 삽입

a. Anyhow, **there's one thing I'm positive of,** he didn't go away with anyone. (어쨌든, 한 가지 사실만은 확실합니다. 그는 누구하고도 도망치지 않았어요.) Maugham., *The Moon and Sixpence*

b. Philip blushed and, **he knew not why**, tears suddenly filled his eyes. (필립은 얼굴을 붉혔다, 그리고 왠지 모르게 갑자기 눈물이 고였다.) - Ibid., *Of Human Bondage*

NB 다음 용례처럼 의문사와 결합하여 붙는 삽입절도 있다.

- He was in charge of **I know not what** department. (무엇인지 이름은 모르지만 그는 어떤 부서의 책임자였다) - Ibid., *The Human Element*

§ 274 More (*or* most) important 형식

이것은 what is more (*or* most) important 의 이탤릭체 부분이 생략된 결과 생긴 것이다. what is 가 생략되지 않은 형식도 쓰이지만, 생략된 간략한 형식이 선호되는 것이 현대적 경향이다. 또 more(*or* most) important 뿐만 아니라 equally important 나 just as important 도 쓰인다. 더 나아가서, 많은 다른 형용사도 이 형식으로 사용되고 있으며, 어느 경우나 모두 삽입어로서 문장수식 부사의 기능을 가진다.

(1) 비교급의 형용사

a. They need more money now, but, **more important**, they need long-term help. (그들에게는 지금 더 많은 돈이 필요하지만, 더욱 중요한 것은 그들에게는 장기적인 원조가 필요하다는 것이다.)

Cf. **More importantly**, this island was a clannish place even by English standards. (더욱 중요한 것은, 그 섬이 영국의 표준으로 보더라도 배타적인 곳이었다.) - Clancy, *Patriot Games*

b. **Worse yet**, he couldn't defend himself against them. (설상가상으로 그는 그들로부터 자신을 방어할 수가 없었다.) - Clancy, *Without Remorse*

Cf. And **what's worse**, she will lug me into the mess. (그리고 더욱 좋지 않은 것은, 그녀가 나를 궁지에 몰아넣을 것이다.) – P. G. Wodehouse, *Very Good, Jeeves*

(2) 최상급의 형용사

a. **Most important of all**, the rain forests are being cut back at a faster pace than ever. (무엇보다도 가장 중요한 것은 열대우림이 이전보다 더 빠른 속도로 벌채 되고 있다는 것이다.) - Kennedy, *Preparing for the 21st Century*

Cf. **Most importantly**, you must keep a record of everything you do. (가장 중요한 것은, 당신이 하는 모든 일을 기록해두어야 한다는 것이다.)

b. **The strangest**, Strickland's determination to become a painter seems to be arbitrary. (가장 이상한 것은, 스트릭랜드의 화가가 되려는 결심이 변덕스러워 보인다는 것이다.) - Maugham, *The Moon and Sixpence*

(3) 원급의 형용사

- **Equally important,** parents can help create a demand for safer garments by asking for them in the store. (똑같이 중요한 것은, 부모들이 가게에서 보다 안전한 옷을 요구함으로써 그러한 옷에 대한 수요의 창출을 도울 수 있다.) - *Reader's Digest*

제 19 장 구 와 절

WARM-UP

(1) 구 (Phrase)와 절 (Clause)의 차이점

두개 이상의 단어가 모여서 8품사 가운데 어느 하나와 같은 역할을 할 때, 주어와 동사를 갖추고 있지 않으면 구가 되고, 갖추고 있으면 절이 된다.

(2) 구의 종류(역할에 의한 분류)

① 명사구 - 문장 속에서 주어, 보어, 목적어 의 역할을 한다

② 형용사구 - 명사를 수식한다

③ 부사구 - 동사, 형용사, 다른 부사를 수식한다

(3) 절의 종류(역할에 의한 분류)

① 명사절 - 구의 경우와 같고, 동격절도 여기에 포함된다.

② 형용사절 - 관계 대명사, 관계 부사가 이끄는 절로서 선행사를 수식한다.

③ 부사절 - 종속 접속사가 이끄는 절로서 종류가 대단히 많다.

(4) 종속절과 주절

위에서 설명한 명사절, 형용사절, 부사절은 어느 것이나 문장 전체에서 본다면 모두 종속적인 성질을 가지고 있으므로 이 셋을 통틀어서 종속절이라고 부른다. 그리고 이러한 종속절을 가진 문장에서 종속절을 제외한 나머지를 주절이라고 부른다. 아래 두 문장에서 이탤릭체로 된 부분이 종속절이다.

a. *That you are unjust* is certain. (= It is certain that you are unjust.) (당신이 불공평하다는 것은 확실하다.)

b. It's a very different thing, *what a thing's worth and what it'll fetch.* (물건의 가치와 그것이 팔리는 가격은 전혀 별개의 것이다.) - Maugham

1 구의 종류와 용법

I. 명사구

명사와 마찬가지로 주어, 보어, 목적어의 기능을 가지는 구이다. 그 구조는 중심어로서 부정사나 동명사를 포함하는 것이 많다.

§ 275 주어로서의 명사구 [→ *pp.* 228 (1)/ 260]

a. **To err** is human ; **to forgive** divine. (잘못은 인지상사요, 이를 용서함은 신의 본성이다.) - Alexander Pope*, *An Essay on Criticism* [* (1688~1744) 영국의 풍자시인]

- **To yield to your emotions** is dangerous. (감정에 굴복하는 것은 위험하다.)
- **To read a morning paper at luncheon** would spoil a good meal for many a sensitive man. (점심식사를 하면서 조간신문을 읽으면, 많은 민감한 사람들은 맛있는 식사를 망치게 될 것이다.) - Robert Lynd, *Blue Lion*
- **For her to have survived such an ordeal** was remarkable. (그녀가 그러한 시련에서 살아남았다는 것은 놀라운 일이었다.) [의미상 주어 + 부정사]

b. **Sending people to prison** is not the way to reduce crime. (사람들을 교도소에 보내는 것은 범죄를 줄이는 방법이 아니다.)

- **His handling of the situation** was masterly. (그가 상황에 대처하는 방법은 노련했다.)
- **Doing anything** is better than doing nothing. (어떤 일이라도 하는 것이 아무 것도 하지않는 것보다 낫다.)
- **The procuring of money** was a matter of difficulty. (돈을 구하기는 어려운 일이었다.)

NB 위의 *a*, *b*에서 부정사나 동명사가 이끄는 명사구가 길 때는 가주어 구문을 사용하는 것이 보통이다. (→ § 23 (2), (3)).

ⓐ It used to be difficult for women *to get good jobs*. (이전에는 여자가 좋은 직장을 구하기 어려웠다.)

ⓑ It was not unusual for me *to come home at two or three in the morning*. (내가 새벽 두세시에 집에 돌아오는 것은 드문 일이 아니었다.) - Segal, Love Story

ⓒ It's convenient *having a supermarket nearby*. (근처에 슈퍼마켓이 있으면 편리하다.)

§ 276 보어나 목적어로서의 명사구

(1) 보어로서의 명사구

a. His first aim is **to get a master's degree.** (첫째 목표는 석사 학위를 받는 것이다.)

• The mistake people like Griffiths make is **to take fair words and fine phrases at their face value**.* (그리피스와 같은 사람이 저지르는 실수는 미사여구를 액면 그대로 받아들이는 것이었다.) - Maugham, *Lord Mountdrago* [* take *sth* at face value ~ 을 액면대로 믿다]

• The thing that mattered was **for the war to finish quickly and for Ashley to come home**. (중요한 것은 빨리 전쟁이 끝나서 애슐리가 고향으로 돌아오는 것이었다.) - Mitchell, *Gone with the Wind* [의미상 주어가 있는 부정사 보어]

• The only exercise I get is **walking to work**. (나의 유일한 운동은 직장까지 걸어가는 것뿐이다.)

b. He saw the car cross **the road in front of him and collide with a bus**. (그는 자동차가 그의 앞에 있는 도로를 횡단하다가 버스와 충돌하는 것을 보았다.) [목적보어]

• Don't let children **play near water without an adult to watch them**. (어른이 지켜보지 않는 데서 어린이들이 물가에서 놀게 하지 마라.) [목적보어]

• A sense of humor leads you **to take pleasure in the discrepancies of human nature**. (유머감각이 있으면 인간성의 모순을 즐기게 된다.) - Maugham, *The Summing Up* [목적보어]

(2) 목적어로서의 명사구

a. Don't forget **to turn off the lights** before you go out. (외출하기 전에 잊지 말고 불을 끄도록 해라.)

• How do birds know **when to migrate** and how do they find their way back home? (새들이 언제 이동할지 어떻게 아느냐, 그리고 집으로 어떻게 찾아오느냐?)

• Gerry found **it** difficult **to sleep** after all the excitements of the day. (게리는 그날의 흥분으로 잠이 오지 않았다.) [가목적어 it을 동반한 목적어]

b. My duties include **doing the housework** and **picking up the children from school**. (내가 해야 하는 일은 집안일과 아이들을 자동차로 학교에서 데려오는 일이다.)

• Young children enjoy **helping with household tasks**. (어린 아이들은 집안일을 돕기 좋아한다.)

• I don't want *them staring at her*. (그들이 그녀를 응시하지 않았으면 좋겠어.) [의미상 주어를 동반한 동명사가 타동사의 목적어]

Ⅱ. 형용사구

명사나 대명사에 붙어서 그 의미를 한정 또는 수식하거나, 주어나 목적어를 설명하는 주격보어나 목적보어가 되는 등 형용사와 같은 기능을 하는 구이다. 그 구조를 보면 중심어로서 부정사나 분사를 포함하는 것, 그리고 전치사에 의한 것 따위가 있다.

§ 277 중심어가 부정사나 분사인 경우

(1) 중심어가 부정사인 경우

명사의 뒤에서 한정 또는 수식하는 경우가 가장 많다.

a. There had been no rain **to speak of** for a month and the garden was dying. (한 달 동안 비다운 비가 오지 않았기 때문에 정원이 죽어가고 있었다.)

b. He was thenceforth a critic **to be reckoned with***. (그때부터 그는 무시못할 평론가가 되었다.) - Maugham, *Of Human Bondage* [* = not to be trifled with 우습게 볼 수 없는]

c. Not a soul was to be seen on the street. (거리에는 사람이라곤 구경도 할 수 없었다) [to be seen은 주격보어]

d. His behavior leaves something / a lot / nothing to be desired. (그의 행동은 미흡한 점이 다소 있다/ 많다/ 나무랄 데가 없다) [to be desired는 목적보어]

(2) 중심어가 분사인 경우

한정용법의 분사는 그 앞에 <주격관계대명사 + be동사>가 생략된 것이다.

a. There would be a great pile of letters **waiting for him** in the hall. (호텔의 홀에는 그에게 온 편지가 수북하게 쌓여 있을 것이다) - du Maurier, *Rebecca*

- Anyhow I told him I was a student **working my passage*** back to America. (어쨌든 나는 학생인데, 배 삯 대신에 배에서 일을 하면서 미국으로 가는 길이 라고 말했어요.) - Maugham, *The Razor's Edge* [*work *one's* passage 뱃삯 대신 배 안에서 일을 하다]

b. This book will be of interest to all those involved in the tourist industry. (이 책은 관광업에 종사하는 사람들에게 유익할 것이다.)

- People **concerned with cholesterol levels** often try to cut down on* red meat. (콜레스테롤 수치를 걱정하는 사람들은 종종 붉은 고기를 줄이려고 노력한다.) [* (수량이나 활동을) 줄이다]
- She felt vaguely the pity of that child **deprived of the only love in the world** is quite unselfish. (전혀 이기적이 아니며, 이 세상에서 단 하나 밖에 없는 사랑을 빼앗긴 아이에게 그녀는 마음속으로 측은함을 느꼈다.) – Maugham, *Of Human Bondage*

§ 278 전치사가 붙는 형용사구

(1) of가 쓰이는 경우 (→ § 152(5))

a. The girl was **of medium height** and was wearing a blue suit. (그 소녀는 보통 키에 파란색 양복을 입고 있었다.)

- He was a man **of less than average height**. (그는 중키보다 작은 남자였다.) - Maugham, *Of Human Bondage*

b. The information is slightly out-of-date, but it could still be **of some use**. (그 정보는 약간 낡은 것이지만, 아직도 다소 쓸모가 있다.)

- The weather report came over on the radio, but it was **(of) no use** to me. (그 일기예보는 라디오에서 나온 것이지만, 나에게는 아무 쓸모가 없었다.)

c. He was **of communicative turn**. (그는 얘기하기 좋아하는 성격이었다.)

- If you were **of an observant turn** it might have struck that he blinked much less often than most of us. (관찰력이 예민한 사람이라면 그가 대부분의 사람들보다 눈을 자주 깜박이지 않는다는 것을 알았을지 모른다.) - Ibid., *Lord Mountdrago*

d. This film is not suitable for people **of a nervous disposition**. (이 영화는 소심한 성격의 사람들에게는 적합하지 않다.)

e. He married an American girl **of French extraction**. (그는 프랑스계 미국 처녀와 결혼했다.)

f. Captain Bartlett certainly was a queer fish*, but he is of no moment to my present purpose. (바트렛트 선장은 확실히 괴짜였지만 나의 현재의 목적에는 중요하지 않다.) - Ibid., *French Joe* [* fish = person]

g. Spanish rugs are usually of good quality. (스페인 양탄자는 대체로 품질이 고급이다.)

NB good/ high quality (양질의, 고급의)는 한정적으로도 쓰인다

ⓐ It's worth buying **good quality** cosmetics rather than cheap ones. (싸구려 화장품보다 고급 화장품을 사는 것이 그만한 값어치가 있다.)

ⓑ Their main aim is to produce plentiful crops of **high quality**. (그들의 주요한 목표는 양질의 곡물을 대량으로 생산하는 것이다.)

h. I was like a naturalist who comes into a country where the fauna are **of an unimaginable variety**. (나는 상상할 수 없을 만큼 많은 종류의 동물이 살고 있는 나라에 온 박물학자와 같았다.) - Maugham, *The Summing Up*

i. They were **of the generation** that had lived through the Depression and World War Ⅱ. (그들은 대공황과 2차 대전에서 살아남은 세대였다.)

j. Her husband was ***a man of good character***, and respected by the town people. (그녀의 남편은 훌륭한 인격자였으므로 읍내사람들로부터 존경을 받았다.)

- My father was a man **of few words**, but when he spoke everyone listened. (나의 아버지는 말수가 적은 분이지만, 말을 하면 모든 사람이 귀를 기울였다.)
- Taylor is a man **of means**, his family owns several apartment buildings in New York. (테일러는 재력가여서, 그의 가족은 뉴욕에 아파트를 여러 채(棟) 가지고 있다.)
- A man **of ample means**, he had since then devoted himself entirely to pleasure. (막대한 재산가인 그는 그 후로 오로지 쾌락에만 몰두했다.) - Maugham, *Sanatorium*
- He had always been a man **of regular habits**. (그는 항상 규칙적인 생활을 하는 사람이었다.) – Ibid., *Mrs Craddock*

Cf. The advertising industry has to know exactly what **the man in the street** is thinking. (광고 산업는 보통 사람들이 무엇을 생각하고 있는지를 정확히 알아야 한다.)

(2) 그 밖의 다른 전치사가 쓰이는 경우

a. People say there's no such thing as love **at first sight**. (첫 눈에 반하는 사랑이란 없다고 한다.) - Ibid., *Giulia Lazzari*

b. Do people **<u>at large</u>*** approve of the government's policy. (일반 국민들은 정부의 시책에 찬성하는가?) [* = as a whole]

- The side effects have resulted in costs borne by the taxpayers and the consumer **at large**. (그 부작용은 납세자와 소비자 전체에 부담을 주었다.) - Toffler, *Future Shock*
- Suddenly Ursula said to the company **at large** in a bright voice: "Rupert and I are going to be married." (갑자기 어슐라는 모여 있는 모든 사람들을 향해서 쾌활한 목소리로 말했다 "저와 루퍼트는 내일 결혼할 예정입니다.") - Lawrence, *Women in Love*
- Indeed, a recent survey estimates per capita annual income in the region **at large** at a mere $ 1,780. (사실, 최근에 실시한 조사는 그 지역 전체의 일인당 평균 연소득은 고작 1,780 달러로 추산했다.) - Kennedy, *Preparing for the 21st Century*

Cf. The escaped convict is still **at large**. (탈옥수는 아직 잡히지 않고 있다.)

c. There's plenty of room **for improvement** in your work. (당신의 작품에는 개선의 여지가 많습니다.)

d. We're friends **from way back**. (우리는 죽마고우다.)

Cf. Well, Tom, we **go way back**, you and I. (이봐, 탐, 자네와 내가 함께 일한지도 꽤 오래 됐지 / 자네와 나는 죽마고우야.) - Crichton, *Disclosure*

e. He's not **in his right mind**(= sane) (그는 제 정신이 아니다.)

- We are **in urgent need** of a new secretary. (우리는 급히 새 비서가 한 사람 필요합니다.)

- It would <u>be **in your interests**</u>* to do as he says. (그의 말대로 하는 것이 자네한테 도움이 될걸세.) [* = be helpful for you]
- The ambassador promised to <u>do everything **in his power**</u>*to get the hostages released (대사는 인질이 석방되도록 최선을 다하겠다고 약속했다.) [* do all (*or* everything) in one's power 최선을 다하다]
- He was certainly **in good humor** this morning. (분명히 오늘 아침에는 기분이 좋았다.)
- Whenever Sophie's mother was **in bad mood**, she would call the house they lived in a menagerie. (소피의 어머니는 기분이 언짢을 때 마다 그들이 사는 집을 동물원이라고 불렀다.) - Gaarder, *Sophie's World*
- I thought the remark **in very bad taste**. (그 말이 대단히 악취미라고 생각했다.) - *Maugham*, [목적보어]
- Jesus Maria seemed content to leave his friends **in ignorance of the mishap**. (지저스 머라이어는 친구들에게 그 불행을 알리지 않은 것을 만족해하는 듯이 보였다.) - Steinbeck, *Tortilla Flat* [목적보어]
- I won't keep you **in suspense** any longer. Here are the results of the exam. (더 이상 너희들을 가슴 조이게하지 않겠다. 시험 성적이 여기에 있다.) [목적보어]
- We're being <u>kept **in the dark**</u>* about the dangers of food additives by the big food manufacturers. (우리는 대형 식품제조업체들에 의한 식품첨가제의 위험에 대해서 까맣게 모르고 있다.) [* keep~in the dark~을 숨기다], [목적보어]

f. France was on a four-day week and Germany was on a six-day week. (프랑스는 주 4일 근무였고, 독일은 주 6일 근무였다.) - Iacocca, *Autobiography*

Cf. The employees are demanding an eight-hour day and a five-day week. (근로자들은 하루 8시간, 수 5일 근무를 요구하고 있다.)

g. By 1980 millions of women on both sides of the Atlantic were routinely performing for themselves a task previously carried out for them by doctors and laboratories. (1980년이 되자 미국과 유럽의 수백만 명의 여성들은 그 때까지는 의사나 실험실에서 받아왔던 [임신]검사를 정기적으로 자기 자신이 할 수 있게 되었다.) - Toffler, *The Third Wave*

NB on both sides of the Atlantic(미국과 유럽[*or* 영국] 양쪽에서)과 on both sides of the Pacific(미국과 일본 양쪽에서) 은 미국이 세계의 중심이라는 생각에서 나온 표현이지만 영국에서도 쓰이고 있다.

- English is rapidly becoming a cosmopolitan means of communication and it is now being studied by numerous well-trained investigators **on both sides of the Atlantic.** (영어는 빠른 속도로 세계적인 의사전달 수단이 되어가고 있으며, 지금 미국과 영국 양쪽 에서 잘 훈련된 학자들에 의해서 연구되고 있다.) – S. Potter, *Our Language*
- The discovery of the Titanic generated enormous interest **on both sides of the Atlantic**. (침몰한 타이태닉호의 발견은 영국과 미국에 커다란 관심을 불러 일으켰다.)

Ⅲ. 부사구

구 가운데 가장 많이 볼 수 있는 것이 부사구(adverb phrase) 이다. 부정사의 부사적 용법(→§ 121)이나, 분사구문도 모두 부사구이지만, 이것들은 앞에서 자세히 다루었으므로 여기서는 관용적인 표현과 부대상황구문(→§ 233)의 용례를 추가한다.

§ 279 시간을 나타내는 부사구

a. Being a salesman **at the turn of the century** was an ignoble job. (20세기 초에는 외판원이란 명예롭지 못한 직업이었다.) - Watson, Jr., *Father, Son & Co.*

b. **From now on,** you will conduct your investigations with unprecedented vigor. (지금부터 당신은 모든 정력을 다 쏟아서 조사에 착수하시오.) - Forsyth, *The Day of the Jackal*

- **From that point on**, the Jackal's preparations moved out of the research stage to that of practical planning. (그때부터 재칼의 준비는 조사단계에서 실행계획의 단계로 발전했다.) - *Ibid.*

c. Frankly, if I saw you **first in the morning**, it would make my day. (솔직히 말하면, 아침에 눈을 뜨자마자 너를 본다면, 하루가 즐거울 거야.) - Segal, *Prizes*

d. The thief was caught **in the act of breaking into the house**. (도둑은 집에 침입하다가 현장에서 붙잡혔다.)

e. In the old stories, the heroine always gets rescued **in the nick of time**. (옛날 이야기에서 여주인공은 항상 아슬아슬한 순간에 구출된다.)

f. Plastic is cheaper than leather **in the short run**, but it won't last as long. (플라스틱이 단기적으로는 싸게 먹히지만, 가죽만큼 오래 쓰지 못한다.)

- It'll be cheaper **in the long run** to use real leather because it will last longer. (오래 쓸 수 있으므로 진짜 가죽을 사용하는 것이 장기적으로 보면 싸게 먹힌다.)

Cf. **Over the long haul**, however, we can expect education also to change. (그러나, 장기적인 안목으로 보면, 교육도 역시 바뀔 것이다.) - Toffler, *The Third Wave*

g. Credibility is something you can earn only **over time**. (신용이란 시간이 흘러야 얻을 수 있는 것이다.) - Iacocca, *Autobiography*

- But perhaps the most devastating catastrophes develop slowly, **over time**, with a whisper. Acid rain does to alpine trees what AIDS does to humans. (그러나 아마도 가장 끔찍한 재난은 시간이 흐름에 따라서 천천히 아무도 모르게 다가온다. 산성비가 알프스의 나무에 미치는 영향은 에이즈가 인간에게 미치는 영향과 같다.) - *Newsweek* (1989) [over time = with the passage of time]

§ 280 그 밖의 부사구

여기에 속하는 부사구는 무수히 많지만 관용적인 표현 가운데 현대영어에 많이 쓰이는 것만 들기로 한다.

a. We laughed **at the sight of** his strange clothes. (우리는 그의 야릇한 옷차림을 보고 웃었다.)

- His mouth watered **at the thought of** it. (그것을 생각했을 때 그의 입에서 군침이 흘렀다.) - Maugham, *Red*
- Imagine walking a girder a hundred meters up in the air! I shudder **at the very thought of** it. (백 미터나 되는 공중에 매단 들보 위를 걸어가는 걸 상상해봐! 나는 생각만 해도 소름이 끼친다.)

b. at a cost of (~의 비용으로), at the cost (or expense) of (~을 희생하여)

- It had taken the company 15 years to develop the product **at a cost of** $ 150 million. (그 회사는 이 제품을 개발하는데 15년의 세월과 1억5천만 달러의 개발비를 투입했다.) - *Time* (1985)
- The efficient and energetic South Koreans have been preparing the event, as well as for the 1988 Olympics, for nearly five years **at a total cost of** $ 3.1 billion. (능률적이고 정력적인 대한민국 국민들은 이 행사[아시안 게임]는 물론이고 1988년의 올림픽을 위해서 약 5년간의 세월과 31억 달러의 비용을 투입 해왔다.) - *Time* (1988)
- Meanwhile, Argentine's President Raúl Alfonsin has warned that debt repayment would not come "**at the cost of** our people's hunger."(한편 아르헨티나의 라울 알폰신 대통령은 "우리 국민을 굶겨가면서까지" 부채상환을 할 수는 없다고 경고했다.) - *Ibid.* [at the cost of = at the expense of]

c. Nancy took a deep breath and shouted **<u>at the top of her voice</u>***. (낸시는 숨을 깊이 들이 마시고는 목이 터져라 하고 고함을 질렀다.) - Follett, *Night Over Water* [* at the top of one's voice/ lungs 목청껏, 목이 터져라 하고]

d. I have not on the whole taken people **at their face value**. (나는 대체로 사람들의 말을 액면 그대로 받아들이지 않았다.) - Maugham, *The Summing Up*

e. **At the very least,** however, the killings two weeks ago demonstrated just how vulnerable U. S. facilities and citizens in the Philippines may be. (그러나, 적어도 2 수일 전에 있었던 [미국군인] 피살사건은 필리핀 안에 있는 미국의 군사 시설과 미국 시민들이 얼마나 피해를 입기 쉬운가를 보여 주었다.) - *Newsweek* (1987) [at the very least는 at (the) least를 강조한 표현임]

f. Please answer my questions briefly and **<u>to the point</u>***. Where's your car? (내 질문에 간단명료하게 대답하시오. 당신의 승용차는 어디에 있어요?) - Gardner, *The Amorous Aunt* [* to the point = relevant 적절한, 타당한, 요령있는]

Cf. **More to the point**, she's his vice-president. (더욱 중요한 것은 그녀가 그의 부사장이란 점이다.) - Crichton, *Disclosure* *g*. (get/ be) off to a good start (= start well)

이것은 현대영어에서 많이 볼 수 있는 형식으로 good 대신에 여러 가지 다른 형용사가 쓰일 수 있다.

- **Off to a running start** (처음부터 달리면서 출발하다.) - *Time* (1985) [기사의 제목]
- We got **off to a good start.** We had been going together a couple of months. (출발이 좋았지요. 우리는 두 달 동안 함께 잘 해왔습니다.) - Gardner, *The Daring Decoy*
- Christmas likewise **got off to an erratic start** in America, not least because the Puritans disdained it (not altogether inaccurately) as a pagan festival. (또 크리스마스도 미국에서 좀 이상하게 시작되었다. 특히 청교도들은 그것이 이교도의 축제 [완전히 틀린 말은 아니지만] 라고 멸시했던 것이다.) - Bryson, *Made in America*

h. His name's **on the tip of my tongue**. I'll think of it in a minute. (그의 이름이 내 혀끝에 뱅뱅 도는구나. 곧 생각이 날거야.)

- It was **on the tip of Bertha's tongue** to say that faint heart never won fair lady, but for modesty's sake, she refrained. (겁쟁이는 미인을 얻지 못한대요 라고 말을 할까 말까 하고 망설이다가 얌전해야 한다고 생각한 나머지 바서는 그만 두었다.) - Maugham, *Mrs Craddock*

i. It was pure coincidence; Harvard telephoned me **out of the blue** the day I returned from my vacation. (그건 순전히 우연의 일치였어. 내가 휴가에서 돌아오던 날 느닷없이 하버드가 나에게 전화를 한거야.) (이 밖에→ *p*. 48 (2)의 *a*)

- Then, **out of a clear blue sky**, he told me he was leaving. (그 때 갑자기 그는 나한테 떠나겠다고 말했어.)

NB out of the blue / out of a clear sky/ out of a clear blue sky 이 세 가지 표현은 모두 같은 뜻으로 모두 suddenly, without warning을 의미한다.

Cf. This piece of information came **as a bolt out of the blue**. (이 소식은 청천벽력과 같은 것이었다.) - Archer, *As the Crow Flies*

- Without warning, the government raised taxes by 10%—it was **a bolt from the blue.** (예고도 없이 정부는 세금을 10%나 올렸다. 그건 아닌 밤중에 홍두깨 격이었다.)

j. Over my dead body. (내 눈에 흙이 들어가기 전에는 안돼.) - *Ibid.*

- You'll marry him **over my dead body**. (내가 죽는 꼴을 보고 싶거든 그 남자와 결혼해라.)

§ 281 부대상황의 부사구 (→ § 233)

(1) With가 있는 것

a. **With his source of information gone**, there is no corner of Paris where he can hide. (그의 정보원이 없어졌기 때문에 파리에서 그가 숨을 수 있는 구석은 없다.) - Forsyth. *The Day of the Jackal*

b. **With his purchases and packing completed**, he had reached the end of his planning. (무기의 구입과 포장이 끝났을 때, 그의 계획은 마무리되었다.) - *Ibid.*

c. But there's been so much to do here **with most* all the darkies gone** that I just couldn't get away. (그러나 여기엔 할 일은 많고 흑인들은 거의 모두 떠나버렸기 때문에 나는 도저히 빠져나갈 수가 없었다.) – Mitchell, *Gone with the Wind* [**AmE* = almost]

d. **With everything burned down and boundary lines wiped out**, no one knows where their land begins or ends. (모든 것이 불타버리고, 경계선이 지워져 버렸으므로 그들의 땅이 어디서 시작되는지 또는 어디서 끝나는지 아무도 모른다) - *Ibid.*

e. It was so gloomy **with the rain pattering** all day on the windows. (하루 종일 비가 유리창을 두드리던 아주 음산한 날이었어요.) - Maugham, *Mrs Craddock*

f. At last, **with only four shopping days left** until Christmas, they were liberated. (마침내 크리스마스까지 쇼핑할 수 있는 날을 단지 나흘 남겨두고, 그들은 해방되었다.) - Segal, *Doctors*

g. **With the boats all gone**, a curious calm came over the gigantic Titanic. (보우트가 모두 떠나 버리자, 거대한 타이태닉호에는 이상한 정적이 감돌았다.)

(2) With가 없는 것

a. He came to her, **his black face as forlorn as a lost and masterless hound**. (그가 그녀의 옆에 왔을 때, 그의 검은 얼굴은 주인 잃은 사냥개마냥 비참한 모습이었다.) - Mitchell, *Gone with the Wind*

b. The charcoal-gray-suited young inspector came in, **notebook in hand**. (검정 회색 양복을 입은 젊은 경위가 손에 공책을 들고 들어왔다.) - Forsyth, *Ibid.*

c. He looked upward, **hands in his Levi's pockets, camera hanging against his left hip**. (그는 두 손을 리바이스 청바지의 포켓 속에 넣고, 카메라를 왼쪽 엉덩이에 걸친 채 위를 쳐다보았다.) – Waller, *The Bridges of Madison County*

d. Suppose* his father had come down, **pistol in hand**? (만약 그의 아버지가 손에 권총을 들고 내려왔다면 어떻게 되었을까?) - Cather, *Paul's Case* [*→ *p.* 505 *e*]

2 절의 종류와 용법

구(Phrase)의 경우와 마찬가지로, 절(Clause)의 종류도 형식면에서 분류하면, that-절, if-절, whether-절, 관계사절, 의문사절, 따위로 나눌 수 있지만, 여기서는, 기능적인 면에서 ☞명사절, 형용사절, 부사절, 그리고 동격절로 분류하기로 한다(명사절, 형용사절, 부사절을 합쳐서 종속절이라고 한다). [☞ 명사절이 주어일 때는 주절이 된다.]

Ⅰ. 명사절

명사구와 마찬가지로, 명사절도 주어, 보어, 목적어가 될 수 있다. 명사절을 이끄는 것은 접속사(that, whether, if), 복합 관계사(what, whoever, whatever, *etc.*), 의문사(who, whom, what, which, why) 이다.

§ 282 주어 / 보어 / 목적어로서의 명사절

(1) 주어

a. **That** *the air is a material substance, possessing weight,* was shown by Boyle. (공기가 무게를 가진 물질이라는 것은 보일에 의해서 증명되었다.)

- **That** *substance runs parallel to the spectacle* only enhances the stature of *Lawrence of Arabia* and the reputation of Lean. (내용도 스펙타클에 결코 뒤지지 않는다는 점이 영화 <아라비아의 로렌스>의 위상과 감독 린의 평판을 더욱 높여 준다.) - Schneider, *1001 Movies*

b. **Whether** *she read between the lines of the letter or not* is another matter. (그녀가 그 편지의 글자 뒤에 숨은 뜻을 이해했는지 어떤지는 별개의 문제다.) - Christie, *The Mystery of the Blue Train*

NB1 위의 *a, b* 처럼 that-절이나 whether-절이 주어인 경우는 it을 사용하여 가주어 구문을 쓰는 것이 보통이다. (→ § 23)

NB2 위의 경우 whether 대신 **if**를 쓸 수 없다. 두 접속사의 차이점은 대체로 다음과 같다.

ⓐ **If**는 타동사의 목적어나 **be sure** 뒤에 whether 대신 쓸 수 있다.

ⓑ **If**는 전치사의 목적어로 쓸 수 없으며, 주어인 명사절을 이끌 수 없다.

- **Whether or not** you have the operation is entirely up to you. (수술을 받느냐 받지 않느냐는 오로지 당신 자신에게 달렸다.)

ⓒ whether는 뒤에 or (not)과 함께 쓰이는 일이 많지만, **if**는 그렇게 쓰는 일이 드물다.

- You're coming **whether** you like **or not**. (당신은 좋든 싫든 오게 될 것이다.)

Cf. Do you care *if* I have a headache or not? (제가 머리가 아픈지 어떤지 걱정이 되나요?)
- Maugham, *Mrs Craddock*

c. **Who** *can have told you this* puzzles me. (도대체 누가 자네한테 이 말을 했는지 나는 모른다)

d. **What** *money I have* is at your disposal. (내가 가진 돈은 얼마 되지 않지만 마음대로 쓰세요.)

e. **Whatever**(=*anything that*) *has a beginning* also has an end. (시작이 있는 것은 무엇이나 끝도 있다.)

f. Can genetic differences explain **why** *some children thrive while others die*? (왜 잘 자라는 아이들이 있는가 하면 죽는 아이들도 있는가를 유전자의 차이로 설명할 수 있느냐?)

g. **How** *quickly kids learn to read* will often depend on both their ability and their backgrounds. (아이가 얼마나 빨리 읽기를 배울 것인가는 그들의 능력과 배경에 좌우된다.)

(2) 보어

이 명사절을 이끄는 것은 접속사(that, whether, if), 복합 관계대명사 what 따위 이다.

a. An enduring criticism of *The Godfather*(1972) is **that** *it glorifies the Mafia*. (영화<대부>에 대해서 끊임없이 제기되는 비판은 그것이 마피아를 미화하고 있다는 점이다.) - Schneider, *1001 Movies*

b. Things are not **what** *they seem*. (사물은 겉으로 보기와는 다르다) - Longfellow*, "A Psalm of Life" [* Henry Wadsworth Longfellow (1807~1882) American poet]

(3) 목적어

이 명사절을 이끄는 것은 접속사(that, if, whether), 복합 관계사, 의문사 따위이다.

a. I called them to see **if** *I could cancel the appointment*. (나는 약속을 취소할 수 있는지를 알아보기 위해서 그들에게 전화를 했다.)

b. The truth about **why** *Rudolf Hess really flew to Scotland in 1941 has never been told*. ([2차대전 당시 나치 독일의 제 2인자] 루돌프 헤스가 왜 1941년에 실제로 비행기를 몰고 스코틀랜드까지 왔는지에 대한 진실은 결코 밝혀 지지 않았다.)

NB3 일반적으로 의문사절의 앞에는 전치사가 쓰이지 않으나 의미를 명백히 하기 위하여 쓰기도 한다.

ⓐ Jeff wants a walkman *for* **when** he walks the dogs. (제프는 개를 데리고 산책할 때 쓰기 위해서 워크맨을 갖고 싶어 한다.)

- They always come up with the same old excuses *for* **why** they can't deliver on time. (그들은 왜 정각에 배달할 수 없는지에 대해서 항상 똑 같은 고리타분한 변명을 늘어놓는다.)

ⓑ Since our car was broken into, we have been much more circumspect *about* **where** we park it. (우리 차에 강도가 든 이후로 우리는 어디에 주차할 지에 대해서 훨씬 더 신경을 쓴다.)

Ⅱ. 형 용 사 절

형용사절은 관계사에 인도되어 선행사인 명사나 대명사의 의미를 한정 또는 설명하는 절이다 (→§ 제 12장). 그러나 접속사도 형용사절을 인도할 수 있다. 접속사가 인도하는 절은 부사절이 되는 경우가 많지만, 그것이 직접 명사와 접촉하고 있을 때는 형용사절의 기능을 가진다.

I will never forget the pleasure (I had) **when** *I found my name on the list of the successful candidates.* (합격자의 명단에서 내 이름을 보았을 때의 그 기쁨은 결코 잊지 못할 것이다.)

위 문장에서 괄호 안에 있는 I had를 생략하건 그대로 두건 의미의 차이는 없으나, 생략하지 않으면 I had는 형용사절, when이하는 부사절이 되지만, I had를 생략하면 when 이하는 형용사적 기능을 가지며 결국 형용사절로 간주할 수 있다.

§ 283 접속사가 인도하는 형용사절

이 경우의 접속사는 시간이나 양태를 나타내는 것이 많다.

a. If I pack up the day **after** *all the parties are done*, everybody will notice. (파티가 전부 끝난 다음날 내가 짐을 꾸려서 떠난다면 모두 알게 될거야.) - Ripley, *Scarlett*

- They started the rebuilding of the windmill the day **after** *the victory celebrations were ended.* (승리 축하행사가 끝난 다음 날 그들은 물레방아를 다시 건설하기 시작했다.) - Orwell, *Animal Farm* (이 밖에 → *p.* 25의 26)

b. At one level the substitution of electric money for paper money is a direct threat, for example, to the very existence of banks **as** *we know*. (한 편으로는, 예컨대, 전자화폐로 지폐를 대신하는 것은 우리가 알고 있는 은행의 존재 자체에 대한 위협이다.) - Toffler, *Power Shift*

c. The day **before** *I left* we had a good time. (내가 떠나기 전 날 우리는 재미있게 놀았다.) - Miller, *Tropic of Cancer*

- He recalled the occurrences **before** *he fell asleep*. (그는 잠들기 전에 일어났던 일을 상기해 보았다.) - Washington Irving, *Rip Van Winkle*

d. I refer to the utterance of Neil Armstrong **when** *he became the first person to set foot on the moon.* (나는 닐 암스트롱이 인류 역사상 최초로 달에 첫 발을 디뎠을 때 했던 말을 이야기하고 있는 것이다.) - Bryson, *Made in America*

e. I have a curious feeling **as though** *your face were familiar to me.* (이상하게도 당신의 얼굴은 나에게 낯익은 듯한 느낌이 듭니다.) - Maugham, *Red*

Ⅲ. 부 사 절

§ 284 시간의 부사절

시간의 부사절을 인도하는 접속사에는 after, as, before, since, till(= until), when, while 따위가 있으나, 여기서는 after, as (→§ 176)를 제외한 나머지 접속사만 다룬다.

(1) Before

a. **Before** *the operation can be carried out*, the patients have to sign a form saying that they have given their consent. (수술을 하기 전에 환자는 동의했다는 서명을 해야 한다.)

b. I had not been back twenty-four hours **before** *I ran across Rose Waterford in Jermyn Street.* (내가 돌아온지 24 시간도 채 지나기 전에 저민 가에서 로우즈 워터포드를 우연히 만났다) - Maugham, *The Moon and Sixpence*

(2) Since (주절은 현재(완료)/ 과거완료) (↔ *p.* 191)

a. It's twenty years **since** *I've seen* her. (그녀를 못 본지 20년이나 된다.)

b. **Since** *she started that diet* she's lost over 10 pounds in weight. (그녀가 그 다이어트를 시작한 이후 체중이 10파운드 이상 빠졌다.)

c. It's been seven years **since** *we moved here* and *we've bought* another house **since** then. (우리가 여기에 이사 온지 7년이 되었고, 그 후에 집을 또 한 채 샀어요.) – Grisham, *The Firm*

(3) When

a. **When** *he regained consciousness*, he found himself in a hospital. (그가 의식을 회복해 보니 병원에 누워 있었다.)

b. Why do you want a new job **when** *you've got such a good one already*? (자네는 이미 좋은 직장을 가지고 있는데 왜 다른 직장을 원하느냐?) [when = though]

- Why is she settling for margarine **when** *she could have real butter*? (진짜 버터를 먹을 수 있는데 왜 그녀는 마가린으로 만족하고 있을까?) - Segal, *Doctors*
- To drink a glass of sherry **when** *you can get a dry martini* is like taking a stagecoach when you can travel by the Orient Express. (드라이 마티니가 있는데도 불구하고 세리주를 마시는 것은 오리엔트 특급을 탈 수 있는데도 역마차를 타는 것과 같습니다.) - Maugham, *His Excellency*

c. <u>What was</u> Paris <u>coming to</u>* **when** *a baker could be attacked in a brasserie by a total stranger*? (빵가게 주인이 레스토랑에서 생면부지의 사람에게 공격을 당하는데도 파리 당국은 무엇을 하고 있었던가?) - Folsom, *The Day After Tomorrow* [* what is... coming to?...은 도대체 무엇을 하고 있는가?]

d. Many people say they haven't decided who to vote for yet, but we believe that ***when** it comes to the crunch** they'll vote for Democrats. (많은 사람들은 누구에게 투표를 할지 아직 결심하지 않았다고 말하지만, 막상 선거일이 되면 민주당에 투표할 것이다.) [* 결정적인 시기가 오면]

e. Officially the Church remained neutral, but <u>**when** *it came to it*</u>* most of the priests supported the workers. (공식적으로 교회는 중립이었으나, 결정적인 순간이 왔을 때 대부분의 성직자들은 근로자들을 지지했다.) [* = when it came to the crunch]

(4) While

a. There was a silence **while** *they both <u>racked their brains</u>**. (그들 둘이서 묘안을 짜내고 있는 동안 잠시 침묵이 흘렀다.) - Follett, *Night Over Water* [* rack one's brains 머리를 짜내다]

b. He has nothing to spend on, **while** *I had no money to spend*. (그는 돈이 있어도 쓸 곳이 없는데, 나는 쓸 돈이 없다.) [while = whereas]

• **While** *a Rolls Royce is a very nice car* it is extremely expensive. (롤스로이스는 대단히 좋은 차이지만 가격이 아주 비싸다.) [while = though]

(5) Till = until)

특히, not~until(or till)이나 till finally/ at last/ in the end는 결과를 나타낸다.

a. His dance grew wilder and wilder **till** *he fell to the ground exhausted*. (그의 춤은 점점 격렬 해지더니 마침내 그는 기진맥진하여 땅바닥에 쓰러졌다.)

b. I saw myself wandering on **till at last** *I fell exhausted*. (나는 길을 잃고 헤매다가 마침내 지쳐서 쓰러졌다.)

c. In great cities men are like a lot of stones thrown together in a bag; their jagged corners are rubbed off **till in the end** *they are as smooth as marbles*. (대도시의 인간이란 자루 속에 함께 집어 넣어둔 많은 돌멩이와 같다. 그들의 날카로운 모서리는 닳아 없어져서 마침내 공기 돌처럼 매끄러워진다.) - Maugham, *The Summing Up*

d. It **wasn't until** 1973 that Nixon finally ordered US troops out of Vietnam. (1973년에 비로소 닉슨 [대통령]은 마침내 미군의 베트남 철수를 명령했다.)

e. **Not until** *we lose health* do we realize its blessing.
(= We do not realize the blessing of health till we lose it.)
(건강을 잃고 나서야 비로소 그 가치를 안다.)

§ 285 조건의 부사절

조건의 부사절을 이끄는 접속사는 if 외에도 unless, in case, as (*or* so) long as (= only if), assuming (that), providing (that), provided (that), on condition (that), supposing, suppose, say, in the event (that) 따위가 있다.

a. **If** *you're male*, the odds are about 1 in 12 of being colorblind. (당신이 남자라면 색맹이 될 확률은 약 12명에 한 명 꼴이다.)

b. That's Bob's car outside the house, <u>**unless** *I'm very much mistaken*</u>*. (내가 잘못 보지 않았다면, 집 밖에 있는 저 차는 밥의 차다.) [*unless I'm (very much) mistaken (= I'm fairly sure I'm right)]

NB1 Unless 뒤에는 직설법시제가 오는 것이 원칙이지만 가끔 가정법시제가 오는 수도 있다.

ⓐ He wouldn't do it **unless** you *ordered* him to do do it. (그에게 그것을 하라고 하지 않으면 그는 하지 않을 것이다.) [A. S. Hornby]

ⓑ I shouldn't have thought it possible **unless** I *had seen* it. (내 눈으로 보지 않았다면 그것이 가능하다고 생각하지 않았을 것이다.) [W. S. Allen]

c. In case I'm late, don't wait to start dinner. (내가 늦으면 먼저 식사를 시작하세요.)

NB2 *AmE* 에서는 in case = if 이지만, *BrE* 에서는 in case를 <~할지 모르니까 / ~에 대비하여> (= because ~might / for fear [that])의 뜻으로 쓰인다. 그리고 in case 뒤에 사용되는 시제는 직설법, should, 또는 가정법 과거이다.

ⓐ We always leave a key with a neighbor **in case** *we lock ourselves out.* (열쇠를 잊은 채 잠가 버려서 집에 못 들어 갈까봐 우리는 항상 열쇠를 이웃집에 맡긴다.)

ⓑ People insure their houses **in case** *they catch fire.* (사람들은 화재에 대비해서 집을 보험에 든다.)

d. Grammatical mistakes are of no importance **so long as** *the meaning is clear.* (의미가 분명하다면 문법적인 실수는 중요한 것이 아니다.)

e. **Suppose** *you had a million dollars*—how would you spend it? (너한테 백만 달러가 있다면, 그것을 어떻게 사용할 건가?)

f. "I'm not a violent person." "No, but **say** *someone attacked you*. You'd just stand there, would you?" ("난 과격한 인간이 아니야." "그래, 하지만 누가 자네를 공격한다면 어떻게 할텐가, 그냥 가만히 있을 거야?")

g. <u>**In the event**</u>* *they fail to respond to a call*, the service tries again half an hour later. (그들이 전화에 응답하지 않을 경우에는 30분 후에 다시 전화를 건다.) - Toffler, *Future Shock* [* in the event (that)~할 경우에는]

§ 286 결과 / 정도의 부사절

So ~ (that), such ~ (that), so (that), enough (so) that, *etc.*

(1) So ~ (that)

- I'm so used to getting up for work at seven o'clock, (**that**)* I automatically wake up early at weekends. (나는 출근하려고 7시에 일어나는 것이 습관이 되어서 주말에도 자동적으로 일찍 잠이 깬다.) [* 구어에서는 that을 생략하는 것이 보통이다.]

결과보다 정도를 나타내는 일도 있으며, 특히 *a.* 주절과 that-절이 모두 또는 어느 한쪽이 부정이거나, *b.* so가 과거분사를 수식하는 경우는 이러한 경향이 더욱 강하다.

a. No man is **so** *old* **that** *he cannot* learn. (배우지 못할 만큼 늙은 사람은 없다. / 사람은 아무리 늙어도 배울 수 있다.)

- He had never been **so** *poor* **that** *he could not* buy canvas and paint, and really he needed nothing else. (그는 결코 캔버스와 물감을 살 수 없을 만큼 가난하지도 않았고, 또 사실 그 밖에 다른 것은 필요하지도 않았다.) - Maugham, *The Moon and Sixpence*
- Ignorant as he was of women, he was not **so** *blind* **that** *he could not* see she was unhappy at times. (그는 여자에 대해서 무지했지만 그의 처가 이따금 불행하다는 것을 모를 만큼 맹목은 아니었다.) - Mitchell, *Gone with the Wind*

b. The world is probably **so** *made* **that** *men are unable to live without loving others.* (이 세상은 아마도 인간이 타인을 사랑하지 않고는 살아갈 수 없도록 되어 있다.)

- It (=the poster) was one of those pictures which are **so** *contrived* **that** *the eyes follow you about when you move.* (그 포스터는 사람이 움직일 때 [포스터에 그려진 얼굴의] 눈도 따라 움직이도록 만들어진 그림 중의 하나였다.) - Orwell, *1984*

so가 글머리에 나오면 그 의미가 강조된다.

c. **So** engrossed had they been in their gossip **that** *they had not heard her light tread.* (그들은 잡담하는 데 너무 열중한 나머지 그녀의 가벼운 발자국 소리를 듣지 못했다.) - Mitchell, *Ibid.*

(2) Such ~ (that)(=such that)

a. Things were in **such** short supply **that** newspapers had to be cut into squares and used for toilet paper. (물자가 너무나 부족했기 때문에 신문지를 네모나게 잘라서 화장지로 사용하지 않으면 안되었다.)

b. His behavior was **such that** *everyone disliked him.* (하는 짓이 그 모양이라서 누구나 그를 싫어했다.)

Cf. The effect of TV is **such that** *it can make a person famous overnight.*
(= The effect of TV is **so** strong **that** *it can make a person famous overnight.*)
(= **Such** is the effect of TV **that** *it can make a person famous overnight.*)
(텔레비전의 영향력은 막강해서 사람을 하룻밤 사이에 명사로 만들 수 있다.)

바로 위 문장처럼 such도 글머리에 나오면 의미가 강조되며, 아래의 *c.* 처럼 주절과 that절이 모두 부정이면 정도를 나타낸다.

c. It's not such a big city that we can't just drive around and locate it. (차를 몰고 다니며 그 곳을 찾을 수 없을 만큼 큰 도시가 아니다) - Gardner, *The Amorous Aunt*

(3) Enough (so) that

부사 enough의 뒤에는 부정사가 오는 것이 보통이지만 that-절이 뒤 따르는 구문을 사용하는 일이 있다. 즉 <형용사 / 부사 + enough (so) that>의 형식으로 '결과나 정도'를 나타내며, 현대 *AmE*에서 빈번하게 사용된다.

a. It was late ***enough so that*** *wedding guests had already reached the church.*
(= It was late *enough* for wedding guests to have already reached the church.)
(= It was *so* late *that* wedding guests had already reached the church.)
(시간이 너무 늦어서 결혼식의 하객들은 이미 교회에 도착해 있었다.)

b. The 13,000 cabs on the streets of the British capital have doors *tall* **enough so that** *a gentleman can enter without doffing his topper.* (영국 수도의 거리를 달리는 13,000대의 택시들은 신사가 모자를 벗지 않고도 탈 수 있을 정도로 문짝 이 높게 만들어져 있다.) - *Time* (1985)

c. My appearance was *striking* **enough so that** *the men I worked for didn't want to settle just for the mediocre office services.* (저의 외모가 너무 두드러져서 저를 고용한 사람들은 제가 사무실의 평범한 업무를 보는 데만 만족하지 않았어요.) - Gardner, *The Gilded Lily*

so나 that이 생략되는 경우도 많다.

d. The relationship between the two countries, says one Western diplomat in Peking," is *stable* **enough that** *no one thing could overturn.*" (북경 주재의 한 서방 외교관의 말을 빌리면, 두 나라(즉, 미국과 중공)의 관계는 "결코 뒤집힐 수 없을 만큼 안정되어 있다."고 한다.) - *Newsweek* (1986)

e. It was beginning to be *light* **enough so** *I could see the bushes along the shore-line.* (날이 밝아지기 시작하고 있었으므로 강을 따라서 숲이 보이기 시작했다.) - Hemingway, *A Farewell to Arms*

§ 287 목적 / 원인 / 이유의 부사절

(1) 목적의 부사절

목적을 나타내는 부사절을 인도하는 어구에는 so (that), (in order) that(문어체), lest, for fear (that) 따위가 있다.

a. Why don't you take a day off* so that *you can recover properly*? (몸이 충분히 회복할 수 있도록 하루 쉬어라.) [* take (get/ have) a day off (직장에서) 하루 쉬다]

- He waited a moment outside the door **so that** *Philip would have time to compose himself.* (필립이 마음을 가라앉힐 시간을 가지도록 그는 문 밖에서 잠시 기다렸다.)

Cf. She did not know how to use up odds and ends*, **so that** Philip was obliged to spend money than he had expected. (그녀는 먹다 남은 음식을 이용할 줄 몰랐기 때문에 필립은 예상보다 많은 돈을 써야만 했다.) - Maugham, *Of Human Bondage* (이 문장처럼 so that의 앞에 comma가 있으면 흔히 결과를 나타낸다.) [*나머지, (이것저것) 잡동사니]

b. They adapted their house **so** they *can look after their disabled son more easily.* (그들은 장애인 아들을 보다 쉽게 돌볼 수 있도록 집을 개조했다.)

c. We ought to leave early **(in order) that** *we may not miss the airplane.* (비행기를 놓치지 않도록 일찍 출발해야 한다.)

d. The government must take immediate action **lest*** *the problem of child abuse grow worse.* (아동학대 문제가 악화하지 않도록 정부는 즉각적인 조치를 취해야 한다.) [* lest + 동사원형→ *p.* 401]

e. He jotted down* the phone number **for fear (that)** *he might (would/should)* forget it. (그는 잊어버리지 않도록 전화번호를 적어 두었다.) [* jot down = write down]

so (that), (in order) that 등의 목적절에는 조동사 may/ might (가장 보편적임), shall/ should, can/ could, will/ would 뿐만 아니라 직설법 동사도 쓰인다.

f. Some say that evil is logically necessary **so that** *we* **may** *know good.* (논리적으로 볼 때 선을 알기 위해서는 악이 필요하다고 말하는 사람도 있다.) - Maugham, *The Summing Up*

g. He wore his hat pressed well down on his forehead **so that** *he* **should** *avoid cold air.* (그는 찬 바람을 피하기 위해서 모자를 이마 위까지 푹 내려 썼다.) - Ibid., *Of Human Bondage*

- Act **so that** *every action of yours* **should** *be capable of becoming a universal rule of action for all men.* (당신의 모든 행동이 모든 인간에 대한 보편적인 행동규칙이 되도록 행동하라.) - *Ibid.* [Kant's Categorical imperative (칸트의 정언적 명령)]

앞의 용례에서 사용된 should는 시제의 일치에 의한 것이 아니라 가정법 조동사이다. 목적절이란 그 표현의 원래의 시점에서 아직 실현되지 않은 것이므로 옛날에는 가정법이 쓰였고 드물지만 현대 산문에서도 쓰인다(용례는 생략). 그리고 조동사 shall, should 에 대해서 또 한 가지 주의할 점은 나음 두 용례처럼 화자의 의지 (~하게 하다)를 나타내는 일이 있다는 것이다 (앞의 *g*의 둘째 용례에서도 느낄 수 있다).

- I can't turn here. Besides, it's just as well* to drive on a bit **so that** *there* **shouldn't** *be any trace of a car having stopped and turned here.* (여기서 차를 돌릴 수 없습니다. 게다가 차를 세워서 여기서 돌린 흔적을 남기지 않도록 조금 더 앞으로 가는 편이 좋습니다) - Maugham, *Up at the Villa* [원래 가정법이므로 주절이 과거가 아닌 경우에도 이 문장처럼 should가 사용되는 일도 있다.] [* ~ 하는 편이 좋다]
- If she delivered a lecture she took care **that** he **should** *have a seat on the platform.* (그녀가 강연을 할 때는 남편이 연단 위에 앉도록 배려했다.) - Ibid., *The Creative Impulse*

h. I'll leave the door open **so that** you **can** give me a shout if you want anything. (무엇이 필요할 때 소리를 지를 수 있도록 문을 열어 두겠습니다.) - Ibid., *Of Human Bondage*

i. It will, however, be necessary to tell a little of young Hall **so that** *you* **will** *get into the spirit* of it* (= the story). (그러나, 그 이야기의 진의를 파악하기 위해서 핼청년의 일을 조금 이야기할 필요가 있다.) - Anderson, *Winesburg, Ohio* [* 참뜻(= intent)]

j. I'm going to make an early start **so that** *I* **don't** *get stuck in a traffic jam.* (나는 교통체증에 갇히지 않도록 일찍 출발할거야.)

(2) 원인 / 이유의 부사절

Because가 인도하는 부사절의 주절이 부정 또는 이와 유사한 절일 경우는 because를 <~라고 해서>로 해석한다.

a. *Just because you're on a diet* it **doesn't** mean you don't need to exercise. (다이어트를 하고 있다고 해서 운동을 할 필요가 없다는 것은 아니다.) [이 구문에 대해서는 → *p.* 530]

b. You **can't** convict a man of homicide *because he was in the neighborhood about the time the killing took place.* (살인이 일어난 시간에 그 부근에 있었다는 이유로 그 사람에게 살인죄를 적용할 수는 없다.) - Sanders, *The Second Deadly Sin*

c. You're **not** crying *just because I forgot to kiss you*? (내가 당신에게 키스하는 걸 잊었다는 이유만으로 울고 있는 건 아니겠지?) - Maugham, *Mrs Craddock*

d. I have no idea how Jane felt toward George when she married him. She **didn't** marry him *because she loved him.* (조지와 결혼했을 때 제인의 기분은 어떠했을까? 그녀는 조지를 사랑했기 때문에 결혼한 것은 아니었다.)

§ 288 제한 / 범위의 부사절

(1) as / so far as (~하는 한에서는),* as / so long as (~하는 한, ~하는 동안은), (for) as long as, in that (= in so far as ~라는 점에서), *etc.*가 제한이나 범위의 부사절을 인도하여 다음과 같은 관용구로 많이 쓰인다. [* as / so long as는 조건을 나타내는 부사절을 인도할 때도 쓰인다.→§ 285]

as/so far as I know/ believe/ recollect/ can remember
(= to the best of my knowledge/ belief/ recollection/ memory)
(= though my knowleldge/ belief/ recollection/ memory may be imperfect)
(내가 아는 바로는/ 믿는 바로는/ 기억하는 바로는/ 기억하는 바로는)
as far as I can see (내가 보는 바로는/ 내 생각으로는)
as far as I'm concerned (나에게 관한 한), as far as the eye can see (눈길이 닿는 데 까지)
(for) as long as I can remember (내가 기억하는 바로는)

a. **As far as I know,** the jury is still out. (내가 아는 바로는 배심원들의 평결은 아직 나오지 않았다.) - Gardner, *The Lucky Loser*

- **So far as I know,** they are safe and sound. (내가 아는 바로는 그들은 무사합니다.) - Pasternak, *Doctor Zhivago*
- **As far as I can see,** everything you've done so far in Med School has been fraught with fear. (내가 보는 바로는, 여러분들이 지금까지 의과대학에서 한 모든 일은 두려움으로 가득 차 있다.) - Segal, *Doctors*
- **As far as I remember,** he was short with fair hair. (내가 기억하는 바로는 그는 키가 작은 금발의 남자였어요.)
- In the distance stretched blue mountains, range upon range, **as far as the eye could see.** (먼 곳에는 눈길이 닿는 데까지 푸른 산맥이 끝없이 뻗어 있었다.) - Maugham, *The Force of Circumstance*
- **As far as the eye could see,** there stretched a great herd of buffalo. (눈길이 닿는 데까지 무수히 많은 들소떼 뿐이었다.)

b. Men differ from brutes **in that** *they can think and speak.* [번역과 출처→ *p.* 283]

- The party was a disappointment **in so far as** *the celebrity guest didn't turn up.* (그 유명 인사가 참석하지 않았다는 점에서 그 파티는 실망을 안겨 주었다.)

c. **As long as** *people keep buying them,* we'll keep turning out. (사람들이 그 제품 을 계속 사는 한, 우리는 계속 생산할 것이다.)

d. **For as long as** *she'd known him*, she'd never seen him smile. (그녀가 아는 바로는 그가 미소를 짓는 모습을 한번도 본 적이 없었다.) - Folsom, *The Day After Tomorrow*

(2) As near(ly) as (− as far as), for all (or anything) I know (= as far as I know 살모르고 하지만), from what I gather(= as far as I can gather / as far as I know) 따위도 흔히 사용된다.

a. **As nearly as we can tell** the guy won about thirty-five thousand bucks. (우리가 아는 바로는 그 사나이는 3만 4천 달러 가량 땄어요.) - Gardner, *The Amorous Aunt*

- **As near as Marilyn could tell**, Blanch understand that her boy was to havegone into space this week, and she appeared to understand that his destinationwas the moon. (마릴린이 아는 바로는, 블랜치 여사는 아들이 이번 주에 우주여행을 떠날 예정임을 알고 있었으므로, 그의 목적지는 달이라는 것도 알고 있는 것 같았다.) - Lovell, *Apollo 13*

b. **For all I know** you could be newspaper reporters trying to get an exclusive interview. (내가 보기에 당신들은 독점 인터뷰를 하려고 하는 신문기자 같군요) - Gardner, *The Fiery Fingers*

c. **From what I gather**, you do not yet have tenure at this place. (내가 알기에는, 당신은 아직 이 대학에서 종신 교수직을 갖고 있지 않습니다.) - Segal, *The Class*

- Looks like it was premeditated. **From what I gather**, it was well planned, right?* (계획된 살인 같애. 내가 보기엔 사전에 철저하게 계획된 살인이야, 그렇지?) - Grisham, *A Time to Kill* [* ↔ *p.* 517 NB2]

(3) Not that I know of (= not as far as I know)

<Not that I know of>에서 that = as far as 로서, 이 용법의 that은 주로 부정어의 뒤에 와서 제한의 부사절을 이끈다. 비슷한 표현으로 다음과 같은 것들이 있다.

a. "There wasn't any need to insult her **that I can see**." I said. "After all, it was rather a compliment she was paying you." ("내가 보는 바로는 그녀에게 모욕을 줄 필요는 없었어요."하고 내가 말했다. "오히려 그녀는 당신에게 경의를 표하고 있었어요.") - Maugham, *The Moon and Sixpence*

- That's all he ever does, **that I've heard about**. (그가 하는 일이란 게 항상 그렇다는 거야.) - Caldwell, *God's Little Acre*

b. "Any witnesses?" "**Not that we know of.**" ("목격자가 더 있어요." "없습니다.") - Grisham, *Ibid.*

- "Have you ever witnessed an execution?" "Not that I recall." ("사형장면을 본 적이 있어요?" "없어요.") - *Ibid.*

c. Mr. Webb: Paper have any mistakes in it? [Did the paper에서 Did the의 생략] Mrs. Webb: **None that I noticed.** (웹씨[신문의 편집장]: 오자가 있었어요? 웹씨부인: 제가 본 바로는 없었어요.) - Wilder, *Our Town*

Ⅳ. 동격절

동격절(Apposition clause)이란 명사 뒤에 와서 그 명사의 내용을 동격적으로 설명하는 명사절을 말한다. 동격절을 이끄는 접속사는 원칙적으로 that 이다.

§ 289 동격절의 앞에 오는 명사

동격절의 앞에 오는 명사의 종류는 대단히 많으므로 모두 열거할 수는 없고 중요한 것만 예문과 함께 보이기로 한다.

a. The **assertion** *that people learn nothing from studying history* is completely untrue. (역사를 연구해서 아무것도 배울 것이 없다는 주장은 전혀 진실이 아니다.)

b. He came to me in the **belief** *that I could help him.* (그는 내가 그를 도와 줄 수 있으리라 믿고 내게 찾아왔다.)

c. There's always a **chance** *that something may go wrong.* (일이 잘못될 가능성은 항상 존재한다.)

d. I came to the **conclusion** *that you and your husband were madly in love with each other.* (당신 부부는 서로 열렬히 사랑하고 있다는 결론을 내렸습니다.)

e. I was still under the **delusion** *that everyone was trying to cheat me.* (나는 여전히 모든 사람이 다 나를 속이려 하고 있다는 망상에 사로잡혀 있었다.)

f. He made an announcement to the **effect** *that more people will lose their jobs.* (그는 더 많은 실업자가 나올 것이라는 취지의 발표를 했다.)

g. Come to think of it, I have the **impression** *that this story I referred to was in a comic strip.* (생각해 보니, 제 이야기는 어떤 연재만화에 있었던 것 같은 느낌이 듭니다.) - Gardner, *The Gilded Lily*

h. The **idea** *that all people are created equal* is not a new one. (모든 인간은 평등하게 창조되었다는 생각은 새로운 것이 아니다.)

i. I've made up my **mind** *that I'll go over there* and see him before I die. (나는 죽기 전에 거기에 가서 그를 만나기로 결심했어.) - Caldwell, *Tobacco Road*

j. *Citizen Kane* (1941), Orson Welles's remarkable debut film, extols the very American **perspective** *that money cannot buy happiness.* (오슨 웰스의 놀라운 영화 <시민 케인>은 행복은 돈으로 살 수 없다는 전형적인 미국인의 시각을 찬양 하고 있다.) - Schneider, *1001 Movies*

k. I had a **premonition** *that something terrible was going to happen.* (끔찍한 일이 일어날 것이라는 예감이 들었다.) - Ibid., *The Daring Decoy*

§ 290 분리된 위치에 있는 동격절

서로 동격관계에 있는 명사와 동격절은 될 수 있는 대로 밀접한 위치에 있는 편이 의미에 오해를 가져올 소지가 적다. 그러나 <명사 + 명사절>의 결합이 주부일 때, 술부에 비해서 길어지면, 문장의 균형을 위해서 이 두 요소를 분리하여 그 중간에 술부를 두며, <명사 + 명사절>이 주부가 아닐 경우에는 그 사이에 부사구나 형용사구를 두는 일이 종종 있다.

a. An amateur detective has this ***advantage*** over the professional, **that** *he doesn't work set hours.* [번역과 출처→ *p.* 53 (3)]

b. His ***conviction*** remained **that** *there was some major missing piece of information.* (어떤 주요한 정보가 분실되었다는 확신이 남아있었다.) - Cook, *Contagion*

c. The ***fact*** remains **that** *she made him an admirable wife.* (그녀가 그의 훌륭한 아내가 되었다는 사실은 변함이 없다.) - Maugham, *Cosmopolitans*

d. ***Rumors*** came from all sides **that** *the workers were getting the upper hand**. (노동자들 편이 우세하다는 소문이 파다하게 나돌았다.) - Pasternak, *Doctor zhivago* [* get the upper hand (of) (~ 보다) 우세하다. (~에) 이기다]

e. One day the ***thought*** came to him **that** *perhaps it would be a good thing if he went back to China.* (어느날 그에게 중국으로 되돌아간다면 좋겠다는 생각이 떠올랐다.) - Maugham, *Mirage*

f. We hold these ***truths*** to be self-evident - **that** *all men are created equal* ; **that** *they are endowed by their Creator with certain inalienable rights* ; **that** *among these are life, liberty, and the pursuit of happiness.* (우리들은 다음의 진리, 즉 인간은 모두 평등하게 창조되었다는 것, 그들은 조물주로부터 어떤 양도할 수 없는 권리를 부여 받고 있다는 것, 그 중에는 생명, 자유, 그리고 행복추구가 포함되어 있다는 것을 자명한 것이라고 생각한다.) - Thomas Jefferson, *The Declaration of Independence*

g. In the night word came **that** *we were to prepare to retreat.* (밤이 되자 후퇴할 준비를 하라는 전갈이 왔다.) - Hemingway, *A Farewell to Arms*

<명사 + 동격절>은 길더라도 가주어 구문을 사용하지 않는다.

h. The ***fact*** **that** *they could not avoid catching sight of one another* got on their nerves*. (그들이 서로 얼굴을 마주치지 않을 수 없다는 사실은 그들을 화나게 만들었다.) - Maugham, *The Outstation* [* get on *sb's* nerves = irritate *sb*]

§ 291 동격절에서 접속사 that의 생략

현대 구어영어에서 동격절의 앞에 빈번하게 쓰이는 명사가 올 경우, 그 동격절을 인도하는 that은 생략되는 일이 많다. 이것은 명사절을 인도하는 접속사 that은 흔히 생략된다는 사실과 궤를 같이한다.

a. Mrs. Parker, is there any **chance** *Dennis might have a twin*? (파커 부인, 데니스에게 쌍둥이 형제가 있을 가능성이 있어요?) - Follett, *The Third Twin*

- There a **chance** *we can beat the police to it in another direction*. (다른 방향으로 가면 우리가 경찰보다 먼저 도착할 가능성도 있어.) - Gardner, *The Lucky Loser*

b. He'd come to the **conclusion** *the man was a psychopath, and loathed him*. (그는 그 남자가 정신 이상자라는 결론을 내리고 그를 싫어했다.) - Cook, *Outbreak*

c. Why do I have the **feeling** *you have an ulterior motive*? (왜 나는 당신에게 딴 속셈이 있다는 느낌이 들까요?) - Ibid., *Contagion*

- I have the **feeling** *he's been up to something and is covering*. (그는 무엇을 하고 있지만 그것을 숨기고 있다는 느낌이 든다.) - Gardner, *The Mischievous Doll*

d. Does she have any **idea** *she's being tailed*? (그녀는 미행당하고 있다는 것을 알고 있느냐?) - Gardner, *The Fiery Fingers*

e. I had a **hunch** *she may notify the police*. (그녀가 경찰에 신고할 지도 모른다는 예감이 들었습니다.) - *Ibid.*

f. They were so clean that I had the **impression** *they were very seldom read*. (그 책들은 너무나 깨끗해서 거의 읽지 않았다는 인상을 받았습니다.) - Maugham, *Cakes and Ale*

g. "And what did you find?" Hamilton Burger asked, smiling slightly at the **knowledge** *he had got his point across the jury*. ("그리고 무엇을 발견했어요?" 해밀턴 버거는 자신의 요지를 배심원들에게 이해시켰음을 알고 엷은 미소를 띄우면서 물었다.) - Gardner, *The Mischievous Doll*

h. Well, I made up my **mind** *I would avoid saying anything about it unless the specific question was asked*. (그런데, 질문을 명확하게 하지 않으면, 그 문제에 대해서 어떤 답변도 하지 않기로 작정했어요.) - Ibid., *The Calendar Girl*

i. There was no **possibility** *the handwriting experts could detect the forgery*. (필적 전문가라도 위조라는 것을 알아낼 가능성은 없었다.) - Puzo, *The Last Don*

j. There were **rumors** *she was alive* but I had to see for myself. (그녀가 살아 있다는 소문이 있었으나 내 눈으로 직접 확인하지 않으면 안되었다.) - Cook, *Outbreak*

제 20 장 문장의 종류와 형식

WARM-UP

영어의 문장은 동사의 종류에 따라서 5형식으로 나눌 수도 있지만(→ § 79), 그 의미나 구조에 따라서 분류할 수도 있다.

(1) 의미상의 분류 (5가지로 세분할 수 있다)(→§ 293)

① 평서문 - 단지 사실을 서술하는 문장으로 긍정문과 부정문이 있다.

② 의문문 - 의문사로 시작되는 것과 그렇지 않은 것의 두 가지가 있다. 이밖에 부가 의문문 (Tagquestion)과 수사 의문문 (Rhetorical question)

③ 명령문- 명령이나 금지를 나타내는 문장 (→§ 214/ 215)

④ 감탄문 - How + 형용사/ 부사 + S +V ! 와 What a ~ + S + V ! 의 두 가지 형식이 많이 쓰이지만, 이 밖에 다른 형식도 있다.

⑤ 기원문 - 기원, 소망, 저주를 나타내는 문장으로 글머리에는 may를 쓰고 (생략하기도 한다.).

문장의 끝에는 느낌표(!)를 찍지만, 마침표를 찍기도 한다.

a. Let us pray that peace may soon return to our troubled land. (고통 받는 우리나라에 빨리 평화가 돌아오기를 기원합시다.)

b. May you have a very happy married life! (행복이 넘치는 결혼생활을 누리기를 비네.)

c. May she rest in peace! (영혼이여, 고이 잠드소서.) [고인을 위한 기도]

d. May your dreams come true. (꿈이 이루어지기를 빕니다.)

NB 3 인칭에서는 may를 생략하는 경우가 많다.

- God save the Queen. (여왕 폐하 만세) [영국의 국가]
- God forgive me! (신이여, 저를 용서하옵소서.)

(2) 구조상의 분류 (4가지로 세분할 수 있다.)(→§ 299)

① 단문 (Simple sentence) - 한 개의 주어와 한 개의 동사로 구성된 문장

② 중문 (Compound sentence) - 두 개의 단문이 등위 접속사로 연결된 문장

③ 복문 (Complex sentence) - 주절과 종속절이 결합된 문장

④ 혼합문 (Mixed sentence) - 단문과 복문, 또는 복문과 복문이 등위 접속사로 연결 된 가장 복잡한 문장

I. 문장의 종류

§ 292 평서문, 의문문, 명령문, 감탄문

문장은 그 내용에 따라서 평서문, 의문문, 명령문, 감탄문으로 분류할 수 있다.

(1) 평서문 (일반적인 진술 형식 / <S + V>의 어순을 취하며, 끝에 period(.)를 붙인다.)

a. He works out every day in the gym. (매일 체육관에서 운동을 한다.) [긍정문]
b. (*b*) I don't believe in astrology. (나는 점성술을 믿지 않는다.) [부정문]

NB1 긍정문과 부정문의 구별은 다음의 의문문, 명령문, 감탄문에도 적용된다.

(2) 의문문

보통 <V + S> 또는 <조동사 + S + V>의 어순을 취하며, 끝에 물음표를 붙인다. 보통의 의문문 외에 부가의문(→§ 294), 수사의문(→§ 297), 간접의문이 있다.

a. Is there life on other planets? (다른 행성에 생명체가 있느냐?)
b. What do you do for a living? (어떤 일을 하십니까?)
c. Can you pick me up on your way to work? (출근길에 나를 좀 태워 줄 수 있느냐?)
d. What time do you usually get home from work? (평소에 몇 시에 퇴근하느냐?)
e. How do you like your coffee? (커피를 어떻게 타 드릴까요?)

NB2 어순은 평서문과 같지만, 의문문이 되어 ⓐ 뜻밖의 놀람을 나타내거나, ⓑ 확인하거나, 또는 ⓒ 상대방의 말을 되묻기 위하여 사용하는 일이 있다.

ⓐ His father is dead? (그의 부친이 돌아가셨단 말이야?) [어째 그런 일이!]
ⓑ You have something on mind? (마음속에 걱정거리가 있지요?)
ⓒ He went where? (Where did you say he went?)

NB3 간접의문 의문문이 종속절의 일부분으로서 글 속에 들어간 것으로, 바꾸어 말하면 복문 중의 일부분을 이루는 의문문인데 의문사절이라고도 한다. 이것은 명사절의 일종인데 의문사 또는 if나 whether이 이끈다.

- I asked if (*or* whether) he was coming. (나는 그가 올지 어떨지 물었다.)
- I don't know what it is. (나는 그것이 무엇인지 모른다.)

(3) 명령문 (imperative) (→ 명령법 § 214~216)

(4) 감탄문 (exclamatory sentence) (→§ 297)

§ 293 부가 의문문(Tag question)

의문문의 일종이며 상대방의 동의나 확인을 구하는 짧은 형식으로 일상 대화에서 흔히 쓰인다.

(1) 부가 의문문의 일반적인 형식

① 긍정문 뒤에는 부정으로, 부정문 뒤에는, 긍정으로 받는 것이 원칙이다.

a. You like fish, **don't you**? (당신은 생선을 좋아하죠.)

b. You don't like fish, **do you**? (당신은 생선을 좋아하지 않죠.)

c. You can't see the wood (*or* forest) for the trees, **can you**? (당신은 나무를 보고 숲을 보지 못하는군요.)

NB1 항상 조동사와 함께 사용하며, 부정의 경우는 대명사와 함께 단축형을 사용하지만, formal English 나 특별히 강조할 때는 단축하지 않는 경우도 (드물지만) 있다 .

- You waited all that day, did you not? (당신은 그날 종일 기다렸지요?) - Gardner, *The Gilded Lily* [법정에서 증인으로 나온 경찰관에게 변호사가 반대신문을 하는 장면]

② This 나 that은 it 으로 받으며, 부정대명사 anyone/ anybody, someone/ somebody, everyone/ everybody, no one/ nobody, none 따위는 they로 받는다 (→*p.* 61)

a. This suit/ That suit is expensive, **isn't it?** (이것은/ 저것은 비싼 양복이죠.)

b. I don't suppose anyone will volunteer, **will they?** (아무도 지원하지 않겠죠.)

c. Everyone turned up, **didn't they?** (모두 참석했죠.)

③ Scarcely, hardly, barely, seldom 따위는 부정어이므로 긍정으로 받으며, 또 there를 부가의문의 주어로 쓸 수 있다.

a. Peter hardly goes to parties, **does he?** (피터는 좀처럼 파티에 가지 않죠.)

b. There'll be a rail strike tomorrow, **won't there?** (내일 철도 파업이 있겠죠.)

NB2 *Oxford Guide* (*p*.390) 는 <미국에서는 영국만큼 부가 의문을 자주 쓰지 않는다. 영국인은 회화에서 자주 쓰지만, 이것은 미국인에게는 이상하게 들린다. 미국인은 동의를 기대할 경우에만 부가의문을 사용하고, 설득하거나 주장할 때는 그다지 사용하지 않는다.>고 말하고 다음 예를 들고 있다.

BrE / AmE : Mary likes ice-cream, **doesn't she?** (메리는 아이스크림을 좋아하죠?)

BrE only : You'll just have to try harder, **won't you?** (너 더 열심히 해야겠구나.)

또 <미국에서는 right?나 OK?를 자주 사용한다>고 말하고 있다.

- I presume you're Baldwin Marshal–district attorney of Imperial County, **right?** (당신은 임페리얼카운티의 검사, 볼드윈 마샬이라고 생각합니다만, 내 말이 맞죠.) - Gardner, *The Amorous Aunt*

이 밖에도 → *p.* 511 *c.*

(2) 명령문 + 부가의문

① 명령문 뒤에 will/ won't/ would/ can/ can't/ could you?를 써서 <의뢰, 초대>의 기분을 나타낸다.

- Pass me the salt, **will / would / can / could you?** (소금 좀 건네 주시겠어요?) (이것은 Will you pass me the salt?와 같은 뜻이지만 보다 구어적이다.)
- Drop me at my hotel, **will you?** (내가 묵고 있는 호텔 앞에 세워 주게.) - Maugham, *The Razor's Edge*

② Won't you? / can't you?는 감정적인 색채를 띨 때가 있다.

- Shut up, **can't you?** (조용히 해주세요.)
- Doctor : Keep still, won't / **can't you?** (가만히 좀 계세요.) [이것은 의사가 환자에게 가만히 있어 주기를 바라거나, 환자가 가만히 있지 않기 때문에 약간 화가 난다는 것을 암시한다.]

③ warning(경고), reminder(조언), good wishes(기원)을 나타낼 때, 긍정명령 뒤에는 won't you? 부정명령 뒤에는 will you?를 쓴다.

- Have a nice holiday, **won't you?** (휴가를 즐겁게 보내세요.)
- Don't forget your key, **will you?** (열쇠를 잊어버리지 말게.)

④ 제안이나 권유를 나타낼 때는 will you? / won't you?를 쓴다.

- Have a chocolate, **will / won't you?** (초콜릿 먹으렴.)
- Have a cigarette, **won't you?** (담배 한 대 피우세요.)

⑤ Let's의 뒤에는 shall we? 가 쓰인다.

- Let's have a rest now, **shall we?** (이제 잠시 쉬자.)

(3) 부가의문의 억양

일반적으로 부가의문에서 화자는 정보가 필요한 것이 아니고, 단지 동의나 확인을 기대하기 때문에 일반진술처럼 끝을 내린다(falling intonation).

- You locked the door, ↘*didn't you*? (Yes. I did.) (문을 잠궜겠지.) (긍정의 확인을 기대)
- You didn't lock the door, ↘*did you*? (No. I didn't.) (문을 잠그지 않았지.) (부정의 확인을 기대)

그러나 때로는 화자가 정보를 원할 경우는, 실제의 의문문처럼 rising intonation이 된다. 정보를 원할 뿐만 아니라, 놀람, 분노, 관심을 나타낼 수도 있다.

- You left the gas on, ↗*didn't you*? (= Did you leave the gas on?) (가스를 켠 채로 두었지?)

(4) 긍정문 + 긍정의 부가의문

화자가 이미 알고 있는 것에 대한 확인을 요구하며, 보통 rising intonation이 된다. 이 <긍정문 + 긍정의 부가이문>은 일반적으로 상대방의 발언에 대한 반응(흥미/관심, 실망 놀람, 불신/빈정댐, 분도 따위)을 나타내며, 흔히 상대방의 말을 반복한 후에 덧붙인다.

a. So she thinks she's going to become a doctor, does she? Well, well. (그럼 그녀가 의사가 될 생각이란 말이지? 잘됐어, 잘 되고말고.) *PEG p.* 481 [흥미]

- So you're getting married, **are you?** How nice! (그럼 네가 결혼한단 말이군. 정말 잘 된 일이야!) *Ibid.* [흥미]
- "Oh, you're going to give him a place, *are you,* Dad?" she commented. "That's interesting. I hope he's better-looking than the rest of our cousins. ("아빠, 그 사촌에게 일자리를 하나 주신단 말씀이군요."하고 딸이 거들었다. "반가운 일이에요. 그가 다른 사촌들보다 더 미남이라면 좋겠어요.") - Dreiser, *An American Tradegy* [흥미]
- So she's getting married, *is she?* (= Tell me more.) - Yes, she's got engaged to a doctor. The wedding's in June. (그럼 그녀가 결혼할거란 말이지? - 예, 어떤 의사와 약혼했어요. 결혼식은 6월이에요.) [흥미]

b. You sold that lovely bracelet, did you? (I'm sorry you did.) (그 예쁜 팔찌를 팔아 버렸군요.) [실망]

c. "I wonder what it is you hate so much." "You wonder, *do you?*" Her caution was almost entirely gone. "It isn't hatred, it's contempt." ("당신이 그렇게 미워하고 있는 것이 무엇일까?" "무엇일까요?" 그녀의 경계심은 거의 사라졌다. "그건 증오가 아니고 경멸이에요.") - Steinbeck, *East of Eden*

d. "We went to a film and when we came out, there was this fog—quite thick and getting worse, and I thought I'd better not drive home." "You drive a car, **do you?**" "Yes, I took my driving test last summer..." ("우리는 영화를 보러 갔었는데 영화관에서 나왔을 때 이렇게 안개가 끼었습니다. 짙은 안개였고 더욱 심해지고 있었습니다. 그래서 차를 두고 가는 편이 낫겠다고 생각했지요." "당신은 운전할 줄 아세요?" "예, 작년 여름에 운전면허 시험을 보았습니다.") - Christie, *At Bertram's Hotel* [불신, 빈정댐]

e. "Judas! Trator!" I ejaculated. "You're a hypocrite too, **are you**?" ("유다 같은 놈! 배신사! 내가 소리쳤어요. "게다가 한 술 더 떠 위선자로군. 당신은 고의적인 사기꾼이야 ." - E. Brontë, *Wuthering Heights* [분노]

NB <부정문 + 부정의 부가의문>은 드물지만, *BrE* 에서만 가끔 볼 수 있으며, 보통 공격적인 느낌을 준다. (*PEU p.* 481] .

- I see. You don't like my cooking, **don't you?** (알았어요. 내 요리가 마음에 들지 않는다는 말이군요.)

§ 294 Or will it? 형식의 부가의문

다음은 사건해결에 골몰하고 있는 유명한 변호사 Perry Mason과 동업자인 사설탐정 Paul Drake가 주고받는 대화이다.

a. "Well," Drake said, "we know what happened, but how the devil are you going to prove it? A jury isn't going to believe Mrs. Farrel's story....**Or will it?**" ("그런데."하고 드레이크가 말을 꺼냈다. "우리는 무슨 일이 일어났는지 알고 있지만, 당신은 도대체 그것을 어떻게 증명하겠어요? 배심원들은 패럴 부인의 말을 믿지 않을거요....어쩌면 믿을까요?") - Gardner, *The Daring Decoy*

Drake가 처음에는 부인했다가 잠시 짬을 두고 나서 (여기서는 생략부호지만, period, dash, comma, colon, semicolon도 쓰인다), 자기가 방금 한 말을 확신할 수가 없기 때문에 접속사 or 를 빌려서 그 말을 수정하고 있다. 이와 같이, 이 표현은 <방금 한 말을 수정하거나, 보다 확실한 정보를 제공하기 위한> (*LDCE*[3] *p.* 997) 수법이다.

b. And if I'm not mistaken, you spent a week not long ago at that international tax seminar in Honolulu. **Or did you forget?** (내 기억이 정확하다면, 자네는 얼마전에 호놀루루에서 열린 국제 조세 세미나에 가서 일주일 간 머물다가 왔어. 혹시 잊어버렸나?) - Grisham, *The Firm*

c. Her grandmother must have felt the same hunger, the same ecstasy, it was in her eyes and her smile. So it can't be wrong, what I felt. **Or was it?** (그녀의 할머니도 똑같은 갈망, 똑같은 희열을 느꼈음에 틀림없어, 그것은 할머니의 눈과 미소에도 나타나 있어. 그래 내 느낌은 틀릴리가 없어. 아니면 틀렸을까?) - Ripley, *Scarlett*

다음의 *d.*에서는 구두점도 없이 or가 직접 연결되어 있다.

d. "You're still bleeding, for Chrissake.You better put something on." "It'll stop. Listen. Ya wanna play a little canasta **or don'tcha?**" ("너 아직도 피를 흘리고 있군. 뭣을 좀 붙여야겠다." "멎겠지. 이봐, 커네스터[카드놀이의 일종] 한 판 하고 싶지? 어때?") - Salinger, *The Catcher in the Rye* [don'tcha = don't you]

e. If you love him, it isn't a sin to kill him. **Or is it more?** (그 놈을 사랑하고 있다면 죽이더라도 죄가 아니야. 그렇지 않으면 죄 이상일까?) - Hemingway, *The Old Man and the Sea* [이것은 늙은 어부가 고기를 죽이려고 할 때의 내면의 고백임]

f. He ate listlessly. A man had to live. **Or did he?** When had he felt this low? Probably never. (그는 마지못해 먹었다. 인간은 살아야 한다. 그럴까? 자신이 이렇게 비천하다고 느낀 적이 있었던가? 아마 없었을 거야.) - Malamud, *The Magic Barrel* [had가 아니고, did를 쓴 것은 have to의 의문이나 부정은 do를 쓰기 때문일 것이다.]

§ 295 Or what?

<or what? 은 회화에서, 질문 뒤에 상대방이 자기의 의견에 동의하기를 기대하면서 강력하게 의견을 진술할 때 사용한다.> (In conversation, you say or what after a question as a way of stating an opinion forcefully and showing that you expect other people to agree.) (*Cobuild*[3] *p.* 1779). 또 이 사전의 같은 페이지에 다음과 같은 예문이 있고,

- Look at that moon. Is that beautiful **or what?** (저 달 좀 봐. 정말 아름답지?)
- Am I wasting my time here, **or what?** (내가 여기서 시간만 낭비하고 있는 것 아냐?)

또 *LDCE*[3] (*p.* 1629)에도 다음 예문이 있는 것으로 보아 *AmE, BrE*에 두루 쓰이고 있음을 알 수 있다.

- Are you coming then, or what? (그 때 정말 오는 거지?)

a. "... Would you excuse me just a minute?" Franny was suddenly on her feet, with her handbag in her hand. She was very pale. Lane got up, pushing back his chair, his mouth somewhat open. "What's the matter?" he asked. "You feel all right? Anything wrong, or what?" ("... 잠시 실례해도 될까?" 프레니는 핸드백을 손에 든 채 급히 일어났다. 그녀는 대단히 창백했다. 레인은 입을 약간 벌린 채 의자를 뒤로 물리면서 일어섰다. "왜 그래?"하고 그가 물었다. "기분이 괜찮니? 어디가 아픈거지?") - *Franny and Zooey*

b. Lane got up, too, slowly, looking at her. "You all right?" he asked. "You feel sick again, or what?" (그녀를 바라보면서 레인도 천천히 일어섰다. "괜찮아? 또 기분이 언짢은거지?"하고 그는 물었다.) - *Ibid.*

c. "Hi, buddy! Whatcha doing?"
"Oh, nothing much," said Chauncey, a forced smile on his face.
"Just sitting around watching the toilet flush."
"The toilet—are you kidding, or **what?**"
("이봐, 뭘 하고 있어?" "별로 아무것도 하고 있지 않아."하고 촌시는 억지로 미소를 띄우면서 말했다. 그냥 앉아서 화장실의 물이 넘치고 있는 걸 보고 있어." "화장실이—농담하고 있는거지?") - R. Grossbach, *California Suite*

NB 위의 용법은 A, or what (아니면 그 밖에 무엇인가) 에서 유래한 것이지만, 이 용법도 흔히 볼 수 있다.

- A mistake has been made. You (=Uncle) might have waited* a while. Were you in a hurry to ruin yourself, **or what?** (실수하신 겁니다. 삼촌은 좀 더 기다릴 수도 있었어요. 자신을 망치는 일이 그렇게 급했던가요, 아니면 다른 이유라도?) - Bellow, *More die of Heartbreak* [* = should have waited→ p. 207/ 217 (5)]

§ 296 수사의문 (Rhetorical question)

수사의문은 반어법이라고도 하는데 문어뿐만 아니라 구어에서도 널리 쓰인다. 형식은 의문문이지만, 사실은 정보를 구하는 것이 아니고, 따라서 대답을 기대하지 않는다. 자신의 생각을 반어적으로 서술하므로, 긍정의 의문문은 강한 부정을 나타내고, 부정의 의문문은 강한 긍정을 나타낸다. 평서문보다 강조적이며, 감탄문에 접근하는 것도 있다.

a. **Who** knows? (= No one knows.)
- **Who** can do such a thing? (= No one can do such a thing.)
- **Who** is there but commits errors? (= There is no one that does not commit errors.) (실수하지 않는 사람은 아무도 없다.)
- But **who** can tell what the fates have in store*? (그러나 운명이 사람의 앞길에 어떤 것을 마련하고 있는지 아무도 알 수 없다.) - Maugham, *The Promise* [* in store (for *sb*) (운명이) 아무에게 닥쳐오고 있는]

b. **What** will people say? (= People will not approve of that.) (사람들이 뭐라고 할까?/ 좋게 말하지는 않을 것이다.)
- **What**'s the big deal? (= It's no big deal. / It's not important.) (그게 뭐 대단한가?/ 별 것 아니군)
- **What** on earth does Maxim see in her? She's not pretty or rich. (맥심은 그녀의 어디가 마음에 들까? 예쁘지도 않고 부자도 아닌데 말이야.)
- **What** would I not give to see her again? (= I would give anything to see her again.) (그녀를 다시 만날 수 있다면 무엇을 주어도 아깝지 않을 것이다.)
- <u>**What**'s the point of</u>* truth or beauty or knowledge when the anthrax bombs are popping all around you ? (바로 우리 주위에서 탄저균 폭탄이 펑펑 떨어지고 있는 마당에 진리나 미모나 지식이 무슨 소용이 있겠는가?) - Huxley, *Brave New World* [* → *p.* 268]
- **What** good is money when you don't have any friends? (친구가 없다면 돈이 무슨 소용이 있느냐?)
- **What** did I tell you? (내가 뭐라고 했던가? / 내가 말한 그대로야.)

c. **Why** on earth should it be proper for a woman to drink wine and not spirits? (도대체 왜 여자는 포도주만 마셔야 되고 독한 술은 마셔서는 안 되는가?) - Mitchell, *Gone with the Wind*

d. When I was strolling in the park, **whom** should I meet but my old friend? (내가 공원을 산책하다가 옛 친구를 만났다.) [*should → *p.* 209 (6)]

e. **Did** we ever hear of a thing like that? (그런 일을 들은 일이 있었던가?/ 그런 일은 들어 본 일이 없다.)

§ 297 감탄문 (exclamatory sentence)

(1) 감탄문의 일반적인 형식

전형적인 감탄문은 wha이나 how로 시작되고, 평서문과 마찬가지로 <S + V>의 어순을 취한다. 이 <S + V>는 생략되는 경우도 많다.

① What을 사용하는 감탄문

- **What** a nuisance! (정말 귀찮은 일이야!)
- **What** a shame you leave India so soon! (이렇게 빨리 인도를 떠나다니 참 안됐군요.)
  - Forster, *A Passage to India*

② How를 사용하는 감탄문

a. **How** pleased we shall be with your presence at the meeting! (당신이 모임에 나와 주신다면 정말 즐거울 텐데!)

b. Oh, **how** I wish I had never seen him! (아, 그를 만나지 않았다면 얼마나 좋았을까!)

c. **How** sweet of you to remember my name ! (내 이름을 기억해 주니 정말 고맙구나!

[<how + 형용사 + of + 부정사!>은 현대 영어에서 빈번하게 사용되는 형식임]

d. **How** it blows! (바람이 굉장하구나!)

③ How very + 형용사~! 또는 What a very + 형용사 + 명사~!의 형식도 가끔 쓰인다.

- **How very** *nice* to see you again after all these years. (오래간만에 당신을 다시 만나니 정말 반갑군요.) - Maugham, *The Romantic Young Lady*
- "Oh, **how very** *kind* of you," she said, and the other, her friend, looked over at me. ("정말 친절하구나,"하고 그 여자가 말하자 그녀의 친구인 다른 여자가 나를 쳐다보았다.) - Salinger, *The Catcher in the Rye*
- **What a very** *small cabin* it was! It was like being shut up in a box with grandma! (정말 조그만 선실이었어요. 마치 할머니와 함께 상자 속에 갇힌 것과 같았어요.)
  - Katherine Mansfield, *The Voyage*

④ 감탄문과 의문문의 차이

감탄문의 어순은 <S + V>이지만, 의문문의 어순은 <V + S>이다.

[감탄문] How tall he is!/ How fast he runs!

[의문문] How tall is he?/ How fast does he run?

What 뒤의 보통명사에, 감탄문의 경우는 a(n)이 붙지만, 의문문에서는 붙지 않는다.

[감탄문] What a good book it is!/ What a size! (정말 크구나!)

[의문문] What book is it? / What size (do you want)?

(2) 감탄문의 특수형식

① 평서문 형식

a. You don't say so! [약간 놀랐을 때 쓰는 말] (설마!/ 어머!/ 정말입니까!)

b. Oh, Scarlett, I want a baby so bad! (너무나 애기를 갖고 싶어요!) - Mitchell, *Gone with the Wind*

② 의문문 형식

a. What! Are you here! (아니, 네가 여기 있구나!)

b. Who ever thought of seeing you here! (이런 곳에서 자네를 만나다니!)

c. How dare you speak to me like that! (네가 나한테 감히 그렇게 말을 하다니!)

③ If only (결과절이 생략된 감탄문)

강한 희망을 나타내며, 가능성이 있으면 직설법, 사실에 반대되면 가정법을 쓴다.

a. **If only** she arrives in time! (그녀가 제시간에 와주기만 한다면!)

b. **If only** she would marry me! (그녀가 나와 결혼만 한다면!)

- **If only** she had the right to sit there beside him, her arm through his! (그의 옆에 앉아서 팔짱을 끼고 있을 권리가 있다면 좋을텐데!하고 그녀는 생각했다.) - Mitchell, *Op. cit.*

c. **If only** you could have seen it!(= If you could only have seen it!) (자네가 만일 그것을 볼 수 있었더라면 좋았을 텐데!) [사실은 보지 않았음]

- "**If** I'd **only** had the sense to stick to her!" he said to himself. ("분별을 가지고 그 여자를 붙들어 두었더라면 좋았을 텐데!"하고 그는 생각했다.) - Maugham, *Of Human Bondage*

④ Fancy + doing

<~ 하다니 놀랍다 / 뜻밖이다 / 어이없다> 따위의 뜻을 나타내는 구어체 감탄문이며 동명사 외에 if-절을 동반하는 경우도 있다.

a. **Fancy** meet***ing*** you here! (너를 여기서 만나다니!)

b. **Fancy** never hav***ing*** seen the sea! (바다를 한번도 본 적이 없다니!)

c. **Fancy** a child of that age be***ing*** taken from his mother! (그 나이 또래의 아이가 어머니로 부터 떨어져 있다니!)

d. **Fancy** invit***ing*** guests and not treating them properly. (손님을 초대해놓고 제대로 대접을 하지 않다니!) - Forster, *A Passage to India*

e. **Fancy** ***if*** they'd done that to you! (그들이 자네한테 그런 짓을 하다니!)

⑤ To-부정사 (희망, 놀람, 이외의 감정을 나타낸다.)

a. **To think** that all his efforts to help her had gone for nothing! (그녀를 도와주려는 그의 노력이 모두 수포로 돌아가다니!)

- **To think** that in just a few days we'll be parting! (바로 2, 3일 후에는 헤어진다고 생각하니 섭섭한 마음 그지없구나!) - Lewis, *Main Street*
- Ellen shivered in horror, "**To think** that I almost married a murderer!" (엘렌은 공포에 사로잡혀 몸을 떨면서 말했다. "내가 하마터면 살인자와 결혼할 뻔 했구나!")
- All at once Victor laughed. " And **to think** this has been going on under our noses all this time! (갑자기 빅터는 웃음이 나왔다. 바로 코앞에서 이런 일이 진행되고 있었는데도 지금까지 몰랐다니!) - Cook, *Mutation*

b. Oh, **to be** in England now that April's there! (사월이 되니 영국에 가고 싶구나!) - Robert Browning*, "Home-Thoughts, from Abroad" [* 영국의 Victoria여왕 시대의 대시인]

- **To have** this happen with him, of all people, with Rhett who had no respect for women! (하필이면 여자에게 존경심이라곤 털끝만큼도 없는 렛트와 함께 있을 때 이런 일이 생기다니!) - Mitchell, *Gone with the Wind*
- Poor fellow, he was only twenty-two—**and to be** burdened with a family! (가엽게도 아직 스물 두 살 밖에 안되었는데 부양해야 할 가족이 있었다!) - O. Henry, *The Gift of the Magi*

NB1 위의 용례로 알 수 있듯이, 이 감탄문은 to think～형식이 가장 많이 쓰이며, 때로는 부정사의 앞에 and가 붙기도 한다. 그리고 to-부정사의 앞에 I am surprised very sorry / very glad to think ~ 따위의 앞 부분이 생략되고 To think～! 부분만 남은 것이다.

⑥ That-절 (소망, 유감, 놀람, 슬픔 따위의 강한 감정을 나타내는 문어체 표현이다.)(→*p*. 405)

a. Thine is the suffering, mine the crime. **Would that** I could die for thee! (고통은 그대 것이요, 죄는 나의 것이로다. 내가 그대 대신에 죽을 수 있다면 좋으련만!) - Bulfinch, *Mythology*

b. That I *should* see a child of mine arrested for selling drugs! (내 아이가 마약을 팔다가 체포되는 꼴을 보게 되다니!)

NB2 위의 *a* 처럼 소망을 나타낼 때는 that-clause의 앞에 I wish 따위를 보충하면 보통 구문이 되고 [여기서는 Would (때로는 Oh)를 뺀다] *b* 의 예문처럼 유감을 나타낼 때는 What a pity나 It is regrettable따위를 보충하면 보통구문이 된다.

§ 298 단문, 중문, 복문, 혼합문

문장을 그 구성에 따라서 단문, 중문, 복문 그리고 혼합문으로 나눌 수 있다.

(1) 단문 (Simple sentence)

한 개의 절(Clause)로 이루어진 문장이지만, 문장의 길이와는 관계가 없고, 비교적 긴 문장이 단문이 되는 경우도 있다.

a. American dollar notes go almost everywhere. (달러지폐는 어디서나 통용된다.)

b. Genius is an infinite capacity for taking pains. [saying] (천재란 노력할 수 있는 무한한 능력이다.) [속담]

c. Pete and Jane saw none of each other for several months. (피트와 제인은 몇 달 동안 서로 만나지 못했다.)

(2) 중문 (Compound sentence) (두 개의 등위절로 이루어진 문장)

(등위절이란 등위 접속사가 이끄는 절을 말한다.)

a. They caught him cheating in the exam **and** suspended him for a week. (그는 시험에서 부정행위를 하다가 적발되어 일주일간 정학처분을 받았다.)

b. Lots of people believe in astrology **but** I'm <u>something of a</u>* skeptic. (점성술을 믿는 사람이 많지만 나는 그다지 믿지 않는다.) [* be something of a + *n.* 어느 정도 (다소, 좀) ~하다]

(3) 복문 (Complex sentence) (종속절을 포함하고 있는 문장)

a. He wondered *what it was she saw in him.* (그녀가 그의 어떤 점이 마음에 드는지 몰랐다.)

b. The professor argues that *there is a cause and effect relationship between stress and sickness.* (그 교수는 스트레스와 질병 사이에는 인과관계가 있다고 주장한다.)

c. *If you think your plan will work,* you're making a mistake. (자네의 계획이 성공하리라고 생각한다면, 실수를 하고 있는 것이다.)

(4) 혼합문 (Mixed sentence) (중문 속에 또 복문이 포함된 문장)

- An Englishman's home is a castle; **but** I also believe *that he should not have the right to annoy his neighbors.* (영국인의 가정은 [타인의 간섭을 허락하지 않는] 성이다. 그러나 동시에 이웃 사람들에게 폐를 끼칠 권리도 가져서는 안 된다고 나는 믿는다.)

Ⅱ. 현대 영어에 특유한 구문형식

§ 299 명사적 주어 + be + 부사구 / 부사절

(1) 명사적 주어 + be + 부사구

여기서 부사구라 함은 <전치사 + 명사>를 가리키며, 거의 모든 전치사가 쓰이지만, 그 중에서도 수단을 나타내는 by와 through가 가장 많이 사용된다. 특히 <One's way / method is **by** / **through** ...> 형식이 일반적이다.

a. The quickest way was **by** *using** *the car.* (가장 빠른 방법은 자동차를 이용하는 것이었다.) - Forsyth, *The Day of the Jackal* [* be by doing = be to do/ doing]

- The easiest way of producing hydrogen from water is ***by means of*** *elctrolysis.* (물에서 수소를 얻는 가장 쉬운 방법은 전기분해이다.)
- Then the gates clang shut and after that the only way anyone can get in is **by** *telephoning from the outer gate.* (그 다음에 문이 찰칵 하고 닫히면 들어갈 수 있는 유일한 방법은 바깥문에서 전화를 거는 것이다.) - Gardner, *The Calendar Girl*
- The quickest means of travel is **by** *plane.* (가장 빠르게 여행하는 방법은 비행기를 이용하는 것이다.) [Cf. travel by plane]
- The best way of improving your colloquial English is ***by*** *listening* to native speakers. (구어영어를 향상시키는 최선의 방법은 원어민의 말을 귀담아 듣는 것이다.)

b. The way they're going to get their money is **through** *the taxes the lawyer pays 'em after me payin' him.* (그들이 돈을 받는 방법은 내가 변호사에게 비용을 지불하고 그리고 그 변호사가 그들에게 지불하는 세금을 통해서 이다.) - *Time* (1985)

- The fastest way to the morgue was **through** *the emergency room* at County General Hospital. (시체보관소로 가는 가장 빠른 길은 카운티 종합병원의 응급실을 통하는 길이었다.) - Crichton, *Rising Sun*

c. His desire was simply **for** *companionship.* (그가 바라는 것은 오직 우애였다.) - Greene, *The End of the Affair* [Cf. a desire for knowledge 지식욕]

d. The most difficulty I have is **in** *that period* in which time disappears and you're no longer a part of the world. (가장 힘드는 건 시간 가는 줄 모르고 정신을 잃고 있을 때죠.) – *Time* (1985) [미국 대통령 Reagan이 마취상태에서 수술을 받은 후 깨어나서 기자와의 인터뷰에서 한 말]

e. She told me the hardest job she had was **with** *his writing-table.* (그녀에게 가장 어려웠던 것은 그의 책상이었다고 나한테 말한 적이 있었다.) - Maugham, *Cakes and Ale*

(2) 명사적 주어 + be + 부사절

ⓐ The *reason* she refused to go was *that* she had no money. (그녀가 가지 않겠다고 한 이유는 돈이 없었기 때문이다.) [that = because]

ⓑ She refused to go because she had no money.

ⓒ The *reason* she refused to go was *because* she had no money.

위의 세 문장 ⓐ, ⓑ, ⓒ 중에서 ⓐ, ⓑ만이 표준문장이며, ⓒ는 incorrect하다고 배척하는 사람도 있지만, 현대 영어에서는 spoken English 뿐만 아니라 written English에서도 흔히 볼 수 있는 표현이다. *OALD*[5]에서도 두 형식을 모두 인정하여 The reason why I'm late is that/ because I missed the bus. 라는 예문을 들고 있다.

a. Basically the only **reason** I do this job is ***because*** *the salary is so good.* (근본적으로 내가 이 일을 하는 유일한 이유는 급료가 후하기 때문이다.)

Cf. **Why** novels and plays are so often untrue to life is ***because*** *their authors, perhaps of necessity, make their characters* <u>*all of a piece*</u>*. (소설과 희곡이 인생을 충실하게 그리지 못하는 일이 많은 것은 그 저자들이, 아마 필요에 의해서 그랬겠지만 모든 등장인물을 하나같이 똑같은 인간으로 그리기 때문이다.) - Maugham, *A Friend in Need* [*(성격 따위가) 한결같은(= all the same)]

<명사적 주어 + be + 부사절>에서 부사절을 이끄는 접속사는 위에든 because외에도 when, while, if, why 따위가 있다.

b. The only thing old Phoebe liked was ***when*** *Hamlet patted this dog on the head.* (피비가 좋아한 장면은 햄릿이 개의 머리를 쓰다듬을 때 뿐이었다.) - Salinger, *The Catcher in the Rye* [when이하를 명사절로 볼 수도 있다.]

- The most perilous moment of the voyage was ***when*** *their small boat almost overturned in a storm.* (그 항해에서 가장 위험했던 때는 그들이 탄 조그만 배가 폭풍우 속에서 뒤집힐 뻔 했을 때였다.)

c. This maglev has wheels, but the only time it uses them are ***while*** *picking up speed before lift-off and while slowing down after landing.* (이 자기 부상열차는 바퀴를 가지고 있지만, 그것을 사용하는 것은 부상하기 전에 가속할 때와 선로에 닿은 후에 속력을 늦출 때 뿐이다.) - *Time* (1987) [while 뒤에 둘 다 it is의 생략]

d. The only way he ever did anything was ***if*** *you yelled at him.* (그가 어떤 일을 하게 하는 유일한 방법은 그에게 소리를 지르는 것이었다 → 그는 소리를 질러야 비로소 무엇을 하는 놈이었다.) - Salinger, *Ibid.* [if 이하는 조건절]

e. What I can't make out is ***why*** *he should have turned out like this.* (제가 이해할 수 없는 것은 그가 왜 이렇게 되었느냐는 겁니다.) - Maugham, *The Razor's Edge*

§ 300 부사적 주어 (= 부사절) + be + 부사구 / 명사

(1) 부사적 주어(= 부사절) + be + 부사구

주어는 where-clause가 대부분이며, 부사구는 <in the + 명사> 형식이 많다.

a. **Where** Tokyo chiefly differs from London, however, *is in the number of people.* (그러나, 도쿄와 런던의 큰 차이점은 인구이다.)

b. **Where** I feel that he is naive in a more scientific sense is *in his chapters on the role of a journalist in society.* (보다 과학적인 의미에서 그가 순진하다고 내가 느끼는 점은 사회에서 저널리스트의 역할을 다루고 있는 장이다.)

c. **Where** I did find liveliness was *in the secondary school they showed me.* (내가 진정으로 활기를 발견한 곳은 그들이 나에게 보여준 중등학교에서였다.)

d. **Where** they still remain deaf and dumb is *on the subject of the waste of their human potential.* (그들이 아직도 귀와 입을 막고 있는 곳은 그들이 인간의 잠재력을 낭비하고 있다는 문제이다.) - *Newsweek*

NB1 다음과 같은 용례는 드물지 않다.

- Just **when the answer** came to him is not exactly known but it is fair to presume it was within three days from July 7. (그가 정확히 언제 그 해답을 알아냈는지는 알려져 있지 않지만 7월 7일부터 3일 이내라고 생각하면 정확하다.) - Forsyth, *The Day of the Jackal*

NB2 <부사절 + be + 부사절>의 용례는 극히 드물다.

- **Where** I disagreed with Robert is **why he did not inspire trust**. (내가 로버트와 의견이 맞지 않는 점은 왜 그가 나에게 신뢰를 주지 않았느냐는 것이다.)

(2) 부사적 주어 + be + 명사

a. **Just because** Stanley and Stella aren't home is no ***reason*** why you shouldn't behave like a gentleman. (스탠리와 스텔라가 집에 없다고 해서 네가 신사답지 행동하지 않아도 좋다는 건 아니다.) - Williams, *A Streetcar Named Desire* [이것은 주어와 보어의 위치가 바뀐 것이라고 볼 수도 있다.]

b. ***Precisely when*** temblors will occur is another ***matter***. (정확히 지진이 언제 발생할 것인가는 또 다른 문제다) - *Time* (1985)

c. **Because** something is happening now, or has been happening for three hundred years, is no ***guarantee*** that it will continue. (지금 무슨 일이 일어나고 있다고 해서, 또는 지난 300년 동안 계속 일어났다고 해서 앞으로 계속 일어난다는 보장은 없다) - Toffler, *The Third Wave*

§ 301 (Just) because ... doesn't mean (that)

이 표현은 <부사구문>의 전형적인 형식으로 현대 구어영어에 빈번하게 쓰인다.

a. **Just because** he's a policeman **doesn't mean** he won't ever break the law. (경찰관이라고 해서 절대로 법을 어기지 않는다는 뜻은 아니다.)

위의 구문은 형식상 다음 문장에서 주절의 it가 생략된 것이며,

- **Just because** you're on a diet **it doesn't mean** you don't need to exercise. [번역 → *p.* 509] 또 의미상으로는 다음 문장과 동일선상에 있다.
- **Just because** he's at the bottom of the class, **it doesn't follow** that* he has no brains. (학급에서 꼴찌라고 해서 반드시 머리가 나쁘다는 것은 아니다.) [* it follows that ~ 당연히~이 되다]

b. **Just because** he(= Gorvachev) is educated and urbane **does not mean** he is soft. (고르바초프가 교육을 받은 인물이고 세련되었다고 해서 온건하다고는 할 수 없다.) - *Time* (1985)

c. **Just because** I'm on leave of absence **doesn't mean** I have to stop seeing old friends in the the Department. (내가 휴가 중이라고 해서 같은 부서의 친구들을 만나서는 안된다는 법은 없잖아.) - Sanders, *The First Deadly Sin*

d. **Just because** he printed University of Virginia on his sneakers **doesn't mean** they've got to graduate him, Uncle Willy! (윌리 아저씨, 그가 운동화에 버지니아 대학 마크를 붙이고 다닌다고 해서 그를 졸업시켜 줘야 한다는 건 아니잖아요.) - Miller, *Death of a Salesman*

e. I mean, **just because** it's morning in Europe **doesn't mean** that they have a right to disturb me now. (내 말은, 지금 유럽이 아침이라고 해서 나를 깨울 권리는 없다는 거야.) - Segal, *Doctors*

f. **Just because** the decision becomes common, though, **doesn't mean** it will be easy. (그러나, 그 결정이 평범한 것이라고 해서 그것이 쉬울 것이라는 건 아니다.) - *Newsweek* (1987)

g. **Just because** we live in a big house doesn't mean we're rich. (우리가 큰 집에 산다고 해서 부자라는 뜻은 아니다.) - Christie, *4 : 50 from Paddington*

h. **Just because** you have a larger than average figure **doesn't mean** you can't wear attractive clothes. (평균치 이상의 체격을 가지고 있다고 해서 매력적인 옷을 입을 수 없다는 뜻은 아니다.)

Cf. **Just because** I'm so horribly conditioned to accept everybody else's values, and **just because** I like applause and people to rave about me, **doesn't make** it right. (내가 다른 사람의 가치를 받아들이는 버릇이 있고 또 다른 사람들이 나에게 박수를 쳐주고 나를 격찬하기를 좋아 한다고 해서 그것이 옳은 일은 아니다.) - Salinger, *The Catcher in the Rye*

§ 302 부사적 주어 (= 부사구) + be + 보어

앞에서 취급한 다른<부사구문>에 비해서 부사구가 주어인 경우는 용례가 상당히 많은 편이다.

a. **In the morning** is the best time. Come in then a few Morris's old customers. (아침때가 가장 좋은 시간이다. 모리스의 오랜 고객 중 몇 명이 그 때 온다.) - Malamud, *The Assistant*

b. **Once a week** isn't enough to go to see a girl you like a lot, like I do Naomi. (내가 나오미를 사랑하듯이 자네가 끔찍이 사랑하는 소녀를 만나는데 일주일에 한 번은 충분하지 않다.) - Caldwell, *Horse Thief*

c. **After school** is the time for playing tennis. (방과 후는 테니스할 시간이다.)

d. **At night** is no time to go there alone. (밤은 혼자서 거기에 갈 시간이 아니다.)

e. **Over the fence** is out of bounds*. (울타리 너머는 출입 금지구역입니다.) [* out of bounds (*BrE*) = off limits (*AmE*)]

f. **From five o'clock to eight** is on certain occasions a little eternity. (어떤 경우에 다섯 시에서 여덟시까지는 대단히 긴 시간이다.) - James, *The Portrait of a Lady*

g. Through the wood is the nearest way. (숲 속을 빠져나가는 것이 가장 지름길이다.)

NB *g* 는 The nearest way is through the wood.가 도치된 문장으로 볼 수도 있지만, *a* ~*f* 및 아래의 용례와 마찬가지로 부사구도 주어가 될 수 있으므로 원래대로 Through the wood 를 주어로 보는 것이 타당할 것이다.

h. **About a mile beyond that fork** is where the fellow saw him. (길이 갈라진 곳에서 1마일 가량 떨어진 곳에서 그 녀석이 그를 보았다.) - Caldwell [이 문장은 보어가 부사절이다.]

- **Right here** was where Pa ran over the skunk. (바로 여기가 아버지의 차에 스컹크가 치어 죽은 곳이다.) - Hemingway, *Ten Indians*

다음 두 문장에서는 동사가 seem(*i*), bother(*j*) 이다.

i. "**Later rather than earlier** seems to be the best bet," predicts one U. S. Official." But there will be a 1986 summit." ("그 전보다는 그 후가 가장 적절한 시기인 것 같다. 그러나 1986년에는 정상회담이 열릴 것이다"고 한 미국 관리는 예측하고 있다.) - *Time* (1986)

j. "**A little faster** wouldn't bother me." "Sure," I said. I stepped on the gas.* ("속도를 좀 내도 나는 괜찮네." "알았습니다."하고 내가 말했다. 나는 가속페달을 밟았다.) - Crichton, *Rising Sun* [* step on the gas 가속페달을 밟다, 속력을 내다]

§ 303 A rose is a rose is a rose.

이 구절은 미국 문학사에 이름 높은 작가 Gertrude Stein (1874~1946)의 *Sacred Emily*에 나오는 일절이다. 원문에는 "A rose is a rose is a rose is a rose"로 a rose가 네 번 등장하지만, 보통 A rose is a rose is a rose.로 쓴다. 의미는 <장미는 어디까지나 장미다. / 본질은 변함이 없다.>란 뜻으로 많이 쓰이지만, 여러 가지로 변형시켜서 parody하여 쓰이는 경우도 적지 않다. 그런데 이 말은 셰익스피어의 희곡 Romeo and Juliet에 나오는 Juliet의 대사 "What's in a name? That which we call a rose by any other word would smell as sweet."(이름 속에 무엇이 있단 말이요? 우리가 장미라고 부르는 저 꽃을 다른 이름으로 부르더라도 향기는 마찬가지예요 - Act Ⅱ, Scene ii)를 연상시킨다.

a. **A Rose is a Rose is a Rose.** (누가 뭐래도 장미는 장미다.) - *Time* (1985) [이 문장은 20여년간 미국의 Major League에서 선수생활을 하면서 4,171개의 안타를 친 야구선수 Pete Rose에 관한 기사의 title이다. 그의 이름이 Rose이니까 보통명사 rose의 의미와 중복시켜서 그가 일류 선수임을 이렇게 표현한 것이다.]

b. **Soda ash is soda ash is soda ash.** If that market (= Japanese market) were truly open, we would have 40 % to 50 % of it by now. (소다회는 소다회지 그 이상도 그 이하도 아니다. 만약 일본시장이 전정으로 개방된다면, 우리는 지금쯤 40% 내지 50%의 일본 소다회 시장을 점유할 것이다) - *Time* (1985)

c. "The fact of the matter," said a Coca-Cola spokesman, "is that **sugar is sugar is sugar.**" ("좌우간 어디까지나 설탕은 설탕이다."라고 코카콜라의 한 대변인은 말했다.) - *Time* (1985) [Coca-Cola 회사가 새로운 콜라를 시판하면서 지금까지 써오던 sugar를 안쓰고 대신 옥수수 시럽을 쓰게 되자 미국 설탕조합이 이를 비난했다. 회사 측은 sugar나 corn syrup이나 단 맛을 내기는 마찬가지란 뜻으로 이렇게 반박한 것이다]

d. **A Hat Is a Rose Is a Chicken.** (모자는 장미이며 병아리이다.) [fashion기사의 제목으로, 초현실주의(surrealist style)로 디자인한 '장미'나 '병아리' 모양의 모자를 두고 표현한 말이다]

e. Correct me if I'm wrong, Phil, but **a homicide is a homicide is a homicide.** (내 말이 틀렸다면 바로잡아 주게, 필, 그러나 누가 뭐래도 살인은 역시 살인이야.) - Osborne, *Basic Instinct*

f. "What hast thou against the onion?"
"The odor. Nothing more, Otherwise it is like the rose."
Robert Jordan grinned at him with his mouth full.
"Like the rose," he said. "Mighty like the rose. **A rose is a rose is an onion.**"
"Thy onions are affecting thy brain," Agustín said. "Take care."

"**An onion is an onion is an onion,**" Robert Jordan said cheerily and, he thought, **a stone is a stein is a rock is a boulder is a pebble.**
("자네는 왜 양파를 싫어하는 거야?" "냄새 때문이지, 그것뿐이야, 냄새만 아니라면 장미와 같애." 로버트 조던은 입안에 음식을 가득 넣은 채 그를 보고 싱긋 웃었다. "장미만큼 좋지," 하고 그는 말했다. "장미와 꼭 같애. 장미는 장미이고 양파인 거야" "양파 때문에 자네 머리가 좀 이상해졌어, 정신 좀 차리게,"하고 어거스틴이 말했다. "양파는 역시 양파야,"하고 조던은 즐거운 듯이 말하고는 생각했다. 돌은 스타인이고 바위이며 둥근 돌이며 조약돌이다.) - Hemingway, *For Whom the Bell Tolls* [마지막 문장의 굵은 활자로 된 부분에서 stein은 독일어로 '돌'을 의미함과 동시에 Gertrude Stein을 가리킨다. 이 문장은 단순한 parody이다]

g. Vegetarian chili is their specialty, but the soup's pretty good, too … and of course sandwich is sandwich is sandwich. (야채만 가지고 만든 칠리[요리이름]가 그 식당의 전문이야. 그러나 수프도 아주 맛있어. …그리고 물론 샌드위치는 샌드위치일 뿐 그 이상도 그 이하도 아니야.) - Anderson, *Ground Zero*

아래의 두 문장에는 동사가 became이지만, 뒤에 and와 대명사가 빠짐으로써 변화가 빠르게 진행되었다는 뜻을 나타낸다.

h. The city changed overnight. **Tenements became parking lots became excavations became stabbing office buildings** while your head was turned. (도시는 하룻밤 사이에 모습이 바뀌었다. 빈민가의 아파트는 주차장이 되었다가 흙을 파내더니 하늘을 찌를듯한 오피스 빌딩으로 바뀌어 버렸다.) - Sanders, *The First Deadly Sin*

i. The West has grown familiar with Soviet transferals of power in the past 28 months. **Breznev became Andropov became Chernenko**. (서방세계는 지난 28개월 동안에 소련에서 일어난 권력이양에 대해서 잘 알고 있다. 수상이 브레즈네프에서 안드로뽀프로 다시 체르넨코로 바뀌었다.) - *Time* (1985)

인용한 작품과 참고서적

Ⅰ. 인용한 작품

(1) 모든 작품의 제목은 단축하지 않은 원래의 제목 그대로임
(2) 오른 쪽 ( )안의 숫자는 작품의 초판이 나온 연도
(3) 작가 옆에 있는(Am.), (Br.)은 최종 국적

Alletzhauser, Albert J. (Br.)	*The House of Nomura* (1990)
Anderson, Sherwood (Am.)	*Winesburg, Ohio* (1919)
Anderson, Kevin (Am.)	*Ground Zero* (The X-File) (1995)
Archer, Jeffry (Br.)	*As the Crow Flies* (1991)
Baldwin, James (Am.)	*The Fire Next Time* (1963)
Bellow, Saul (Am.)	*Seize the Day* (1956)
	More Die of Heart break (1987)
Benedict, Ruth (Am.)	*The Chrysanthemum and the Sword* (1946)
Bryson, Bill (Br.)	*Made in America* (1994)
Buck, Pearl (Am.)	*The Good Earth* (1931)
	The Living Reed (1948)
Bulfinch, Thomas (Am.)	*Bulfinch's Mythology* (1863)
Caldwell, Erskine (Am.)	*The Stories of Erskine Caldwell* (1953)
	Tobacco Road (1932)
	Georgia Boy (1943)
Capote, Truman (Am.)	*Other Voices, Other Rooms* (1948)
	Breakfast at Tiffany's (1958)
	In Cold Blood (1965)
Christie, Agatha (Br.)	*Poirot Investigates* (1923)
	The Mystery of the Blue Train (1928)
	Murder on the Orient Express (1933)
	The A.B.C. Murders (1935)
	Death on the Nile (1937)
	They Came to Baghdad (1951)
	4:50 from Paddington (1957)
	The Mirror Crack'd from Side to Side (1962)
Clancy, Tom (Am.)	*Patriot Games* (1987)
	Without Remorse (1993)
Cook, Robin (Am.)	*Outbreak* (1987)
	Mutation (1989)
	Contagion (1996)
Crichton, Michael (Am.)	*Jurassic Park* (1990)
	Rising Sun (1992)
	Disclosure (1993)
	The Lost World (1995)

Dickens, Charles (Br.)	*David Copperfield* (1850)
Dreiser, Theodore (Am.)	*Sister Carrie* (1900)
	An American Tragedy (1925)
du Maurier, Daphne (Br.)	*Rebecca* (1938)
Durant, Will (Am.)	*The Story of Philosophy* (1926)
Ellison, Ralph (Am.)	*Invisible Man* (1947)
Fitzgerald, F. Scott (Am.)	*The Great Gatsby* (1926)
Follett, Ken (Br.)	*Night Over Water* (1991)
	The Third Twin (1996)
Folsom, Alan (Am.)	*The Day After Tomorrow* (1994)
Forster, E. M. (Br.)	*A Passage to India* (1924)
Forsyth, Frederick (Br.)	*The Day of the Jackal* (1971)
Gaarder, Jostein (Norway)	*Sophie's World* (1994) (translated by Paulette Møller)
Gardner, Erle Stanley (Am.)	*The Case of the Fiery Fingers* (1957)
	The Case of the Gilded Lily (1962)
	The Case of the Lucky Loser (1962)
	The Case of the Daring Decoy (1963)
	The Case of the Calender Girl (1964)
	The Case of the Deadly Toy (1964)
	The Case of the Mischievous Doll (1968)
	The Case of the Amorous Aunt (1969)
Galsworthy, John (Br.)	*The Man of Property* (1906)
Grafton, Sue (Am.)	*'A' is for Alibi* (1982)
Greene, Graham (Br.)	*The Power and the Glory* (1940)
	The Heart of the Matter (1948)
	The Third Man (1949)
	The End of the Affair (1951)
Grisham, John (Am.)	*A Time to Kill* (1989)
	The Firm (1991)
	The Pelican Brief (1992)
	The Client (1993)
	The Chamber (1994)
	The Rainmaker (1995)
	The Street Lawyer (1998)
Haley, Alex (Am.)	*Roots* (1974)
Harris, Thomas (Am.)	*The Silence of the Lambs* (1988)
	Hannibal (1999)
Heller, Joseph (Am.)	*Catch-22* (1955)
Hemingway, Ernest (Am.)	*A Farewell to Arms* (1929)
	The Sun Also Rises (1929)
	To Have and Have Not (1937)
	For Whom the Bell Tolls (1940)
	The Old Man and the Sea (1952)
	The Short Stories of Ernest Hemingway (1938)

Huxley, Aldous (Br.)	*Brave New World* (1932)
Iacocca, Lee (Am.)	*Autobiography* (1984)
Irving, John (Am.)	*The World According to Garp* (1976)
James, Henry (Br.)	*The Portrait of a Lady* (1881)
Kennedy, Paul (Am.)	*Preparing for the Twenty-first Century* (1993)
Kerouac, Jack (Am.)	*On the Road* (1957)
Kesey, Ken (Am.)	*One Flew Over the Cuckoo's Nest* (1962)
Kleinbaum, N. H.(Am.)	*Dead Poets Society* (1989)
Lacey, Robert (Br.)	*Ford* (The Men and the Machine)(1986)
Lawrence, D. H.(Br.)	*Sons and Lovers* (1913)
	The Rainbow (1915)
	Women in Love (1921)
	Lady Chatterley's Lover (1928)
Lee, Harper (Am.)	*To Kill a Mockingbird* (1960)
Lovell, Jim (Am.)	*Apollo 13* (1994)
Ludlum, Robert (Am.)	*The Road to Omaha* (1992)
Mailer, Norman (Am.)	*The Naked and the Dead* (1948)
Malamud, Bernard (Am.)	*The Assistant* (1957)
	The Fixer (1966)
Maugham, William S.(Br.)	*Mrs. Craddock* (1902)
	Of Human Bondage (1915)
	The Moon and Sixpence (1919)
	The Painted Veil (1925)
	Cakes and Ale (1930)
	Don Fernando (1935)
	Theatre (1937)
	The Summing Up (1938)
	The Razor's Edge (1944)
	Collected Short Stories Volume One (1951)
	Collected Short Stories Volume Two (1951)
	Collected Short Stories Volume Three (1951)
	Collected Short Stories Volume Four (1951)
McCullers, Carson (Am.)	*The Heart is a Lonely Hunter* (1940)
	The Member of the Wedding (1946)
	The Ballad of the sad Café (1951)
McNamara, Robert S.(Am.)	*In Retrospect* (1995)
Melville, Harman	*Moby Dick* (1851)
Miller, Arthur (Am.)	*Death of a Salesman* (1949)
Mitchell, Margaret (Am.)	*Gone with the Wind* (1836)
Murdoch, Iris (Br.)	*The Sandcastle* (1957)
Nevins, Allan (Am.)	*A Pocket History of the United States* (1942)
Nowell-Smith, Geoffrey (ed. Br.)	*The Oxford History of World Cinema* (1996)
Orwell, George (Br.)	*Animal Farm* (1945)
	Nineteen Eighty-four [1984] (1949)

Osborne, Richard (Am.)	*Basic Instinct* (1992)
Pasternak, Boris (Russia)	*Doctor Zhivago* (1958) (translated by Max Hayward and Manya Harari)
Puzo, Mario (Am.)	The *Godfather* (1959)
	The Last Don (1996)
Reston, James (Am.)	*Deadline* 1991)
Ripley, Alexandra (Am.)	*Scarlett* (1991)
Roth, Philip (Am.)	*Goodbye, Columbus* (1959)
Russell, Bertrand (Br.)	*The Conquest of Happiness* (1930)
Salinger, J. D. (Am.)	*The Catcher in the Rye* (1951)
	Franny and Zooey (1955)
Sanders Lawrence (Am.)	*The First Deadly Sin* (1973)
	The Second Deadly Sin (1977)
	The Six Commandment (1979)
Saroyan, William (Am.)	*My Name is Aram* (1940)
	The Human Comedy (1943)
Segal, Erich (Am.)	*Love Story* (1970)
	The Class (1985)
	Doctors (1988)
	Acts of Faith (1992)
	Prizes (1995)
Schneider, Steven Jay (Am.) (general editor)	*1001 Movies You Must See Before You Die* (2003)
Sheldon, Sidney (Am.)	*A Stranger in the Mirror* (1976)
	Rage of Angels (1980)
	Windmills of the Gods (1987)
	The Doomsday Conspiracy (1991)
	The Stars Shine Down (1992)
	Nothing Lasts Forever (1994)
	Morning, Noon, and Night (1995)
Sinclair, Upton (Am.)	*The Jungle* (1906)
Steinbeck, John (Am.)	*The Red Pony* (1933)
	Of Mice and Men (1937)
	The Grapes of Wrath (1939)
	The Pearl (1945)
	East of Eden (1952)
Stowe, Harriet Beecher (Am)	*Uncle Tom's Cabin* (1851)
Tarantino, Quentin (Am.)	*Pulp Fiction* (screenplay 1994)
Thurow, Lester (Am.)	*Head to Head* (1992)
Toffler, Alvin (Am.)	*Future Shock* (1970)
	The Third Wave (1980)
	Power Shift (1990)
Uris, Leon (Am.)	*Exodus* (1958)
Wain, John (Br.)	*Hurry on Down* (1953)

Walker, Alice (Am.)	*The Color Purple* (1982)
Waller, Robert James (Am.)	*The Bridges of Madison County* (1992)
	Slow Waltz in Cedar Bend (1993)
Watson, Thomas J. (Am.)	*Father Son & Co.* (1990)
Waugh, Evelyn (Am.)	*The Loved One* (1948)
Wilde, Oscar (Br.)	*Complete Short Fiction* (1994)
	The Picture of Dorian Gray (1891)
Wilder, Thornton (Am.)	*Our Town* (1938)
Williams, Tennessee (Am.)	*Cat on a Hot Tin Roof* (1956)
	Sweet Bird of Youth (1959)
	A Streetcar Named Desire (1959)
	The Glass Menagerie (1959)
	The Night of Iguana (1963)
	The Milk Train Doesn't Stop Here anymore (1969)
Woolf, Virginia (Br.)	*Mrs. Dalloway* (1925)
Wright, Richard (Am.)	*Native Son* (1940)
	Black Boy (1945)

Ⅱ. 사전 ([ ] 속에 있는 것은 본서에 사용한 약자)

The Random House Dictionary of the English Dictionary, 1987 [*RHD*^{2}]

Oxford Advanced Learner's Dictionary, 1974^3 [*OALD*^{3}], 1989^4 [*OALD*^{4}], 1995^5 [*OALD*^{5}], 2006^6 [*OALD*^{6}]

Longman Dictionary of Contemporary English, 1978^1 [*LDCE*^{1}], 1995^3 [*LDCE*^{3}]

Longman English Activator, 1993 [Activator]

COBUILD English Dictionary for Advanced Learners, 2001^3 [*COBUILD*^{3}]

The World Book Dictionary, 1972 [*WBD*]

Oxford Dictionary of Current Idiomatic English [*ODCIE*]

Ⅲ. 참고서 ([ ] 속에 있는 것은 본서에 사용한 약자)

Burchfield, R. W., *The New Fowler's Modern English Usage* (Oxford), 1963^3 [*New Fowler's*]

Eastwood, John, *Oxford Guide to English Grammar* 1994 [*Oxford Guide*]

Swan, Michae, Practical English Usage (Oxford,) 1995^2 [*PEU*^{2}]

Curme, G. O, *Syntax*, 1931

Ⅳ. 잡지

Time (1985~90)

Newsweek (1986~90)

찾아보기 (숫자는 쪽수, 기울임꼴로 된 항목은 영화제목 또는 책의 제목)

A

B

G

N

T

X

Y

Z